# Indiscipliné

# DU MÊME AUTEUR

*Informer n'est pas communiquer*, CNRS Éditions, 2009.
*McLuhan ne répond plus. Communiquer c'est cohabiter*, Éditions de l'Aube, 2009.
*Demain, la francophonie. Pour une autre mondialisation*, Flammarion, 2006.
*La Télévision au pouvoir. Omniprésente, irritante, irremplaçable* (dir.), Universalis, coll. « Le Tour du sujet », 2004.
*Francophonie et mondialisation* (dir.), *Hermès*, n° 40, CNRS Éditions, 2004.
*L'Autre Mondialisation*, Flammarion, 2003 ; coll. « Champs », 2004.
*La France et les Outre-mers. L'enjeu multiculturel* (dir.), *Hermès*, n° 32-33, CNRS Éditions, 2002.
*Internet. Petit manuel de survie. Entretiens avec Olivier Jay*, Flammarion, 2000.
*Internet et après ? Une théorie critique des nouveaux médias*, Flammarion, 1999 (prix Georges-Pompidou ; coll. « Champs », 2000).
*Penser la communication*, Flammarion, 1997 ; coll. « Champs », 1998.
*Jacques Delors. L'unité d'un homme. Entretiens avec D. Wolton*, Odile Jacob, 1994.
*La Dernière Utopie. La naissance de l'Europe démocratique*, Flammarion, 1993 ; coll. « Champs », 1997.
*War Game. L'information et la guerre*, Flammarion, 1991.
*Éloge du grand public. Une théorie critique de la télévision*, Flammarion, 1990 ; coll. « Champs », 1993.
*Le Choix de Dieu, la mémoire, l'histoire n'est pas finie* (avec J.-L. Missika), deux émissions de télévision (2 × 52 minutes). Diffusion les 11 et 18 janvier 1988, Antenne 2 ; rediffusions le 29 avril 2005, France 2 et le 10 août 2007, France 5.
*Jean-Marie Lustiger. Le choix de Dieu. Entretiens avec J.-L. Missika et D. Wolton*, Éditions de Fallois, 1987 (prix des Bibliothèques, 1988 ; prix Jean-Jacques-Rousseau/Ville de Genève, 1988 ; prix du Mémorial, 1988).
*Terrorisme à la Une. Média, terrorisme et démocratie* (avec M. Wieviorka), Gallimard, 1987 (prix Radio France, 1988).
*La Folle du logis. La télévision dans les sociétés démocratiques* (avec J.-L. Missika), Gallimard, 1983.
*Raymond Aron, spectateur engagé* (avec J.-L. Missika), trois émissions de télévision (3 × 52 minutes). Diffusion les 11, 18 et 25 octobre 1981, Antenne 2 ; rediffusion les 21 et 28 novembre 2003, France 2.
*Raymond Aron, spectateur engagé. Entretiens avec J.-L. Missika et D. Wolton*, Julliard, 1981 (prix Aujourd'hui, 1981).
*Le Tertiaire éclaté. Le travail sans modèle* (avec la CFDT, J.-P. Faivret et J.-L. Missika), Seuil, 1980.
*L'Illusion écologique* (avec J.-P. Faivret et J.-L. Missika), Seuil, 1980.
*L'Information demain. De la presse écrite aux nouveaux média* (avec J.-L. Lepigeon), La Documentation française, 1979 (prix AFIN, 1979, Associations des informaticiens français).
*Mais où est donc Ornicar ?*, coscénariste du film, réalisation B. Van Effenterre, avec Jean-François Stévenin, Brigitte Fossey, Géraldine Chaplin, 1979.
*Les Réseaux pensants. Télécommunications et société* (avec A. Giraud et J.-L. Missika), Masson, 1978.
*Les Dégâts du progrès. Les travailleurs face au changement technique* (avec la CFDT, J.-P. Faivret et J.-L. Missika), Seuil, 1977 (prix Futuribles, 1977).
*Le Nouvel Ordre sexuel*, Seuil, 1974.

DOMINIQUE WOLTON

# Indiscipliné

Trente-cinq ans de recherches

Odile Jacob

15, rue Soufflot, 75005 Paris

www.odilejacob.fr

ISBN : 978-2-7381-2747-1

*Pour D., El., Ed.*

# Avant-propos

La communication est sans doute l'une des plus grandes révolutions des XXe et XXIe siècles. Elle a bouleversé nos existences et la société, rendant possible le monde ouvert dans lequel nous vivons aujourd'hui. Avec toujours un *double aspect*. Une dimension culturelle, la plus importante, où la communication est fille de la liberté. C'est parce qu'existe depuis trois siècles cette revendication ininterrompue de liberté individuelle et collective qu'il y a cette recherche de la communication. C'est parce que les hommes veulent être libres qu'ils veulent s'exprimer, échanger, partager, communiquer. Fantastique révolution anthropologique dont nous mesurons mal l'importance politique tant, pendant des siècles, l'inégalité entre les individus, les classes et les castes interdisait la liberté de communiquer, la réduisant à une simple transmission hiérarchique. Communiquer entre individus libres et égaux, comme nous l'entendons aujourd'hui, est un acquis extrêmement récent et fragile dans l'histoire de l'humanité. Le second aspect, tellement complémentaire, est le fantastique progrès des techniques qui a permis la conquête du monde, réduit les distances, augmenté les échanges, permettant finalement aux hommes d'être aujourd'hui instantanément interconnectés. Et ce, en à peine plus d'un siècle. Du télégraphe (1820) au téléphone (1880) à la radio (1910), de la télévision (1930) à l'ordinateur (1940) et à Internet (1970). Telles sont les deux clés de la révolution de la communication, mouvement à la fois politique pour l'émancipation et technique pour sa réalisation, dont la conséquence est l'extraordinaire expansion d'un secteur économique qui mélange habilement les moyens de réaliser ces idéaux *et* d'immenses profits.

* *
*

J'aurai finalement consacré ma vie scientifique à valoriser le concept de communication, pour moi inséparable de tous les mouvements d'émancipation depuis trois siècles. Comment chérir la liberté, l'égalité et la fraternité sans voir le lien ontologique de ces valeurs avec la communication ? Comment revendiquer et se battre pour les droits de l'homme sans réaliser qu'ils sont inséparables de ce concept ? Comment se préparer à vivre dans un monde ouvert et « transparent » où tout ne sera qu'« échanges » sans réaliser que la question de la communication y sera centrale pour la paix et la guerre, car il faudra bien que cohabitent pacifiquement tous ceux qui ne se ressemblent, ni ne se comprennent.

C'est la raison pour laquelle je me suis toujours intéressé au *décalage* existant entre la place considérable qu'occupe la communication dans nos vies privées, comme dans le fonctionnement des sociétés *et* le fait qu'elle soit le plus souvent sous-valorisée, voire dévalorisée. Tout le monde la cherche tout en la tournant en dérision. Et ce dans bien des cultures, en tout cas dans la culture occidentale. Pourquoi ? Parce que tout le monde souhaite communiquer et en rencontre très rapidement les limites. C'est peut-être cette difficulté humaine à communiquer qui explique la faible légitimité qui l'entoure. D'autant que si les êtres humains sont souvent « décevants », il n'en va pas de même pour les techniques de communication. Elles sont au contraire parfaites, efficaces, fiables, jamais décevantes... Dans ce décalage réside peut-être la réponse à la question suivante : pourquoi les hommes dévaluent-ils sans cesse la communication humaine, souvent considérée comme dérisoire, manipulatrice, marchande, etc., tout en glorifiant les techniques qui n'en sont pourtant que des prothèses partielles et inachevées ? Les hommes déçoivent, pas les techniques. Pourquoi tant de naïveté à croire que la communication par les techniques sera plus efficace que celle recherchée dans les rapports humains ?

C'est pour toutes ces raisons que trente-cinq années de travail (1975-2010) ont été consacrées à des recherches sur la communication dans la société actuelle, avec cette conclusion simple. Le plus facile dans la communication relève de la technique – c'est pourquoi nous la chérissons ; le plus compliqué concerne les hommes, les sociétés et les cultures – c'est pourquoi nous nous en méfions. J'ai donc toujours privilégié, dans la communication, une approche humaine et politique, plutôt que technique et économique.

* *
*

Les textes réunis ici, d'époques et de thèmes différents, concernent finalement tous la communication et ses difficultés, mais avec une hypothèse essentielle à mes yeux : il existe toujours une *marge de manœuvre.* Il n'y a pas de détermination. Dans ce sens, mon travail n'a cessé de valoriser l'*intelligence du récepteur*. Où y aurait-il une marge de manœuvre si le message décidait l'interprétation et manipulait le récepteur ? Ce dernier, c'est-à-dire vous, moi, par sa capacité critique qui n'est jamais proportionnelle au niveau scolaire, crée une marge de manœuvre, expliquant notamment pourquoi il ne suffit pas d'informer pour communiquer. Cette marge de manœuvre met en valeur le contexte et l'incessant processus de négociation, entre l'émetteur, le message et le récepteur. Ce récepteur est d'ailleurs le *même* individu que l'électeur. Pourquoi lui accorder, dans le domaine de la politique, une intelligence qu'on lui dénie quand il se retrouve en situation de communication ?

J'ai également essayé de souligner la nécessité de (re)penser, à la lumière de tous ces changements, la place et le rôle des *modèles de la communication*, aussi bien dans les théories de la connaissance que dans la société, la politique et la culture. On ne communique pas de la même manière d'un bout à l'autre du monde, ce qui oblige toujours à un travail de relativisation et de comparaison. On a pourtant, hélas, tendance à oublier le poids du contexte social et culturel puisqu'on retrouve partout les mêmes instruments et les mêmes marques, ce qui crée une fausse « communication ».

Cela conduit à l'une des questions finalement les plus difficiles : l'absence de lien entre le formidable progrès des techniques en un siècle *et* le peu de progrès dans la communication et la tolérance entre les hommes et les sociétés. En effet, il y a aujourd'hui sept milliards d'individus, cinq milliards et demi de postes de radio, quatre milliards et demi de postes de télévision, plus de cinq milliards de téléphones portables, et plus d'un milliard d'ordinateurs. Quel rapport entre cette omniprésence technique et davantage de compréhension ? Certes, les interactions sont innombrables, mais il y a loin des interactions l'omniprésence technique à une meilleure intercompréhension. D'ailleurs, le racisme, l'intolérance, la méfiance à l'égard de l'autre, se portent toujours aussi bien. Même et peut-être surtout dans un monde transparent. Il ne suffit pas de se voir plus facilement et de multiplier les échanges pour se tolérer davantage. Question théorique immense dont on ne pouvait soupçonner la complexité il y a un demi-siècle.

* *
*

*Comment est construit ce volume* ?

À partir d'une logique chronologique qui correspond aux dix thèmes de recherche sur lesquels j'ai travaillé : l'individu, le couple, la famille ; le syndicalisme, la division et l'organisation du travail ; les médias ; l'espace public et la communication politique ; l'information et le journalisme ; l'Internet et la société de l'information ; l'Europe ; la diversité culturelle et la mondialisation ; les rapports science, technique et société ; la connaissance et la communication.

J'ai choisi une soixantaine de textes, caractéristiques de chaque époque, publiés en France et à l'étranger. Certains ont parfois été raccourcis, mais toujours laissés dans leur contexte. Il s'agit principalement d'articles de presse ou de revues. Plusieurs sont liés à *Hermès*, tant mon travail est proche de la revue internationale que j'ai créée en 1988 et qui comprend aujourd'hui soixante-deux volumes, auxquels ont contribué plus de mille auteurs.

Un *encadré chronologique* ouvre généralement les chapitres, pour rendre compte du contexte, tandis que des textes inédits, *Les enjeux théoriques contemporains*, destinés à comparer les continuités et discontinuités entre les perspectives théoriques d'hier, et celles d'aujourd'hui, les clôturent. En regard sont indiqués les *livres* personnels qui ont été publiés dans la même période de recherche. Un *glossaire* permet aussi d'expliciter les concepts et notions que j'ai utilisés pendant ces trente-cinq années. Ils ont très peu changé, et ceux élaborés au cours du temps sont encore utiles aujourd'hui. Une *bibliographie* d'une trentaine de livres par chapitre permet de comprendre ceux qui ont marqué ce cheminement.

Bien qu'ils ne figurent pas dans ce manuscrit, je tiens à mentionner trois livres d'entretiens avec Raymond Aron (1981), Jean-Marie Lustiger (1987) et Jacques Delors (1994) qui ponctuent également ce parcours de recherche, autour du philosophe, du religieux et du politique – c'est-à-dire de l'analyse, de la spiritualité et de l'action. Ils correspondent de mon point de vue à trois interrogations fondamentales de la vie intellectuelle et humaine. Ces trois personnalités, dans des registres très différents, ont éprouvé d'ailleurs de redoutables difficultés à se faire comprendre, illustrant une fois de plus le fait qu'il ne suffit pas d'être clair et simple pour être entendu. On retrouve toujours le poids des idées dominantes et la difficulté de la communication dans un monde apparemment plus transparent, visible, ouvert... Ce furent de belles rencontres, émouvantes, qui illustrent aussi ce choix personnel consistant à s'intéresser à ceux qui ne sont pas dans l'idéologie de la « modernité » et du moment. Je cherche toujours à échapper à l'omniprésence de l'instant, à la standardisation de la pensée qui en résulte pour retrouver d'autres temporalités et essayer de comprendre un peu les sociétés.

* *
*

Cinq fils rouges traversent ce travail de synthèse dont l'objectif est également de contribuer à la *vulgarisation*, indispensable aujourd'hui comme hier, et qui retrouve d'ailleurs un des trois sens du mot communication, le plus ancien, celui qui vise au *partage* et à la volonté de mieux se comprendre. Le deuxième sens, *transmettre*, s'est beaucoup développé à partir de la révolution technique de l'imprimerie au XVe siècle. Le troisième sens, le plus récent, *négocier*, est lié à l'apparition d'un monde ouvert, où il s'agit de faire cohabiter des points de vue plus ou moins contradictoires.

1. *La communication est l'une des grandes questions du XXIe siècle*. Bien sûr, cette question est depuis toujours au cœur des réalités existentielles et elle est illustrée notamment par la littérature, la philosophie et l'art. Ce qui a changé en un siècle, c'est qu'elle est devenue l'horizon normatif du puissant mouvement d'émancipation des individus. Au bout des combats de la liberté, les êtres humains veulent mieux se comprendre et échanger. C'est souvent, au contraire, l'incommunication qui s'est installée, expliquant la question de ce siècle : *à quelles conditions cohabiter pacifiquement dans un monde tout petit où finalement rien n'est plus simple ?* Comment se supporter quand les différences sont plus nombreuses que les ressemblances ? Comment éviter que la visibilité des uns et des autres renforce les incompréhensions, au lieu de les réduire ? Tout se complique quand on passe de l'information, le message, à la communication, la relation. La révolution de l'information du XXe siècle conduit aux incertitudes de la communication du XXIe siècle *et* à la question centrale de l'altérité.

2. *Que faire pour que la communication, après sa victoire, demeure néanmoins une valeur d'émancipation et de liberté ?* Comment éviter que l'illusion technique repousse à plus tard l'affrontement avec la question de l'incommunication ? Penser la communication c'est d'abord la détechniciser, ensuite

élargir le sens, comparer, et enfin affronter l'incommunication. D'où l'importance des voyages, des expériences et des rencontres pour essayer d'expérimenter la diversité des modèles culturels de communication.

3. *Compléter la vitesse et la performance de l'information par la lenteur et la complexité de la communication.* C'est la mondialisation même de l'information qui provoque cette disjonction avec la communication. La question n'est plus « comment accéder à l'information ? », mais « comment échapper à l'invasion des informations, des données et des interactions ? Comment passer de la fascinante vitesse de circulation des informations à la lenteur dc l'accumulation des connaissances et de l'intercompréhension des hommes et des sociétés ? » Communiquer, c'est négocier, et au mieux, cohabiter.

4. *Les sciences de la communication sont le complément indispensable du « tournant communicationnel », à l'œuvre depuis un demi-siècle.* Tout est à repenser, du niveau le plus fondamental, celui de l'épistémologie comparée, comme à celui des nouveaux rapports entre sciences, techniques et société. Jusqu'à la communication politique, en passant par la mutation des modèles de relations humaines et la gestion des systèmes d'information interactifs. Il faut créer des concepts, faire du comparatisme. Ces nouvelles sciences sont nécessairement interdisciplinaires, comme les autres disciplines apparues depuis cinquante ans, les sciences de la vie, de l'univers, de l'ingénieur, de l'environnement. En un demi-siècle, on a pensé le plus facile – l'apparition et l'usage des techniques –, le plus compliqué est devant nous : penser le statut de l'altérité dans un monde fait d'interactions constantes où simultanément se multiplient les revendications d'identités culturelles.

5. *Comprendre, c'est faire des allers-retours entre la société et le monde académique.* Sortir, aller à la rencontre des usages et des utopies. Cette démarche, qui consiste à faire *à la fois* le travail de connaissance *et* assurer une présence dans l'espace public, sera demain nécessaire pour *tous* les scientifiques. Le temps où la connaissance était « ailleurs », hors de la société, est révolu. Il faut assumer ce changement, sans pour autant tomber dans la médiatisation à outrance et la « pipolisation ».

* *
*

J'ai voulu restituer une partie des textes qui illustrent ce cheminement théorique pour une autre raison : *lutter contre l'idéologie du court terme et de la vitesse.* Celle-ci, dans le domaine de la connaissance, comme ailleurs, ignore tout ce qui est antérieur à cinq ans. Nous sommes à ce point dans une culture de l'instant et de la vitesse que toute approche qui s'inscrit dans la durée, *a fortiori* sur trente-cinq ans, est considérée comme une sorte d'anachronisme, de passéisme, voire de conservatisme. Il n'y a plus qu'un présent indéfini, qui s'étire, sans histoire ni utopie. Et la connaissance, nécessairement plus lente que l'information, est de ce fait dévalorisée. Des écrits datant d'il y a dix ans paraissent « dépassés », *a fortiori* s'ils ont plus de trente ans. *Nous trouvons tellement d'informations simultanées et horizontales que l'épaisseur historique de la connaissance nous paraît désuète.* Tout devient une affaire de mode, de modernité, et la « pipolisation » gagne les idées et la culture, après avoir envahi le monde de l'information et la politique. D'ailleurs, l'érudition semble aujourd'hui une bizarrerie, en tout cas une activité réservée à une minorité, alors même qu'elle est le soubassement de *toutes* les connaissances.

Bref, tout circule, rien ne s'accumule, et l'épaisseur historique de toute chose s'arrête à l'horizon d'une décennie ! Or, même quand on essaye, comme moi, d'analyser « en direct » certaines mutations radicales de nos sociétés, cela prend inévitablement un certain temps, ici plus de trente ans. Ce temps paraît déjà trop « long », suscitant une forme d'indifférence, comme s'il fallait toujours du neuf, du scandaleux, ou de l'hypercritique. Lutter contre cette idéologie de la vitesse et de l'instant, d'ailleurs cousine de l'idéologie technique, est indispensable pour préserver la diversité des temporalités sans laquelle il n'y a ni culture, ni connaissance, ni société.

C'est pourquoi, pour ces recherches concernant l'étude des rapports entre la communication, la culture, la politique et la société, j'ai choisi de refaire le chemin à l'envers et de comprendre la *continuité*, au-delà de la diversité des sujets abordés. Comment se construit, finalement, et presque sans le savoir, une théorie de la communication qui ne dépende pas des dernières innovations techniques ? *Cet ouvrage est donc aussi un moyen de rappeler qu'il n'y a pas de connaissance sans durée ni comparaison. L'événement ne suffit pas à penser. L'instant emprisonne.* C'est comme le direct dans l'information. Il est un progrès indispensable, à condition de le mettre en perspective. Retracer l'évolution, et la continuité d'une recherche sur trente-cinq ans, c'est donc rappeler l'importance du temps aussi bien d'ailleurs pour le savoir et la culture que pour la communication. À l'heure d'Internet, de la verticalité et de la segmentation, nous avons un immense besoin de liens horizontaux, de synthèses, de textes et de livres. Et tout ne peut pas non plus se dire dans des « petits livres », sous prétexte de l'évolution du marché. Oui à toutes les formes courtes et à toutes les innovations techniques, à condition de ne pas exclure le livre classique.

* *
*

Une dernière chose, pourquoi ce titre *Indiscipliné* ? Parce qu'un chercheur l'est finalement toujours, sinon comment pourrait-il penser différemment dans un monde en ordre ? Parce que le premier numéro de la revue que j'avais créée en arrivant au CNRS en 1980, *Les Cahiers STS*, s'appelait *Indisciplines*. Parce que la communication est une activité tellement complexe qu'elle dépasse fréquemment l'interdisciplinarité, pour rejoindre l'indisciplinarité, et le plus souvent, là aussi, l'indiscipline…

INTRODUCTION

# Informer n'est pas communiquer

La communication a toujours existé. Plusieurs ruptures survenues en un siècle en font cependant un des concepts centraux d'aujourd'hui. Pendant très longtemps, informer était *synonyme* de communiquer, parce qu'il n'y avait pas beaucoup de messages, de techniques et le nombre de récepteurs était plus limité. Tout a changé en un peu plus d'un siècle, grâce au mouvement en faveur de la liberté individuelle, puis de la démocratie et du progrès technique. Le résultat est la possibilité de démultiplier le nombre de messages et d'accroître leur transmission. Tout le monde s'exprime et un nombre incalculable d'informations circulent avec beaucoup plus de récepteurs.

Hélas, beaucoup d'informations ne suffisent plus à produire autant de communication, car l'abondance croissante des messages et des échanges suscite plus de réticences. *Le récepteur n'est plus en ligne avec l'émetteur et le message*. Inconnu hier, le récepteur – vous, lui, moi, elle ? – est devenu le héros d'aujourd'hui. Chacun voudrait le convaincre, mais il résiste de plus en plus. Il n'a pas toujours raison, loin s'en faut, mais il est plus difficile de l'ignorer ou de croire qu'il accepte le message. Au-delà du récepteur et de sa résistance le plus souvent polie, mais réelle, la question qui surgit est celle de l'*altérité*. Les différences deviennent plus nombreuses que les ressemblances et surtout plus visibles, rendant la gestion de l'altérité presque aussi importante que celle du partage. Chacun cherche à communiquer et en découvre les difficultés croissantes. *Dans la communication, on recherche le même, mais on finit par négocier avec l'autre*. Informer n'est plus communiquer. Les deux concepts, pourtant complémentaires, se séparent inexorablement. C'est ce processus qui depuis toujours m'intéresse : penser la discontinuité entre information et communication, les liens de plus en plus forts entre communication et incommunication, le décalage entre la performance croissante des techniques, formidables et séduisantes, et la difficulté toujours aussi grande de la communication humaine et sociale. *Informer, c'est construire et transmettre. Communiquer, c'est recevoir et négocier*. Dans la communication, le plus facile concerne la technique, le plus compliqué, les hommes et les sociétés.

* *
*

Dans mes recherches personnelles, des premières sur les mœurs et la redéfinition des modèles de relations hommes/femmes, jusqu'à celles qui portent aujourd'hui sur la mondialisation, la diversité culturelle ou les nouveaux rapports sciences/société, j'ai essayé de comprendre et de montrer l'importance, ainsi que la complexité de tout processus communicationnel. Le progrès des techniques ne suffit plus à améliorer cette communication tant recherchée et souvent si insaisissable. L'incommunication devient, au-delà de la performance des outils, la frontière et parfois l'horizon de la communication. Pourquoi ? Parce que l'information, le message, est toujours plus simple que la communication. Communiquer, le plus souvent, c'est s'affronter à l'autre, ce qui oblige à des concessions réciproques. C'est pourquoi face aux difficultés qui se présentent, on préfère mille fois la communication technique, beaucoup plus efficace et bien moins décevante. Au risque de se perdre dans les solitudes interactives...

D'ailleurs, si je regarde rétrospectivement les dix thèmes de recherche abordés ici, ils ont tous consisté à analyser la remise en cause radicale de modèles dominants, sociaux ou culturels dans lesquels les processus de communication jouaient un rôle essentiel et dont on sous-estimait – souvent moi-même – l'importance. Les modèles craquaient et on ne réalisait pas encore combien, au-delà de la politique, ces changements affectaient les relations humaines, apparemment plus faciles, mais en réalité toujours aussi difficiles. Ces décalages que je percevais intuitivement, sans être toujours capable de les nommer, m'ont sensibilisé à l'importance du rôle de l'incommunication dans les rapports humains et la société. Plus on parlait de liberté d'expression, de transparence, d'interactivité, plus je remarquais les dialogues de sourds, l'incompréhension et l'indifférence. De la liberté individuelle aux médias en passant par la généralisation progressive des systèmes d'information dans le travail, les loisirs, et à la mondialisation, tout dans ce demi-siècle a été une suite de progrès techniques, un éloge de l'ouverture et de la communication. Cependant, au fur et à mesure, les malentendus et les incommunications se sont installés. Ce sont tous ces décalages qui me fascinaient et me fascinent toujours.

On ne parle en effet que de prouesses techniques, de vitesse d'échanges, de volumes d'informations, de rapidité et d'interaction, et pourtant, la difficulté des individus à se comprendre et à se tolérer est tout aussi pesante. Pourquoi tant de dialogues de sourds ? Dans la communication, c'est l'incommunication qui prend de plus en plus de place, celle que nous essayons tous les jours de résoudre, de déplacer, de masquer, avec réussite ou échec, et que nous essayons de mettre discrètement sous le tapis. C'est sans doute grâce à cette acuité personnelle et parce que j'ai été marqué par la psychanalyse, qui insiste sur l'indépassable incommunication entre les êtres, que j'ai très tôt réfléchi à l'*écart* qui existe entre le progrès des techniques *et* la complexité de la communication humaine. Autrement dit, cette révolution de la communication qui s'est installée depuis les années 1950-1960, des mœurs aux techniques et à la société, est relativement « sourde » à la réalité de son double, l'incommunication. C'est une des raisons pour lesquelles je n'ai jamais repris à mon compte le thème d'une « société de l'information et de la communication », où tout le monde se comprendrait. Il ne suffit pas d'informer, de transmettre ou d'interagir pour se comprendre. Plus il y a de performances techniques, plus la résistance des récepteurs s'installe.

C'est la raison pour laquelle cette valorisation du concept de la communication et de ses difficultés humaines *passe* par une critique de l'idéologie technique, incarnée aujourd'hui par Internet. Tant que n'interviendra pas la *relativisation* de l'idéologie des systèmes d'information et de leurs performances, il ne sera guère possible de réfléchir aux enjeux théoriques de la communication dans sa dimension anthropologique. L'omniprésence de la technique encombre aujourd'hui toute réflexion et justifie la nécessité de retrouver une pensée critique. Approche critique qui relève d'ailleurs d'une très ancienne et très belle tradition, qui va de la philosophie, de l'histoire et de l'anthropologie aux sciences et aux techniques. La France y a d'ailleurs joué, depuis la fin du XIXe siècle, un rôle intellectuel réel, avec également l'école de Francfort, même si, hélas, tout ceci a tendance à s'affaisser depuis une génération, les prouesses techniques devant résoudre toutes les contradictions. Retrouver cette tradition critique est donc indispensable, non seulement pour remettre la victoire des systèmes d'information en perspective par rapport à une histoire critique et souvent politique des sciences et des techniques, mais aussi pour relativiser la question de la performance par rapport à la question plus complexe des relations des hommes entre eux.

* *
*

Au cours de mes recherches, j'ai rencontré assez vite plusieurs formes d'incommunication. On insistait bruyamment sur les prouesses techniques au moment où des ruptures sociales et culturelles en montraient, au contraire, la limite. Bref, relativiser le rôle de la technique dans la communication, depuis plus de trente ans, m'a souvent mis en position finalement très minoritaire. Dans l'ensemble, chacun rêve, tout simplement, que le progrès des techniques entraîne un progrès similaire dans la communication humaine. Et c'est sur ces décalages que j'ai travaillé.

1. Avec la *révolution des mœurs,* dans les années 1970-1980, le mouvement qui dominait concernait le statut des femmes et leurs rapports avec les hommes et la famille. L'essentiel était l'expression de soi et la revendication pour plus de liberté. Cependant, j'étais aussi intéressé par le silence des hommes, la fragilité des rapports interpersonnels, l'incertitude de la cellule familiale et surtout la mise en place, au-delà de la liberté de parole sur la sexualité, d'un discours normatif, scientifique et d'expert sur les rapports humains. Cela s'accompagnait, en filigrane, du rôle croissant des laboratoires pharmaceutiques, les industries du bonheur, du corps et de la réparation. Cette problématique, décalée par rapport aux idéaux de liberté et d'expression de l'époque, se révèle plutôt conforme aux contradictions d'aujourd'hui, trente-cinq ans après, mais elle n'était pas du tout dans l'air du temps à l'époque. Tout devait pouvoir changer. Autrement dit, j'étais sensible au thème de la liberté et de la solitude, voire de l'incommunication, au moment où l'on ne voyait dans le processus de « libération » que des promesses de rapports plus libres, justes et harmonieux. Ceux-ci sont parfois devenus plus justes, et encore... en tout cas, ils ne sont pas forcément plus harmonieux,

car l'affirmation des libertés individuelles conduit, et c'est normal, à l'affirmation des identités et aux difficultés plus grandes de l'intercompréhension.

2. Pour l'*analyse du travail dans ses rapports avec les progrès scientifiques*, la question à l'époque était, à juste titre, l'amélioration des conditions de travail. J'essayais, avec mes collègues, une nouvelle méthode de recherche, proche de la maïeutique, à la faveur de laquelle j'insistais surtout sur les moyens de construire une critique de l'organisation et de la division du travail. Sans grand succès. Les *dégâts du progrès* affectaient beaucoup les conditions de travail et la difficulté était immense à revenir à des niveaux d'analyse plus fondamentaux. Quant à l'informatisation croissante du travail – déjà présentée à l'époque comme un immense progrès –, elle ne remettait nullement en cause sa division et son organisation. On en voit d'ailleurs les conséquences aujourd'hui avec la généralisation d'un travail abstrait, taylorisé, de plus en plus angoissant, sans grand rapport avec la réalité. Des millions de travailleurs passent leur journée derrière des écrans, sans aucune expérience pratique de la nature ou de la matière, communiquant entre eux par mail, ce qui suscite une tension psychique croissante. Le travail à la chaîne a-t-il vraiment disparu ? En passant de la mécanique à l'électronique, *la chaîne s'est faite réseau.* On ne parle même plus de travail tertiaire, il est *le* travail. D'ailleurs, du travail et de son intérêt, on ne parle plus. Il n'est question que du chômage et de la mondialisation, des revenus et de la consommation. À quand la remise en cause *qualitative* du travail et la revalorisation de tous les rapports humains et sociaux qui l'accompagnent ? Notamment pour réagir au fait que, pour beaucoup, la vie aujourd'hui commence et n'existe que « hors du travail ». Même, la réduction du temps de travail, dans ses ambiguïtés, traduit *aussi* une sorte de dévalorisation du travail, notamment comme expérience collective et source de réalisation de soi. Il n'est question que de l'individualisation des rapports sociaux, bien symbolisée par le succès des nouvelles techniques, qui deviennent souvent le seul horizon du changement. On parlait hier de l'aliénation au travail. Que dire aujourd'hui de l'aliénation à toutes les nouvelles techniques ? A-t-on d'ailleurs offert d'autres horizons que ce multibranchement ? *Où va le travail humain ?* de Georges Friedmann, publié en 1950, reste ainsi d'actualité.

Autre thème intéressant, celui de l'*écologie naissante*. Elle était chargée dans les années 1980 de toutes les vertus, alors que j'y voyais aussi le risque, toujours aussi présent aujourd'hui, et sous-estimé, d'un néoconservatisme systémique bien éloigné de la dimension de l'écologie politique à laquelle chacun pense. Distinguer dans l'écologie la dimension politique du néoscientisme n'était pas dans l'air du temps. Les trois dimensions de l'écologie, que j'essayai de distinguer hier, continuent aujourd'hui de cohabiter : le néoscientisme, devenu le systémisme ; l'écologie politique classique ; l'écologie radicale, proche de l'anarchie politique et culturelle.

3. Dans l'*audiovisuel*, la critique, à l'époque, était dominante à l'égard des médias de masse, accusés d'aliéner les individus, les peuples et de standardiser les cultures. Cette posture critique n'a pas changé. Le succès massif de la radio, puis de la télévision, s'est presque toujours accompagné d'un discours critique, notamment de la part des intellectuels. Là où les pionniers

voyaient une chance d'émancipation dans le cadre de la culture et de la société de masse, eux ne voyaient qu'aliénation et damnation. C'est pourquoi, depuis toujours, je défends le rôle central des médias généralistes (radio et télévision), leur fonction de lien social, inséparable de la démocratie du même nom, alors qu'il n'est question aujourd'hui que du bonheur des réseaux sociaux. Comment peut-on encore s'intéresser aux « dinosaures » des médias grand public quand chacun peut succomber aux délices de l'individualisation de la consommation, facilitée par toutes les technologies ? Le lien qui reste pourtant évident, entre la radio, la télévision *et* le projet politique de la démocratie de masse des années 1950-1980 est souvent totalement oublié. Le divorce n'a peut-être jamais été aussi grand entre l'usage, par tous, des médias et le discours tenu à leur égard. Aujourd'hui, la cause semble entendue : les médias symbolisent le passé, Internet l'avenir. Mais si tous les individus sont enfermés dans la segmentation, et sa conséquence, le communautarisme, comment retrouve-t-on le collectif, la société, le lien social, c'est-à-dire tout ce qui réunit les individus *au-delà* de leurs différences ?

4. Pour la *communication politique,* je tiens aussi un raisonnement à contre-pied. Ce concept si indispensable à la démocratie de masse reste toujours dévalorisé, caricaturé, réduit à l'idée de manipulation par les sondages, le marketing et les médias. Le tout à destination d'un électeur crédule et « naturellement » manipulé par cette « com ». J'insiste au contraire, en relation avec l'hypothèse de l'intelligence du récepteur, sur le rôle essentiel de ce concept, réel moteur de l'espace public, et sur l'*équilibre fragile* des trois logiques qui le composent, celle des acteurs politiques, des médias et de l'opinion publique. En réalité, qu'il s'agisse des médias, de la communication politique, de l'information ou de l'espace public, je fais partie de la très petite minorité des chercheurs favorables à la communication, à la démocratie de masse, aux classes moyennes et au lien social dans une époque où tout ce qui est collectif est dévalorisé, considéré comme archaïque, au profit de ce qui renforce « la liberté et l'interactivité individuelle ».

5. Le *statut des journalistes.* Leur victoire, en une génération, est en réalité extrêmement fragile car, au-delà de leur visibilité sociale, s'installe progressivement une crise de confiance croissante. Et pourtant, leur rôle est encore plus déterminant dans un monde saturé d'informations où chacun croit pouvoir devenir journaliste de lui-même et de l'histoire, voire devenir aussi « citoyen justicier ». Ce rôle de filtre, d'organisation, de hiérarchisation des faits *et* de création de l'information est indispensable à préserver au moment où l'on pense qu'Internet et le citoyen-journaliste « sont tout-puissants ». Valoriser le statut *théorique* des journalistes est, contrairement à l'évolution actuelle, indispensable à la démocratie. Plus il y a d'informations, plus ce métier est crucial. Par la construction de l'information, l'enquête et la critique, le journaliste constitue le contre-pouvoir le plus indispensable d'un monde où l'omniprésence de l'information est souvent synonyme du règne de la rumeur, de la concurrence en temps réel, des « révélations » et des scoops. Défendre ce métier ne signifie pas « freiner » la liberté de l'information, mais au contraire la protéger. Les journalistes, dans le monde entier, devraient être les premiers à distinguer performances techniques *et* information. Pourtant, ils ne le font guère, reprenant le discours classique de la

« révolution d'Internet ». Pourquoi succombent-ils à ce point à l'idéologie technique et finalement, à l'instauration d'un marché pléthorique, sans ordre, et à sa conséquence : une information segmentée selon les milieux sociaux et culturels ? *Fantassins de la démocratie*, ils devraient au contraire exercer une réflexion critique sur la profonde hétérogénéité de ce que l'on appelle l'« information » et les marchés qui l'accompagnent. Distinguer ce qui relève de l'idéal d'émancipation lié à ce concept, de ce qui renvoie à toutes les industries, et les économies du même mot qui en dévalorisent le sens.

Quant à la *mondialisation de l'information*, c'est peut-être dans les situations de conflits armés, auxquels j'ai consacré deux ouvrages, qu'on en voit le plus rapidement les forces, et les contradictions. Elle est en tout cas, et contrairement à ce qui avait été imaginé en 1980 avec la création de CNN, plus un accélérateur d'incommunication culturelle qu'un outil de compréhension mutuelle. On croyait que multiplier les informations rapprocherait les points de vue. C'était oublier que tous les peuples ne voient pas le monde de la même manière et que les différences géoculturelles sont considérables. La performance technique, ici comme ailleurs, ne suffit pas à créer plus d'intercompréhension, mais au contraire à rendre encore plus visibles les différences. Le même enjeu apparaîtra rapidement avec la « mondialisation de la connaissance », parée de toutes les vertus de la démocratie, de la liberté et du progrès, sans voir les contradictions qui en résultent simultanément.

6. L'*arrivée d'Internet* accentue la confusion entre progrès des techniques *et* progrès de la communication. Le renforcement de la logique de la demande, l'individualisation des usages, l'interactivité, la vitesse et le volume d'informations échangées sont un formidable progrès, mais à condition de ne pas dévaloriser les autres formes de communication. On confond le progrès technique qui permet de diversifier l'émission, la réception et l'interaction, avec la spécificité de l'échange qui existe avec le livre, la radio, la télévision, l'ordinateur, et qui va bien au-delà de la seule relation technique. Rappeler la différence de nature existant *entre* les multiples formes d'échanges techniques d'une part et *entre* la communication humaine *et* technique d'autre part est indispensable. Il est de même indispensable de revaloriser le rôle de l'offre par rapport à la demande, afin de souligner l'importance indépassable de la problématique du collectif par rapport à celle de l'individualisation. Ces propos que je tenais n'étaient pas dans l'air du temps, il y a douze ans, quand j'ai publié *Internet et après*. Ils le sont encore moins aujourd'hui, avec très peu d'attention concernant l'*ambiguïté* d'Internet, outil de liberté et d'émancipation, mais aussi de spéculation, de cybercriminalité, de contrôle et de traçabilité. Il est même encore plus difficile de susciter une réflexion à propos d'Internet qu'au moment de la bulle des années 2000 ! Et ce, en dépit également du rôle des systèmes d'information dans la crise financière de 2008. Pour l'instant, Internet est identifié au progrès, et toute remarque critique est assimilée à du conservatisme. *L'engouement s'est transformé en idéologie, puis en aliénation*. Toute critique est écartée, *même* quand elle touche aux thèmes si fondamentaux de la distinction privé/public, de la traçabilité, des libertés publiques, etc.

7. *L'Europe politique est l'objet des mêmes malentendus*. Avec ses difficultés croissantes liées au début de l'Europe démocratique après Maastricht,

l'élargissement, les déboires institutionnels et la crise financière, il n'est question que de l'Europe « embourbée », quand il ne s'agit pas d'une Europe « fatiguée par l'histoire ». Il s'agit pourtant du plus grand chantier politique de l'histoire puisque vingt-sept pays actuellement, avec vingt-six langues, cinq cents millions d'habitants que tout sépare dans l'histoire, essayent de se rapprocher. *C'est la plus grande expérience démocratique de cohabitation culturelle pacifique ayant jamais existé.* Et dont les résultats sont en un demi-siècle extraordinaires, même s'ils ne sont pas toujours spectaculaires. Le tout dans une logique de plus en plus complexe, avec le suffrage universel. En un mot, le plus grand chantier démocratique de l'histoire du monde. *Seuls les Européens ne croient pas à l'Europe*. Si ce chantier politique unique réussit à survivre, cela constitue un immense espoir pour d'autres régions du monde. L'Europe, malgré ses bégaiements, demeure la plus grande *utopie* de la mondialisation. Alors, pourquoi tant de scepticisme, voire d'indifférence, en tout cas de sous-estimation dramatique de la force de ce projet politique ? Pourquoi une telle difficulté de communication de l'Europe sur elle-même ?

8. La *troisième mondialisation,* c'est-à-dire le surgissement de la problématique des identités culturelles comme enjeu politique, est pour moi un phénomène essentiel et largement sous-évalué de ce début de siècle. On ne voit dans l'émergence de la diversité culturelle qu'une menace de communautarisation, alors que c'est exactement du contraire dont il s'agit. C'est en reconnaissant la réalité des identités culturelles collectives dans un monde ouvert que l'on *empêchera* la communautarisation. Sinon, après une phase d'ouverture naïve, les identités culturelles reviendront en boomerang, facteurs de conflit. Il faut apprendre à tricoter *ensemble* universalité *et* respect de la diversité culturelle. Contrairement à de nombreux écrits théoriques et politiques actuels, je ne vois pas dans la diversité culturelle collective une menace, mais au contraire un fait incontournable et indispensable pour éviter la communautarisation et organiser la cohabitation culturelle. *Pourquoi respecter, enfin, la diversité de la nature au travers de l'écologie, et demeurer si indifférent à la diversité culturelle des hommes et des sociétés ?* Et ce, malgré la reconnaissance par l'Unesco en octobre 2005 de la diversité culturelle comme valeur fondamentale de l'humanité. La France, avec les outre-mers et la francophonie, dispose de deux échelles d'expérience considérables pour penser et organiser la cohabitation culturelle et l'avenir des sociétés multiculturelles. Là aussi, malgré de nombreux écrits et interventions de ma part, il faut hélas constater que personne ou presque ne s'intéresse *positivement* à la dimension multiculturelle de la société française à la francophonie et à son expérience pour penser la diversité et la cohabitation culturelle à l'échelle de l'Europe et du monde.

9. *Le changement des rapports entre sciences, techniques et société depuis un demi-siècle reste largement impensé,* alors même qu'il illustre la place grandissante, là aussi, des problématiques de communication. Deux faits intervenus depuis la moitié du XX^e^ siècle obligent à un réexamen de leurs relations et de la place croissante qu'y joue la communication comme processus permanent de négociation. D'une part, les sciences et les techniques ne sont plus nécessairement identifiées au progrès, comme on le voit notamment avec les risques liés au nucléaire et au génie génétique. Elles doivent s'expli-

quer et se justifier. D'autre part, les sociétés démocratiques trouvent normal d'interroger les scientifiques, de formuler des demandes, des priorités et des critiques. Le résultat est la présence plus grande des scientifiques dans la cité, comme dans la mondialisation avec les controverses qui les accompagnent. C'est la fin de la « tour d'ivoire » et d'une science « hors de la société ». Les points de vue contradictoires sont beaucoup plus visibles, avec néanmoins la nécessité de préserver, non pas forcément la « vérité scientifique », mais, au moins, sa spécificité. Et les scientifiques, au lieu de s'adapter à cette nouvelle réalité, continuent souvent de confondre « com » et « communication », c'est-à-dire publicité et négociation. Ils devraient au contraire apprendre à s'exprimer dans l'espace public, à débattre *sans être assurés* de faire triompher leur point de vue. Émerge un modèle de communication beaucoup plus large, contradictoire, en tout cas plus complexe que celui auquel les scientifiques étaient habitués.

Le schéma était simple, y compris pour la vulgarisation, puisqu'il allait de la transmission vers le public, sur un mode finalement hiérarchique. Dans l'espace ouvert et contradictoire d'aujourd'hui, il faut à la fois gérer les interactions plus nombreuses et aussi arriver à spécifier et valoriser la logique de la recherche, de la connaissance, par rapport à l'espace sans cesse élargi d'informations et de connaissances de toutes sortes.

10. La *place croissante des concepts d'information dans le développement des disciplines scientifiques et de la connaissance* provoque une révolution épistémologique jusque dans les théories de la connaissance. En effet, non seulement ces concepts d'information et de communication sont utilisés dans *toutes* les sciences, et pas seulement dans les sciences humaines et sociales, mais surtout, ils affectent les relations des sciences entre elles et ceci pour trois raisons. D'abord en facilitant l'interdisciplinarité : l'information et la communication sont des facteurs de restructuration des connaissances. Ensuite, en permettant le rapprochement et la négociation entre disciplines hier séparées, et souvent concurrentes, ces deux concepts valorisent les processus de négociation et de cohabitation qui sont au cœur de la communication contemporaine. Enfin, elles contribuent à penser les nouveaux rapports entre sciences, techniques et société. Elles sont indispensables aux théories scientifiques contemporaines, pour penser l'interdisciplinarité et également pour penser les nouvelles relations entre sciences et société. C'est en cela que l'on peut parler d'un « tournant communicationnel » trop sous-évalué, et sous-valorisé, par les scientifiques.

Ces dix domaines de recherche, et il y en aurait certainement d'autres, illustrent de mon point de vue la place croissante des processus de communication dans le fonctionnement des sociétés, avec un glissement de l'idée de transmission hiérarchique, ou de partage, à celui de *négociation*. C'est ce changement de paradigme concernant le *sens* même de la communication que j'ai du mal, livre après livre, à faire accepter, en dépit de la réalité des faits. C'est sans doute la performance même des techniques qui empêche de voir *cette mutation du modèle épistémologique* de la communication.

* *
*

Ce volume vise aussi à montrer l'unité de ces recherches centrées sur la compréhension des *relations du triangle culture-communication-connaissance.*

Plus le monde est petit, sillonné de systèmes d'information interactifs, efficaces et séduisants, plus la recherche d'une cohabitation pacifique des points de vue contradictoires est au cœur de mes travaux. *Pourquoi la guerre et la haine se portent-elles aussi bien avec l'omniprésence des techniques ?* Pourquoi leur nombre croissant et leurs performances n'ont-ils aucun impact sur la capacité des hommes et des sociétés à mieux se comprendre, voire se tolérer ? Cette question me hante depuis toujours, avec cette interrogation complémentaire : *comment sauver la paix dans un univers saturé d'informations, d'interactions et de communication où la visibilité des différences renforce les incompréhensions et les méfiances mutuelles ?* Oui, il y a un « village global », mais technique, sans projet politique. Oui, il y a un *tournant théorique communicationnel,* qui porte sur la place croissante des concepts d'information, de communication, et de négociation dans les théories de la connaissance *mais* ce tournant n'a rien à voir avec l'idéologie actuelle de la transparence et de l'immédiateté. Oui, les techniques accroissent la visibilité, mais aussi la méfiance mutuelle. *Être interconnectés n'interdit ni d'être indifférents, ni d'être hostiles les uns par rapport aux autres…* Le tournant communicationnel est donc considérablement plus complexe que le progrès *et* la performance des instruments.

* *
*

C'est pour cette raison que je privilégie une *conception politique de la communication,* c'est-à-dire démocratique, dans laquelle l'essentiel est d'apprendre à *cohabiter* pacifiquement. Le XX^e^ siècle a été celui de la technicisation de la communication, le XXI^e^ siècle sera celui de la relativisation de la technique, et le retour de la prise en compte de la complexité de la communication humaine, sociale et culturelle. Cette difficulté à penser la *discontinuité entre techniques et communication* vient notamment du fait, on l'a vu, que le lent mouvement en faveur de la liberté individuelle a été *simultané* à ces formidables progrès techniques, créant l'illusion d'une continuité entre les deux. Et les difficultés croissantes de la communication humaine ont renforcé, comme par transfert, la séduction en faveur de la communication technique. Il faut attendre les difficultés, contresens et finalement les ruptures existant entre la performance des techniques *et* la réalité historique pour dépasser cette fausse « complémentarité ».

En outre, les élites n'ayant jamais pensé, ni aimé la communication, sauf pour s'en servir elles-mêmes, n'ont guère facilité cette indispensable réflexion critique. Elles ont même craint pendant le dernier siècle que les médias, inséparables de l'émergence de la démocratie de masse, « réduisent » la place de la culture d'élite ct « manipulent » des récepteurs. Ces deux prédictions se sont révélées fausses, mais ces craintes, véritables stéréotypes, expliquent par contre que ces élites aient, sans beaucoup réfléchir, applaudi à l'émergence des médias segmentés et surtout réduit la communication à Internet, paré de toutes les vertus de la « modernité ».

CHAPITRE 1

# L'individu, le couple, la famille[1]

## Repères chronologiques

**1967 :** Adoption par l'Assemblée nationale de la loi Neuwirth. Après avoir rejeté onze propositions de loi en dix ans, l'Assemblée nationale adopte le 28 décembre 1967 une loi autorisant la contraception et abrogeant partiellement les dispositions de la loi de 1920 qui interdisait toute pratique ou traitement médical anticonceptionnel (l'avortement constituait, depuis 1920, un crime jugé en correctionnelle). Il fallut attendre 1972 pour voir les premiers décrets d'application de la loi de 1967.
**1970 :** L'autorité parentale remplace, en droit français, la puissance paternelle qui assurait l'exclusivité de l'autorité du père sur les enfants (l'autorité absolue du mari sur la femme s'appelait « puissance maritale »). L'autorité parentale est un ensemble de droits et de devoirs que les parents ont à l'égard de leurs enfants mineurs. Il signifie à ce titre l'égalité des droits et devoirs du père et de la mère dans l'éducation des enfants. Toutefois, l'autorité paternelle continue d'exister dans de nombreux pays.
**1973 :** Création par décret du Conseil supérieur de l'information sexuelle, de la régulation des naissances et de l'éducation familiale. À l'initiative également de Lucien Neuwirth, le Conseil constitue un lieu original de rencontres et d'échanges réguliers entre le monde associatif proche des préoccupations de terrain et l'administration. L'apport réciproque d'informations, l'expression de sensibilités plurielles, de savoir-faire et d'expertises permettent d'élaborer une réflexion et constituent une force de propositions auprès des pouvoirs publics.
**5 juillet 1974 :** Réduction de l'âge de la majorité civile à 18 ans, contre 21 ans auparavant.
**1975 :**
– Adoption le 17 janvier 1975 d'une loi à l'initiative de Simone Veil qui dépénalise l'avortement dans certaines conditions. L'interruption médicale de grossesses (IMG) peut alors être pratiquée selon des conditions très particulières et bien définies : volonté de la mère ; maladie grave et incurable dans l'étendue des connaissances actuelles de la science ; autorisation d'experts ; pas d'autres alternatives.
– Libéralisation du divorce : la femme n'est plus obligée de vivre au domicile de son mari, l'adultère est dépénalisé, le divorce par simple consentement mutuel devient possible et la rupture de la vie commune devient un motif de divorce, même sans le consentement de l'un des époux. Le nombre des divorces a considérablement augmenté durant les trente dernières années : le taux de divorce était de 5 % en 1914, de 10 % vers 1970, de 30 % vers 1985, et de 45 % en 2001.

1. **Ouvrages de D. W. en regard** : *Le Nouvel Ordre sexuel*, Paris, Seuil, 1974 ; *Jean-Marie Lustiger. Le choix de Dieu*, Éditions de Fallois, 1987 ; *Mais où est donc Ornicar ?*, film, 1979.

**1999** : Vote de la loi instaurant le pacte civil de solidarité (Pacs). De 1999 à 2009, 700 000 Pacs ont été conclus.
**2000** : Proposition de loi relative à la contraception d'urgence. Commercialisation de la contraception d'urgence et décret de Mme Royal sur sa distribution dans les établissements scolaires. Une campagne d'information est lancée, avec pour slogan la *contraception, à vous de choisir la vôtre*.
**2001** : Suppression de l'autorisation parentale pour l'accès des mineures à la contraception, mais avec le consentement d'un adulte. La contraception d'urgence est désormais délivrée gratuitement et de façon anonyme. Depuis, les IVG ne cessent de croître : 14 500 IVG sur des mineures ont été pratiquées en 2007 contre 11 300 en 2001. Également, le délai légal pour procéder à un avortement passe de dix à douze semaines.
**Mars 2006** : Vote à l'unanimité d'une loi qui porte l'âge légal du mariage des femmes à 18 ans (au lieu de 15 ans) afin de lutter contre les mariages forcés.
**Mai 2011** : Rapport d'information sur la contraception des mineurs. La mesure principale est de garantir un accès anonyme et gratuit à la contraception des mineurs *via* une visite médicale, auprès d'un professionnel de santé et la prescription d'une contraception adaptée. Renforcement de l'éducation sexuelle et de l'information vers différents publics.
**Homoparentalité** : on assiste depuis quelques années à une reconnaissance légale des familles homoparentales, le parent légal étant le parent, biologique ou non, qui a reconnu (ou pu reconnaître) l'enfant. Le Code civil français définit la filiation de manière pragmatique comme étant liée au fait d'avoir porté le nom du ou des parents, d'être considéré par eux comme leur enfant, par la famille, par la société et que l'état civil l'ait reconnu comme tel. En France, il est possible pour un « célibataire » d'adopter, mais pas pour un couple lié par un Pacs. Aujourd'hui, 30 000 enfants vivent dans des foyers homoparentaux.

## *Contre la sexologie : la sexologie ou la guérison du désir*[2]

De longues années de lutte contre les multiples formes de répression sexuelle n'aboutissent qu'à la création de spécialistes, qui s'affirment compétents pour résoudre les problèmes de sexualité. Cette normalisation scientifique de la sexualité n'est-elle pas contradictoire avec tout désir de libération ? N'est-elle pas le prolongement logique de vingt ans de commercialisation de la sexualité et le substitut de la morale d'hier ? Pourquoi la sexologie apparaît-elle aujourd'hui, à la suite de quels bouleversements, pour satisfaire quels besoins, et dans quelle perspective ?

2. Revue *Esprit*, juilet-août 1976, n° 7-8.

QUELLE LIBÉRATION ?

Les changements liés à la sexualité sont de trois ordres.

La crise des valeurs religieuses et morales, précipitée par les atrocités de l'histoire contemporaine et facilitée par la société de consommation, puis par l'insertion croissante des femmes dans les rapports de travail et la montée des jeunes explique notamment la critique progressive d'un ordre qui reposait sur l'autorité, l'âge et la morale puritaine du XIXe siècle.

L'aspiration profonde de libération a permis une articulation plus efficace de l'infinité de nos désirs à une production massive de biens et de services. La manière de parler des problèmes de sexualité a aussi changé. Une hypocrisie a disparu, pour laisser place à la tendre et complice curiosité avec laquelle nous côtoyons, par exemple, ce qui fut longtemps appelé pornographie. L'affaire de chacun est devenue officiellement une affaire de société. Les médias, la publicité et finalement les lois ont traduit à leur manière ces changements.

La maîtrise technique et légale de la reproduction, pour la première fois dans l'histoire, par la contraception et l'avortement, a bouleversé le rapport à la sexualité en dissociant plaisir et reproduction. Cette rupture fondamentale, dont on mesure sûrement mal les conséquences, favorise en tout cas une remise en cause du modèle familial actuel, du couple, de la place des enfants, du sentiment maternel, etc.

Néanmoins, les décalages sont considérables entre ces trois phénomènes qui n'obéissent ni aux mêmes rythmes ni aux mêmes logiques. Tout va trop vite. D'autant que la libération proposée est bien pauvre avec cette sexualité réduite aux seuls jeux des corps, et dans le strict maintien des schémas affectifs et relationnels les plus conservateurs.

Quant aux mécanismes d'inégalités sociales et sexuelles, ils restent intacts. Le sexe se vend et se joue, mais la division et l'organisation du travail, comme les conditions de santé et de culture, maintiennent intactes ségrégations et hiérarchies. Alors, tout se mélange, et on confond changement dans la manière de parler de la sexualité et mise en place d'un nouveau code « affectivo-sexuel ». D'autres complexes s'ajoutent aux précédents, à l'aune de cette libération dont on parle tant. Les « besoins » et la « demande », comme disent les sexologues pour justifier leur existence, ne manquent pas.

Chacun, un peu paumé, coincé entre ses fantasmes et les sollicitations, cherche à se raccrocher à une bouée de sauvetage qui corresponde « aux exigences des temps modernes ». Pourquoi pas la sexologie si elle se présente comme telle ? C'est dans l'espace créé par l'effritement de la morale puritaine du XIXe siècle, l'aspiration à d'autres relations affectives, et l'impossibilité d'habiter les images suggérées qu'elle apparaît. En cela, elle n'innove pas et complète une liste déjà longue de trucs inventés pour combler les questions sans réponses. Pourquoi pas ?

Le problème que pose la sexologie est avant tout celui d'une discipline qui se définit comme une solution scientifique et libératrice. Il est moins d'être un bricolage supplémentaire dans la panoplie ancienne des solutions inventées que de se présenter comme le système d'explication rationnel et universel « pour résoudre les problèmes des gens ». Comment être libérateur tout en bénéficiant de l'appui massif des pouvoirs en place[3] ?

## LE NOUVEL ENFERMEMENT

Le problème immédiat de la sexologie est d'asseoir sa légitimité. S'affirmer comme une science est la condition pour être aujourd'hui crédible et suggérer aussi qu'on est au-dessus des jugements de valeur. La sexologie ne dit pas : « c'est bien », « c'est mal », mais : « c'est vrai », « c'est faux ». Elle repose sur une double hypothèse : d'une part, qu'on peut isoler un domaine qu'on appellerait « la sexualité », qui serait défini et circonscrit ; d'autre part, qu'il s'agit de la même chose pour chacun.

Elle partage ainsi les postulats propres aux modèles scientistes du XIXe siècle (universalisme et positivisme), pourtant bien critiqués et qui lui permettent d'appeler préscientifiques les approches antérieures. C'est aller un peu vite dans la rationalisation de l'histoire et imposer curieusement le présent immédiat comme seule grille d'analyse. Que sait-on des cultures qui nous ont précédés pour découvrir des « besoins » qu'il faudrait aujourd'hui satisfaire ? En supposant même que la science ait quelque chose à voir avec cela, ses progrès concernent essentiellement la maîtrise de la reproduction. Ils n'ont pas de lien direct avec la sexualité, même si aucune libération n'est possible sans maîtrise de la reproduction. La sexologie rêve finalement d'une maîtrise de la sexualité, de comprendre ces mécanismes impossibles et concilier désir et connaissance. À quel prix ? Celui de réduire la sexualité aux relations sexuelles et à quelques schémas psychologiques en conformité avec les modèles dominants qui ne parlent que de libération et de jouissance.

Où est alors la rupture ? Peut-on ainsi découper un objet théorique qui s'appellerait sexualité et dessinerait les frontières d'une nouvelle science ? Quel en est le statut ? Que vaut ce découpage, notamment par rapport à la psychanalyse qui reste malgré tout l'effort le plus rigoureux pour interroger les phénomènes de sexualité, et dans des perspectives pourtant moins ambitieuses ?

Tout d'abord, la découverte de l'inconscient et de sa structuration symbolique empêche de définir, dans l'entrelacs des gestes, des mots, des sentiments, ce quelque chose identique pour chacun, que l'on nomme « sexualité ». Reconnaître l'importance de ce « quelque chose » de transversal à

---

3. Que l'on songe aux revues les plus connues dont le tirage est de plus de deux cent mille exemplaires, aux multiples émissions de radio et de télévision, sans parler des encyclopédies de la sexualité qui nous permettent enfin de tout savoir sur tout.

Du côté des pouvoirs publics la logique de l'organisation veut maintenant que les lois sur la contraception et l'interruption de grossesse soient complétées par la formation de personnels compétents pour « aider les gens », à l'hôpital, comme dans les PMI, les dispensaires et les cliniques. C'est ainsi qu'on discute de la création de *diplômes d'éducateurs sexuels*, dont il reste à savoir s'ils seraient attribués par l'université ou par des écoles privées. Ce sera en tout cas autant de marchés supplémentaires de formation, de hiérarchies, et de batailles pour faire triompher une logique, médicale, sanitaire ou éducative. Ces problèmes sont posés, dès lors que l'État organise positivement la sexualité au travers des lois.

l'expérience de chacun et si déterminant pour l'organisation sociale, ne conduit pourtant nullement à l'idée d'un centre, d'un « moteur ». Cela révèle, au contraire, le caractère arbitraire et normatif de toutes les démarches qui tentent de dégager une « cause première ». Ensuite, l'histoire mouvementée de la psychanalyse souligne les difficultés à forger un outil d'analyse propre dont les conditions strictes d'utilisation s'opposent au laxisme de la sexologie. Enfin la contradiction entre le rôle du sexologue et celui de l'analyste pose question. Celui-ci, souvent perçu comme sujet sachant, tente justement de déconstruire cette relation imaginaire, tandis que le sexologue la fait jouer.

Définir la sexualité comme un domaine autonome permet de la découper en un certain nombre de fonctions, qui sont autant de tranches de savoir. Les conséquences en sont nombreuses.

Traiter les choses au niveau « visible » du corps, des gestes, du rapport sexuel rassure peut-être, mais élimine tout le reste qui, des lapsus aux mots « insensés » et aux rires, rappelle l'importance de l'imaginaire et des paroles dans la sexualité, celle-ci ne pouvant jamais être réduite au seul jeu des corps.

Peut-on créer un langage, un lexique, en rebaptisant les mots de manière scientifique, où le sens ne « glisserait » plus, où l'on se comprendrait enfin ? Comme si, en la matière, se comprendre dépendait de mots correctement définis et organisés ! Comme si on n'en parlait pas depuis toujours, avec tous les mots de la création !

Comment limiter la sexualité à un « ici et maintenant » en évacuant les dimensions spatiales et temporelles, afin de retrouver le présent indéfini, cet immédiat cher à la société de consommation où le temps est réduit à une suite saccadée d'instants ? Les gens n'ont pas d'histoire, pas d'ailleurs !

Comment expliquer la jouissance qu'il y a à entrer dans des normes. Sinon, comment comprendre le poids des systèmes d'ordre, religieux ou non, qui depuis si longtemps règnent ?

Pour quel motif renforcer l'idée qu'il peut exister un savoir global et exhaustif pour rendre compte de tous les problèmes et transformer la sexualité en un jeu de « questions-réponses » ? Comment tout savoir sur soi, l'autre, les rythmes, les dimensions ? *Le résultat est un quadrillage qui organise un vaste catalogue de recettes.*

Tels sont les fondements de la sexologie, qui revendique hautement le statut scientifique. Pour autant, est-elle susceptible de résoudre les problèmes qu'elle prétend traiter ?

## L'ORTHOPÉDISATION DE LA DEMANDE

Comment faire face à l'hétérogénéité des désirs et des situations sociales ? D'où viendrait cette soudaine égalité alors qu'elle est absente sur les terrains du travail, de la santé, de l'éducation, etc. et que seule la sexualité « normale » des adultes est reconnue ?

Quoi de commun dans la sexualité de treize millions d'enfants, de sept millions d'ouvriers, de quatre millions d'immigrés ? Quel sexologue comprendra la répression dans le travail, les logements trop petits, les familles subies ? Quel sexologue a simplement visité l'usine, le bureau immense et fliqué, la banlieue industrieuse et éventrée, ou ressenti l'ordre étouffant et silencieux d'une ville de province ? Quand bien même il le comprendrait dans sa chair, comment pourrait-il ensuite affirmer sa compétence ? Il ne peut justement le faire qu'à la condition de poser l'existence d'une connaissance transindividuelle et sociale, de définir un champ d'intervention qui scotomise les causes de la répression sexuelle pour ne traiter que les effets. Les prendre en compte l'obligerait à reconnaître que sa démarche n'a plus d'objet.

Que l'on reprenne le plan des chapitres d'une encyclopédie, la morale affleure dans ces dichotomies apparemment pédagogiques : sexualité normale et perversions, pathologies et thérapies, sexualité infantile, adolescente, adulte, etc., sans oublier tout ce qui concerne la « restructuration sexuelle ». Autant de mots qui claquent comme des prisons dans cette vaste « mise à plat », dans ce code théorico-moral où tout a droit à un nom et quel nom ! Qui ne s'est pas senti coincé à l'occasion d'une telle lecture dans une ou plusieurs de ces cases qui sont autant de problèmes qu'il faudrait « résoudre » ? Pourquoi ? Pour être mieux ! Par rapport à quoi ? On retrouve, alors, au-delà du découpage « scientifique », tout le poids du « bon sens », de ces modèles de comportement qui inscrivent la sexualité dans le cadre naturel du couple, de l'hétérosexualité, de la famille, de la recherche de l'équilibre, etc. La clientèle de la sexologie se recrute d'ailleurs en majorité dans les « milieux bourgeois ». Mais on peut sans doute en prévoir un élargissement.

Si l'on veut dépasser le « bricolage » actuel, il faudra plus d'imagination, de rigueur, de fantaisie, de changements structurels, et d'esprit critique que la sexologie ne peut en susciter.

## MÉDICALISER LA SEXUALITÉ, OU LE DÉSIR SUR ORDONNANCE

Tant de contradictions auraient dû faire éclater le cadre étroit et sécurisant de cette discipline. Seulement la médicalisation de la sexualité à laquelle elle conduit masque les questions, car c'est bien de cela qu'il s'agit en définitive.

De quoi en effet parle le sexologue ? De soins, de guérison, de thérapie. Qui est-il ? Médecin en tout cas, souvent spécialiste de surcroît. Comme le dit le Dr Gilbert Tordjman, rédacteur en chef de la revue *Cahiers de sexologie clinique*, dans le premier éditorial de la revue[4] : « Depuis quelques années, le patient ose de plus en plus nous confronter, nous autres médecins, non plus seulement avec la misère, notre pain quotidien, mais aussi avec le problème du plaisir. Il se préoccupe de sa santé sexuelle, de sa puissance érotique, de la qualité de son orgasme [...]. Tout naturellement, l'homme de la rue se tourne vers le médecin pour déjouer les pièges qui font obstacle à son épanouissement sexuel. » *Quelle est cette maladie ? Peut-on parler de « santé sexuelle », de « puissance érotique ? » Comment les mesurer ?*

Tel est le piège : chacun ou chacune craint d'être « trop ceci » ou « pas assez cela », bref « de ne pas être comme il faut », de ne pas être dans la moyenne. Qui décide de la moyenne ? Des définitions médicales s'imposent alors, relativement à l'impuissance, à l'éjaculation précoce, à la frigidité, au vaginisme, etc. En confondant les données physiologiques et le vécu psycho-

4. Janvier 1975, p. 11.

affectif. Penser en termes de « troubles » et de « guérison » suppose que l'on puisse définir les différents états et donc qu'il existe des diagnostics, des moyennes, des statistiques. Or c'est le principe même de classification qui est ici discriminatoire, et qui conduira, comme pour une certaine psychiatrie, à l'établissement d'une nosographie dont la double estampille, logique et médicale, ne pourra laisser supposer le caractère subjectif.

Cette nouvelle définition de la sexualité s'accompagne d'une autre image du corps. Ce corps apparemment libre, qui ressemble étonnamment au corps médical, aseptisé et désérotisé. Quant à la jouissance, elle est serinée à en perdre tout désir !

## LA JOUISSANCE DU SEXOLOGUE

*La question fondamentale qui apparaît alors est celle de la nature de la relation entre le sexologue et le consultant*. Face à la maladie, la responsabilité médicale règle le rapport et lui donne sa dimension symbolique. Il y a un enjeu. Ici, le danger est plutôt fantasmatique. Ce sont les pièges et les sirènes de la relation d'aide qui fonctionnent, et rappellent, mais en plus dangereux, la situation du « conseil conjugal ». Si celui-ci s'inscrit dans un rapport psychologique où se réalise finalement une sorte de « jeu-rencontre » entre deux histoires, la sexologie brise cette relation : le seul pouvoir médical bardé de ses thérapeutiques apparaît sur la scène sexologique.

Ce n'est donc pas la demande qu'il faut incriminer car elle est bien évidemment d'« aide » et de « secours », mais plutôt l'attitude du sexologue, et de sa jouissance. Car c'est bien de jouissance qu'il est question au-delà des bavardages sur la non-implication et la nécessité de répondre à la demande. Quel peut être le sens d'un travail qui consiste à s'occuper de la jouissance des autres ? Si les consultants la cherchent désespérément, les sexologues la trouvent peut-être en les regardant faire. Et c'est bien ce rapport qu'il faudrait interroger.

De la jouissance du sexologue à son entreprise de territorialisation de la sexualité, il ne reste pas grand-place pour réfléchir, soi-même, à ses problèmes. La médicalisation de la sexualité, déjà renforcée par les lois sur la contraception et l'interruption de grossesse, fixe maintenant l'approche des problèmes relationnels, ce qui accentue la confusion entre les dimensions physiologiques, psychologiques, sociales et culturelles.

Peut-on prévoir, compte tenu de ces contradictions, une remise en cause prochaine de la sexologie ? Hélas non. Il faut plutôt s'attendre à un développement, lié à une relative libéralisation de la parole. Bien sûr, la sexologie française, du fait de sa faiblesse théorique actuelle, connaîtra des dissensions internes, des exclusions et de nouvelles orientations en rapport avec l'expérience américaine qui reste l'initiatrice et la référence.

Le béhaviorisme simpliste, la médicalisation, la réduction de la sexualité à un ensemble de techniques, le poids des idéologies, ainsi que la vision froide et aseptisée de la sexualité, seront vraisemblablement critiqués. Il se passera le même phénomène qu'aux États-Unis, on introduira des notions de freudisme, de bioénergie, de sociologie, d'anthropologie, de tout ce qu'on voudra ! Façon de renforcer le caractère encyclopédique d'un savoir qui intègre tout.

## SEXOLOGUES DE TOUS LES PAYS, UNISSEZ-VOUS !

Au Canada, par exemple, des diplômes de sexologie sont délivrés par les universités. L'Université de Montréal forme ainsi des « sexologues généralistes » et des « spécialistes ». « Nous entendons par sexologue généraliste celui qui, en dehors de toute activité de *counselling* ou de thérapie proprement dite, grâce à sa formation interdisciplinaire dans le domaine de la sexologie, en vertu d'une connaissance plus adéquate du champ d'études sexologiques actuel, après trois années de formation et l'obtention du baccalauréat spécialisé en sexologie, intervient auprès de personnes et de groupes divers (sociaux, scolaires...) pour communiquer, enseigner, animer, éduquer, ou aider par sa recherche. Nous entendons former un professionnel, mais un professionnel "généraliste" [...]. Il est clair que ce programme de premier cycle ne vise pas à former des cliniciens et des thérapeutes en sexologie. Ces types professionnels impliquent une formation de second cycle. Le département de sexologie présentera ultérieurement un projet de maîtrise en sexologie pour promouvoir ces fins[5]. »

L'avenir est donc prometteur, il y en aura pour tous les goûts et toutes les classes sociales. Chaque milieu aura la sexologie qui lui revient, des revues pour kiosques aux publications savantes s'esquisse déjà cette hiérarchie qui reproduit celle de la société. Il y aura même une sexologie pour les « minorités sexuelles » comme disent les encyclopédies, voire une sexologie révolutionnaire fustigeant la sexologie « bourgeoise » au nom de la subversion du désir et des intensités libidinales. Plusieurs conceptions s'affronteront, selon la plus ou moins grande dimension médicale, sociale, économique, technique, désirante... à prendre en compte.

La sexualité glisserait alors du domaine strictement médical à celui de la santé, plus précisément à celui de l'hygiène sociale. La sexualité considérée comme une hygiène sociale renouerait avec le vieux et fort courant hygiéniste qui, depuis le XIX^e^ siècle tente d'imposer au reste du pouvoir médical une perspective plus large de la santé sociale et préventive.

Il y aura donc une sexologie de droite et une de gauche, une médicale et une humaniste, une autre qui affirmera la primauté de la lutte des classes ou du désir, une qui voudra retrouver le langage du corps, « écrasé par notre société urbaine et de consommation », une autre qui privilégiera le verbe. Or cette diversification des démarches ne changera rien à l'idée de base de prendre *la* sexualité comme objet spécifique et autonome.

## L'INFINI DÉSIR DE SAVOIR

La sexologie est le symbole d'un phénomène qui la dépasse et qui s'appelle la recherche de nouveaux systèmes d'interprétation, ou la quête éperdue du sens. Pseudo-solution, sa force est de s'articuler à la béance de l'inconscient, c'est-à-dire au désir de savoir, savoir enfin. C'est la recherche

5. Programme du module de sexologie, Université du Québec à Montréal, novembre 1974, p. 2.

d'une sécurité pour repousser l'insupportabilité du silence, de soi, de l'autre. C'est le désir d'ordonner un univers hétérogène, de trouver un ordre quand « tout fout le camp », même si l'issue est de « tout nommer pour tout normer ».

C'est d'ailleurs pourquoi les échecs ne la remettront pas en cause dans un premier temps, parce que ce n'est pas l'efficacité qui prime, même si c'est en ce nom que la sexologie s'installe. Le recours au spécialiste peut ainsi devenir une habitude, et subsister après la lassitude qui se manifestera bientôt pour cette forme trop caricaturale de libération sexuelle. Car la demande qui apparaît aujourd'hui est ambivalente. Si elle se manifeste en fonction du code étroit qui réduit la sexualité à un certain nombre d'actes, elle exprime aussi autre chose, qui dépasse le cadre de ces techniques et renvoie à une détresse affective à laquelle le spécialiste ne peut pas grand-chose.

Tout cela favorise un déplacement vers une demande croissante de prise en charge. Avec peut-être un appel aux sentiments, aux « choses naturelles », et aux bonnes vieilles valeurs de l'ordre familial qu'on ne manquera pas d'opposer à la quête stérile de libération. L'idée de soin, d'éducation, de conseil, peut s'étendre bien au-delà de la sexualité, à l'ensemble des relations affectives, y compris le rapport aux enfants. Il ne resterait plus qu'à éduquer scientifiquement la mort, grâce à des cours de sensibilisation...

*La sexologie est fondamentalement aliénante parce qu'elle véhicule l'idée que des personnes connaissent, directement ou indirectement, la solution à vos problèmes*. Il n'y a pas de connaissance objective de la sexualité. S'il y a une solution, il appartient à chacun de la trouver dans les méandres de son histoire. C'est même notre dernière liberté, et notre solitude.

---

## *Terrorismes, silences et solitudes*[6]

Le scénario est maintenant en place. Tout s'explique. Enfin. L'homme et tous les hommes sont responsables depuis la nuit des temps de la domination des femmes et même le plus prolétaire des prolétaires dispose encore d'un esclave : sa femme. Domination éternelle et sans faille qui, de la production à la société en passant par la culture, l'éducation, la famille, les rapports affectifs, maintient les femmes dans la plus infinie des dépendances. Le centre de tout cela est bien sûr le rapport sexuel où triomphe la phallocratie.

Discours lisse, homogène, désormais sans surprise sur lequel il suffit de tirer un fil pour que toute l'explication vienne sans heurts ni contradictions. Au point même qu'on peut se demander par quel miracle la situation pourrait changer.

---

6. Revue *Autrement, 1968-1978. Dix années sacrilèges*, février 1978, n° 12.

## AH, LE RAPPORT HOMME/FEMME !

La prise de conscience des femmes se fait souvent contre les hommes, voire contre un homme. Est-ce pour autant le rapport homme/femme qui est en cause ? Peut-il être le centre de l'analyse ? Les féministes répondent oui avec deux arguments complémentaires.

Le rapport homme/femme est un rapport social parce que la domination des femmes se manifeste socialement ; comme les hommes gouvernent la société, ils sont donc directement à l'origine de la domination sociale des femmes.

Le rapport homme/femme trouve son origine dans le rapport sexuel. Et l'on passe ainsi du plan de la société à celui des rapports interpersonnels, et surtout à celui de la nature. C'est même ce plan-là qui fonde la domination sociale des femmes. Dans les deux cas l'analyse établit une continuité entre les catégories de nature et celles de la société.

Deux objections peuvent être faites.

La première est classique. Les rapports de classe et les inégalités sociales ne se réduisent pas au rapport homme/femme. Les deux groupes sont clivés par les rapports sociaux.

Il n'y a pas d'égalité parmi « les hommes » comme parmi « les femmes ». Il faut plutôt analyser la place et la fonction qu'occupe la domination des femmes à l'intérieur d'un ensemble d'autres mécanismes de pouvoir et d'inégalité, où l'on retrouve d'ailleurs beaucoup d'hommes des classes dominées, même si ce n'est pas pour les mêmes choses (*cf.* les travaux dangereux, les métiers spécifiquement « masculins », etc.). Les catégories de pouvoir sont d'abord sociales, même si à certains moments elles passent par des catégories de sexe. Les uns et les autres ne se recouvrent pas totalement.

La deuxième met en évidence la discontinuité entre la sphère privée et publique. Ce n'est pas la même logique qui y fonctionne, même s'il existe des liaisons d'ailleurs complexes et non déterministes. Par exemple, le pouvoir réel et bien efficace des femmes (dont curieusement elles parlent peu...) sur la sphère privée, se comprend peut-être comme contrepartie d'une absence de pouvoir dans la société. Et réciproquement pour les hommes.

La réalité du rapport homme/femme n'est donc pas réductible à une analyse sexiste ou à une analyse sociale. L'unité d'analyse n'est pas le rapport homme/femme, ni les hommes ou les femmes, ni la société, mais la coexistence de deux logiques : celle de l'organisation sociale, celle des rapports interpersonnels. Il n'y a pas d'unité, de détermination ou de correspondance. C'est même dans leur autonomie relative que résident les chances de changement.

## SEXUALITÉ ET TRAVAIL

Au niveau collectif, deux grandes ruptures peuvent enfin changer le statut des femmes. D'une part, la possibilité technique et légale, avec la contraception et l'avortement, d'avoir des enfants au moment désiré, complété par une égalisation progressive des droits sociaux, notamment pour le divorce. D'autre part, une insertion croissante des femmes dans les rapports de travail (de 1968 à 1975 l'augmentation de la population active a été essentiellement due aux femmes). Pour la grande majorité des emplois, la force physique n'est aujourd'hui plus nécessaire et la montée des activités tertiaires (plus de la moitié de la population active) ainsi que le rôle croissant joué par les connaissances justifient encore moins l'inégalité dominante. Plus rien ne peut empêcher une complète mixité au travail. Et pourtant, des salaires au type d'emploi, aux niveaux de qualification, de responsabilité, de promotion, etc., l'inégalité est flagrante. Sans parler de la situation de milliers de femmes qui, divorcées, célibataires, veuves sont « chef de famille » et obligées d'accepter de ce fait l'inacceptable simplement pour subsister.

*Pourquoi les féministes ne se battent-elles alors pas davantage sur le terrain du travail ?* L'autonomie financière étant la condition de l'indépendance, il est évident que toute femme doit pouvoir disposer d'un emploi. Non qu'elle soit obligée de travailler, mais que le choix soit enfin possible. Ce qui permettrait peut-être aux hommes en retour d'avoir aussi la possibilité de ne plus travailler autant que la tradition les y a contraints. Pour la France, c'est plus de trois millions d'emplois qu'il faudrait créer, sans compter le million et demi de chômeurs... et sans parler du contenu ni de l'intérêt du travail.

*Il est donc urgent que les femmes occupent une autre place dans les rapports sociaux* pour que les problèmes du rapport au travail, au pouvoir, à la réussite se posent de manière plus hétérogène qu'aujourd'hui. Le discours féministe est simpliste quand il affirme que le pouvoir, sa structure, son exercice est un phénomène masculin, machiste, auquel les femmes sont finalement étrangères. C'est croire qu'il y a identité entre un groupe naturel et une pratique sociale.

*Dire que les femmes sont du côté du non-pouvoir est un non-sens.* Que le pouvoir exercé par les femmes en situation sociale ne fonctionne pas de la même manière, n'utilise pas les mêmes armes que les hommes, c'est vraisemblable. Mais de là à affirmer qu'il y a une différence fondamentale dans la manière d'utiliser une certaine compétence et une certaine jouissance de l'autorité, cela se saurait. Car ce n'est en tout cas pas le sentiment de ceux ou celles qui vivent cette autorité en situation professionnelle. En effet, par quelle espèce de miracle la société serait-elle par ce simple fait moins hiérarchique, moins policière, moins autoritaire ? D'ailleurs, les rapports entre féministes ne semblent pas empreints de cette douceur, fraternité et égalité...

*Le problème du pouvoir est, hélas, plus compliqué qu'une histoire de sexe.*

## *Famille et libération sexuelle*[7]

Chacun entretient un rapport contradictoire à la famille, à la mesure de l'entrelacs de haine et d'amour qu'elle suscite. D'où l'annonce régulière, et la démonstration, de son éclatement ou de sa renaissance. Sphinx étrange, en son cœur, rôde la sexualité. Or, depuis vingt ans, tout ou presque a

7. Revue *Autrement, Finie la famille ?*, automne 1975, n° 3.

changé. Tant au niveau de la mise au point de techniques modernes de contraception et d'avortement, qu'à celui de l'évolution des mœurs et des lois.

L'objectif ici n'est pas de dénoncer encore la famille ou d'expliquer sa fin prochaine. Il faudrait trop d'inconscience ou de dogmatisme. Plus simplement, il s'agit d'interroger les relations entre liberté sexuelle et famille. En sachant que ces changements sont peu visibles. Qu'est-ce qui fait qu'à partir des problèmes de sexualité, la question de la famille se posera autrement ? Trois aspects contradictoires mais complémentaires sont traités ici.

• Le mouvement de libération sexuelle – et ses conséquences – va-t-il avoir raison de la structure familiale ?

• Ou bien s'agit-il plutôt de la fin d'un modèle caricatural au profit de l'émergence d'une idée neuve : la famille ?

• Le troisième aspect montre qu'il n'y a pas de continuité entre le modèle d'hier et celui de demain. Essayer d'en tirer les conséquences pour dégager les changements, tant de comportements que de cadres d'analyses, est peut-être actuellement ce qu'il y a de plus fécond.

## SEXUALITÉ ET FAMILLE : TOUS LES RÔLES REMIS EN CAUSE

La force de la famille comme « cellule de base » reposait sur les trois fonctions fondamentales de reproduction, socialisation, éducation. Elles sont toutes remises en cause par le mouvement de libération sexuelle qui ne touche pas seulement les mœurs, mais aussi les lois. Si on prend un à un ces piliers de la famille, ils s'effondrent tous ou perdent leur sens.

Le plus important bouleversement touche à la *reproduction*. Vingt ans de bataille ont abouti à la mise au point de techniques modernes de contraception et d'avortement ainsi qu'à leur légalisation, c'est-à-dire la possibilité de contrôler le nombre et le rythme des naissances. Même s'il n'y a encore que deux millions de femmes sur onze en âge d'avoir des enfants qui utilisent la contraception, la rupture est là : dans cette possibilité légalement reconnue. D'abord, la première loi sur la contraception de 1967, puis la seconde, moins connue mais tout aussi importante de juin 1974, élargissant la contraception orale aux mineures et autorisant le remboursement par la Sécurité sociale. Enfin, la loi du 17 janvier 1975 sur l'interruption volontaire de grossesse. Les arguments et les débats sont encore trop présents pour qu'il soit utile d'y revenir. Simplement, c'est la justification première de l'existence de la famille qui est remise en cause. Celle-ci n'est plus le cadre obligatoire consécutif à toute « relation ».

D'autant que, parallèlement, les coups de boutoir du mouvement de libération des femmes bousculent le modèle patriarcal définitivement et tristement organisé au XIXe siècle sous l'influence de la bourgeoisie. Modèle auquel ont adhéré partiellement le prolétariat et les classes populaires, pour des raisons sans doute plus compliquées que ce qu'il est d'usage d'appeler l'« idéologie dominante ». Le mouvement de libération sexuelle a deux conséquences capitales : *dissocier grâce à la contraception la reproduction et la jouissance, remplacer les valeurs religieuses et morales par une approche plus empirique et rationnelle*. La conséquence directe en est la réhabilitation du plaisir, du corps, la reconnaissance de la femme comme être autonome.

Simultanément, les rôles traditionnels sont contestés, et d'abord le premier : celui de mère et d'épouse. *Le contrecoup est une affirmation de l'individu en opposition à la famille*. La loi tient progressivement compte de ce mouvement en changeant le statut légal des mères célibataires, en obligeant (paraît-il) à l'égalité des salaires, en instaurant l'égalité parentale face à l'éducation des enfants (1973) et en simplifiant la procédure de divorce au profit d'une égalité entre les conjoints (1975). L'important, du point de vue de la famille, *c'est que les phénomènes soient liés dans les faits et de plus en plus dans la loi* : la reproduction sexuelle peut complètement résulter d'un choix libre et non d'une calamité naturelle. La femme, en la matière, se voit reconnaître socialement et légalement une place en soi. Elle échappe à la loi de la reproduction.

Ce qui était si inattendu ou redouté arrive : la famille traditionnelle, bastille de l'ordre « phallocratique » – s'effondre. Pas étonnant qu'à droite la liberté des mœurs et le « porno » soient déjà évoqués comme le châtiment qui bientôt submergea la civilisation. Il y a plus. La famille légale n'est même plus reconnue comme une nécessité sociale : la tendance au *célibat* augmente ainsi que les *unions libres*, et même le nombre des *enfants naturels*, dont la loi vient enfin d'améliorer les droits et la protection. Et certains même, pour fuir les pièges inévitables des rôles et des habitudes, préfèrent, en fondant des *communautés*, illustrer clairement que la famille *n'est la cellule de base que d'un certain ordre social et culturel*. Tout s'effrite donc, et d'autant plus que le baby-boom de la guerre, au lieu de rendre hommage à la structure qui l'a vu naître, après cinq années d'horreurs, essaye aujourd'hui de s'en écarter. Sous le regard dubitatif de parents que trente ans « de bonheur » et de consommation difficilement acquis n'ont peut-être pas convaincus du bien-fondé du rêve de leur jeunesse fêlée.

C'est donc la *conjonction* d'une vague démographique et d'un changement de mœurs et de législation qui, au-delà des idéologies, signe réellement cette remise en cause de la famille. Époque charnière dont l'équivalent se trouverait sans doute à l'articulation du XVIII^e^ et du XIX^e^ siècle avec l'émergence de la famille bourgeoise moderne.

## LA « FABRICATION » DE L'ENFANT, SON ÉDUCATION, MÊME SEXUELLE, ÉCHAPPENT À LA FAMILLE

La seconde fonction essentielle de la famille, la *socialisation*, traverse également une crise radicale. Justement à cause du grand rôle de la famille : la « fabrication » de l'enfant et de la jeunesse.

De l'acquisition du langage à la distribution du rôle masculin et féminin, la famille a perdu ce monopole. Là aussi la société entre de plein fouet. Par les revues, le cinéma, la télévision, les enfants dès le plus jeune âge sont pris en charge à l'extérieur d'une famille souvent réduite à son noyau, et où le père et la mère travaillent loin du lieu d'habitation. Certes, les jeunes travaillent plus tard, mais ce n'est pas au profit de l'influence familiale. Celle-ci est vite désertée pour le quartier, les amis, les *médias* ; l'extérieur sollicite et socialise. D'autant plus vite que tout a changé entre l'enfance et l'adolescence des parents et celles de leurs enfants.

La famille n'est même plus le rite d'initiation du passage des âges. Le groupe essaye de s'y substituer (*cf.* la baisse d'importance de la communion, ou du départ au service militaire). *La loi renforce cet abandon familial,* en rabaissant l'âge de la majorité civile à 18 ans, celle de la contraception pour les jeunes filles, et celle du service militaire (avec peut-être l'arrière-pensée que l'armée moins permissive « achèvera » cette éducation que la famille assume moins, et dont le jeune a besoin pour devenir un « homme »).

Quant à *l'éducation,* troisième pilier, elle sanctionne elle aussi la « fin de la famille ». Les premiers mois de la vie de l'enfant n'appartiennent même plus à la famille ou au couple. L'extérieur fournit le « nécessaire » dès la sortie de la maternité. Des conseils aux instructions hygiéniques, alimentaires ou « éducatives » pour ne pas troubler les différents stades du développement « psychomoteur », tout est suggéré en « préfabriqué ». Plus tard, la nourrice ou la crèche (indispensables pour les femmes qui travaillent quand elles trouvent à travailler) préparent déjà la scolarisation qui, avec les maternelles, abaissent l'âge d'entrée dans le monde de l'éducation.

Au moins restait-il auparavant, comme corollaire de la grande fonction reproductrice, la *tâche de l'éducation sexuelle.* Monopole de l'Église et de la famille, elle était le grand creuset pour le futur adulte. Autant dire rien en ce qui concerne les relations sexuelles mais beaucoup, par contre, pour les règles morales, du bien et du mal, les valeurs, les normes. Là aussi, l'extérieur vole la famille de son presque dernier rôle : la sexualité. Celle-ci devient une histoire de société et s'apprend à l'école.

C'est même avec la contraception et l'interruption volontaire de grossesse le *troisième aspect fondamental du changement législatif concernant la sexualité.* Les expériences qui lentement depuis quinze ans se multipliaient sont maintenant organisées, administrées, encastrées, pédagogisées. Prudemment, parce que cantonnées dans le tiers-temps pédagogique, ou coincées entre le crustacé et les herbivores. De toute façon, le mouvement est irréversible.

*Le sexe doit s'apprendre à l'école.* « Laïc et républicain, il sera plus sain, plus raisonnable, plus moderne ! » Ce qui permet d'ailleurs, un peu vite, d'oublier que toutes les sociétés ont toujours forgé un type d'éducation sexuelle. Pour cela, une loi crée en 1973 le Conseil supérieur de l'information sexuelle, de la régulation des naissances et de la famille, dont l'objectif est de réaliser « enfin » une bonne pédagogie du sexe. D'abord à l'école, bien sûr, parce que ce sont des choses à forte curiosité, mais aussi pour les adultes « moins éduqués ». À cet effet, deux structures ont été créées, qui lentement risquent de dresser la carte du « sexe éduqué ». Il s'agit des établissements d'information sexuelle et de régulation des naissances et des centres de consultation et de planification familiale. Tout un programme rien que dans le titre !

Au-delà de la coordination des multiples tâches d'information et d'éducation, cette institution, rapidement maîtrisée par des groupes de pression (les médecins, les sexologues, et les vendeurs de formation, ont tout intérêt à accélérer la « modernisation sexuelle »), a pour tâche de définir les axes futurs de la recherche en matière de sexualité et de son éducation… ou orthopédisation.

UNE PAGE SE TOURNE

Quant au *rôle économique*, le dernier pilier, il est lui-même en régression. L'économie familiale date déjà d'avant-hier et seule subsiste l'unité juridique pour l'héritage. De plus, avec la société de consommation, chacun des membres de cette famille est devenu un marché en soi. Ce qui du point de vue économique paraît plus efficace. Après la femme, cela a été l'adolescent, puis l'enfant, le mari et le bébé. Il ne reste que le vieillard, mais il est en la matière peu solvable, sauf pour l'industrie pharmaceutique et médicale.

La conclusion, c'est bien le bouleversement de la grande fonction familiale liée à la sexualité. Celle-ci se désenclave, sort de la famille. Elle n'est plus refoulée dans l'alcôve étroite du ménage. Elle devient officiellement et légalement une affaire de société. La sexualité se déprivatise. Elle retrouve une souplesse, qui, d'ailleurs existait auparavant, jusqu'à la Contre-Réforme. C'est la religion qui a favorisé au carrefour du XVII^e^ et du XVIII^e^ siècle cet enfermement de la famille et cette organisation patriarcale. Auparavant, la femme et l'enfant possédaient une autre autonomie. Puis, le modèle bourgeois au XIX^e^ siècle a définitivement claquemuré tout cela. On comprend alors que dix ans de socialisation de la sexualité s'accompagnent d'une formidable sensation de libération. Une page se tourne et avec elle le modèle familial que nous avons connu.

Ceux qui récusent cette évolution ont raison de craindre cette « mort de la famille » souhaitée par d'autres. Il y a une sorte de mauvaise foi à parler de politique de la famille quand celle-ci s'écroule ! Il n'en reste plus que les allocations familiales (et encore en baisse). La politique familialiste d'après-guerre n'a pas dépassé le baby-boom et s'abîme aujourd'hui dans une baisse de la natalité. *La sexualité symbolise cet effondrement*. Hier, la famille était le barrage, l'interdit. Aujourd'hui, elle n'est plus qu'une *passoire*. Les parents n'éprouvent-ils pas une certaine *jouissance spéculaire* à regarder faire chez leurs enfants ce qu'eux n'ont pas fait ? Tolérance qui n'est souvent que l'expression d'une *incommunicabilité* entre les générations et les modèles. La libération individuelle et la sexualité deviennent alors étrangères à la famille qui ne fait plus figure que d'image d'Épinal.

Pourtant, une telle analyse, d'autant plus parfaite que les lois lui donnent raison, est un peu courte. D'abord parce que la structure familiale a déjà vu d'autres mutations. Ensuite parce qu'à droite, les porte-parole du familialisme sont en fait divisés en deux camps opposés et qu'on n'y trouve pas le pessimisme désespéré auquel on pourrait s'attendre. Ceux qui, au nom de valeurs traditionnelles et de la morale voient dans l'effondrement de la famille le risque majeur de la décadence occidentale insistent d'abord sur la question des mœurs et des comportements. D'autres, en opposition à ces conservateurs, sont des modernistes et des optimistes. C'est le cas de la droite libérale qui, avec V. Giscard d'Estaing, a compris rapidement que les lois archaïques en matière de sexualité et de rapports hommes/femmes devraient être d'abord modifiées pour permettre enfin une politique moderne de famille. Une nouvelle loi-cadre est en préparation. C'est même après cette adaptation de la sexualité que les modernistes comptent progressivement dessiner le nouveau visage familial. Ainsi, les fonctions fondamentales de la famille (reproduction, autorité) non seulement disparaissent sans en provoquer la mort, mais en plus favorisent sa réorganisation.

*La libération sexuelle, la maîtrise de la reproduction, l'émancipation de la femme seraient-elles les fers de lance de l'*aggiornamento *familial ?*

Le nouveau contexte légal va au-delà d'une simple adaptation tardive du droit au fait. Il fabrique un réel. Ce « code laïc » ajuste les modalités d'un nouveau fonctionnement familial. La base est moins fixe, moins territoriale, plus souple. Ce qui disparaît, c'est la référence à l'ordre pyramidal simple, où chacun avait sa place dans un monde stable et clos.

## ET SI LA FAMILLE ÉTAIT UNE IDÉE NEUVE !

*Ce qui disparaît finalement n'est qu'un modèle particulier : celui du XIXe siècle bourgeois*, patriarcal, en supposant qu'il ait été si dominant et commun à toutes les classes sociales. Aujourd'hui, tout est plus mobile, et le droit traduit ce changement. Mais ce qui apparaît n'est pas forcément progressiste. C'est l'ambiguïté du modernisme. Le temps alors seul décape ! La famille peut ne plus être une structure oppressive puisqu'il peut y régner maintenant l'égalité hommes/femmes. D'autant que la famille ne se limite plus alors à élever des enfants. Ceux-ci sont vite autonomes, et le couple dure plus longtemps du fait du rajeunissement de l'âge du mariage et du recul de l'âge du décès. (La vie moyenne du couple est aujourd'hui de trente-huit à quarante ans contre vingt ans, il y a deux siècles[8].) Ce qui permet d'ailleurs une sorte de « retour » des enfants sur les parents. Les parents qui voient leurs enfants adultes ont ainsi une possibilité de suivre une évolution qui, sinon, les laisserait indifférents.

## LE COUPLE : DERNIER TERRAIN D'AVENTURE

*Paradoxalement, la grande découverte, c'est alors le couple.* Il précède la famille et lui survit. Structure familière aujourd'hui, voire étouffante, elle est pourtant sous sa forme actuelle plus récente que le siècle. Le grand avenir de la famille sera-t-il le couple ?

Ces facteurs, parmi d'autres, montrent qu'une droite libérale, non seulement ne craint pas les changements d'équilibre et de fonction de la famille, mais tente au contraire de les favoriser. Certains diront que cette modernisation est obligatoire pour le maintien de ce « pilier de l'ordre ». Encore faudrait-il analyser plus précisément. Car, s'il est vrai que la droite privilégie dans l'ensemble la famille, il apparaît également que *certains schémas devraient être révisés à gauche*. Par exemple, affirmer que la famille est le pilier de l'État, car la famille est en crise mais l'État va bien. De même, en faire le symbole de la petite bourgeoisie alors qu'elle y est actuellement plus contestée que dans les milieux populaires. Affirmer également qu'elle est, avec la nation, le

---

8. Commissariat général du Plan, *La Famille*, Paris, Hachette, coll. « Vivre demain », 1975.

support du conservatisme, alors que l'un et l'autre s'effondrent et que le conservatisme, lui, continue de bien se porter. À moins, là aussi, qu'il faille expliquer tout par l'idéologie dominante ou par la fameuse aliénation...

Au-delà de ces initiatives de la droite quant au remodelage de la famille, un certain nombre de faits d'origines diverses peuvent confirmer le mouvement diffus d'un *retour à la famille* et la redécouverte de cette institution. Il est difficile d'esquisser le type de famille qui sera espéré, ni si cette démarche sera ou non progressiste. En tout cas, ces tendances montrent la difficulté à analyser socialement une structure qui est à l'*interface* de l'individuel et du collectif, à la fois immergée et modelée par la société et en décalage par rapport à elle.

La famille, comme toute institution sociale, repose sur *un jeu de permis et d'interdits*. Aujourd'hui, avec la libération sexuelle, « tout » est permis. C'est ainsi, par exemple, que pour les jeunes, la contradiction était grande, autrefois, entre l'avant- et l'après-mariage (relations sexuelles, habitat, enfants, etc.). Désormais, la séparation est beaucoup moins nette. Tout est possible, beaucoup plus tôt. Le couple et la famille expriment alors quelque chose d'autre, peut-être une conquête, *une création*. En tout cas, un territoire potentiel d'aventure. En effet, de l'enfance au sexe et à la mort, tout est socialisé, organisé, administré. *Il n'y a plus rien à créer, hormis peut-être une famille.* Et s'il n'y a plus qu'une œuvre à entreprendre dans un monde vide, pourquoi pas celle-ci ?

La libération sexuelle a également un effet paradoxal qui progressivement se fait jour, à savoir *le retour du sentiment*. Le jeu des corps, enfin possible, perd simultanément ses mystères. Alors que ce que l'on y cherchait, et peut-être *la rencontre*, s'en est allé. Les sentiments restent encore l'inconnu. Ce qui montre *a contrario* que les règles contraignantes de la famille ne suffisent pas à expliquer les difficultés dans la quête du bonheur. Car une fois les interdits levés, le familial bousculé, l'égalité entre partenaires plus ou moins assurée et sans risque systématique de grossesse, la chose, c'est-à-dire la quête du bonheur, reste aussi difficile.

Les limites mêmes de la libération sexuelle indiquent en contrecoup l'importance des sentiments, de l'expression et de la communication. Et donc *les ambiguïtés de la libération individuelle.* Celle-ci, en condamnant la famille, permet peut-être la liberté, mais révèle aussi *une certaine solitude*, en tout cas un ennui. D'où la recherche d'une autre forme de solidarité qui ne sera d'ailleurs pas forcément la famille, mais qui déjà tracera une autre organisation collective. La famille a toujours été un antidote de la solitude, et la base minimum de fraternité. Sera-t-elle demain le grand refuge ?

Solitude parce que l'individu n'est reconnu qu'à condition d'être productif et bien encadré dans l'*ordre consommatoire*. Dès qu'il en est éliminé pour maladie, chômage, handicap, âge, il n'existe plus. Progressivement, la liberté individuelle est perçue aussi contradictoire que la liberté d'entreprendre ou de travailler ou de consommer.

De la liberté individuelle aux charmes ambigus de la libéralisation sexuelle, il n'y a qu'un pas, celui de l'expérience d'une génération qui, en s'opposant à la famille, a trouvé les limites du mouvement inverse. La « révolte individuelle » retombe sur la question de l'expression et de la communication, au nom de laquelle elle s'était opposée à la famille. Ce qui, en aucun cas, ne pourrait s'interpréter comme des errements qui ramèneraient finalement à « la grande maison ».

Est-ce un « nouvel esprit de famille » ou de groupe qui va se dessiner ? De même qu'aux XVIIe et XVIIIe siècles, s'était dessiné un esprit de famille en réaction contre le modèle antérieur, trop ouvert et centré sur la reproduction et au profit de la découverte notamment de l'enfant. Assisterait-on aujourd'hui au même phénomène en réaction contre l'individualisme excessif si bien orchestré par la société de consommation ? Au profit de la redécouverte de l'autre, du nombre, et peut-être de l'enfant ?

## PAS D'ÉVOLUTION, MAIS DES RUPTURES

Voilà une vision trop simple, trop optimiste. Derrière l'apparente dégradation de la famille émergeait un nouveau modèle qui, à bien y regarder, pourrait évoquer les charmes surannés de l'éternel retour... Non. En fait il n'y a ni évolution, ni retour, *mais rupture*. Qu'est-ce qui, à partir de la libération sexuelle, fait que le problème de la famille se pose en d'autres termes ? De quelle nature sont les bouleversements qui en résultent et qui, obligatoirement, modifieront l'équilibre des forces ? *Quatre bouleversements au moins émergent* : la reproduction apprivoisée, le temps et l'espace bouleversés, la redistribution des rôles masculin-féminin, les enfants comme enjeu.

D'autres époques ont connu une libération des mœurs. *Aucune n'a connu la maîtrise technique et légale de la reproduction*. On ne peut donc pas souhaiter ou craindre le retour de la famille d'hier après le double intermède de la libération individuelle et sexuelle ; car, entre-temps, s'est produite cette rupture. C'est toute la conception de la vie privée qui est bousculée et les mutations qu'elle implique sont lentes, toutes ne sont pas déjà inscrites dans les faits. *La sexualité n'est plus familiale, elle est d'abord sociale*. Quant à la famille, on a vu que si elle dure plus longtemps, son rôle est réduit, sa compétence davantage définie et organisée par la société. Parallèlement, le statut de la femme évolue, et son rapport à la procréation. C'est donc le rapport homme/femme, structure à la fois privée et sociale qui est bouleversé. Ce sont les frontières qui changent ainsi que le contenu du privé et du social.

En même temps, notre société connaît un *bouleversement du temps et de l'espace*. Avec une distorsion entre les deux ; car *si l'espace est vaincu, le temps impose toujours à quelques grignotages près, la rigueur de son rythme*. Or la famille est précisément à l'articulation du temps et de l'espace. Elle a été jusqu'à aujourd'hui le lieu de perception de l'un et de l'autre.

## BOULEVERSEMENT DU TEMPS ET DE L'ESPACE

En moins d'une génération, les données fondamentales de l'homme et de la société ont subi une mutation qui s'inscrit directement dans la famille. *L'espace géographique a été vaincu*, et en même temps *l'espace familial a rétréci*. Les grands-parents ne s'y réfugient plus, les oncles et les tantes sont ailleurs et les jeunes s'en échappent plus tôt. Réduit par les logements et la vie urbaine, l'espace familial n'est plus le seul lieu d'évolution et de perception. Il tend même apparemment à être délaissé au profit du fantastique espace onirique que procure l'ouverture sur l'extérieur (télévision, cinéma, revues). Le vide, qui tend alors à s'installer entre l'espace familial et le monde extérieur, est comblé par le couple travail-consommation. La famille est réduite à préparer et entretenir les producteurs consommateurs en *rejetant* sur l'extérieur les non-productifs, les vieux à l'asile, les malades à l'hôpital.

Simultanément, la modification de l'espace familial s'accompagne d'un *bouleversement du temps*. Celui-ci n'est pas vaincu, mais la seconde révolution contemporaine consiste à l'infléchir à ses deux extrémités ; par le « contrôle » des naissances et le « rejet » de la mort. Or la famille était le lieu où se déroulaient ces deux moments fondamentaux.

Le contrôle de la reproduction modifie l'amont de la vie, et, en aval, la famille délègue aux « mouroirs sociaux » la seconde grande fonction qu'elle assumait. C'est donc tout le *rapport au temps* traditionnellement organisé autour de la famille qui se transforme.

*La nouveauté est donc moins le mouvement de libération des mœurs que les conséquences de la contraception, de l'avortement sur le couple et la famille, qui bouleversent le jeu des forces dans le triangle enfant-parent-famille.* Au centre, l'enfant et le rapport homme/femme. Tous les deux concernés par la double possibilité de la contraception et de l'interruption volontaire de grossesse. *L'enjeu de la famille, ce sont les enfants.* Sinon, il y aurait moins de problèmes ! Toutefois, avant de savoir comment leur statut et leur place changent, il faut interroger l'évolution du rapport entre l'homme et la femme.

## LA VRAIE MUTATION : LA REDISTRIBUTION DES RÔLES MASCULIN-FÉMININ

Les deux aspects de la libération sexuelle (contrôle de la reproduction sexuelle et émancipation de la femme) auront d'autant plus de conséquences sur l'enfant que le statut de la femme peut changer plus rapidement au niveau des rapports privés du couple et de la femme qu'à celui de la société. La domination sociale des femmes reste une réalité à abattre, mais *le jeu des rapports interpersonnels est plus fluctuant*. Et dans ce rapport de force qu'est souvent la sexualité, la contraception et l'avortement ne sont pas armes secondaires.

En même temps, le corps féminin trouve une autonomie. Dans cet espace conquis, le *mystère de la jouissance* reste toutefois entier. D'autant plus que la situation de l'homme est délicate. La « libération » met au jour plus facilement ses difficultés. Sa supériorité ambiguë est griffée : par la suppression du risque de maternité, par l'étrange silence de la jouissance féminine, et par la fantastique possibilité que la femme a de pouvoir enfanter et qui est à jamais impossible pour l'homme. Ruptures d'autant plus difficiles qu'elles sont décisives et silencieuses.

*La vraie mutation*, c'est donc la redistribution des rôles masculin et féminin, paternel et maternel, bien difficiles à nommer. Pour le moment, les femmes ont l'initiative. Apparemment, le père représente toujours l'autorité et la mère ne manque pas une occasion de lui faire endosser ce rôle. Or la réalité se dessine tout autrement, la lâcheté masculine y trouvant souvent son compte. Car l'enfant, plus librement choisi et non imposé à la femme, glisse de plus en plus vers la propriété maternelle. On assiste à un chassé-croisé des rôles où l'enfant, plus que jamais, devient la surface d'inscription du conflit hommes/femmes.

C'est donc progressivement la stratification sexuelle qui va changer. Comment va se combiner l'articulation entre l'éducation sexuelle et la redéfinition des rôles masculins et féminins consécutifs à la libération sexuelle et à l'émancipation de la femme ? Que deviendra alors la transmission des rôles traditionnels ? Paradoxalement, ceux-ci étant plutôt assurés par la mère qui gère le plus souvent l'éducation, pourquoi celle-ci favoriserait-elle la transmission d'une structure inégalitaire qui lui est si défavorable ? En dehors du recours à l'influence de l'inévitable phallocratie, cela permettra sans doute une autre réflexion sur la nature du rapport mère-enfant. Quant au père, dont le rôle se réduit souvent à la transmission d'une dérisoire assurance masculine, il devra, au réel comme au symbolique, prendre et construire un autre rapport à l'enfant.

### L'ENJEU, C'EST LES ENFANTS

Ainsi, on le voit, tout se télescope sur les enfants. Jusqu'à aujourd'hui et bien que chacun ait parlé en leur nom et pour leur bien, ils ont été curieusement absents de notre univers, sauf comme marché de consommation et comme moyen de nier le temps. Demain, plus reconnus parce que désirés, ils auront de toute façon à frayer un chemin dans ce maquis bouleversé du rapport hommes/femmes.

Les points de repère de cette famille en tout cas moins patriarcale risquent de disparaître, et avec eux cette première horloge du temps que constituait le milieu familial. D'où peut-être le développement de sociétés parallèles où enfants et adultes cohabiteraient dans la plus polie indifférence. Les systèmes d'identification, et notamment l'image paternelle, en subiront les contrecoups. Au moins la crise de la « propriété parentale » évitera peut-être d'endosser les vieux habits du « couple harmonieux et fait pour s'entendre ». Pourquoi alors ne pas penser que de cet effondrement familial pourrait sortir une tout autre sensibilité aux relations homosexuelles ou hétérosexuelles ? Car s'il n'y a que deux sexes dans l'ensemble, la gamme des sentiments tolérés a été jusqu'à présent fort limitée.

### L'IMPORTANT N'EST PAS LA LIBÉRATION DES MŒURS MAIS LE COUPLE : LIBÉRATION DES FEMMES + MAÎTRISE DE LA REPRODUCTION

Il est sans doute aussi rapide de dire que la libération sexuelle ébranle définitivement la famille et son triangle œdipien que d'affirmer que celle-ci tient finalement bien le coup en changeant de rôle et de fonction. Inconfortablement mêlé à une mutation dont nous sommes les acteurs, le désir est grand de vouloir trancher. Mais cette aspiration est d'autant plus illusoire que peu de choses sont aussi compliquées que ce théâtre familial dont les données viennent d'être révisées.

*Finalement, l'important n'est pas tant la libération des mœurs que la conjoncture du mouvement de libération des femmes et la maîtrise technique et légale de la reproduction humaine.*

Les points forts de ce nouveau drame peuvent être la fin de la hantise de l'enfant non désiré, et donc une nouvelle place pour lui dans le rapport de force du couple. Simultanément, la découverte d'une solitude liée à une autre liberté ainsi que le bouleversement du rôle masculin et féminin sont des faits qui, avec la libération sexuelle, pourraient servir d'esquisses pour d'autres rapports aux autres.

Famille et libération sexuelle : la rencontre de ces deux grandes dames laisse prévoir de multiples scénarios non écrits. Beaucoup de choses sont possibles car la mutation que nous vivons ouvre une autre histoire des rapports hommes/femmes. Témoins un peu myopes de cette rupture, nous avons tendance à réfléchir à partir de valeurs qui font notre équilibre. Mais il est bien difficile de nous demander autre chose. En l'espèce, il ne s'agit pas simplement d'un rigoureux objet d'étude ou d'abord d'un choix politique, mais de la trame de l'expérience de chacun, qui d'ailleurs ne se produira qu'une fois.

Il reste que certains faits historiques d'anticipation sont troublants. On sait que la pratique du contrôle des naissances a précédé l'usage de techniques et qu'un autre statut des vieillards au XIXe siècle, c'est-à-dire leur reconnaissance par la société, a également précédé les progrès médicaux qui ont permis d'allonger la durée de vie. Quels seront demain les effets sur la naissance et la mort de techniques qui agissent objectivement sur l'une et l'autre ? *Enfants et vieillards seront conduits à agir.* Au-delà, il est difficile de dire ce que deviendra la famille qui, jusqu'à aujourd'hui, a été le principal espace troublé de notre sexualité.

---

## *Qui veut savoir*[9] ?

Michel Foucault publie un livre qui sert d'introduction à cinq autres non encore publiés[10]. S'il est difficile de critiquer un travail inachevé, la démarche générale et les principaux résultats sont suffisamment explicités pour que le lecteur ait une idée générale de l'œuvre[11].

L'intérêt majeur réside évidemment dans le renversement de la problématique classique répression-libération. L'auteur montre que, loin d'être scotomisée, la sexualité a depuis le XVIIIe siècle toujours occupé une place centrale dans l'appareil du pouvoir. Qu'il en a de mille et une manières été

9. Revue *Esprit*, juillet-août 1977, n° 7-8.

10. À propos de Michel Foucault, *Histoire de la sexualité*, t. I : *La Volonté de savoir*, Paris, Gallimard, 1976.

11. J'ai adressé plusieurs fois cette critique à l'auteur à l'époque et lui ai demandé de le rencontrer. Chaque fois, sans réponse...

question et que toutes les formes de répression et d'organisation de celle-ci n'ont souvent été qu'une autre manière d'en jouir. Ce qui complique les thèses actuelles de libération sexuelle reposant sur l'idée d'une répression unilatérale et policière que les luttes de la deuxième partie du XX^e siècle devraient renverser, permettant enfin d'accéder à un plaisir inconnu des sociétés antérieures.

Le second intérêt est de casser le schéma d'une bourgeoisie qui aurait appliqué au prolétariat un carcan moral et répressif, pour mieux l'asservir, carcan auquel elle se serait soustraite. Historiquement, c'est l'inverse qui s'est produit : c'est d'abord à elle qu'elle se l'est imposé, comme moyen de différenciation et de valorisation. Progressivement se dégage l'idée que tout ne s'organise pas autour d'une mauvaise répression et d'une bonne libération. Et que l'appel à Marx ou à une théorie économique de la sexualité et de la reproduction humaine ne suffit pas à rendre compte de phénomènes si complexes. Les modes de jouissance et de répression de nos prédécesseurs n'ont peut-être pas toujours à envier au rationalisme qui triomphe aujourd'hui, un peu tristement.

Les réserves ne concernent donc pas l'intuition générale, quoiqu'il soit sans doute difficile de nier l'existence historique de formes de répressions et de violences moins répandues aujourd'hui, mais la démarche. *Quatre problèmes* me semblent posés, qui peuvent aller jusqu'à remettre en cause le projet ou conduire à des résultats inverses de ceux souhaités. *Il s'agit de l'utilisation de l'histoire ; du choix de la sexualité comme objet théorique ; d'une conception totalisante du pouvoir et de la production d'un discours global, qui devient celui de la vérité et du sens.*

## L'HISTOIRE

Le premier problème est classique. C'est celui de l'analyse historique, et plus précisément celui de l'utilisation de concepts et d'instruments forgés dans le présent et projetés sur des situations et problèmes du passé. L'étude du passé est un moyen fondamental de distanciation, mais pour éviter qu'elle ne cautionne seulement des analyses actuelles, il faut un certain nombre de conditions qui ne sont pas réunies ici. Car ce que tout le monde cherche, et encore plus dans un domaine comme celui-ci, c'est une grille d'interprétation pour aujourd'hui. Et c'est bien dans ce sens qu'est déjà lu ce livre.

Or l'histoire semble ici parler d'elle-même. Comme si le travail de l'historien avait simplement consisté à trouver des documents et à les lire, pour que se dégage clairement ce qui a si longtemps été masqué, à savoir que, de sexualité, il n'en a jamais été tant parlé et exhibé que dans notre Occident chrétien, depuis le XVIII^e siècle. Nulle part ne sont exposés le cadre d'analyse, les hypothèses et les questions de départ qui ont justifié un tel voyage dans le passé. Et, comme cette parole du passé ressemble étrangement aux questions que l'on se pose aujourd'hui, on a l'impression que celui-ci en est simplement le prolongement. Dans ce temps indifférencié, l'histoire vient comme pour dire quelque chose sur notre présent, sans avoir à subir les contraintes et aléas d'une interprétation sur des événements contemporains vis-à-vis desquels tout auteur n'a d'autre distance que l'effort d'analyse. L'étude du passé devient une sorte d'inscription en creux d'une problématique actuelle, mais absente, des rapports entre les discours du pouvoir et de la sexualité. Pour éviter ce glissement et cette généralisation il aurait fallu placer très rigoureusement un certain nombre de bornes.

De l'absence de référence aux hypothèses de départ permettant de comprendre pourquoi l'auteur s'intéresse de cette manière à l'étude des textes et du passé, il résulte que le lecteur, piégé, est obligé de suivre l'auteur et d'agréer (ou refuser) une thèse qui finalement n'a pas été exposée. Or la personnalité de celui-ci et le sujet traité peuvent laisser penser que ce travail, qui comme tout travail théorique n'est qu'une interprétation, deviendra bientôt le credo et la grille d'analyse, non du passé, dont tout le monde se fout, mais du présent. Car c'est pour ici et maintenant qu'on veut comprendre, « savoir » et expliquer.

La projection de notre manière d'aborder le problème sur le passé se voit par exemple dans l'usage massif d'une conception de la sexualité telle que nous l'entendons et la connotons aujourd'hui. Les textes sont lus comme si le cadre de référence culturel, social, moral, religieux impliquait un abord de ces questions *identiques* à celui que nous en avons. De plain-pied avec ce passé si actuel, on ne voit aucune rupture ou différence. Il est pourtant difficile de nier, aussi loin qu'on veuille faire remonter le triomphe de notre façon de dire ou de contrôler la sexualité, l'existence d'autres facteurs et dimensions extérieurs à notre vision actuelle. Du rapport à la nature, à la manière de vivre et d'exprimer les sentiments, aux références symboliques, aux catégories de sexe, aux valeurs religieuses et à d'autres facteurs auxquels nous ne pensons sans doute plus, il a bien dû exister des dimensions qui cassent cette conception trop homogène et « moderne » de la sexualité.

Le silence sur tout ce qui fait de l'*ailleurs* du passé une référence aboutit à une vision non contradictoire. La prise en compte de tous les facteurs hétérogènes éclairerait les crises et conflits entre forces sociales, systèmes de valeurs et représentations du monde à travers lesquelles s'est progressivement dégagée notre conception actuelle de la sexualité. Cette évocation dramatique et en « relief » du passé ferait apparaître les nombreux ratés de cette histoire des asservissements. Car la pugnacité des pouvoirs n'a peut-être eu d'égale que les résistances qui s'y opposèrent. Et hier n'est sans doute pas la suite d'aujourd'hui.

Tout s'organise trop clairement. Dans ce grand continuum historique qui commence au XVIII^e et finit on ne sait quand, la liaison sexualité-pouvoir semble parfaite. Tous les changements, y compris l'industrialisation, l'urbanisation, les progrès médicaux semblent n'en avoir pas modifié la logique, mais au contraire l'avoir renforcée. On voudrait d'ailleurs savoir pourquoi la rupture est au XVIII^e siècle quand « naît une incitation politique, économique, technique à parler du sexe » (p. 33). Affirmer aussi qu'à partir de cette époque le problème de la population devient central ne paraît pas clairement établi. N'est-il pas vrai de toute société qu'« entre l'État et l'individu le sexe est devenu un enjeu public » (p. 37) ? On aimerait également comprendre comment le thème de l'individu qui prévaut à partir de cette époque et qui va jouer un rôle capital dans ces questions, comme dans la pensée philosophique et politique en bouleversant les systèmes de références, de valeurs, l'organisation sociale, s'est articulé avec ce discours sur la sexualité.

De même, on souhaiterait des précisions sur la naissance de ce « biopouvoir » qui joue sur la vie et pas seulement sur la mort, car avec des formes différentes, liées aux modèles culturels et aux connaissances existantes, on avait l'impression que le pouvoir depuis toujours jouait sur les deux à la fois (p. 181 *sq.*). N'est-ce pas depuis longtemps que « les disciplines du corps et les régulations de la population constituent les deux pôles autour desquels s'est déployée l'organisation des pouvoirs sur la vie » (p. 183) ?

Ce qui est difficile à comprendre ici, ce sont les raisons pour lesquelles ces problèmes acquièrent selon l'auteur une signification particulière à partir du XVIIIe siècle, il s'agit moins d'un problème de preuves que d'hypothèses.

Quant à la démarche rationnelle et scientifique, si on peut la voir cheminer depuis deux siècles, ses victoires n'ont pas toujours été faciles, ni depuis longtemps acquises. Il y eut des à-coups et des oppositions, en particulier dans ce domaine où le pouvoir spirituel et social de l'Église n'a été ébranlé que récemment. Que l'on songe par exemple à la nature des arguments dans les débats et conflits en Europe occidentale au cours des vingt dernières années à propos de la légalisation des techniques de contraception et d'avortement.

Alors, peut-on dire que fonctionne de la même manière depuis le XVIIIe siècle la référence scientifique comme principe de pouvoir ? Une interprétation du passé qui montre trop l'unité avec le présent facilite surtout pour ces questions une vision unilatérale, explicative, unificatrice.

Si le sexologue d'aujourd'hui a eu de nombreux prédécesseurs dans l'ordre de l'autorité et du contrôle, on ne peut cependant pas affirmer qu'il n'y a aucune différence entre lui et eux. Les références et principes de légitimité se sont transformés ainsi que les modèles de rationalité et les manières de s'y référer. C'est bien dans les déplacements, glissements et ruptures que sont à comprendre les rapports subtils entre discours du pouvoir et discours de la sexualité.

Au nom de quoi dire que nos sociétés modernes sont celles où l'on parle le plus de sexualité ? Y constater une multiplication des discours et « dispositifs » ne suffit pas à l'affirmer, car il s'agit simplement du repérage de phénomènes avec nos critères actuels. Rien ne dit que les sociétés antérieures ne « parlaient » pas autant de sexualité, mais d'une manière qu'on ne saisit plus. Reconnaître le passage, pour la sexualité, du domaine de la loi à celui des discours et dispositifs ne permet pas, comme le fait l'auteur, d'affirmer qu'elle ait une plus grande place.

On peut supposer que toute société, à sa manière, depuis toujours, réglemente les lieux, formes, places et pouvoirs du discours sur la sexualité. Et s'il paraît important aujourd'hui de montrer que celle-ci n'a pas été autant réprimée qu'on a bien voulu nous le faire croire dans les schémas sécurisants de la « libération sexuelle », ce n'est pas pour autant que l'idée inverse est vraie, à savoir qu'il n'en a jamais été autant question.

Il ne faut pas confondre le moment où l'on reconnaît les formes de nomination, organisation, répression de la sexualité similaire aux nôtres avec une analyse qui démontrerait la place centrale reconnue à la sexualité.

## LA SEXUALITÉ

L'un des objectifs du livre est de montrer que le sexe n'a été caché que pour mieux en parler. Mais l'hypothèse implicite est que la sexualité existe, et que c'est la même chose pour chacun[12]. Or ce n'est pas parce que tout individu a une expérience de la sexualité que cela suffit à la constituer, telle quelle, en objet théorique. Il n'y a pas de lien direct entre l'espace de la vie et celui de l'interprétation, entre l'expérience que chacun a de la sexualité, les mille et une manières que nous avons d'en parler dans la vie de tous les jours et ce qu'il en est comme objet théorique. C'est tout le problème de la différence entre le discours quotidien et celui qui a une vocation théorique et explicative. Surtout lorsqu'il s'agit de rapports sociaux et de questions humaines.

En comprenant comment et pourquoi, et avec quelles hypothèses un auteur s'intéresse à tel problème spécifique, le lecteur conserve sa liberté d'appréciation. Si le discours d'interprétation semble résulter *directement* de celui de l'expérience, comme s'il en était la suite ou le sens, il risque de se comporter en discours de la vérité et en idéologie.

Si ce problème des conditions de production du discours théorique n'est ni nouveau ni spécifique à la sexualité, il a cependant ici deux particularités. D'abord, et l'auteur le dit lui-même, du fait de la fonction qu'occupe actuellement la sexualité comme lieu de la vérité. Ensuite à cause du changement de place de la sexualité, et du discours y afférant dans notre société.

Concernant la sexualité, chacun « se débrouille » au niveau personnel, naviguant entre sa personnalité, ses fantasmes et désirs et les systèmes de valeurs. Cependant, on ne se contente en général pas de ce bricolage personnel, et l'on recherche ailleurs la vérité et l'explication ultime qui devraient nous permettre enfin de « comprendre ». C'est dans ce passage d'un plan à l'autre que se pose le problème des conditions de production d'un discours explicatif. Établir un lien direct entre ces différents discours ou une correspondance claire est sans doute le rêve de chacun pour retrouver l'insaisissable unité du réel, mais c'est aussi le risque de s'aliéner dans le discours de l'autre, surtout si celui-ci se présente sur un mode théorique, à vocation universelle.

---

12. L'auteur revendique même ce réel de la sexualité : « Ne pas placer le sexe du côté du réel et la sexualité du côté des idées confuses et des illusions. La sexualité est une figure historique très réelle, et c'est elle qui a suscité, comme élément spéculatif nécessaire à son fonctionnement, la notion de sexe » (p. 207 ; voir également p. 19, 47, 67, 92, 136, 194). Le renvoi aux pages a été préféré le plus souvent aux citations, pour éviter les changements de sens et les interprétations qui résultent parfois du choix de quelques lignes sorties de leur contexte.

La seconde particularité concerne la place qu'occupe actuellement la sexualité dans notre société. La voilà reconnue, banalisée, légitimée à travers les lois autant que dans les actes et le commerce. Une des conséquences est que tous les propos ont maintenant une place, y compris les plus radicaux, dès lors qu'ils partent de cette « réalité » : la sexualité, sa libération ou son contrôle.

Les espaces et les marchés ouverts sont infinis, à la mesure des questions que nous nous posons à ce sujet. Dans ce concert quel peut être l'impact d'une histoire de la sexualité ? Sa place n'est-elle pas déjà dessinée dans ce vaste puzzle en reconstruction ? Et même si elle est à rebrousse-poil des idées dominantes ? Dès lors qu'il n'y a pas de précautions dans l'usage du mot sexualité et que ne sont pas rappelées les ruptures entre les différents modes de discours y afférant, celle-ci se voit réifiée, dans le même temps où elle est nommée.

C'est à cette question que l'on est confronté en lisant le livre de Michel Foucault. Ne sont pas exposées les questions que l'auteur s'est posées au début de sa recherche, ni la manière dont il a construit son objet d'étude. Le lecteur, n'étant jamais obligé de faire un effort de distanciation entre sa vision de la sexualité et celle véhiculée dans le texte, est tenté d'importer telle quelle cette explication théorique et de la faire sienne. D'autant que l'auteur, en parlant de la sexualité de manière si naturelle, c'est-à-dire si proche des connotations que chacun en a dans la vie quotidienne, nous conforte dans l'idée que « nous sommes de plain-pied ». Comme si chacun parlait de la même chose et que discours quotidien et théorique se suivaient ou se correspondaient. La conséquence de cette démarche est de faire de la sexualité une sorte de « réalité », définie par un certain nombre de caractéristiques, que l'on retrouverait chez chaque individu. C'est même sur cette ambiguïté que s'impose actuellement le discours sexologique. De ce que chacun a une expérience de la sexualité, on déduit que certains sauraient ce qu'il en est d'un point de vue général.

Dans le livre, il y a comme un accord tacite entre l'auteur et le lecteur sur ce qu'il faut entendre par sexualité et sur la manière d'en disserter. Or la répétition des mots sexe et sexualité ne préjuge en rien que l'on sache de quoi l'on parle, ni d'ailleurs qu'on en parle effectivement, ni même qu'il faille en parler ainsi. Tout fonctionne ici comme si la sexualité existait objectivement, et faisait partie de la réalité. D'ailleurs, pour montrer qu'il y avait de la sexualité partout, Michel Foucault est contraint de démonter tous les actes de la vie quotidienne, pour bien dégager qu'« elle » est au centre de tout le fonctionnement social, de la loi à l'interdit, du travail à la médecine.

Qu'apporte une telle démarche exhaustive qui d'ailleurs consiste à traquer et faire avouer tous les textes et récits (p. 78 *sq.*) exactement de la même manière que celle dont l'Église et ses successeurs s'y sont pris pour contrôler ce que du sexe on disait et vivait ? *Faire la même chose : tout nommer pour tout normer*.

Ce travail de dépistage de toutes les activités où serait à montrer qu'il réside « de la sexualité » inquiète. Si l'auteur trouve sans doute plaisir à ce travail de fouille, le lecteur, lui, se sent mal à l'aise, indiscret dans cette procédure d'aveu appliquée aux textes et dont on annonce qu'elle sera au centre des cinq livres prochains[13]. Des femmes aux enfants, en passant par la démographie, l'hygiène et les « perversions », jamais n'aura été tendu un aussi fantastique filet pour traquer ce qui est appelé sans réserve « la sexualité ». Qu'est-ce si ce n'est produire un discours aussi totalitaire que celui que l'on veut combattre ? En saura-t-on davantage pour autant ? Et que signifie ce savoir ?

Si l'obsession du pouvoir est d'essayer désespérément de circonscrire, définir, territorialiser, organiser positivement la sexualité en un ensemble de gestes, mots, discours : est-ce qu'une démarche critique doit se situer dans le même espace, et utiliser les mêmes méthodes ? Faut-il soi-même produire un discours qui suppose l'existence « réelle » de la sexualité ?

Il en est de même pour le corps, au sujet duquel est souvent rappelé comment les livres suivants montreront les différentes techniques de dressage et d'asservissement dont il a été l'objet (*cf.* p. 190 *sq.*). Mais cela repose sur la même hypothèse que pour la sexualité, à savoir que le corps existe, en tant que tel, comme objet d'analyse. On passe directement et sans nuance du corps, comme expérience individuelle, mais déjà si difficilement « communicable » au corps sujet et objet théorique. Inutile de préciser les conditions pour en parler, ou les différentes acceptions tant il paraît évident et de bon sens que le corps ça existe « naturellement ». Comme la sexualité sans doute[14]...

Distinguer ensuite le corps et la sexualité de la bourgeoisie de ceux du prolétariat (p. 163 *sq.*) ne change pas la nature du problème puisqu'on passe d'une « réalité » à deux ou à plusieurs. Il pourrait y en avoir autant qu'il y a de groupes et de minorités.

---

13. Le domaine qu'il s'agit d'analyser dans les études qui vont suivre, c'est donc ce dispositif de sexualité, sa formation à partir de la chair chrétienne, son développement à travers les quatre grandes stratégies qui se sont développées au XIXe siècle : sexualité de l'enfant, hystérisation de la femme, spécification des pervers, régulation des populations ; toutes stratégies qui passent par une famille dont il faut bien voir qu'elle a été, non pas puissance d'interdiction, mais facteur capital de sexualisation (p. 150, *cf.* également p. 137 *sq.*, p. 87 *sq.*).

14. Ce qui permet par exemple de dire que le « pouvoir sur la vie s'est développé depuis le XVIIe siècle sous deux formes principales ; elles ne sont pas antithétiques, elles constituent plutôt deux pôles de développement reliés par tout un faisceau intermédiaire de relations. L'un des pôles, le premier semble-t-il à s'être formé, a été centré sur le corps comme machine, son dressage, la majoration de ses aptitudes, l'extorsion de ses forces, la croissance parallèle de son utilité et de sa docilité, son intégration à des systèmes de contrôle efficaces et économiques, tout cela a été assuré par les procédures de pouvoir qui caractérisent les disciplines : anatomo-politique du corps humain. Le second, qui s'est formé un peu plus tard, vers le milieu du XVIIIe siècle, est centré sur le corps espèce, sur le corps traversé par la mécanique du vivant et servant de support aux processus biologiques : la prolifération, les naissances et la mortalité, le niveau de santé, la durée de la vie, la longévité avec toutes les conditions qui peuvent les faire varier, leur prise en charge, s'opèrent par toute une série d'interventions et de contrôles régulateurs : une biopolitique de la population. Les disciplines du corps et les régulations de la population constituent les deux pôles autour desquels s'est déployée l'organisation du pouvoir sur la vie » (p. 182-183).

LE POUVOIR

Pour la notion de pouvoir on retrouve les mêmes difficultés, quoique l'effort de définition soit plus précis (*cf.* p. 121-128). De la page 107 à la page 128, de nombreuses explications sont données sur ce qu'il faut en entendre, ainsi que de ses rapports avec la sexualité. Mais il va quand même de soi que sexualité et pouvoir sont du même ordre, appartiennent au même plan, car ne sont jamais définies les conditions de leur rencontre, ni ce qu'ils sont censés représenter l'un et l'autre.

Pour Michel Foucault, la théorie classique du pouvoir fondée sur la loi, la hiérarchie et la « représentation juridico-discursive » est inadéquate à rendre compte du rapport pouvoir-sexualité, puisque, dans ce domaine, la spécificité vient justement de ce que le pouvoir agit positivement et au travers de nombreux « dispositifs » et « technologies » qui font éclater les représentations classiques que nous en avons. Mais toute dimension répressive du pouvoir ne s'accompagne-t-elle pas, en général, d'une dimension intégrative ?

Quels sont les effets spécifiques d'une théorie qui prétend montrer que le pouvoir ne fonctionne pas seulement par les lois, les institutions, l'État, etc., mais aussi par un ensemble de forces complexes et toujours en mouvement ? S'il s'agit d'aller au-delà de ce que chacun perçoit déjà, à savoir que la force et l'origine du pouvoir sont ailleurs que dans les institutions qui n'en sont que la trace, il faut une construction théorique qui échappe à la tautologie sexe-pouvoir. Sinon on risque d'être renvoyé en permanence de l'un à l'autre. L'auteur souligne d'ailleurs lui-même cette difficulté « Cette histoire de la sexualité ou plutôt cette série d'études concernant les rapports historiques du pouvoir et du discours sur le sexe, je reconnais volontiers que le projet en est circulaire, en ce sens qu'il s'agit de deux tentatives qui renvoient l'une à l'autre » (p. 119).

Dans la problématique choisie, il ne suffit pas de montrer que le discours du pouvoir sur le sexe s'est constitué au travers du discours du pouvoir comme producteur de vérité, il faudrait montrer que l'un n'est pas l'autre.

Si les quatre règles selon lesquelles fonctionne le discours du pouvoir pour Michel Foucault : immanence, variations continues, double conditionnement, polyvalence tactique des discours (*cf.* p. 128-132) apportent des précisions, on reste un peu ébahi devant l'immensité de l'entreprise. D'autant que les nouvelles caractéristiques du pouvoir (*cf.* p. 57 *sq.*) ainsi que la définition qu'il en donne (p. 121-122) aboutissent à une conception sans limites de celui-ci[15].

Il n'y a plus rien d'autre que du pouvoir et du sexe, qui susurrent et tournoient inlassablement. Finalement on ne sait plus quoi faire, on n'y croit plus. Ici, rien de contradictoire, ni rien d'autre d'ailleurs ! Même pas quelque chose, par exemple, qui échapperait à cette totalitaire démonstration. Des

---

15. « Omniprésence du pouvoir : non point parce qu'il aurait le privilège de tout regrouper sous son invincible unité, mais parce qu'il se produit à chaque instant, en tout point, ou plutôt de toute relation d'un point à un autre. Le pouvoir est partout, ce n'est pas qu'il englobe tout, c'est qu'il vient de partout » (p. 122 ; voir également p. 129).

fuites, ou pourquoi pas des sentiments, du désir, des diables, des anges, des utopies, un ailleurs innommable ou une moralité quelconque, enfin quelque chose pour briser ce fascinant, mais vite lassant ballet, pouvoir-sexualité. Entre ce qu'est le pouvoir et ce qu'il n'est pas (*cf.* p. 123, 124, 125), il ne manque rien, il y a tout.

L'intérêt n'est pourtant pas de savoir qu'on est piégé un peu, beaucoup, passionnément..., mais d'essayer de comprendre comment fonctionnent un tel pouvoir et les moyens de se décaler par rapport à sa logique. À quelles conditions un discours peut-il y contribuer ? Sinon le démontage des mille et uns arcanes du pouvoir n'apporte rien que le plaisir de la démonstration et celui de se savoir piégé.

En montrant comment fonctionnent les réseaux et multiples interactions de pouvoirs, on en arrive à une vision systématique où disparaissent adversaires, enjeux, conflits et tout le processus historique créé par leur jeu réciproque. Parler d'un pouvoir pluriel et omniprésent ne transgresse finalement pas l'idée de l'unité de celui-ci.

À lire *La Volonté de savoir* et sans préjuger des cinq livres à venir, on a le sentiment que *Michel Foucault applique à la sexualité, sans modification fondamentale, la méthode d'analyse utilisée à propos du discours médical, carcéral, psychiatrique. L'analogie est-elle possible ?* Ces domaines, même s'ils débordent le cadre des lois et de l'État, ont depuis longtemps une réalité institutionnelle, et sont l'objet de conflits. Partie intégrante de la pratique sociale, possédant une dimension symbolique suffisante pour être l'occasion de discours qui s'échangent et s'opposent, ils structurent le champ des conflits et constituent des positivités.

En est-il de même pour la sexualité ? L'auteur pour appliquer sa méthode d'analyse, n'est-il pas obligé de postuler la positivité de la sexualité ? Bien sûr, les phénomènes de sexualité n'ont jamais échappé au contrôle social, mais les modalités de celui-ci ne relevaient pas directement du registre institutionnel et ne s'exerçaient pas de la même façon. S'il a toujours existé des lois, elles étaient dans l'ensemble limitées et restrictives. Ce n'est que depuis une trentaine d'années que ce domaine devient l'objet d'un droit positif. À côté d'un certain nombre d'interdits, s'organise maintenant une législation complexe, de la contraception à l'avortement, au conseil conjugal et familial, et demain à la sexologie.

Pour la première fois, à cette échelle, s'institutionnalise le champ de la sexualité au travers des professions *ad hoc*, des systèmes de formation, des financements, des institutions... C'est donc seulement maintenant que la sexualité est organisée socialement sous des formes qui ressemblent à celles que l'on connaît pour les domaines psychiatriques et médicaux. Mais, au-delà des formes, subsiste le problème de savoir s'il n'y a pas une spécificité aux questions de sexualité, tant dans la manière dont il faut en faire un discours théorique et en comprendre les dimensions sociales, qu'en ce qui concerne leurs rapports avec le discours du pouvoir.

On retombe sur un problème précédemment évoqué. C'est bien parce que l'auteur suppose que la sexualité a une objectivité repérable et identique pour chacun qu'elle peut, au même titre que toute autre pratique sociale, être analysée dans ses rapports avec le pouvoir. Mais si la sexualité n'est pas cette « réalité », on peut faire l'hypothèse qu'il faudrait à chaque fois préciser les conditions pour qu'elle soit l'objet de discours. Et si elle ne s'aborde pas directement, il en est probablement de même en ce qui concerne l'étude de ses rapports avec le champ institutionnel. Cela conduit au quatrième problème, qui d'une certaine manière relie les trois précédents, à savoir celui du sens d'un récit qui fonctionne ici comme discours de la vérité.

## LE SENS

Le texte regorge de pouvoir, de sexualité et d'histoire. Or ce vaste tableau auquel il ne manque rien, de la pastorale chrétienne à la psychanalyse, ressemble beaucoup à un discours d'ordre. Tout y est bien lisse, homogène et mène à un vaste travail de dépistage qui peut d'ailleurs être sans fin.

Parti pour dénoncer ceux qui font de la sexualité un ensemble de discours, savoirs, producteurs de la vérité, Michel Foucault risque d'en arriver à faire la même chose. Le texte dans son ensemble agit comme discours de vérité, producteur de sens. Mais pas de n'importe quel sens, puisque celui dont il est question c'est le sens du discours sur le sexe qui à son tour est censé être celui de la vérité. Et comme, en outre, il s'agit du discours du sexe dans ses rapports avec celui du pouvoir, et dans une perspective historique, on comprend qu'il ne manque rien...

Discours, sexe, pouvoir jouent ici à colin-maillard. À travers mots, images, « technologies », dispositifs, histoires, analyses, se dessine la tentative infinie de construire une explication théorique des rapports entre pouvoir et sexualité. Le problème fondamental reste bien alors celui du mode sur lequel peut être produit un discours à vocation théorique et applicative sur le sexe. Ce n'est pas de parler de sexualité qui est en cause, car de cela et sous de multiples formes, les êtres humains en ont toujours parlé. Mais de ce discours bien particulier dont l'objectif est de faire une *démonstration* et de fournir une explication théorique aux phénomènes de sexualité. Quel peut être sur un sujet pareil le statut d'un discours qui n'est ni un témoignage personnel, ni une création imaginaire, ni un récit, ni une méditation ?

C'est le problème du genre littéraire, du mode de référence et du principe de légitimité. Au moment où les propos à vocation générale sur le sexe se multiplient, à quelles conditions théoriques et pratiques en produire un qui ne s'ajoute pas à la montagne de ceux existants ? Comment éviter qu'il se transforme en idéologie de la vérité ? La manière de dire quelque chose dans ce domaine n'est-elle pas aussi importante que ce qui est dit ?

Dans l'inflation actuelle, le silence est sans doute une possibilité pour échapper à cette spirale des mots et du sens qui s'accumulent pour essayer de tout dire, tout expliquer, tout théoriser. Il est cependant nécessaire de ne pas rester indifférent aux changements en cours, surtout si nombre d'entre eux conduisent à la mise en place d'une légitimité scientifique, rationnelle qui ne paraît pas moins normative que celle qu'elle remplace. La question est bien d'agir pour que la confuse et fragile aspiration à d'autres relations interpersonnelles n'échoue dans ces différents modèles qui se constituent.

Le discours des sciences humaines ne relève-t-il pas trop de cette légitimité pour pouvoir s'y opposer ? Est-ce sur ce mode que l'on peut combattre une nouvelle logique dominante qui elle aussi est historique, théorique, analytique ? Les discours critiques ou d'émancipation peuvent-ils utiliser les mêmes modes, logiques et références que le discours des « nouveaux pouvoirs » qui se mettent en place ?

Autrement dit, la critique ne consiste pas seulement à reprocher à l'auteur de n'avoir pas suffisamment exposé son cadre d'analyse, ses hypothèses, ses questions de départ. Cela aurait certes permis au lecteur d'avoir des points de repère pour relativiser ce livre dont la démonstration fort rigoureuse risque d'accentuer le caractère « effet de vérité ». Elle va au-delà de ce problème théorique déjà fort difficile à résoudre, pour toute personne qui produit un discours global sur ce sujet et conduit à deux questions qui nous concernent tous : le désir de trouver dans et par un texte, critique ou non, le sens du réel et de la sexualité ; la croyance que c'est dans une construction théorique que ce sens réside.

Le problème est d'autant plus compliqué que la solution ne consiste pas – et l'auteur le dit lui-même très nettement – à retrouver la « subversion du désir » ou la « spontanéité sociale » qui sommeilleraient derrière la répression de la théorie, des institutions ou de la loi.

Ce commentaire a pour objet d'interroger une démarche qui à force de « volonté de savoir » risque d'aboutir aux résultats inverses de ceux souhaités. Comment aujourd'hui dire quelque chose à propos de la sexualité ? Comment sortir de la logique de l'explication ?

## *Les enjeux théoriques contemporains*

À l'âge de 25 ans, étudiant pour ma thèse la libération des mœurs et les nouveaux rapports homme/femme, j'étais déjà intéressé par la communication, car je voulais comprendre les progrès, mais aussi les limites de cette redéfinition des rôles et des aspirations des uns et des autres. Cet immense chantier, d'ailleurs toujours inachevé, illustrait cette révolution de la communication entre les individus. Tout était possible et tout déjà se compliquait, entre les nouveaux rapports de force, les incompréhensions et les nouveaux marchés du temple. J'ai sans doute été très tôt frappé par l'importance de ces immenses mouvements d'émancipation autant que par les incommunications qu'ils laissaient entrevoir. Communication et incommunication étaient inséparables, progrès et échecs, libertés et mensonges, aspirations et malentendus... Et pourtant, avec ce mouvement de libération des mœurs, on se trouvait, et encore aujourd'hui, au cœur des relations humaines *et* de la communication. J'étais déjà pleinement dans la communication pour une autre raison. Ces années de recherches, très proches des militants, puis des syndicalistes de base par la suite, m'ont à la fois permis de réaliser l'intelligence de ces acteurs, mais aussi les difficultés de la communication sociale. Les militants du MFPF (Mouvement français pour le planning familial) allaient passer progressivement de la lutte à la mise en place de services. Les syndicalistes de la CFDT continuaient de se confronter, très durement, à une réalité technique et culturelle qui évoluait très vite et risquait encore plus de les déclasser. Dans les deux cas, une expérience humaine inoubliable, indispensable pour qui veut comprendre un peu la société, et qui me fut très utile pour toutes les autres situations de recherches et de rencontres humaines.

Concrètement, dans mon premier livre *Le Nouvel Ordre sexuel* (1974), j'analysais trois enjeux. La différence entre la bataille pour la contraception et celle pour l'avortement, avec en perspective, dans les deux cas, le mouvement de libération des femmes. Les limites du mouvement de libération sexuelle qui risquait de renforcer en définitive, les différents discours savants de sexologie. La mise en place des industries du corps à l'occasion de cet immense mouvement d'émancipation, de la sexualité, et de la personne.

Plus de trente ans après, aucune de ces problématiques n'est fausse, ou dépassée, et les mutations continuent de se produire plus ou moins silencieusement, accompagnées de leurs lots de libertés supplémentaires, mais aussi de résistances, de nouvelles solitudes et de marchés. Simplement, on a oublié la force des combats idéologiques de l'époque, force et polémique que l'on retrouve d'ailleurs à chaque fois qu'ils se déroulent depuis, dans d'autres parties du monde.

Même si la situation sociale des femmes dans les pays occidentaux est loin d'avoir atteint les objectifs des années 1980, énormément de signes, de luttes, de prises de parole, de lois, dans le monde, indiquent la profondeur du mouvement de libération depuis trente ans : lois sur l'avortement, débats sur le divorce, le port du voile, la laïcité, l'excision, etc. En France, la question de la contraception et de l'avortement est à peu près « réglée », malgré la persistance de profondes inégalités. Elle ne l'est pas encore en Europe, surtout pour l'avortement, et *a fortiori* dans le reste du monde. Contrairement à tous ceux qui s'opposent à l'avortement, au motif de son utilisation comme mode de contraception, on constate que personne ne confond les deux, aujourd'hui comme hier. Il reste un acte grave et l'ensemble de la filière hospitalière est très loin d'être à la hauteur des lois, sans parler des inégalités sociales et culturelles qui sont ici évidentes, mais trop silencieuses. Quant à la réflexion sur le pouvoir médical et des laboratoires, il y avait là simplement trente ans d'avance. On voit mieux aujourd'hui le changement, bien au-delà de la pilule, avec tout ce qui concerne la procréation artificielle, les progrès de la biologie, les lois bioéthiques, le génie génétique, le développement d'une logique de réparation, etc. La sexualité est devenue un immense marché en même temps qu'un domaine où les demandes de connaissances ne cessent de se développer. Jusqu'où la marchandisation du sexe et de l'âme sous tous ces aspects est-elle possible ? Comment concilier liberté, performance, recherche de l'autre et solitude ? Depuis plus d'une génération, tout se fait sans « boussole », avec la poursuite du lent, douloureux, mais fantastique mouvement d'émancipation individuelle. Cet *individualisme,* lié autant à la revendication de la liberté individuelle qu'à un certain détricotage des rapports sociaux, continue de produire ses effets positifs, et négatifs, dans une société où les grands points de repères sociaux, politiques, culturels s'estompent beaucoup. Le mouvement en faveur de l'émancipation de l'individu, avec toutes ses forces et ses ambiguïtés se poursuit, inexorablement, véritable bulldozer de la culture occidentale. Il est le plus profond mouvement d'émancipation politique et culturel depuis l'affaissement des grandes idéologies. Il alimente parfois une nouvelle forme de *communautarisme* qui est beaucoup moins un repli sur soi, qu'une capacité à se rassembler librement, sans forcément plus d'égoïsme. Il s'agit plutôt de regroupements identitaires par choix affectifs ou électifs, comme pour *compenser* la baisse des liens familiaux, régionaux, professionnels, syndicaux, de classe, et surtout l'absence de grandes utopies politiques. *Le collectif est pour le moment largement en panne de valeurs* et les communautés sont une autre forme de structuration des rapports sociaux par les modes de vie, les styles, et constituent souvent un moyen pour résister à une société où l'exclusion explose. D'ailleurs, quand on voit les jeunes entre eux, des techniques aux relations interpersonnelles, tout leur vocabulaire est traversé par les mots de la communication. Tout est relations, rencontres, interactions, projets, avec une sorte de fluidité inattendue. Instinctivement, la vie quotidienne est devenue une sorte de recherche « de l'autre » qui ne dit son nom, et sans illusions excessives. Les radios puis la télévision communautaire, et aujourd'hui Internet, favorisent ce mouvement qui est plus à comprendre comme une recherche de nouvelles solidarités que de repli. D'autant que, dans les sociétés occidentales, il n'y a guère de projet collectif utopique.

Les discours féministes sont en revanche aujourd'hui plus faibles et moins audibles. Comme si certaines revendications et inspirations, étant

« entrées » dans les esprits, il y aurait une sorte de « pause » dans ces batailles. Pourtant, les inégalités sociales hommes/femmes demeurent trop visibles dans le travail, la promotion, la maternité, la crèche, etc. Parler de régression serait excessif. Pour autant, il est exact que ce mouvement d'émancipation ne continue pas son chemin au rythme qu'il atteignit à la fin du XX^e^ siècle. Plus personne ne peut nier à la fois que le statut de la femme se soit enfin, un peu, amélioré, mais qu'il reste énormément à faire, et à l'occasion de cette émancipation sociale largement inachevée, ce sont les relations interpersonnelles et familiales qui se redessinent, dans le sens de plus de liberté, de responsabilités, mais aussi d'incertitudes et de conflits. *Tout est à repenser et il n'y a plus de modèles.* La confrontation de la laïcité au retour du religieux, notamment pour l'islam, relance par ailleurs la problématique de l'émancipation de l'individu, et notamment celle des femmes. Si les luttes pour l'émancipation des femmes sont aujourd'hui moins fortes dans le domaine des inégalités sociales, c'est peut-être à propos des rapports entre les hommes et les femmes dans les différentes religions qu'elles vont reprendre.

La conséquence, notamment du mouvement d'émancipation des femmes, concerne le nombre de *divorces* en augmentation dans tous les milieux et dans toutes les régions, jusqu'à atteindre en milieu urbain près d'un couple sur deux. Impossible d'ailleurs de parler de la mutation des modèles de relations interpersonnelles en oubliant de mentionner les autres causes « structurelles » du changement social qui en cinquante ans ont modifié le fonctionnement de nos sociétés et le mode de vie des couples et des individus : exode rural ; urbanisation intensive ; fin de la famille élargie avec les ascendants, oncles et tantes ; passage à la famille nucléaire ; apparition de la famille recomposée ; insertion professionnelle des femmes ; place de plus en plus grande accordée à la jeunesse, etc. Tout a changé dans les relations interpersonnelles. Un divorce le plus souvent en faveur de la mère, notamment en ce qui concerne la garde des enfants, mais avec néanmoins un lent processus de rééquilibrage au fur et à mesure que les hommes, eux aussi affectés par toutes ces remises en cause, abandonnent de plus en plus la figure d'autorité, autant subie que choisie, au profit d'une attention plus grande aux enfants. En attendant d'ailleurs l'étape suivante où les hommes prendront la parole. Tout ceci devrait être précisé, en fonction des groupes sociaux et culturels, et à condition aussi de ne pas succomber au simplisme sociologique. Les milieux privilégiés, à tous points de vue, ne se comportent pas forcément différemment des « autres » milieux. *Les inégalités de cœur ne sont pas toujours sociales*. Le triangle dont j'avais parlé dans les années 1980 – terrorisme (du féminisme), silence (des hommes) et solitude (des êtres) – reste vrai.

L'autre conséquence est l'essor des *familles recomposées* qui traduit cette recherche d'autres solutions, avec un peu plus de tolérance et d'ouverture d'esprit. Les mentalités évoluent. En tout cas, on « parle » davantage de tout cela, et la recherche du dialogue, voire de la communication, progresse. Les silences et les secrets sont un peu moins lourds, les conformismes aussi. La réalité des divorces et des familles recomposées traduit une certaine ouverture d'esprit. Tout cela se tricotant en accordant une place beaucoup plus grande aux enfants, dont l'« autonomie » est sans cesse plus précoce.

C'est la même évolution positive pour l'*homosexualité.* L'homophobie se porte encore bien, mais la charge de la preuve s'inverse parfois. Les comportements, suivis enfin par les lois, ont considérablement ébranlé les stéréotypes et les excommunications. La tolérance et le respect, sauf dans certains milieux, sont presque au rendez-vous, même si les actes de ségrégation existent toujours. Ce sont par contre les vingt années de la tragédie du sida (1980-2000) qui ont totalement assombri les premières décennies de cette émancipation. Dans les pays démocratiques, chacun sait bien que rien ne pourra arrêter ce triple mouvement, celui de l'émancipation des femmes, la tendresse des pères vis-à-vis des enfants, et l'homosexualité. Et même si la revendication « d'après », celle de l'homoparentalité, continue de progresser et de diviser. Dans tous les cas, les questions de sexualité, couples et familles, continuent de se socialiser et de se « débiologiser », renforçant le débat entre libertés individuelles et normes sociales. De tout cela, on en parle, et presque de plus en plus librement. S'il est un secteur où la « communication » s'est imposée, c'est bien celui-ci. La prise de parole ne s'arrêtera plus.

Dans l'ensemble, ces questions qui ont bouleversé les codes individuels, sociaux, culturels, religieux et politiques évoluent vers un peu plus de tolérance. L'ouverture du langage, pour tout ce qui concerne la sexualité, les rapports interpersonnels, progresse. Et même les propos normatifs, marqués par beaucoup d'interdits politiques, culturels ou religieux, sont moins omniprésents, du moins en Europe et en Occident, même si tout cela demeure violent dans le reste du monde, obligeant de toute façon à faire beaucoup de travaux de comparatisme. À l'Ouest, on note presque parfois une forme d'« apaisement », même si cet apaisement n'est pas proportionnel aux difficultés rencontrées par tous pour essayer de vivre autrement le couple, la famille, le rapport aux enfants, l'éducation, les relations aux autres. Le simple fait de pouvoir se dire entre soi des choses qui étaient impensables il y a trente ans illustre un progrès « banal », mais fondamental. Même si beaucoup d'inégalités de toutes natures demeurent. Un peu plus de tolérance, un peu moins d'interdits et de moralisme, de dogmes et d'*a priori.* Les libertés individuelles ont progressé, des tabous tombent, même si les questions de morale, de limite de droits et de responsabilités sont à repenser. On a aujourd'hui le droit de se chercher, se rencontrer par l'intermédiaire des réseaux sociaux. Néanmoins, hélas, au bout de ces libertés chèrement gagnées, on découvre souvent la solitude des individus. *Libres mais seuls* semble être, pour le moment, le résultat de cet immense mouvement d'émancipation. On échange davantage, de plus en plus par techniques interposées, sans pour autant se comprendre plus facilement. L'*interactivité* facilitée et accentuée n'est pas, là non plus, synonyme de communication. C'est même l'*expérience de l'incommunication* qui se développe, comme conséquence paradoxale de cette ouverture et de cette émancipation des relations humaines. Un autre problème surgit : celui de la marchandisation des rapports humains, et plus particulièrement des rencontres. Les sites spécialisés se livrent une guerre commerciale acharnée. « La rencontre » a aujourd'hui un prix, et cela ne choque personne alors que dans d'autres contextes, les relations payantes sont condamnées... Meetic, Facebook et autres réseaux sociaux symboles de l'émancipation individuelle ? Mais également révélateurs des nouvelles solitudes interactives, de la remise en cause des frontières entre privé et public, et de nouveaux marchés...

En revanche, la violence à l'égard des femmes et des enfants reste totalement disproportionnée. Comme s'il y avait deux poids deux mesures. Et ces tragédies ne sont encore une fois pas seulement d'ordre social, mais souvent beaucoup plus d'ordre culturel ou interpersonnel. On constate aussi une présence moins forte des discours d'émancipation dans l'espace public, et ceci malgré le nombre beaucoup plus grand de médias et de systèmes d'expression existant aujourd'hui par rapport aux années 1970-1975. Comme si les sociétés « agissant » et « intégrant » ces mutations lourdes et difficiles ne pouvaient simultanément créer ou relancer d'*autres* luttes politiques sur la sphère privée. Question de temporalité. On peut d'ailleurs noter une sorte de parallèle entre cette lente évolution en faveur du statut de la femme, la modification des relations interpersonnelles, l'homosexualité, la recherche d'autres modèles familiaux *et* une bien moins grande présence des discours critiques, notamment vis-à-vis du racisme toujours aussi bien portant. À chaque génération son rythme et sa logique ?

Ces profondes mutations culturelles, dont il ne faut pas sous-estimer la complexité – car personne ne peut savoir jusqu'où celles-ci peuvent se réaliser sans remettre en cause des équilibres anthropologiques fondamentaux – se font néanmoins presque simultanément en Europe. Bien sûr, les traditions culturelles, religieuses, politiques sont différentes, mais en dépit de celles-ci, on observe néanmoins un irrépressible mouvement dans la même direction. Et c'est en cela, malgré les vicissitudes de la politique conjoncturelle, que l'on peut parler de « culture européenne ». Le simple fait que l'on puisse s'opposer et parler plus facilement de tous ces sujets « privés », partout en Europe, en dépit des différences politiques et culturelles, est un immense facteur d'espoir. Il suffit pour s'en convaincre de faire un peu de comparatisme et de voir comment ces questions sont le plus souvent ignorées, dans d'autres cultures et sur d'autres continents.

Même si l'Europe n'a aucune leçon à donner au monde à ce sujet, on peut remarquer que c'est en Occident, dans la filiation d'ailleurs de toute la philosophie de la liberté et de l'émancipation individuelle – ce même Occident l'ayant pourtant parfois lui-même largement piétinée – que les mutations ont commencé. Aujourd'hui, si tout est souvent plus compliqué qu'hier dans ce domaine des relations interpersonnelles, personne n'ignore que c'est dans la culture européenne qu'a été acquis en cinquante ans plus de liberté, de tolérance, d'acceptation de la pluralité des destins individuels. Cette lente transformation des relations interpersonnelles, lente à l'échelle de nos vies, mais extrêmement rapide à l'échelle de l'histoire, montre en tout cas un cheminement vers un peu moins de dogmes, un peu plus de modèles empiriques, quelques désillusions et lentement, enfin, davantage de tolérance. Sans doute une des plus grandes révolutions de ce dernier demi-siècle.

*BIBLIOGRAPHIE SÉLECTIVE*

– ARIÈS, P., *L'Enfant et la Vie familiale sous l'Ancien Régime*, Paris, Plon, 1960.
– BARTHES, R., *Mythologies*, Paris, Seuil, 1957.
– BERREBI-HOFFMANN, I. (dir.), *Politiques de l'intime. Des utopies sociales d'hier au monde du travail d'aujourd'hui*, Paris, La Découverte, coll. « Recherches », 2009.
– BORRILLO, D., FASSIN, E., IACUB, M. (dir.), *Au-delà du PACS. L'expertise familiale à l'épreuve de l'homosexualité*, Paris, PUF, 1999.
– CHOMBART DE LAUWE, P.-H., FICHEY-POITRET, F. (dir.), *Familles et habitation*, Paris, CNRS Éditions, 1959.
– COMMAILLE, J., MARTIN, C., *Les Enjeux politiques de la famille*, Paris, Bayard, 1998.
– CORBIN, A., COURTINE, J.-J., VIGARELLO, G. (dir.), *Histoire de la virilité*, Paris, Seuil, 2011, 3 tomes.
– DÉCHAUX, J.-H., *Sociologie de la famille*, Paris, La Découverte, 2007.
– DESROCHES, H., « Humanismes et utopies », *in* POIRIER, J. (dir.), *Histoire des mœurs*, tome III : *Thèmes et systèmes culturels*, Paris, Gallimard, coll. « Bibliothèque de la Pléiade », 1991.
– DUVIGNAUD, J., *La Solidarité, liens de sang et liens de raison*, Paris, Fayard, 1986.
– ELIAS, N., *La Société des individus*, Paris, Fayard, 1991.
– FOUCAULT, M., *Histoire de la sexualité*, tome I : *La Volonté de savoir*, Paris, Gallimard, coll. « Tel », 1976 (2 autres tomes publiés en 1984).
– GAUCHET, M., *Le Désenchantement du monde. Une histoire politique de la religion*, Paris, Gallimard, 1985.
– GOODY, J., *La Famille en Europe*, Paris, Seuil, 2001.
– ILLICH, I., *La Convivialité*, Paris, Seuil, 1973.
– KAUFMANN, J.-C., *L'Invention de soi. Une théorie de l'identité*, Paris, Armand Colin, 2004.
– LÉVI-STRAUSS, C., *L'Identité*, Paris, Grasset, 1977.
– LYOTARD, J.-F., *La Condition postmoderne*, Paris, Minuit, 1979.
– RENAUT, A., MESURE, S., *Alter ego. Les paradoxes de l'identité démocratique*, Paris, Flammarion, 2002.
– METZ, C., *Le Signifiant imaginaire*, Paris, UGE, coll. « 10/18 », 1977.
– ROUSSEL, L., *Le Mariage dans la société française*, Paris, PUF, 1975.
– ROSZAK, T., *Vers une contre-culture* (*The making of Counter Culture*), Paris, Stock, 2001 (1970).
– SINGLY, F. DE, *Le Soi, le Couple et la Famille*, Paris, Nathan, 1996.
– SULLEROT, E., *Pilule, sexe, ADN. Trois révolutions qui ont bouleversé la famille*, Paris, Fayard, 2006.
– TARDE, G., *L'Opinion et la Foule*, Paris, PUF, 1989.
– THÉRY, I., *La Distinction de sexe. Une nouvelle approche de l'égalité*, Paris, Odile Jacob, 2007.
– TILLY, L., SCOTT, J. W., *Les Femmes, le Travail et la Famille*, Paris, Payot, 2002.
– TODD, E., *L'Origine des systèmes familiaux*, Paris, Gallimard, coll. « NRF essais », 2011.
– VERDRAGER, P., *L'Homosexualité dans tous ses états*, Paris, Les Empêcheurs de penser en rond, 2007.

CHAPITRE 2

# Syndicalisme, organisation et division du travail[1]

**Repères chronologiques**

**1884 :** La création de syndicats a été autorisée en France par la loi Waldeck-Rousseau.
**1895 :** Création de la CGT.
**1906 :** Les principes du syndicalisme français, l'indépendance vis-à-vis des partis politiques et l'esprit révolutionnaire, sont affirmés lors du congrès de la CGT d'Amiens (charte d'Amiens).
Après la Grande Guerre, une partie du syndicalisme se rallie aux idées socialistes puis communistes. Une minorité se revendiquant de la tradition chrétienne européenne se réunit en 1919 dans la CFTC.
**12 mars 1920 :** Vote de la loi relative au droit syndical. La même année, les femmes peuvent adhérer à un syndicat sans l'autorisation de leur mari.
**1941 :** La Charte du travail organise la dissolution des organisations syndicales existantes, la majeure partie des syndicalistes s'organisant dès lors clandestinement.
**27 juillet 1944 :** Loi rétablissant les libertés syndicales, et les confédérations dissoutes sont recréées.
**15 octobre 1944 :** Création de la CGC, syndicat sectoriel composé d'une multitude de syndicats professionnels locaux.
**1948 :** Un courant s'opposant à la domination du Parti communiste français sur la CGT, crée la CGT-FO.
**1964 :** La CFTC devient la CFDT.
**1992 :** Plusieurs syndicats qui, en 1947, avaient refusé de choisir entre la CGT et FO, s'organisent dans l'UNSA.

D'après le ministère du Travail, 8 % des travailleurs français sont syndiqués en 2003. Le taux de syndicalisation dans le secteur privé en France est à peine supérieur à 5 %, alors que les autres pays européens sont aux alentours de 30, voire 50 %. Les syndicats sont essentiellement dans la fonction publique, avec en moyenne 15 % de salariés syndiqués (dans les secteurs de l'énergie, de la santé, de l'éducation et dans les entreprises publiques de transports en commun, comme la SNCF et la RATP).
Le paysage syndical est divisé, avec cinq confédérations (CGT, CFDT, Force ouvrière, CFTC et CFE-CGC) et trois autres principales organisations non représentatives de droit

1. **Ouvrages de D. W. en regard** : *Les Dégâts du progrès. Les travailleurs face au changement technique* (avec la CFDT, J.-P. Faivret et J.-L. Missika), Paris, Seuil, 1977 ; *Le Tertiaire éclaté. Le travail sans modèle* (avec la CFDT, J.-P. Faivret et J.-L. Missika), Paris, Seuil, 1980.

(l'UNSA, la FSU et l'Union syndicale solidaires dont font partie entre autres les « SUD »).
Même si les grandes organisations syndicales sont moins puissantes depuis les années 1970, les syndicats sont encore présents dans la réalité du travail. Le déclin est dû à plusieurs facteurs, dont la crise de l'industrie, l'insuffisance du mouvement syndical dans le secteur tertiaire et les PME, la privatisation d'entreprises, l'insuffisante prise en compte du travail féminin...
Concernant l'audience des grandes centrales syndicales, la CGT est arrivée en tête des élections prud'homales de 2002, avec 32,1 % des voix, devant la CFDT (25,2 %) et FO (18,3 %). En revanche, par le nombre d'adhérents, c'est la CFDT qui, en dépit des abandons rencontrés à la suite de la crise des retraites en 2003, est devenue le premier syndicat de France avec 806 829 adhérents revendiqués en 2005 – dont 61 % dans le secteur privé. La CGT compte, elle, quelque 711 000 adhérents.

## *Une recherche avec les syndicalistes*[2]

La recherche menée avec la CFDT par Jean-Philippe Faivret, Jean-Louis Missika et moi-même, depuis 1974, vise à lier autrement l'analyse et l'action. Quatre thèmes ont fait l'objet de recherches : les restructurations industrielles ; l'impact du changement technique sur la division et l'organisation du travail, le programme électronucléaire et la transformation du travail ; enfin la mutation du secteur tertiaire due notamment au développement de la télématique. Le deuxième thème a fait l'objet d'un livre : *Les Dégâts du progrès* (1977), ainsi que le quatrième : *Le Tertiaire éclaté* (1980).

*Pourquoi travailler avec un syndicat ?* Parce que celui-ci est obligé de faire l'analyse du travail et de ses changements, quasiment en temps réel, de se constituer une représentation de la réalité et d'y confronter son projet d'action. S'il ne détient pas le monopole du changement, la place qu'il occupe, particulièrement dans la société française, lui permet de comprendre mieux et différemment les transformations du travail, des systèmes de valeurs et des enjeux socioculturels qui y sont liés. Néanmoins, les syndicalistes se trouvent dans l'ensemble souvent en position défensive, faute de temps et d'universitaires travaillant avec eux. En outre, les rapports rarement simples entre l'analyste et l'acteur sont encore plus complexes dans le cas d'une confédération syndicale puisqu'il s'agit d'une organisation structurée, définie par des orientations politiques précises, implantée sur tout le territoire national et qui mobilise des catégories de travailleurs de niveaux hiérarchiques différents. De ce fait, son analyse et son action sont à plusieurs niveaux.

*Pour un intellectuel, quatre types de relations avec un syndicat sont possibles.* Soit il entre dans le syndicat et y fait carrière, mettant sa compétence au service du combat. Soit il exerce plus ou moins de l'extérieur une

2. *Mouvements sociaux d'aujourd'hui. Acteurs et analystes*, Actes du colloque de Cerisy-la-Salle, 28 juin-8 juillet 1979, Paris, Les Éditions ouvrières, 1982.

influence idéologique. Soit il est consulté en tant qu'expert. Soit il contribue (et c'est le sens de notre travail) à mobiliser la réflexion et l'analyse prospective du syndicat sur des changements structuraux auxquels, faute d'enjeu immédiat ou de temps, celui-ci consacre peu de réflexion.

Plusieurs conditions sont nécessaires pour qu'une telle entreprise aboutisse.

1. La première condition est que soit rappelée la *différence de statut et de rôle* des intellectuels et des syndicalistes.

2. Il faut ensuite qu'il y ait une *rencontre entre les préoccupations* d'une organisation qui ressent la nécessité d'approfondir sa réflexion sur tel ou tel problème et celle des chercheurs.

3. Il faut un accord et une confiance mutuelle.

4. Il faut du temps.

## QUELLE EST L'ORGANISATION D'UNE TELLE RECHERCHE ?

Première phase : définir la problématique et obtenir l'accord des intéressés.

Deuxième phase : constituer des groupes de travail interfédéraux (de cinq à vingt personnes). Puis se produit une réflexion de groupe ; longue et lente puisque les chercheurs posent des questions qui ne rentrent pas dans le cadre traditionnel de l'appréhension de la réalité des syndicalistes.

Troisième phase : l'écriture de textes par les travailleurs eux-mêmes, ce qui permet souvent de briser des blocages face à l'écriture. Les chercheurs écrivent par ailleurs leurs propres textes.

Quatrième phase : un colloque, ou toute autre procédure, qui a pour objectif de mettre en contact les différents groupes de travail des différentes fédérations et de discuter les textes.

Dernière étape : reprise à la lumière de discussions des différents textes en vue d'une publication où sera toujours maintenue la cohabitation entre l'approche syndicale et la démarche universitaire.

## LE BILAN

Ce qui apparaît très nettement, c'est le poids énorme du présent et la fantastique difficulté de s'en dégager pour penser les problèmes qui ne s'imposent pas dans l'immédiat.

Apparaît aussi la difficulté, pour les syndicalistes, de mener un travail qui ne renvoie pas à un enjeu immédiat, ainsi que le poids déterminant des références idéologiques traditionnelles quand il s'agit d'analyser la réalité. Les références ne jouent d'ailleurs pas le même rôle selon que l'on parle avec des dirigeants, des militants, des adhérents ou des non-adhérents ; le décalage étant assez net entre les discours de ces trois catégories.

Pour les chercheurs c'est une leçon de *modestie* quant à la complexité des phénomènes et la lenteur de ce qu'on appelle le changement social. Les modes d'analyse, les types de discours, les schémas d'interprétation changent bien plus vite que les problèmes de la réalité ! Ce qui permet de comprendre les rapports complexes d'influence entre le discours intellectuel, le discours militant et le discours politique.

Cette méthode permet peut-être plus de comprendre la profonde hétérogénéité du social, l'importance du quotidien, la nécessité des références historiques communes, des expériences de vie et le rôle des individus et des événements dans l'orientation de l'action. Elle permet aussi de mieux percevoir la complexité des phénomènes et le caractère finalement peu déterminé de l'histoire en train de se faire. Le discours des sciences humaines pas plus que celui de la politique ne peuvent à eux seuls donner le sens de telles mutations. Le poids des choses n'est souvent pas où on pensait le trouver, l'innovation non plus d'ailleurs, et c'est parfois ailleurs, autrement qu'on peut les percevoir.

Le rapprochement entre une logique de l'action et une logique de la connaissance est temporaire, il ne peut se faire que sur un objectif élaboré plus ou moins en commun et qui, s'il ne lève pas toutes les ambiguïtés, montre du moins concrètement la coexistence de plusieurs regards sur un même problème.

Il s'agit d'éviter deux écueils. D'un côté, le cas où l'acteur social est un simple terrain d'enquête pour le chercheur et reste donc spectateur de la recherche, se trouvant en fin de compte dépossédé de quelque chose. De l'autre côté, le cas où le chercheur perd sa liberté et se transforme en idéologue organique, moitié porte-parole, moitié maître à penser, et où, au lieu de parler au nom de ce qu'il pense, il se met à parler au nom d'une organisation.

Entre ces deux écueils, la voie est étroite. Elle vise à permettre aux intéressés d'être analystes de leur propre situation et aux chercheurs de conserver leur responsabilité propre.

## *Le tertiaire éclaté*[3]

La grenouille tertiaire s'est faite aussi grosse que le bœuf industriel. Il y avait l'agriculture, l'industrie et puis le reste. Or, ce reste gonfle, gonfle, et voilà que le résidu devient majoritaire ! Un fourre-tout en tête des statistiques, ça ne fait pas sérieux. Nous sommes tous habitués, d'ailleurs, à une terminologie qui réserve au numéro trois tout ce qui est inclassable : tiers-état, tiers-monde, tertiaire. Le raisonnement est imparable : tout ce qui n'est ni un, ni deux, est trois. Sous bénéfice d'inventaire, bien sûr. Mais généralement l'inventaire ne vient pas. En France, 52 % de la population active et 56 % des salariés appartiennent au secteur tertiaire contre 32 % au secteur industriel[4].

3. Extraits de *Le Tertiaire éclaté. Le travail sans modèle*, Paris, Seuil, 1980.
4. En 2008, 74,2 % des actifs travaillent dans le tertiaire, 14,9 % dans l'industrie, 6,8 % dans la construction, 3 % dans l'agriculture, la sylviculture et la pêche (source Insee).

*On classe donc dans le tertiaire tout ce qui est non-industrie.* D'où deux analyses possibles de ce regroupement. Pour les uns, ces nouvelles couches salariées forment un rassemblement hétéroclite, ballotté entre capital et travail, incapable d'être un acteur de transformation de la société. Pour les autres, le recours à une tierce expression permet de réintroduire la dynamique du changement. Personne ne se satisfait d'une situation dans laquelle aucun point de repère ne permet de nommer ce que font plus de la moitié des salariés autrement que négativement.

Est-on à la veille d'un nouveau reclassement ? Trois éléments permettent de le penser : des transformations rapides affectent le travail appelé tertiaire et détruisent les quelques facteurs d'unité que l'on avait fini par trouver ; parallèlement, les gouvernements abandonnent plus nettement la vision linéaire de l'évolution sociale qui avait été exprimée par des auteurs comme Colin Clark ou plus récemment Jean Fourastié, vision systématisée en une véritable idéologie de la marche vers la « société des services » ou la « société tertiaire » ; enfin, plusieurs travaux d'économistes et de sociologues proposent de nouvelles analyses, fondées sur la recherche de critères plus précis que la simple idée de tertiaire.

## LE TERTIAIRE INTROUVABLE

Qui se pense comme « tertiaire » ? Une minorité de salariés, sans doute. On a donc du mal à comprendre comment les statistiques dénombrent 56 % d'entre eux (52 % de la population active) comme tertiaires[5]. Il existe en effet une distance assez grande entre la façon dont chacun se représente sa situation sociale et la manière dont celle-ci est classée et analysée par les statisticiens.

Dans les comptabilités nationales, la notion de « tertiaire » renvoie à deux réalités distinctes.

Il y a d'abord le fait d'appeler « tertiaire » un ensemble de branches d'activités économiques. En ce sens, sont considérés comme tertiaires les salariés relevant des branches suivantes : le commerce, qui est la branche le plus importante avec plus de deux millions de personnes ; les transports ; les télécommunications et postes ; les banques et assurances ; les services marchands, rendus aux entreprises et aux particuliers ; les réparations et le commerce automobile ; l'hôtellerie, la restauration et les cafés ; les services non marchands, dont l'administration générale et l'enseignement. Au total, d'après le recensement de la population de mars 1975, le tertiaire regroupait ainsi 10 748 400 personnes contre 2 102 700 dans l'agriculture, 6 168 000 dans l'industrie, et 1 906 100 dans le bâtiment et les travaux publics. Sur un total de 20 944 000 personnes occupées, on voit que plus de la moitié travaillent ainsi dans le tertiaire.

Deux remarques s'imposent :

— le nombre des activités considérées comme tertiaires varie d'une étude à l'autre. Ainsi, de nombreux travaux classent les transports, avec les

5. Selon le recensement de la population, mars 1975.

industries, dans le secteur secondaire. D'autres classifications excluent l'administration et les organismes d'État du champ des services ;

— le mode de regroupement présenté ci-dessus est parfaitement arbitraire. Ainsi, certains placent les transports et les télécommunications dans une même rubrique : « activités de communication ». Vrai ? Faux ? Tout dépend de ce que l'on veut démontrer. Lorsque les activités humaines sont regroupées dans des nomenclatures en six cents postes, il y a déjà beaucoup d'approximations. Lorsqu'il s'agit de ramener cela à une dizaine de grandes rubriques, la synthèse reflète directement les *a priori* d'une époque[6].

D'un pays à l'autre, les classifications ne se correspondent pas. Dans un même pays, en France par exemple, les systèmes de regroupement changent assez souvent. Et chaque fois, il s'agit de modifier les modes d'appréhension du tertiaire, alors que la répartition des branches industrielles change peu.

Deuxièmement, le terme de tertiaire est aussi utilisé pour regrouper un ensemble de catégories socioprofessionnelles. On distingue alors : les ingénieurs et cadres techniques, les techniciens et agents techniques, le personnel d'encadrement, les ouvriers qualifiés et les ouvriers non qualifiés et enfin les employés, qualifiés ou non. Intuitivement, on appelle « métiers tertiaires » ceux qui sont éloignés de la production : ingénieurs techniciens, encadrement, employés, soit moins de 45 % de la population active, contre 55 % aux métiers ouvriers.

La véritable difficulté commence lorsque l'on essaye de « croiser » ces deux manières de définir le tertiaire. Pour y mettre de l'ordre, il serait simple de rechercher précisément à comptabiliser qui a un *emploi* tertiaire dans les *secteurs* primaires, secondaires et tertiaires et qui, dans le *secteur* tertiaire, a un emploi primaire, secondaire ou tertiaire. Or, aussi curieux que cela puisse paraître, ce type d'analyses de l'emploi n'existe pratiquement pas en France, où l'on manque de bonnes informations statistiques.

Dès que l'on cherche à la saisir avec un peu de rigueur, la notion de tertiaire s'évapore. C'est qu'il n'existe pas de critère net et reconnu par chacun, qui permette de percevoir l'unité et l'homogénéité de la notion. Ni l'opposition manuels/non-manuels. Ni l'existence de conditions de travail plus ou moins bonnes. Ni l'autonomie professionnelle. Ni un statut juridique précis : contrairement à la distinction entre cadre et non-cadre, la frontière entre personnel « employé » et personnel « ouvrier » n'est pas toujours facile à tracer en termes de statut, surtout depuis l'extension de la mensualisation. L'idée de tertiaire est au carrefour de trois préoccupations :

— le débat sur la productivité : le tertiaire est perçu comme le secteur non productif sans gains de productivité ;

— la réflexion sur la bureaucratie et les organisations : la logique de développement du tertiaire repose sur des non-marchandises, les services ;

— les interrogations sur l'équilibre social : la croissance du tertiaire est une voie non conflictuelle de changement social.

6. *Cf.* Alain Desrosières et Laurent Thévenot, « Les mots et les chiffres les nomenclatures socioprofessionnelles », *Économie et statistiques*, avril 1979, n° 110.

*Non-productivité, non-marchandise, non-conflits. C'est autour de ces trois refus que s'esquisse le projet d'une société tertiaire.* Pour en comprendre la portée, il faut noter ici que la première version d'une théorie du tertiaire date de la crise de 1929. Allan B. Fisher tente par là d'illustrer deux idées. D'une part, il construit une explication de la crise à partir de l'insuffisance de mobilité entre des secteurs tenus à distance les uns des autres par des barrières économiques et culturelles. D'autre part, il jette les bases d'une réflexion sur la « sortie de crise » (déjà !) à partir du tertiaire.

Le raisonnement suggère que les différentes pressions du monde industriel en crise peuvent ne pas être explosives, si elles parviennent à ouvrir un nouvel espace d'expansion : l'anti-industrie, le tertiaire. Le tertiaire ne produit pas des marchandises, comme l'agriculture ou l'industrie, avec le risque de saturer la consommation. Il fournit des services qui sollicitent des attentes individuelles et collectives beaucoup plus élastiques. Dans une telle vision, on est amené à redécouper en trois grandes époques la croissance économique réalisée depuis la révolution technique et industrielle du XVIIIe siècle :

— une première période durant laquelle les gains de productivité réalisés dans l'agriculture permettent de dégager une main-d'œuvre s'orientant exclusivement vers les manufactures et l'industrie naissante ;

— une seconde période où l'expansion industrielle entraîne une progression concomitante des effectifs du tertiaire. Il faut en effet mettre en place des services collectifs (instruction, santé, etc.) ainsi que des services tournés vers la gestion économique (assurances, banques) ;

— enfin, dans une troisième période, le nombre des emplois croît plus rapidement dans le tertiaire que dans le secondaire, dont la plupart dans l'emploi total commencent à décliner. À ce stade, ce sont de nouveaux besoins qui « tirent » le développement économique, qui s'éloigne peu à peu de la logique industrielle classique.

Durant le demi-siècle qui s'est écoulé depuis la formulation de cette théorie, les faits ont longtemps paru lui donner raison. La croissance soutenue des activités tertiaires s'est confirmée. La reprise postérieure à la crise de 1929 s'effectue sous l'effet d'une croissance beaucoup plus tertiaire. Pourtant, cela n'aboutit pas à la paix sociale promise. Quelques trouble-fête tentèrent de se faire entendre.

N'y avait-il pas un rapport entre le refoulement collectif dont témoignaient le déferlement fasciste et le développement d'un mode de vie – celui de l'employé de bureau urbain, mal à l'aise sous le poids des préjugés moraux et des manières de raisonner abstraites qui étaient la règle dans les grandes bureaucraties ? En Europe, cette inquiétude apparaît dans la littérature (*cf.* Kafka) et se développe dans l'œuvre du grand sociologue allemand Max Weber. Elle tente également de s'exprimer dans les écrits de l'école de Francfort où l'on cherche à concilier l'explication psychanalytique et l'analyse marxiste. Aux États-Unis, on retrouve la même crainte d'un goût pour le totalitarisme produit par la culture bureaucratique, chez quelqu'un comme Wright-Mills[7].

Après la Seconde Guerre mondiale, on tentera d'oublier tout cela. L'interrogation ne fut jamais poussée plus loin et les économistes insistèrent pour faire resurgir l'optimisme des premiers travaux sur le tertiaire. En moins de dix ans, on assiste à une dédramatisation étonnante de ces débats. L'existence de tendances autoritaires dans la culture bureaucratique urbaine ne fait plus recette. La question est estimée réglée avec la généralisation d'une distinction sage : on oppose désormais le « tertiaire archaïque » (les professions libérales, les hôteliers et cafetiers, commerçants) et le « tertiaire moderne » (les cadres et les techniciens, les enseignants et les employés).

*Même le thème du « management » est peu à peu rendu propre, clinique, optimiste.* Jusque vers 1950, il reflète l'interrogation des sociologues devant les nouveaux moyens de direction, sur lesquels peuvent compter les dictatures[8]. Un livre comme celui de Burnham[9] reflète une méditation critique sur l'hitlérisme et le stalinisme. Mais l'extraordinaire, c'est bien que personne n'ait retenu cette dimension du livre ! Pour tout le monde, « l'ère des managers » se comprend comme un slogan volontariste de marche en avant, vers ces visions positives qui fleuriront dans les années 1960 : celles d'une économie de services, réfléchie, « conscientisée », régulée (voir les travaux de Peter Drucker, Daniel Bell, etc.).

En 1974, la France aborde la crise économique, forte de sa confiance dans son avenir tertiaire. Le livre *Questions à la société tertiaire* publié cette année-là par la Datar, exprime bien toutes les certitudes de la technocratie concernant cet avenir. En 1974, M. Jérôme Monod, délégué à l'Aménagement du territoire, écrit ainsi : « Il n'y a pas un seul avenir tertiaire possible pour la France, mais plusieurs... Il y a sans doute la place pour un modèle français de transition vers une société postindustrielle... Bien entendu, la marge de manœuvre dont disposent les Français pour orienter ces choix n'est pas totale. Elle est limitée par l'évolution de l'environnement international de la France, l'impératif de la compétitivité. Mais cette marge de manœuvre est loin d'être nulle, et il est important aujourd'hui de tracer les conséquences éventuelles de ces diverses possibilités de tertiarisation de la société française. »

Le VII$^{e}$ plan, dont la version définitive date de 1976, sort après deux années de crise et maintient la même confiance dans la tertiarisation. Selon le plan, la croissance démographique impose de créer chaque année près de deux cent vingt mille emplois, dans le seul but de stabiliser le chômage à son niveau actuel. Par rapport à 1929, un demi-siècle s'est écoulé. Dans la crise actuelle, le tertiaire ce n'est plus l'« ailleurs » ou le « demain ». C'est le secteur charnière, créateur d'emplois et de valeur ajoutée autour duquel fonctionne une bonne partie des mécanismes de la crise. Le paradoxe est encore plus net : *le secteur tertiaire devient de plus en plus central et de plus en plus difficile à définir.*

Quid *de la non-productivité ?* Il n'est plus concevable d'employer ce terme. Si on regarde l'ensemble du secteur des services, on constate, bien entendu, que la croissance de sa productivité est plus faible que celle de l'industrie : 3 % en moyenne par an. Si on analyse en détail l'évolution des

7. *Les Cols blancs*, Paris, Maspero, 1970.
8. *Cf.* Riesman, *La Foule solitaire*, Paris, Arthaud, 1964.
9. *L'Ère des organisateurs*, Paris, Calmann-Lévy, 1947.

branches, il serait stupide de ne pas reconnaître l'importance des progrès uniques qui y ont été accomplis et les fantastiques gains de productivité qui en résultent. C'est évident dans le cas, par exemple, des transports ou de la santé. Or, c'est sur l'un des aspects de ce processus global de modernisation économique du secteur tertiaire que se concentre actuellement le débat : l'informatisation. L'abaissement du coût des composants électroniques, lié à un assouplissement progressif des modes d'utilisation de ces matériels, débouche sur une extension considérable des technologies de traitement et de transport de l'information, transformant le statut et l'organisation du tertiaire au centre duquel se trouvent désormais les processus d'information.

*En effet, c'est l'informatisation qui est aujourd'hui le grand facteur de changements du « tertiaire »*. En France, ce sont plusieurs dizaines de milliers d'entreprises qui auront l'occasion d'informatiser leur gestion dans les années qui viennent. D'où l'apparition de nouvelles applications de la télématique, caractérisées par l'usage collectif et par l'importance des effets de réorganisation qu'elles entraînent : courrier électronique, transfert électronique de fonds, bureautique et télébureautique, conception ou production assistées par ordinateur.

Les impacts de ces formes d'informatisation sont importants, car ils peuvent concerner des professions entières : la poste, les métiers de secrétariat, de dessinateur industriel, etc. Analysant le cas des banques et des assurances, le rapport Nora-Minc sur *L'Informatisation de la société*[10] estime que l'apparition d'une informatique plus diffuse et plus intégrée aura pour conséquence d'entraîner sur dix ans une diminution de 30 % de l'emploi dans ces secteurs. Et le rapport poursuit ainsi : « Peut-on extrapoler cette conclusion à l'ensemble des secteurs tertiaires ? L'intuition y conduit. »

*Peut-on conserver la notion de non-marchandise ?* La notion de marchandise a elle-même deux sens, et aucun des deux ne clarifie aujourd'hui ce que l'on appelle tertiaire. Un premier sens du mot « marchandise », celui que chacun comprend intuitivement, est celui de *bien matériel*. En ce sens, le secteur industriel produisant les biens matériels s'oppose au secteur tertiaire produisant les biens immatériels. Il s'agit de la distinction classique entre produits et services qui paraissait, à l'origine, refléter une dichotomie claire et durable. Aujourd'hui rien ne va plus, car on assiste à une interpénétration croissante entre produits et services au point que de nombreux économistes proposent d'abandonner cette distinction.

D'un côté, le secteur industriel emploie, comme on l'a vu, un nombre de plus en plus important de salariés dans des services d'études, de gestion, de conception, etc. D'un autre côté, l'extension des services paraît liée toujours davantage au développement de certains marchés industriels. La plupart des services traditionnels (transport, hygiène, loisirs, etc.) s'effectuent désormais en complément, en réparation ou en programmation de marchandises (automobile, électroménager, télévision, etc.). De surcroît, plusieurs services qui reposent sur un équipement matériel facturent le paiement de ces biens dans le prix des services (*cf.* équipement hospitalier, téléphonique, etc.).

---

10. Paris, Seuil, coll. « Points Politique », 1978, p. 38.

C'est alors que l'on rencontre le deuxième sens du mot marchandise, celui de *bien vendu sur un marché*. Dans ce deuxième sens, le tertiaire ne s'est jamais défini comme non marchand. La branche marchande par excellence – à savoir le commerce – a même été dès l'origine l'une des premières branches du tertiaire. Or, progressivement, une idée a fait son chemin en France notamment, selon laquelle la notion même de « service » excluait une vision mercantile. L'apparition de « services publics » importants avait renforcé ce sentiment et en avait fait presque un principe.

Aujourd'hui, chacun reconnaît qu'il y a les deux et que même le service public est dans une économie. De plus, les services aux entreprises (ingénierie, bureaux d'études, informatique, gardiennage, etc.) augmente cette interpénétration.

Cela a deux conséquences sur l'analyse que l'on peut faire de la croissance du secteur tertiaire. D'une part, le fait que la consommation de tertiaire qui s'est accrue le plus vite est celle des entreprises et non celle des particuliers change pas mal l'image du tertiaire comme service individualisé, au profit d'une image beaucoup plus marquée par les contraintes de l'échange économique et de la production. D'autre part, le développement de ces services rendus aux entreprises s'est traduit par la décroissance d'échanges non monétaires au sein des entreprises et par l'extension de nouveaux marchés. Autrement dit, l'accroissement de ce nouveau tertiaire signifie le remplacement progressif de rapports économiques non marchands par des rapports marchands.

*Peut-on considérer le tertiaire comme non conflictuel ?* Depuis cinq ans, l'image parfois feutrée du tertiaire a volé en éclats. La grève des banques de mai 1974, le long conflit des PTT en décembre de la même année, de nombreuses luttes dans les assurances ou les organismes de Sécurité sociale ont révélé un autre climat. Encore récemment, les actions dans la santé, dans la fonction publique, les conflits dans l'audiovisuel, dans les banques, dans les assurances, ont illustré ces nouvelles facultés de mobilisation.

*Non conflictuel, non productif, non marchand ? Tout cela ne tient vraiment plus. Il n'y a plus de définition du tertiaire.*

Le « post-tertiaire » est commencé. La modernisation de plusieurs branches du tertiaire et le développement d'une logique de rentabilité ont entraîné des réorganisations profondes du travail. Les solutions les plus simples ont été retenues, celles qui se traduisent par un morcellement des tâches, par une séparation entre ceux qui conçoivent et ceux qui exécutent, bref, par l'extension de schémas tayloriens. Un peu partout, les salariés critiquent ces méthodes et, par dérision, se qualifient d'« OS du tertiaire », de manœuvres de la paperasse, d'ouvriers de bureaux.

Les faiblesses évidentes du projet tertiaire amènent patronat et gouvernement à délaisser ce terme. Il en va notamment ainsi des travaux américains qui tentent de caractériser un nouveau système de comptabilité nationale autour de l'idée de *population active de l'information* (*cf.* annexe 4 du rapport Nora, *Société d'information et nouvelle croissance*). La préoccupation d'auteurs comme Fritz Machlup, Edwin Parker ou Marc Porat, est de mieux caractériser ce à quoi travaillent la majorité des Américains. Leur décomposition de la population active conduit aujourd'hui à une comptabilité en *quatre secteurs* : agriculture, production industrielle, services non informationnels, information. L'histoire de l'emploi sur une longue période ferait apparaître une montée lente du *travail informationnel*. Celui-ci serait devenu supérieur à 50 % aux États-Unis, contribuant à la production d'une majorité du PNB.

Ce type de travaux est significatif de la situation actuelle où des chercheurs et des organismes de statistiques tentent de trouver de nouveaux points de repère. *Quelle valeur peut-on accorder à un regroupement autour de la notion d'information ?* On additionne sous cette étiquette un ensemble d'emplois qui ont peu de rapport entre eux : ingénieurs, juges, artistes, enseignants, coursiers, opérateurs de téléphone... Quelle signification tirer de ce qu'ils sont 52 % aux États-Unis et 38 % en France ? D'autant que le concept d'information permet une mise à plat gommant tous les mécanismes de pouvoir. Et surtout, quelle définition théorique de l'information permettrait d'en faire un concept autour duquel rassembler des activités de statut et de genre différents ?

Quelques exemples suffisent à montrer l'inévitable arbitraire dans lequel se font les choix qui modifient les frontières entre tertiaire et non-tertiaire. Dans la réglementation du crédit interentreprises, faut-il avantager le commerce ou l'industrie ? Une politique active d'exportation et de rééquilibrage de la balance des paiements doit-elle s'appuyer sur les seuls secteurs industriels classiques, ou peut-on également compter sur les exportations des industries du tertiaire que sont les banques, les assurances, les services rendus aux entreprises ? Faut-il introduire une distinction croissante, au sein des administrations, entre les fonctions stratégiques de prévision et de régulation qui sont typiquement étatiques et des fonctions opérationnelles, plus proches de la production (*cf.* le service postal) ? Si oui, quelle unité accorder au service public ? Une politique active de l'emploi passe-t-elle par un soutien prioritaire aux services collectifs non marchands ? Si oui, quelles seront les frontières entre vie privée, vie associative et vie professionnelle ?

Les finalités à long terme de la tertiarisation semblent s'être estompées. Ce qui reste, c'est un champ de décisions, de rapports de force et d'arbitrage.

### LE DÉBAT THÉORIQUE SUR LE TERTIAIRE

Il est difficile de résumer les traits principaux d'un débat qui a mobilisé tant de théoriciens, fait couler tant d'encre et dont les implications politiques et idéologiques sont encore aujourd'hui considérables. On peut dire que pendant très longtemps l'axe de ce débat a été : l'analyse marxiste de la société est-elle ou non pertinente, ou plus exactement, dans quelle mesure a-t-elle pu rendre compte de l'évolution des soixante-dix dernières années, et plus particulièrement de la croissance du « tertiaire » ? Il serait cependant faux de réduire l'interrogation sur les « cols blancs », les « classes moyennes » ou la « bureaucratie » à un conflit autour du marxisme. Ce qui était en cause, au-delà, c'était la capacité à penser les phénomènes nouveaux des sociétés capitalistes développées, à interpréter le changement social.

On peut distinguer quatre angles d'attaque :

1. la distinction entre travail productif et travail improductif ; cette question étant directement liée à l'analyse économique marxiste ;

2. l'existence d'une classe ou d'une couche sociale intermédiaire entre bourgeoisie et prolétariat ; cette question sera au cœur du débat entre marxistes et non-marxistes tout au long du XXe siècle ;

3. la notion de bureaucratie qui recouvre deux phénomènes distincts, d'une part la tendance à la bureaucratisation des entreprises et des organisations dans le capitalisme moderne, d'autre part la question de la bureaucratie dans les pays socialistes liée au débat sur la nature de leur régime politique ;

4. le thème de la société postindustrielle, qui cherche à avancer une conception globale des bouleversements sociaux considérables survenus au cours de la deuxième moitié du XXe siècle. Nous voudrions insister sur deux éléments fondamentaux qui traversent l'ensemble de ces approches, et fournissent peut-être une grille de lecture des implications politiques et idéologiques du débat tel qu'il s'est développé depuis quatre-vingts ans.

Au plan moral, on trouve dans l'analyse marxiste cette idée que les non-prolétaires, qu'on les appelle travailleurs improductifs, classes moyennes, petite bourgeoisie ou bureaucratie, sont des « parasites », parfois des inutiles, en tout cas des groupes sociaux non directement acteurs de l'histoire, et dont il faut se méfier, parce qu'ils sont les plus sujets à l'action idéologique de la bourgeoisie.

Entre autres exemples, voici comment André Glucksmann, alors marxiste, décrivait les « non-prolétaires » : « Pour camper dans une société hostile, la bourgeoisie moderne a édifié un mur : elle a réuni tous les appareils que l'histoire lui a légués pour surveiller les actes et les pensées de la population, elle les a multipliés, barbouillés de vernis scientifique, machinisés, diplômés, encadrés. Ce mur "respectable", "technique", les sociologues le nomment d'une façon neutre "le tertiaire". »

Au plan politique, les conséquences que tire l'analyse marxiste de la division de la société en deux classes antagoniques sont bien connues. Toute catégorie, groupe, classe ou individu qui n'appartient pas à ces deux classes finira par y appartenir, sera obligé de choisir son camp. La classe ouvrière forme le noyau dur de la lutte contre le capitalisme, parce que la croissance du capital dépend essentiellement d'elle.

*Avec le tertiaire, il y a donc un cadavre dans le placard ; c'est le marxisme.* D'où finalement le silence pudique qui entoure cette réalité, sachant bien que tout effort d'analyse devra passer par un réexamen, voire un règlement de comptes, par rapport à ces schémas.

Il faut réexaminer les quatre questions théoriques.

### *Travail productif et travail improductif*

La formulation de cette question *précède* le marxisme. On la trouve chez les économistes classiques, Adam Smith en particulier ; on la trouve aussi, et sous une forme intéressante, chez Quesnay et les physiocrates, à la fin du XVIe siècle. Dans son tableau économique, Quesnay distingue trois classes :

— la classe productive qui par la culture des terres accroît les richesses de la nation ;

— la classe stérile qui regroupe les gens occupés à d'autres travaux que l'agriculture ;

— la classe des propriétaires (essentiellement les propriétaires de terres).

Pour les physiocrates, le travail industriel est improductif, seul le travail agricole est productif. Chez Marx, « le travail productif est le travail qui produit la plus-value, qui valorise le capital. Quel est l'intérêt d'une distinction entre travail productif et travail improductif ? Entre autres, de déterminer la situation de classe puisque celle-ci dépend de la place dans les rapports de production ».

*La classe moyenne ?*

Le débat sur la « classe moyenne », contrairement à celui qui porte sur le travail productif, a largement débordé le marxisme. Cependant, au départ, il se définit par rapport à lui. Reprenons quelques citations fameuses du *Manifeste du parti communiste* : « Notre époque – l'époque de la bourgeoisie – se distingue cependant par la simplification des antagonismes de classe. La société tout entière se divise de plus en plus en deux vastes camps ennemis, en deux grandes classes diamétralement opposées : la bourgeoisie et le prolétariat. »

Tous les autres groupes sont absorbés par l'un ou l'autre camp :

— les professions libérales : « médecin, juriste, prêtre, poète, homme de science, de tous elle [la bourgeoisie] a fait des salariés à ses gages » ;

— l'encadrement : « des masses d'ouvriers entassés dans la fabrique sont organisées militairement. Simples soldats de l'industrie, ils sont placés sous la surveillance d'une hiérarchie complète de sous-officiers et d'officiers » ;

— les classes moyennes : « Les petites classes moyennes d'autrefois, petits industriels marchands et rentiers, artisans et paysans, tombent dans le prolétariat[11] » ;

— les salariés de la gestion : le travailleur commercial au sens strict fait partie de la catégorie des salariés mieux payés, de ceux dont le travail est qualifié et se classe au-dessus du travail moyen. Les prédictions de Marx sur la simplification du conflit de classes ont été loin de se réaliser. Une partie des analyses sur la « classe moyenne », et en particulier les nouvelles couches salariées, cherchait surtout à savoir à quelle classe il fallait la rattacher, bourgeoisie ou prolétariat[12].

*La bureaucratie*

L'analyse de la bureaucratie représente une rupture décisive par rapport à la problématique marxiste. D'une part, parce qu'elle étudie l'exercice d'un pouvoir qui n'est pas lié à la propriété de moyens de production ; d'autre

11. *Manifeste du parti communiste*, Paris, UGE, coll. « 10/18 », 1962.

12. On trouve cette problématique dans Nicos Poulantzas, *Les Classes sociales dans le capitalisme aujourd'hui*, Paris, Seuil, coll. « Points Politique », 1974 ; R. Establet et C. Baudelot, *La Petite Bourgeoisie en France*, Paris, Maspero, 1974.

part, parce qu'elle utilise largement pour comprendre la nature des pays socialistes.

Avec Max Weber, c'est un courant de pensée complètement détaché du marxisme qui se développe. Les thèmes de bureaucratisation des grandes organisations, de rationalisation, apparaissent comme les concepts clés pour analyser les sociétés industrielles avancées. La classe (ou couche) des bureaucrates se définit par l'exercice d'un pouvoir de type administratif, l'adhésion à des normes et à une hiérarchie régies par des règles impersonnelles. L'idée de bureaucratie naît à l'époque des « grandes organisations », qu'elles soient publiques ou privées. Ce type d'analyse est marqué par un pessimisme certain quant à l'avenir de la démocratie et de la liberté dans les systèmes bureaucratiques. Beaucoup de théoriciens de la bureaucratie débouchent sur l'annonce de la montée des totalitarismes comme conséquence directe de la bureaucratisation. « L'édifice du nouvel esclavage est déjà prêt », affirme Max Weber dès 1906.

### *La société postindustrielle*

Les caractéristiques principales de ce type de société varient bien sûr selon les auteurs ; on trouve cependant quelques constantes :

— l'industrie perd son rôle dominant dans l'économie au profit du secteur des services et plus précisément des activités de « matière grise ». Ainsi, la santé, les loisirs, l'enseignement, l'administration, la recherche, l'ingénierie deviennent les secteurs clés du développement économique ;

— les catégories sociales représentatives de ce type de société sont les professionnels, les techniciens, les scientifiques, les intellectuels. La proportion des ouvriers et plus généralement des travailleurs manuels tend à décroître au sein de la population active ;

— les technologies sont de moins en moins des technologies de production (énergie, machines-outils, moteurs, etc.) et de plus en plus des technologies d'information (informatique, télécommunication, audiovisuel, etc.) ;

— le savoir et les connaissances jouent un rôle de plus en plus important tant sur le plan des décisions politiques que sur celui de l'activité économique.

Les qualificatifs ne manquent pas pour désigner cette société postindustrielle ; ils jouent sur différents registres : société tertiaire, société programmée, société d'information, de communication, de relations, etc. On peut distinguer, très schématiquement, deux variantes du thème de la société postindustrielle :

— pour l'une, il s'agit d'une société de consensus qui a résolu le conflit de classes caractéristique des sociétés industrielles. La structure sociale rendue plus fluide, plus transparente par la multiplication des systèmes d'information permet l'expression et le règlement des tensions et des dysfonctionnements. C'est la recherche d'une « négociation sociale permanente » ;

— pour l'autre, la société reste conflictuelle, seul le champ des conflits se déplace. L'institutionnalisation du mouvement ouvrier se poursuit. Les nouveaux conflits sociaux ne sont pas provoqués par la place qu'occupent les hommes dans les rapports sociaux de production, mais par d'autres facteurs, tels que l'identité culturelle (mouvement régionaliste) ou sexuelle (mouvement des femmes), la lutte contre la technocratie ou la défense de la nature (mouvement écologique), etc.

Éclaté, le secteur tertiaire l'a toujours été, puisqu'il s'agissait d'un *reste statistique*. Mais cette hétérogénéité est renforcée aujourd'hui par trois évolutions.

— La dynamique même du secteur tertiaire, dont la croissance prend appui sur l'éclatement de l'entreprise industrielle et sur le développement de nouveaux types d'organisations spécialisées dans la production d'informations ou de services.

— La crise des modèles idéologiques qui tentaient de donner sens aux transformations de la société, soit en les ramenant au schéma marxiste, soit en élaborant des contre-modèles.

— La diversification des formes de travail dans des organisations dont l'unité repose plus sur des techniques de communication que sur l'homogénéité d'un processus de production.

Ces trois mutations dépassent largement le cadre du tertiaire. Elles caractérisent aussi les nouvelles formes du travail industriel. *D'où le constat suivant : le tertiaire est un lieu de lecture privilégié pour observer un certain nombre de changements concernant le travail humain.* Il est le symptôme de transformations qui le dépassent, mais qui y sont plus visibles qu'ailleurs, du fait de l'absence de traditions.

## *Le statut de la technique*[13]

La science et la technique ont longtemps été considérées comme des facteurs de progrès social, surtout depuis la révolution industrielle du XIXe siècle et malgré les cortèges de misère et d'exploitation qui l'accompagnèrent. Le socialisme porta l'espoir d'en réaliser un meilleur usage. Ni l'horreur des deux guerres mondiales ni les désillusions des « expériences socialistes » ne sont venues briser cette conviction qui s'exprime aujourd'hui encore dans une double idée : le progrès technique libère l'homme mais faute de pouvoir l'orienter réellement, on cherche plutôt à se prémunir de ses effets négatifs.

C'est dans cette perspective que se sont constitués des débats théoriques sur la signification et l'utilisation du progrès technique. Ceux-ci tournaient toujours autour de deux pôles. *Dans la première thèse*, les techniques sont neutres en elles-mêmes. La question de savoir si elles représentent un bien ou un mal n'a pas de sens. *Ce qui compte, c'est la finalité qu'on leur assigne, l'usage qui en est fait. Dans la seconde thèse*, les techniques n'ont pas d'existence

13. Extrait de « Les trois dimensions du progrès technique », *in Les Dégâts du progrès*, Paris, Seuil, 1977.

autonome. Dans leur conception même, dans leur architecture et leur finalité, elles ne sont que la traduction d'une culture, d'un état de développement et d'un certain rapport de force entre les classes. La rupture, c'est bien que transformations sociales et innovations techniques sont maintenant inextricables. Comment distinguer les techniques de leur usage ? Y a-t-il d'un côté les outils et de l'autre l'intelligence qui les actionne, alors que la technique actuelle se caractérise par l'incorporation de schémas logiques humains et de modèles d'organisation sociale ? Comment inversement faire de la technique un appendice des rapports sociaux ?

*Dans ces conditions, la « question technique » devient l'affaire de tous.* C'est ce que tente ce livre à partir d'une analyse des conséquences de l'évolution technique sur les situations de travail, dans la mesure où il s'agit d'une expérience quotidienne et, pour une large part, collective. D'abord, il est apparu préférable, quelle qu'en soit l'importance au niveau du vécu immédiat, de ne pas se limiter à un constat sur *les conditions de travail*, surtout à un moment où précisément tout le monde sollicite les « témoignages ». Il fallait plutôt essayer de situer l'analyse au plan plus abstrait de *l'organisation et de la division du travail.*

Par ailleurs, le monde des objets et des services induit par les innovations techniques a complètement bouleversé notre culture et notre manière de vivre surtout depuis les années 1950. C'est d'abord une formidable impression de liberté qui a dominé avec la présence simultanée, dans le monde du travail, des loisirs, de la santé, de la ville, de l'éducation d'objets et de machines, qui, en supprimant ou bien en diminuant les efforts physiques, ont rendu notre vie quotidienne plus indépendante des contraintes de la nature, même si cela nous a conduits à nous enfermer dans celles des artefacts. Nous en éprouvons maintenant les limites, mais en comparant notre vie à celle de nos parents et grands-parents, il est difficile de nier que la production massive de biens et de services, consécutive d'abord au travail humain et ensuite aux innovations technologiques, a facilité notre vie, comme elle a modifié notre rapport à l'espace et au temps ainsi que notre imaginaire. Cependant, l'expérience a progressivement suscité une démystification, après l'émerveillement initial. À cette découverte quotidienne des limites du rêve des grands prophètes de la révolution industrielle et technique est venue s'ajouter une succession d'événements qui, à l'échelle du monde, ont posé les mêmes questions : *tout cela pourquoi ? Pour qui ? Pour aller où ?*

Au-delà des systèmes politiques et des idéologies, la question est bien celle du *sens de toutes ces mutations* au nom desquelles sont sacrifiées tant de vies de travail.

*Apparemment, les alternatives se multiplient* : solaire ou nucléaire ? Commutation spatiale ou temporelle ? Gros ordinateur ou mini ? Sur chaque problème, on a l'impression nouvelle qu'il existe plusieurs possibilités technologiques. L'image ambiguë de fatalité qui était traditionnellement liée à la technique s'estompe. L'exemple le plus caractéristique concerne les ordinateurs. Les propagandistes répètent depuis quinze ans que ces machines sont à usage universel, qu'elles ne sont pas spécialisées par rapport à une activité et que tout dépend de ce qu'on veut leur faire faire. La technique n'a pas d'existence effective, à la limite pas d'utilité, tant que la finalité n'est pas définie de l'extérieur.

*S'agit-il de la fin du déterminisme technique ou bien d'un déplacement de ses formes ?* De nouvelles contraintes, liées aux modes de raisonnement et aux modèles de rationalité, ne risquent-elles pas de peser de plus en plus sur nos comportements ? Ce qui est, en effet, maintenant plus rigide c'est l'élément immatériel, c'est-à-dire la conception et les programmes de fonctionnement des systèmes techniques. Par exemple, on multiplie, sur tous les sujets, des « bases de données », dont la complexité et le coût sont tels qu'ils sont mis en œuvre pour plusieurs générations. D'une façon générale, ce que les nouvelles technologies façonnent et imposent, c'est à la fois des modèles de fonctionnement de plus en plus complexes et les modes de raisonnement nécessaires à leur utilisation.

*Ce sentiment d'une « logique technique » est amplifié par les correspondances existant entre les technologies :* tantôt c'est la rencontre des télécommunications et de l'audiovisuel, tantôt celle de l'audiovisuel et de l'informatique, tantôt celle de l'automatisme et des télécommunications. Et, comme de nouveaux problèmes apparaissent à chaque étape, on relance d'autres techniques. La spirale s'élargit encore...

*La nouveauté c'est aussi que les systèmes d'information et de communication ont pour matière première la gestion et l'organisation des rapports sociaux.* Ce que traitent les nouvelles techniques de l'image, du son, du calcul, ou de l'information n'est pas de même nature que les produits façonnés par les machines classiques. Il s'agit moins de traitements physiques ou énergétiques que d'opérations effectuées sur des « signes » qui impliquent, d'ailleurs, une modification profonde de l'idée de travail. Les techniques d'hier n'étaient pas sans effet sur le « code » culturel de la société et l'imprimerie a bien été une des premières techniques portant sur la communication. Aujourd'hui, ce sont les techniques de communication qui sont intégrées au processus de fabrication. Cette incorporation directe de symboles, d'images et de représentations touche la transformation de la matière comme la « gestion » des rapports entre les êtres.

*Tous ces problèmes déplacent la question du rapport entre technique et pouvoir.* Trois d'entre eux prennent une importance particulière aujourd'hui :

— le *gigantisme* d'abord. Le processus de recherche, de production et de diffusion des techniques est contrôlé et géré à l'échelle mondiale par les multinationales et les États des pays développés qui sont les seuls à pouvoir capitaliser les connaissances et les moyens financiers nécessaires ;

— la *surveillance de masse* ensuite. La conception des technologies actuelles recèle des possibilités de contrôle et de pouvoir. Des caméras électroniques aux écoutes, en passant par les fichiers automatisés et les capteurs de toutes sortes (bruit, odeur, empreintes digitales...), les systèmes de surveillance automatique peuvent contribuer à nous enserrer dans une toile d'araignée invisible mais obsédante ;

— la *maîtrise des choix techniques* enfin. Le désir d'assurer un contrôle politique et social donne naissance à un courant de pensée qui cherche, à propos des choix technologiques, à organiser des confrontations, à démocratiser les décisions tant les conséquences des innovations comportent des risques, laissées aux seules mains de militaires, d'industriels et de scientifiques.

*Les systèmes de référence et de légitimité ne sont pas du même ordre.* Le progrès technique qui était, hier, à l'échelle des machines et des installations dépasse aujourd'hui largement le cadre de l'entreprise ; celle-ci n'étant souvent plus le lieu de décision, ni même l'employeur principal. Il touche des branches entières aux travers des stratégies financières et des planifications privées ou étatiques réparties sur plusieurs années.

Comment l'organisation syndicale peut-elle analyser ces transformations et à quel niveau doit-elle agir, compte tenu de la dimension des problèmes qui, au-delà du seul travail, touchent au statut juridique de l'entreprise, à la nature des produits et à leur finalité, pour englober finalement les problèmes de l'environnement et de la vie quotidienne ? Dans ce « dialogue » entre l'État et les grands groupes privés, les frontières semblent souvent s'estomper, au point qu'on ne sait plus très bien qui défend l'idée d'intérêt général, si tant est que l'idée ait encore un sens dans une concurrence de puissances dont les décisions engagent lourdement l'avenir. On le voit clairement aujourd'hui avec le nucléaire et les télécommunications. *Cette hypothèque sur l'avenir s'accompagne, et c'est un fait nouveau, de risques qui compromettent notre sécurité* et obligent à nous plier à des mesures de plus en plus contraignantes. Or, *la sécurité coûte de plus en plus cher.* Plutôt que d'investir pour pallier le danger des installations et d'embaucher le nombre de travailleurs nécessaires, deux tendances se dessinent : l'une est d'utiliser les « hors-statut » et les intérimaires, d'où l'augmentation du nombre et de la gravité des accidents du travail. L'autre consiste, en exploitant le désir d'autonomie et d'initiative de chacun des travailleurs, à faire d'eux leurs propres contrôleurs, gommant ainsi la responsabilité patronale.

Par ailleurs, la restructuration industrielle, liée aux changements technologiques et aux investissements massifs qui l'accompagnent, favorise *une politique de démantèlement des services publics.* Pour briser les monopoles publics, on a « filialisé » les activités relevant des nouveaux processus rentables (*cf.* filialisation du CEA, et le projet de séparation des Postes et Télécommunications), en attendant une privatisation à plus ou moins long terme des domaines susceptibles de dégager un profit important (*cf.* privatisation du financement du téléphone et fusion Elf-Aquitaine). De plus, l'usage massif de main-d'œuvre immigrée facilite encore plus le clivage entre travailleurs et renforce au niveau des hommes cette nouvelle division internationale du travail.

La seconde caractéristique du processus de restructuration est de bouleverser totalement un secteur d'activité. Le cas du livre est le plus exemplaire, car il s'accompagnait d'un contrôle syndical sur la technologie, et sur l'organisation du travail. Le rapport de force avait fait du syndicat le contrôleur de l'embauche, mais aussi le garant de la quantité et de la qualité du produit, ainsi que du délai. Exemple unique, avec peut-être celui des dockers, et qui laissait croire aux travailleurs qu'aucune transformation majeure ne pourrait se faire sans eux. Le cas du bâtiment est aussi significatif. Ce secteur très artisanal s'est radicalement transformé en quinze ans sous la pression de l'urbanisation et de la spéculation foncière. Le résultat est une concentration financière et une industrialisation du cadre bâti, à l'intérieur d'une chaîne verticale, qui va de la possession des sols à la construction des villes nouvelles.

Du point de vue de l'emploi, les changements technologiques ont, en dehors de la création de nouveaux métiers, pour conséquence de rendre encore moins attirants certains travaux salissants, pénibles et dangereux, qui sont un peu les « laissés-pour-compte du développement » progressivement dévolus aux immigrés. Proportionnellement de moins en moins créateur d'emploi, le progrès technique repose à terme le problème du rapport entre type de développement économique et finalité du point de vue des travailleurs. Qu'ils soient intérimaires, sous-traitants, ou vacataires, *les hors-statut sont en fait la condition indispensable de la restructuration actuelle.* En dix ans, leur nombre total a plus que triplé. Ils ont fourni le volant de souplesse nécessaire pour tourner la résistance des professions et des organisations syndicales. Leur nombre croît aussi bien dans le secteur public (Éducation, PTT, SNCF, EDF), que dans le secteur privé (chimie pour l'entretien, métallurgie pour la maintenance, etc.). Le résultat est évidemment une division des travailleurs : l'isolement, consécutif au travail en équipe, est renforcé ici par la cohabitation de personnes n'ayant pas le même statut, n'appartenant pas aux mêmes entreprises, n'ayant ni les mêmes droits syndicaux ni les mêmes conventions collectives ni les mêmes patrons.

Par ailleurs, les décisions sont prises à d'autres niveaux, notamment financiers, et les innovations émanent de plus en plus de l'extérieur, avec le rôle croissant des bureaux d'études, des sociétés de conseils ou d'*engeneering*. On ne sait plus très bien qui décide et selon quels critères. La conséquence est *la perte d'identité physique des patrons*. Les seuls protagonistes sont quelques sièges centraux climatisés et « désignés » où prospèrent des cadres indifférents, des hôtesses charmantes, et où règnent des services administratifs plongés dans leur univers et sourds au bruit extérieur.

Les ruptures ne sont plus à l'échelle d'une région comme pendant la première industrialisation, mais à celle de la nation induisant également un type de pouvoir social.

Les choix de la société sont quasiment inhérents aux transformations actuelles, qui dépassent largement le problème classique de la « bonne » ou de la « mauvaise » utilisation du progrès technique.

Du point de vue de l'action, le premier problème est d'en choisir le moment.

Quand tout change, comment distinguer ce qui est important ? Il s'agit beaucoup moins de lutter contre des transformations qui ont déjà eu lieu que de se situer face à des changements qui se font. Aujourd'hui il faut aller plus loin et réagir simultanément aux changements. À quel moment ? La difficulté est de discerner le moment stratégique, de posséder les informations nécessaires et de mobiliser les travailleurs ; partir trop tôt provoque l'usure ; attendre les événements c'est trop tarder, car ceux-ci ne sont que le point d'aboutissement d'un processus irréversible.

La deuxième question posée pour des situations aussi différentes que celle du nucléaire, ou du livre, ou de la défense, est la liaison entre la défense du travail et une réflexion sur sa finalité et celle du produit. Il n'est plus possible de se battre pour le maintien de l'emploi, sans réfléchir simultanément sur l'organisation du travail et sa finalité. Si cette réflexion est plus stimulante en ce qui concerne par exemple l'agriculture, ou la forêt parce qu'il s'agit de patrimoines que l'on désire aujourd'hui préserver, elle est plus compliquée et angoissante pour le nucléaire, ou même les armements. Où s'arrêtent les intérêts des travailleurs directement concernés face aux conséquences plus générales de leurs activités ? À partir de quand doivent-ils intervenir sur la nature du produit ou du service ?

Le troisième problème auquel est confronté le syndicat est celui des organisations. Comment se situer face à des entreprises où sont rassemblés des milliers de travailleurs occupés à des activités très diverses et sans rapport les unes avec les autres ?

Dans l'action, le syndicat doit gérer deux dimensions complémentaires : une concentration du pouvoir, qui souvent se désincarne, et une relative déconcentration des centres de production, gestion, services, rendus justement possibles par les techniques de transport et de télécommunications. Comment éviter que ne s'instaure un double marché du travail où coexisteraient deux types de population : celle des travailleurs qualifiés, reconnus, protégés ; celle des travailleurs non qualifiés et non protégés (immigrés, jeunes, femmes) ?

---

## *De l'actualité du taylorisme*[14]

La liaison *progrès technique-division sociale du travail me paraît être une des clés de lecture les plus significatives*. Elle n'est sans doute pas la seule, mais elle permet au moins de montrer le lien entre les changements technologiques, les problèmes économiques et le travail humain (division, formation, qualification). D'abord, parce que les principaux changements dans les secteurs primaire, secondaire, tertiaire ont été liés à des techniques. Ensuite, parce que les grands choix politiques, sociaux et culturels du proche avenir (nucléaire, télécommunication, informatique) sont liés à des technologies. Enfin, parce que si la division taylorienne triomphe là comme ailleurs, elle ne doit cependant pas masquer l'apparition de problèmes nouveaux liés aux caractéristiques et performances de techniques qui modifient le rapport à la matière et à l'organisation.

*Quels sont ces facteurs technologiques ?* C'est le choix du tout nucléaire, la pénétration de l'informatique dans tous les secteurs de la production et des services, et c'est enfin le développement massif des techniques de communication. On ne peut plus séparer l'outil de son usage et il n'y a donc probablement pas de neutralité du progrès technique, c'est-à-dire de possi-

14. Extrait de « Le travail, encore... quoi d'autre ? », *Autrement, 1968-1978. Dix années de sacrilèges*, février 1978, n° 12.

bilité d'utiliser de plusieurs manières un stock donné de technologies comme si elles apparaissaient et se développaient selon une logique autonome. À l'inverse, il n'est pas possible de réduire l'explication de leur développement aux seules contradictions du système capitaliste. La difficulté est bien de penser ensemble l'interaction des deux en sachant que selon les problèmes, l'ordre de détermination change.

*Si la technologie ne commande pas, aucun changement social réel ne se fera cependant s'il n'attaque pas simultanément la division du travail et son articulation avec la technologie*[15]. D'ailleurs, les grandes transformations que l'on peut observer dans la décennie écoulée et que l'on étudiera plus loin, croissance du tertiaire, développement des organisations, transformation du travail humain, mêlent étroitement technique et rapports sociaux. En effet, l'informatique, les télécommunications, le nucléaire, l'audiovisuel montrent, par leur existence même, le lien étroit entre infrastructure matérielle, organisation, manière de penser et conception du temps et de l'espace. Deux logiques cohabitent donc au travers des changements techniques qui restent un des principaux facteurs de changements sociaux. D'une part, la logique taylorienne pour faire cohabiter le plus étroitement possible rationalisation et recherche du profit. D'autre part, une autre logique encore difficile à nommer, mais liée aux possibilités et contraintes de la génération technologique actuelle. Autrement dit, s'il était un peu idéaliste dans les années 1960 de croire que la recherche scientifique et technique (conquête de l'espace, début des ordinateurs et de la télévision) allait profondément bouleverser les données de la société industrielle et capitaliste, il serait de même inexact aujourd'hui, après la redécouverte du poids écrasant de la logique taylorienne, d'en conclure que rien n'a finalement changé.

## LES GRANDS CHANGEMENTS

La liaison entre les changements socioculturels et la technologie est évidente en ce qui concerne la croissance du *secteur tertiaire*. Plus de 50 % des actifs travaillent dans le secteur tertiaire, au détriment du secteur secondaire stable en valeur relative et surtout du secteur primaire qui ne représente plus que 10 % des travailleurs.

La deuxième transformation est liée à la gestion des grandes organisations, publiques ou privées. L'*organisation* est devenue une des caractéristiques essentielles des sociétés développées. Les murs clos de l'usine et du bureau symbolisent de moins en moins le lieu où s'affrontaient travail et capital. Fabrication, gestion, prévision se complètent jusque dans l'usage des mêmes machines et il devient de plus en plus difficile de distinguer les méthodes et les équipements tant les unes et les autres sont soumis aux mêmes logiques. La logique dominante fait appel aux concepts de l'information et de la communication. La théorie des systèmes, la recherche opérationnelle, la formalisation mathématique, les méthodes de programmation... sont à la fois des outils techniques et les moyens idéologiques

15. *Les Dégâts du progrès*, *op. cit.*

adéquats pour essayer de gérer les ensembles hétérogènes que sont les grandes organisations.

L'un des problèmes majeurs des organisations reste celui de la *rigidité* et de la *bureaucratie,* malgré la généralisation de l'informatique et des télécommunications.

Le troisième changement concerne le *travail humain.* Le principal facteur négatif concerne l'apparition d'un chômage structurel, indépendant de la crise, qui, lui, subsistera et qui concerne toutes les économies développées. Il est dû au fait que les investissements sont de moins en moins créateurs d'emplois et que les machines économisent de plus en plus de travail humain. Dans tous les cas l'évolution technique et économique des sociétés développées conduit à ce que le volume global de travail à répartir entre les membres de la communauté diminue, tandis que le nombre des aspirants au travail augmente, notamment par l'entrée des femmes dans la vie active. Le choix n'est plus qu'entre une réduction importante de la durée du travail ou un chômage structurel massif.

Sur cette *toile de fond du chômage* s'ajoute le rôle croissant joué par le savoir-faire, la formation, les diplômes et qui se traduit par une différenciation et ramification des opérations intellectuelles dans le travail. Mais le « capital-savoir » a souvent renforcé, et légitimé au nom des connaissances la distance entre conception et exécution. Les études, les diplômes, les classifications ont dressé des barrières et des hiérarchies supplémentaires. La déception ne vient pas seulement du travail tertiaire mais aussi des nouvelles activités liées à l'automatisation des processus de fabrication où dominent progressivement des activités de simple contrôle. Si personne ne nie l'avantage de l'automatisation pour supprimer les emplois dangereux et épuisants, notamment dans les processus en continu (chimie, sidérurgie, etc.) ce n'est pas pour autant que les activités qui leur sont liées sont intéressantes.

La complexité des activités, particulièrement dans les secteurs modernes, aboutit à une distance de plus en plus grande entre ceux qui conçoivent, planifient, dirigent, organisent et ceux qui exécutent, qu'ils soient du secteur industriel ou tertiaire, public ou privé[16]. Il n'y a plus seulement les travailleurs et le patronat, mais en outre les gestionnaires, les cadres, les experts, les financiers, les administratifs, etc.

Cette division et parcellisation du travail intellectuel et abstrait, qui perpétue la séparation entre conception et exécution, pose cependant deux problèmes nouveaux. D'abord, par rapport au taylorisme. Si celui-ci imposait des contraintes psychiques, notamment pour le respect des normes et cadences, au moins s'inscrivait-il dans un certain rapport à la matière. Ensuite, par rapport au principe de légitimité. La division du travail paraît aujourd'hui moins arbitraire puisqu'elle repose sur des « facteurs intellectuels ». C'est l'idéologie de la compétence.

Le dernier changement concerne le *développement massif pendant cette période du travail temporaire*. Il est nécessaire dans certains cas pour pallier

16. A. Gorz, *Critique de la division du travail,* Paris, Seuil, 1974 ; P. Naville, *Temps et techniques*, Paris, Droz, 1972.

le manque de personnel, mais il est surtout lié à la perte de spécificité de nombreuses activités professionnelles qui peuvent ainsi faire l'objet d'un apprentissage rapide. Il risque ainsi de se développer un deuxième marché du travail régi par les règles féroces du libéralisme.

L'ensemble de ces facteurs peut favoriser une rupture de la population active en deux ensembles conflictuels[17]. D'une part, les travailleurs protégés, qualifiés, disposant avec leurs diplômes de la possibilité d'accéder à de vrais métiers et de s'y recycler. De l'autre, une population hétérogène où cohabiteront la grande majorité des femmes et des jeunes, les immigrés et les travailleurs intérimaires.

---

## *Techniques de communication, les distances infranchissables*[18]

Il est frappant de constater à quel point les techniques de communication et d'organisation occupent une place à part dans la contestation actuelle du progrès scientifique et technique. Mis à part la grosse informatique coupable du péché de centralisation, elles jouent souvent le rôle de valeurs positives face à la négativité des techniques industrielles et du nucléaire. Elles sont non polluantes, elles favorisent le développement de la vie locale (radios locales, télévision par câbles, vidéo) et la prise en charge pour tous les problèmes de vie quotidienne. La fabrication et la circulation de l'information permettent la déconcentration urbaine par la mise sur pied de petites unités de production (mini-informatique, téléinformatique, réseaux). Elles suppriment des emplois pénibles, dangereux ou sans intérêt (informatique, « bureaucratique » dans le tertiaire, robotique et automatique dans l'industrie). Elles vont sortir les pays développés de la crise économique par la constitution d'un secteur quaternaire, secteur de l'information, créateur d'emplois qualifiés et moteur de l'activité économique au même titre que l'automobile pour le cycle de croissance précédent. Ce sont des outils qui favorisent les relations humaines, qui permettent une approche active et non passive de la culture... Cette liste n'est pas exhaustive.

À condition bien sûr de prendre quelques précautions ce groupe de technologies forme, selon certains, les outils tant de la nouvelle économie que de la nouvelle société. Face aux techniques de production dont le moteur est l'énergie et l'enjeu la domination, voire la destruction de la nature, voici les techniques de communication dont le moteur est l'information et l'enjeu la gestion, voire l'harmonisation des rapports sociaux. *Le nouveau contre*

17. Y. Chaigneau, *Contribution à une prospective du travail*, Paris, La Documentation française, 1975.

18. *Les Temps modernes*, extraits de « Télécommunication et société », août-septembre 1978.

*l'ancien. L'information comme substitut à l'énergie. Les réseaux contre les institutions*. Conviviale, informationnelle, relationnelle, communicationnelle, les qualificatifs ne manquent pas aujourd'hui pour nommer cette société future qu'on osait à peine, il y a dix ans, gratifier d'un timide postindustrielle.

### UNE ÉCONOMIE INFORMATIONNELLE ?

L'idée que le développement des technologies de l'information peut être à l'origine d'une reprise de l'activité économique dans les sociétés développées, est partagée par un nombre croissant d'économistes quelles que soient leurs options politiques.

Cette prédiction repose sur trois constatations.

En premier lieu, le changement des données économiques incite à une restructuration des industries et des services. À l'issue de la Seconde Guerre mondiale, les économies occidentales ont fondé leur expansion économique sur l'énergie à bas prix obtenue par une domination impérialiste sur les pays du tiers-monde. Cette situation a fait jouer un rôle moteur dans la croissance à l'industrie automobile ainsi qu'à la pétrochimie. Aussi, la crise économique actuelle s'explique par la conjonction de deux phénomènes. D'une part, la mise en cause de l'impérialisme économique par les pays sous-développés qui se traduit par la hausse du prix des matières premières et en particulier du pétrole, ce qui met fin à la période de l'énergie bon marché. D'autre part, l'effet d'entraînement des industries qui lui sont liées s'essouffle. La relative saturation de la demande intérieure n'est pas relayée par une extension de la demande à l'exportation.

En deuxième lieu, faut-il concevoir l'information comme substitut ou comme relais de l'énergie ? L'organisation des sociétés développées, axée sur une consommation régulièrement croissante d'énergie, semble atteindre un certain nombre de limites. Les technologies de l'information permettent soit d'effacer, soit de contourner certaines de ces limites sans pour autant arrêter la croissance économique et sociale.

La dernière constatation consiste à dire que nous sommes déjà dans une économie informationnelle, mais que cela apparaît peu car les instruments d'analyse et de comptabilité font défaut pour rendre compte de cette mutation[19]. La place des activités de production devient de moins en moins centrale, ce sont les activités d'organisation qui jouent un rôle déterminant.

Cette vision optimiste d'une mutation simultanément technique, économique et sociale peut être discutée à partir de trois questions de nature différente.

Les nouvelles technologies de communication ne sont-elles pas partie prenante de la crise économique actuelle dans la mesure où elles ont été centrées sur une rationalisation du travail et donc ont contribué à la réduction des emplois dans les sociétés développées ?

---

19. *Cf.* Marc Porat, *The Information Economy : Definition and measurement*, University of Stanford Press, 1977.

Existe-t-il, vraiment, un secteur de l'information homogène cohérent et économiquement significatif, au même titre, par exemple, que le secteur de l'agriculture ?

Le concept même d'information peut-il être transféré tel quel dans le champ économique et quelle utilisation peut-on en faire ?

Il est vrai que les nouveaux systèmes de communication jouent et joueront un rôle important dans le niveau d'activité économique des pays développés ; mais il existe déjà certaines limites qui contredisent la thèse d'un nouveau souffle de la croissance dans les pays riches. Le problème de *l'emploi* est une de ces limites. Ainsi, la crise économique actuelle serait (déjà !) dans une certaine mesure une crise de l'économie informationnelle. Et comment ne pas mettre en rapport les économies de main-d'œuvre opérées dans le secteur tertiaire avec l'introduction des nouvelles technologies de communication et d'organisation ? *C'est Chronos dévorant ses enfants.*

Il semble, pour le moment, que l'introduction du concept d'information en économie ne provoque pas de bouleversement théorique considérable tel qu'une reformulation de certains modèles d'analyse. On assiste, plutôt, à une sorte d'élargissement du champ de l'économie à des domaines comme la santé, la culture qui n'en faisaient pas partie auparavant. Il n'y a pas d'un côté des biens et des services informationnels et de l'autre des biens et des services matériels car de plus en plus les nouveaux produits sont les deux à la fois.

De plus, dans tout travail humain on trouve une part croissante d'activité informationnelle de même que dans toutes les machines et processus de fabrication. « L'étape décisive de la genèse de la machine fut, en effet, le passage des machines dont le fonctionnement est dominé par la transformation et la transmission d'énergie à celle où, à côté d'un flux d'énergie, apparaît un flux d'information qui devient progressivement de plus en plus important jusqu'à réduire les échanges énergétiques au rôle de système auxiliaire[20]. »

Si on se place d'un point de vue théorique, la notion d'information a de multiples significations en économie. Il faut noter, en effet, que l'utilisation, par transfert, du concept d'information construit en physique ou en cybernétique, ne peut être que métaphorique. En outre, si le concept d'information en théorie de l'information permet de condenser les notions d'organisation de communication et d'information, il n'est pas sûr du tout qu'une condensation équivalente soit efficace, utile ou possible en sciences sociales. *Dans des rapports sociaux, une information n'est pas un message signifiant en elle-même, elle n'est signifiante qu'en fonction d'une accumulation d'organisations et d'informations qui lui sert de support.* Sans oublier le contact. Encore cette signification n'est-elle pas unique puisqu'elle peut différer souvent la place qu'occupe l'« émetteur » ou le « récepteur » au sein des rapports sociaux. En société, un message n'est pas signifiant, il l'est trop ou pas du tout. Voilà qui complique singulièrement la réduction des rapports sociaux

20. Seymour Papert, « Épistémologie de la cybernétique », *in* J. Piaget, *Logique et connaissance scientifique*, Paris, Encyclopédie de la Pléiade, 1967.

à une vision cybernétique, si complexe soit-elle. Paradoxalement, l'utilisation analogique du concept d'information conduit à mettre en lumière l'arbitraire des rapports sociaux et non pas une rationalité de leur gestion. Or il semble que le malentendu persiste et que de nombreux théoriciens voient l'information dans le système social à l'image de celle rendue fameuse par la biologie moléculaire. Et comme la complexité sociale, quoi qu'on dise, ne date pas d'hier, on peut se demander si les sociétés n'ont pas toujours été informationnelles, et si la transparence sociale, que nous promet aujourd'hui la gestion de l'information, n'est pas un leurre technocratique dans la mesure où seule est « gérée » l'information du pouvoir. Les dominés ne sont pas informés, ils sont « exformés », et la société est difforme, c'est là son drame.

### LE TRAVAIL, DE LA MATIÈRE AUX SIGNES

Le travail change et ce changement est pour partie lié au développement des nouvelles technologies de l'information. Au-delà des modifications de l'environnement du travail, celui-ci se transforme dans la nature même. Quelles sont les transformations les plus repérables ?

#### *L'homogénéisation du travail*

La croissance du travail de bureau, par rapport au travail industriel dans les sociétés développées, ne doit pas faire conclure à la bureaucratisation du travail humain. Le fait marquant est plutôt l'effacement progressif de la barrière entre cols blancs et cols bleus. En éloignant le travailleur de la matière sur laquelle il travaille, en séparant l'acte de travail de l'acte de produire, l'automatisation tend à faire disparaître d'une part les barrières qui séparaient les corps de métiers entre eux et d'autre part les marques qui distinguaient les activités de production de celles de gestion. Il est significatif que la description des tâches de surveillance et de contrôle soit sensiblement la même quel que soit le secteur d'activité considéré. La disparition de l'effort physique, des gestes et des procédures nécessaires à la transformation de la matière, rapproche donc le travail productif du travail de gestion.

#### *L'abstraction du travail*

*Si la parcellisation était le maître mot du travail industriel et taylorien, l'abstraction devrait être celui du travail informationnel.* En passant de la matière aux signes, le travail s'abstrait de plusieurs manières. Les technologies de l'information accroissent de façon démesurée la distance spatiale et temporelle entre les différentes phases d'un processus de travail. Jamais la distance n'aura été aussi grande et la relation aussi complexe entre l'acte de travail et le produit de ce travail. Le travail « à la chaîne » ne disparaît pas vraiment, mais, en passant de la mécanique à l'« électronique », *la chaîne s'est faite réseau.*

*L'isolement du travail*

La mise en place d'un réseau technique de communication sur le lieu de travail ne signifie pas que la communication entre les êtres va s'en trouver améliorée ou stimulée. Cela peut même avoir un effet diamétralement opposé. L'importance croissante des informations et l'existence d'outils de médiation transforment la nature de la communication. Celle-ci devient un élément prépondérant, voire la totalité du travail. Elle est, alors, essentiellement fonctionnelle et fait l'objet d'une politique de rationalisation pour accroître son efficacité dans la logique de l'entreprise. Mais la rationalisation de la communication risque de liquider, dans un premier temps, la trame fragile des relations interpersonnelles puisque souvent le plus important se dit dans les interstices des gestes et des mots... Une solitude dans le travail peut donc résulter de la « déprivatisation » et de la professionnalisation des échanges, de la disparition de la présence physique des autres, avec lesquels on communique à distance.

*L'éclatement du travail*

L'une des conséquences possibles fréquemment évoquées des techniques d'information est la déconcentration urbaine. *Certaines personnes ont fait justement remarquer que déconcentration géographique ne signifiait pas décentralisation du pouvoir* et donc que le bouleversement des rapports sociaux dans un sens plus humain, plus convivial, annoncé par les promoteurs de ces techniques, risquait d'être un leurre car les rapports de force, les structures du pouvoir peuvent se maintenir, sous d'autres formes, en s'adaptant à ces conditions nouvelles. Toute une tradition collective du travail peut être remise en cause par l'éparpillement en petites unités de production, ou encore plus par une forte expansion du travail à domicile. Le lieu de travail comme lieu de rassemblement où se forge la « conscience de classe » risque de se fondre alors dans des espaces, moins définis socialement, plus divers.

Cet éclatement des lieux de travail se double d'un éclatement juridique et fonctionnel de l'entreprise. La multinationalisation des entreprises, la constitution de groupes énormes éloigne le pouvoir de décision des lieux où celle-ci prend effet avec les risques que cela comporte de paralysie et d'inefficacité. C'est pourquoi, pour gérer le gigantisme sont mises en œuvre des stratégies d'organisation qui tendent, après l'agrégation financière, à la désagrégation fonctionnelle de l'entreprise. La « filialisation » des services, le recours généralisé à des compétences extérieures ont comme conséquence la constitution d'une unité centrale, autour de laquelle gravitent entreprises sous-traitantes, sociétés de services et sociétés d'intérim. Des salariés se côtoient, ont des activités semblables mais leur statut juridique, leur salaire, leur qualification, leur entreprise, la durée de leur contrat, tout cela est différent, et de toute façon ils ne font que passer...

Dans cette évolution, les techniques informationnelles jouent un rôle important. D'abord, mais ce n'est pas le plus important, parce qu'elles permettent la gestion de cet imbroglio juridique et fonctionnel. Ensuite, et cela compte plus, ces techniques gèrent l'organisation et leur développement s'opère en phase avec celui des grandes organisations. Une même logique de fonctionnement semble régir les systèmes techniques d'information et les organisations sociales dans lesquelles ils s'insèrent. La référence aux modèles d'ordre biologique ou cybernétique est commune aux uns comme aux autres ; au point qu'apparemment ces systèmes techniques semblent organiser directement des rapports sociaux. Ils développent une logique organisationnelle qui s'oppose, de façon très différente et sans doute plus complexe que le taylorisme, à la pratique du travail humain, en l'insérant dans des contraintes de langage, d'uniformité et d'adaptation qui lui sont étrangères. Le conflit entre organisation et travail est aussi un conflit de logiques et, si l'organisation l'emporte, le travail éclate pour devenir quelque chose d'autre qu'on ne peut encore percevoir et nommer aujourd'hui.

## LA COMMUNICATION ET SON DOUBLE

La multiplication et la diversification des techniques et de communication vont-elles au moins permettre d'augmenter les relations entre individus dans la vie quotidienne, comme l'affirment les tenants de l'ère de la communication ?

L'aspiration à d'autres modèles de relations sociales et interpersonnelles est évidente au travers des multiples thèmes de la décentralisation, de la démocratie locale ou de l'autogestion. Le refus du modèle industriel, violent, basé sur le gigantisme, le travail intensif… en rapport avec une augmentation du niveau de vie, se traduit par la volonté d'une autre organisation du travail, et rejoint dans un autre domaine la contestation de certains modèles de relations interpersonnelles au travers le thème de la libération des mœurs.

On comprend que les possibilités offertes par le téléphone, voire la radio et la télévision classiques, semblent dérisoires face aux promesses de la téléinformatique, des satellites de télécommunication, de l'accès polyvalent aux réseaux… Pour la première fois la communication deviendrait réversible.

La logique peut se renverser : ces techniques sont peut-être davantage les facteurs indispensables à la structuration et à l'organisation de l'ordre social actuel que les moyens de la démocratie. Pourquoi ces techniques de communication ne deviendraient-elles pas une nécessité de fonctionnement de la société, sans pour autant conduire à l'eldorado de la société relationnelle ? On confond l'accroissement de liberté fourni par les techniques en vue d'une communication instrumentale, avec ce qu'il en est au plan interpersonnel.

*La relation*, dans la téléinformatique, se fait, mais dans un milieu hiérarchisé, à l'intérieur d'une certaine structure sociale et de ses inégalités dans laquelle elle s'insère plutôt qu'elle ne la change. Ici, le *comment* communiquer l'emporte sur le quoi communiquer, ce qui conduit à renverser complètement la logique de la communication.

On retrouve le même problème avec l'*identité*. Toute communication implique l'existence d'identités constituées. Le problème est alors de savoir dans quelles mesures ces techniques imposent ou non une certaine forme d'identité. D'autant que le problème de la communication instrumentale est qu'elle ne peut se faire qu'avec des identités suffisamment identiques. Sinon la communication n'est pas possible. Et si les caractéristiques de l'identité étaient aussi contradictoires, polymorphes, variables, que celles au travers desquelles se fait la communication humaine, on arriverait à une situation empêchant la standardisation, la « modélisation » et la permanence qui sont les conditions *sine qua non* de la communication instrumentale. L'identité préalable à la communication instrumentale est nécessairement plus étroite que ce que l'on entend par les mêmes mots au plan humain.

Ainsi, la généralisation et la diversification des techniques ne sont pas le gage d'une augmentation de la communication. Cette confusion entre multiplication des techniques de communication et extension de la communication vient peut-être du fait que pour la première fois, il s'agit de machines qui gèrent du signe, du symbole. Les techniques, habituellement, et par opposition au langage, étaient créatrices d'objets. Aujourd'hui, elles vont gérer du langage avec un renversement du rapport abstraction/concrétisation qui, jusqu'à présent, caractérisait la finalité du processus technique. On partait de la conception du procédé jusqu'à la réalisation matérielle d'objets. Avec les techniques de communication, c'est l'inverse qui se produit en aboutissant à un processus proche de la communication humaine. D'où la tentation d'élargir l'espace investi par la logique technique, en parlant de « machines universelles » alors que toute l'histoire des techniques a montré, jusqu'à l'époque contemporaine, que la technique était du côté du particulier et non de l'universel. Autrement dit, il n'est guère possible d'opposer les techniques de communication aux techniques de fabrication en disant que les premières sont plus « conviviales » que les secondes. *Les techniques de communication sont l'étape suivante dans la constitution d'un milieu artificiel, et non le retour à un « naturel » qui n'existe plus depuis longtemps !*

Il n'y a donc *pas de complémentarité* entre les notions de communication au plan de l'individu avec ce que gèrent les techniques qui portent le même nom. Le fait de faire circuler et de traiter de l'information ne suffit pas à définir une unité entre des processus de communication dont le statut est hétérogène. En effet, quoi de commun entre le contact direct, le téléphone, les *mass media* et les nouveaux services de l'informatique et des télécommunications ? C'est, à chaque fois, la place relative de la présence physique, du son, de l'image, du langage naturel ou formalisé qui est en cause, avec notamment le « refroidissement » d'une communication marquée par l'absence physique de l'autre. En fait, la grande rupture déjà annoncée par le téléphone, mais accentuée par les nouveaux services, porte sur la *modification du rapport au temps et à l'espace*, dans la situation de communication, pour des outils qui évacuent l'infraverbal, favorisent un seul mode de relation et accentuent finalement la confusion entre communication et échange de messages.

La modification du rapport à l'espace est peut-être moins importante que celle qui concerne le rapport au temps. Si l'espace est finalement apprivoisé, comment son double, le temps pourrait-il l'être ? Et c'est pourtant vers quoi on a l'illusion de se diriger d'une part, en le niant, grâce à l'instantanéité, et d'autre part, en l'objectivant par le soin laissé à la machine de le rythmer.

La première rupture est, en effet, le « gain de temps », c'est-à-dire la communication instantanée qui semble supprimer, ou en tout cas raccourcir le temps, le réduire, l'encastrer dans une sorte de temps répétitif, se bouclant sur lui-même, et n'offrant plus d'aspérité sur laquelle accrocher notre propre rythme. La seconde est que le décalage entre le temps machine et le temps humain, en ne cessant de s'approfondir, ouvre un espace indéfini où l'individu perd les limites de sa propre temporalité, les cadres de son expérience, et finalement la trace de son irréductible existence.

Finalement, les techniques utilisent une conception étroite de la communication en transmettant des informations, les interlocuteurs peuvent s'abriter derrière un échange à la fois précis, pratique, efficace, mais qui est dépourvu de toute l'ambiguïté de la relation entre les individus, Cette communication standardisée renforce l'idée d'une connaissance possible de la réalité, alors que l'expérience humaine montre l'arbitraire de la perception du monde et les limites de la connaissance objective d'autrui. Connaître et communiquer avec autrui conduit en effet à admettre que ce processus échappe à la rationalité et, même au-delà, qu'il y a une sorte d'impossibilité à la communication. *Le paradoxe de la communication humaine est de nous faire prendre conscience des limites de la communication, puisque l'existence de l'autre est la preuve même de l'incommunicabilité*. La médiation à l'autre, sa rencontre au travers le langage, les techniques, la culture n'y changent rien, communiquer, c'est finalement éprouver la solitude de chacun et les limites de la mise en commun.

## *Les enjeux théoriques contemporains*

Dans les années 1975-1980, j'essayais de comprendre l'impact du progrès technique sur le travail humain, en particulier dans le secteur tertiaire, en expérimentant une autre méthode de recherche impliquant davantage les travailleurs. C'est ainsi que s'est imposée cette recherche-action avec les syndicalistes, où chacun restait à sa place, mais avec davantage d'interactions mutuelles. Il s'agissait de comprendre comment les militants de base pouvaient analyser l'impact du progrès technique. En passant du temps avec eux, la perception était plutôt celle des *Dégâts du progrès.* Dans une époque encore largement dominée par la production et l'industrie, le bilan du progrès vu d'« en bas » n'était pas toujours positif. C'est la même démarche qui a été choisie ensuite pour *Le Tertiaire éclaté. Le travail sans modèle*, où la difficulté était encore plus grande puisque le tertiaire était un secteur neuf, avec très peu de références théoriques et d'expérience syndicale. Dans les deux cas, cette recherche très enrichissante sur le plan humain m'a permis de comprendre l'extrême *difficulté* à penser les mutations techniques et professionnelles. Celles-ci s'imposent à un rythme extrêmement rapide, et les travailleurs comme leurs organisations syndicales sont largement dépourvus de moyens théoriques pour les penser. Ce constat terrible à la fin des Trente Glorieuses est encore plus exact aujourd'hui. Il n'y a plus de « grammaire » des relations entre les deux « T », la technique et le travail. Il ne s'agissait en aucun cas à l'époque d'une activité politique pour définir une ligne idéologique, mais plutôt d'un travail intellectuel original conforme à la recherche de nouvelles méthodes sociologiques, comme cela existait à l'époque.

Sur le fond, le changement d'attitude est radical en trente ans. À l'époque, l'interrogation critique demeurait forte à propos du travail, tant pour sa division que pour son organisation, avec notamment une réflexion sur le statut du tertiaire devenu dominant depuis les années 1970. Cette réflexion se doublait d'une interrogation sur le rôle du syndicalisme. Comment celui-ci pouvait-il analyser et s'adapter à un environnement technique, professionnel, culturel, de plus en plus éloigné du modèle classique de la lutte des classes ? Enfin le progrès technique était l'objet d'une réflexion critique, beaucoup plus forte qu'aujourd'hui, notamment en ce qui concerne les nouvelles technologies.

Depuis cette époque, en dehors de quelques économistes et sociologues, « le travail » n'a guère intéressé. Comme s'il y avait une sorte de fatalité à ne pouvoir le rendre plus intéressant, en raison, peut-être, du chômage et de la violence de la mondialisation, qui renforce le sentiment « qu'on ne peut rien changer ». La « disparition » des classes sociales comme repère accentue cette perception que l'on ne peut rien faire. D'ailleurs le thème des trente-cinq heures, lancé par la gauche, confirmera paradoxalement que le travail n'était plus la question centrale de la vie. Et le thème symétrique lancé en 2007 par la droite sur « travailler plus pour gagner plus » n'a pas non plus contribué à revaloriser le travail. Dans les deux cas, c'est le « hors travail » et la consommation qui semblent être devenus les valeurs d'avenir. « Requalifier le travail » paraît le plus souvent inatteignable. Les trente-cinq heures n'ont-elles pas, en effet, contribué à dévaloriser le travail alors que le but initial de cette réforme était, au contraire, de le revaloriser ? C'est sans doute parce que cette réforme n'a pas été suffisamment pensée dans une perspective historique, en rappelant que le travail est toujours synonyme d'émancipation, qu'elle n'a finalement pas été perçue comme une revalorisation du travail. Elle a plutôt donné le sentiment que puisqu'il n'était plus possible de requalifier le travail, notamment par rapport à l'imperium technique, il fallait plutôt en réduire la place au profit d'autres activités. La gauche, sans le voir à l'époque, abandonnait la grande question du travail à de simples agencements d'organisation, dont les milieux populaires ont été finalement peu bénéficiaires.

Mais la situation change avec la violence de la crise. C'est d'abord la question du chômage qui s'impose dans toute sa dureté et, derrière elle, on voit revenir la critique adressée à la dévalorisation du travail. Enfin, c'est le chômage massif qui repose le problème de la dignité et de la qualité du travail. Le phénomène est accéléré par la « redécouverte » bien tardive de la nécessité de l'industrialisation, remettant en cause par ricochet le dogme selon lequel, depuis vingt ans, tout ce qui tourne autour de l'ordinateur représentait le seul avenir pour le travail. Effet massif et destructeur de l'idéologie technique, le regain d'intérêt pour la question du travail suivra peut-être ce qui s'est passé pour la religion. Qui, dans les années 1980, aurait prédit qu'elle reprendrait une place aussi importante dans les débats, les conflits et les revendications ? Trois autres changements radicaux sont intervenus en une génération. Le premier concerne l'arrivée du chômage massif, même si on en parlait déjà à l'époque. D'ailleurs, le mot *crise* est l'un de ceux qui s'est le plus « usé », car il est utilisé *constamment* pour recouvrir des situations d'ampleur radicalement différente depuis le premier choc pétrolier de 1973. Soit depuis quarante ans ! Le deuxième changement a trait à l'arrivée massive des nouvelles techniques dans tous les secteurs de production et d'organisation de la société, accompagnée d'un jugement plutôt très positif. C'est un peu sur elle que l'on compte pour redonner de l'attrait au travail, mais surtout pour valoriser ce qui est la dernière grande rupture en trente ans, le *hors travail*. Celui-ci ne concerne pas seulement les loisirs, mais tout cet espace-temps où, grâce en définitive à cette panoplie, sans cesse élargie, des techniques et des services, chacun devient l'acteur et l'aventurier de sa vie. La fin des métiers a par ailleurs accéléré l'essor du travail temporaire et la fin du contrat à durée indéterminée. L'emploi est devenu très fragile, contribuant à dévaloriser le travail, réduit à une nécessité et non plus à un idéal.

En outre, la mondialisation a bouleversé considérablement les cadres d'expérience et de pensée liés à la question du travail. Non seulement parce que toutes les délocalisations ont fait perdre les points de repère, mais aussi parce que les différentes formes de travail précaire, de chômage, de déréglementation en dévalorisant les problématiques de formation ont déstabilisé les cadres culturels, et politiques, d'analyse et d'action. Une bonne partie des symboles s'est effondrée, accélérant cette perte de légitimité des questions du travail et accentuant une sorte de marginalisation de celui-ci. Par voie de conséquence, cela n'a pas non plus été favorable au syndicalisme, qui s'est retrouvé très souvent sur la défensive. La crise du capitalisme financier depuis 2008 aura peut-être pour conséquence de remettre au centre des débats les questions de la régulation, de l'intérêt général, de l'action syndicale et finalement du travail. Il reste que les trente années passées ont été très difficiles pour les organisations syndicales en France et en Europe, pour maintenir une réflexion critique et une action en faveur du travail. Le chômage, la mondialisation et la déréglementation, ce trio maudit a donné le sentiment qu'il s'agissait de ruptures définitives. C'est peut-être seulement depuis les années 2010 qu'une conscience mondiale critique, notamment avec les forums sociaux mondiaux et la critique de la faillite du capitalisme financier après 2008, renaît nettement.

Reprenons les oppositions entre hier et aujourd'hui.

Dans les années 1980, le *travail* est une valeur centrale. On veut lui *redonner* du sens. Le marxisme est encore influent, la lutte des classes fait partie du vocabulaire, réactualisée par Mai 68. On s'interroge encore avec beaucoup de sérieux sur cet objet hybride qu'est l'émergence du tertiaire. Le progrès technique n'est pas pris pour argent comptant, on cherche à savoir ce qu'il faut en faire. Il est d'ailleurs l'objet de nouvelles luttes aussi bien pour l'informatique, que pour les télécommunications, le nucléaire... À l'époque, tout est analysable et critiquable. La technique – notamment pour l'information et la communication – n'ayant pas tout envahi, on cherche à savoir comment l'orienter. Elle n'est pas un fait omniprésent, ni l'eldorado comme on le voit aujourd'hui. On veut comprendre ce que devient le travail que l'on voit s'émietter, se dévaloriser, perdre de son importance comme valeur, et se transformer en une activité de bureau où des millions d'individus passent des heures derrière l'écran.

Aujourd'hui, les réflexions spécifiques sur le travail se partagent en deux grandes orientations. La première met l'accent sur l'interactivité technique avec la logique de réseaux et l'usage de plus en plus généralisé des systèmes d'information complexes intégrant des applications informatiques lourdes avec de multiples ordinateurs miniaturisés et conviviaux. L'aventure informatique a tout aplati et il ne reste qu'un monde de signes, bien symbolisé par l'omniprésence des nouveaux supports multitâches, dans un univers urbain, où la matière et la nature deviennent des suppléments d'âme pour les week-ends. La seconde approche plus critique, mais minoritaire étudie les transformations du travail et des organisations associées à ces dispositifs techniques. De nouvelles formes de taylorisme sont mises en évidence. Appuyées sur les technologies de l'information, et l'interdépendance croissante des organisations, dans ces nouvelles formes de travail segmenté logiques de flux tendus, elles prennent place dans un contexte de financiarisation de l'économie et de mondialisation. Ce néotaylorisme parfaitement compatible avec les réseaux entraîne aussi de nouvelles formes de souffrances au travail aux conséquences parfois dramatiques. Quant aux métiers manuels, ils sont plutôt dévalorisés, sauf dans quelques secteurs, et n'attirent plus suffisamment les jeunes. *L'artisanat,* pourtant réel poumon de nos sociétés, n'est plus entouré du même prestige.

Une sorte de « désocialisation généralisée » du travail s'est réalisée, au profit du « hors travail » et surtout des relations interpersonnelles qui ont pris beaucoup plus de place, pour les vacances, les voyages, la consommation. Avec en symétrie une sorte de désinvestissement concernant les thèmes de la division et de l'organisation du travail. Comme si en période de chômage, rien ne pourrait changer. L'essentiel est d'« avoir du taf », quel qu'il soit, peu importe. Sans aucune certitude d'ailleurs sur le fait qu'il rende heureux... La contestation ouverte, ou silencieuse, a tendance à s'exercer *ailleurs*, avec les ONG, les associations, les problèmes de vie privée... Le travail n'est plus, pour le moment, le centre de la vie sociale. Il n'y a plus, par exemple, de débat théorique sur le tertiaire. Celui-ci s'est imposé définitivement. Il est *le* modèle sans modèle du travail. Les écrans sont omniprésents, avec d'ailleurs la disparition de toute réflexion critique. Dans les années 1970-1980, on faisait par exemple des études pour comprendre l'impact de l'écran sur les yeux, la physiologie, la perception, les conditions de travail, les relations humaines... Trente ans après, l'écran omniprésent dans la vie publique et privée, crée le sentiment qu'il n'y a plus besoin de réflexion critique. Superbe politique de l'autruche. Le paradoxe est que pendant la même période, l'écologie, et la prise en compte de la préservation de la nature s'est imposée et a fait l'objet d'une pensée critique alors qu'*en même temps* l'adhésion massive à un modèle de vie totalement dominé par les écrans, s'est imposée sans aucune critique.

Quant aux innombrables formes de *parcellisation du travail*, liées à l'éclatement des rémunérations et des statuts, elles ont contribué à grignoter l'idée même de métier. C'est la réflexion sur le sens du travail qui s'est en bonne partie évanouie, ou plutôt qui a disparu du champ des débats, comme si la question du travail n'était plus « moderne ». Conserver l'emploi et la rémunération devient la seule ambition dans un monde gangrené par le chômage avec une population active à deux vitesses et le plus souvent sans rapports ni solidarité les uns avec les autres. Il y a ceux qui s'« en tirent » dans les métiers « modernes » et les autres, innombrables, oubliés ou déclassés. En tout cas, là comme ailleurs, l'heure n'est pas au collectif, et le silence qui entoure les questions du travail ne s'explique pas seulement par l'omniprésence du chômage. C'est l'idée même du travail, sa qualité, sa définition, ses valeurs, etc. comme centre de la vie, qui est pour le moment dévalorisée.

Il n'y a d'ailleurs pas beaucoup d'intérêt non plus pour le *syndicalisme*, alors que celui-ci est encore plus nécessaire dans un monde éclaté. Là aussi, la mondialisation a tout bouleversé. La part des contrats à durée indéterminée garants de la stabilité professionnelle devient peau de chagrin au profit des multiples formes d'emploi précaires. Cette précarité fait parfois l'objet de velléités d'institutionnalisation dans des néologismes, tels que la « flexécurité ». L'horizon professionnel se réduit souvent à la possibilité de passer du CDD au CDI. La difficulté du travail syndical, dans un monde sans boussole ne force pas l'admiration... Les syndicalistes sont considérés comme « archaïques » et dépassés. D'autant que le rouleau compresseur de l'idéologie de la dérégulation a fait des ravages en trente ans. La domination des directions financières continue, en dépit de la crise de 2008, à imposer sa loi. Les directions de la communication et les ressources humaines, malgré les propos appuyés sur « l'importance de l'homme », restent marginalisées. *Le discours valorise les hommes, la réalité reste vouée aux finances et à la spéculation*. Quant aux délocalisations, qui sont le complément de la dérégulation, elles n'ont pas amené le supplément de croissance qu'elles devaient « évidemment » apporter. Elles ont contribué à déstabiliser les filières, les métiers, installant certes la division du travail à l'échelle mondiale, mais sans doute pas au profit de plus de solidarité et de compréhension de l'autre. Le bilan définitif des *délocalisations* sera-t-il finalement aussi négatif que celui de la dérégulation ?

Aujourd'hui, quand tout donne le sentiment d'être à la fois éclaté, insaisissable et bloqué, les négociations sont réduites au minimum avec les « partenaires ». Les syndicalistes ne sont reconnus comme « interlocuteurs sociaux » que lors des conflits longs et durs, comme pour celui des retraites par exemple. Sans pour autant que soit valorisée l'extraordinaire culture du travail qu'ils portent. Il ne subsiste qu'un jeu institutionnel. Comme si toute cette intelligence d'une culture critique du travail n'avait plus guère d'intérêt. Immense gâchis. Les « partenaires sociaux » ne sont là que pour signer des conventions, mais sans qu'il y ait de curiosité, voire d'admiration pour la vision du travail, de la connaissance, de la société et des rapports sociaux que ces organisations et leurs militants peuvent porter. D'une certaine manière, il n'y a plus d'*altérité* et les syndicalistes sont considérés comme des « conservateurs » avec qui il faut signer la paix sociale. C'est peut-être cette déqualification culturelle, politique et sociale qui est la plus injuste et la plus dangereuse à terme. L'idéologie libérale et le marché orientent tout. La consommation a remplacé une lutte pour un travail plus digne.

Que vaut une société qui ne valorise plus le travail, ni ancien ni moderne ? Le désintérêt à l'égard du syndicalisme n'est que le symptôme le plus visible de la baisse actuelle de légitimité de tout ce qui concerne le travail humain. Comment aider d'ailleurs la jeunesse, la grande oubliée des trente dernières années, sauf pour la consommation, s'il n'y a pas préalablement de respect et d'intérêt pour le travail, qui reste depuis toujours le passeport pour l'émancipation, le dialogue des générations et l'entrée dans la société ?

Les inégalités sont nombreuses et cruelles avec l'affaissement maintenant visible des classes moyennes, sans pour autant provoquer, pour le moment, de révoltes graves. Une sorte de soumission ou de *fatalisme* s'installe, expliqué peut-être par le chômage massif, la stagnation du niveau de vie, de l'éducation, et de l'ouverture sur le monde. Tout cela ne crée pas une attitude critique, positive et normative à l'égard du travail. Celui-ci est là, dans sa réalité et ses dérives, laissé presque de côté, au profit d'autres sujets de société : environnement, racisme, religion...

S'occuper du travail, de sa critique, de sa division, de ses potentiels, cela fait presque anachronique. Pourtant, les études et recherches se poursuivent, mais sans susciter beaucoup d'intérêt. Le travail n'est pas *actuellement* un enjeu de l'agenda de la communication politique. Triste déclassement, sans doute temporaire, même si ceci dure depuis presque une génération. Et la gauche n'a pas fait mieux, ici et ailleurs, que la droite. Ce *déclassement actuel* est d'ailleurs la preuve de la *mobilité des thèmes* qui montent et descendent dans l'espace public. Mobilité qui oblige à réfléchir aux raisons pour lesquelles certains thèmes vont devenir un enjeu de la communication politique, et d'autres disparaître. La religion, le travail, l'écologie, la sexualité, les techniques de communication, l'Europe, voilà les thèmes, parmi d'autres, qui illustrent ce jeu complexe, parfois aléatoire, des relations incessantes entre information, opinion publique, espace public et communication politique.

L'*entreprise* est un autre bon exemple des changements de regard. Hier, elle était encore un lieu d'affrontement entre les dirigeants et les salariés, avec toujours cette interrogation sur le statut et le rôle de l'encadrement et des services. Où basculeront-ils ? Aujourd'hui, la dimension d'affrontement est moins visible, même si tout cela n'est pas plus simple. Les concentrations, restructurations, liées à la mondialisation et aux délocalisations, ont fait perdre les repères, et le chômage pousse à la prudence. Le « manteau » des systèmes d'information a par ailleurs tout recouvert, le « mail » devenant une sorte de culture commune, donnant presque le sentiment d'une nouvelle modernité. La domination croissante du pouvoir financier, de plus en plus éloigné géographiquement, fait perdre les points de repère, et la crise a fragilisé tout le monde, accompagnée d'un silence sur les questions essentielles de la qualification, de la formation professionnelle, des inégalités hommes/femmes, etc. *Le CDD et la machine à café* sont devenus, en quelque sorte, le symbole d'une époque, remplaçant presque la cellule syndicale. Le droit du travail institutionnalise certaines relations, mais un attentisme certain domine. Les promesses des nouvelles technologies d'information et la revendication de l'écologie ont pris un peu la place des débats d'hier sur les conditions de travail. C'est la culture financière, et parfois du marketing, qui s'est imposée par rapport à celle de la *production*. Tout devient service, sans réalité ni valorisation « matérielle ». Cette transformation de la représentation de l'entreprise et de l'organisation est évidemment symétrique à la disparition du travail industriel et de production. Pourtant, tout ne peut se réduire à des modèles de « flux et de gestion d'informations ». Une entreprise, comme une ville, une région, est autre chose qu'un système d'« information ». D'ailleurs, cette fascination pour la vitesse des échanges d'informations, perçue comme le symbole de la « modernité » trouvera ses limites, et peut-être avec les dégâts boursiers et financiers. En effet, que sont devenus les bourses et les marchés ? Des systèmes d'information à la volatilité et rumeurs extrêmes. Résultat ? Toutes les spéculations sont possibles comme on le voit depuis le début de la crise financière. Notamment et surtout grâce à l'interactivité tant vantée par ailleurs. Mais cette interactivité financière, sans grand rapport avec toutes les réalités économiques, est justement l'accélérateur de cette spéculation financière mondiale. Sortir de l'obsession de la vitesse et des dégâts de ce monde de l'information et de l'interaction sans aucun lien avec la réalité est indispensable. On pourrait généraliser cette question à la politique, la santé, l'éducation, la recherche, etc. En France, par exemple, même les grandes entreprises mondiales du CAC40 ne font pas assez l'objet d'admiration de la part de la classe politique et des élites. Et pourtant, il s'agit là de bien autre chose que de spéculation financière et ces entreprises reflètent bien l'intelligence collective du pays. D'ailleurs, le travail industriel n'est plus une référence culturelle, encore moins le travail agricole. Reste ce secteur, tertiaire, banalisé, sans forme ni identité, uniquement valorisé comme terrain d'aventures des innombrables « innovations » des systèmes d'information.

Domine ainsi une sorte de nivellement autour de la société de l'information. Celle-ci, accessible à tous, ouvre un eldorado qui, dans le travail et à l'extérieur de celui-ci, crée un sentiment de liberté, voire d'égalité de connaissance et de pouvoir. Une société réduite un peu au symbole d'un espace commercial Surcouf-Fnac. Celle-ci est pourtant beaucoup plus compliquée qu'un espace commercial, aussi important et structurant que soit le commerce.

Cette omniprésence des systèmes d'information, dans le travail et dans la vie quotidienne, est donc à la fois une rupture culturelle et une idéologie. Cela compense peut-être le sentiment de n'avoir plus de prise sur le reste des rapports sociaux de travail, sur le statut de l'entreprise, voire sur la société. Les ordinateurs portables ouvrent, au-delà des services et de l'imaginaire, une sorte de « soupape », et de confiance en soi. Tout cela se redéploiera ultérieurement dans une logique de conflits sociaux, mais pour l'instant c'est plutôt l'unanimisme face à ce nouveau Far West. C'est à l'extérieur de l'entreprise et du travail que se manifestent, avec l'écologie, les solidarités altermondialistes, etc., la capacité critique de la société civile. À l'intérieur des murs règne une sorte de silence sceptique. Comme une sorte de décrochage. Il n'est pas certain, néanmoins, que le discours dominant sur la société de l'information, la transparence des organisations, l'interactivité généralisée... ait finalement beaucoup de succès, même si on ne parle des « métiers d'avenir » que pour ce qui concerne les systèmes d'information. Demain, de nouveaux vocabulaires permettront évidemment de remettre en perspective critique les forces et faiblesses de cette « société de l'information ». D'autant que les sujets réels et concrets de revendications n'ont pas changé : place des femmes, hiérarchie, inégalités, division et organisation du travail, anciens et nouveaux métiers, politique et services... Comment penser le travail demain, l'entreprise, avec des syndicats si faibles et trop discrets ? Peut-on inventer, innover, sans contre-pouvoir ? Après cinquante ans d'idéologie technique et de domination de l'information, comment sortir de ce rétrécissement ? Trois obligations se dessinent pour le futur : diminuer les inégalités salariales, restructurer et revaloriser le travail, augmenter la participation des salariés à l'élaboration stratégique.

Quant aux *immigrés*, ils sont les grandes victimes économiques, culturelles et politiques. On assiste simultanément à la glorification de la mondialisation, des échanges, et des interactions mais à la stigmatisation et au rejet à l'égard de tous ceux qui depuis des années ont pourtant fait le travail que les nationaux refusaient de faire. *Plus que jamais, l'immigré est la figure la plus tragique de cette mondialisation inhumaine*. La face noire des sociétés ouvertes, la légitimation abrupte d'un monde cynique. C'est oublier que ces immigrés, y compris avec le printemps arabe, venus tragiquement s'échouer sur l'île de Lampedusa, symbole de toutes les ambiguïtés de l'Europe, sont informés et parfaitement au courant des inégalités de la mondialisation. Les conflits culturels vont bientôt compléter les inégalités sociales, illustrant cette tragédie d'une mondialisation à deux vitesses et à deux logiques. Tout ne circule pas librement, comme sur les réseaux, selon que vous soyez libres et riches du Nord ou des BRIC, ou pauvres et disqualifiés du Sud. De ce point de vue, la *question du travail* et celle de la *diversité culturelle* illustrent le fait qu'avec l'immigration, on est *à la fois* dans le national et le mondial, dans le social et le culturel. En tout cas dans le politique au sens le plus radical. L'immigration devient le révélateur de toutes les contradictions de la mondialisation dans lesquelles les inégalités culturelles seront un facteur de conflits supplémentaires, au moins aussi important que les inégalités sociales. L'immigrant, de plus en plus humilié, rejeté et ballotté, est en réalité le symbole de nos sociétés ouvertes où il y aura toujours, maintenant, quatre fronts : politique, économique, social et culturel.

*BIBLIOGRAPHIE SÉLECTIVE*

– ABENDROTH, W., *Histoire du mouvement ouvrier en Europe*, Paris, La Découverte, 2002 (1965).
– ANDOLFATTO, D., LABBÉ, D., *Histoire des syndicats (1906-2006)*, Paris, Seuil, 2006.
– ARTUS, P., VIARD, M.-P., *La France sans usines*, Paris, Fayard, 2011.
– AUER, P., BESSE, G., MEDA, D., *Délocalisations, normes du travail et politique d'emploi. Vers une mondialisation plus juste ?*, Paris, La Découverte, 2005.
– BATTAGLIOLE, F., *Histoire du travail des femmes*, Paris, La Découverte, 2008.
– BRUNEL, V., *Les Managers de l'âme. Le développement personnel en entreprise, nouvelle pratique du pouvoir ?*, Paris, La Découverte, 2004.
– CLOT, Y., *Le Travail à cœur*, Paris, La Découverte, 2011.
– CONINCK, F. DE, *Travail intégré, société éclatée*, Paris, PUF, 1995.
– CROZIER, M., FRIEDBERG, E., *L'Acteur et le Système*, Paris, Seuil, 1977.
– De BANDT, J., DEJOURS, C., DUBAR, C., *La France malade du travail*, Paris, Bayard, 1995.
– FRIEDMANN, G., *Le Travail en miettes*, Paris, Gallimard, 1956.
– FRIEDMANN, G., *Où va le travail humain ?*, Paris, Gallimard, 1950.
– GARDEY, D., *Écrire, calculer, classer. Comment une révolution de papier a transformé les sociétés contemporaines (1800-1940)*, Paris, La Découverte, 2008.
– GAULEJAC, V. DE, *Travail, les raisons de la colère*, Paris, Seuil, « Économie humaine », 2011.
– GAULEJAC, V. DE, *La Société malade de la gestion*, Paris, Seuil, 2005.
– GOMEZ, P.-Y., KORINE, H., *L'Entreprise dans la démocratie. Une théorie politique du gouvernement des entreprises*, Bruxelles, De Boeck, 2009.
– LE BRAS, H., LANG, J., *Immigration positive*, Paris, Odile Jacob, 2006.
– LE GOFF, J.-P., *Le Mythe de l'entreprise*, Paris, La Découverte, 1995.
– MALLET, S., *Le Pouvoir ouvrier*, Paris, Anthropos, 1971.
– MEDA, D., *Le Travail. Une valeur en voie de disparition*, Paris, Aubier, 1995.
– MOURIAUX, R., *Le Syndicalisme en France depuis 1945*, Paris, PUF, coll. « Que sais-je ? », 2008.
– MUMFORD, L., *Le Mythe de la machine*, Paris, Fayard, 1973, 2 tomes.
– NAVILLE, P., FRIEDMANN, G., *Le Traité de sociologie du travail*, Paris, Armand Colin, 1961-1962.
– NOIRIEL, G., *Gens d'ici venus d'ailleurs. La France de l'immigration, 1900 à nos jours*, Éditions du Chêne, 2004.
– RIFKIN, J., *La Fin du travail*, Paris, La Découverte, 1996.
– SUE, R., *Sommes-nous vraiment prêts à changer ? Le social au cœur de l'économie*, Paris, Les Liens qui libèrent, 2011.
– SULLEROT, E., *L'Âge de travailler*, Paris, Fayard, 1986.
– TOURAINE, A., *Critique de la modernité*, Paris, Fayard, 1992.
– ZARIFIAN, P., *Travail et communication. Essai sociologique sur le travail dans la grande entreprise industrielle*, Paris, PUF, 1996.

CHAPITRE 3

# Les médias[1]

## Repères chronologiques

**8 juillet 1974 :** Loi divisant l'Office de radiodiffusion télévision française (ORTF), créé en 1964, en sept établissements autonomes : Radio France, TF1, Antenne 2, FR3, Télédiffusion de France (TDF), la SFP (Société française de production et de création audiovisuelles), l'INA (Institut national de l'audiovisuel).
**29 juillet 1982 :** Création de la Haute Autorité de la communication audiovisuelle (HACA), premier organisme français de régulation de l'audiovisuel, présidée par Michèle Cotta.
**2 janvier 1984 :** Lancement de la chaîne francophone TV5.
**4 novembre 1984 :** Mise en service de la première chaîne privée payante Canal+ par François Mitterrand et Jack Lang.
**20 février 1986 :** Lancement de la première chaîne généraliste commerciale française, La Cinq. Dirigée par Silvio Berlusconi, elle émettra jusqu'au soir du 12 avril 1992.
**23 février 1986 :** Création de La Sept (Société d'édition de programmes de télévision) par Bernard Faivre d'Arcier (conseiller culturel du Premier ministre Laurent Fabius).
**14 mai 1986 :** François Léotard annonce la privatisation de TF1.
**30 septembre 1986 :** Loi Léotard, la Commission nationale de la communication et des libertés (CNCL) remplace la HACA.
**En 1985 et 1986** sont également apparues des chaînes câblées telles que Canal J, Paris Première, TV Sport, etc. Le rythme de création augmente dans les années qui suivent. Ces chaînes seront accessibles via le câble mais également par satellite.
**16 avril 1987 :** Privatisation de TF1. L'État vend 50 % au groupe Bouygues pour 3 milliards de francs français.
**1er mars 1987 :** Lancement de Métropole Télévision dite M6, fruit d'un partenariat entre RTL et La Lyonnaise des eaux.
**17 janvier 1989 :** Création du Conseil supérieur de l'audiovisuel (CSA) en remplacement de la CNCL. Jacques Boutet, nommé pour six ans par François Mitterrand, en assume la présidence. Lui succéderont Hervé Bourges (1995-2001), Dominique Baudis (2001-2007) et Michel Boyon (2007-2013).
**2 août 1989 :** Présidence commune d'Antenne 2 et FR3.
**12 avril 1992 :** Arrêt de La Cinq.

1. **Ouvrages de D. W. en regard** : *La Folle du logis. La télévision dans les sociétés démocratiques* (avec J.-L. Missika), Paris, Gallimard, 1983 ; *Éloge du grand public. Une théorie critique de la télévision*, Paris, Flammarion, 1990 ; *La Télévision au pouvoir. Omniprésente, irritante, irremplaçable*, Paris, Universalis, 2004 ; *Hermès*, n° 11-12, *À la recherche du public. Réception, télévision, médias*, 1993 ; *Hermès*, n° 13-14, *Espaces publics en images*, 1994 ; *Hermès*, n° 37, *L'Audience, presse, radio, télévision, Internet*, 2003.

**30 mai 1992 :** La Sept perd son rôle de diffuseur au profit d'Arte. Lancement des premières émissions de la chaîne culturelle franco-allemande sur le satellite.
**7 septembre 1992 :** Antenne 2 devient France 2, et FR3, France 3.
**28 septembre 1992 :** Lancement d'Arte sur le cinquième réseau hertzien.
**13 décembre 1994 :** Lancement de La Cinquième, chaîne du savoir, de la formation et de l'emploi sur décision du gouvernement d'Édouard Balladur.
**1er août 2000 :** Création de France Télévisions sous la présidence d'Hervé Bourges. Holding qui contient France 2, France 3, La Cinquième (devenue France 5), Festival (devenue France 4), RFO Sat (devenue France Ô) et RFO.
**31 mars 2005 :** Création de la TNT (télévision numérique terrestre) avec huit nouvelles chaînes : Direct 8, W9, M6 Music, TMC, NT1, NRJ 12, La Chaîne parlementaire & Public Sénat et France 4. Puis ensuite : BFM TV, ITélé, Europe 2 TV (aujourd'hui Virgin 17) et Gulli.
**5 janvier 2009 :** La publicité est supprimée du service public (France 2, France 3, France 4, France 5, France Ô) entre 20 heures et 6 heures du matin.
**Avril 2010 :** Les négociations pour la vente de la régie publicitaire de France Télévisions sont suspendues, suite à l'incertitude sur le maintien ou non de la publicité avant 20 heures.
**22 août 2010 :** Rémy Pflimlin est nommé président-directeur général de France Télévisions.

## Panorama de l'audiovisuel européen et mondial

### Audiovisuel européen

**Arte** : Chaîne de télévision généraliste franco-allemande de service public à vocation culturelle européenne. Le 30 mai 1992, La Sept (Société européenne de programmes de télévision) perd son rôle de diffuseur au profit d'Arte. Elle prend le nom de La Sept-Arte le 27 septembre 1993 et devient Arte France le 1er août 2000.
**Euronews :** Chaîne de télévision européenne d'information lancée le 1er janvier 1993 et basée à Lyon. Lors de sa création, elle était la première expérience d'information multilingue au monde. Elle est diffusée simultanément en neuf langues et propose des informations du point de vue européen. Avec six millions et demi de téléspectateurs par jour, elle est la première chaîne internationale d'information en Europe.
**Eurosport :** Chaîne sportive diffusée dans la quasi-totalité des pays d'Europe, dans la langue du pays.
**France 24 :** Chaîne française de télévision d'information internationale en continu lancée en décembre 2006. Elle émet en trois langues (anglais, français, arabe). Elle fait partie depuis 2008 de la société de l'audiovisuel extérieur de la France (AEF).
**Europe en images :** WebTV en langue française accessible depuis septembre 2007. Elle diffuse des documentaires sur l'Union européenne et suit l'actualité des vingt-sept États membres.
**Deutsche Welle ou DW :** Service international de diffusion de l'Allemagne qui émet depuis 1953. Elle diffuse des émissions de radio par ondes courtes, Internet et satellite en vingt-neuf langues, ainsi que des programmes de télévision en quatre langues (allemand, anglais, arabe et espagnol).

**Audiovisuel mondial**

**CNN International :** Chaîne d'information en continu du groupe CNN. Créée en 1985 par Ted Turner, elle se décline en cinq versions : CNN International Europe/Moyen-Orient/Afrique CNN International Asie-Pacifique, CNN International sous-continent indien, CNN International Amérique latine et CNN International Amérique du Nord.

**Africa 24 :** Première chaîne mondiale d'information en continu sur l'Afrique, créée en février 2009.

**BBC World News :** Chaîne britannique d'information internationale créée en 1995 suite à la scission de BBC World Service Television. Elle diffuse en langue anglaise dans plus de deux cents pays.

**TV5 Monde :** Chaîne généraliste francophone créée en 1984 par cinq chaînes de télévision publiques : TF1, Antenne 2, FR3, la TSR et la RTBF. Elle s'associe à la *holding* France Monde le 4 avril 2008 afin de créer un « CNN à la française ». Elle diffuse dans le monde entier depuis le lancement de son signal Pacifique en septembre 2009.

**Al Jazeera :** Chaîne d'information qatarie en langue arabe créée en 1996 par le cheikh Hamad bin Khalifa Al Thani qui visait à briser le contrôle des gouvernements arabes sur l'information nationale et la mainmise des Saoudiens sur le paysage médiatique de cette région du monde. Elle est diffusée dans trente-cinq pays (dont la France) en langues arabe et anglaise.

**Al Arabiya :** Chaîne d'information en continu, en langue arabe, fondée le 3 mars 2003. Elle appartient au groupe MBC et son siège est basé à Dubaï.

**Al Manar :** Chaîne de télévision en langue arabe, fondée le 3 juin 1991, dont le siège est au Liban. Les informations télévisées sont aussi présentées en français et en anglais. Son actionnaire majoritaire étant le Hezbollah, elle est placée sur la liste officielle des organisations terroristes des États-Unis.

**Medi 1 TV :** Lancée le 1er dec. 2006, sous le nom de Medi 1 Sat, elle fut à l'origine créée par les pouvoirs publics français et marocains afin de promouvoir les cultures francophone et maghrébine. Le 16 septembre 2008, elle devient 100 % maghrébine.

## *Image, image, quand tu nous tiens*[2]...

Image, image, quand tu nous tiens, semble crier cette fin de siècle, habitée et envahie par l'image. Cette image fixe puis animée et dont se méfie la culture occidentale depuis les Grecs a définitivement triomphé. Omniprésente dans la vie privée et publique, elle organise les destins, fait et défait les pouvoirs, repousse à l'infini les frontières de l'imaginaire, et, comble du comble, mêle définitivement réalité, fiction et virtualité. Des cinquante à soixante-dix chaînes à domicile « pour demain », en passant par la compression numérique et l'interactivité par l'image virtuelle ou réelle, travaillée par les arborescences informatiques et relayée par câble ou satellite, l'image est omniprésente. Du travail à l'éducation, des loisirs à la santé, de la jeunesse à l'âge adulte elle accompagne tous les âges de la vie. La civilisation de l'image a finalement créé l'homme d'images, pris en charge par les industries

2. *Hermès*, n° 13-14, *Espaces publics en images*, 1994.

multiples de la communication. Tel est le constat fréquemment répandu, avec en général deux tonalités, opposées mais unies sur ce point ; la victoire de l'image est incontestable.

La première tonalité, optimiste, largement reprise par les industries de la communication, identifie les performances techniques, et commerciales de l'image, avec les étapes de la libération individuelle et collective. Pas de liberté sans images ; c'est ainsi que ces industries sont identifiées au progrès, à la modernité, même si cette « liberté de choix de l'usager » est de plus en plus isomorphe aux intérêts des groupes de communication. La seconde tonalité, pessimiste, plus largement relayée par les élites qui, ne s'étant jamais réellement attachées à comprendre la grammaire, l'usage et l'impact de l'image, s'empressent de trouver dans l'explosion actuelle de celle-ci la preuve supplémentaire du bien-fondé de leur réserve à son égard.

Le point commun à ces deux attitudes, dont le discours sur la télévision est une sorte de condensé, est de ne pas vouloir tenir compte des multiples travaux qui, en sémiologie, psychologie, psycholinguistique, sociologie ou en anthropologie culturelle insistent depuis un demi-siècle sur le caractère composite de l'image et sur la difficulté à en isoler une signification qui justifierait la thèse de la toute-puissance de l'image. Avec la télévision en particulier, et l'image en général, « on ne veut pas savoir ». Et ce n'est pas l'explosion des images qui donnera envie d'aller voir plus avant. Peu d'aspects de la réalité illustrent une identification aussi rapide entre perception immédiate et jugement de valeur.

Cinq phénomènes permettent de construire la distance indispensable entre l'objet, l'image, et l'analyse. Distance sans laquelle il n'y a tout simplement pas de connaissance.

*Opérer un renversement de la médiation.* Hier, l'image a constitué une formidable médiation de la réalité et a, de ce point de vue, contribué à mieux l'appréhender. C'est vrai de l'image fixe, mais encore plus de l'image animée, du film ou de la télévision. Aujourd'hui, l'omniprésence de l'image modifie le statut de cette médiation. Médiation devient trop synonyme de médiatisation. Il faudrait aujourd'hui favoriser une *autre* médiation qui permette de relativiser la médiatisation. La médiation à assurer serait moins du côté du voir que du faire, autrement dit, retrouver par l'expérience, ce que la médiatisation par l'image a perdu du contact avec la réalité. Une autre médiation assurée par l'expérience valoriserait justement les valeurs que l'image ne met pas en valeur.

*Rappeler l'importance du contexte, de l'histoire.* L'image n'existe jamais par elle-même, elle s'inscrit dans un contexte, avec un avant et un après. Cette inscription opère inévitablement une relativisation par la simple prise en compte de phénomènes exogènes à la logique iconique, mais avec lesquelles elle doit compter.

*Reconnaître la dimension critique du récepteur.* Pas d'image sans contexte, certes, mais pas d'image également sans récepteur, c'est-à-dire sans sujet individuel ou collectif disposant de par ses valeurs, opinions, souvenirs, expériences... de filtres mis en avant entre lui et l'image. Pour l'interpréter et la mettre à distance. Le récepteur est par nature critique et c'est d'ailleurs cette capacité critique qui explique pourquoi, depuis toujours, les individus tout en « consommant » des images, s'en sont toujours approchés avec méfiance, comme pour ne pas perdre le pied avec une certaine réalité, comme pour ne pas être pris dans les rets des images. Entre le message et le récepteur, il y a toujours l'histoire du sujet et ses choix.

*Refuser la splendide solitude de l'image.* Autrement dit, ne jamais la penser ou la recevoir comme un « en-soi ». Penser l'image comme un en-soi, illustre l'idéologie technique, particulièrement forte dans ce domaine, qui consiste à penser les performances toujours croissantes de l'image, sans rapport avec la réalité, ou en rapport avec une sorte d'usager universel, sorte d'être asexué, d'âge moyen, ni urbain ni rural... Bref ! Un utilisateur qui n'existe pas. La meilleure preuve de la difficulté à penser l'image en soi, se lit dans le fait qu'il n'y a pas de discipline exclusive sur l'image. Plusieurs disciplines s'y intéressent, et cette simple interdisciplinarité illustre le fait caractéristique de l'image : elle ne peut être pensée en elle-même.

*Rappeler qu'il n'y a pas d'image sans imaginaire.* Ce truisme apparent a cependant deux avantages dont il est rarement fait mention. Tout d'abord, cela signifie que cet imaginaire à l'œuvre dans la construction des images a toute chance d'être différent de celui qui opère dans la réception. Entre l'intention des auteurs et celle des récepteurs, non seulement opèrent les différents systèmes d'interprétation, de codage et de sélection, mais également tous les imaginaires. L'imaginaire, inséparable de l'image, protège. Ensuite, l'imaginaire est aussi présent dans les innovations scientifiques et techniques, et dans la mise au point de nouveaux services. Il court dans les travaux de prospective qui tous prédisent, apparemment sans faille, ce que sera l'image de demain : l'imaginaire n'est pas seulement du côté des usagers, il est aussi du côté des ingénieurs ! C'est-à-dire que nombre de projets présentés de manière rationnelle et définitive, ne se réaliseront peut-être pas du fait de la manière dont sont anticipés certains services. Toute la prospective se trouve confrontée à ce décalage entre la conception des innovations et l'usage qu'en feront les publics.

En un mot, le paradoxe de l'image est le suivant. Nous l'aimons et la consommons, parce que nous sommes seuls face à elle, dans un des derniers territoires de liberté. Libre de l'aimer ou de la rejeter. En réalité, il en est de l'image comme de toutes les situations de communication : le récepteur n'est pas seul. Toute son histoire et ses valeurs interviennent dans cette perception et analyse de l'image. Elles le protègent, parfois à son insu. Tel est le paradoxe de l'image : c'est l'ensemble de nos souvenirs, valeurs, idées, entre nous et le monde qui nous permet de conserver une certaine distance interprétative à l'égard du message, et donc d'être libres. Nous rêvons d'une liberté « nue » dans la réception des images, mais si elle existait, elle nous donnerait au contraire davantage de contraintes.

Il reste une chose essentielle à préserver pour éviter certains dégâts ; maintenir une différence radicale entre l'image liée à la réalité et l'image d'une réalité virtuelle. La distinction entre les deux est capitale pour l'avenir au moment où les images de synthèse, et en trois dimensions, permettront la production d'images sans rapport avec la réalité. Pour éviter des confusions aux conséquences anthropologiques probablement graves, il faut en permanence inventer des règles permettant à tous les niveaux, de la production, diffusion et réception des images, de distinguer celles qui renvoient à la réalité et celles qui en sont une simulation. Là est probablement le danger le plus sérieux des mutations actuelles, car au-delà du débat philosophique essentiel sur ce que sont la réalité et l'expérience, un *tel* mélange des genres risque d'avoir de graves conséquences culturelles, et surtout politiques.

Curieusement, cette distinction essentielle, sorte de « charte sacrée minimale » devant pouvoir faire l'objet d'une réglementation « internationale » s'imposant à tous les acteurs de l'image, n'est pas mise en avant. Comme si, là aussi, les hommes n'étaient pas indifférents à laisser s'entrelacer l'imaginaire et la réalité, la fiction et le réel, la simulation et la matérialité, etc.

---

## *Pour le public*[3]...

Dans l'histoire de la communication, on s'est beaucoup plus intéressé à l'émetteur et au message qu'au récepteur, sans doute parce que les miracles du livre, puis du journal, de la radio, du cinéma et enfin de la télévision ont toujours trouvé un public.

Deux phénomènes récents viennent cependant de modifier cet état de fait : la multiplication des techniques élargit substantiellement les capacités de l'offre ; la croissance du marché de la communication oblige à une rationalisation des rapports entre offre et demande. L'offre ne cesse de croître, distribuée sur des supports de plus en plus nombreux et différenciés, mais les coûts très élevés obligent à une bonne connaissance des goûts potentiels du public, surtout depuis l'instauration d'une concurrence entre le public et le privé. C'est dans cette perspective qu'il faut comprendre le succès des techniques de mesures d'audience dont l'objectif est, au moins autant, si ce n'est plus, d'assurer aux programmes l'audience la plus large, que de « satisfaire au mieux les attentes du public ».

*L'ambiguïté règne maintenant sur les rapports entre public et demande.* Les opérateurs parlent des « goûts du public » mais pensent en réalité « structure de la demande ». Cette question, classique, du rapport entre l'offre et la demande, surtout dans les industries culturelles, prend ici une signification particulière compte tenu de l'échelle des publics qui, dans le cadre des médias de masse est celle du grand public.

*L'enjeu est de savoir laquelle des deux représentations du public prévaudra.* Une représentation d'abord culturelle et ambitieuse, liée à une certaine vision des rapports entre la société et la télévision ; ou bien une représentation plus « réaliste », sociographique, qui à partir de l'observation des pratiques déduira les politiques de l'offre et de la programmation. Dans un cas, la possibilité de parler encore d'une « théorie du public », dans l'autre, la tendance à parler « des publics ». Si personne ne conteste l'existence empirique

3. *Hermès*, n° 11-12, *À la recherche du public. Réception, télévision, médias*, 1993.

« des publics », l'opposition concerne toujours la place que l'on continue, ou non, d'accorder à une théorie du public indépendamment des données empiriques.

Aujourd'hui, tout, des capacités techniques à la fragmentation des goûts et des demandes, incite à favoriser un effritement des médias généralistes au profit d'une multitude de médias thématiques. Les premiers ne disparaîtraient pas mais seraient progressivement dépouillés de toute programmation ambitieuse, au profit des médias thématiques et deviendraient des chaînes « populaires » au sens le plus discutable du terme. Bref, la télévision à deux vitesses : généraliste et bas de gamme pour le plus grand nombre ; spécialisée et plus intéressante pour les publics ciblés. La question n'est pas celle de l'existence des chaînes thématiques mais celle de leurs proportions et surtout de leur rôle par rapport à la télévision généraliste.

En réalité, derrière la question passionnante des liens entre les publics, le public et le statut du grand public, se joue une théorie du lien social dans la « société individualiste de masse » où la hiérarchie et l'incommunication entre les milieux sociaux sont à la mesure des idéaux de liberté et d'égalité, par ailleurs officiellement promus. Cette contradiction est particulièrement importante pour la communication, comme j'ai essayé de le montrer depuis de nombreuses années sans succès.

Plaider comme je le fais en faveur du grand public n'est ni de l'idéalisme ni un archaïsme ; c'est une option théorique qui n'en exclut aucune autre. À condition chaque fois de situer le débat au niveau qui est le sien et de ne pas confondre possibilités techniques, déréglementation, profits et théorie de la télévision et des publics. *Toute théorie du public implique une théorie de la télévision, et finalement une représentation de la société.*

Privilégier le grand public traduit en réalité un pari sur son intelligence. Surtout à une époque où le niveau culturel et éducatif s'est largement élevé. C'est rappeler qu'au-delà d'une connaissance sociographique de la demande, le propre d'une industrie de la culture demeure la responsabilité de l'offre. C'est rappeler aussi que le public n'est jamais passif ou aliéné. Il peut être dominé, notamment par de mauvais programmes, mais parler d'aliénation supposerait la perte de son libre arbitre. C'est aussi rappeler que les études de réception ont souvent tendance à confondre la réception et la demande. Ce que regardent les spectateurs exprime partiellement la demande mais surtout leur réaction à l'offre. L'audimat, comme je l'ai souvent dit, ne mesure pas la demande, mais la réaction à l'offre de programmes.

Enfin, privilégier une conception grand public de la télévision c'est s'inscrire dans une certaine tradition démocratique car le grand public de la télévision n'est autre, dans le domaine de la culture et de la communication, que la figure du suffrage universel dans celui de la politique. Dans les deux cas, il s'agit d'une « fiction », mais d'une fiction essentielle du point de vue d'une théorie, soit de la communication, soit de la démocratie. Il n'y a pas plus d'égalité dans le corps électoral qu'il n'y en a dans les comportements culturels du grand public, mais l'un et l'autre renvoient à un certain projet d'émancipation culturel et politique.

Pourquoi relancer une réflexion théorique sur le public ? Parce que les représentations qui ont présidé à la construction du public, des publics, du grand public en Europe depuis la guerre, essentiellement autour des télévisions publiques, se sont affaissées et apparaissent usées. Usées, en tout cas, par rapport aux représentations qui, en partant des sondages et des mesures d'audience[4], parlent « des publics », ne s'embarrassent plus d'une problématique générale, mais cherchent plutôt à maximiser l'efficacité d'une logique de segmentation des marchés.

Ce que j'essaye de montrer peut se résumer ainsi : la performance croissante des données concernant les goûts, les attentes ou les comportements des publics n'est qu'une réponse partielle à la question suivante, très intéressante et fort complexe : de savoir ce qu'est le public. La précision et l'abondance des données quantitatives ne réduisent pas l'intérêt d'une réflexion qualitative sur les publics : elle l'augmente.

---

## *Médias et humanitaire : entre mobilisation et effet boomerang*[5]

Les médias jouent un rôle évident depuis vingt ans dans le combat pour l'humanitaire, mais ils peuvent aussi contribuer à sa caricature et susciter alors un mouvement de rejet. Telle est la situation paradoxale et délicate dans laquelle se trouve leur relation. Il est possible de résumer les arguments en faveur d'une médiatisation de l'action humanitaire, et ceux qui au contraire, plaident en faveur d'une plus grande prudence.

Tout d'abord, les médias assurent le passage de l'information. Ils montrent ce qui ne devrait pas être vu. Informer, raconter, montrer, rapporter ce qui se passe la plupart du temps très loin. Casser les murs du silence, du pouvoir, du mensonge, des tyrannies. L'information est comme toujours le principal outil de la liberté. Et encore plus aujourd'hui où dans la conscience collective, il n'existe que ce qui est « montré ». Cela oblige l'action humanitaire, qui par définition, s'attache à ce qui n'est pas officiel, mais « caché », à recourir à l'image devenue aujourd'hui le moyen principal de « légitimation » et de « représentation » de la réalité.

Ensuite, montrer qu'il est possible d'agir. Montrer que toutes les structures politiques, militaires, diplomatiques comme les raisons d'État, apparemment toutes-puissantes, peuvent être attaquées, tournées, dénoncées. Montrer les effets de la haine ou de l'injustice, et aussi la possibilité de lutter, constitue le meilleur contre-pouvoir aux tyrannies. Et la meilleure confirmation du caractère universaliste des droits de l'homme et de la démocratie.

---

4. Dans la suite des travaux de Michel Souchon, sur la connaissance du public de la télévision, signalons ici la très intéressante étude de Sylviane Saincy, *La Télévision en genre et en nombre. Analyse par genre du temps d'antenne et du temps d'écoute, entre 1983 et 1991* (préface de Régine Chaniac), Paris, La Documentation française, coll. « SJTI/INA », 1992.

5. *Les Cahiers du secours catholique*, janvier 1994, n° 1.

Enfin, donner au travers du récit de l'action humanitaire l'envie de s'engager. Si d'autres l'ont fait, se sont battus contre des empires, des lois, des tyrans et réussissent à faire quelque chose, *pourquoi pas moi ?* Les médias suscitent et assurent un formidable mouvement de solidarité dans une société qui la bafoue, mais la cherche. On le voit avec la médiatisation des causes nationales, comme par exemple, avec le Téléthon.

Certes, il existe aussi depuis toujours des causes et des actions humanitaires qui ont été couronnées de succès, sans médiatisation. Si, depuis une vingtaine d'années, on assiste à une certaine prise de conscience humanitaire, il faut rappeler que la cause profonde de cette mobilisation n'est pas la médiatisation, mais le *changement de contexte idéologique* à l'égard du communisme et du socialisme. Et la montée, en contrepartie du thème des droits de l'homme. La médiatisation de l'humanitaire, il y a trente à quarante ans, n'aurait sûrement pas eu cet impact compte tenu de l'importance de la dichotomie idéologique qui a divisé le monde entre 1917 et 1992.

*Ce n'est pas la médiatisation qui a permis l'essor du mouvement humanitaire, c'est d'abord le changement d'attitude politique et culturel.* Plus généralement, il faut reconnaître que l'action humanitaire n'a pas attendu l'avènement des médias pour exister, et réussir.

Depuis très longtemps, des mouvements humanitaires, à caractère religieux pour la plupart d'ailleurs, travaillent dans le monde entier, dans la plus grande discrétion. Ces mouvements ont depuis toujours soulagé les misères et affaibli les tyrannies, avec parfois une efficacité immense, sans publicité. *Autrement dit, une bonne partie de l'importance ou de l'efficacité de l'action humanitaire ne dépend pas de son caractère public.* C'est même d'ailleurs cette dimension « locale » qui depuis longtemps en fait une valeur exemplaire. Il est profondément émouvant de se rendre compte de tout ce qui a été fait dans le domaine humanitaire depuis le début de ce siècle et qui n'a pas été connu. Il ne faut donc pas sous-estimer le poids, l'influence, le rôle des actions et des associations qui depuis longtemps agissent. Si la réalité est mondiale, comme se plaisent à le dire les ONG, elle est aussi locale, et c'est parfois au plan, apparemment le plus limité que les résultats s'obtiennent, sans publicité, et parfois avec une portée générale.

Ensuite, il n'y a pas de liens directs entre la médiatisation d'une situation, l'action qui en résulte et le résultat. La lenteur des changements, la violence de l'histoire, la permanence des haines, comme le prouvent les conflits dans le monde, peuvent décourager.

À quoi bon se mobiliser si rien ne change ou plutôt si, pour un problème réglé, dix surgissent à la suite, obligeant sans cesse à recommencer ? Si la communication permet de savoir ce qu'il y a à faire, elle montre aussi combien les violations des droits de l'homme sont infinies, et donne ainsi un sentiment d'impuissance. On touche là une des contradictions les plus importantes de nos sociétés médiatisées : le citoyen occidental est un géant en matière d'information, mais un nain en matière d'action. *La mondialisation de l'information n'entraîne pas celle de l'action humanitaire.* Elle peut même, à terme, donner le sentiment que l'humanité ressemble à un tissu qui se déchire, au fur et à mesure qu'il est ravaudé ailleurs.

**L'autorité des médias n'existe pas en soi.
C'est le public qui la légitime[6]**

Historiquement, la radio puis la télévision sont des facteurs indéniables de démocratie. Elles ont donné de la visibilité au pouvoir avant, dans un second temps, de contribuer à le désacraliser. Cette évolution a contribué à faire « grandir » la démocratie. L'autorité tend désormais à basculer dangereusement du côté des médias qui tiennent les hommes politiques dans leur main. Or, en démocratie, il n'existe que trois pouvoirs : l'exécutif, le législatif et le judiciaire. Il faut lutter contre l'illusion du « quatrième pouvoir ». Les médias constituent un contre-pouvoir qui informe, enquête et critique, c'est déjà beaucoup. L'autorité politique – et ceci est valable aussi pour les pouvoirs scientifique ou religieux – doit reconquérir son autonomie par rapport aux médias. N'oublions pas que le politique, c'est la paix et la guerre. Et qu'en démocratie, il est extraordinairement difficile de se faire élire, et encore plus d'agir dans des sociétés bureaucratisées et confrontées aux contraintes de la mondialisation. Les médias, eux, ne sont ni élus ni confrontés à l'action. Leur fonction d'information et de critique est fondamentale, mais il faut savoir jusqu'où ne pas aller trop loin... Ce n'est pas eux qui ont la redoutable tâche d'agir. Dans une société démocratique dotée d'un espace public ouvert, les médias – généralistes en particulier – doivent faciliter l'accès à tous les sujets de société, expliquer d'une manière la plus simple possible des problèmes de plus en plus compliqués. Ils doivent refléter l'hétérogénéité de la société. Ce qui est loin d'être le cas. La vigilance et la critique font certes partie de leur mission, mais ils doivent aussi faire comprendre la difficulté de l'action politique. Si les journalistes n'assument pas ce rôle, ils risquent fort, avec les hommes politiques, de voir leur légitimité, leur autorité affaiblies. Et dans une démocratie, si les uns et les autres sont décrédibilisés, on peut craindre une dérive régressive.

Plus il y a d'informations et plus il y a de médias, plus le public développe un esprit critique qui, du coup, a désacralisé la classe dirigeante. Et aussi les médias. Ceux-ci n'ont pas été investis de l'autorité qui s'est désinvestie du pouvoir politique. On sous-estime toujours l'intelligence critique des publics. D'une manière générale, d'ailleurs, la notion d'autorité ne s'impose plus naturellement, elle se négocie. Nous recevons des images, des sons, des données que l'on « accepte » ou que l'on n'« accepte » pas, que l'on revisite, que l'on oublie... Donc, on négocie. Et on négocie d'autant plus qu'il y a aujourd'hui beaucoup plus d'informations qu'hier. On constate que les spectateurs ont souvent une distance ironique insoupçonnée. Lire, écouter, regarder, ne veut pas dire adhérer !

C'est le rôle et la grandeur des médias d'accompagner cette ouverture de la société et de résister à la démagogie, ou à la facilité. L'échec des médias à gérer ce double processus, serait aussi celui de la démocratie. Les médias sont les passeurs entre les différentes composantes de la société en évitant l'écueil de l'élitisme, du populisme et de leur narcissisme.

6. *Enjeux-Les Échos* (l'Autorité), mars 2006, propos recueillis par Claude Vincent et Valérie Delarce.

# *CNN, vingt-quatre heures sur vingt-quatre d'information, montrer l'événement immédiat*[7]

Le 1er juin à Atlanta est née la première télévision entièrement consacrée à l'information vingt-quatre heures sur vingt-quatre : Cable News Network ! Ce projet réalise un rêve aussi vieux que la télévision elle-même : pouvoir annoncer et montrer l'événement à l'instant où il se produit sans retard ni limites d'horaires. Avoir la souplesse de la radio mais avec l'image en plus, et sortir des contraintes actuelles qui réduisent, faute de temps, l'information à quelques gros titres. Mais cela semblait impossible jusqu'à présent. Faire de l'information télévisée coûte cher, et celle que fournissent les *networks* paraît suffisante. Alors, une folie, Cable News Network ? Pas si sûr. L'entreprise est risquée, mais elle peut réussir. C'est au cours de la recherche menée avec Antenne 2 sur l'« avenir de la télévision » que nous avons vu se préparer cette expérience rendue possible par l'explosion de la télévision par câble et l'utilisation des satellites.

Il y a aux États-Unis seize millions d'abonnés au câble, soit 20 % des quatre-vingts millions de foyers qui possèdent la télévision. Le pourcentage devrait atteindre 40 % en 1985. Cette audience permet aujourd'hui une programmation exclusivement réservée au public du câble. Quant aux satellites, ils apportent la possibilité d'une diffusion à l'échelon national. Le programmateur envoie ses émissions sur le satellite et celles-ci sont reprises par l'opérateur de câble local qui les diffuse sur son réseau. Les programmes sont financés soit directement par l'abonné, et c'est la « télévision payante », soit par la publicité.

C'est ainsi que sont nées des chaînes entièrement consacrées au cinéma, au sport, à la religion, aux minorités linguistiques, aux enfants, etc. Avec Cable News Network, la télévision par câble s'attaque au dernier grand domaine où elle ne s'était pas encore aventurée, faute de moyens : l'information.

L'idée est née dans la tête d'un homme d'affaires d'Atlanta, Ted Turner, et elle est mise en œuvre par un journaliste, Reese Schonfeld, directeur de CNN. Turner est le prototype de l'entrepreneur américain qui prend des risques dans des créneaux jugés aléatoires par les grandes entreprises. C'est un pionnier de la liaison entre câble et satellite. Propriétaire d'une station de télévision d'Atlanta, WTBS, Turner eut l'idée d'envoyer ses programmes sur le satellite en 1976 créant ainsi la première « superstation », c'est-à-dire une station locale hertzienne, reprise sur tout le territoire du pays par le câble. Aujourd'hui, sept millions d'abonnés au câble peuvent capter WBTS. Un peu comme si FR3 Limoges se mettait à faire de la concurrence à TF1 et Antenne 2 !

Reese Schonfeld a la lourde charge de monter l'entreprise. Nous l'avons rencontré à plusieurs reprises à Atlanta. D'une voix posée, il explique les

7. *Le Monde*, 8 juin 1980, (avec J.-L. Missika).

difficultés et les enjeux de l'expérience. Tout cela n'a été décidé qu'en mai 1979. En un an, il a fallu évaluer le marché, concevoir les équipements adaptés à un service d'information continu, fabriquer une grille de programmes et engager les journalistes et les techniciens !

Pour les programmes, ce qui est visé, bien sûr, c'est une information au sens large. Reportages, interviews, débats, magazines spécialisés, sports, entrecoupés toutes les dix minutes de flashs d'information. Les émissions s'adressent à des publics différents suivant les tranches horaires. Une large place est faite à l'économie et aux finances, à la médecine, à la science et au consumérisme. Pour les commentaires, CNN a fait appel à des responsabilités connues, comme, par exemple, William Simon, l'ancien secrétaire au Trésor sur les finances, ou Ralph Nader, sur la consommation.

## PAR SATELLITE

L'équipe de rédaction est composée de trois cents journalistes répartis entre Atlanta et six bureaux dans les principales villes américaines, deux bureaux en Europe (Londres et Rome) et un bureau à Pékin, partagé avec la télévision canadienne. Les liaisons entre les bureaux et la station se font par satellite. Certains journalistes ont été recrutés à la sortie de l'école, d'autres, expérimentés et réputés, ont été débauchés au prix fort, notamment auprès des *networks*. Parmi ces derniers, Daniel Schorr, ancien grand reporter de la CBS, explique pourquoi il a choisi de tenter l'expérience : « Dans une chaîne traditionnelle, les décisions sur l'information sont prises par des gens qui ne sont pas journalistes. Nous avons dû, par exemple, négocier longuement la couverture en direct des audiences du Congrès sur le Watergate auprès de responsables qui n'en voyaient pas l'intérêt et qui avaient peur de perdre de l'argent. Avec CNN, les critères de choix seront strictement professionnels. »

Comment peut-on techniquement produire une information permanente ? La réponse se trouve à Atlanta dans les locaux de CNN, où règne une atmosphère fébrile et enthousiaste. C'est là que l'on prend conscience que le pari peut réussir. Une maison coloniale un peu à l'écart de la ville est bordée d'un jardin surréaliste, où fleurissent six coupelles géantes de réception de satellites. À l'intérieur, tous les services sont regroupés dans une immense salle, lieu unique de production et de diffusion de l'information.

Les téléspectateurs voient donc, derrière ou à côté des présentateurs, l'information en train de se faire : les bureaux des journalistes, la régie qui est au cœur du dispositif, les salles de montage, etc. Il s'agit d'un système intégré, géré par ordinateur, le plus avancé techniquement actuellement aux États-Unis qui souffre de l'inconvénient classique des systèmes complexes, la fragilité. L'ordinateur semble en effet tomber assez souvent en panne, mais les journalistes et les techniciens ne désespèrent pas de maîtriser et d'utiliser à plein cet équipement exceptionnel.

L'investissement initial pour l'équipement de la station a représenté trente-cinq millions de dollars, et le budget annuel de fonctionnement s'élèvera les premières années à vingt-cinq millions de dollars. On est encore loin des cent à cent cinquante millions de dollars consacrés annuellement à l'information des temps de programme de quatre heures par jour. Les responsables de CNN admettent qu'ils ne pourront être compétitifs que lorsque leur budget annuel atteindra les cent millions de dollars, et ils considèrent que les trois premières années seront nécessairement déficitaires.

UN SERVICE

Le service est gratuit pour l'abonné ! Le financement est assuré par la publicité et par un droit d'accès de 15 à 20 % par abonné, par mois, payé par l'opérateur de câble. Pour le moment, deux millions et demi d'abonnés ont accès à la chaîne. La capacité à trouver de la publicité a été un test de la viabilité de l'entreprise. D'autant que la dimension nationale de CNN impliquait l'engagement de grandes marques, au détriment probable des *networks.* En franchissant le pas, les laboratoires Bristol-Myers, le groupe de presse Time-Life et la chaîne de magasins Sears ont montré qu'ils croyaient à l'entreprise, ou en tout cas qu'ils prenaient au sérieux le câble et son avenir. En fait, CNN est la première expérience importante d'une chaîne nationale de télévision par câble financée en partie par de la publicité, mais dans des proportions beaucoup plus faibles que les chaînes commerciales puisqu'il n'y a que six à huit minutes de publicité par heure.

L'enjeu de CNN est donc la rentabilité économique du câble. Celui-ci sort de vingt ans d'artisanat pour devenir un marché considérable dont le prix auquel se vendent actuellement les systèmes de câble et la compétition pour acquérir les droits de franchise pour câbler une ville sont des exemples supplémentaires.

Quant à l'écoute quotidienne, les promoteurs savent qu'elle sera épisodique. Ils présentent CNN comme un service continu proposé au téléspectateur qui pourra s'y reporter plusieurs fois par jour, au gré de sa curiosité, de son emploi du temps, et parfois pour quelques minutes seulement. Le slogan de CNN est : *News now*, l'information tout de suite. Comme le souligne Reese Schonfeld, les idées de choix et de liberté sont un peu les principes de base de l'expérience.

Les risques principaux sont évidemment que les spectateurs ne soient pas curieux d'une information immédiate, que le nombre de souscripteurs n'augmente pas assez vite pour que les annonceurs y voient un marché suffisant et que la qualité des programmes ne soit pas assez bonne pour soutenir la concurrence des *networks*, qui ont pour eux l'expérience, l'argent et un volume d'information plus restreint à fournir. L'espoir est que CNN devienne le point de départ d'une nouvelle étape de la télévision et le symbole d'une industrie du câble devenue adulte. Il manquait au câble, pour acquérir ses lettres de noblesse, un réseau d'information. CNN le lui fournit, apportant ainsi le dernier maillon nécessaire à la constitution d'une véritable « télévision alternative », qui annonce une diversification réelle du marché de la télévision. Cela ne menace nullement les trois grandes chaînes commerciales (ABC, CBS, et NBC), dont la puissance financière, les ressources publicitaires, le nombre et la diversité des programmes constituent, et pour encore longtemps, la structure de base de la télévision américaine. Simplement, ils ne seront plus seuls, et la concurrence sera plus vive entre eux et les différentes chaînes nationales spécialisées.

Si beaucoup croient pour l'avenir à une expérience du type de Cable News Network, certains craignent qu'elle ne soit prématurée, et financièrement difficile. Le marché tranchera. En tout cas, l'entreprise fascine les hommes de presse et de télévision, suscitant des réactions passionnées qui montrent bien que les enjeux vont au-delà d'une simple opération technique et financière. Cette expérience est en effet étonnante à deux points de vue. D'abord, elle pousse à son extrême un changement technique du point de vue de son utilisation, c'est-à-dire du programme. Ensuite, elle exprime une croyance dans l'information, dans sa diversification et dans la demande qui en sera faite par un spectateur pris aux sérieux, et dont on ne doute pas ici qu'il saura choisir librement ce qu'il veut, quand il le veut.

---

## *La Sept, ligne Maginot de la culture*[8]

Toute la question est de savoir si la création de La Sept est la bonne réponse au problème de fond qui est d'assurer une meilleure place à la culture dans un vaste espace de communication. Il me semble que non, pour trois raisons.

La première est le risque de créer un ghetto culturel dont le résultat serait exactement inverse de celui qui est souhaité. Ce ghetto donnerait bonne conscience au monde de la communication en lui retirant toute obligation de programmes à caractère culturel, la chaîne spécialisée servant d'alibi... et de repoussoir : inutile de s'occuper de culture puisqu'il y a une télévision spécialisée pour cela ! Le risque est l'apartheid, avec son complément, la perte d'audience et une production télévisuelle qui se referme sur elle-même, c'est-à-dire sur son propre public, et incapable d'élargir son audience.

Comment croire qu'une télévision réservée à la culture et aux intellectuels suffira à faire venir le public, ni même d'ailleurs le public cultivé ?

La télévision culturelle « ghetto » nie également la spécificité de la télévision, qui est la nature de l'image et le rapport au public. La force de la télévision reste l'image, c'est-à-dire un spectacle à destination d'un public vaste, anonyme, qui regarde la plupart du temps les émissions gratuitement, à domicile, pour se distraire. Si l'image de télévision est propice aux émotions, au spectacle, elle l'est moins aux idées. Celles-ci y passent mal, en tout cas de manière plus simplifiée que dans l'expression orale ou écrite. L'image de télévision impose un style et une écriture qui ne conviennent pas à toutes les productions culturelles ou qui imposent des contraintes interdisant de voir dans la télévision un simple outil de « communication » susceptible de s'adapter à tous les contenus.

8. *Le Monde,* 11 juillet 1989.

La seconde spécificité de la télévision est d'être d'abord un médium de masse qui s'adresse au grand public, même si ce sont des publics qui regardent. Sa force est de s'adresser à tous, laissant à chacun la liberté de regarder ce qu'il veut, quand il veut. Dans cette rencontre en bonne partie imprévue entre une offre de programme, une demande et ce qui est finalement regardé résident la liberté qu'offre la télévision, et son caractère émancipateur.

Les chaînes spécialisées, aujourd'hui à la mode, permettent évidemment de mieux cibler les publics, mais avec l'inconvénient complémentaire de réduire cette part d'offre générale qui constitue une bonne part de l'accès à la télévision par l'intermédiaire du zapping ou du simple hasard. Cet accès « par hasard » est très utile, notamment pour les programmes culturels, car seule une petite partie des téléspectateurs les regarde délibérément.

*La troisième* raison peu favorable au concept de télévision culturelle concerne la question de fond, posée depuis cinquante ans, des rapports entre culture d'élite et culture de masse. Celle-ci s'est largement développée avec l'élévation du niveau de vie et des connaissances, et a incontestablement trouvé, dans la télévision, son miroir, mais aussi, on l'oublie trop souvent, un moyen de promotion pour la plus grande partie de la population. Reste la culture d'« élite », marginalisée et dont l'avenir est lié à la capacité de créer un autre rapport de force. Il n'est pas certain que la chaîne culturelle soit le meilleur moyen d'y arriver, car elle donne le sentiment illusoire d'être la solution à ce problème. Il ne suffit pas de mettre beaucoup de culture dans une chaîne de télévision pour que culture et médias soient réconciliés.

Supposer que la « télévision culturelle » puisse faire le lien entre les deux cultures, ou même être la télévision de la culture, conduit à un double contresens. Le premier est de croire que la télévision est un lieu de culture au même titre que les autres expressions culturelles. Elle l'est incontestablement, mais dans le cadre de la culture de masse, qui n'est justement pas celle qu'il s'agit d'aider à vivre. Le deuxième est de croire qu'en facilitant l'accès à la culture, la télévision réduit la distance qui sépare toujours l'accès et le contenu.

---

## *Arte : débattre bien sûr, enfin*[9]*...*

L'article de Patrick Démerin – paru dans le numéro de la revue *Le Débat* (n° 120, mai-août 2002) et intitulé : « Arte vache sacrée des Français, vache à lait des Allemands, vache folle européenne ? » – a l'avantage de « relancer » un débat qui, en réalité, a du mal à s'établir, tant Arte fait l'objet d'un consensus flamboyant en Allemagne et en France, pour des raisons différentes, mais qui finalement se complètent, depuis plus de dix ans. Dans un secteur, la télévision, et surtout la télévision publique ou par ailleurs tout est critiqué,

9. *Le Monde*, 6 décembre 2002.

débattu, et suspecté, le consensus entourant Arte est troublant. Il renvoie en réalité, en France, à la puissance du lobby « intellectuel » dans la culture, et à la manière dont il a imposé sa vision de la télévision.

J'ai été violemment critiqué il y a douze ans, au moment de la création d'Arte, quand j'ai mis en cause le postulat de base de la chaîne thématique, conçue et présentée comme le moyen de « sauver la culture, menacée par la télévision ». Je disais que *cette chaîne thématique risquait en réalité de se transformer en ghetto culturel pour une élite qui disposait, par ailleurs, de tous les moyens culturels à sa disposition.* Elle risquait même de servir de caution, de privilégier encore plus les privilégiés et de ne pas faire avancer la réflexion sur les rapports entre culture et télévision. Arte, au lieu d'ouvrir un débat sur cette question risquait au contraire de conforter l'élite culturelle dans sa méfiance à l'égard de la télévision, son refus de penser les rapports entre culture et médias de masse, et dans la bonne conscience liée au fait d'avoir obtenu « sa télévision ». Les élites, en général à « gauche », et favorables au « peuple » et à la « démocratisation de la culture », préféraient déserter le terrain de l'action à mener pour améliorer la télévision généraliste, comme l'avaient fait les pionniers dix à trente ans plus tôt, afin de se réfugier dans le confort des télévisions thématiques réservées aux milieux cultivés.

J'ai pris une position de bon sens, confirmée par les faits et notamment par l'article de Patrick Démerin qui travailla à Arte, qui fut largement critiqué à l'époque par mes collègues et la plus grande partie de ce qu'on appelle l'« élite cultivée ». On me reprocha lourdement, régulièrement, cette mise en garde que je faisais sur Arte, notamment sur le contresens que représentait cette chaîne thématique par rapport à l'objectif affiché « de sauver et démocratiser la culture à la télévision ». J'étais traître à la cause. Quand je proposais, notamment, que cette chaîne culturelle destinée à une élite ciblée puisse être payante, on me traitait d'« élitiste »... Alors qu'à la même époque, cette même élite n'hésitait pas à s'abonner à Canal+ et, plus tard, au câble...

Aujourd'hui encore, les faits sont têtus et confirment les intuitions de l'époque. C'est toujours la même langue de bois sur Arte, considérée par l'élite comme une « réussite exceptionnelle », alors même que son audience, en France, n'a guère progressé, passant de 2,2 % de part d'audience à la création à 3 % dix ans plus tard (pour 0,7 % en Allemagne). Non seulement le discours reste dithyrambique mais les thuriféraires continuent de s'abriter derrière elle pour ne pas réfléchir au statut des médias de masse, des nouvelles techniques de communication, et pour répéter qu'Arte a sauvé la culture à la télévision.

Les élites ne parlent que d'Arte, mais ne la regardent pas beaucoup, et de plus en plus, en privé, admettent qu'il faudrait en parler... Mais rien n'est dit en public. Pourtant personne ne parle de supprimer Arte, ni moi d'ailleurs, mais au moins d'en faire un bilan pour voir comment mieux atteindre certains objectifs et en trouver d'autres. *Pourquoi tout peut-il être critiqué, débattu, sauf Arte ?* C'est en cela que l'article de Démerin est salutaire. Il en faudrait d'autres, pour ouvrir enfin, une discussion sur cette question essentielle des rapports entre télévision généraliste et thématique, culture et télévision ; culture d'élites et autres formes de culture de masse et démocratie de masse, enjeux politiques européens et mondiaux des industries culturelles.

*Le problème aujourd'hui n'est pas d'être pour ou contre Arte, mais de réfléchir compte tenu de cette expérience, au fait de savoir quoi faire d'Arte.* Que faire pour que l'Europe, seule région du monde (en dehors du Canada et du Japon) où existe une certaine ambition de service public, puisse utiliser cette expérience dans le cadre des défis politiques liés à la mondialisation des industries culturelles.

Les enjeux ne sont plus exactement les mêmes qu'il y a quinze ans, et c'est à cela qu'il faut s'attacher et réfléchir, pour savoir ce que peut apporter la « Nouvelle Arte ». Les limites sont aujourd'hui connues ; le ghetto culturel ; l'incapacité à avoir stimulé les médias généralistes ; l'impossibilité à avoir élargi l'audience ; l'absence de confrontations entre les visions de la culture en Allemagne et en France ; la difficulté à élargir les conceptions de la culture ; la défense trop étroite de la « culture-cultivée » ; l'absence de réflexion sur la spécificité des médias télévisés dans leur rapport au fait culturel...

À côté de ces aspects négatifs il y a bien sûr des *aspects positifs*. Avoir sensibilisé des spectateurs de tous milieux à la « culture-cultivée ». Avoir fait travailler des auteurs, réalisateurs, producteurs qui n'auraient pas pu le faire avec les autres chaînes publiques, et *a fortiori* privées. Offrir aux publics des émissions, documentaires qui permettent de faire néanmoins la différence avec d'autres chaînes, satisfaire ainsi des demandes, ouvrir des curiosités. Enfin servir, parfois, de poil à gratter pour le système audiovisuel et rappeler qu'il faut toujours y avoir une autre ambition pour la télévision. Cela étant dit, le conformisme qui entoure Arte ne sert pas cette chaîne, ni la réflexion sur les rapports entre culture et communication.

Finalement, ceux qui, depuis quinze ans, tenaient le monopole du discours conventionnel sur Arte n'ont pas vu venir les changements qu'affronte le monde de la télévision et de la communication. Ils pensaient défendre la culture patrimoniale par rapport au maelström de la communication, ils découvrent aujourd'hui que tout est remis en cause par la vitesse de la mondialisation des industries culturelles. Il y a quinze ans, Arte n'existait pas, ni la bulle spéculative, ni la concentration, au niveau mondial, des cinq plus grosses entreprises qui s'avèrent être des entreprises de la communication. Ce changement radical de contexte n'invalide absolument pas l'utilité de la télévision, ni l'importance des questions posées par les rapports entre culture et télévision.

Que dit Patrick Démerin ? Qu'en 1988, 1989, la naissance d'Arte fut entourée d'un grand espoir. Le projet de rapprocher deux cultures paraissait révolutionnaire. Hélas, la coopération fut toujours difficile et se termina finalement par une cohabitation polie, où pour des raisons différentes, les deux partenaires favorisent la poursuite du projet sans plus de coopération réelle. Les points de vue et les intérêts n'étaient pas les mêmes, et les structures politique, administrative et culturelle ne permirent pas d'aller plus loin dans l'interprétation du projet. Pour des raisons financières et institutionnelles, les Allemands tenaient à ce projet, tandis que du côté français, un mélange de technocratie et de conception de la culture était la valeur dominante. Il n'y a jamais eu de débats publics sur ces difficultés, dont après tout, un certain nombre d'entre elles étaient inévitables et concernent tout défi interculturel. L'hétérogénéité et la simple juxtaposition l'ont emporté, sans débats. Et pourtant entre la conception d'une culture-patrimoine française et d'une culture-formation (*Bildung*) allemande, il y avait matière à réflexion pour tous. Chacun a fabriqué et regardé ses programmes. Au-delà des enjeux institutionnels classiques, *une bonne partie des problèmes révélés par Arte pouvait avoir une vertu pédagogique* pour l'ensemble de l'Europe. Quelques émissions phares, comme les soirées Thema ont servi de caution pour justifier la grille. En tout cas l'audience ne fut jamais au rendez-vous. Et si le public dans la durée, à quelques exceptions près, ne regardait pas ces excellents programmes, il fallait admettre soit qu'il y avait un échec, soit que le public avait tort. On préfère la seconde solution. La vraie question reste pourquoi si peu de débats d'enquêtes sur Arte, sa réussite, ses échecs depuis dix ans ?

*Je l'ai souvent dit, Arte est le révélateur de quatre problèmes de fond.*

Premièrement, l'absence de réflexion, de connaissances, et de culture, des élites à l'égard de la télévision, et plus généralement des médias de masse. Le stéréotype de départ selon lequel la télévision est finalement un facteur d'appauvrissement culturel est devenu une « loi », pourtant infirmée par les faits, car des millions d'individus ont vu leur univers culturel élargi, en deux générations, par la radio et la télévision. Quelles que soient, par ailleurs, les critiques que l'on puisse faire aux médias de masse.

Deuxièmement, le statut privilégié en France d'un certain lobby « intellectuello-culturel » qui a transcendé le conflit gauche-droite a évité que le bilan d'Arte soit discuté. Le consensus servait d'argumentation. Mais c'est l'idée d'un combat « fondamental » d'avant-garde « pour sauver la culture », qui l'emportait sur toute autre dimension. Même ici cela conduisait à ce que j'ai appelé l'« apartheid distingué », et au fait que cette population, déjà la plus privilégiée dans son rapport à la culture, se trouvait confortée dans son statut tout en ne cessant de parler de la nécessité de « démocratiser l'accès à la culture ». Une OPA du monde de la culture, sur ce que « doit être la culture », eut lieu. Et personne, surtout en France, ni les hommes politiques, ni les journalistes, ni le reste du monde académique, universitaire, et scientifique, n'a osé, à quelques exceptions près, s'opposer à cette OPA.

Troisièmement, la force de ce couple, très français, technocrate-homme de culture. Il est lié au fait que depuis longtemps, et surtout depuis les années 1960, la politique de l'État dans le domaine de la culture et de la communication s'accompagne de l'existence d'un milieu souvent très compétent, mais qui constitue aussi un groupe de pression. D'une certaine manière, par ses responsabilités, son expérience, ses réseaux, ce milieu est devenu progressivement le détenteur du discours légal sur la culture, et parfois la communication. Des livres ont expliqué l'intérêt, mais aussi la dérive de cette spécificité française qui se trouve être au cœur du fonctionnement d'Arte. *On a souvent dénoncé le corporatisme du monde de la télévision, mais celui des élites technocrato-culturelles en est un autre, finalement plus puissant.*

L'enjeu, pour l'avenir, est de garder le meilleur de cette tradition, tout en obligeant ce tout petit milieu à s'ouvrir à d'autres milieux et préoccupations. Le pire serait que ce milieu prompt à défendre une certaine conception de la culture et de la communication, en arrive à en être la caricature, laissant ainsi la place à tous les commerciaux de la culture et de la communication. Ceux-ci ne cessent de dire, avec l'expansion des industries culturelles que le marché est le meilleur régulateur des rapports entre culture et communication. Et que toute régulation publique ou référence à l'intérêt général n'est qu'une forme d'étatisme dépassé ! Bref la marge est étroite, mais raison de plus pour garder le meilleur d'une ambition culturelle qui essaye de limiter l'emprise croissante de la seule logique du marché.

La quatrième raison de ce silence conformiste sur les forces et faiblesses renvoie en fait à une sorte de malaise à l'égard de la question de la « culture européenne ». Car il ne faut jamais oublier que la culture, dans l'histoire, au-delà du discours optimiste sur le fait qu'« elle rapproche » les hommes, renvoie aussi à une réalité autre : elle a été une des causes essentielles des guerres et des affrontements. Pour la culture (langues, valeurs, représentations, religions, symboles), les hommes sont bien plus prêts à combattre que pour les logiques d'intérêt où des arbitrages sont plus faciles. On a donc laissé le « laboratoire » d'Arte fonctionner, d'autant plus que chacun réalisa rapidement, qu'en lieu et place d'un rapprochement, et d'une coopération accrue, tout cela conduisait, en fait, à une simple cohabitation. Les difficultés rencontrées à deux n'auguraient rien de bon pour un avenir à plusieurs...

Autrement dit, entre les complexes que chacun entretient à l'égard de la culture qui interdisent souvent de dire quelque chose, dans ce domaine ; la puissance du lobby culturel et du milieu technocratico-culturel ; l'absence de culture des élites sur les rapports entre culture et communication ; leur bonne conscience pour la « mission » qui consistait à sauver la culture de l'économie marchande ; le manque de courage des hommes politiques, en France en Allemagne, qui ne voulaient pas d'un conflit supplémentaire avec les élites ; la certitude de la gauche que tout cela allait dans le bon sens ; la frilosité de la droite ; le silence des autres milieux culturels ; le manque de curiosité des journalistes qui se demandaient, à juste titre, pourquoi ils seraient les seuls à poser des questions que beaucoup d'autres auraient pu poser à leur place ; la complicité diplomatique pour que tout cela ne soit pas trop débattu publiquement ; la caution que représentait Arte au plan européen ; bref beaucoup d'éléments étaient en place pour expliquer le silence existant depuis de nombreuses années. Cette époque se termine, du fait de l'élargissement de l'Europe et des enjeux liés à la mondialisation des industries culturelles et de la communication.

Dix thèmes de réflexion sont devant nous. Il convient tout d'abord de *comparer la tolérance répétée à l'égard d'Arte* ; ses conditions financières très favorables ; l'absence de critiques, et par ailleurs, la situation extrêmement difficile d'Euronews. Ici les ressources sont largement insuffisantes, l'intérêt et la légitimité de la chaîne constamment remis en cause, et la survie jamais assurée. Pourtant il s'agit de la seule chaîne d'information européenne, dont les faiblesses sont directement liées à l'absence de financement, et qui est par ailleurs liée au plus grand projet politique démocratique des cinquante dernières années. Légitimité, ressources et caution pour Arte ; doute, faible intérêt et absence de moyens pour Euronews. Comme si la manière de rendre compte des informations européennes, et des multiples conceptions de l'information existant en Europe, ne faisait pas directement partie du projet politique européen. Au moins autant que de faire une chaîne culturelle franco-allemande.

Deuxièmement, *il s'agit de réfléchir davantage aux différentes formes de culture qui existent :* la culture d'élite ; la culture moyenne ; la culture de masse ; les cultures militantes ; la culture grand public ; l'apport des cultures d'outre-mer ; les cultures francophones ; les emprunts mutuels des différentes cultures européennes et des cultures du Proche-Orient et du Moyen-Orient, du Maghreb... Toutes ont des points communs, mais ne sont pas identiques. En tout cas la problématique culturelle est aujourd'hui beaucoup plus large que la culture patrimoniale, et s'ouvre sans cesse sur le monde avec des emprunts inattendus. Si la tradition ne peut être sacrifiée sur l'autel de la modernité, au moins peut-on être sensible à l'heure de la mondialisation au dynamisme culturel existant dans de nombreuses régions du monde.

Troisièmement, *nous devons rouvrir une réflexion sur les rapports entre culture et télévision*. Non seulement toutes les cultures, et toutes les formes culturelles, ne sont pas appropriées à la télévision, mais celle-ci est en général plus adaptée à une sensibilisation culturelle qu'à une pratique culturelle. Sans oublier le fait que la télévision est elle-même créatrice d'une partie de la culture contemporaine.

Quatrièmement, *la nécessité de réexaminer les cultures dans leur rapport à la télévision généraliste et thématique*. Une « chaîne thématique culturelle » ne correspond qu'à une certaine définition de la culture, et laisse hors champ, des activités aujourd'hui non labellisées culturelles mais qui le seront peut-être demain. En tout cas l'opposition ne peut pas être entre des médias généralistes de « bas niveau culturel » et des médias thématiques culturels de « haut niveau ». L'éclatement des formes et des créations culturelles oblige à un élargissement de la définition de la culture, et surtout empêche de mettre systématiquement la culture patrimoniale de l'élite au sommet de la hiérarchie.

Cela conduit, cinquièmement, à *réfléchir au concept même de « chaîne généraliste culturelle »*. Peut-il y avoir une manière culturelle d'aborder le monde ? Comment cela peut-il se traduire pour des médias généralistes ou thématiques ?

Sixièmement, cela oblige à *réexaminer les liens entre Arte et le reste du service public*. Notamment France Télévisions, afin d'éviter l'isolement actuel. Davantage de liens permettraient de spécifier l'originalité d'Arte par rapport aux autres chaînes généralistes ou thématiques du service public. Cela permettrait de confronter plusieurs modèles culturels, de faire circuler les talents, les expériences et les initiatives. Arte conforte, à tort, l'idée d'une unité culturelle, alors même que les différentes chaînes du service public pourraient au contraire montrer les multiples formes de création, et d'expression culturelle existantes.

Septièmement, *il est nécessaire de sortir d'une logique trop institutionnelle de la télévision culturelle et favoriser une logique de communication*. On connaît le risque réel de l'abandon de certains idéaux et de la réduction progressive de la problématique culturelle à la logique des industries culturelles, mais le risque inverse est aussi celui d'un repli de la culture sur une vision trop étroite et élitiste... On n'échappe pas au marché, mais il y a plusieurs manières de compléter et d'utiliser ce qui est à la fois une contrainte, et une chance.

Huitièmement, il est souhaitable *de sortir du dialogue franco-allemand et d'étendre la problématique de la confrontation des modèles culturels à l'ensemble de l'Europe.* Le bilan du dialogue franco-allemand est à faire, et à valoriser. Sans lui, tout élargissement progressif de la perspective à l'ensemble de l'Europe est impossible. Dix ans de coopération sont un atout pour tous. Il faut ensuite innover, en sachant que la diversité linguistique est une difficulté, mais finalement un atout fondamental pour l'Europe, car elle permet de poser un des problèmes majeurs de l'avenir, celui du respect de la diversité culturelle.

Neuvièmement, *la problématique du rapport entre culture et télévision, marché et service public,* peut être étendue à d'autres aires culturelles. Ici l'Europe est pionnière, notamment compte tenu de sa tradition de service public. Elle peut, à l'étranger, coopérer avec Radio Canada et la NHK au Japon qui sont aussi de grandes télévisions de service public sensibilisées depuis toujours à une problématique culturelle. L'Europe, par l'importance de sa propre diversité culturelle, ses racines culturelles mondiales, son patrimoine du service public et sa richesse économique peut aider d'autres pays, grands ou petits à aborder cette question qui sera, de toute façon, centrale dans l'avenir des rapports entre culture, communication et société. Les enjeux culturels sont trop importants pour être laissés aux seules industries.

Dixièmement, *le lien doit être fait entre la télévision et les nouvelles techniques de communication,* ne serait-ce que pour éviter de ranger les médias de masse dans la « logique du passé ». Avec plus de trois milliards et demi de postes de télévision et quatre milliards et demi de postes de radio pour à peine un milliard d'internautes, les chiffres permettent de comprendre le rôle pionnier que joueront longtemps les médias de masse, pour l'information, la culture, l'identité nationale et le lien social. L'Europe peut contribuer à ouvrir ce débat en relativisant la fuite en avant vers les nouvelles technologies. Un lien est ainsi à établir avec la jeunesse, pas seulement en Europe, afin d'introduire dans la culture patrimoniale actuelle toutes les autres formes d'innovations culturelles. Si transmettre le patrimoine culturel est un impératif, le nourrir aussi d'une partie des innovations liées à la mondialisation, et de l'ouverture des frontières est aussi un impératif culturel.

La modernité culturelle, sans racines, s'épuise dans les marchés, et les modes, et à l'inverse la tradition culturelle, stimulée par les différentes formes de création contemporaine, permet de montrer l'extraordinaire capital que représente la tradition culturelle. Face à la question des rapports entre culture et communication, l'Europe, malgré son extrême diversité culturelle bénéficie d'un atout de par sa richesse économique, sociale et culturelle et contribue à poser cette question de la *cohabitation culturelle,* qui sera un des grands enjeux politiques du XXI^e^ siècle.

Avec le thème des industries culturelles mondiales, l'enjeu des identités et de la diversité culturelle, on est apparemment loin d'Arte et de son bilan. Pas tellement pourtant. Car Arte permet de relier son expérience à ces questions, fondamentales, pour l'avenir. *Plus le monde sera un village sur le plan des techniques, plus les diversités culturelles prendront de place. Plus les distances physiques disparaîtront, plus les distances culturelles s'imposeront.* Et face à cet enjeu, toutes les expériences, et elles sont peu nombreuses au niveau mondial, sont importantes.

Une chose est certaine : le triangle identité-culture-communication devient explosif. Défendre des valeurs d'intérêt général, débattre des logiques contradictoires inhérentes à ce triangle ne peut qu'être utile. Une autre certitude : l'entremêlement constant de logiques d'intérêt et de valeur, à propos de la culture et de la communication, à l'heure de la mondialisation oblige à penser les deux ensemble. Ceci pour préserver une certaine approche normative, au moment où les logiques d'intérêts prennent tant de place.

Bref, Arte et avec elle toutes les expériences publiques, mais aussi privées de télévision ne sont pas de trop, pour penser les défis économiques et politiques de demain, à propos de la culture et de la communication. L'enjeu est simple : *arrivera-t-on à préserver une logique de valeur dans ce qui est en train de devenir un des secteurs économiques les plus lucratifs du XXIe siècle ?* Ou bien les valeurs fondamentales, d'intérêt général, de culture, de service public se dissoudront-elles dans une apparente modernité technique et commerciale ? Les pionniers de la télévision, dans les années 1950, avaient placé haut les exigences politiques et culturelles, cinquante ans après, dans un contexte d'abondance, ces ambitions n'ont pas changé d'importance, au contraire.

---

## *Le service public, au-delà des vertiges de la technique et des marchés*[10]

Quelle est la part du secteur public dans l'industrie de l'audiovisuel européen ? Question très intéressante car l'Europe est la région du monde où les télévisions publiques sont les plus nombreuses. C'est en Europe que le concept de secteur public a été inventé, objet de nombreuses luttes dans l'économie, la santé, l'éducation, les transports, l'audiovisuel. Et la radio dans les années 1920, avant la télévision dans les années 1950, a le plus souvent été organisée sur ce mode. Autant pour des raisons d'intérêt général que de contrôle politique. Pendant un certain temps, « médias du secteur public » était synonyme de « médias contrôlés » par le pouvoir politique. Dans les entreprises, journalistes, animateurs, réalisateurs, producteurs, responsables ont toutefois longtemps défendu un autre idéal, et cela explique l'existence de la télévision publique européenne ainsi que celle du Japon et du Canada qui sont les deux plus grands pays où la télévision publique joue un rôle important. Elle ne le jouera jamais aux États-Unis, paradis des industries culturelles, où les médias y sont à une écrasante majorité privés.

La privatisation de la radio en Europe à partir des années 1960, puis de la télévision dans les années 1980 a changé la donne. D'abord la concur-

10. *Rapport pour l'Union européenne de radiodiffusion*, mai 2006.

rence entre les deux secteurs s'est installée, au point qu'aujourd'hui, selon les pays, le pourcentage entre privé et public varie entre 60 et 80 %. C'est dire si le secteur public est devenu minoritaire. Mais dans le même temps, après vingt ans de flottement, on assiste pour l'audiovisuel, mais aussi progressivement pour toutes les autres grandes fonctions collectives de nos sociétés (éducation, santé, recherche, etc.) à un regain d'intérêt pour le secteur public. *Dans un monde déréglé, l'Europe est la seule partie du monde où l'économie du secteur public, et pas seulement dans l'audiovisuel*, joue un rôle. Et dans le même temps, grâce à l'évolution des esprits, les médias publics sont devenus de moins en moins contrôlés par le pouvoir politique. Et si le pouvoir politique exerce inévitablement des pressions sur le secteur public audiovisuel, ce n'est pas dans un pourcentage différent de celui qu'il exerce sur la presse écrite et l'audiovisuel privé. Sans parler des pressions politiques s'exerçant sur le secteur privé...

En trente ans, le concept de secteur public est finalement sauvé en Europe, même s'il est aujourd'hui minoritaire. Il est de plus en plus identifié à un enjeu d'avenir, et non du passé. En trente ans, les limites du secteur privé sont apparues. Les contraintes de rentabilité obérant les programmes, les genres, les styles. Après trente ans d'idéologie libérale et de dérégulation, on constate en Europe, un regain d'intérêt pour la problématique politique, culturelle du secteur public.

L'économie du secteur public n'est-elle pas une condition substantielle de l'économie de l'audiovisuel en général ? Autrement dit, les systèmes de communication largement privés dominant le marché de l'audiovisuel dépendent beaucoup, pour leur expansion, de l'argent public. Il s'agit d'une économie largement privée, mais néanmoins largement « structurée » par l'argent public. On ne le souligne pas assez, même si c'est difficile à mesurer.

### UNE RÉPONSE EMPIRIQUE DIFFICILE À FOURNIR

Trois raisons apparaissent pour comprendre cette difficulté à quantifier l'économie de l'audiovisuel public dans l'économie générale européenne du secteur.

D'abord, c'est un secteur sans traçabilité. Il y a évidemment celle liée au budget de l'État, mais ensuite l'autonomie des entreprises, dans un contexte concurrentiel, mélange les ressources et les logiques. Peu de données quantitatives en dehors des grands agrégats. Le marché n'est pas assez structuré et les porteurs de l'argent public, même s'ils jouent un rôle essentiel, restent sur la défensive.

Ensuite, les modes de calculs sont différents selon les pays. Il n'y a pas d'homogénéité statistique car l'audiovisuel, en dehors du programme Médias en Europe, et des autres programmes de coopération, reste une industrie nationale. Les catégories de programmes ne sont pas non plus exactement les mêmes. C'est en premier lieu sur le sport, parce que c'est l'activité la plus onéreuse et la plus rentable, qu'il y a des chiffres collectés et comparables. Ensuite, c'est l'information. Dès que l'on arrive aux fictions, jeux, variétés, documentaires, magazines, les critères de comparaisons diffèrent.

Enfin, l'absence de données fiables illustre la difficulté du secteur public à se représenter comme un acteur central de l'économie de l'audiovisuel. Entre l'économie administrée d'hier, la loi du marché dérégulée encore balbutiante d'aujourd'hui, le secteur public a du mal, hélas, à valoriser sa légitimité, son style et sa rationalité. Il y a d'ailleurs un paradoxe : *le secteur public « croule » littéralement sous les contraintes, obligations, cahiers des charges administratives, économiques et en parallèle il n'y a pas de vision structurée de son rôle économique.* On est dans une logique, administrative, du contrôle de la dépense, pas de la stratégie industrielle et économique. On y arrivera, mais le contexte actuel illustre à la fois la difficulté du secteur public à devenir un acteur économique comme les autres, et la jeunesse du secteur. Peu de chiffres comparables sur l'Europe, mais aussi à l'exportation. Certes, il existe les marchés audiovisuels, mais il n'y a pas encore d'analyse sérieuse à partir de ces réalités économiques.

En tout cas, l'audiovisuel est un secteur où les coûts sont élevés, les profits, en dehors des niches thématiques, difficiles. L'économie de l'audiovisuel, plus que celle du cinéma, bute sur cette réalité sociologique : en dehors de quelques programmes dont l'échelle économique est mondiale, la plupart, pour des questions de langues, styles, cultures, références… restent nationaux. *La télévision demeure une histoire nationale, chaque marché s'organisant en fonction de ses traditions*. Avec, certes, parallèlement, un marché mondial.

## LE CONTEXTE

Malgré les affrontements idéologiques apparents, il existe une sorte de consensus gauche/droite en Europe sur l'existence du secteur public audiovisuel. Certes, les visions diffèrent, mais ce n'est pas une opposition radicale. C'est important pour l'avenir. L'expansion des marchés de la communication avec l'intégration croissante de télécommunications, d'informatique, d'audiovisuel, ne remet pas en cause structurellement cette acceptation.

On entre dans la troisième séquence de l'audiovisuel. La première en Europe a été largement dominée par le public et le politique (1930-1970). La deuxième est dominée par les attraits du privé (1970-2005). On devine la troisième, où il y aura non seulement un rééquilibrage, mais surtout une acceptation beaucoup plus franche de l'affrontement de deux modèles, car depuis vingt ans, pour résister, les secteurs publics se sont souvent trop calqués sur le style du privé.

L'Europe illustre très bien les trois dimensions de la communication. *La technique, l'économie, la société.* Hier, c'est la dimension sociale qui l'emportait. Depuis vingt ans, on assiste à la pression technique et économique. Demain, il est possible que la problématique d'intérêt général revienne. Notamment pour contester ce double mouvement technique et économique qui vise à segmenter à l'infini les programmes, au nom du libre choix, et surtout de la rentabilité des marchés « individualistes et interactifs ». Au bout de la segmentation, on retrouve la question du lien social. *Qu'est-ce qui fait l'unité culturelle collective d'une société, au-delà de toutes les différences ?* La fin du communisme a, dans un premier temps, favorisé la logique capitaliste, dont on voit maintenant les limites. L'idéologie libérale a vécu. Partout et notamment en Europe revient une problématique d'intérêt général pour la santé, l'éducation y compris pour l'audiovisuel même si le mouvement est moins fort, car pour l'essentiel il s'agit de loisirs où la logique économique semble pertinente.

*L'Europe est le lieu des contradictions concernant les rapports entre culture et économie*. Il y a à la fois l'idéologie libérale et la dérégulation, plus visible au sein de la Commission européenne qu'au Parlement, qui explique l'absence de politique audiovisuelle européenne ; et il y a en même temps la directive de télévision sans frontière qui garantit les productions nationales.

Il y a à fois la concentration incroyable des industries culturelles et de la communication, et en même temps la reconnaissance, le 20 octobre 2005, à l'Unesco à Paris, par tous les États européens, de l'importance de la diversité culturelle. Celle-ci qui oblige à réduire cette concentration des industries, et à préserver la concurrence public/privé. La liste de ces contradictions liées à la culture et à la communication pourrait être allongée.

Curieusement, ce débat n'est pas poussé plus loin, faute de réflexion et de culture théorique autour des médias. Ceux-ci jouent pourtant un rôle essentiel, mais comme les élites les ont toujours, à tort, sous-estimés et sous-valorisés, tout en s'en servant sans vergogne, nous sommes dans une situation où le débat est encore insuffisant. *Le lien par exemple, entre secteur public, médias et démocratie de masse et éducation n'est pas assez pensé, car le secteur public ne sait plus exactement où sont ses marques.* Il résiste à la concurrence sans théoriser son rôle dans un espace ouvert, saturé de messages et de logiques marchandes. La marchandisation de toutes les situations de communication devrait relancer une problématique en faveur du secteur public. Comme celui-ci, dans les secteurs de l'audiovisuel, n'a jamais eu assez de légitimité, en dépit d'un assez fort consensus culturel et politique, on arrive à une situation paradoxale : tout rappelle l'intérêt du secteur public audiovisuel, comme contrepartie de l'économie marchande triomphante dans la communication et cependant celui-ci reste entre deux eaux. Fait défaut ici, le manque de légitimité des médias comme grande cause intellectuelle, sociale, et culturelle, et la méfiance des élites à l'égard d'une télévision qui ne les menace pourtant pas. On assiste au retour en boomerang de cette difficulté, en Europe, à théoriser cette *cohabitation* du public et du privé dans les industries de la communication, alors même que c'est l'endroit où les Européens y sont le plus visibles. Le secteur public est entré dans une logique économique, il sait y naviguer mais il ne sait plus très bien où il est, et ce qu'il doit revendiquer. Le test, peut-être au-delà du marché, va concerner les TIC.

Après vingt-cinq ans d'adaptation à la logique de la concurrence économique et éditoriale, le service public est confronté à deux défis complémentaires. Celui de la « nouvelle économie » liée à la numérisation. Celui de l'individualisation permise par les NTIC. Avec chaque fois la même question : *subsiste-t-il une problématique d'intérêt général, avec sa transcription économique ?*

Il reste aussi un atout politique, culturel et économique : les médias de masse demeurent des acteurs centraux de l'identité nationale. Curieusement, ceux-ci ne revendiquent pas suffisamment ce rôle, pourtant évident, dès que l'on fait des recherches comparatives.

## L'ÉCONOMIE EST FINALEMENT UNE QUESTION POLITIQUE

Le défi n'est en effet ni les NTIC, ni la fragmentation des programmes, ni l'internationalisation de la production, mais la question de savoir si dans ce secteur il y a d'autres valeurs que le marché et les techniques. Débat qui agite depuis plus de vingt ans l'Unesco, et qui devrait s'amplifier avec le vote en faveur de la diversité culturelle.

La première des diversités n'est-elle pas de recommander que les industries culturelles ne soient pas des industries comme les autres ? Un certain nombre de pays, États-Unis en tête, ne partagent pas cette valeur, et veulent au contraire banaliser ce secteur. Nul doute que la transcription de la décision de l'Unesco (cent quarante-six pays sur cent cinquante-six présents avec seulement deux oppositions, États-Unis et Israël) va relancer ce débat : des industries, oui, mais pas complètement comme les autres. *La vraie question pour la communication, mais aussi l'éducation, la santé, l'environnement, autrement dit pour toutes les grandes fonctions collectives, est de savoir s'il y a une ou deux économies.* Derrière l'économie, c'est à la fois les inégalités et le lien social, les fractures Nord-Sud et une mission de solidarité qui sont en jeu. À condition que le service public ait les ressources financières de son action et pour résister à l'augmentation croissante des coûts. À la fois par la production de fictions, d'information, et aussi des magazines et des documentaires. Et au moins autant pour les droits sportifs et de cinéma.

Le risque est que les États ne suivent pas et que le service public n'ait plus les moyens financiers de la concurrence, que le financement se fasse par la redevance, par l'impôt ou la publicité contrôlée. Dans cette bataille inégale, le secteur privé l'emporterait. C'est en cela que l'économie est toujours une question politique. Et en Europe, très rares sont les pays qui apportent au secteur public les moyens d'une production et programmation d'envergure. Le cinéma et le sport peuvent par exemple très rapidement échapper à la télévision publique par leurs coûts. La télévision aurait alors une programmation « limitée ». D'où l'importance des incitations européennes. Avec toujours cette contradiction : des textes qui garantissent l'intérêt général *mais* des mesures économiques et financières insuffisantes pour que le secteur public puisse se battre à armes égales. Deux poids, deux mesures.

De même faudra-t-il inventer des règles *politiques* pour éviter la dérive économique des droits sportifs et du cinéma. Il n'y a pas ici de mécanismes normaux du marché. Oui à l'économie de l'audiovisuel, à condition que le marché soit équilibré. Y compris pour le secteur en extension lié à Internet. Après tout, les pouvoirs publics interviennent bien sur l'économie de l'énergie, de la santé, de l'urbanisme, avec des règles souvent omniprésentes. D'autant qu'au bout de l'économie de l'audiovisuel, il y a des identités culturelles, langagières, qui peuvent devenir explosives. Autrement dit, ce n'est pas parce que pour le moment l'économie audiovisuelle se mondialise, avec la fascination actuelle pour les applications sur les ordinateurs et les téléphones portables, qu'il n'y aura pas demain des réactions fortes d'identités culturelles nationales ou régionales. Ce qui donne toute sa place à l'audiovisuel public.

L'enjeu n'est jamais les techniques ou l'économie, mais le sens que l'on donne à une activité. On a prédit cent fois la fin du cinéma, avec l'apparition des nouvelles techniques, y compris jusqu'à la télévision et Internet, il n'en est rien parce que le cinéma, sur grand écran, représente quelque chose d'autre dans la vie de la cité. Il en est de même pour la télévision ou l'ordinateur. Le moindre des paradoxes, au cas où l'économie publique de l'audiovisuel s'effondrerait, serait que l'économie privée bénéficierait alors de toutes les infrastructures techniques et du savoir-faire, qu'au nom du service public les pays européens ont installés sur leurs sols, ou dans les cieux depuis cinquante ans. Ce qui d'une certaine manière repose la question des inégalités devant l'économie. Si le service public essaye de maintenir une certaine *égalité d'accès*, ce qui est fondamental pour la démocratie et la solidarité, l'économie privée n'entre jamais dans cette logique. Les accès à la culture et à la télévision sont déjà à plusieurs vitesses. Veut-on, sous prétexte de liberté, aller encore plus loin dans les *distances* sociales et culturelles ?

## L'EUROPE, EN AVANCE SUR LE DOSSIER ESSENTIEL DE LA DIVERSITÉ CULTURELLE

*Le vrai enjeu pour l'économie de l'audiovisuel est de savoir si l'Europe choisit la mondialisation ou la diversité culturelle.* L'expansion et la concentration des industries comme pour le pétrole, l'automobile, la sidérurgie... ou la défense des identités culturelles. Elle a choisi, sans trop le dire, la diversité culturelle. Ou plutôt le vote à l'unanimité à l'Unesco l'oblige à renforcer ce choix. Mais tout cela est difficile. Il suffit par exemple de regarder les tiraillements liés à la ratification de la directive consacrée au droit d'auteur sur Internet par les différents pays. L'Europe est en avance au sens où elle doit faire coïncider ces deux logiques : économie et respect de la diversité culturelle, concentration et respect du pluralisme. Toutefois, au lieu de revendiquer cette situation d'avant-garde, c'est-à-dire cette dualité de logique, elle essaye de les concilier, sans trop le dire, même au Parlement européen où la parole est plus libre et les contradictions de logique plus acceptées.

La dualité du financement reflète cette *dualité de logique*. À l'économie de marché pour la dimension capitaliste de ces industries. Au respect de la diversité culturelle avec le service public et le maintien du rôle des industries culturelles. Autrement dit, l'enjeu central pour l'avenir de la diversité culturelle déplace la problématique existant depuis trente ans. Le problème n'est pas de choisir entre public et privé, il est, à l'opposé : *comment garder les deux logiques* comme symbole de cet enjeu politique, supérieur à l'économie qui est de garantir l'exception des industries culturelles comme condition de la diversité culturelle. L'Europe, qui a inventé le concept de service public, devrait revendiquer cette dualité. Et il faudra même, par des structures à inventer, comme les fondations et autres mécanismes, trouver les moyens d'élargir les sources de financement pour garantir la diversité culturelle. Il n'y a pas un seul mode de financement pour satisfaire à deux logiques presque contradictoires. On est là au cœur du problème politique de demain : *garantir la diversité culturelle dans un monde capitaliste.* Ce qui est en cause avec l'audiovisuel, c'est le statut des industries culturelles. Soit l'Europe assure cette dualité, qu'elle assume déjà par l'existence du service public, soit elle ne voit pas cet enjeu, ni sa responsabilité par rapport à d'autres parties du monde, et elle glisse progressivement vers une stricte logique capitaliste, au détriment de l'économie de service public qui ne deviendra bientôt qu'un reste du passé. À terme le défi est le même pour l'éducation, la recherche, la santé… Tous ces secteurs liés à l'intérêt général, sont les conditions premières de la diversité culturelle.

## LE CONTENU DU SERVICE PUBLIC

Le service public n'est pas la trace du passé, mais une des conditions de la diversité de demain. On sort de l'histoire, on regarde vers l'avenir. Et pour changer de visions, de perspectives et d'audition, l'UER (Union européenne de radio-télévision) peut jouer, au-delà de son rôle d'organisateur, un rôle essentiel. Être un des *think tank* de la rénovation et de la réhabilitation du service public. On retrouve à l'opposé des années 1980-2000 avec le triomphe de l'économie et de la dérégulation, la fin du service public et de l'intérêt général, le règne du consommateur « libre » et « créatif », avec les NTIC et l'interactivité. Aujourd'hui domine la problématique symétrique : comment concilier l'individualisation avec l'intérêt général ? Pas de diversité culturelle, enfin reconnue, sans l'existence d'un double secteur.

La prise en compte de la diversité culturelle, de la sauvegarde de la concurrence au plan national, ce double secteur économique atteste du rôle de la télévision, dans « *la société individualiste de masse* », comme je l'appelle depuis plusieurs années, celle où il faut gérer les deux dimensions contradictoires, l'individualisme et le collectif. Au fond, le talent de la télévision est de pouvoir, comme la radio, gérer ces deux échelles complémentaires et contradictoires.

L'enjeu ? *Préserver le statut de la télévision*. Aujourd'hui, tous les pouvoirs publics veillent à préserver celui du cinéma, pourtant industrie totalement privée. Pourquoi n'en va-t-il pas de même pour la télévision ? Autrement dit, dépasser la question technique et celle du statut économique pour veiller à ce qu'il existe une créativité en télévision, comme il en existe une pour le cinéma.

Sauver la télévision publique suppose *cinq choix*. Croire à son rôle dans un univers multimédia. Assurer un financement public suffisant. Rationaliser les coûts. Assurer une bonne gouvernance. Être exigeant sur la capacité inventive et le lien social.

Ce qui suppose : une certaine ambition ; la coupure définitive du lien avec la politique ; le renouvellement des générations ; l'ouverture à la créativité et à la jeunesse.

Pourquoi l'Europe et les rares pays où existe une télévision de service public ne se sont-ils pas empressés d'en protéger le modèle, alors même, on l'a vu, que là où existe la télévision publique, elle bénéficie d'un consensus social et politique ? Pourquoi tant d'argent public pour d'autres activités privées de communication (*cf.* le soutien aux télécommunications et à l'informatique sous toutes ses formes) et si peu d'enthousiasme pour le financement public ? Sans doute, parce que la télévision n'est pas une activité neutre. Comme je l'ai expliqué longuement dans mes livres, chacun y projette ses rêves, ses déceptions, expliquant l'ambiguïté que l'on entretient à ce miroir de nous-mêmes et de la société.

Reste que le problème principal pour la télévision publique n'est pas d'abord financier, mais culturel et politique.

Le contenu du service public ? Il n'a pas changé depuis le début de la télévision : l'information, les documentaires, les magazines, la fiction, les jeux, les sports, c'est-à-dire *tous* les programmes. Éviter que les chaînes thématiques n'offrent sur des marchés rentables et payant la même qualité de programmes que ce qui devrait offrir le service public, mais de manière payante et « saucissonnée ». Question de moyens mais aussi d'ambition. Attention à ce que l'insuffisance de moyens financiers à la télévision publique ne masque aussi le manque d'ambition et de renouvellement des styles.

La télévision ne s'imposera dans un espace concurrentiel, au-delà de la question financière, que par une *différence de style*. Autrement dit, la télévision publique implique une vision de l'économie, de la politique et de la culture. Une sorte de triangle de la différence. À la fois satisfaire la dimension individuelle ; rester attentif à la dimension collective ; maintenir une fenêtre sur la compréhension du monde.

Reste que l'économie publique, dans le secteur des industries culturelles, où elle joue un rôle essentiel, est un symbole. Construire des *outils* permettant de mesurer le rôle de l'argent public dans l'économie de l'audiovisuel serait aussi le test de l'importance accordée à cette dimension *publique* de l'économie de la télévision. Le jour où les pays européens voudront réellement assurer leur rôle dans l'économie de l'audiovisuel, ils feront le travail visant à construire les outils indispensables permettant d'y répondre. Le désordre des chiffres atteste à la fois du caractère encore récent de ce secteur, son côté Far West, la volonté des États de continuer à défendre la télévision publique, mais aussi l'insuffisance de fierté quant au rôle économique, politique et culturel que peut jouer celle-ci.

Il y a soixante ans, au moment de la naissance de la télévision, le choix de la télévision publique était avant tout politique : contrôler un outil dont on craignait les effets. Aujourd'hui la problématique est inverse. C'est au contraire pour lui donner son indépendance politique, mais aussi pour lui donner les moyens d'assurer son rôle, qu'il faut lui donner les moyens financiers de son expansion.

*L'Europe, si elle le souhaite, se trouve à l'avant-garde d'une réflexion et d'une valorisation du service public, comme symbole du renouveau de la question de l'intérêt général. Le retour de balancier après vingt à trente ans caractérisés par l'ivresse technique et la fascination marchande.*

Les missions de ce nouveau service public ? Comme toujours, informer, cultiver, éduquer. Assurer le lien social et l'ouverture sur le monde. Garantir la liberté individuelle et le sentiment d'appartenance dans une société multiculturelle. Expliquer le monde sans abandonner l'importance des racines et de l'histoire. *En un mot, contribuer à ce lien si difficile, mais si indispensable, entre tradition et modernité.*

## Internet et les médias de masse[11]

Il y a trente ans, on disait déjà que les nouvelles technologies (câble, satellite) allaient tuer les médias de masse (presse, radio, télévision). L'offre et la demande se sont effectivement fragmentées, l'audience des médias généralistes s'est tassée, et la consommation des biens culturels s'est individualisée. Je suis néanmoins convaincu que *plus nous aurons de médias segmentant, plus nous aurons besoin de médias généralistes*. Si j'insiste sur leur importance, ce n'est pas pour dénaturer Internet. C'est un outil d'expression exceptionnel. Un déclencheur d'initiatives, de critiques, d'utopies, parfaitement en phase avec « la » grande valeur de nos sociétés : la liberté individuelle. Cependant, il ne comble qu'une partie des idéaux de la communication. L'essentiel reste du côté de l'ouverture sur le monde, par l'image ou la parole. Alors que la télévision, la radio et la presse génèrent du lien social, Internet produit de l'individualisme et du communautarisme. De ce point de vue, Internet « désocialise », même si, en facilitant la création de communautés, il concourt à une forme de resocialisation. Or une société ne se résume pas à la somme de ses communautés. Elle a besoin d'un projet politique qui transcende les différences communautaires. Et ça, Internet est incapable de le produire.

Pour l'instant, on confond projet politique et capacités techniques, notamment en matière de communication, avec cette idée simple : la communication entre êtres humains est difficile. Elle bute vite sur l'incommunication, parce que nous n'avons pas de code commun. Cet échec de la communication humaine nous prédispose à une fascination naturelle pour des outils qui, eux, sont efficaces et interactifs. Marshall McLuhan le premier pensait que si on pouvait tout techniciser, le monde irait mieux. Cinquante ans plus tard, on dispose avec Internet d'un réseau hors normes, mais la communication entre les hommes ne s'en trouve pas améliorée. Parce que l'essentiel de la communication échappe à la performance technique.

On prétend qu'Internet est une problématique de l'autre, c'est faux. Le fondement culturel d'Internet, c'est la problématique du même. Vous cherchez les gens qui vous ressemblent et sont intéressés par la même chose que vous. Pourquoi pas ? Alors lorsque vous écoutez la radio, ou que vous regardez la télévision, une grande partie de ce qu'on vous propose ne vous intéresse pas. L'autre est présent et se rappelle à vous par la seule existence de la grille de programmes.

C'est dans cette consommation individuelle d'une activité collective que réside sa force. Voilà, le lien social de la télévision. La télévision n'a évidemment pas tué la culture de l'élite. Elle a augmenté le niveau de culture de la classe moyenne, et a été plutôt mauvaise pour la culture populaire. Les élites ont ensuite salué l'apparition des chaînes thématiques et d'Internet comme un moyen de sortir de l'« aliénation de masse ». Elles ont mis le pied dans la segmentation, avec un argument soi-disant démocratique – chacun peut désormais ne regarder que ce qu'il veut – et cette idée, très critiquable, selon laquelle le spectateur est « dupe ». Quelle prétention ! *Le vrai mystère de la communication, c'est la réception.* On ne sait pas ce que les gens font des images, mais ce n'est pas parce que l'autre ne pense pas comme vous qu'il est idiot. Ce n'est pas parce qu'il est assis dans son sofa qu'il est passif. Actif devant un ordinateur et passif devant la télé : voilà une opposition stupide.

11. Extrait de « La question n'est pas de supprimer la pub, mais de cesser de sous-financer la télévision publique » (propos recueillis par Sophie Bourdais et Olivier Milot), *Télérama*, 11 juin 2008.

## *Les enjeux théoriques contemporains*

Ce qui s'est passé à l'égard des médias est exactement l'inverse de la situation relative au thème du travail et de l'entreprise. À la dévalorisation du travail correspond une valorisation constante des médias. On a assisté émerveillés à l'augmentation du nombre de chaînes, de dix à trente puis à cent, avec les satellites, puis avec la TNT ; avec également l'explosion du marché de la communication à domicile, des cassettes vidéo aux DVD... Tout cela augmente l'offre et progressivement la demande. Choisissez vous-mêmes les images que vous voulez regarder, composez votre menu. Et demain, sur tous les supports. Dans le même temps, le secteur privé a conforté son emprise quand il était seul ou s'est imposé quand il était en concurrence avec le secteur public. La culture médiatique domine progressivement toutes les autres formes de culture et, si elle n'est pas la seule responsable de la « pipolisation » des élites et de la société, elle amplifie le modèle. Internet accentuera le mouvement d'individualisation et favorisera le basculement vers la logique de la demande, ainsi que vers les regroupements communautaires.

Les débats et controverses sur la *qualité des programmes* sont moins forts. Parce que les programmes s'améliorent, ce qui est parfois le cas, ou bien parce que l'abondance réduit la critique, même si malheureusement, il n'y a pas de rapport direct entre l'augmentation du nombre de supports *et* la diversité offerte. C'est même paradoxalement la pire déconvenue. Plus il y a de « tuyaux » et donc d'individualisation de la consommation médiatique, moins il y a de diversité dans les programmes, plus on assiste à une standardisation de l'offre... L'équation est terrible. Une *confusion* s'installe donc entre trouver plus facilement ce que l'on veut *et* une augmentation de la qualité des programmes. Et pourtant, ce débat de fond – quelle ambition pour les médias généralistes, publics et privés, qui ont pour redoutable tâche d'ouvrir les publics au monde ? – a tendance à s'estomper. Comme si l'abondance d'images, la segmentation de l'offre, la mise à disposition d'images sur tous les supports, de l'ordinateur au téléphone portable, rendaient caduque la réflexion sur le *statut* de la télévision. Et surtout sur la différence à maintenir entre accéder à des images *et* préserver le lien collectif que représente la télévision dans un univers saturé d'images. Comme si la problématique du collectif – c'est-à-dire ce qui transcende l'individualisme et le communautarisme – disparaissait. Comme si l'abondance de l'offre, le poids croissant de la demande, la segmentation des publics, notamment sous l'effet de la technique et au profit de la segmentation, suffisait. D'ailleurs, pourquoi conserver encore l'objet télévision, puisque les images sont accessibles librement, partout ? La pseudo-« fin » de la télévision illustre le poids de l'idéologie technique, mais surtout l'*absence* de toute réflexion théorique en dehors du technicisme.

La bataille entre médias généralistes et thématiques remonte aux années 1980, avec un contresens qui se résume à : « puisqu'il y a de plus en plus de tuyaux, la responsabilité de la télévision de masse est dépassée », alors même que le problème n'est pas là ! Le conflit entre logique de l'offre, qui insiste sur le rôle politique et culturel d'une programmation la plus large possible pour essayer de satisfaire tous les publics, *et* logique de la demande, qui privilégie au contraire la liberté individuelle, est toujours aussi essentiel. Le renforcement de l'économie de la demande accentuée par la généralisation progressive de l'interactivité ne change rien au conflit, d'ailleurs salvateur, entre ces deux modèles qui renvoient à deux manières de concevoir les rapports entre les publics et les médias. Ils ne correspondent pas à deux types de techniques – même si la logique de l'offre correspond plus à celle des médias, et celle de la demande à celle d'Internet –, mais à deux visions du rapport entre communication et société. Le plus grave, sans doute, est de confondre ce débat théorique avec une question *technique* : on a cru qu'avec la multiplication des chaînes puis l'arrivée d'Internet, on passait d'un stade à l'autre, de l'offre à la demande, alors que le choix, bien au-delà de la technique, concerne deux philosophies de la communication.

Le manque de culture *théorique*, notamment historique, explique la place excessive faite aux nouvelles techniques comme seul mode de raisonnement. Le choix entre les médias généralistes et thématiques n'est pas d'abord technique, mais politique. Quel pourcentage de culture audiovisuelle *commune* faut-il pour assurer un minimum de lien entre les générations et les milieux sociaux ? À partir de quand l'individualisation, facteur de liberté et d'émancipation, devient-elle un facteur de renforcement des inégalités sociales, chacun restant enfermé dans son univers culturel et générationnel, avec le risque d'une sorte de réification du « mille-feuille » des inégalités ? Autrement dit, jusqu'où la liberté individuelle en matière audiovisuelle – et le raisonnement peut être étendu à d'autres activités culturelles et sociales – est-elle un facteur d'émancipation ? À partir de quand contribue-t-elle au contraire à la reproduction d'inégalités culturelles et au maintien d'un certain *statu quo* ? La question concerne toutes les pratiques culturelles, de la presse à l'édition, de la radio à la télévision, du cinéma à Internet, de la musique au théâtre. *C'est ici que culture, communication et politique se rejoignent.*

Même sur le rôle et le statut d'Arte, créée il y a vingt ans, il n'y a plus de débat. Si l'accueil fut en général favorable, il y eut néanmoins un minimum de discussion, notamment quand je soulignais le risque de « ghetto culturel ». Tout cela a disparu. Rien sur les forces et faiblesses d'Arte, sur l'audience, les difficultés de ce projet franco-allemand, les questions de culture européenne, etc. Un peu comme si les débats sur l'ambition collective culturelle n'étaient plus de mise, tout devant se traiter et se résoudre à l'échelle individuelle autour d'une problématique de « l'individualisation de la consommation ». *On considère l'individualisation de la consommation culturelle comme un progrès.* On assiste ainsi à une sorte de dévitalisation des débats théoriques, l'expansion des industries de la communication ayant asséché les expressions critiques. Comme si le rouleau compresseur des nouvelles technologies, l'augmentation de l'offre, la segmentation des audiences, l'essor d'Internet, rendait toute discussion inutile. Où est le progrès ? Comment peut-on *confondre* l'augmentation du nombre de tuyaux et de programmes avec la qualité des programmes : la quantité n'a pourtant jamais été synonyme de qualité ! La « pipolisation » serait donc un horizon du progrès...

L'absence de débat sur les complémentarités contradictoires existant entre les médias de masse et l'Internet, recoupe cette idéologie fausse : les médias sont du côté de l'offre, de la standardisation, et du passé. Internet et les nouvelles technologies sont du côté de l'individualisation, de la fragmentation, de la demande, et du progrès. Tout ce que les médias ont permis, comme ouverture sur le monde, maintien du lien social et générationnel, amortissement des innombrables ruptures culturelles et sociales qui se sont produites en une génération, bref, tout cet acquis silencieux mais considérable, est oublié. Que seraient l'ouverture du monde et sa compréhension sans l'effort des médias généralistes, publics et privés ? Bref, il faut penser *ensemble* médias et Internet comme deux sortes de communication. La *communication-partage* est plutôt du côté du même, des communautés et des réseaux. La *communication-négociation*, avec la place centrale de l'altérité, est plutôt du côté des médias de masse.

Les enjeux actuels sont d'abord théoriques, car la fascination pour le progrès technique depuis une génération est identifiée à un progrès culturel. De plus en plus de chaînes de télévision, d'interactivité, de tuyaux, d'ouvertures industrielles, ne suffisent pas à effacer les défis qui tournent autour des choix suivants : médias généralistes et thématiques ; privés et publics ; individualisation et lien social ; vitesse de l'interactivité contre la lenteur de la communication ; complémentarité et conflit entre logique de l'offre et de la demande, etc. Les deux conceptions politiques de la communication, opposant généralistes et thématiques d'une part et offre et demande d'autre part, restent d'actualité.

Simplement, en trente ans, tout a été vers le mouvement en faveur de l'individu. La liberté individuelle a été sans cesse renforcée et valorisée dans les industries culturelles et de la communication. Or *de la liberté individuelle à la segmentation et au renforcement des* statu quo, *le chemin est court*. L'affaissement progressif des projets politiques culturels collectifs a renforcé il est vrai ce mouvement d'individualisation. Cependant, nos sociétés sont individualistes *et* de masse. Non seulement le collectif, c'est-à-dire ce qui représente l'altérité dans une société, ne se dissout pas dans l'individualisme, mais celui-ci a lui-même besoin d'une autre échelle, sous peine de disparaître dans une réification individualiste dont la pipolisation est l'horizon normatif. Le débat entre les médias de masse et Internet est donc moins que jamais un débat technique, obligeant à penser les deux ensembles avec leurs dimensions contradictoires. Un dernier exemple de cette constante confusion entre la technique et le contenu : après le discours annonçant « la fin de la télévision » lié à l'arrivée d'Internet il y a quelques années, on assiste aujourd'hui à une autre expression du même argument sur la disparition de la « vieille » télévision par rapport au « nouvel » Internet. La télévision est morte car elle devient simplement une nouvelle « application » supplémentaire pour des smartphones qui sont déjà plus de quatre cent mille en circulation. Mais la télévision n'est pas une application numérique ! Bien entendu il peut y avoir une réception de la télévision sur les téléphones portables équipés, voire la création de programmes spécifiques, plus courts et interactifs, mais la télévision n'est pas seulement une organisation technique de production et de distribution d'images. Elle est d'abord un concept, comme Internet : des programmes, dans une programmation, pour un certain type de communication avec les publics. Elle est un tout où d'ailleurs la dimension technique n'est pas la plus importante en comparaison avec son rôle social, politique et culturel. Son originalité tient même d'abord à la possibilité qu'elle offre de faire cohabiter ces trois échelles de la communication que sont les individus, les communautés et les sociétés dans une vision d'ensemble où domine l'offre. Le réductionnisme technique est simpliste. C'est comme si on réduisait le livre à l'iPad ou le sport et le cinéma à des « applications » pour téléphones portables intégrés... Au fait, pourquoi se méfier de l'audience de masse de la télévision et se féliciter, simultanément, du nombre croissant d'internautes ?

Il y a plus ! L'absence de réflexion à laquelle on assiste concernant les conséquences de la mondialisation de l'information et la multiplication des chaînes d'information est également dommageable car le simple empilement des chaînes d'information mondiales risque d'accentuer les incommunications et provoquer des confrontations, voire des affrontements entre plusieurs visions du monde. Les chaînes d'information selon qu'elles soient américaines, chinoises, arabes, françaises, brésiliennes, indiennes, etc., ne donneront jamais la même vision du monde. Là aussi, il faudra apprendre à cohabiter, à respecter la diversité culturelle *et* à rechercher un nouvel universalisme. La diversification inévitable de l'information, et donc des visions du monde liées aux chaînes d'information, préfigure l'affrontement, plus large, autour de la communication et du respect des différences, au sein de la mondialisation. L'information anticipe la question générale de la diversité et de la cohabitation culturelle. Le rôle d'Al Jazeera (1996) et des autres chaînes d'information dans le printemps arabe 2011 (et déjà d'ailleurs lors de la guerre en Irak) est un facteur de fierté pour le monde arabo-musulman, et un facteur de diversification de l'information. Les événements sont les mêmes, mais ils ne sont pas vus de la même manière. Pour ces révolutions du printemps, il n'a été question en Europe que du rôle d'Internet, alors que la maturité politique des peuples et l'existence des chaînes d'information, vues par tous, ont joué un rôle beaucoup plus important. C'est d'ailleurs le téléphone portable, beaucoup plus développé qu'Internet, qui a contribué à renforcer le sentiment puissant de solidarité populaire. Bref, réduire le printemps arabe à Internet c'est exporter sur la rive sud de la Méditerranée l'idéologie technique qui domine au nord. Pourquoi un tel réductionnisme ?

C'est en cela qu'il y a quelque chose de ridicule à ignorer *le lien* entre image *et* représentation de la réalité. Plus il y aura d'images disponibles, plus se posera la question de l'organisation de celles-ci pour éviter une sorte d'anarchie du monde, et donc plus se reposera la question du rôle des médias, radio et télévision, essentiel pour *organiser*, simultanément au règne de l'image, un minimum de cohérence. Autrement dit, plus il y a d'images disponibles sur tous supports, vingt-quatre heures sur vingt-quatre, plus la question de leur organisation par l'intermédiaire de professionnels s'impose.

Les chaînes de télévision ne sont donc pas des dinosaures, mais des acteurs clés de demain pour éviter que l'univers saturé d'images, d'interactions, de révélations, de témoignages et d'informations ne devienne un facteur de déstabilisation culturel et politique. Plus les individus, les communautés et les sociétés sont exposés au « tohu-bohu » de la mondialisation, plus ils exercent leur liberté, mais plus ils ont également besoin que soit rappelée la place des infrastructures culturelles collectives : la télévision, mais aussi le livre, la presse écrite, le spectacle vivant, le cinéma... La réalité, la culture, la connaissance et la communication ne peuvent pas se réduire à l'univers d'Internet. Plus celui-ci s'impose, plus on a besoin d'altérité. *Le comble serait que le Net qui a été vécu, un peu rapidement, comme la contre-culture du monde des médias devienne le seul cadre de référence des sociétés ouvertes.* La complémentarité, la concurrence et parfois la compétitivité entre ces deux formes de communication sont indispensables à préserver. Il n'y a pas de « progrès » à passer de l'une à l'autre, ce sont simplement deux visions différentes et complémentaires du rapport au monde.

C'est exactement la même chose que pour les journalistes et l'information. Un monde saturé d'informations ne rend pas caduc le rôle des journalistes ; il le renforce au contraire, justement pour mettre de l'ordre et hiérarchiser les perceptions. La révolution de l'information s'est faite en trois temps, et l'on a besoin des trois. C'est d'abord celui de l'écrit, qui, du XVIIIe au XXe siècle, a été synonyme d'accroissement de l'esprit critique. La lecture ouvre les esprits. Le second temps concerne l'arrivée de la radio et de la télévision qui ont été les grandes fenêtres sur le monde, permettant de s'y accoutumer. Alors que certains n'y ont vu que l'aliénation du peuple, ceux-ci ont été de fantastiques facteurs d'ouverture. Quelles que soient les limites de l'information accessible, celle-ci développe toujours un esprit critique. Enfin, troisième temps, l'arrivée d'Internet, qui en développant l'information individuelle et communautaire élargit le champ de l'information et une autre capacité critique. C'est pourquoi, d'ailleurs, l'information est inséparable de la revalorisation du *récepteur*. Elle en accroît toujours la capacité critique. Ce qui explique que les dictateurs détestent toujours l'information. Le récepteur, beaucoup trop dévalorisé dans les réflexions sur l'information et la communication, est pourtant l'équivalent, dans l'ordre de la communication, du *citoyen* dans l'ordre de la politique. Et c'est aussi pourquoi, de tout temps, l'information et la communication sont l'objet d'affrontements politiques entre ceux qui en font une dimension essentielle de la pensée et ceux qui n'y voient que divertissement.

L'absence, par ailleurs, d'une *politique européenne* de la communication est également préoccupante. Le plus grand projet politique, démocratique, de coopération pacifique de cinq cents millions d'habitants pour vingt-sept pays, et vingt-six langues, se réalise sans *aucune* communication concertée. Un minimum de régulation existe pour la partie industrielle de l'informatique, des télécommunications et de l'audiovisuel, mais rien sur une réelle prospective et politique de création. Aucune coopération significative en matière d'information, de fiction... rien en dehors d'Euronews, toujours fragile, et toujours aussi indispensable. Aucun travail de fond et d'innovation sur les rapports entre information, culture et communication. Aucun intérêt même pour valoriser le modèle européen où cohabitent mieux qu'ailleurs service public et médias privés. Rien non plus sur la complémentarité entre Internet et les médias de masse, la diversité culturelle, et un projet politique d'intégration.

Peu de réflexion également sur les rapports entre l'émergence de la question de la *diversité culturelle* et la manière dont les médias ou Internet en tiennent compte. C'est toujours la course à l'événement et au scoop, sans recul ni travail historique, avec en filigrane l'idée confortable, mais fausse, selon laquelle le modèle occidental gagnera. Il faudrait au contraire faire du comparatisme et là aussi compléter nos visions du monde. *La vitesse de l'information et de la communication peut accentuer l'incommunication au sein de l'Europe, au lieu de la réduire*. La diversité culturelle européenne est un atout considérable pour aborder la diversité culturelle à l'échelle mondiale, à condition de sortir de la fascination technique et de comprendre que la culture est un secteur fragile et explosif. Pour cela il est possible de s'appuyer sur la charte de l'Unesco, consacrée au respect de la diversité culturelle, signée en octobre 2005. D'autant que l'Europe y a joué un rôle considérable, même s'il ne s'est rien passé depuis cette date… En un mot, il n'y a pour le moment aucun « dialogue » entre l'émergence des revendications politiques concernant le respect de la diversité culturelle *et* l'organisation des médias. Il y a d'un côté une certaine valorisation du patrimoine, et de l'autre une fascination pour la dérégulation du secteur. L'Europe est d'ailleurs la seule partie du monde où domine encore une telle idéologie libérale en matière de communication. Tout le monde, y compris et surtout pour les marchés financiers, demande de la réglementation ; mais pour la communication, on persiste dans la soumission au technicisme et à sa cousine, l'idéologie de la déréglementation.

Dernier objectif : rompre avec l'indifférence des *élites* à l'égard d'une réflexion théorique concernant le rôle de la communication. Bref, prendre enfin au sérieux cette révolution culturelle et sociale, la déconnecter de la performance des techniques et des marchés mondiaux qui l'accompagnent, pour la rapporter à l'essentiel *: une révolution dans la manière de penser et de construire le rapport à l'autre dans l'espace ouvert*. Les dégâts à venir de la concentration excessive des industries de la culture et de la communication, et demain des industries de la connaissance, sont le révélateur de cette absence de réflexion actuelle de la majorité des élites à l'égard de la communication. La seule dimension acceptée concernant cette considérable révolution concerne le fait qu'avec la multiplication des canaux, il est possible de s'exprimer plus facilement… Internet et l'ensemble des applications plaisent parce que chacun s'en sert pour s'exprimer et dialoguer avec ceux qui pensent comme lui. Délicieux communautarisme, légitimé au nom de la culture…

Bref, en cinquante ans, la technique et l'économie ont tout dissous, déstabilisant la curiosité théorique et l'analyse. Un retour de pensée critique est indispensable pour éviter qu'aux contradictions qui s'amoncellent avec le règne de la « com », ne s'ajoutent les dégâts d'une insuffisante réflexion théorique concernant ce secteur, central pour la paix et la guerre.

*BIBLIOGRAPHIE SÉLECTIVE*

- AKOUN, A., *Sociologie de la communication*, Paris, Hachette, 1998.
- BALLE, F., *Médias et sociétés. Édition, presse, cinéma, radio, télévision, Internet,* Montchrestien, 2011 (15e éd.).
- BAUDRILLARD, J., *Le Système des objets*, Paris, Gallimard, 1968.
- BERTHO-LAVENIR, C., *Télégraphes et téléphones. De Valmy aux microprocesseurs*, Paris, Le Livre de Poche, 1981.
- BLONDIAUX, L., REYNIÉ, D., LA BALME, N. (dir.), *L'Opinion publique. Perspectives anglo-saxonnes, Hermès*, n° 31, Paris, CNRS Éditions, 2001.
- BRETON, P., *L'Utopie de la communication. Le mythe du village planétaire,* Paris, La Découverte, Poche, 1997.
- CAILLOIS, R., *Les Jeux et les Hommes. Le masque et le vertige*, Paris, Gallimard, 1967.
- CAZENEUVE, J., *La Société de l'ubiquité*, Paris, Denoël, 1972.
— CERTEAU, M. DE (dir.), *La Culture au pluriel,* Paris, Christian Bourgois, 1974 (3e éd. corrigée et présentée par Luce Giard, Paris, Seuil, 1993).
- CHANIAC, R. (dir.), *L'Audience. Presse, radio, télévision, Internet, Hermès*, n° 37, Paris, CNRS Éditions, 2003.
- CHARON, J.-M., *Les Médias en France,* Paris, La Découverte, coll. « Repères », 2003.
- DAGOGNET, F., *Philosophie de l'image*, Paris, Vrin, 1984.
- DEBORD, G., *La Société du spectacle,* Paris, Buchet/Chastel, 1967.
- DEBRAY, R., *Cours de médiologie générale*, Paris, Gallimard, 1991.
- FRIEDMANN, G., *Ces merveilleux instruments. Essai sur les communications de masse*, Paris, Denoël/Gonthier, 1979.
- HALL, S. *et al.*, *Culture, médias, langage*, Londres, Hutchinson University Library, 1980.
- JEANNENEY, J.-N., *Une histoire des médias. Des origines à nos jours*, Paris, Seuil, 1996.
- JUDET DE LA COMBE, P., WISMANN, H., *L'Avenir des langues. Repenser les humanités,* Paris, Cerf, 2004.
- LAZARSFELD, P., BERELSON, B., GAUDET, H., *The People Choice,* New York, Columbia University Press, 1948.
- LE CHAMPION, R., LETEINTURIER, C., *Médias, information et communication*, Paris, Ellipses, 2009.
- LOCHARD, G. (dir.), *La Télévision*, Paris, CNRS Éditions, coll. « Les Essentiels d'Hermès », 2009.
- MARIN, M., *Éléments de sémiologie*, Paris, Klincksieck, 1971.
- MATTELART, A., *Histoire de la société de l'information*, Paris, La Découverte, 2009.
- MATTELART, T. (dir.), *Piratages audiovisuels. Les voies souterraines de la mondialisation*, Paris/Bruxelles, INA Éditions/De Boeck, coll. « Médias recherches », 2011.
- MCLUHAN, M., *Pour comprendre les médias. Les prolongements technologiques de l'homme,* Paris, Seuil, coll. « Points Essais », 1977.
- RIEFFEL, R., *Que sont les médias ? Pratiques, Identités, Influences*, Paris, Gallimard, coll. « Folio actuel », 2006.
- RIOUX, J.-P., SIRINELLI, J.-F. (dir.), *La Culture de masse en France de la Belle Époque à aujourd'hui*, Paris, Fayard, 2002.
- TROUBÉ, C., *Les Forcenés de l'humanitaire : les leçons de l'Arche de Zoé*, Paris, Autrement, 2008.

CHAPITRE 4

# Espace public et communication politique dans les sociétés ouvertes[1]

## *Espace public, un concept à retravailler*[2]

Certains concepts, à force de triompher, risquent de perdre une bonne partie de leur valeur heuristique, voire de se dénaturer. C'est un peu le cas aujourd'hui avec celui d'espace public. Redécouvert dans les années 1960, notamment par Jürgen Habermas, après avoir été introduit dans la pensée politique par Kant, il était devenu la référence de ceux qui voulaient défendre et promouvoir la démocratie pluraliste contre les tenants des divers modèles socialistes, marxistes ou communistes. Par espace public, on reconnaissait intuitivement l'importance de la discussion contradictoire, de l'argumentation, de la liberté d'expression, donc de la dimension ouverte de la politique.

Ce mot servait un peu de signe de ralliement à ceux qui, fort peu nombreux entre 1960 et 1980, étaient favorables à la démocratie. Il a été progressivement investi par le reste des élites dans les années 1980 et conforté par ailleurs par l'effondrement du communisme.

L'espace public est devenu un mot à la mode pour une autre raison, moins politique que sociologique, qui s'exprime dans le fait qu'il est, d'une certaine manière, l'aboutissement du mouvement d'émancipation qui a consisté à valoriser la liberté individuelle, et tout ce qui est public, contre ce qui était « privé ». Le « privé » étant facilement identifié au domaine des interdits d'autrefois, des traditions inutiles. En ce sens, l'idée de « public » s'est imposée comme synonyme de « libération » et de liberté. Défendre le privé, c'était finalement défendre les règles, les conventions, les traditions ; c'était être conservateur. Il s'est ainsi opéré une rencontre entre deux mouvements relativement différents : celui en faveur de la liberté individuelle, donc d'une certaine capacité à afficher publiquement ce que l'on est, et le mouvement démocratique, qui lui aussi favorisait l'idée de publicité contre celle de secret et d'interdit. Des deux côtés, ce qui était « public » a été valorisé.

1. **Ouvrages de D. W. en regard** : *Raymond Aron, spectateur engagé* (avec J.-L. Missika), Paris, Julliard, 1981 ; *McLuhan ne répond plus. Communiquer c'est cohabiter*, La Tour d'Aigues, Éditions de l'Aube, 2009 ; *Hermès*, n° 4, *Le Nouvel Espace public*, 1989 ; *Hermès*, n° 10, *Espaces publics, traditions et communautés*, 1992 ; *Hermès*, n° 15, *Argumentation et rhétorique (I)*, 1995 ; *Hermès*, n° 17-18, *Communication et politique*, 1995 ; *Hermès*, n° 26-27, *www.démocratie locale.fr*, 1999.
2. *Études*, février 1996, n° 2.

## LES TROIS ESPACES

Il convient de distinguer *espace commun, espace public* et *espace politique*.

Pas d'espace public sans l'existence, au préalable, d'un *espace commun* dont la figure est donnée par les échanges commerciaux, avec l'équivalent universel de la monnaie, qui compense l'hétérogénéité des langues. Or chacun sait aussi qu'avec le commerce, comme l'ont prouvé Venise, la ligue Hanséatique et, avant, les Phéniciens et bien d'autres, ce ne sont pas seulement les biens et les services qui s'échangent, mais aussi des signes, des symboles qui progressivement tissent un espace de familiarité, voire de sécurité. Le mot « commun » apparaît au IXe siècle, venant du latin *communis*, et il est lié à l'idée de communal et de communauté. Un espace commun est à la fois physique, défini par un territoire, et symbolique, défini par des réseaux de solidarité.

L'espace public est lui aussi au départ un espace physique : celui de la rue, de la place, du commerce et des échanges. C'est seulement plus tard, à partir des XVIe et XVIIe siècles, que cet espace physique devient symbolique avec la séparation du sacré et du temporel, et la progressive reconnaissance du statut de la personne et de l'individu face à la monarchie et au clergé. Ce mouvement prend facilement deux siècles, comme l'ont expliqué N. Elias et les quelques philosophes et historiens qui se sont intéressés aux conditions de naissance de la politique moderne.

Richard Sennett et d'autres ont aussi montré que cet espace symbolique suppose la naissance de la distinction privé/public.

C'est en effet la relégitimation du privé qui permet, en contrepoint, à l'espace public de se dessiner et de s'affirmer. Le mot « public » apparaît au XIVe siècle, du latin *publicus*, et renvoie à ce qui concerne « tout le monde ». Public renvoie à « rendre public », à « publier » du latin *publicare*. Cela suppose un élargissement de l'espace commun et un travail de normativisation, attribuant une valeur normative à ce qui est accessible à tous. Dans le passage du commun au public se lit ce qui deviendra par la suite la caractéristique de la démocratie de masse, à savoir la valorisation du nombre, le complément, en quelque sorte, du principe de liberté et d'égalité.

Non seulement l'idée de « public » exprime une valorisation par rapport à celle de « commun », mais, surtout, elle renvoie à la volonté. Quelque chose n'est pas naturellement et définitivement « public ». La catégorie du public se crée et se recrée, en permanence. L'espace public est évidemment la condition de naissance de l'espace politique, qui est le plus « petit » des trois espaces au sens de ce qui y circule. Dans cet espace, il ne s'agit pas de délibérer, mais de décider et d'agir. Il est lié au pouvoir. Il y a toujours eu un espace politique, simplement la spécificité de la politique moderne démocratique réside dans son élargissement, au fur et à mesure du mouvement de démocratisation. Le mot émerge entre le XIIIe et le XIVe siècle, venant du latin *politicus*, et empruntant au mot grec de *politike* l'idée essentielle de l'art de gérer les affaires de la cité. Non seulement il existe un enjeu supplémentaire par rapport à l'espace public, qui est le pouvoir, mais aussi un principe de clôture plus strict que dans l'espace commun ou l'espace public.

Pour simplifier : l'espace commun concerne la circulation et l'expression ; l'espace public, la discussion ; l'espace politique, la décision.

Pourquoi insister sur la différence de nature entre les trois qui sont naturellement synchrones dans le fonctionnement quotidien ? Parce que cela permet de réintroduire le phénomène essentiel du temps, dans le passage du commun au public et du public au politique. Combien de siècles a-t-il fallu pour que se dessine l'espace public que nous connaissons ? Question importante étant donné les naïvetés observées par exemple dans la construction de l'Europe politique, où l'on suppose réunies beaucoup trop rapidement les conditions d'un espace public dont la simple existence serait la preuve de la réussite du projet politique[3] ! La méthode Coué a ses limites.

## LE MODÈLE DE SOCIÉTÉS OUVERTES

Quatre transformations qualitatives, indépendantes du facteur temps, ont accompagné l'émergence de l'espace public en Europe.

D'abord, ce que j'appelle la société individualiste de masse[4], qui gère deux dimensions contradictoires : le modèle individualiste, à l'origine de la démocratie pluraliste ; la réalité sociologique de la société de masse qui, pour des raisons simultanément économiques (la taille des marchés) et démocratiques (le suffrage universel), gère la question du grand nombre.

C'est ensuite l'émergence du modèle de la société ouverte. Celui-ci n'est pas lié seulement au libéralisme économique comme on pourrait le croire, car l'histoire fourmille d'exemples de cultures ayant favorisé le commerce, sans pour autant avoir été des sociétés ouvertes les unes aux autres. Le concept d'ouverture est une conséquence du modèle universaliste, né en Europe.

La troisième condition est la mondialisation de la communication, liée à la mondialisation des techniques, mais aussi et sûrement autant à l'affirmation du modèle de société ouverte.

C'est, enfin, l'extension de la sphère politique. Il faut entendre par là les aspects de la société, liés à la lutte pour l'extension de la démocratie. Aujourd'hui, la possibilité de parler librement et politiquement de la plupart des problèmes de société est admise, et ces problèmes sont l'objet d'un affrontement politique.

Telles sont les quatre transformations structurelles qui se sont produites simultanément à l'émergence de l'espace public moderne et qui, en quelque sorte, en ont défini le statut. Cela permet de comprendre le caractère fragile et complexe de l'espace public démocratique.

## LES CONCEPTS VAINCUS

La légitimité dont bénéficie l'espace public démocratique ne doit pas faire oublier qu'il y eut auparavant, entre le XVII^e^ et le XIX^e^ siècle, un espace public aristocratique, limité dans le nombre des participants, organisé sous

---

3. *La Dernière Utopie. Naissance de l'Europe démocratique*, 3^e^ et 6^e^ parties, Paris, Flammarion, 1993.

4. *Cf. Éloge du grand public* (notamment la 3^e^ partie), Paris, Flammarion, 1990.

d'autres formes d'expression. Si était absente la communication contradictoire que nous connaissons, nul doute qu'il existait une forme particulière de délibération. Quant à l'espace public démocratique, il suppose en outre l'existence de quatre paramètres : l'avènement d'un système public pluraliste, le règne de l'individu, le principe de la laïcité, la liberté d'expression. Aujourd'hui, ces valeurs ont triomphé sur d'autres. Et les valeurs « vaincues » sont le chemin par lequel passer pour réexaminer les fondements de l'espace public démocratique. En quoi consiste ce travail ? À rappeler chaque fois l'importance des quatre concepts « vaincus » pour le contexte d'aujourd'hui. Concrètement, l'espace privé contre lequel s'est constitué l'espace public ; l'espace physique qui paraît moins important ; les racines dans une société qui ne parle que modernité et postmodernité ; enfin, le silence dans une société tournée vers le bruit.

Premièrement, revaloriser ce qui est privé, par rapport à ce qui est légitime, à savoir le public. Deuxièmement, si actuellement, tout est symbolique, relationnel, en attendant d'être « virtuel », il faut bien remettre au centre ce qui ne l'est pas, à savoir ce qui est physique. Il est souhaitable de renouer avec une réflexion sur les lieux et les territoires, en opposition à la problématique de l'espace. Troisièmement, ne pas négliger les racines au moment où l'on ne parle plus que d'autonomie et d'information. La problématique du territoire redevient cruciale, comme le prouvent, notamment en Europe, les différents foyers de conflits, dont le plus tragique, la Yougoslavie, illustre le caractère vital de ce qui concerne la géographie, les lieux, les territoires et les frontières. Après un fort mouvement, qui a arraché l'individu des terroirs pour le projeter dans la ville, puis dans la vie moderne où le travail est devenu sans rapport avec la matière et la nature, on peut prédire qu'il y aura bientôt un mouvement inverse vers la recherche des racines, des traditions, des lieux. Plus on vante les vertus de la communication, et donc de l'instantané, plus, en contrepoint, émerge le besoin d'« être de quelque part ». Quatrièmement, revaloriser le silence. Pas d'espace public sans expression, mais celle-ci a progressivement envahi tout l'espace de la communication. Tout se dit, se raconte. Non seulement parce qu'il est admis que tout puisse être sur la place publique, mais aussi parce que le modèle culturel de l'« expression », du « discours », est valorisé par rapport à celui du silence. Être « soi-même », c'est pouvoir s'exprimer. L'injonction de la libération s'est accompagnée du droit à l'expression. Résultat ? La valorisation excessive de l'expression au détriment de l'écoute. Ce n'est pas « Que dit l'autre ? », mais « Écoutez-moi ; laissez-moi parler ». D'où une société où se succèdent les monologues, sans forcément plus de débats[5]. Si tout le monde parle, qui écoute ?

Il y a loin de l'expression à la communication ou, plus exactement, la première n'entraîne pas forcément l'autre qui suppose le temps pour exister. Le droit à l'« expression », à la « publicité » et à la « parole libre » ne suffit pas à créer la rencontre avec l'autre. C'est l'idée même d'expression comme condition de la « communication » qui est en cause dans ce modèle d'espace

5. *Cf. Difficiles débats*, « Figures libres », *Études*, janvier 1996.

public. Non seulement il faut du temps, mais aussi du respect de l'autre pour passer de l'expression à la négociation et à la communication. Mais il faut aussi accepter le silence.

## DÉRÉIFIER L'ESPACE PUBLIC

L'espace public symbolise l'équilibre fragile entre société civile et espace politique. C'est de là qu'il faut partir pour éviter de réifier l'espace public, donc de croire résolu le problème de cet équilibre. Le consensus actuel sur l'espace public suppose régler le problème du passage de la société à la politique. S'il n'a jamais été simple, il l'est encore moins, du fait de la complexité des structures sociales, de l'élargissement de la sphère politique et d'une certaine déconstruction des discours idéologiques qui, pendant longtemps, ont plus ou moins structuré l'espace politique. En cinquante ans, la visibilité des structures sociales liées à l'existence des classes a fléchi. La paysannerie et la classe ouvrière ont elles-mêmes disparu, au profit d'un tertiaire protéiforme. L'équilibre ville/campagne s'est lui-même rompu, et les principales institutions, à commencer par la famille, ont également perdu de leur sens. Les points de repère du fonctionnement social et culturel et de ce qui relève du privé et du public sont donc moins visibles. Le risque ? *La victoire du concept d'espace public masque la crise de la représentation sociale*. Les expressions, contestations, revendications sont beaucoup plus visibles que la représentation des forces culturelles et sociales. Par ailleurs, la médiatisation de la vie publique perturbe également les mécanismes traditionnels de la politique. En effet, non seulement les processus de « représentation sociale » sont perturbés, mais les mécanismes de représentation politique classiques le sont aussi, à la suite des changements introduits par les « deux courts-circuits représentatifs » que constitue l'omniprésence des médias et des sondages. Coincée entre médias et sondages, la représentation politique est un peu incertaine.

C'est donc peut-être la double crise – de la représentation sociale et de la représentation politique – qui explique le consensus autour de l'espace public. Autrement dit, loin d'être le concept pacificateur et unificateur auquel certains pensent, celui-ci serait une sorte de « cache-sexe » de multiples ruptures sociologiques, culturelles et politiques que nous avons du mal à analyser.

Il faut donc *rouvrir* une discussion, et pour cela revaloriser à chaque fois l'autre terme du couple constitutif de l'espace public. Il s'agit de privé dans le couple privé-public ; du territoire dans le couple territoire-espace ; de l'expérience dans le couple expérience-action ; de la tradition dans le couple tradition-modernité.

## CHANTIERS À OUVRIR

En un mot, il faut rétablir du relief là ou tout semblait clair. Sans prétention à l'exhaustivité, *cinq phénomènes* directement liés au fonctionnement de l'espace public devraient être réexaminés.

Le premier est sans doute celui de l'argumentation. Comment valoriser la communication dans l'espace public sans rappeler qu'elle est inséparable de l'argumentation ? Or les travaux sur les conditions de l'argumentation moderne, à l'heure des médias de masse, restent largement insuffisants. L'argumentation demeure le trou noir, l'impensé de l'espace public, alors qu'elle en est peut-être la condition stricte de son fonctionnement[6].

Le second est probablement l'ouverture d'une réflexion théorique sur ce qu'est l'*opinion publique*. Le triomphe des sondages a tari la source de réflexion *qualitative* sur un des phénomènes, pourtant essentiel, du fonctionnement de l'espace public de la démocratie. Comment se constitue une opinion dans un univers surinformé et médiatisé ? Comment se structurent les rapports entre opinion et idéologie ? Quel est l'impact de l'élévation des connaissances dans le fonctionnement de l'opinion publique ? Comment les citoyens, constamment sondés, se mettent-ils à disjoindre leur opinion de celle qu'ils énoncent ? Comment passe-t-on de l'opinion à la confiance ?

À l'opposé, qu'en est-il de la *frontière*, dans un univers qui valorise l'espace, l'ouverture, les relations, alors même que les événements, depuis un demi-siècle où triomphe ce modèle, ne cessent de rappeler le phénomène indispensable des frontières : intérieures, privées, publiques et extérieures ? La frontière est le symétrique de l'ouverture. Mais évoquer le simple mot de frontière dans le concert communicationnel ambiant suffit à vous faire ranger dans le camp des obscurantistes…

Se pose aussi la redoutable question du modèle de *représentation*. Nos sociétés traversent une double crise : celle de la concurrence entre représentation médiatique et politique ; celle de la difficulté à dégager un principe de représentation des forces sociales et culturelles structurant la société. Sur quelle base animer le jeu de l'espace public, et en accepter sa traduction politique, si les principes de représentation structurant les débats qui s'y déroulent ne sont pas reconnus par tous ?

Enfin, le triomphe de l'espace public symbolique, largement dominé par les médias, pose le problème des rapports entre cette *sphère d'échanges des discours* et *la réalité du citoyen*. Si tout est discuté à distance, médiatisé, que reste-t-il du poids de l'expérience ? La politique est-elle le lieu de l'affrontement des expériences, ou seulement celui de l'affrontement de la représentation des expériences ? L'expérience est, aujourd'hui, la catégorie « non noble » de la communication politique et de l'espace public. Elle reste pourtant la condition de toute politique, mais l'accroissement de la participation à distance, par les médias et l'opinion réduite aux sondages, semble rendre secondaire cette catégorie centrale. Plus la politique devient mondiale, symbolique, globale, à distance, plus elle doit être *compensée* par l'expérience. Sinon, c'est l'édifice de l'espace public qui s'effondre, mais aussi, finalement, le modèle de la démocratie pluraliste.

---

6. Pour un bilan des recherches et orientations concernant l'argumentation, voir la revue *Hermès*, n° 15, *Argumentation et rhétorique (I)*, et *Hermès*, n° 16, *Argumentation et rhétorique (II)*, 1995. Voir également *L'Année sociologique*, « L'argumentation en sciences sociales », 1994 et 1995, t. I et II, 3e série, vol. 44 et 45.

Ces cinq chantiers théoriques concernent des aspects actuellement sous-évalués du fonctionnement de l'espace public. Ils illustrent l'énorme travail de rééquilibrage théorique qui doit être fait pour que ce modèle garde sa validité. Si l'espace public est le lieu de passage entre le civil et le politique, il est aussi le lieu de passage entre la tradition et la modernité. Ce symbole de la modernité ne pourra subsister qu'à condition de renouer une certaine tension avec les valeurs du passé ou de la tradition, qui ont été un peu trop vite considérées, dans ce demi-siècle, comme dépassées.

### Le local, la petite madeleine de la démocratie[7]

Une histoire politique est à écrire : celle du retour mythique constant du local, ou du régional, comme condition de renaissance ou de refondation de la politique. Elle a commencé au XIX^e^ siècle et s'est nourrie, avec force, de toutes les techniques de communication. Chaque génération technique a été l'occasion d'une nouvelle utopie locale. On l'a oublié, mais ce fut le cas avec la radio, puis la télévision, la télévision locale, le câble, et aujourd'hui les réseaux. Il n'y a peut-être que pour cette caractéristique de la politique, le local, que l'on retrouve à ce point une alliance entre technique et pensée politique.

Une chose est certaine : pour relancer la réflexion sur la refondation de la politique, il faut se méfier de la fuite en avant dans les nouvelles techniques. Rien ne dit que les bouleversements opérés par celles-ci dans l'économie et la société auront la même répercussion dans la politique, car la politique relève d'une autre logique. Dans nos univers laïcs et rationnels, la politique reste la dernière valeur normative collective. Il n'y a rien « derrière ». Autrement dit refondre la politique dans la double dimension de militantisme direct et de la politique représentative est une des tâches les plus importantes de la démocratie, mais les plus difficiles. On est donc bien loin ici du renouveau de la politique réduit à la prouesse des techniques. Elles ne sont sans doute pas plus un facteur de changement que les dimensions classiques de la politique : participation, militantisme, vote... L'essence de la politique reste en effet l'affrontement idéologique, et celui-ci dans sa dynamique, sa genèse, est toujours plus complexe que la rationalité technique. Même si celle-ci prétend fonder les bases d'une « e-démocratie ». Le renouveau du militantisme ou des utopies débordera toujours la performance des nouvelles techniques de communication.

L'intérêt du retour du local ? Relancer une réflexion sur les utopies politiques, prendre ses distances par rapport aux promesses mythiques des nouvelles technologies. Chaque fois que les hommes ou les sociétés ont voulu résoudre un problème politique par l'intermédiaire de techniques, fussent-elles comme aujourd'hui interactives et ludiques, ce fut finalement reculer pour mieux sauter. Ou plutôt pour ne pas sauter.

Le local par le lien extrêmement fort qui l'unit à l'expérience reste une catégorie centrale de la politique. À condition de ne pas être « extraterritorialisé », comme un espace miraculeux de la politique, ni de devenir le show room d'une énième télédémocratie labellisée aujourd'hui Net ou Cyber ou e-démocratie.

7. *Hermès*, n° 26-27, *www.démocratie locale.fr*, 1999.

## *Les contradictions du nouvel espace public médiatisé*[8]

Il y a trente ans, soit il y a une génération, la mondialisation n'avait pas atteint son niveau actuel, le communisme existait encore. La Chine, l'Inde et les États émergents étaient encore faibles. Les espaces publics nationaux encore forts ; la presse, la radio et la télévision à l'apogée de leurs rôles ; Internet était un embryon. Les hommes politiques dominaient dans une communication politique où les sondages existaient, certes, mais moins omniprésents qu'aujourd'hui. Les fractures idéologiques étaient beaucoup plus marquées. L'Occident l'emportait économiquement, culturellement et politiquement. On devine l'ampleur des ruptures sans qu'il soit encore possible de savoir lesquelles sont réellement structurelles...

Une chose est sûre dans le domaine de la communication : si la plupart des idéologies se sont affaissées, l'idéologie technique, elle, est envahissante. Peut-être pour compenser la crise de la pensée politique liée à cette restructuration de toutes les valeurs et échelles du monde. Le défi de demain n'est pourtant pas technique mais politique et peut se résumer de la manière suivante : Comment apprendre à cohabiter pacifiquement quand, grâce à la performance des systèmes d'information, les différences sont beaucoup plus visibles que les ressemblances ? Cette question anthropologique centrale est masquée par l'idéologie technique qui suppose que puisqu'il y a beaucoup plus d'informations, circulant plus vite et avec d'innombrables interactions, les hommes, les cultures et les sociétés se comprendront mieux...

Il y a trois réalités différentes : le progrès technique, qui facilite les échanges ; les utopies politiques, qui renaissent régulièrement ; la réalité de l'incommunication entre les hommes et les sociétés expliquant que depuis des siècles, sous tous les prétextes, ils préfèrent se battre et se dominer plutôt que de coopérer. *L'idéologie technique* consiste très exactement à établir un lien de cause à effet entre les trois : des techniques performantes d'information et de communication permettront de réaliser les utopies politiques en faveur d'un monde meilleur. C'est cela l'idéologie technique. Faire jouer à des outils un rôle politique. Les investir d'une mission qui ne relève pas de leur logique. D'ailleurs, s'il suffisait qu'il y ait plus de techniques pour changer l'homme et la société, il y a longtemps que l'on aurait dû *déjà* en voir le résultat. En effet, en trente ans, le taux d'équipement en nouvelles technologies de communication, n'a cessé d'augmenter vertigineusement. Pour quel progrès humain ? La volonté de « ne pas savoir », de ne « pas se comprendre » est hélas entière. Les hommes et les sociétés sont infiniment plus complexes que les techniques et leur progrès.

Du télégraphe (1820) au téléphone (1880), la radio (1910), la télévision (1930), l'ordinateur (1960) et à Internet (2000), toutes les techniques de com-

8. *Communication et démocratie : Internet et politique, Médias et opinion publique, Le marketing politique,* Paris, CNRS Éditions, coll. « Les Essentiels d'Hermès », 2012.

munication qui se sont succédé ont été investies des mêmes utopies en faveur d'un monde meilleur.

Au fond, penser par exemple que la « révolution Internet » va changer l'homme et la société est beaucoup plus simple que de réfléchir aux raisons pour lesquelles, depuis des siècles, des utopies politiques et culturelles échouent, ou, en tout cas, rencontrent plus de difficultés à se réaliser.

La paix, la tolérance, la réduction des inégalités ont-elles évolué au rythme du progrès technique ? Le décalage est considérable. Les nouvelles techniques peuvent relancer, accélérer, amplifier les utopies politiques, sociales et culturelles, mais leurs performances ne peuvent pas se substituer à ce qui fait l'essence de la politique et qui est d'une autre nature. Un projet politique peut trouver de l'aide dans les techniques de communication, mais celles-ci ne font pas un projet politique.

Dans l'espace de la politique et de la communication, qui est l'objet de ces trois Essentiels publiés à l'occasion de l'élection présidentielle française de 2012, on peut distinguer trois plans. *Celui des faits* à l'échelle de la mondialisation et dans les États-nations. *Celui des transformations visibles* aujourd'hui. *Celui des questions ouvertes pour demain.*

Par ailleurs, si les questions de la place d'Internet, des médias, de l'opinion publique, du marketing, sont générales, elles ne sont analysables qu'au travers de la *diversité* des situations culturelles et sociales et nécessitent du *comparatisme*. C'est pourquoi les quinze remarques qui suivent s'inscrivent dans le cadre européen et plus spécifiquement français, même si certaines ont un caractère plus général. Enfin, ces analyses concernent les démocraties et non les sociétés dictatoriales ou autoritaires.

## LES FAITS

*La mondialisation de l'information.* CNN, pionnière dans le domaine (1980), mais qui renforça finalement l'antiaméricanisme, par sa vision trop étroite du monde, a provoqué la naissance de plus de trente chaînes d'information mondiales qui toutes dramatisent l'événement et sont obsédées par une concurrence effrénée « au nom du droit de savoir du citoyen ». Droit qui sert souvent de caution à une bataille financière, médiatique *et* entre journalistes. Ces chaînes amplifient un des problèmes majeurs de « l'information de demain » : la différence croissante des points de vue sur l'information en fonction de la géographie et des choix idéologico-politiques. Rappelons que la révolution de l'information du XX^e^ siècle, le *message*, ouvre sur l'incertitude de la communication du XXI^e^ siècle, c'est-à-dire la *relation.* Plus il y a de messages, plus la diversité et la capacité critique des récepteurs s'imposent et réduisent la communication. Informer ne suffit pas à communiquer. Plus il y a d'interactions, plus le récepteur s'impose. En matière d'information, comme de culture, il faudra admettre la nécessité de faire cohabiter des points de vue différents sur le monde, la politique, l'information. La diversité culturelle, longtemps tenue à l'écart de la question de l'information, la retrouve.

*La concurrence* entre les médias augmente compte tenu du nombre croissant de supports et de chaînes accessibles. Avec un effritement quasi mécanique de l'audience des chaînes généralistes, publiques ou privées, par rapport aux chaînes thématiques. De l'audiovisuel à Internet en passant par la VoD et la télévision interconnectée, tout va en faveur de la segmentation. « Ne regardez que ce que vous voulez. » Cette segmentation croissante, et la place prépondérante du secteur privé de l'audiovisuel, mettent en cause le rôle de lien social des médias généralistes, notamment publics. La problématique des médias de masse reviendra évidemment en force, mais la conjonction d'une concurrence accrue, alliée à l'individualisation de la demande relativise, pour le moment, la position des médias généralistes. La question pour l'avenir est de savoir la proportion qui devra s'établir entre médias généralistes liés à la logique de l'offre et à une problématique du « être-ensemble », par rapport à la logique de la demande et de la segmentation. Jusqu'où l'individualisation et la segmentation sont-elles un progrès ? À partir de quand accélèrent-elles les replis individualistes et communautaires ?

La place grandissante d'*Internet et des réseaux* qui y sont liés renforce le sentiment faux, mais persistant, d'une hiérarchie qualitative entre « les anciens et les nouveaux médias ». La génération Internet a le sentiment de représenter l'avenir, le futur, le progrès contre le passé et le conservatisme. Chaque nouvelle étape technique dans la communication suscite le même processus, mais ici plus qu'auparavant compte tenu de l'échelle mondiale des réseaux, de la valorisation de la liberté individuelle qui les accompagne et de l'idée complémentaire d'émancipation. Le règne de la *demande* est perçu comme un progrès par rapport à celui de l'*offre*. Abondance, liberté, segmentation, interactivité, connexion, caractérisent cet univers qui donne le sentiment d'être synchrone avec le processus de la mondialisation. Même si le retour des identités culturelles, des références nationales et des cadres culturels et politiques modifiera progressivement cette impression d'un espace « commun » à l'échelle de la mondialisation. Certes, la culture mondiale de la *musique* est le contre-exemple, mais sans doute le seul. Elle relie, c'est vrai, les peuples et les générations. Et même bien plus que le sport.

À l'intérieur des espaces nationaux, *le triomphe des sondages*, bien au-delà de la politique donne le sentiment d'une connaissance possible de la société et d'une certaine transparence. Les sondages accentuent le sentiment d'une « société interactive », même si le dynamisme et la complexité des processus sociaux échappent à cette technique d'expression des opinions publiques constituées. *Les sondages,* omniprésents et tous azimuts, complètent la logique de la culture numérique. Des instantanés sur tout, tout de suite. Connaître la réalité aussi vite et aussi facilement que l'on voit le résultat de ses photos numériques. *Un monde immédiat*. C'est peut-être d'ailleurs ce qui caractérise la modernité actuelle. Le sentiment que chacun peut accéder librement, à tout, instantanément. Avant que les inégalités économiques et sociales ne viennent recréer des fossés et que le retour des identités culturelles ne vienne compliquer la perception de vivre dans ce « village global ».

Ces mutations tournent autour du règne de *l'individu* et de sa valorisation. Il n'est plus question de pays, du Nord ou du Sud, des riches, des pauvres, des classes, des religions ou des familles. Tout part, s'adresse et revient vers un individu qui pense, peut s'exprimer et prendre des initiatives.

Incontestable discours d'émancipation et de liberté qui touche tous les continents et correspond à une certaine réalité, même si, là aussi, l'expérience compliquera les schémas. Ce n'est pas seulement la consommation qui est au cœur de cette liberté individuelle, mais aussi une certaine idée de libération, même si la question de l'appartenance collective, les difficultés de la solidarité et de l'action relativiseront le processus actuel.

## LES CHANGEMENTS DANS L'ESPACE PUBLIC ET LA COMMUNICATION POLITIQUE

*L'élargissement de l'espace public et de la communication politique.* Tout peut devenir objet de débat et d'affrontements, des mœurs à la crise financière internationale. Non que les frontières public/privé aient disparu, mais elles sont devenues plus poreuses. Le règne de l'individu se manifeste aussi dans sa capacité à débattre et prendre position plus librement sur un plus grand nombre de sujets. Ce mouvement d'élargissement de l'espace public et, simultanément, de l'individualisation des rapports humains et sociaux, concerne presque tous les continents. Avec une conscience critique des citoyens de plus en plus grande à l'égard de leurs élites, conscience critique dont ces élites, de plus en plus enfermées dans l'univers politique, médiatique et sondagier, sous-estiment largement la force.

*L'augmentation considérable du nombre de « tuyaux »* d'information, des médias aux nouveaux réseaux. Chacun est multibranché, pour des textes, des sons, des images... Avec en contrepartie ce sentiment permanent de vitesse et d'urgence. Comme si se débrancher du monde pendant vingt-quatre heures risquait de nous faire perdre pied. Comme si chacun avait autant d'« urgence à savoir » qu'un chef d'État. « Le droit à l'information » du citoyen est aussi devenu l'occasion d'une guerre impitoyable de l'information, dans laquelle l'individu est souvent moins héros que victime. D'autant, et c'est la mauvaise surprise, que cet élargissement de l'information et la multiplication des tuyaux ne provoquent pas la diversité des thèmes traités. Le champ de l'information ne s'est pas élargi à la mesure des techniques. Le conformisme règne le plus souvent. Tout le monde traite de la même chose, de la même manière et pendant la même durée. Finalement, comme cela se passait déjà il y a trente ans, quand il y avait moins de médias. Abondance d'informations et interactions croissantes font bon ménage avec le conformisme...

*La pipolisation,* par contre, est en expansion dans tous les pays. Elle est probablement la grande bénéficiaire de cet élargissement de l'espace public, et de l'augmentation du nombre de médias et de supports. Elle constitue un certain progrès parce qu'on parle plus naturellement de presque tout. C'est aussi une limite parce qu'elle met en scène et valorise un milieu, qui à lui tout seul ne peut résumer la complexité des sociétés et dont les opinions, attentes, expressions ne sont pas toujours à la hauteur des défis politiques, scientifiques et culturels de nos sociétés. *Être vu et s'exprimer sur tout n'est pas forcément un progrès démocratique*. La société et ses contradictions ne se réduisent pas à l'espace médiatique, aux confidences et révélations des réseaux, qui traversent aujourd'hui tous les milieux sociaux. Et particulièrement, comme par hasard, celui qui est aux confins de la politique, des médias, et d'une certaine « élite » médiatique.

*La dévalorisation de la culture*, pas seulement académique, mais de toutes les professions à compétences techniques et culturelles qui contribuent à la structuration de la société, est la contrepartie évidente de la place grandissante de la *pipolisation*. C'est en réalité la complexité des compétences, la réalité des savoirs et des expériences, qui aujourd'hui « ennuient ». On veut de l'expression, du témoignage, de la vie, des sentiments et pas trop de choses compliquées. La culture, oui, mais sur iPad, avec cette idée séduisante, et fausse, qu'on lira davantage en accédant facilement à vingt mille livres. Avec les techniques, on a le sentiment de « résoudre » la question si désagréable de la « lenteur » de la culture. On veut bien de la culture à condition qu'elle *ressemble* au fonctionnement de toutes les autres techniques et que tout soit rapide. C'est la temporalité, la valeur et les mécanismes mêmes de la culture, au sens large, qui sont décalés par rapport aux valeurs actuelles du temps immédiat. Sans parler de l'érudition qui paraît encore plus anachronique. Si l'on peut faire si vite, et si bien, le tour du monde par avion en faisant le tour de son ordinateur, pourquoi s'intéresser à tout ce qui va beaucoup plus lentement, de manière plus difficile et moins satisfaisante ?

Cette symbolique de la vitesse, de la facilité d'accès, de la fragmentation des contenus et de l'augmentation des interactions, est aussi *un immense marché de l'audience,* sous ses multiples formes. Tout se paye, ou se payera, dans l'usage multifonctions de toutes ces techniques interconnectées. Non seulement la traçabilité permet de calculer des audiences, et parfois à la seconde près – pour respecter cette culture « nomade », instantanée et interactive qui s'est installée –, mais elle permet de pister les internautes, leurs goûts et les contours de cette fameuse culture multimédias. Tout simplement pour en faire, demain, autant de nouveaux marchés.

L'horizon marchand de cet univers interconnecté est évident, même si nombre de ses adeptes n'y voient encore que la trace d'une culture « anarchique » et « libre » qui se serait enfin échappée des multiples carcans des cultures officielles. Les mêmes discours sur les cultures « alternatives » ont existé avec l'apparition, il y a cinquante ans, des télévisions communautaires, puis des radios libres qui devaient, les unes et les autres, « subvertir » l'ordre officiel. On voit ce qu'il en est advenu… Tout est rentré dans l'ordre des industries de la culture et de la communication, dont la plupart opèrent à l'échelle mondiale, avec des degrés de concentration et de rationalisation qui n'ont plus grand-chose à voir avec les propos libertaires d'il y a un demi-siècle. *La culture, l'information, la connaissance sont devenues des industries mondiales florissantes*. Seule la volonté politique peut éviter qu'elles ne deviennent en accord avec la culture du zapping actuelle, autant de marchés rentables. La liberté individuelle n'a rien d'incompatible avec une hiérarchisation et une mercantilisation de toutes ses dimensions.

QUESTIONS POUR AUJOURD'HUI ET DEMAIN

*Quel est l'impact de cette omniprésence de l'information, de l'image et de l'interaction sur la mondialisation ?* La vitesse et la transparence permettront-elles de mieux comprendre, domestiquer, apprivoiser cette si monstrueuse complexité de la mondialisation ? Ou bien, au contraire, tout cela débouche-t-il sur encore plus de *bruit* ? Le village global est-il devenu une réalité autre que technique ? L'ensemble de ces dispositifs peuvent-ils empêcher la perception du retour de la tour de Babel ? Quel lien construire entre information, connaissance et culture ?

*Comment gérer le décalage entre la fin des distances physiques et la visibilité de l'immensité des distances culturelles ?* Que peut la vitesse de l'information et des connexions par rapport à la lenteur des processus de connaissance et aux efforts mutuels considérables à entreprendre pour se comprendre, ou du moins se tolérer ? La multiplication des voyages et des échanges d'informations n'a jamais suffi à réduire la méfiance à l'égard d'autrui. Peut-il y avoir un autre miracle que celui de la *musique*, qui est devenue à la fois une des grandes industries culturelles mondiales *et* sans doute le passeport le plus efficace pour accéder à l'autre ? Ni les jeux vidéo, ni la cuisine, ni la culture n'ont obtenu de tels résultats. Les inventions à créer pour réduire les fractures culturelles et historiques sont beaucoup plus complexes. Sera-t-il réellement possible de respecter un jour cette *diversité culturelle* inscrite à l'Unesco (2006) et néanmoins bafouée par tous les pays ? Pourra-t-on passer de la quasi-obsession à respecter la *biodiversité* à la quasi-indifférence à l'égard de la disparition des *diversités culturelles* ? Comment prendre à bras-le-corps cette question si complexe de la diversité culturelle, c'est-à-dire celle de la cohabitation avec *l'autre* ?

*Comment repasser de la performance et de la vitesse de l'univers technologique à la lenteur et la complexité du fonctionnement des sociétés et surtout de la politique ?* La politique ne se fait pas avec des twitts, des sites ou des blogs. La logique de l'action a de moins en moins à voir avec celle de l'information, des images et de l'interconnexion technique. La performance des systèmes d'information renforce l'idée, fausse, que la réalité peut obéir aux mêmes logiques. Le Net introduit une culture de l'urgence, de la continuité et du même alors que la politique et la société illustrent la réalité des discontinuités et de la difficulté à gérer des altérités. Ceci repose notamment la question du devenir des *journalistes*, centraux pour l'information et intermédiaires entre le monde et les citoyens au moment où fleurit le mythe d'un citoyen libre, branché directement sur la réalité grâce à l'ordinateur et aux bornes interactives. Chacun peut devenir journaliste-citoyen et les sites dénonçant toutes les « turpitudes » du monde fleurissent. Wikileaks est-il la justification ultime et la revanche des journalistes ou leur tombeau ? Autrement dit, que faire pour revaloriser cette fonction indispensable d'intermédiaire entre le spectacle du monde et la réalité des citoyens ? Comment expliquer les limites d'une information « en direct » faite par le citoyen lui-même en fonction de ses propres compétences et centres d'intérêts ? Là aussi, comment préserver la place pour l'altérité dans l'information comme dans la culture et la connaissance ?

Comment résoudre cette contradiction : « Les citoyens sont des géants en matière d'information et des nains en matière d'action politique » ? Comment éviter le sentiment d'impuissance face à ce décalage et l'envie de se « débrancher » de la politique, trop lente, trop complexe, trop décevante ? Comment résister au désir du repli sur soi et sur ses communautés d'affection et pourquoi continuer de s'intéresser au monde avec sa complexité et ses déceptions ? Autrement dit, le citoyen multibranché et saturé d'informations n'est pas forcément mieux armé pour franchir le cap, toujours aussi difficile et décevant, du passage à l'action. D'autant que sa méfiance à l'égard du couple de plus en plus consanguin entre hommes politiques et journalistes ne cesse de croître. L'altérité de ce que représente l'action politique est encore plus visible et la défiance à l'égard des hommes politiques, envahis par l'information et la pipolisation de plus en plus perceptible. Surtout compte tenu des changements d'échelle de la politique. Ce qui repose la question redoutable du statut de l'action et de *l'expérience*. En quoi beaucoup plus d'informations et d'interactions facilitent-elles l'action et l'expérience ? L'expérience est une catégorie à repenser quand on voit le décalage croissant entre la performance de l'information et le tohu-bohu de l'action publique et politique.

*Comment gérer le décalage croissant entre la performance de l'information et l'irrationalité de la communication ?* Comment admettre les discontinuités entre information et communication et la complexité de la seconde par rapport à la première ? Comment reconnaître que le message, l'information, est toujours plus simple que la communication, la relation, c'est-à-dire l'*autre* ? Comment accepter qu'il n'y ait plus de lien direct entre l'accroissement du volume d'informations *et* la compréhension mutuelle ? Comprendre que la grande nouveauté du XX$^{e}$ siècle est cette rupture entre les deux. Informer n'est plus communiquer. C'est l'abondance et la performance même de l'information qui révèlent et accentuent ce fossé, brisant le rêve de toute l'histoire de l'information depuis deux siècles. Du coup, la difficulté n'est plus seulement du côté du message, même s'il est toujours aussi difficile de produire une information libre et honnête, mais *aussi* du côté du récepteur. Comment celui-ci accepte-t-il, refuse-t-il, négocie-t-il ce bombardement continu d'informations ?

Le mystère, c'est *le récepteur*, pour l'information, mais aussi pour les sondages, le vote et l'action politique. Les individus et les groupes – de plus en plus réticents à l'égard des idéologies –, tout en étant souvent beaucoup plus critiques que les forces politiques officielles le croient, ont un comportement de plus en plus imprévisible. D'autant qu'entre l'information et la communication s'installent les *interactions* trop facilement identifiées à la communication. L'*interaction* reste raisonnable, ce qui est visible dans les interactions techniques, la *communication*, par contre, est beaucoup moins rationnelle et plus hasardeuse.

Le paradoxe de cette révolution des techniques de communication, est de compliquer encore plus le processus de communication humaine et politique qu'elle devait au contraire simplifier. Le récepteur constitue en quelque sorte la revanche des hommes, des cultures, des valeurs, et des représentations sur les dispositifs techniques. Comme si la communication s'échappait, et l'incommunication s'installait, au fur et à mesure qu'il est de plus en plus aisé d'interagir. On est loin d'en avoir fini avec cette « savonnette » de la communication.

---

## *La laïcité, un droit à effet boomerang*[9]

Pourquoi un débat qui devait montrer le caractère ouvert, démocratique, tolérant et intégrateur de la laïcité suscite-t-il un tel sentiment d'incompréhension en France et dans nombre d'autres pays ? Pourquoi, avec les meilleures intentions du monde, arrive-t-on à l'inverse du but recherché ? La laïcité, symbole de la liberté et de l'intégration, identifiée à l'intolérance et à l'interdiction ? La France terre d'asile devenant terre d'exclusion ? Et ce, malgré le vote, fait extrêmement rare, d'une loi par la droite et la gauche confondues. Et ce aussi, malgré un siècle où les modèles laïc et républicain – les deux ne sont pas synonymes – ont favorisé la cohabitation des religions, des communautés et une certaine intégration. Pourquoi un tel effet boomerang ? Parce que le contexte de la laïcité a considérablement changé en un siècle.

Hier, il s'agissait d'une laïcité d'interdiction et d'une intégration par *autorité*. Aujourd'hui, il faut une laïcité d'adhésion et une intégration par *coopération*. L'objectif est le même, les méthodes radicalement différentes. Nous vivons en effet dans des sociétés ouvertes où la communication perturbe tout. Non seulement les messages circulent vite, mais surtout ils sont de plus en plus contestés. Le récepteur n'est plus en ligne avec l'émetteur. L'autre est devenu un égal, un partenaire. Il existe avec le droit à l'opposition. *Il faut donc convaincre et pas seulement interdire*. En matière de culture et de religion, l'autorité et la loi ne suffisent plus. Laissons de côté l'argument selon lequel « il fallait agir contre un complot islamiste lié au terrorisme international, et visant à déstabiliser la République ». Celle-ci en a vu d'autres, et c'est prêter au terrorisme une toute-puissance culturelle discutable. Non, le plus intéressant est le fossé d'incompréhension entre le rappel du bien-fondé de la laïcité – la séparation du religieux et du politique – et ceux qui doivent en être les bénéficiaires. Incompréhension d'autant plus inattendue que depuis vingt ans les événements internationaux montrent combien, de nouveau, les liens trop étroits, entre religion et politique, peuvent devenir dangereux.

---

9. « Tribune », *Libération*, 4 mars 2004. Cet article, rédigé peu de temps avant l'adoption de la loi n° 2004-228 du 15 mars 2004 encadrant, en application du principe de laïcité, le port de signes ou de tenues manifestant une appartenance religieuse dans les écoles, collèges et lycées publics, illustre la ferveur du débat sur l'« affaire du voile » dans l'espace public.

Les trois effets boomerang ? *Interdire* est perçu comme le contraire de la liberté individuelle qui est un des acquis de la démocratie et de la laïcité. Pourquoi refuser cette liberté religieuse dans un des rares pays qui la reconnaît ? Pour certains, revendiquer une identité religieuse publiquement n'est pas un acte de soumission, mais de liberté. *Exclure,* c'est aussi nier l'importance des identités culturelles collectives qui surgissent depuis une génération, comme nouvel enjeu, entre le social et le politique. Les communautés ne veulent plus abandonner leurs racines, y compris pour les jeunes, issus de la troisième génération. Preuve là aussi que le besoin de mémoire, culture, religion est insubmersible. Toutes les valeurs de la modernité, liberté, individualisme, consommation... valorisées depuis deux générations, comme moteur de l'intégration, sont insuffisantes. Les individus restent avant tout des êtres métaphysiques. Plus il y aura de modernité, de mondialisation, plus les communautés – et cela n'a rien à voir avec le communautarisme trop facilement utilisé comme bouc émissaire – revendiqueront identités, langues, cultures, religions, traditions, etc. Après tout, cela constituait déjà les références de la charte de l'ONU en 1948. Mais personne ne les avait lues, et cela était exprimé dans un langage occidental. Aujourd'hui la revendication devient mondiale. Donc plus compliquée. Et l'Occident n'a plus le monopole de la définition de la culture, même si, à juste titre, celui-ci défend l'existence d'un lien fort entre culture et démocratie.

Il ne faut pas négliger les conséquences de la mondialisation de l'information. Aujourd'hui tout le monde voit tout et sait tout. Les arguments du débat franco-français répercutés dans le monde, notamment arabo-musulman avec lequel les liens sont forts, affectifs, mais tourmentés, n'ont pas toujours été compris et acceptés. L'universalité de la laïcité à « la française » rencontre de plein fouet l'altérité culturelle et l'incompréhension. La France, terre d'asile, des droits de l'homme, de la liberté deviendrait-elle presque islamophobe ? Au point de rompre avec une vieille tradition et de détricoter la confiance acquise lors de la guerre d'Irak il y a un an ?

Paradoxalement la France n'a même pas mobilisé sa propre expérience de l'islam. Pas un mot sur Mayotte, pourtant terre de France et d'islam. Ni sur la Réunion, autre terre de dialogue des cultures et des religions. Ni rien d'ailleurs sur l'ensemble des outre-mers et sur la coopération. Ni sur les liens privilégiés avec le Maghreb. Et encore moins sur les liens avec la francophonie ou de multiples situations de cohabitation culturelle et religieuse existent, et auraient été *autant* de pistes de réflexion pour redéfinir la laïcité. *La France repliée sur l'hexagone, oubliant ses racines mondiales, est redevenue étrangement « blanche », répétant le débat de 1905 dans un monde où tout a changé.*

Voilà les trois boomerangs. La revendication de la liberté dans un des rares pays où elle est possible. L'affirmation des identités culturelles collectives. Les conséquences de la mondialisation de l'information.

Que faire ? Rappeler bien sûr que pour la laïcité, comme pour la démocratie, il n'y a pas de droits sans devoirs. La laïcité est autre chose que la liberté individuelle. Important à rappeler à une époque où chacun réclame ses droits et oublie ses devoirs. Cette difficulté à admettre ses devoirs dépasse largement les questions de religion... Il faut aussi rappeler sans cesse que la tolérance et l'intégration ont des *causes sociales* précises. Assurer la dignité et l'égalité dans le travail, l'école, la santé, le logement, le cadre de vie est au moins aussi important que les droits et devoirs politiques et culturels. Revaloriser enfin l'école que certains ont trop voulu réduite à l'apprentissage de la modernité. Elle est le lieu privilégié de la socialisation, du respect d'autrui, de l'apprentissage de l'histoire, de l'égalité entre les sexes, du dialogue et de l'intégration. Ne pas oublier non plus que la République a, hélas maintes fois depuis 1905, trahi ses idéaux et les populations qui l'ont servie et souvent sont mortes pour elle. Les exemples sont nombreux d'un système de valeurs, d'intégration, de laïcité à plusieurs vitesses. Soucieuse à juste titre de faire respecter aujourd'hui ses choix, la République devrait aussi se souvenir de la manière dont furent traitées les autres cultures, sociétés et populations. Le pire serait d'ailleurs de croire que la loi clôt ce débat sur la laïcité et la cohabitation culturelle au sein des États-nations. Celui-ci commence à peine. Et pas seulement en France, car partout en Europe la question des rapports entre culture et religion, laïcité et intégration, société et politique se pose, mobilisant les hommes politiques, l'école, les municipalités, les entreprises... Le pire serait qu'une coupure s'établisse, là aussi, entre les élites et le reste de la société.

L'enjeu ? L'obligation pour nos sociétés, devenues largement multiculturelles de ne plus gérer, comme hier, les rapports entre société, culture et politique sur un mode hiérarchique et autoritaire. Les valeurs doivent être défendues, bien sûr, mais à condition de respecter l'Autre et d'entreprendre un considérable effort de pédagogie. Éviter en tout cas que les valeurs occidentales, pensées souvent comme universelles, ne soient réduites, par les adversaires de la démocratie, à un simple occidentalisme, et de fait rejetées. Comment ? En apprenant à faire cohabiter universalité *et* diversité culturelle. En expliquant mieux pourquoi, dans un monde où ressurgissent les théocraties, les valeurs de la laïcité restent un immense idéal démocratique.

---

## *Argumentation : le déficit d'analyse*[10]

L'argumentation est indissociable de la communication et, depuis un demi-siècle, presque tout a changé en matière de communication, sans pour autant susciter de renouvellement substantiel dans les problématiques de l'argumentation. Tel est le paradoxe. Tout le monde s'intéresse à la communication, presque personne à l'argumentation. Comme si l'on ne voulait pas trop savoir, comme si par une sorte de pensée miracle on espérait pouvoir conserver les modèles anciens. C'est en cela que l'argumentation est un trou noir.

Il n'existe pas de communication intersubjective sans argumentation. On peut le dire autrement : sans argumentation, pas de communication. Il

10. *Hermès*, n° 15, *Argumentation et rhétorique (I)*, 1995.

y a peut-être de l'expression, mais pas d'échange, car pour échanger, il faut construire un discours qui permette une réponse. Et cette construction passe nécessairement par une argumentation.

Communiquer avec autrui, entendu comme un autre, égal à soi, implique donc le recours à l'argumentation. Tel est le paradoxe dans lequel nous sommes : un grand intérêt pour le contenu, un faible intérêt pour l'argumentation qui en est pourtant son « moteur ». Que l'on songe aux décalages introduits par la multiplication des types de communication qui n'existaient pas il y a un siècle, comme par exemple la radio, la télévision et l'ensemble des procédures de communication médiatisées par la technique. L'intérêt qu'ils ont suscité est sans mesure avec les travaux qui en parallèle ont essayé de comprendre les nouvelles procédures d'argumentation qui en résultaient.

## LES TROIS CHANGEMENTS

C'est d'abord l'ouverture des sociétés les unes sur les autres, au nom d'intérêts économiques, mais aussi d'aspirations démocratiques. C'est tout le thème, puis l'Organisation des nations unies, qui vient après deux guerres mondiales et plus de cent millions de morts, ouvre une autre histoire des relations internationales, celle de la coopération internationale. Même si cet idéal ne supprime pas la logique des intérêts, il ouvre tout de même une autre histoire basée sur le dialogue entre États. Le modèle actuel, dominant depuis un demi-siècle, ne signifie pas la fin des rapports de force, mais simplement la place grandissante des discours, parallèlement à la logique des intérêts. La référence même à la « communauté internationale » renvoie bien à l'importance des valeurs de communication.

C'est ensuite le processus croissant de démocratisation qui conduit à élargir le champ politique, donc celui des arguments échangés entre partenaires de plus en plus nombreux, en vue de la conquête et de l'exercice du pouvoir. Si aujourd'hui tout est discuté sur la place publique, et dans l'espace public, cela signifie la production et l'échange d'un bien plus grand nombre d'arguments et de discours. En réalité, l'argumentation est le « cousin germain » de la liberté de communication.

C'est enfin l'extraordinaire développement des techniques qui, de la radio à la télévision, et aux nouveaux médias ont considérablement modifié les logiques de communication. La presse écrite avait déjà bouleversé les modes et l'espace de l'argumentation. Son essor a continué, pendant que simultanément le surgissement du son, puis de l'image et enfin des données élargissait encore les espaces de la communication.

En un mot, on est passé d'un modèle de société fermée, à un modèle de société ouverte où le choc permanent des deux logiques, celle de l'intérêt et celle des valeurs pour la maîtrise des enjeux symboliques, met au centre les processus d'argumentation. Ceux-ci sont d'autant plus essentiels que cette triple mutation n'obéit pas aux mêmes logiques, ni aux mêmes aspirations, et oblige à une cohabitation. Qui dit cohabitation de valeurs, de représentations et d'intérêts contradictoires, dit ouverture d'un espace discursif. La bataille des mots est essentielle pour éviter celle des autres.

Tout a donc changé avec la démocratisation : la taille des problèmes, la nature des discours, les domaines de discussion, le nombre des acteurs. Avec un phénomène commun : l'augmentation du nombre des discours, et donc des logiques rhétoriques et argumentatives. C'est pourquoi, on peut dire que l'extension des logiques de communication, et donc d'argumentation, à laquelle on assiste depuis un demi-siècle sont les deux aspects consubstantiels de ce vaste mouvement de démocratisation. La filiation est directe entre démocratisation, communication et argumentation.

## DES ESPACES DISCURSIFS À L'INFINI

Du point de vue de la communication, tout est donc à réexaminer avec cette difficulté supplémentaire : la rapidité du changement, en moins de deux générations, est telle que personne ne maîtrise le fonctionnement de cet immense espace communicationnel qui s'est installé sur les ruines des anciens modèles et repères idéologiques. Aussi bien au niveau des États-nations qu'à celui de la communauté internationale. La règle, qui s'est néanmoins imposée, et qui est acceptée par tous, même si elle est évidemment violée tous les jours, demeure que les mots remplacent les coups. Même si les coups deviennent de plus en plus nombreux, au travers les crises et les guerres, la scène internationale accessible aujourd'hui à chacun par l'intermédiaire des médias s'est organisée plutôt sur le principe de la confrontation des esprits que sur celui de la guerre. Tout le monde cherche des « éléments de langage ».

Le défi est tel, la réussite si peu probable, que l'on comprend le vertige qui en résulte et le demi-silence sur les questions de communication. Celle-ci est à la fois convoquée, encensée, mais sans susciter un travail approfondi à son endroit. Peut-être parce qu'étant au cœur du système, chacun redoute d'aller un peu plus loin dans sa compréhension. Rarement une valeur, la communication, n'aura été autant au centre des transformations sociales, culturelles, techniques et économiques, sans susciter simultanément aussi peu de travaux théoriques. Ce décalage, qui ressemble à une politique de l'autruche, est peut-être nécessaire tant les changements sont radicaux. Cette résistance à la réflexion concernant la communication rejaillit naturellement sur l'argumentation.

Deux « petits » exemples. La situation internationale, surtout depuis l'effondrement du communisme, est beaucoup plus ouverte. Quels modèles de communication et d'argumentation faut-il élaborer pour faciliter un minimum de compréhension entre aires culturelles que tout sépare ? À quelles conditions une communication est-elle possible entre l'Est et l'Ouest, le Nord et le Sud ? Et, deuxième exemple, au sein de toute nation : quel est l'impact du droit dont la place croît avec la démocratisation de la société ? Jusqu'où la juridicisation des rapports sociaux, avec les modèles de rhétorique et d'argumentation dont ils sont porteurs, peut-elle structurer les rapports sociaux et servir la logique démocratique dont elle s'inspire ?

Dans la situation actuelle très nouvelle où se met en place un ordre symbolique davantage centré sur la communication et l'argumentation, l'avantage demeure l'absence de grandes certitudes et de grandes idéologies.

Mais cela ne peut durer longtemps. La question est bien, à partir de la tradition philosophique et littéraire, d'ouvrir cet immense chantier de la compréhension des logiques argumentatives à l'œuvre dans des espaces de communication, de plus en plus larges et de plus en plus hétérogènes. Nécessités théoriques d'autant plus urgentes que nos sociétés sont aussi marquées par un autre changement, dont l'impact est également direct sur la logique argumentative : celui du surgissement, et de la légitimation, de tout ce qui concerne le sujet, l'individu, les sentiments, la subjectivité, voire l'inconscient. Non seulement les espaces de communication sont plus larges, les acteurs et les sujets débattus plus nombreux, mais en outre le modèle culturel dominant a changé. Il favorise l'individu, dans sa dimension cognitive et affective.

Aujourd'hui, le discours occidental, au-delà de la tradition rationnelle s'ouvre à la dimension subjective des échanges. Changements radicaux qui ne peuvent manquer d'avoir un impact sur la logique argumentative. Quelle est alors la conséquence de ce « tout communicationnel » qui envahit la société ? Comment cohabitent arguments rationnels et subjectifs ? Dans quelle mesure la place croissante de la séduction dans la communication et les rapports sociaux modifie-t-elle les règles, mais aussi l'impact de l'argumentation ? C'est la conception même du sujet, sa représentation et sa place symbolique qui ont changé. Donner à « se voir » en même temps que l'on « dit », modifie les modes de communication et introduit en tout cas, des dimensions psychologiques plus complexes.

## L'EXPLOSION DES SCIENCES SOCIALES

Nous assistons également depuis un demi-siècle à une « explosion » des sciences sociales. En introduisant une logique spécifique de la connaissance des processus sociaux, elles en modifient la représentation et la compréhension. Tout autant qu'elles transforment le jeu des acteurs, et partant celui de leurs relations et de leur argumentation.

Le paradoxe est que l'immense développement de ces connaissances consacrées à la société (par l'histoire, la géographie, l'anthropologie, l'économie, le droit, la science politique, etc.) n'a pas provoqué une réflexion, de même ampleur, sur les changements qui en résultaient dans les modèles communicationnels et argumentatifs. Les références restent strictement philosophiques, avec la figure emblématique d'Aristote et un soupçon de tradition littéraire. Comme si l'immense territoire des sciences sociales n'était pas apparu en un siècle. Comme si tout cela n'avait pas modifié les connaissances, les symboles, les images, les représentations, les concepts. C'est-à-dire les manières de représenter la réalité, de l'analyser, et d'en parler !

Même l'intérêt récent pour les sciences cognitives n'a pas, pour le moment, suscité de grandes vocations de recherches sur leur impact à l'égard des stratégies argumentatives. Et pourtant, qu'il s'agisse d'intelligence artificielle, de système expert, de dialogue homme/machine, toutes les applications des sciences cognitives débouchent sur le problème de la construction de modèles de communication. C'est-à-dire de modèles de compréhension et de production d'échanges structurés à partir de mots et de phrases. Tous ces dialogues mettent au centre une problématique de la construction du sens, donc de l'argumentation.

La cognition, dès qu'elle rencontre l'autre, ouvre droit à la communication, et pose les problèmes de l'intercompréhension entre soi et autrui, ou entre soi et une machine. C'est cette nouvelle articulation entre l'échelle individuelle et collective d'une part, et entre les hommes et les artefacts d'autre part, sur laquelle il faut travailler. Sans oublier la prise en compte de cet autre niveau de fonctionnement qu'est la réalité psychique et affective. C'est peu de dire que la prise en compte des effets de l'inconscient dans le langage a un impact sur les mécanismes argumentatifs. Entre la prise en compte de ces nouvelles dimensions dans la compréhension de la communication humaine, et l'analyse des situations de communication nouvelles entre les hommes et les machines, il y a là de nombreux chantiers en perspective.

Il y a une trentaine d'années on avait parlé, avec l'explosion de la linguistique, de *linguistic turn*. Ne pourrait-on parler aujourd'hui de l'urgence d'un *argumentative turn* ?

## LES CHANTIERS DE L'*ARGUMENTATIVE TURN*

Ils sont innombrables et illustrent l'intérêt scientifique et intellectuel de ces questions. En réalité tout est à (re)penser à l'aune de cette place croissante de la communication dans les rapports individuels et collectifs. Non que la communication invalide tous les schémas antérieurs : loin de là, car le neuf, pas plus là qu'ailleurs, ne détruit totalement l'ancien. Mais il oblige au moins, dans un premier temps, à un réexamen radical des problèmes. Cinq exemples :

Les médias et l'argumentation : qu'est-ce qu'argumenter à la radio et à la télévision ? Plus généralement quel est l'impact sur la structure argumentative, de la contrainte des médias de masse, qui est de faire court et de s'adresser au plus grand nombre ?

Les sciences : l'explosion de la chimie, puis de la biologie mettent-elles au jour des modèles cognitifs et des schémas discursifs différents de ceux mis en avant depuis un siècle par la physique ? Le problème se réplique avec l'émergence des sciences sociales, dont il a fallu une longue bataille pour faire admettre le caractère scientifique de leur démarche. C'est-à-dire pour ne pas être évaluées selon les mêmes critères heuristiques que les sciences exactes et les sciences de la vie.

La psychanalyse : comment la découverte des manifestations, si ce n'est des logiques de l'inconscient, modifie-t-elle le rapport à l'autre, dans la présentation de soi et dans l'échange ? Le renouveau de la problématique du sujet qui en résulte oblige à réexaminer les schémas traditionnels du rationalisme cognitif.

La communication politique dans l'espace public élargi : depuis toujours, les sociétés tiennent un discours sur elles-mêmes, même s'il est bien différent selon les époques, selon qu'il soit dominé par les valeurs religieuses, monarchiques, laïques ou démocratiques. Quel est l'impact de l'élargissement actuel de la socialisation politique, sur les modes de communication ? Quelle influence le paradigme démocratique dominant a-t-il sur les figures argumentatives ? L'élargissement du champ de la démocratisation ne peut manquer d'avoir un impact sur la nature même des discours. Le nombre plus grand d'acteurs politiques, économiques, sociaux, culturels, intervenant dans l'espace public ne peut manquer également de modifier les modèles mêmes de l'argumentation politique et des figures rhétoriques.

La création d'un espace de parole international : avec la multiplication des organisations mondiales et des ONG émerge un autre système de communication et d'argumentation. Ne serait-ce que par l'obligation d'articuler certaines références universelles liées au modèle rationaliste occidental dominant de ces organisations, avec des réalités culturelles linguistiques et symboliques différentes. De même, la construction d'un nouveau, et immense, territoire politique symbolique comme l'Europe est-elle également un domaine de recherche essentiel à défricher. À partir de quelles références et valeurs communes, des peuples, et pas seulement des élites, peuvent-ils apprendre à mieux se connaître, voire à se parler, et à coopérer ? Cela passe naturellement par la mise à jour des différents modèles argumentatifs existant au sein des traditions culturelles et historiques, mais aussi par une réflexion sur ce que pourrait être l'élaboration d'un minimum de structures argumentatives communes.

Ces quelques exemples prouvent tous que ce sont les figures mêmes de la rhétorique qu'il faut reprendre, à l'aune des changements scientifiques, sociaux, culturels et politiques. La catégorie, par exemple, du stéréotype, n'est pas la moins importante à remettre sur le chantier, ainsi, d'ailleurs, que tout ce qui distingue les logiques minoritaires des logiques majoritaires.

On ne sauvera la communication qu'en approfondissant simultanément la connaissance des changements qui en résultent du côté de la rhétorique et de l'argumentation. C'est ainsi que l'on évitera la réduction de la communication à une seule logique expressive et narcissique.

---

## *La communication politique : construction d'un modèle*[11]

En politique, la séparation entre l'action et la parole est ancienne. Elle s'accompagne d'une forte valorisation de la première et d'une méfiance pour la seconde. Ce décalage résulte peut-être du fait que le discours politique renvoie aux mensonges, promesses et idéologies qui sont l'autre face de la politique. Dans cette histoire mouvementée, l'époque contemporaine introduit un changement de taille en valorisant dans la politique ce qui concerne la communication, tant au niveau des discours échangés, que du rôle des médias et aujourd'hui de l'opinion publique. Cette valorisation de la com-

11. *Hermès*, n° 4, *Le Nouvel Espace public*, 1989.

munication, avec notamment l'émergence de la communication politique, est contemporaine de la société et de la démocratie de masse, caractérisées par le suffrage universel égalitaire, le règne des médias et celui des sondages.

## ÉLÉMENTS DE DÉFINITION DE LA COMMUNICATION POLITIQUE

Intuitivement, la communication politique évoque tout ce qui a trait à la production et à l'échange des discours politiques tenus par les différents acteurs et répercutés par les médias. Mais en dépit de la place incontestable qu'elle occupe, celle-ci ne bénéficie pas toujours d'une meilleure représentation. Autant la démocratie de masse, le suffrage universel, les sondages et même la télévision ont finalement réussi à acquérir leurs lettres de noblesse, autant la communication politique continue de susciter des réserves. Elle a « mauvaise presse » car elle condense tout ce que l'on peut reprocher à la politique moderne.

Elle est pourtant un changement aussi important dans l'ordre de la politique que les médias de masse l'ont été dans celui de l'information et les sondages, dans celui de l'opinion publique. La communication politique traduit l'importance de la communication dans la politique, non pas au sens d'une disparition de l'affrontement, mais au contraire au sens où l'affrontement qui est le propre de la politique, se fait aujourd'hui dans les démocraties, sur le mode communicationnel, c'est-à-dire finalement en reconnaissant l'« autre ». L'émergence de la communication politique est tout simplement l'aboutissement du double processus de démocratisation et de communication commencé il y a deux siècles. Ce modèle bien que lié au vote et au droit d'expression a d'abord été conçu dans une société inégalitaire, et peu nombreuse, très différente de la société de masse qui s'est dessinée au XX$^{e}$ siècle, dominée par le poids du grand nombre, des médias et progressivement de l'opinion publique devenue force autonome.

La communication politique m'apparaît donc exactement comme le contraire d'une dégradation de la politique, mais comme la condition du fonctionnement de notre espace public élargi. En permettant l'interaction entre l'information, la politique et la communication, elle apparaît comme un concept fondamental d'analyse du fonctionnement de la démocratie de masse. Elle ne conduit pas à supprimer la politique ou à la subordonner à la communication, mais au contraire, à la rendre possible dans la démocratie de masse. La définition ? *La communication politique est le lieu d'affrontement symbolique des discours portés par les trois enjeux légitimes que sont les acteurs politiques, les médias et les journalistes, l'opinion publique et les sondages.* L'enjeu est la maîtrise de l'interprétation politique de la situation. Cette définition insiste sur l'idée d'interaction entre des discours contradictoires tenus par des acteurs qui n'ont ni le même statut, ni la même légitimité, mais qui de par leurs positions respectives dans l'espace public constituent en réalité la condition de fonctionnement de la démocratie de masse.

Cette définition présente cinq avantages.

Tout d'abord, elle *élargit* la perspective traditionnelle. La plupart des travaux étudient l'influence des médias ou des sondages, ou celle des hommes politiques, parfois les relations deux à deux, mais très rarement les relations entre les trois. Ici, au contraire, l'interaction constituée par la circulation simultanée des discours des acteurs politiques, des sondages et des médias est d'emblée l'objet de la définition. Les trois discours font système dans la réalité, au sens où ils se répondent. C'est leur interaction qui est constitutive de la communication politique, celle-ci étant définie moins comme un espace de « communication » que comme un espace de « confrontation » de points de vue contradictoires.

C'est pour cela qu'elle ne comprend qu'un nombre limité d'acteurs, ceux qui ont légitimité à s'exprimer, et qu'elle est consubstantielle à une logique d'interaction. Il y a en outre dans l'idée de communication politique, celle du heurt des légitimités et la sanction que représente l'horizon de l'élection par rapport auquel s'ordonnent les discours.

Le deuxième avantage est de souligner l'originalité de la communication politique : *gérer les trois dimensions contradictoires et complémentaires* de la démocratie de masse, la politique, l'information et la communication.

La démocratie de masse est en effet inséparable de ces trois caractéristiques : l'élargissement du poids de la politique avec le nombre plus grand des problèmes traités au plan politique et le plus grand nombre d'acteurs impliqués avec le suffrage universel égalitaire ; l'existence de médias de masse pour informer le grand nombre grâce notamment à la radio et à la télévision ; la nécessité de connaître l'état de l'opinion publique dans ses revendications et ses réactions à l'action des hommes politiques. L'originalité, l'intérêt de la communication politique, est d'être ce lieu d'expression et d'affrontement des légitimités constitutives et contradictoires, de la démocratie de masse.

Les trois légitimités constitutives de la communication politique ne sont pas apparues ensemble, c'est la politique et l'information qui se sont développées d'abord à partir du XVIII^e^ siècle, la bataille pour le suffrage universel étant inséparable de celle pour la liberté de l'expression et de l'information. Par contre, l'opinion publique et la communication sont beaucoup plus récentes.

Pourquoi rapprocher communication et opinion publique ? D'abord parce qu'il n'y a pas de démocratie de masse sans prise en compte de l'opinion publique et que celle-ci est inséparable d'un processus communicationnel tant dans sa constitution que dans son expression[12]. En effet, l'opinion publique n'existe pas en soi, mais résulte d'un processus social permanent de construction/déconstruction, lié à la manière dont certains thèmes émergent ou non dans le domaine social et politique et sont l'objet d'un intérêt politique. C'est pourquoi, elle est inséparable d'une interaction sociale qui en quelque sorte la constitue. Par ailleurs, elle ne prend sens, souvent, qu'au travers de la communication des sondages qui en sont le porte-voix et qui lui assurent sa publicité dans l'espace public. Historiquement, c'est donc la

12. Voir J.-G. Padioleau, « De l'opinion publique à la communication politique », *in* J.-G. Padioleau (dir.), *L'Opinion publique. Examen critique, nouvelles directions*, Paris, Mouton, 1981, p. 13-61.

logique de l'opinion publique et de la communication qui est la plus récente, mais aujourd'hui les trois sont inséparables.

La différence entre la légitimité de la politique liée à l'élection et celle de l'information, liée à une valeur indispensable au système démocratique est claire pour tout le monde. Par contre la différence de légitimité qui existe entre les médias et les sondages requiert une précision, tant chacun a parfois tendance à considérer information et communication comme quasiment synonymes.

La légitimité de l'information des médias repose sur le droit à l'information et à la critique qui est indépendant des techniques, même si celles-ci ont eu progressivement une échelle de diffusion de plus en plus vaste, en passant du journal à la radio puis à la télévision. Le droit à l'information est premier d'un point de vue théorique, même si aujourd'hui la communication lui assure un écho sans commune mesure avec ce à quoi pensaient les pères fondateurs de la démocratie américaine et même française. Par contre, pour l'opinion publique la communication est une valeur essentielle, nécessaire autant pour son « existence » que pour son exposition. C'est en cela que la communication politique assure la cohabitation entre ces trois logiques dont chacune constitue une partie de la légitimité démocratique.

Les intellectuels peuvent faire partie de la communication politique car ils ont autorité à s'exprimer publiquement sur la politique à partir d'une logique de la connaissance. Une longue tradition de l'intervention des intellectuels existe depuis que ce terme est né à l'occasion de l'affaire Dreyfus. Mais il n'en sera pas fait mention explicitement ici car leur espace naturel d'expression est l'espace public et non la communication politique, sauf exception notamment en temps de crises où ils peuvent intervenir dans la communication politique. *Les experts, techniciens, technocrates* qui jouent un rôle décisif dans l'administration, le fonctionnement de l'État et donc dans la politique ne font pas explicitement partie de la communication politique. Non que leur intervention ne soit pas politique, mais parce qu'ils n'ont pas vocation à s'exprimer, comme ils le veulent quand ils le veulent sur les dossiers politiques. Ce statut de « partenaire silencieux » ne simplifie pas la question réelle de leur rôle et de leur influence dans la communication politique et plus largement dans l'espace public.

Cette définition *restrictive* de la communication politique limitée à l'échange du discours des trois acteurs autorisés à s'exprimer sur tous les domaines de la politique, permet de comprendre ce qui la distingue d'un autre espace d'échange fondamental à la démocratie, mais beaucoup plus vaste, qu'est l'*espace public*. Celui-ci est consubstantiel à l'existence de la démocratie. Son principe d'organisation est lié à la liberté d'expression et s'il contient les thèmes politiques, il en contient bien d'autres puisqu'il est d'abord le lieu d'expression et d'échange de tout ce qui concerne la chose publique. La formule « rendre public » exprime bien la dimension de publicité au sens strict qui accompagne la référence à l'espace public. On rend public ce que l'on veut communiquer à l'espace public : un espace ouvert où s'expriment tous ceux qui s'autorisent à parler publiquement, donc à assurer une certaine publicité et médiation à leur discours.

Le troisième avantage de cette définition est de rappeler que *tous les discours politiques du moment ne sont pas dans la communication politique.* Seuls y figurent ceux qui font l'objet de conflits et d'affrontements. La communication politique est l'espace où s'affrontent les politiques contradictoires *du moment*, ce qui signifie que le contenu de cette communication politique varie dans le temps. Chacun voit bien comment les thèmes du chômage, de l'éducation, de l'immigration, de l'écologie, de l'indépendance nationale, de la régionalisation... n'occupent pas la même place conflictuelle au long des années.

Le quatrième avantage est de *revaloriser la politique par rapport à la communication.* La communication n'a pas « digéré » la politique car c'est plutôt la politique qui se joue aujourd'hui sur un mode communicationnel. Pourquoi la communication est-elle devenue en un demi-siècle un des problèmes essentiels ? Parce qu'elle est une conséquence de la démocratisation en ce sens que le suffrage universel et l'élévation du niveau de vie obligent à la prise en compte des aspirations d'un nombre de plus en plus grand de citoyens.

Deux causes différentes expliquent donc la place plus grande accordée à la communication. D'une part, la croissance des médias, liée au modèle démocratique et aux nécessités de fonctionnement de la société de masse. D'autre part, l'apparition d'une communication avec l'opinion publique par l'intermédiaire des sondages et des manifestations publiques. C'est d'ailleurs cette croissance de la communication qui aboutit à une disjonction de la communication en deux sens différents. Il y a d'une part une logique de l'information qui est fondamentalement celle de la presse et d'autre part une logique de la communication liée à l'opinion publique, aux sondages et aux acteurs.

Cette définition a enfin l'avantage de montrer que *le public n'est pas absent de cette interaction.* La communication politique n'est pas seulement l'échange des discours de « la classe politique et médiatique », l'on y trouve également une présence réelle de l'opinion publique par l'intermédiaire des sondages et des manifestations publiques de tous ordres. Certes, le public et le corps électoral ne sont pas équivalents à l'opinion publique et chacun fait la différence entre les deux tant d'un point de vue pratique que théorique, mais il n'empêche que dans la tradition démocratique, il est admis que l'opinion publique est une figure temporaire et imparfaite du corps électoral. Les sondages sont représentatifs de l'opinion publique et elle-même est en partie représentative des comportements électoraux. C'est cette double hypothèse, liée à notre philosophie politique centrée sur le choix individuel, qui permet de prendre en compte le point de vue du public. Cependant, *l'opinion publique ne se réduit pas aux sondages.*

Je montre dans un autre texte[13], toute la nécessité théorique de maintenir une différence de nature entre sondages et opinion publique, néanmoins il faut souligner ici un des grands changements introduits par le formidable développement des sondages en trente ans, à savoir donner une

13. « Les médias, maillon faible de la communication politique », *Hermès*, n° 4, *Le Nouvel Espace public*, 1989, p. 165-179.

meilleure visibilité aux préoccupations du public par l'intermédiaire des sondages. Cette médiation n'est pas sans provoquer des erreurs sur l'état de l'opinion publique ou sur les comportements électoraux, mais il n'empêche que dans le « cours normal des choses », les sondages, plus ou moins représentatifs de l'opinion publique, sont, en grande partie, les « représentants » des attentes de l'électorat. Tout le problème est de savoir jusqu'où, car beaucoup de thèmes ne sont pas visibles. La communication politique a un caractère public dans un autre sens : se dérouler *devant* le public qui, par l'intermédiaire du vote, vient régulièrement en trancher les débats.

C'est ainsi que la communication politique apparaît comme la scène sur laquelle s'échangent les arguments, les pensées, les passions, à partir desquels les électeurs font régulièrement leur choix.

### LES CARACTÉRISTIQUES DE LA COMMUNICATION POLITIQUE

La communication politique est un processus indispensable à l'espace politique contemporain en permettant la confrontation des discours caractéristiques de la politique : l'idéologie et l'action pour les hommes politiques, l'information pour les journalistes, la communication pour l'opinion publique et les sondages. Ces trois discours sont en tension permanente car chacun détient une partie de la légitimité politique démocratique et peut donc prétendre interpréter la réalité politique du moment en excluant l'autre. *Le caractère antagonique de chacun de ces trois discours résulte du fait qu'ils n'ont pas le même rapport à la légitimité, à la politique et à la communication.*

Pour les hommes politiques, la légitimité résulte de l'élection. La politique est leur raison d'être, avec une certaine méfiance pour l'événement – toujours perturbateur d'un calendrier – et une préférence pour les idéologies organisatrices de la réalité. La communication est surtout assimilée à une stratégie de conviction pour faire adhérer les autres, hommes politiques, journalistes ou électorat.

Pour les journalistes, au contraire, la légitimité est liée à l'information qui a un statut évidemment fragile puisqu'il s'agit d'une valeur, certes essentielle, mais contournable qui autorise à faire le récit des événements et à exercer un certain droit de critique. Ils observent et relatent les faits de la politique sans jamais pouvoir eux-mêmes en faire. Ils sont les « face-à-face » des hommes politiques.

Pour les sondages, « représentants » de l'opinion publique, la légitimité est d'ordre scientifique et technique. L'objectif est de refléter au mieux une réalité qui n'a d'existence objective qu'au travers de la construction qu'ils en font. La politique constitue la principale cause de leur succès pour l'anticipation qu'ils apportent parfois aux comportements du corps électoral.

### RÔLE ET FONCTIONS

Le rôle essentiel de la communication politique est d'éviter le renfermement du débat politique sur lui-même en intégrant les thèmes de toute nature qui deviennent un enjeu politique. Simultanément, en facilitant le processus permanent de sélection, hiérarchisation, élimination, elle apporte la souplesse nécessaire au système politique. Ce va-et-vient entre les thèmes qui entrent et ceux qui sortent de la communication politique se fait sans rationalité et de manière inévitablement arbitraire, dépendant en réalité des rapports de force au jour le jour.

*La communication politique assure trois fonctions*. D'abord, elle contribue à identifier les problèmes nouveaux qui surgissent, les hommes politiques et les médias jouant ici un rôle essentiel. Ensuite, elle favorise leur intégration dans les débats politiques du moment en leur assurant une sorte de légitimité. Le rôle des sondages et des hommes politiques est ici sensible. Enfin, elle facilite l'exclusion de thèmes qui ne sont plus l'objet de conflits ou sur lesquels un consensus temporaire existe. Là aussi, le rôle des médias est important par la place qu'ils accordent aux thèmes débattus sur la place publique.

En période d'élection, les sondages jouent un rôle considérable puisque chacun essaye d'anticiper ce que pourra être le résultat. À chaque campagne, on constate cette prééminence des sondages de plus en plus nombreux, et de plus en plus souvent commandés et publiés par les médias. Ils ont presque tendance à devenir l'agenda de la campagne, rendant plus difficile la nécessité pour les hommes politiques de préserver une logique d'analyse autre que celle issue de la simple interprétation des sondages. En période électorale, la communication politique est le plus souvent dominée par une logique de sondages, même si évidemment, l'enjeu n'est pas au plan de l'opinion publique mais à celui de l'électorat.

Entre deux élections, la communication politique est surtout animée par les médias qui jouent au mieux leur rôle en faisant remonter les événements et les problèmes qui ne sont pas vus par le milieu politique. Ils assurent là une fonction de « veille démocratique » devenant en quelque sorte le cordon ombilical qui relie la classe politique inévitablement refermée sur elle-même au reste de la société. Certes, les hommes politiques sont des élus en contact permanent avec les circonscriptions, mais le jeu politique et l'exercice du pouvoir imposent souvent d'autres préoccupations. Les médias, en informant sur les événements, sont en réalité les principaux facteurs de renouvellement d'une communication politique qui tend naturellement à se refermer sur elle-même.

En situation de crise politique intérieure ou extérieure, l'équilibre de la communication politique est encore différent, dominé par la prééminence des acteurs politiques. L'urgence de la situation, l'importance de l'action et des décisions à prendre mettent l'acteur politique au centre de la communication politique. Si dans de telles situations les hommes politiques n'assurent pas cette maîtrise de la communication politique, le risque est que ce soit les médias qui le fassent, comme on le voit souvent en situation de crise.

## LA COMMUNICATION, « LE MOTEUR » DE L'ESPACE PUBLIC

L'existence de la communication politique, à la fois comme réalité empirique et concept fondamental d'analyse pour les démocraties dans les sociétés de masse présente *plusieurs intérêts* du point de vue de la théorie politique.

Elle est d'abord la preuve qu'il n'y a pas d'antagonismes indépassables entre les groupes sociaux, la communication politique impliquant l'échange, donc la reconnaissance de l'autre, c'est-à-dire de l'adversaire. Elle prouve qu'il existe un espace où peuvent s'échanger les discours politiques contradictoires. De nombreux auteurs ont insisté sur le fait que l'apparition de la démocratie était liée à la constitution d'un espace public, mais pour reconnaître la plupart du temps que les conditions de fonctionnement de cet espace public, dans une société de masse n'étaient plus réunies. La « dégradation du débat public », constitué hier d'individus librement regroupés, et dénaturé aujourd'hui en une sorte de « masse », ainsi que l'omniprésence des médias et des sondages expliqueraient la « dénaturation » de l'espace public dans la démocratie de masse.

La théorie de la communication politique montre au contraire que non seulement l'espace public n'est pas détruit mais que son fonctionnement, à l'échelle de la démocratie de masse, est directement lié à cette conception de la communication politique. Quant aux médias et aux sondages, ils n'ont pas non plus dénaturé l'espace public, tel qu'il fut pensé au XVIII$^{e}$ siècle, mais simplement ont permis son adaptation à un cadre beaucoup plus large. La communication politique, sans être la seule, est probablement une des conditions les plus importantes du fonctionnement de l'espace public élargi. Mais cette approche a rarement été abordée tant l'analyse critique est prompte à dénoncer les dégradations et les dénaturations d'un système qui évidemment était paré, hier, de toutes les qualités.

La mise en valeur du rôle central de la communication politique présente un intérêt complémentaire ; déplacer l'éternelle question de la tyrannie des médias et des sondages. Ces derniers ne détruisent ni la politique ni la communication politique, mais sont au contraire une de ses conditions structurelles de fonctionnement.

Le deuxième intérêt est de retrouver l'importance des acteurs derrière les discours. Les logiques contradictoires qui sont au cœur de la communication politique sont en réalité incarnées par des acteurs. Elle ne signifie pas que les acteurs « communiquent » mieux, mais elle est l'espace où ils peuvent s'opposer, sans mettre en cause le fonctionnement de la démocratie moderne.

Le troisième intérêt est de montrer l'autonomie des trois logiques de la politique, de l'information et de la communication. Cette autonomie a une conséquence importante du point de vue de la démocratie : rappeler la séparation qui s'est produite entre la logique de l'information des médias et la logique de la communication de l'opinion publique. Les médias plus que jamais trouvent leur légitimité dans la valeur de l'information liée au projet démocratique politique, alors que l'opinion publique est liée à une légitimité de la communication et de la représentativité. Autrement dit, l'émergence de la communication politique comme lieu autonome d'échange de discours contradictoires exprime deux changements qualitatifs dans nos démocraties : d'une part une séparation entre la logique des médias et celle de l'opinion publique qui depuis le XVIII$^{e}$ siècle étaient plutôt liées, et d'autre part une position contradictoire des trois discours par rapport à la question de la représentativité de l'opinion publique.

Le quatrième intérêt est de montrer que cette conception de la communication politique est essentiellement dynamique. L'idéal de la communication politique est une certaine égalité de tension entre les trois logiques constitutives, mais cet équilibre est instable, ne serait-ce que parce que les trois logiques de discours n'obéissent pas au même rythme et que le contexte historique introduit sans cesse des facteurs de déséquilibre. C'est pourquoi la communication politique est un modèle d'analyse dynamique et constitue un révélateur de l'état du système politique.

Le cinquième intérêt de cette théorie de la communication politique est de montrer que si la communication joue un rôle essentiel dans nos démocraties, la politique domine toujours. La communication ne se substitue pas à la politique mais lui permet d'exister. On peut même avancer l'hypothèse que la reconnaissance de ce niveau de réalité de la communication politique est le signe d'un bon fonctionnement de la démocratie et d'une certaine maturité politique. Maturité au sens où sont acceptés, dans la gestion nécessairement contradictoire des intérêts, les deux paramètres complémentaires de la communication et de la politique.

---

## *Les contradictions de la communication politique*[14]

La politique est inséparable de la communication. Et d'ailleurs, l'histoire de la démocratie est celle de leurs relations. Le problème, aujourd'hui, est plutôt de mieux cerner la spécificité de la « communication politique », au moment où, avec la radio, la télévision, Internet et les sondages, la communication est en pleine expansion.

### L'ABSORPTION DE LA SOCIÉTÉ CIVILE PAR L'ESPACE PUBLIC

Si la société civile est historiquement antérieure à la naissance de l'espace public, et conditionne son apparition, le risque est aujourd'hui la fin de cette séparation. Or la société civile est l'un des processus dominants de représentation de la société sur elle-même sans laquelle l'espace public ne peut se constituer. L'emprise de la politique sur cette société civile contribue à rendre également celle-ci encore plus visible et plus présente.

Quant à l'espace public, son extension est liée à la démocratisation. Il traduit le phénomène de politisation de la plus grande partie des questions de société, au sens où en démocratie presque toutes les questions sont l'objet d'affrontements et de négociations. « L'espace public est l'espace symbolique où s'opposent, et se répondent, les discours pour la plupart contradictoires, tenus par les différents acteurs politiques, sociaux, religieux, culturels, intel-

14. *Hermès*, n° 17-18, *Communication et politique*, 1995.

lectuels, composant une société. » C'est une zone intermédiaire qui s'est constituée au moment des Lumières – Kant est le premier à en parler – entre la société civile et l'État. Elle est donc liée au double phénomène de laïcisation et de rationalisation de la société. La conséquence de cette extension de l'espace public ?

C'est la diminution du rôle de la société civile. Mais simultanément l'extension de l'espace public aboutit à étendre l'espace politique. Le risque est alors la surdimension de la communication politique, avec une sorte de superposition des différents espaces : communication politique, espace politique, espace public, société civile. « Tout devient politique », comme on dit.

### LA CONFUSION ESPACE PUBLIC-ESPACE POLITIQUE LA FIN DE LA FRONTIÈRE VIE PUBLIQUE/VIE PRIVÉE

L'existence de la communication politique suppose la distinction entre public et privé, c'est-à-dire entre ce qui, à un moment, fait l'objet de discours publics, et au sein d'entre eux, ceux qui peuvent faire l'objet d'un affrontement politique. Et ce, par opposition à ce qui reste dans un ordre du privé, à une échelle interpersonnelle ou de petits groupes, et qui en tout cas n'est pas destiné à être débattu sur la place publique. Sur trente ans de vie politique, on voit bien par exemple que les thèmes du chômage, de la ville, de l'éducation, de la sécurité, de la formation professionnelle, de l'autonomie régionale, du statut des femmes, de l'immigration, de l'aménagement de la ville, des relations internationales, de la décolonisation... n'ont pas eu la même place dans l'espace public et *a fortiori* dans la communication politique.

Certains thèmes, concernant l'individu, les mœurs, la reproduction, sont même « sortis » de la sphère privée pour devenir « publics ». En revanche, d'autres thèmes comme celui, hier très important, des anciens combattants ou de la décolonisation, ont quitté la sphère publique, faute d'objet. D'autres thèmes, comme par exemple celui lié au statut des commerçants ont suivi le même chemin, alors que d'autres discours liés au secteur tertiaire et à l'informatisation par exemple, qui auparavant ne faisaient « pas de problèmes », entrent progressivement dans la sphère politique du fait de leur poids social et de mutation technique. Ces quelques exemples prouvent que la communication politique comme *forme* temporaire des affrontements change dans le temps. C'est cette succession de formes différentes qui à chaque fois structure et donne sens aux enjeux de la politique, cœur de la vie démocratique.

Autrement dit, il y a trois niveaux : privé/public ; société civile/espace public ; espace public/espace politique. La communication politique suppose ces trois distinctions. La politisation, ou tout au moins la publicisation de la sphère privée, réduit cette séparation entre les trois niveaux. Exemple ? Aujourd'hui, tous les problèmes, y compris les plus privés, on aurait dit hier les plus « moraux », comme la sexualité, les mœurs, la reproduction, la morale, sont dans le domaine public, et objet d'affrontement politique. Ils sont même l'objet de législations et entrent ainsi directement dans la sphère de la communication politique. Les problèmes du sida ont également favorisé le passage du privé au public et au politique.

Le lien entre sphère privée, espace public, espace politique et communication politique n'a donc jamais été aussi *direct* qu'aujourd'hui. Mais plus les espaces et les logiques de nature différente communiquent, plus il est nécessaire de spécifier le rôle de cette forme particulière d'interaction qu'est la communication politique. L'efficacité de la communication politique dans le système politique général, dépend justement de cette autonomie et séparation des instances. Autrement dit, plus tout communique, plus il faut maintenir les distinctions, c'est-à-dire sans une autonomie de ces trois instances : le privé, le public, le politique. Le pire est de croire qu'il y a un « progrès » dans la disparition de ces distinctions, alors même qu'elles sont au cœur du fonctionnement de la société démocratique.

## L'ÉGALITARISME, LA FIN DE LA RESPONSABILITÉ SOCIALE DES ÉLITES

L'égalitarisation donne le sentiment faux d'une démocratisation. L'égalité devant le suffrage universel n'a rien à voir avec cet égalitarisme « culturel ». L'égalitarisme politique exprime une certaine délégitimation de la place des élites, alors même que la hiérarchie sociale demeure. Le principe de l'égalité posé, il faut souligner le respect, complémentaire, des différences. Non pas comme sources d'inégalités, mais comme condition de fonctionnement d'une société. Au nom de l'égalitarisme dominant, les élites sont peu légitimées, alors que dans la réalité leur pouvoir est réel, sans les responsabilités éthiques qui devraient en résulter.

Pour le dire en d'autres mots, mieux vaudrait du point de vue des valeurs d'une société démocratique, reconnaître et valoriser le rôle des élites en les doublant des responsabilités qui en résultent, plutôt que la position actuelle de l'autruche qui au nom d'un certain discours égalitariste refuse leur valeur, alors même que la réalité de leur emprise est bien là. Mais sans responsabilité corrélative. En d'autres termes, la communication politique comme enjeu de l'affrontement des discours, pour la conquête et la maîtrise du pouvoir politique, joue ici un rôle central. Soit elle renforce cette idéologie de l'égalité qui nie la réalité, soit elle contribue à préserver le rôle essentiel des différences, nullement contradictoire avec l'égalité politique. Si tous les discours ont le même statut, la « différence de potentiel » qui anime, justifie et structure les affrontements discursifs disparaît. La fausse mise à plat assurée par la communication politique peut devenir contradictoire avec l'objectif démocratique qui est d'assurer l'affrontement des discours, et non pas de faire croire à leur illusoire égalité. Résultat ? Le risque de renforcer le pouvoir des « experts » qui se trouvent investis d'une autorité souvent disproportionnée, par le simple fait que dans un univers de discours « égaux », il faut bien préserver des critères de hiérarchie. Le renforcement du pouvoir des experts serait le symétrique, paradoxal, du phénomène d'égalitarisation des discours.

## LA MÉDIATISATION SANS LIMITE

Je ne reviens pas sur ce que j'ai analysé ailleurs, lié aux contradictions de l'espace public médiatisé : tyrannie de l'événement ; distorsion entre grande capacité d'accès à l'information et faible capacité d'action ; omniprésence de l'image... Non, je voudrais ici évoquer un des effets les plus pervers du processus par ailleurs démocratique de publicisation, celui de la médiatisation sans limite. On a vu que la publicisation, par l'intermédiaire des médias, a l'avantage de faciliter le passage des problèmes et discours vers l'espace public : tout est devenu discutable.

L'inconvénient, on l'a vu également, est la disparition de la frontière public/privé. Mais il y a un autre effet discutable pour l'équilibre fragile de la communication politique. C'est le fait que les médias deviennent le seul étalon de la légitimité. Autrement dit, la logique de la communication devient le critère ultime avec le syllogisme suivant : ce qui est connu est médiatisé, donc ce qui est légitime est médiatisé. Ce qui n'est pas médiatisé, non seulement n'est pas connu, mais finalement n'est pas légitime. C'est le lien « connu-légitime » qui est devenu trop fort.

## LA REPRÉSENTATIVITÉ OMNIPRÉSENTE

Plus il y a de discours dans l'espace public, par l'intermédiaire des médias et la prise de parole des acteurs, plus se pose le problème, pour les journalistes, du *critère au nom duquel donner la parole* aux acteurs. Tout le monde ne peut pas parler ou s'exprimer. La communication requiert donc une logique de représentativité. Finalement a le droit de s'exprimer celui qui est légitime, c'est-à-dire représentatif. Ce processus démocratique produit ici un risque de rigidification, au sens où ce critère relève davantage de l'espace politique que de l'espace public. Si la représentativité est la transcription directe du principe de légitimité dans l'ordre politique, rien ne justifie *a priori* qu'elle organise également la hiérarchisation des autres valeurs de l'espace public. Autrement dit, *il peut y avoir simultanément médiatisation et conformisme.*

Certes, la représentation démocratique des réalités est un progrès, mais à condition de ne pas trop la figer. On peut dire qu'aujourd'hui la communication politique est à la fois le processus qui permet au mieux de préserver la force du principe représentatif dans des sociétés ouvertes, et celui qui au contraire peut le desservir.

## LA SIMPLIFICATION DE L'ARGUMENTATION POLITIQUE

L'avantage de la politique démocratique est d'obliger à simplifier le discours politique : la politique faite aux « balcons du peuple » doit être compréhensible. La télévision, après la radio, facilite ce phénomène. L'inconvénient est évidemment d'aller trop loin dans cette simplification de l'argumentation politique au point de réduire celle-là à un jeu de stéréotypes. Le risque ? Réduire l'hétérogénéité des discours échangés au sein de la communication politique, appauvrir celle-ci au lieu de lui faire jouer ce rôle essentiel de mise en scène des discours politiques du moment. La conséquence ? Dans un premier temps, une sorte d'assagissement de la politique, dans un second temps, l'émergence d'une politique sauvage qui conteste la politique institutionnelle. Trop de simplification est aussi dangereux que trop de représentativité. Avec le risque corollaire : *l'illusion de la maîtrise du temps.* Car telle est la conséquence ambiguë de cette simplification : comprimer l'échelle du temps, déjà réduite par le jeu des calendriers électoraux. L'avantage de la démocratie médiatisée est de pouvoir parler de tout, simplement ; l'inconvénient est l'usure des thèmes quand les problèmes subsistent, ce qui est le cas avec le chômage. La simplification, condition de cette communication élargie peut même devenir un handicap. Nous assistons à ce phénomène, avec la persistance d'un discours politique d'extrême droite concernant l'immigration et finalement l'identité. Comme les autres forces politiques n'ont pas pour l'instant réussi à trouver des contre-arguments simples et convaincants et que le problème reste délicat pour l'avenir de l'Europe politique, on le laisse pour le moment en « jachère » de peur de relancer un débat politique dont les termes ne sont pas déplacés. Et en espérant que progressivement la relance économique résoudra ce que le discours politique n'a pas réussi à arbitrer...

En un mot, *la simplification de la communication politique ne change rien à la complexité de la politique.* Au contraire ! Elle accentue les défauts de nos sociétés modernes qui acceptent difficilement le temps et la durée. L'accélération des débats, des échanges, des arguments, des thèmes qui entrent et sortent de la communication politique n'a pas de conséquence *directe* sur la solution des problèmes politiques. La difficulté est d'admettre ce découplage, et de ne pas confondre simplification des débats avec simplification de la résolution de problèmes.

### L'UNIDIMENSIONALISATION DES DISCOURS

C'est le risque complémentaire du précédent. La simplification et l'institutionnalisation réduisent l'hétérogénéité des discours politiques vidant ainsi progressivement la communication politique de sa fonction de « carrefour symbolique », auquel les différents milieux sociaux peuvent accéder.

La communication politique assure la mise en forme et en scène du discours politique, avec le double écueil d'un éventail trop large ou trop étroit. L'institutionnalisation de la politique mène plutôt au second risque, avec la menace de la « spirale du silence » : les acteurs et les groupes qui ne se reconnaissent pas dans le jeu de la communication politique s'en excluent de plus en plus, sans qu'on le sache. C'est le phénomène bien connu, et paradoxal, de rétrécissement du champ de la communication politique. *Il peut donc y avoir simultanément élargissement de la communication politique et unidimensionalisation des discours.*

### LE DÉSÉQUILIBRE ENTRE LES TROIS DISCOURS DE LA COMMUNICATION POLITIQUE

On a vu que la communication politique est un équilibre fragile entre les trois discours (journalistes, politiques, opinion publique) dont l'enjeu est la maîtrise politique et momentanée de l'interprétation de la réalité dans une perspective qui est toujours liée à la prise de pouvoir ou à son exercice. Le premier risque est celui où les *médias* mangent la politique : risque bien connu de la « politique spectacle ». Le deuxième risque est celui où les *sondages* mangent l'opinion publique, en donnant le sentiment d'une représentation possible de celle-ci. Ce qui est gagné en simplicité est perdu en complexité, et vérité. Le troisième déséquilibre résulte de la rupture de la *relation entre médias et opinion publique.*

Hier, les journalistes « représentaient » l'opinion publique face aux hommes politiques. Représentation libre et subjective puisque par définition, le journaliste parle en son nom personnel. Il est aussi le porte-parole implicite de cette opinion, au *nom de* laquelle il pose des questions aux hommes politiques, ou les critique. Il y a donc une sorte de concurrence entre les deux représentations de l'opinion publique, celle des sondages, celle des journalistes. Avec le risque suivant pour les journalistes. Avec les sondages, il y a une « représentation objective », en tout cas quantitative de l'opinion publique que l'on peut trouver « supérieure » à celle des journalistes. Avec le risque d'un renfermement du monde médiatique sur lui-même, ou d'une trop grande subordination de celui-ci à l'industrie des sondages.

### UNE COMMUNICATION HORS DE L'ÉCHELLE HUMAINE

La communication politique comme processus de délégitimation des enjeux politiques n'est possible que si les citoyens s'identifient, d'une manière ou d'une autre, aux discours et aux enjeux. Or le drame dans la société individualiste de masse actuelle est la *distance* entre l'échelle de l'expérience individuelle et l'échelle où sont organisées la politique et l'économie. L'individu est au centre du système politique, mais il est perdu dans le nombre des grandes organisations. *Souverain et libre, il est en réalité seul et sans pouvoir.* Sans capacité d'action sur les grandes décisions.

Voilà le paradoxe du citoyen de la société individualiste de masse.

### LA COMMUNICATION POLITIQUE DÉTACHÉE DES CADRES NATIONAUX

On retrouve ici le décalage structurel entre les *performances* des techniques qui permettent de tout savoir, sur tout, et le fait que la communication politique, comme lieu de lecture, et de légitimation des enjeux du moment, requiert des *contraintes* de temps et d'espace limitées.

En un mot, les formes, et le sens de la communication politique sont différents à Paris, Berlin ou Rome, même si en grande partie, ce sont évidemment les mêmes problèmes qui sont débattus. Mais tout, du langage, des traditions, des vocabulaires, des représentations, des références historiques, des symboles, est différent. *Il n'y a de communication politique que nationale.* Et que dire pour l'Amérique latine, l'Asie, l'Afrique, *il n'y a pas de citoyen mondial.* Ce n'est pas parce que certains problèmes sont mondiaux que la politique est mondiale. Car il n'y a de politique que rapportée à un territoire physique et symbolique à partir duquel les citoyens se sont engagés. Aucun citoyen ne peut vivre à l'échelle mondiale. Telle est la limite à l'universalisme d'un certain modèle démocratique, ou plutôt la limite à un modèle qui ignore le poids déterminant des « variables locales ». Les variables locales ne sont pas des « restes » du passé, des « archaïsmes », mais les conditions essentielles de fonctionnement de la démocratie. La force et la fragilité de la communication politique consistent à assurer *la gestion contradictoire de deux échelles de temps constitutives de la politique : celle de l'événement ; celle de la structure.* Plus l'événement domine, plus le temps long doit conserver sa place. Car c'est au *carrefour* des deux que se structure la communication politique ; le temps court des communications et des événements, et le temps long de la politique et de l'histoire.

## *Les enjeux théoriques contemporains*

L'idée est simple, mais finalement inquiétante. Ces textes, consacrés à l'espace public et à la communication politique, écrits entre 1989 et 2000, soit il y a plus de dix ans pour les derniers, non seulement n'ont pas vieilli, mais surtout sont de plus en plus d'actualité. Le chercheur est certes souvent décalé, et parfois en avance sur les questions débattues, mais dans le cas présent, cela illustre parfaitement la situation actuelle : on s'intéresse plus aux techniques qu'aux structures symboliques indispensables au fonctionnement de nos démocraties de masse.

Comme si les résistances intellectuelles et théoriques que j'observe depuis trente ans, pour valoriser le statut de la communication politique, demeuraient toujours aussi fortes, suscitant peu de curiosité, même si tout le monde s'est simultanément converti aux pratiques de communication. Nous sommes toujours aussi peu nombreux à essayer de comprendre les enjeux des démocraties de masse, caractérisées par l'extension de la sphère politique, un nombre croissant de sujets et d'acteurs, une médiatisation et une « sondomanie » envahissantes... Tout le monde passe son temps, dans les médias, à faire de la « com », à commander et commenter les sondages, mais sans que cela suscite plus de réflexion théorique, si ce n'est, la plupart du temps, pour déplorer la « baisse de niveau » des débats politiques. Comme si l'immense complexité de la communication politique dans nos sociétés ne méritait pas un effort théorique pour mieux la comprendre. Tout ne se résume pas à une logique de sondages et de « com », d'autant que la résistance des récepteurs par rapport au flot croissant de messages reçus, ne fait que croître. Et nombreux sont ceux qui, au lieu de prendre ce concept de communication politique au sérieux, continuent de croire qu'il ne s'agit pas d'un « concept théorique », mais simplement d'un agencement de « recettes » et de « protocoles » à l'heure de la « pipolisation » de la politique. Le plus souvent, les hypothèses et les conclusions restent critiques et négatives. *La communication politique demeure la face noire de nos démocraties, alors qu'elle en est tout simplement la condition normative de fonctionnement.*

Les questions liées à la médiatisation, l'élargissement de l'espace public, la tyrannie des sondages, l'omniprésence de l'information, la « pipolisation », les délices empoisonnés de l'interactivité, etc., ne sont guère débattues. Pourtant elles étaient déjà posées il y a vingt ans. Et l'arrivée d'Internet ne change rien.

Une chose a tout de même changé. Le concept d'espace public, espace symbolique où se croisent et s'entrechoquent les discours de toutes natures, nécessaire au fonctionnement de la démocratie de masse, est aujourd'hui davantage accepté. Il est presque devenu légitime. On revanche il n'en est pas de même pour l'autre concept aussi essentiel, celui de la communication politique. Les préventions les plus classiques continuent à n'y voir que marketing, manipulation, logique de « com »...

L'hypothèse ? Tant que ces *deux* concepts n'auront pas été reconnus comme décisifs, complémentaires et travaillés théoriquement, il sera difficile d'analyser les contradictions des démocraties contemporaines. Il y a également un abîme entre la méfiance vis-à-vis de l'espace médiatique, où les citoyens seraient passifs et manipulés, *et* d'autre part une fascination enfantine à l'égard de l'activité créatrice que déploierait ce même citoyen face aux nouveaux médias. Le même individu, manipulé par les médias de masse, serait par contre entreprenant, libre et créatif avec les médias segmentés et Internet. On en est encore et toujours là, avec cette fausse dichotomie. Les réseaux sociaux sont également présentés comme les « sauveurs de la démocratie », parce qu'ils facilitent l'expression et l'interaction, comme les radios locales et les télévisions communautaires l'avaient fait entre trente et cinquante ans en arrière.

En réalité, et c'est tout le drame de l'absence de réflexion théorique sur la communication, celle-ci est réduite à deux processus. Soit elle est disqualifiée et réduite au rang de « com ». Soit elle est magnifiée avec les nouvelles technologies. Elle n'est jamais considérée comme un enjeu théorique concernant le statut même de nos sociétés.

Par exemple, le débat théorique politique depuis trente ans se focalise sur l'égalité, l'État, la société, la redistribution, la justice, la reconnaissance, la lutte des identités culturelles… Quelle place fait-on à la problématique de la communication dans ces réaménagements théoriques ? Aucune. Et pourtant ! Elle est nécessaire pour comprendre les conditions d'interaction entre liberté et égalité dans une société individualiste de masse. Ensuite, elle reprend la problématique de l'identité et de la reconnaissance. Surtout, elle se situe à deux échelles, individuelle et collective et installe la négociation à ces deux échelles. Enfin, elle intègre aussi l'apport essentiel de la psychanalyse, pour comprendre pourquoi, en dépit de l'appel constant à de nouveaux rapports humains et sociaux, les choses changent aussi lentement, la performance des techniques ne pouvant rien vis-à-vis de l'ambivalence des hommes eux-mêmes. La force de la communication est de traverser l'État et la société civile, et de redessiner les interactions entre les deux. Pourquoi les théoriciens de la société continuent-ils à accorder si peu d'intérêt à ce champ scientifique, culturel et politique si fondamental et pourquoi nombre d'entre eux consacrent-ils néanmoins autant de temps à leur « com » personnelle, persuadés qu'il suffit d'être vu et écouté pour convaincre ?

## L'ESPACE PUBLIC

Son existence pratique s'est finalement imposée pour définir un cadre symbolique au sein duquel penser la cohabitation du discours politique, la pression des médias et de l'opinion publique. Ce concept philosophique lié à E. Kant, mais récent sur le plan politique, s'impose en réalité avec la démocratie élargie, même si de nombreux auteurs regrettent l'espace public élitiste d'hier et ne voient dans la réalité d'aujourd'hui qu'une dégradation. Un des problèmes nouveaux est sans doute celui de l'effacement de la frontière public/privé. Le zapping continu entre les deux sphères, publique et privée, symbolisé par la « pipolisation » de la société, oblige à un nouveau travail théorique car cet acquis politique fragile de la démocratie risque d'être remis en cause au nom de toutes les idéologies de la transparence et de la vérité. Maintenir ces distinctions reste au contraire fondamental, d'autant que la traçabilité, amplifiée par les nouvelles techniques et l'extension des marchés d'information à tous les aspects de la vie, a déjà tendance à brouiller toutes les frontières. D'autre part, il est nécessaire d'ouvrir une réflexion sur les limites de l'expression et de son complément, le mythe de la transparence. Tout n'est pas altruiste dans le désir de voir l'autre, ni d'ailleurs dans la revendication sans fin du droit à l'expression. *Le narcissisme et le voyeurisme ne sont jamais éloignés et tout cela ne crée pas finalement plus de tolérance à l'égard de l'altérité*. Il faudra donc ouvrir des travaux sur les véritables dégradations de l'espace public, consécutives au règne de la « transparence » et du « droit d'expression ».

C'est aussi la place du *local*, comme lieu de réalisation de l'expérience humaine, qui est au centre des défis d'un espace public sans cesse élargi. Que reste-t-il de cette échelle d'expérience ? Comment repenser les rapports toujours difficiles et indispensables entre le local, le régional et le national, alors que ce troisième niveau de la réalité est lui-même considérablement dévalorisé ? Que reste-t-il de l'autonomie et du pouvoir du national face à la mondialisation ? L'espace public, conquête démocratique du XVIIIe siècle, était lié à l'émergence du citoyen sur un *territoire* national ; il devient l'une des fragilités des sociétés menacées à la fois par la segmentation *et* la perte de souveraineté. Ce concept qui symbolise l'unité d'une nation, d'une culture, redevient un enjeu. Deux exigences s'imposent : trouver les éléments d'unité, éviter le repli sur soi-même.

Autrement dit, l'espace public est aujourd'hui le double, dans la politique, de la question de la *société civile* dans l'ordre de l'anthropologie. Comment gérer un minimum d'ouverture pour s'adapter à tout ce qui surgit, et de fermeture pour préserver un minimum d'unité ? D'autant que la déstabilisation de l'espace public nourrit les mille formes du repli identitaire, culturaliste, nationaliste, populiste… *Comment tenir ensemble les deux dimensions contradictoires du lien social* et *de l'individualisation ?* Tout pousse, des mœurs à l'évolution des aspirations, vers l'individualisation et son double, la communautarisation, qui sont d'ailleurs les deux échelles où il est possible de se réaliser. À condition aussi de ne pas fermer l'espace public à tous les « citoyens », aux « immigrés » et à toutes les populations « marginales ». Le respect du lien social, avec toutes ses dimensions au sein de l'espace public, est la *condition* de la cohérence d'une société, et il passe toujours par la cohabitation de populations hétérogènes. S'il ne joue plus son rôle, c'est l'équilibre de la société individualiste de masse qui s'effondre. Aujourd'hui le plus compliqué dans les sociétés riches et développées, est de résister aux multiples tentations de segmentation et de communautarisme qui sont la forme dégradée de l'espace public.

Le deuxième problème, plus compliqué, est celui de la « désertification » de l'espace public, envahi par la « pipolisation » et une sorte d'« infobésité » sans boussole. L'espace public n'est plus un carrefour, un lieu de cohabitation et d'affrontement symbolique, il devient la chasse gardée d'une partie de la population, alors qu'il faudrait au contraire maintenir son hétérogénéité.

Autrement dit, on peut avoir à la fois la mondialisation et le repli de l'espace public sur un cercle limité de valeurs et de participants. Pour éviter ce repli, il faut donner la parole à tous les groupes qui concourent à l'espace public : médecins, diplomates, religieux, militaires, responsables culturels, etc., dont les compétences permettent de sortir de la logique de l'« expression dominante ». Tout sauf unifier l'espace public. Y maintenir une hétérogénéité de logiques, non seulement pour que toutes les compétences de la société s'y retrouvent, mais aussi pour éviter une rationalisation qui n'a d'autre nom que la « pipolisation ». L'un des paradoxes de notre société ouverte, traversée de médias et d'informations, est plutôt de renforcer les conformismes que de les déstabiliser.

## LA COMMUNICATION POLITIQUE

Elle est plus que jamais le moteur de l'espace public. Malheureusement, la légitimité théorique et politique n'est toujours pas accordée à ce concept, illustrant une fois de plus la lenteur à reconnaître l'importance théorique des processus communicationnels. En tout cas, l'idée de cohabitation contradictoire de trois logiques : l'information, l'opinion publique et l'action politique en vue de faire apparaître les enjeux politiques du moment, paraît toujours juste et efficace. C'est un processus dynamique, qui ne s'arrête jamais, dominé selon les moments par les médias, les acteurs ou l'opinion publique, et qui a pour horizon de distinguer les sujets d'affrontement et d'éliminer ceux pour lesquels il n'y a plus de conflits.

Or ce triangle, fragile, est aujourd'hui déséquilibré. La place de l'information est beaucoup plus grande, ainsi que la présence des sondages, par rapport à l'action politique. Celle-ci, plus visible et critiquée, devient de plus en plus difficile dans un monde transparent, aux échelles sans cesse élargies. L'action politique doit évidemment être revalorisée car elle est aujourd'hui écrasée par la double pression de l'information et des sondages. La démultiplication des canaux d'information, notamment par les chaînes d'informations en continu, accentue la pression des journalistes et des commentateurs. Résultat, les acteurs politiques, dont la marge de manœuvre est déjà limitée, se trouvent dans un feu continu de critiques, dont seules les quelques personnalités du sommet de l'État peuvent s'extraire. Pour les autres, le rapport de force s'est inversé et devient presque déséquilibré. Le contre-pouvoir des médias, alliés aux médias électroniques, est tenté de basculer vers l'illusion du quatrième pouvoir. Le problème n'est pas plus simple pour le rapport des hommes politiques aux sondages, compte tenu de la place que ceux-ci occupent quotidiennement dans l'information et dans la communication politique.

L'identification sondages-opinion publique est trop forte, au détriment d'une réflexion qualitative sur la *dynamique* des opinions publiques, leurs processus de construction et de déconstruction. Le poids croissant de l'opinion publique oblige à développer des recherches *au-delà des sondages*, créer des concepts plus qualitatifs, faire du comparatif, créer d'autres méthodes d'observation. Bref, faire preuve de la même imagination créative à l'égard de l'opinion publique que ce qu'il s'est passé pour la création des sondages dans les années 1930. Tâche d'autant plus nécessaire que l'opinion publique est un concept central aussi bien dans la compréhension de l'espace public que pour celui de la communication politique. D'autant que la communication politique gère trois échelles de temps de plus en plus contradictoires : celle de l'information et de l'événement, de plus en plus omniprésente et rapide ; celle intermédiaire de l'opinion publique où les temporalités différentes cohabitent ; celle de l'action politique, beaucoup plus lente et moins spectaculaire. Plus il y a d'interaction, de vitesse, de transparence, plus il faut renforcer et valoriser la logique de la politique.

Le risque est évidemment le *décrochage*, c'est-à-dire l'existence d'une communication politique où les différents groupes sociaux et culturels ne se sentent plus « représentés » dans l'espace public, avec pour conséquence la *perte de confiance* à l'égard de la politique. La confiance est un des concepts clés des sociétés ouvertes. Quand tout est ouvert, visible, discuté, critiqué, la confiance devient l'une des conditions centrales du fonctionnement de la société. Sans confiance, rien n'est possible puisque toutes les hiérarchies sont visibles et critiquables. Le rôle croissant de la confiance dans un monde saturé d'informations est d'ailleurs intéressant à méditer du point de vue de la communication politique. Avec plus d'informations, on aurait pu s'attendre à plus de « rationalités », en réalité, il n'en est rien. Les citoyens sont superinformés, mais « pas rassurés » pour autant. C'est encore et toujours la confiance à l'égard des chefs qui rassure. Comme si la saturation d'informations et l'omniprésence des techniques ne changeait rien par rapport à cette question ancestrale : à qui fait-on confiance ? La crédibilité et la confiance restent plus que jamais les maîtres mots de la société ouverte.

*Un autre risque pèse sur cet univers où tout circule : la fascination pour la technique au détriment des contenus*. Un exemple édifiant. Pourquoi chacun dépense-t-il de plus en plus d'argent pour acheter encore plus de techniques, passer de plus en plus de temps à s'en servir, *et* considérer simultanément que la communication n'est pas une question théorique importante ? Et pourquoi les jeunes générations acceptent-elles la loi du marketing qui incite à renouveler sans cesse des équipements de plus en plus chers, tout en réclamant la gratuité des contenus ? Par quel processus en est-on arrivé à magnifier à ce point les tuyaux et dévaloriser les contenus ?

L'une des grandes ruptures, par ailleurs, est liée au fait que *tout le monde voit tout et sait tout*. Il en résulte une augmentation de l'esprit critique, dont on ne mesure pas assez l'importance, accompagnée d'une sorte de désillusion, antichambre du scepticisme et du populisme.

Trois problèmes structurels résultent de l'élargissement de la démocratie et de la création d'un espace public médiatisé, où tout s'exprime et se discute à l'ombre des médias et des sondages. Comment maintenir la différence de nature entre information, opinion, rumeur, expression, débat, connaissances ? Comment accompagner cet accroissement des droits de l'espace public élargi, avec des devoirs complémentaires, afin que la société ne soit pas un empilement de « droits et d'expressions » ?

Enfin, comment maintenir une certaine hiérarchie entre ce qui relève des opinions, des expressions, etc., par rapport à des savoirs, des connaissances, des compétences ? L'égalité des citoyens dans le vote ne signifie pas l'égalité de la qualité et de la compétence, des opinions et des savoirs.

## LA COMPLEXITÉ DES RELATIONS ENTRE ESPACE PUBLIC ET COMMUNICATION POLITIQUE

La première contradiction, la plus visible, est le décalage entre la vitesse de circulation de l'information, l'efficacité croissante des interactivités *et* l'extrême lenteur nécessaire pour que les hommes se comprennent et agissent. La performance de l'information ne suffit pas à créer la confiance dans la communication ni dans la capacité à rapprocher les points de vue. Ce décalage anthropologique augmente avec la mondialisation.

Tout devient facile et rapide pour les échanges d'information, mais sans davantage de compréhension entre les hommes, ni, *a fortiori*, pour qu'ils agissent mieux. De toute façon, l'action est toujours plus lente et compliquée que l'information. La rupture information/action est un des défis les plus complexes de nos sociétés, accentué par l'omniprésence des techniques qui donnent *au contraire* un sentiment de liberté et de toute-puissance dans les interactions. Le statut de « spectateur impuissant » restera-t-il suffisamment valorisant ? Personne n'avait prévu ce renversement.

La deuxième contradiction est encore plus étrange. L'augmentation considérable du nombre de techniques en cinquante ans ne favorise pas pour autant plus de diversité dans l'offre. C'est même l'inverse. *Le conformisme se renforce avec le nombre de canaux.*

Avec deux tendances opposées, nullement contradictoires. La « pipolisation » dans un cas, le populisme dans l'autre. Dans les deux cas, une simplification de la représentation de la réalité, qui du coup, conforte chacun dans ses *a priori,* et vise soit à stigmatiser l'autre, soit à nier son existence. Le travail formidable d'ouverture sur le monde qu'ont réalisé les médias de masse entre 1950 et 1980, pour des raisons sociopolitiques, et dans des conditions techniques beaucoup plus difficiles qu'aujourd'hui, ne se retrouve pas avec l'actuel village global technique. Tout simplement parce qu'il y avait un projet politique qui transcendait les difficultés techniques. Projet aujourd'hui moins fort, en tout cas plus difficile avec la mondialisation, auquel correspond en contrepartie, une performance éblouissante des techniques. C'est aussi cela l'idéologie technique : transférer sur les services offerts par des techniques le soin de *changer* les rapports humains.

Le troisième défi est *de savoir comment sortir de l'illusion d'une société en direct.* Avec l'omniprésence des techniques, et de leurs performances, règne l'impression que tout est rapide et transparent. « La tyrannie des mails » illustre cette illusion d'une société en direct. Chacun est sommé de répondre dans la minute, et le temps passé à « dé-mailer » et à « re-mailer » est croissant. Comme si chacun avait des responsabilités mondiales instantanées… Illusion du direct et de la transparence qui réduit le temps pour penser et travailler, délégitime toutes les professions intermédiaires. Celles-ci, journalistes, médecins, professeurs, hommes politiques… qui, de par leurs savoirs, expériences et culture *connaissent* l'importance du temps et de la connaissance, sont court-circuitées. Plus tout va vite, donc sans culture et avec pour principal support l'information, plus il faut réintroduire le temps de la réflexion et celui de la compétence, donc des connaissances.

Les médias restent dans l'instant présent alors que la politique englobe l'histoire, le présent et le futur.

## LA DÉMOCRATIE ET LES INTERMÉDIAIRES

La démocratie n'est pas la fin des intermédiaires, mais la capacité à rendre leurs compétences plus accessibles et critiquables. La société du direct conduit à la tyrannie du « bon sens », à la dévalorisation du savoir et des connaissances, au primat de l'immédiat, au populisme et au pseudo-égalitarisme. Hier, la démocratie était la lutte contre la société fermée et les intermédiaires. Aujourd'hui, dans la société ouverte, c'est l'inverse. Les intermédiaires sont un moyen de redonner du « relief » au fonctionnement de la société et de préserver les innombrables compétences. Ils ne sont pas des obstacles, mais des conditions de fonctionnement normatives contre l'illusion d'une société transparente et instantanée.

Non seulement la revalorisation des intermédiaires peut « détendre » les rapports trop directs d'une société transparente, mais elle peut aussi, facilement, reposer la question centrale pour chacun d'entre nous, qui est celle de l'échelle où il est possible de vivre son identité culturelle et politique. Le citoyen d'aujourd'hui est sommé de se situer *dans* la mondialisation et de « dépasser » son espace national devenu « insuffisant ». C'est pourtant exactement l'inverse qui est en cause. Plus la mondialisation bouscule les frontières, plus il faut rappeler l'importance des autres échelles : locale, régionale, nationale. Échelles qui sont autant de conditions pour *absorber* la déstabilisation créée par la mondialisation, et pour lutter contre le populisme, la xénophobie, le racisme, la peur de l'autre, la multiplication des stéréotypes et la haine qui s'expriment en *réaction* à cette perte des repères. Le *cosmopolitisme,* avec son mythe du citoyen mondial, n'est pas l'alternative à cette perte de repères, car il ne fait que l'accentuer. Il n'est revendiqué que par une infime partie des populations, en général celle qui n'a justement pas de problème d'identité.

De toute façon, le cosmopolitisme a changé de signification. Hier, il était un moyen de sortir des frontières. Aujourd'hui nous vivons dans un monde ouvert, où il faut plutôt protéger son identité culturelle collective pour justement aborder cette mondialisation. Autrement dit, jusqu'où faut-il s'ouvrir pour comprendre le monde d'aujourd'hui ? Comment ne pas aller trop loin sans se sentir menacé par cette même ouverture ? *Quelles identités conserver pour affronter ce monde ouvert ?* Il n'y a d'expérience possible de la mondialisation qu'à la condition simultanée de valoriser les situations qui obéissent à *d'autres* valeurs que celles de la vitesse et de la circulation. Et le « cosmopolitisme » des populations frontalières ne concerne en général que la cohabitation entre deux langues et deux cultures. Le rôle des espaces publics nationaux est donc plus que jamais nécessaire. Ils ne sont pas l'obstacle à la mondialisation, mais le moyen de ne pas se sentir trop déstabilisé par elle. C'est aussi le moyen de défendre les valeurs de l'universel et d'apprivoiser l'autre. *C'est en étant les pieds dans son identité que l'on peut s'ouvrir au monde.* Identité et universalité ne sont pas contradictoires par rapport à la problématique actuelle de la communication dans la mondialisation.

En politique, comme en culture, il faut apprendre à « retricoter » les valeurs universelles à la mesure des identités culturelles, et donc à repenser le concept de *frontières et de territoire*. Plus il y a d'ouverture, plus il faut préserver les espaces publics nationaux, comme espaces de communication et de négociation, d'autant qu'ils sont par ailleurs les lieux où la diversité culturelle, qui existe aussi *au sein* des sociétés, doit pouvoir s'organiser. La diversité culturelle, en effet, n'est pas seulement visible au plan mondial, elle se retrouve *au sein* des espaces publics nationaux, car la plupart des sociétés sont aujourd'hui *multiculturelles* ! La diversité culturelle a donc deux échelles. Au plan national, avec l'émergence du multiculturalisme. Au plan international, avec la construction de la cohabitation culturelle. Les concepts d'espace public, et son moteur, la communication politique, sont essentiels, pour « compenser » les déséquilibres consécutifs à l'ouverture de la mondialisation. Ou plutôt, ils sont deux dispositifs qui permettent de discuter publiquement et contradictoirement de cette réalité indépassable aujourd'hui : la place de l'*autre,* au sein des États-nations, tout autant que dans la mondialisation. Avec la mondialisation, la communication est passée du stade de valeur à celui d'un enjeu politique.

Les espaces publics nationaux sont les « intermédiaires » nécessaires pour aborder la mondialisation, comme l'ensemble des institutions et des professions le sont au sein des États-nations, pour éviter l'illusion d'une société transparente et interactive. *Les techniques sont en ligne, les hommes et les sociétés, jamais*.

*BIBLIOGRAPHIE SÉLECTIVE*


– ARENDT, H., *Condition de l'homme moderne* [*The Human Condition*, 1958], trad. Georges Fradier, Paris, Calmann-Lévy, 1961/1983, avec une préface de Paul Ricœur ; rééd. Pocket, « Agora », 1994.

– ARON, R., *Démocratie et totalitarisme*, Paris, Gallimard, 1965.

– ARON, R., *Essais sur les libertés*, Paris, Calmann-Lévy, coll. « Liberté de l'esprit », 1965.

– ADORNO, T.W., HORKHEIMER, M., *La Dialectique de la raison. Fragments philosophiques* [*Dialektik der Auflärung. Philosophische Fragmente*, 1944-1969], trad. Éliane Kaufholz, Paris, Gallimard, 1974.

– BOUDON, R., *Pourquoi les intellectuels n'aiment pas le libéralisme,* Paris, Odile Jacob, 2004.

– BOLTANSKI, L., *De la critique. Sociologie de l'émancipation*, Paris, Gallimard, 2009.

– BREGMAN, D., DAYAN, D., FERRY, J.-M., WOLTON, D. (dir.), *Le Nouvel Espace public, Hermès*, n° 4, Paris, CNRS Éditions, 1989.

– CANETTI, E., *Masse et puissance*, Paris, Gallimard (trad.), coll. « Tel », 1966.

– CASTEL, R., *La Discrimination négative, citoyens ou indigènes ?*, Paris, Seuil, coll. « La République des idées », 2007.

– CASTORIADIS, C., *L'Institution imaginaire de la société,* Paris, Minuit, 1979.

– CASTORIADIS, C., *Une société à la dérive, entretiens et débats 1974-1997,* Paris, Seuil, 2005.

– GAUTHIER, G., GOSSELIN, A., MOUCHON, J. (dir.), *Communication et politique, Hermès*, n° 17-18, Paris, CNRS Éditions, 1995.

– GENTILE, E., *Les Religions de la politique. Entre démocratie et totalitarisme*, Paris, Seuil, 2005.

– Dumont, L., *Homo Aequalis. Genèse et épanouissement de l'idéologie économique*, Paris, Gallimard, 1977.
– Fassin, D., Fassin, E. (dir.), *De la question sociale à la question raciale ? Représenter la société française*, Paris, La Découverte, 2006.
– Goody, J., *Le Vol de l'histoire*, Paris, Gallimard, coll. « NRF essais », 2010.
– Habermas, J., *L'Espace public*, Paris, Payot, 1978.
– Honneth, A., *La Société du mépris. Vers une nouvelle théorie critique*, Paris, La Découverte, 2006.
– Lefort, C., *Essai sur le politique*, Paris, Seuil, 1986.
– Marcuse, H., *Culture et société*, Paris, Minuit, 1970.
– Martin, M., *Trois Siècles de publicité en France*, Paris, Odile Jacob, 1992.
– Moscovici, P., *L'Âge des foules*, Paris, Fayard, 1981.
– Noiriel, G., *État, nation et immigration. Vers une histoire du pouvoir*, Paris, Belin, 2001.
– Paquot, T., *L'Espace public*, Paris, La Découverte, coll. « Repères », 2009.
– Riesman, D., *La Foule solitaire. Anatomie de la société moderne*, Paris, Arthaud, 1964.
– Rosanvallon, P., *La Légitimité démocratique. Impartialité, réflexivité, proximité*, Paris, Seuil, coll. « Les Livres du nouveau monde », 2008.
– Schnapper, D., *La Démocratie providentielle. Essai sur l'égalité contemporaine*, Paris, Gallimard, 2002.
– Todorov, T., *Nous et les autres. La réflexion française sur la diversité humaine*, Paris, Seuil, coll. « La couleur des idées », 1989.
– Wihtol de Wenden, C., Leveau, R., *La Bourgeoisie. Les trois âges de la vie associative issue de l'immigration*, Paris, CNRS Éditions, 2001.

CHAPITRE 5

# Information et journalisme[1]

## *Le déclin de l'information universelle*[2] ?

### Contexte de l'article

*L'Information demain. De la presse écrite aux nouveaux média* est un livre qui prend appui sur une étude cofinancée par le Centre de perfectionnement et de formation des journalistes (CFPJ) et la mission de l'informatique (ministère de l'Industrie). Fin 1977, Jean-Louis Lepigeon (journaliste) et de Dominique Wolton réalisent une grande enquête auprès des responsables des journaux français, des éditeurs, des directeurs techniques, des journalistes, des représentants syndicaux, etc., en France, au Canada, aux États-Unis, en Grande-Bretagne, en Suède, au Danemark.

La presse écrite quotidienne a longtemps eu le monopole de la diffusion des informations au travers d'une histoire tourmentée, indissociablement liée au combat pour la démocratie.

Ni l'avènement de la radio ni celui de la télévision n'ont finalement remis en cause son rôle et sa fonction. Dans quelle mesure ceux-ci le seront-ils avec l'introduction massive de l'informatique dans la fabrication et la rédaction des journaux, et avec l'avènement demain des nouveaux médias ? Telles sont les questions qui sont à l'origine de cette étude[3].

Il faut distinguer quatre aspects à l'informatisation : la gestion, la fabrication, la rédaction et enfin les nouveaux médias, qui représentent une rupture dans la conception, l'organisation, la production et la diffusion de l'information. En France, les deux premières phases sont presque achevées à l'été 1979, les derniers journaux à être informatisés sont ceux de la presse parisienne, en retard sur la province. La situation est globalement la même dans les autres pays européens. Seuls les États-Unis ont une déjà longue expérience de l'informatisation de la rédaction. Tout a commencé par l'informatisation de la gestion, de la vente et de la diffusion. Puis,

1. **Ouvrages de D. W. en regard** : *L'Information demain. De la presse écrite aux nouveaux média* (avec J.-L. Lepigeon), Paris, La Documentation française, 1979 ; *Terrorisme à la une. Média, terrorisme et démocratie*, Paris, Gallimard, 1987 ; *War Game. L'information et la guerre*, Paris, Flammarion, 1991 ; *Hermès*, n° 35, *Les journalistes ont-ils encore du pouvoir ?*, 2003.

2. Extraits de *L'Information demain. De la presse écrite aux nouveaux média*, Paris, La Documentation française, coll. « Information et société », n° 6, 1979.

3. Plus de trente ans après, ces questions sont toujours d'actualité (*NdA, 2011*).

à partir de 1967-1969, l'ordinateur a été introduit dans la chaîne de fabrication, pour la composition programmée. À partir des années 1972-1974, l'informatique est utilisée à tous les stades de la fabrication : transmission de la nouvelle, saisie de la copie, traitement, corrections, calibrage, mise en page, fonctionnement des rotatives, etc. L'étape suivante est celle de la rédaction électronique et des nouveaux médias.
Quelle sera la place de la presse écrite face à l'*élargissement* du champ de l'information que vont permettre les nouveaux services d'information ? Dans quelle mesure la différenciation du champ de l'information qui en résultera fera-t-elle apparaître d'autres acteurs plus adaptés à cette forme d'information ? Telles sont les questions qui sont à l'origine de ce travail, avec en toile de fond les deux caractéristiques importantes de la presse écrite quotidienne : la nature éphémère du produit et la très ancienne tradition qui fait de la presse une industrie de main-d'œuvre hautement qualifiée, qui a d'ailleurs été le berceau du syndicalisme ouvrier.
Quelle est, aujourd'hui, la situation de la presse écrite en France ?

## TÉMOIGNAGE SUR UNE ENQUÊTE

Ce qui m'intéressait, c'est la rencontre entre deux logiques de l'information qui n'ont rien à voir l'une avec l'autre. D'une part, celle de la presse et des *mass media* au sens large, dont la légitimité repose sur la philosophie du XVIII^e^ siècle, la conception occidentale de la démocratie, et qui met au centre la description des faits. D'autre part, celle des nouveaux systèmes d'information liés au développement de l'informatique et des télécommunications, et qui repose sur une conception beaucoup plus construite et interprétative de la réalité.

J'ai découvert cette atmosphère particulière des journaux, où le bruit des machines et l'agitation des ateliers contrastent avec le calme des bureaux et l'animation feutrée des salles de rédaction, illustrant le caractère à la fois intellectuel et matériel du journal. Découverte aussi de ce rythme étrange où le calme succède à la tempête jusqu'à ce que, progressivement, se fabrique le journal sur lequel s'arrête le regard sévère et précis des ouvriers à la sortie des rotatives.

Bien sûr, les impressions variaient, selon la taille de l'entreprise, et son degré de modernisation ; elles se précisaient au fur et à mesure des voyages en France et à l'étranger, mais c'était souvent la même atmosphère où chacun vaque à ses occupations dans une apparente indifférence aux autres. Réfléchissant aux problèmes de l'avenir, je ne pouvais m'empêcher, comme tant d'autres, d'être fasciné par le passé de la presse écrite quotidienne.

J'essayais de comprendre la grammaire bien particulière de ce milieu de vie et de travail, où la cohabitation conflictuelle des ouvriers, des journalistes, des patrons, débouche cependant sur ce produit éphémère.

J'ai souvent été désappointé par les hommes que j'y ai rencontrés, par leur manque de curiosité ou par leur attentisme prudent, et par les directions se réfugiant souvent derrière des propos généraux. Les journalistes faisant la sourde oreille, les ouvriers méfiants parce que se sachant menacés dans le devenir de leur travail et de sa qualification. Seuls les techniciens et informaticiens semblaient parfois enthousiastes et diserts.

Mon autre surprise a été de constater que l'on ne parlait jamais d'information ! Peu de réflexions sur elle, son contenu et surtout sur les changements liés à l'informatisation de la fabrication, de la rédaction et à l'arrivée de nouveaux médias. En revanche, à l'extérieur ou dans les syndicats, j'ai eu l'occasion de rencontrer des journalistes qui réfléchissaient à ce problème.

Plus le travail avançait, plus les transformations paraissaient importantes, et *plus il me semblait que la question essentielle était, non pas l'informatisation de la presse mais le changement de statut de l'information*. Que les lecteurs ne voient donc ni malice ni critique dans ces lignes, mais plutôt le désir de mobiliser l'attention et la curiosité – et d'abord celles des journalistes ! – sur le devenir d'une activité et d'un secteur socioprofessionnel indissociablement lié au maintien de la démocratie.

## L'ORGANISATION TECHNOLOGIQUE DE L'INFORMATION

La grande rupture qui se dessine semble être l'*organisation technologique de l'information*, c'est-à-dire l'intégration de différentes sources, genres et supports d'information[4] au point de constituer quasiment des *systèmes d'information*. Si la presse écrite a eu pendant deux siècles le monopole de l'information, la généralisation de la radio dans les années 1925 et de la télévision dans les années 1950, n'ont pas remis en cause une certaine conception de l'information. Ces deux médias se sont avérés finalement complémentaires.

Aujourd'hui, le contexte est fort différent. La concurrence acharnée entre presse écrite, parlée et visuelle se voit d'un seul coup dépassée par l'arrivée de nouvelles technologies de l'information : les systèmes de télétexte, les banques de données et les capacités fantastiques offertes au niveau des transmissions par les satellites. Tout se complique : il ne s'agit plus simplement de faits, nouvelles, informations au sens traditionnel, mais aussi de données plus ou moins construites qui intègrent information et analyse.

Ce nouvel élargissement du champ de l'information se traduit par une complexité plus grande de la notion d'information et par l'impression progressive que tous les aspects de la réalité deviennent, non seulement l'objet d'information au sens traditionnel, mais également de connaissance.

Quatre facteurs caractérisent l'organisation technologique de l'information dont la logique est de constituer progressivement un système d'information.

### *Le rôle essentiel joué par l'informatique qui permet de collecter, gérer, coordonner, transmettre des informations de statuts différents*

L'information devient même indissociable du support électronique (console de visualisation ou écran de télévision), créant une concurrence entre ces différents supports. Par exemple, entre l'informatique individuelle et la

4. Information sera toujours entendue dans la suite du texte, comme l'information grand public distribuée à travers les quotidiens, périodiques, presse audiovisuelle, nouveaux médias et banques de données accessibles à tous, cela exclut les informations spécialisées et privées, tant par leur contenu que par leurs destinataires.

téléinformatique domestique avec le télétexte (1982-1985) et pour les cinq années suivantes, la téléinformatique sur réseau téléphonique, puis sur réseau câblé. Il en résultera une imbrication des rapports entre son, image, papier, téléphone. L'écran devient un support visuel de réception pour des sources multiples et la télévision perd ainsi le monopole de la diffusion d'images à domicile. Avec le terminal apparaît la dimension active de la recherche de l'information. Quant au papier, dont le rôle sera probablement moindre, il est illusoire de croire qu'il disparaîtra, en raison de son faible coût en comparaison avec celui, nécessairement plus élevé, de ces installations.

*L'intégration des différents champs de l'information*

Presse écrite, radio et télévisée d'une part, les nouveaux médias ensuite, les banques de données enfin, constituent une sorte de *continuum* d'informations, allant du fait brut au commentaire, à l'information spécialisée et à l'information donnée (*data*).

Le coût des investissements se traduit par une concentration dans le secteur le plus ancien, la presse écrite, accentuant le fait que le domaine de l'information, qu'elle soit quotidienne, périodique, spécialisée, ou type nouveau média sera de plus en plus un secteur industriel où les intérêts en jeu pèseront d'un poids tel que les marginaux ou les indépendants auront du mal à survivre. Ici, intégration et diversification ne sont nullement synonymes de décentralisation et démocratisation...

*Un renforcement de la concurrence entre ces quatre acteurs que sont les agences, la presse écrite, les nouveaux médias et les banques de données*

Qui aura la maîtrise des nouveaux médias ? Les agences ? Les groupes indépendants ? La presse écrite ? Comment se fera la *distinction* entre transmission et contenus, et comment les télécommunications concevront-elles leur rôle pour ces nouveaux services ?

Agences et groupes de presse vont aussi entrer en concurrence. Par leur implantation, les possibilités de transmission et de connexions à des réseaux jusque chez le particulier, les agences sont bien placées pour fournir un grand nombre d'informations réservées hier aux journaux, pouvant même, grâce à leurs *news services,* fournir une sélection d'informations pour les publics solvables.

Enfin, les banques d'information et de données peuvent parfaitement occuper le créneau des informations spécialisées qui va, si l'on en juge par l'évolution de la presse américaine, constituer un des avenirs du marché de l'information.

*Une internationalisation des problèmes de l'information*

L'information change d'échelle. Les vitesses et capacités de transmission par l'électronique et les satellites brisent toutes les frontières nationales. Deux enjeux résultent de cette nouvelle organisation.

C'est d'abord la question, au niveau international du partage de l'information et de la communication. Ce problème, pris en charge par l'Unesco au travers des travaux de la commission MacBride (1977), a trois dimensions. D'abord, comment permettre à un certain nombre de pays de créer leurs propres agences d'information ? Ensuite, comment diversifier les sources et genres d'information, en accordant une plus grande part aux informations du tiers-monde et plus généralement, aux pays non strictement développés ? Enfin, un affrontement principalement entre deux conceptions de l'information : celle des pays occidentaux, autour de la liberté et la pluralité de la presse et celle des pays socialistes, pour qui la liberté de la presse est un leurre.

C'est ensuite le problème de la redéfinition des prérogatives publiques et privées à l'intérieur de chaque pays et la question de l'indépendance nationale. Cette diversification des moyens d'information et de communication ne va-t-elle pas obliger à repenser l'ensemble des rapports presse écrite, radio télédiffusion, nouveaux services, au travers de questions institutionnelles, juridiques, politiques ? L'exemple du monopole de diffusion battu en brèche par les satellites, celui de la définition et des responsabilités et devoirs des professionnels, ainsi que celui du copyright sont parmi les plus connus.

### LE DÉCLIN DE L'INFORMATION UNIVERSELLE ?

La conséquence de l'organisation technologique de l'information est un élargissement, une différenciation et un éclatement du champ de l'information. Effectivement, *le problème n'est pas l'informatisation, mais le changement de statut de l'information* dont personne ne parle.

On peut distinguer cinq groupes d'informations :

— Les informations générales, qui étaient et restent l'apanage des agences, de la presse écrite et radiotélévisée. Ce sont traditionnellement ce que l'on appelle *les news* et dont on a vu que l'informatique, les télécommunications et les satellites offrent une rapidité de transmission et de stockage considérables.

— Les informations services, qui ont toujours été une source importante de revenus pour la presse, particulièrement en province, où le journal régional est souvent acheté pour toutes les informations institutionnelles ou locales qui structurent la vie quotidienne. L'arrivée des télétextes passifs et actifs va permettre la multiplication du nombre et du genre d'informations offertes au consommateur-citoyen.

— Les commentaires et analyses voient leur rôle valorisé au moment où chacun est un peu asphyxié et réclame quelques moyens de hiérarchisation. Le développement des commentateurs (*columnists* aux États-Unis), éditorialistes, est directement lié à l'élargissement du champ de l'information et à l'élévation du niveau de connaissances.

— Les informations spécialisées et professionnelles (maison, sport, cuisine, architecture, histoire, médecine, droit...) dont le marché immense est directement lié aux possibilités financières des milieux professionnels et socioculturels concernés.

— Enfin les *informations connaissances*, liées directement au développement des banques de données. Il s'agit là d'informations construites (*data*) qui résultent d'un choix et d'une reconstruction entre plusieurs informations plus ou moins d'actualité, destinées à satisfaire les besoins des différents milieux socioculturels et de catégories professionnelles précises qui en ont les moyens (médecins, avocats, industriels...).

La grande rupture, c'est l'accessibilité de ces multiples genres d'information à un nombre de plus en plus grand de citoyens. Comment établir et définir les frontières de ce qu'on appelle « information » puisque s'instaure progressivement une continuité entre des conceptions qui, hier encore, relevaient de genres et de technologies différents ? Où commence et où finit ce qu'on appelle une information ? Comment établir les différences entre informations services, information générale et information spécialisée, par exemple ? Comment différencier les informations fournies par des professionnels et celles fournies par des groupes socioprofessionnels ou socioculturels ? Quelle est la tâche spécifique, les devoirs et responsabilités des professionnels de l'information et comment leurs droits sont-ils protégés ? Quelles sont les conséquences culturelles de la cohabitation dans un même lieu, voire sur un même écran, d'un nombre considérable d'informations et de connaissances de statut différent, accessibles immédiatement ? Comment sont bouleversés nos systèmes de représentation ?

Comment, dans les applications grand public de l'informatique à la presse, se fait la rencontre entre deux logiques différentes de l'information : celle de la presse et des médias ; celle liée à l'informatique et aux nouveaux médias ?

Le développement actuel de l'information ne se fait plus en référence à la légitimité qui a sous-tendu et permis l'avènement de la conception actuelle de la presse, à savoir la pensée philosophique et politique du XVIII^e siècle, mais au nom d'une autre légitimité, celle de la connaissance.

*La légitimité politique de l'information*. La liberté de la presse est la grande conquête liée à l'avènement de la démocratie et à son fondement : la liberté et l'égalité de l'individu avec son corollaire le droit à toute l'information pour tous les citoyens. La légitimité politique de l'information explique son caractère universel. Avec son complément, la reconnaissance du caractère contradictoire de l'information : son impossible objectivité.

Deux phénomènes massifs sont venus percuter cette conception, sans la remettre en cause. C'est d'abord la révolution industrielle après 1860 et le changement rapide des sociétés européennes qui ont accru le stock des connaissances et montré l'importance vitale de l'information. C'est ensuite, grâce au progrès technique, l'ouverture au monde et la formidable révolution dans les communications par le développement de la poste, du chemin de fer puis du téléphone, de la radio, enfin de la voiture et de l'avion. D'ailleurs, la grande rupture, après la presse écrite de masse – qui rappelons-le encore exista avant la guerre de 1914 –, et qui fut l'avènement de la radio et de la télévision, non seulement ne remit pas en cause la légitimité politique de l'information universelle, mais la conforta.

L'hypothèse que nous faisons sur le changement de statut de l'information ne prend *donc* pas la technologie comme cause essentielle.

*Information et légitimité, connaissance*. Les connaissances et l'information occupent une fonction plus importante qu'il y a cinquante ans dans l'appareil productif. Certains faisant même de ce mot le symbole de la société de demain, société de l'information, société postindustrielle. Le statut de l'information, y compris l'information presse, devient alors plus ambigu. La référence à la légitimité politique demeure mais en même temps apparaît un principe de pouvoir et d'inégalité autour de l'information. L'hypothèse est que la légitimité grandissante de l'information connaissance est moins égalitaire que le principe de l'information politique. Trois facteurs peuvent susciter un développement inégalitaire des nouvelles formes d'information.

D'abord, le caractère inégal du développement de ces nouvelles formes d'information n'apparaît pas immédiatement. D'autant que le temps libre dont on dispose pour lire ou s'informer est limité, et que les *mass media* ont accentué le décalage entre le spectacle du monde auquel ils donnent accès et une faible capacité d'action individuelle.

Ensuite, l'impression qu'on ne peut tout savoir sur tout, à un moment où la complexité des phénomènes oblige de toute façon à une certaine spécialisation, ce qui naturellement favorise une certaine inégalité. C'est le lien entre information, connaissance, et action qui est changé. La légitimité politique de l'information établissait un lien conceptuel direct entre elles, alors qu'aujourd'hui il y a une sorte d'autonomie entre ces trois dimensions, renforcée par les nouveaux médias. Le risque est : à quoi bon savoir tout cela si l'on ne peut rien changer !

Enfin, l'organisation technologique de l'information change le rapport au temps. Hier, l'information reposait sur l'événement. Aujourd'hui, une bonne partie des nouveaux médias et des banques de données repose plutôt sur la logique de la curiosité et de la connaissance. L'information n'est plus universelle mais particulière, au sens où n'y accèdent que ceux qui cherchent quelque chose de spécifique. Ce qui lie alors davantage l'information aux différents milieux socioculturels, donc à une conception beaucoup moins universaliste de celle-ci.

Le changement de statut de l'information se manifeste donc de deux manières :

— d'une part, par l'élargissement et la différenciation du champ de l'information, avec une nouvelle hiérarchie allant de l'information nouvelle liée aux faits, jusqu'à l'information donnée, résultat d'une construction intellectuelle et proche d'une notion de connaissance ;

— d'autre part, un changement de légitimité de l'information. Celle-ci passant d'une référence politique à une référence connaissance.

Le grand problème posé au travers ce changement est de savoir dans quelle mesure il peut être un facteur de démocratisation ou si, au contraire, il peut être source de nouvelles inégalités.

### *La transformation de la notion d'information grand public*

La réception à domicile des *news services*, voire de certaines dépêches d'agences, de plusieurs chaînes de télévision par câble, d'informations spécialisées par télétextes et la consultation de banques de données bouleverse considérablement la perception de l'information et la représentation de la réalité. On assiste à une transformation de la notion de grand public et de l'information grand public, puisque l'évolution va dans le sens de sa *différenciation*.

Ce qui se traduit nécessairement par une concurrence entre l'information générale et l'information particulière.

La conséquence est l'éclatement de la notion d'un, ou de plusieurs publics, au profit d'un meilleur ciblage des multiples publics.

*Information universelle ou information sérialisée ?*

Le rêve secret de certains, notamment aux États-Unis, est d'arriver un jour au *journal à la carte,* présenté à la fois comme la réalisation la plus sophistiquée de tous les changements technologiques en cours, et comme le raffinement démocratique, puisque chacun pourra avoir tout, et seulement tout ce qu'il souhaite connaître. C'est là que s'observe le glissement entre les deux conceptions de l'information. Que veut dire définir le portrait-robot du lecteur et adapter le produit à cette demande, quand le produit s'appelle l'information ?

Cela pose deux problèmes : – d'abord, rien ne dit qu'il en sortira un meilleur journal, car il y a toujours une ambiguïté dans la réponse aux besoins ; – ensuite, une telle évolution favorise une sérialisation, un quadrillage et un cloisonnement de l'information.

Paradoxalement, l'accroissement de souplesse dans la capacité à diffuser des informations et l'élévation du niveau des connaissances, risqueraient de renforcer le caractère conformiste et sérialisé d'une presse spécialisée qui, par son organisation, sa planification, est nécessairement plus rigide. Le risque est alors la diminution de l'information événement, nouvelle, au profit d'une information spécialisée et commentaire, esquissant l'alternative entre l'information universelle et l'information sérialisée.

*Les représentations sociales et le mythe de la communication liée au thème de l'information sérialisée*

L'évolution actuelle peut mener jusqu'à la *sérialisation*[5] de l'information. En effet, l'analyse des différents publics possibles et la recherche de moyens pour faire comprendre les informations et les besoins d'informations, aboutissent à constituer une certaine *représentation* de la société, centrée simplement sur la communication. Or, la démocratie n'est pas l'absence de conflits, mais au contraire, leur reconnaissance et la nécessité de les gérer. Il est probable que l'évolution des techniques, des services rendus et de la finalité qu'on leur assigne, devra aboutir à distinguer les liens et les différences entre communication et information.

*Démocratisation ou nouvelles inégalités ?*

C'est la question qui se pose. Deux hypothèses : une optimiste, l'augmentation du nombre des informations est un facteur de démocratisation

5. Information sérialisée a un double sens : spécialisation et « itemisation ». C'est-à-dire découper l'information par publics spécialisés et pour chaque public organiser l'information en série, de telle sorte que chaque « unité d'information » ne prenne son sens que par rapport à une autre.

et d'augmentation des connaissances, comme le prouve d'ailleurs l'expérience passée. Une, plus réservée, craint la fin d'une certaine conception universelle de l'information au profit d'une sérialisation et d'une inégalité plus grande dans l'accès aux connaissances, due au fait que ces nouveaux services vont coûter plus cher que l'information actuelle, établissant donc une sélection naturelle.

Comment éviter que la multiplication du nombre des informations ne serve d'abord ceux qui sont déjà informés, aboutissant paradoxalement à un approfondissement des inégalités ? Il y aurait alors une sorte de renversement : l'information de masse pour la grande majorité, l'information sectorielle de qualité, pour une minorité.

### L'ENTREPRISE DE PRESSE

Dans quelle mesure les nouvelles techniques de composition et d'impression favorisent-elles la concentration ? Il y a deux possibilités. Les pessimistes pensent que la logique de concentration joue dans ce secteur comme dans les autres et qu'après une floraison de titres liés aux nouveaux marchés de l'information, et aux possibilités offertes pour fabriquer autrement et moins cher un journal écrit, ou participer à des expériences de nouveaux médias (télétexte, télévision interactive), on observera une rationalisation du secteur, les intérêts financiers et politiques étant trop considérables.

Les optimistes pensent au contraire qu'en dehors des grandes agences mondiales d'information et de quelques journaux, leaders dans chaque pays, l'élargissement et la différenciation des genres d'information permettront que se créent d'autres structures. L'émergence de besoins d'information différents selon les milieux obligera justement à une diversification des genres, difficilement compatible avec la rigidité et la hiérarchie inhérente à toute grande organisation.

On parle d'ores et déjà de « démocratie nouvelle », grâce à cette multiplication d'informations sur les aspects les plus divers de la réalité, en oubliant que les moyens d'information sont de plus en plus aux mains d'un petit nombre d'individus et d'entreprises. N'y a-t-il pas quelque part une incompatibilité entre les deux phénomènes ?

La presse écrite quotidienne doit aussi subir la concurrence des banques de données et des nouveaux médias qui peuvent être à la base d'un nouveau type d'entreprise d'information.

Si ces nouveaux services se font hors de l'entreprise de presse, il faudra que celle-ci trouve d'autres sources de revenus et d'autres moyens d'accrocher le lecteur. Si, au contraire, ils sont mis en place en relation ou sous l'égide de journaux, cela renforcera, en région notamment, le monopole de l'information.

Aux États-Unis, tous les groupes de presse (*cf.* le rôle actif du groupe Time-Life) ont des intérêts dans toutes les expérimentations en cours. En Grande-Bretagne, le groupe Times participe et suit activement les résultats de Prestel en Suède ; les plus grands journaux participeront directement à l'expérimentation de Prestel. En France, les régionaux, qui ont un quasi-monopole d'information sur leur région, commencent à s'intéresser à ces nouveaux services.

La concurrence entre presse écrite, télévision et nouvelle entreprise d'information ne doit pas faire oublier l'autre concurrence possible : celle des agences de presse. Pour l'instant, les journaux sont les seuls destinataires des services de l'agence. Rien n'empêcherait demain, avec les possibilités de transmission et le faible coût des appareils de réception, de se passer de cet intermédiaire et de s'adresser directement aux particuliers.

L'élargissement du champ de l'information qui aboutit à augmenter le nombre des supports et à briser le monopole du quotidien papier, va probablement modifier la place et l'importance respectives des petites annonces, information-service, nouvelles et commentaires. Proportions qui ne se jouent pas seulement en termes de volume dans le journal, mais en termes de revenus publicitaires, qui représentent dans tous les pays entre 50 et 80 % des revenus du journal.

*Trois problèmes de nature différente* se posent donc du point de vue de l'entreprise de presse, à l'occasion de l'élargissement du champ de l'information.

D'une part, savoir si les nouvelles techniques et la différenciation des genres d'information vont permettre une démocratisation, par la floraison de nouvelles et multiples entreprises de presse.

D'autre part, comment s'établira le partage du champ de l'information entre entreprise de presse traditionnelle, télévision et nouvelles entreprises d'information (banque de données et nouveaux médias) ? Enfin, quelles seront la place et l'influence des agences de presse ? Il n'est d'ailleurs pas certain que l'entreprise de presse doive occuper tout le champ de l'information. Reste la question de savoir si ce nouveau contexte concurrentiel ne va pas renforcer la tendance de l'entreprise de presse à devenir une entreprise comme une autre.

Dans quelle mesure l'État, qui joue et va jouer un rôle important dans la promotion des nouveaux médias, ne doit-il pas simultanément accorder un certain nombre d'avantages et de possibilités à l'entreprise de presse quotidienne pour qu'elle puisse continuer sa mission d'information ?

Rappelons que l'introduction de l'informatique dans les quotidiens français s'est réalisée de la manière la plus traditionnelle, c'est-à-dire par le fait du prince, avec l'arrivée notamment des techniciens-informaticiens. Appuyés ou s'appuyant sur la direction, ils ont finalement le pouvoir pour réorganiser l'entreprise de presse. Les contraintes des installations, autant que leurs schémas propres de pensée, les font plus ou moins souvent se heurter aux journalistes, dont la logique, la formation, les centres d'intérêt sont bien différents. Une certaine méfiance, voire concurrence se dessine.

À cet acteur nouveau, étranger à l'esprit journalistique, et d'une certaine manière à l'entreprise de presse, risque de s'ajouter le rôle de l'organisation, du management et de la rentabilité.

Les journalistes devront là aussi apprendre à justifier certaines décisions, et à dialoguer avec les organisateurs-managers, dont la mentalité est bien différente de ce que l'on appelait hier l'administration.

Cette triple modification, dans la technique (informatique), la division du travail (diminution du rôle des ouvriers) et l'organisation de l'entreprise (rôle croissant des techniciens-informaticiens et des organisateurs-managers), risque de modifier la place de la rédaction.

On passe en gros d'un jeu à trois (patrons, ouvriers, journalistes) à un jeu à deux (patrons, journalistes), les informaticiens et les organisateurs étant naturellement plus proches d'une logique de direction.

Comment les journalistes pourront-ils se situer dans ce changement, eux que la tradition, le recrutement et, surtout, la nature même de leur travail, poussent à être plus individualistes que collectifs ? D'autant que la place de la rédaction dans la nouvelle organisation de l'entreprise de presse informatisée n'est, de toute façon, plus aussi valorisée qu'hier. On risque alors de voir se conjuguer des arguments techniques et économiques pour *imposer* certains changements dans la nature du travail. Trois questions découlent de la transformation des rapports sociaux dans l'entreprise de presse.

Qui du gestionnaire, technicien ou journaliste voit son pouvoir augmenter ? Quelle est la logique qui domine dans l'entreprise de presse : technique ou rédactionnelle ? Que devient le journaliste, puisque c'est après tout lui qui est au centre du processus de l'information ?

## LE JOURNALISTE INDÉSIRABLE...

Dans l'ensemble, la division et l'organisation du travail sont restées les mêmes. Les contraintes techniques plus nombreuses, une rationalisation du travail et un gain de temps qui, pour l'instant, ne semble pas avoir profité à la rédaction, empêchent de souscrire trop facilement à l'idée selon laquelle l'informatisation a permis d'améliorer le travail du journaliste. Sans oublier que la multiplication des banques de données et des systèmes d'information consultables en permanence va augmenter le nombre des journalistes assujettis au travail posté.

Aux États-Unis, le discours est optimiste : « L'informatisation de la rédaction n'a rien changé au travail journalistique et l'a même amélioré. » Chacun voit la différence évidente entre l'écriture matérielle, bruyante, lente de la machine à écrire et l'écriture immatérielle, rapide sur l'écran, mystérieux par le fait qu'on ne sait pas comment il fonctionne et qu'il associe un grand nombre de fonctions complexes.

De toute façon, il est probable que la rédaction électronique aboutisse à l'apparition à côté du journaliste traditionnel de deux nouvelles fonctions au moins : celle de *production editor* et celle de *maquettiste*. Nul doute que pour ces deux postes, les tâches techniques sont plus nombreuses qu'autrefois, parce qu'ils intègrent des fonctions qui relevaient de la compétence des typographes.

Le changement de statut du journaliste dans le champ de l'information se manifeste à travers trois problèmes.

*La couverture de l'événement*

Une partie traditionnelle du travail de journaliste, celui de la couverture de l'information générale, risque de diminuer. Pourquoi ? Parce que cela coûte cher de couvrir toute l'information, par ailleurs fournie par les agences de presse et les *news services*, dans des délais plus brefs. De plus, ce n'est pas sur cette information générale, déjà connue, que le journal où le nouveau média peut mobiliser ses clients, mais sur les commentaires, les pages spécialisées et les *features*. L'enjeu est alors la diminution de la part du travail journalistique consacrée à la couverture de l'événement et de l'information générale. Il pourrait très bien y avoir des informations sur tout, de l'information service aux multiples *features* personnalisées, mais avec une diminution du nombre des journalistes, et un quasi-monopole pour la minorité d'entre eux qui couvrirait l'information générale, politique nationale et internationale. Le paradoxe serait alors que ces nouvelles techniques qui devaient permettre de mieux couvrir les événements et de multiplier les sources d'information générale ne tendent, au contraire, qu'à les *réduire*, notamment à cause du coût. Il en résulterait une diminution des versions contradictoires d'un même événement, qui est pourtant la condition d'une information pluraliste.

*Les frontières de l'activité journalistique*

Aujourd'hui et demain un grand nombre de personnes vont faire et vendre de l'information, obligeant à définir le statut de ceux qui font ce travail. Pas de problème quand il s'agira de services nouveaux fournis par les agences de presse. Par contre, la question est plus délicate en ce qui concerne les nouveaux médias et les banques d'informations. Les journalistes peuvent-ils réclamer le monopole de leur profession pour toutes les activités gérant de l'information à destination du public ? Probablement pas, d'où la nécessité de critères de différenciations tendant à dégager la spécificité propre du travail de journaliste dans le champ général de l'information. De même, qui est responsable de l'information diffusée ? Le journaliste ou le *fournisseur* ?

*La concurrence des usagers*

Hier, l'usager n'accédait à l'information que par l'intermédiaire du journaliste. Aujourd'hui, par le télétexte, les banques d'information et leur réception à domicile, il va prendre l'habitude de se débrouiller seul pour choisir ce qui l'intéresse dans cette masse d'informations. Il va avoir l'impression de se comporter en *minijournaliste*. C'est l'idée du travail journalistique et de son rôle intermédiaire entre le fait brut, ou l'agence, et les lecteurs qui risque de changer,

Il faut différencier la fonction journalistique d'autres activités liées au traitement de l'information, comme par exemple celle de documentaliste. Il est probable que la nature du travail, les compétences ne seront pas les mêmes dans le cas d'un quotidien papier, d'un nouveau service d'information ou d'une banque de données.

Choisir une vision trop restrictive ferait du journaliste l'élite des différentes professions de l'information (par exemple autour du commentaire ou du grand reportage), les autres, en position subalterne, subiraient toutes les pressions. À l'inverse, choisir une vision trop extensive et sans hiérarchie, arriverait finalement à déqualifier la fonction de journaliste.

Il est donc nécessaire de maintenir un statut spécifique au métier des journalistes. C'est un acquis lié à la légitimité politique de l'information qui a mis près d'un siècle à être admise. Statut fragile, qui risque bien d'être remis en cause avec l'augmentation du nombre de professionnels s'occupant d'information.

Le journaliste, on l'a vu, subit deux types de concurrence qui remettent sa légitimité en cause : celle de l'usager et celle du spécialiste.

Hier, le journaliste pouvait avoir l'impression de participer au grand combat politique de l'information, de l'instruction, de la démocratie. Aujourd'hui, il se sent moins utile. D'où cette impression de dépossession et de morosité plus ou moins confuse. En fait, le passage de la légitimité politique à la légitimité connaissance va dans ce sens. Il conduit à considérer l'information comme un *continuum*, dans lequel l'information-événement n'est qu'un élément, voire l'élément de base aux discours de spécialistes, considérés comme plus importants. Le risque est alors la banalisation de la fonction journalistique considérée comme fournissant la matière première à d'autres professions qui elles donneraient le sens de l'information, voire de la réalité.

Le problème ici n'est pas simplement une question de hiérarchie professionnelle, mais de *statut du discours sur la réalité*. Jusqu'à présent, le discours d'analyse et d'interprétation était d'une autre nature que celui des faits et de la description, au nom justement de la légitimité politique de l'information. La légitimité connaissance aboutit non seulement à supprimer cette différence de nature entre les deux ordres de discours, mais à établir une hiérarchie au profit de ceux qui donnent le sens. L'enjeu pour la profession de journaliste est donc bien de maintenir la place spécifique d'un regard universaliste, le plus proche possible de la description des faits.

Il faut protéger le travail sur le quotidien du journaliste, parce que c'est le plus fragile, le plus contingent, et celui qui permet de casser la rationalité du discours des acteurs et de leur action. Le journaliste-universaliste est un observateur de l'incohérence du monde. Il n'est pas le seul, mais il est l'un de ceux-là, et comme son travail est au jour le jour, il faudra bien d'ailleurs qu'on lui accorde un jour une protection juridique qui complète la clause de conscience. Les journalistes ont donc à éviter un double écueil. Le premier, par une conception apparemment radicale, viserait à nier la spécificité du travail journalistique. Le deuxième par complexe ou conception étroite viserait à déqualifier l'information presse, celle-ci devenant le Smic de l'information.

L'élargissement du champ de l'information ne doit pas faire oublier qu'il est d'abord une revendication politique qui suppose la reconnaissance d'un statut particulier et une protection pour ceux qui fabriquent cette information. *Ici, le professionnalisme n'a rien à voir avec un corporatisme ; il est la condition pour perpétuer une certaine conception de l'information.*

Un fait se dégage à l'étude de la manière dont les entreprises de presse se sont informatisées : c'est l'absence de prise en compte de la qualité des travailleurs qui constituent pourtant la richesse finalement la plus précieuse. Dans la plupart des cas les directions ont considéré que les travailleurs seraient un frein, d'où la stratégie visant à les neutraliser.

Cette attitude de départ a probablement pesé lourd dans les multiples péripéties qui ont émaillé l'informatisation, établissant un climat de méfiance mutuelle entre les éditeurs, les journalistes et les ouvriers. En tout cas il faut que soient reconnues la valeur et la qualité des journalistes et des ouvriers, sans lesquels un éditeur, si riche et compétent soit-il, ne pourra jamais faire un journal. Le décalage entre le coût considérable des investissements en matériel de production (rotatives et informatique) depuis vingt ans et le peu d'argent qui, proportionnellement, a été investi dans la formation des hommes, journalistes ou ouvriers... est stupéfiant. Quant aux journalistes, il faut qu'ils relégitiment leur rôle et s'habituent à s'engager dans des combats collectifs. Il faut signaler à leur décharge deux phénomènes objectifs. D'une part, le sentiment de leur fragilité, et la conscience qu'ils ne sont jamais que quelques individus dont le poids ne pèsera pas toujours suffisamment. D'autre part la contrepartie négative de leur statut d'observateurs, c'est-à-dire la difficulté à passer à l'acte. L'observation quotidienne du théâtre du monde rend sceptique, en tout cas ne vous rend plus facilement mobilisable.

L'élargissement et la diversification du champ de l'information dessinent un enjeu : la différence fondamentale à maintenir entre information-nouvelle et information-connaissance au moment où la multiplicité des genres d'information aura tendance à établir une sorte de continuité entre les différents types d'information. La spécificité et le rôle de l'entreprise de presse et du journaliste consisteront à distinguer l'information générale basée sur la couverture des événements, de toutes les autres formes d'information.

Tous ces problèmes liés au changement de statut de l'information ne sont pas la conséquence de mutations consécutives à l'innovation technologique, mais sont dus au contraire à des transformations dont l'origine est d'abord sociale. C'est l'évolution de la place des connaissances qui est le phénomène le plus important expliquant le changement de légitimité de l'information.

Il est probable que la multiplication des nouveaux moyens d'information va permettre, non seulement d'avoir accès à un grand nombre d'informations sur le présent, mais surtout d'avoir accès aux informations du *passé*, c'est-à-dire d'accéder simultanément au *présent* et à la *mémoire*. Si la mémoire est immédiatement accessible, c'est le temps du passé qui se trouve bouleversé. D'où le paradoxe suivant : le temps est nié, supprimé, en même temps qu'il est accumulé, omniprésent sous la forme d'un passé directement accessible.

## « *Do you love your VDT ? The new technology raises questions which American journalists rarely ask*[6] »

### QUE VONT DEVENIR LES JOURNALISTES ?

J'ai fréquemment entendu les gens célébrer la rapidité et la précision de leurs ordinateurs. De manière générale, je retiens que la nouvelle technologie est simplement considérée comme une autre manière pour le journaliste d'atteindre ses objectifs traditionnels, plutôt que comme quelque chose qui puisse introduire une quelconque rupture. Le fait que la transition du papier à l'ordinateur vienne modifier le processus de création intellectuelle n'a jamais été mentionné. Pourtant, les nouvelles technologies rendent le processus créatif nécessairement plus abstrait, impliquant une relation à l'écriture essentiellement visuelle, plutôt que matérielle ou tactile, et elle se déroule désormais à l'intérieur de l'espace défini de l'écran. Les journalistes insistent plutôt sur combien, grâce à l'édition électronique, ils gagnent en contrôle sur leur rédaction.

J'ai été frappé que le *Newspaper Guild*[7] – qui ne semble se battre que pour les salaires et la sécurité de l'emploi – prête aussi peu d'attention aux implications plus larges de ces changements structurels, du moins tant qu'ils ne semblent pas remettre en question les principes de la liberté de la presse. Les journalistes sont apparemment les grands victorieux : ils ont élargi leur capacité de contrôle sur leur travail. Pourtant leur position privilégiée ne devrait pas les aveugler au point qu'ils laissent la même logique économique et technique qui entraîne aujourd'hui l'élimination des emplois de production entraîner l'élimination de nombreux emplois de journalistes dans le futur.

### LE DÉFI DE L'IMPRESSION

Bien que certains observateurs extérieurs perçoivent comme une menace le développement des médias électroniques, la plupart des membres de la presse avec lesquels je me suis entretenu étaient sereins, parce que la séparation entre la presse traditionnelle et ces nouveaux médias est encore claire, voire optimistes. Chaque média semble assuré de jouer un rôle dans la transmission d'une partie d'un univers d'informations apparemment infini.

En fait, le nombre de nouveaux médias en concurrence va grandir de façon significative, rendant la compétition entre la télévision et la presse. Le défi du journalisme de presse écrite viendra de trois directions : du câble, renforcé par la transmission satellite ; des banques de données en ligne et des services d'information conçus pour des écrans vidéo et, enfin, des

6. *Columbia Journalism Review*, juillet-août 1979.
7. Syndicats américains des employés de journaux, Washington DC, créé en 1933.

systèmes médiatiques composites qui combineront les télécommunications et la télévision, avec les possibilités de l'ordinateur.

La diversification massive des sources d'information directement accessibles créera d'importants problèmes pour l'industrie.

L'explosion de l'*idée* d'information, en tant qu'elle affecte l'équilibre entre médias écrits et médias électroniques, est le plus important de ces développements. Pour les consommateurs, l'existence même, au sein de leur foyer, des chaînes câblées, télétextes, services de presse et banques de données va transformer leurs perceptions de l'information. Pour les professionnels, les problèmes vont émerger de la définition des fonctions et des domaines de la responsabilité. Pour les organisations, la lutte sera de gagner la compétition pour les annonces classées, les agendas culturels, et autres d'informations de services, tous largement monopoles des journaux. Demain, cependant, la fourniture de ces données sera parmi les premières applications des nouveaux médias électroniques. Le futur de la santé financière des journaux américains sera l'enjeu, étant donné qu'une portion majeure de leurs revenus est liée à ces produits.

En dépit de ces perspectives, toutefois, les personnes interviewées ont paru attacher peu d'importance au fait que le concept d'information explose. Ils semblent penser que ce concept est autonome, qu'il existe indépendamment des médias.

## TOUT LE MONDE JOURNALISTE

Voilà qui nous amène à un problème essentiel : les conséquences pour les journalistes eux-mêmes.

Les journalistes vont bientôt se retrouver le seul groupe dont le salaire et les dépenses représentent un coût non négligeable pour le management. Cela donnera le sentiment que le consommateur peut s'emparer d'une large part du travail de journaliste. Chacun, en choisissant ce qui l'intéresse dans la masse d'information disponible, aura l'illusion d'être un parajournaliste. Le besoin d'*intermédiaires* professionnels entre des organisations de l'information sans visage et le consommateur sera remis en question par l'expérience même de l'utilisation de ce que ces journalistes ont produit.

La relation entre la presse, les éditoriaux, les services, et les reportages affectera également la position des journalistes. Le fait que l'équilibre entre ces différentes formes de journalisme change, se reflète déjà dans la tendance à fournir des informations spécifiques à des publics réduits, au lieu de la seule information généraliste qui est de moindre intérêt pour elles.

Le risque ? Qu'une part traditionnelle et essentielle du journalisme – offrant ce que l'on appellerait des « informations générales » à un large public – soit remise en question. Pourquoi ? Parce que ce n'est plus sur la base de la presse généraliste, que les médias vont attirer l'attention de leurs lecteurs, téléspectateurs et clients, mais sur la base de la presse spécialisée, des éditoriaux et des reportages. Il y a un paradoxe : les nouveaux médias, considérés comme le moyen d'élargir le nombre de sources d'informations généralistes, aura tendance, au contraire, à les diminuer. Le résultat sera un moindre nombre de versions contrastées d'un même événement – le cœur même du journalisme.

## MARKETING ET DÉMOCRATIE

Le troisième problème concerne les lecteurs : comment vont-ils éviter la noyade dans ce flot d'informations qui leur sera destiné ? Les médias personnalisés, « à la carte », sont présentés à la fois comme l'accomplissement le plus sophistiqué des changements technologiques engagés, et comme *le* raffinement démocratique qui permet à chacun d'avoir ce qu'il désire, mais aussi *seulement* ce qu'il désire.

Il n'est pas certain que ce type de stratégie marketing donne à l'avenir de meilleurs articles, parce qu'il y a toujours une ambiguïté dans « la réponse à des besoins » et parce qu'il est particulièrement difficile de découvrir « les besoins en information ». Les stratégies marketing qui favorisent la compartimentalisation de l'information et la particularisation du lectorat marquent une rupture dans une longue tradition. Depuis le XVIII$^{e}$ siècle, la presse s'est battue pour offrir l'information la plus généraliste possible à un public aussi large que possible. La disponibilité de l'information universelle est l'un des gains de l'ère démocratique. Il risque d'être compromis au nom du concept, moderne en apparence, de « besoin informationnel ».

Nous savons tous que nous apprenons de nombreuses choses parce que nous les croisons *à l'improviste.* Lire quelque chose « par hasard » est l'une des grandes routes de la culture. C'est aussi un moyen de communiquer. Ceci est particulièrement le cas aux États-Unis, où le journal a rassemblé différents groupes ethniques et raciaux en leur fournissant une expérience et une connaissance partagées de leur environnement. Que restera-t-il de la fonction démocratique lorsque chacun lit – ou tape sur une console – seulement ce que ses « besoins » informationnels exigent ?

## PROJECTION DANS L'ESPACE SOCIAL

Nous voilà donc face à trois groupes de problèmes. Premièrement, dans quelle mesure l'idéal du journalisme divergera-t-il du modèle universaliste qui a animé la presse occidentale pendant plus de deux siècles ? Un second ensemble de questions porte sur la relation entre la multiplication des nouveaux médias, la particularisation de l'information que celle-ci va permettre et le futur des sociétés démocratiques. La prolifération de l'information et la capacité de cibler différents publics socioculturels ne sont pas, comme certains le pensent, synonymes de démocratie. Il se pourrait que, malgré leurs points faibles, les médias de masse d'aujourd'hui soient encore plus démocratiques que les futurs médias « à la carte » qui, sur le long terme, pourraient bien renforcer les divisions sociales. Troisièmement, nous devons apprendre à percevoir les différents niveaux auxquels la technologie change le monde. On parle de révolution mondiale de la technologie, mais en même temps, rien sur les changements dans la nature même de l'information. On m'a donc dit simultanément que la nouvelle technologie « change tout » et qu'elle ne « change rien ».

## *« Rationality and subjectivity in applied science, social science, and journalism. Comments on Katz*[8] »

Cet article, « Rationality and subjectivity in applied science, social science, and journalism. Comments on Katz », inclut, selon la tradition éditoriale de la revue, un commentaire à celui d'Elihu Katz qui le précède de quelques pages et qui est intitulé « Journalists as scientists. Notes toward an occupational classification[9] ».
Elihu Katz est professeur à l'Annenberg School of Communication de l'Université de Pennsylvanie, professeur émérite de sociologie et de communication à l'Université hébraïque de Jérusalem et directeur scientifique de l'Institut Guttman de recherches appliquées en sciences sociales. Sur invitation du gouvernement israélien, il a également présidé le groupe de travail chargé de l'introduction de la diffusion télévisuelle dans les années 1960.
Dans son article, Elihu Katz propose de définir le journalisme selon deux grandes pistes de réflexion. La première est celle de la profession, largement explorée mais demeurant semée d'embûches. La seconde, originale mais féconde, est celle de la science. Ainsi Katz propose-t-il de voir le travail du journaliste comme une déclinaison de celui du scientifique. Le journaliste serait donc un chercheur qui s'ignore, qui formulerait des hypothèses, construirait une problématique, mettrait sur pied une méthodologie, mais sans les expliciter. Cet article est avant tout une tentative de la part de E. Katz de réfuter une hypothèse concurrente de l'époque qui posait une incompatibilité fondamentale entre journalisme et vérité.

Le mérite de l'hypothèse de Katz est d'aller au-delà de l'approche traditionnelle qui met l'accent sur les dimensions individuelles du journaliste (invention, goût pour l'aventure) ou qui, inversement, entreprend de montrer que le journalisme n'est pas différent des autres professions.

La nature de l'activité journalistique a longuement été débattue, mais aujourd'hui le problème est particulièrement important pour deux raisons simultanées et opposées : les journalistes sont en nombre croissant dans l'ensemble des pays, du fait d'une plus grande variété de médias, du progrès de la communication sous toutes ses formes, et des progrès démocratiques. Au même moment, les critères définissant la profession sont de moins en moins nets. *En d'autres termes, le journalisme fait face aux conséquences de son succès : de plus en plus de journalistes, fournissant plus d'informations* via *des médias diversifiés, mais avec une définition moins précise de la profession*. L'érosion de la définition est aussi le résultat de l'explosion de la communication et d'une crise à l'intérieur du champ qui concerne le statut et le rôle du journalisme.

Pour caractériser la nature et spécificité du travail des journalistes, il est utile de réfléchir sur leur statut à l'intérieur du champ de l'information et de la communication où ils s'affrontent avec les autres professionnels de

8. *American Behavioral Scientist*, novembre-décembre 1989.
9. *Ibid.*, p. 238-246.

l'information. La tâche des journalistes est de structurer la réalité, mais ceci est difficile étant donné la nature irrationnelle du monde. En tant que spectateur du monde, assis au premier rang, les journalistes doivent donc avant tout mettre en ordre leurs propres idées, organiser leurs perceptions, classifier et hiérarchiser les faits et les idées selon leur importance.

C'est en ce sens que le journaliste est une sorte de « scientifique », même si il ou elle serait bien la dernière personne à l'admettre. La construction mentale que le journaliste formule implicitement ou explicitement influencera inévitablement la manière dont il ou elle travaille et l'agenda public que son travail créera. Il est en effet important, ainsi que le suggère Katz, de mettre l'accent sur la rationalité avec laquelle le journaliste organise sa perception, parce que cela démontre la difficulté de la tâche qui est de tourner une multitude de phénomènes contradictoires en une information cohérente.

Si le journaliste est un scientifique, se conforme-t-il à une approche scientifique ? Pas de doute sur le fait que les journalistes aient des hypothèses – qui sont confirmées ou invalidées par les faits – et, comme tout scientifique, la capacité de modifier les représentations du monde. Leur travail peut-il pour autant être qualifié de véritablement scientifique ? Classifier le journalisme comme entreprise scientifique suppose l'existence d'hypothèses objectives, de règles et thèses, et implique une certaine permanence dans le temps.

Alors que le monde physique est assurément aussi complexe que la société humaine, la force des sciences naturelles réside dans le fait qu'elles permettent la production et reproduction de l'action au travers de l'expérimentation. La société en tant que sujet permet certes la formulation de modèles, mais elle se différencie radicalement des autres sujets en ce qu'elle n'est pas prédictible. Concernant la société, l'expérimentation est impossible. Les actes meurtriers des régimes totalitaristes et fascistes illustrent la démence d'une telle démarche.

La distinction entre le sujet du journaliste – la société humaine – et la nature de l'activité scientifique place ainsi le journalisme dans une situation particulière. Ceci s'applique aussi aux sciences sociales, qui au mieux interprètent certains phénomènes dans leur contexte, ou essayent d'expliquer les causes d'un événement. Elles ne produisent ni ne prédisent les événements.

L'histoire, avec ses tragédies et explosions, domine la société, sans logique scientifique ni même rationnelle. Pourtant, cela n'exclut pas une approche scientifique dans l'analyse des faits. Toutefois, l'analyse journalistique est généralement menée *a posteriori*, dans une perspective compréhensive, comme dans le cas des sciences sociales. De ce point de vue, le travail des journalistes est plus proche de celui des sciences sociales que de celui des sciences de la nature. Bien que le travail du journaliste soit similaire au modèle du sociologue ou du politiste, il demeure une différence de fond. Le journaliste travaille sur l'immédiat, sans le luxe de pouvoir se tenir à distance des événements ; il doit produire de l'information au jour le jour. Le sociologue quant à lui, n'est pas soumis à la tâche quotidienne de structurer le monde alors que les événements continuent de se dérouler.

Les journalistes doivent comprendre les événements, les placer dans un contexte compréhensible, puis les rapporter. À la différence des chercheurs et universitaires, ils ne peuvent pas prendre de la distance par rapport aux événements. Peu nombreux sont les chercheurs et universitaires qui pourraient mener ce travail quotidien de classification de l'histoire du monde en mouvement. En quelque sorte, le chercheur met en œuvre une analyse secondaire de l'information produite par le journaliste.

Ainsi, tandis que les journalistes et les scientifiques partagent de nombreux points communs au royaume de la rationalisation, de l'interprétation de la réalité et de production de l'information, leurs tâches demeurent différentes quant au sujet et au rythme de travail. Être en première ligne pour observer l'histoire caractérise l'activité journalistique, une tâche solitaire et grandiose.

Cet aspect primordial du journaliste confirme le fait que la subjectivité et l'intuition sont les qualités primordiales de la presse, de la même manière qu'elles constituent des prérequis au bon travail scientifique. Sans subjectivité, les journalistes deviennent des technocrates au service de l'événement, incapables de le comprendre et donc de permettre aux autres de le faire. Sans rationalité, le journaliste n'est qu'un chroniqueur subjectif duquel les lecteurs, auditeurs ou téléspectateurs se détourneront instinctivement. Les scientifiques se trouvent très souvent dans la même situation, sans le reconnaître... L'histoire de la presse nous a appris que *le meilleur journaliste est celui qui a accompli l'exploit de combiner subjectivité et rationalité dans sa perception de la réalité*. À cet égard, la science et le journalisme sont similaires. La différence se trouve dans le degré d'interprétation permis : le premier souci du journalisme est de rapporter la réalité quand celui de la science est d'entreprendre son interprétation.

Malgré les dissemblances évidentes entre le journalisme et la science, E. Katz doit être loué pour avoir formulé l'hypothèse selon laquelle ces deux professions disparates auraient quelque chose en commun.

---

## *L'éthique du journalisme, le journalisme victime de son succès*[10]

Deux raisons structurelles, de nature différente mais finalement complémentaires, expliquent le petit nombre de travaux sérieux sur les journalistes et les médias. Il s'agit d'un milieu fermé qui n'aime pas être observé de l'extérieur sauf pour une durée assez brève. Cette fermeture est très nettement ressentie par toute personne qui souhaite étudier le comportement professionnel de ceux qui, tous les jours sont à l'origine de l'information que nous consommons. Autrement dit, le droit que cette profession s'accorde, sans vergogne, à se mêler de tout, et parfois sans les compétences nécessaires, elle ne l'accorde pas à ceux qui veulent, d'ailleurs la plupart du temps

10. « L'éthique du journalisme », *MédiasPouvoirs*, janvier-février-mars 1989, n° 13.

avec une certaine sympathie, comprendre la division et l'organisation du travail qui y règne. Les journalistes ont facilement tendance à dénoncer « la superficialité » avec laquelle on pourrait rendre compte de leur travail, sans même se demander si, eux-mêmes, n'encourent pas souvent cette critique dans leur manière de travailler... À ces multiples arguments mis en avant pour décourager une analyse, s'ajoute le poids des crises économiques et politiques qui traversent régulièrement la presse (concentrations, licenciements, restructurations, procès, etc.) et mobilisent alors toutes les forces démocratiques pour « la défense de la liberté de la presse ». Ces moments finalement assez nombreux rendent encore moins possible une interrogation sur le travail des journalistes qui aurait pour conséquence de « faire le jeu de l'adversaire ».

Tout contribue donc au maintien de ce halo fait de mystère, de non-compréhension, d'erreurs et de lieux communs. Sauf s'il s'agit de pamphlets car le milieu adore par autoflagellation, ou au contraire pour mieux valoriser son rôle, rendre compte des textes qui le mettent en cause de manière excessive. À ce boycott feutré à l'égard des travaux menés sur la presse s'ajoute, en outre, un relatif désintérêt du public qui n'est lui-même mobilisé, le plus souvent, que par les « révélations » ou les mémoires et autres récits des « stars ».

Aucune analyse ne permettra de comprendre, *a priori*, pourquoi pendant un certain temps, tel journaliste, journal, radio ou télévision est capable d'incarner les plus hautes valeurs de l'information, quitte à n'en être plus capable quelques années plus tard. L'essentiel demeure dans le renouvellement, quasi miraculeux, de génération en génération de cet idéal de la presse. Une des grandes originalités du milieu est de rester un carrefour où se mêlent les destinées les plus baroques d'individus aux histoires divergentes. Cette ouverture du milieu, comme condition de son existence est probablement sa plus grande force, même s'il faut aujourd'hui la compléter par des conditions de formation et de culture qui ne suffisent pas à garantir la transmission de cet acquis fragile d'une génération à l'autre.

## LES PROBLÈMES STRUCTURELS ACTUELS

Il est inquiétant que la plupart des informations répercutées par tous les médias du monde ont, comme source presque exclusive, les dépêches des quatre agences mondiales sur lesquelles repose, en définitive, la production, au sens strict, de l'information. La plupart des médias et des journalistes ne font que reprendre, compléter et nuancer ces informations qui constituent littéralement l'infrastructure de leur propre production. *Aujourd'hui, la pyramide de l'information est à l'envers, les agences étant la pointe de cette pyramide*.

Le modèle professionnel et culturel reste celui du journalisme de presse écrite aujourd'hui minoritaire dans l'univers professionnel largement dominé par l'audiovisuel.

Les journalistes de l'écrit ne peuvent pas ne pas éprouver un certain orgueil dans cette situation tout en regrettant toutefois que leur rôle ne soit pas davantage explicitement reconnu. Les confrères de l'audiovisuel peuvent, à juste titre, également regretter un système de légitimation qui sous-estime largement leur rôle – parfois à tort – et justifier ainsi un peu la légitimité compensatrice que constitue le statut de « star » de l'audiovisuel. En réalité, ce rapport plus ou moins antagonique entre légitimité et publicité qui représente en quelque sorte les deux faces du journalisme écrit et audiovisuel offre, pour l'avenir du métier, plus d'inconvénients que d'avantages.

Pour le moment, le phénomène du publi-reportage touche principalement la presse écrite, mais il gagnera rapidement la télématique et l'audiovisuel. Le problème n'est pas l'« objectivité » ou la non-objectivité de l'information, mais sa banalisation et son intégration progressive dans la grande moulinette de la communication. Dans les deux cas, c'est le problème du système de référence qui est en cause. L'information renvoie d'abord à une logique politique liée au modèle fragile de la Démocratie dont elle est un des éléments structurants. Les publi-reportages et toutes les formes « d'information et de communication à caractère commercial » renvoient d'abord à une logique économique assez différente du système de valeurs dans lequel s'insère l'information.

La profession profite actuellement d'une expansion formidable et n'est sûrement pas prête à accepter un comportement malthusien. Et pourtant la nécessité d'un travail rigoureux et restrictif concernant la définition du journalisme s'impose si jamais celui-ci ne veut pas perdre demain une bonne partie de son identité et de sa légitimité dans un espace élargi de la communication.

Pourtant l'autocontrôle d'une profession sur elle-même est déterminant pour son avenir, comme le prouvent d'ailleurs toutes les professions reposant sur un travail individuel, qui ont subi en trente ans une forte croissance démographique (professeurs, médecins, chercheurs, etc.) mais qui ne finissent pas de payer les effets négatifs d'un manque de courage antérieur. Aucune réglementation ne pourra jamais assurer la qualité de recrutement d'un milieu comme celui du journalisme, nécessairement ouvert sur l'extérieur. La crainte et les souvenirs du corporatisme sont régulièrement mis en avant, ainsi que les nécessités de l'emploi pour faire tourner court toute réflexion qui risquerait de déboucher sur une politique plus stricte. Face à ce problème de définition du métier, l'élévation du niveau de formation initial et continu[11] est une amorce de garantie.

Si les journalistes savent négocier avec le pouvoir politique, au point qu'il existe une longue tradition de ce rapport de force permanent émaillé de défaites et de victoires, ils sont plus démunis face au pouvoir économique même s'ils ne sont pas la seule profession relativement inhibée face à l'argent. Les journalistes ne savent pas s'organiser contre les pressions du pouvoir économique. L'une des solutions consiste probablement à multiplier et renforcer au travers des « sociétés de rédacteurs » ou toute autre structure juridique similaire, le pouvoir de ceux qui font l'information et qui représentent le seul contre-pouvoir efficace à celui que confère le pouvoir de l'argent.

11. 66 % des journalistes ont fait des études supérieures et 15 % des études secondaires.

LES ENJEUX

*L'idéologie de la communication*

Comment éviter que les journalistes ne deviennent des « supercommunicateurs », perdant dans cette transformation ce qui, aujourd'hui, fonde l'exercice de leur métier, et qui lui donne finalement toute sa singularité ? Autrement dit c'est au moment où les journalistes apparemment apprennent mieux à résister aux pressions politiques qu'ils doivent redéfinir leur rôle et leur statut dans un espace élargi de la communication.

*Le rapport aux hommes politiques*

Hier, le pouvoir politique était, si ce n'est secret, en tout cas fermé sur lui-même. Aujourd'hui, il n'en est plus du tout de même, puisque c'est le pouvoir politique, lui-même, qui veut en permanence s'expliquer, « communiquer », s'exprimer, risquant d'ailleurs de transformer les journalistes en « auxiliaires d'information ». Certes, le secret n'a pas disparu et continue de bien se porter, mais dans l'ensemble la société et le pouvoir politique sont davantage sur une scène publique.

Aujourd'hui, hommes politiques et journalistes forment le couple essentiel de cet espace de communication élargi. Il n'est plus possible de voir leurs relations comme celles d'un jeu dangereux où les « chevaliers » de l'information et de la vérité seraient aux prises avec les « mauvais dragons » de la politique.

*La concurrence entre l'information-sondage et l'information-événement*

Les sondages ont donné une voie à l'opinion publique qui lui permet aujourd'hui de devenir un partenaire à part entière des jeux politiques. Hier, les journalistes s'appuyaient sur l'opinion publique, contre le pouvoir politique, aujourd'hui le pouvoir politique utilise également les sondages contre les journalistes. Le rapport de force va au-delà et porte sur le statut de l'information issu des sondages et des médias, dans un espace de communication élargi.

Les sondages ont pour eux d'être « représentatifs », en accord avec la logique « représentative » qui prévaut dans notre système politique. Les médias ont pour eux de rapporter les événements qui, par nature, ne sont *jamais* représentatifs. Or, comme le champ de la politique ne cesse de s'étendre à tous les domaines de la société s'accompagnant d'un processus croissant d'institutionnalisation, une bonne partie des informations politiques prend également ce caractère représentatif. L'apogée démocratique, pour ne pas dire peut-être sa caricature, est de faire de chacun de nous un être représentatif ! Les journalistes risquent donc – beaucoup plus qu'ils ne le croient – de subir les effets d'institutionnalisation de l'opinion publique au travers des sondages, et ce, d'autant plus qu'eux-mêmes ont tendance – comme pour légitimer leur propre travail – à s'appuyer de plus en plus sur les sondages. Le problème ne concerne pas seulement l'information politique, mais aussi ce que l'on appelle les « sujets de société » où les médias sont en forte concurrence entre eux. Ils ont pour cela souvent tendance à recourir à des « sondages exclusifs » pour se distinguer les uns des autres. Un sondage ne remplace pas une enquête, mais y a-t-il beaucoup d'enquêtes qui vont à contre-courant des sondages ?

*Les effets pervers de la logique, de la concurrence et du scoop*

Les journalistes se lisent, s'écoutent et se regardent continuellement, renforçant d'ailleurs une sorte de processus d'*auto-intoxication* dont ils n'ont guère conscience, pas plus d'ailleurs que l'opinion publique. Le résultat est qu'un certain nombre de thèmes seront finalement moins traités dans les médias en fonction d'une appréciation factuelle qu'en fonction de la place qu'ils occupent dans une sorte de géographie interne au monde de l'information. Cette hiérarchisation des faits, événements et problèmes est rarement compréhensible de l'extérieur, mais elle joue un rôle essentiel lié le plus souvent à la perception que les différents responsables de médias ont de ce qu'il faut valoriser, à partir de ce que les autres médias valorisent. Jamais un journaliste n'avouera qu'une bonne partie de son travail consistera à savoir comment les autres réagissent aux informations identiques à celles dont il dispose lui-même.

Nombre des comportements se comprennent autant par leur volonté du scoop que par rapport à cette relation à leur communauté de légitimation. Cette « légitimité interne » qui ne peut s'apprécier objectivement est beaucoup plus importante pour le journaliste que ne peut le croire le public, car le milieu des confrères est finalement le seul espace de référence, le public étant, par nature, ailleurs et invisible.

Tout ce qui est montré n'est pas important et tout ce qui est important n'est pas montré. Le sentiment dominant chez les journalistes est que tout ce qui est important est su, connu, vu, montré. Puisque tout ce qui est important doit être connu et qu'ils en sont les intercesseurs naturels, ils n'ont qu'à attendre que le monde vienne à eux. Les journalistes se prennent souvent pour l'étalon de l'importance des problèmes. Le résultat est souvent de se comporter en « juge » de ce qui intéresse ou non le public, de savoir ce qu'il peut « entendre », dans quelle proportion, à quel rythme... Cette transformation du rôle du journaliste qui passe du statut d'intermédiaire à celui d'« ordonnateur du réel » est le résultat de cette triple évolution dont nous venons de parler concernant le rôle des médias, de la valeur accordée aujourd'hui à la communication et à la légitimité des journalistes dans le fonctionnement de cet espace public élargi.

La plupart des enjeux auxquels les journalistes sont aujourd'hui confrontés sont en fait le résultat du triomphe, après près de deux siècles de bataille, de la logique de l'information et de la communication.

Le décalage entre la multiplicité des formes de journalisme et la fragilité d'une communauté qui au nom du refus du corporatisme s'interdit pour le moment l'élaboration d'un code interne peut être dangereux pour ce milieu dont l'existence est fondamentale pour la démocratie.

## *Les médias, maillon faible de la communication politique*[12]

La communication politique a pris une place considérable en un demi-siècle avec l'introduction des médias de masse puis avec celle des sondages, contraignant les acteurs politiques à modifier leurs relations avec la presse et à mieux prendre en compte les réactions, et aspirations, de l'opinion publique.

Aujourd'hui, il n'y a plus de politique sans médias ni sondages, au point que certains, un peu rapidement, en ont conclu que la politique se réduisait à la communication. Or ce n'est pas le cas, mais son exercice en est cependant sensiblement modifié. On est ainsi passé d'un jeu à deux (acteurs politiques – médias) à un jeu a trois (avec les sondages).

Face à ce changement de fait, le raisonnement classique consiste à voir dans les médias et les sondages le contrepoids indispensable à l'action des hommes politiques, qui, réciproquement, trouvent dans l'information et les réactions de l'opinion publique les éléments nécessaires à leur réflexion. Une sorte de complémentarité « naturelle » s'établirait ainsi entre les trois : l'action aux hommes politiques, l'information aux médias et la connaissance de l'état de l'opinion aux sondages.

Ce consensus sur la complémentarité entre les trois principales rationalités de la communication politique est récent et constitue le point de rencontre de deux processus de nature différente. D'une part, il est la solution au problème qui a hanté la fin du XIX^e^ siècle et la première moitié du XX^e^ siècle : à quelle condition peut-il y avoir une démocratie dans une société de masse ? D'autre part, il est l'aboutissement du projet démocratique, inauguré par la révolution du XVIII^e^ siècle : un jeu politique tempéré par la presse libre et par l'expression de l'opinion publique.

La force de ce consensus vient probablement de ce qu'il est le point de rencontre entre une logique fonctionnelle : comment « gérer » la société de masse, et d'une logique normative : comment adapter le modèle de la démocratie, inventé dans une société inégalitaire, à une société de masse égalitaire ? C'est pourquoi les médias et les sondages ont été finalement acceptés, tout simplement parce qu'ils permettaient l'adaptation du modèle démocratique à la société de masse. La communication venait ainsi au secours de la démocratie ou plutôt, lui permettait de se transformer en démocratie du plus grand nombre.

Ce texte vise, au contraire, à montrer que *l'émergence de la communication dans la communication politique traduit en réalité la reconnaissance d'une logique conflictuelle.* Les trois logiques constitutives de la communication politique (l'information, la politique, la communication) ne sont pas complémentaires, mais conflictuelles et c'est leur interaction qui structure

12. *Hermès*, n° 4, *Le Nouvel Espace public*, 1989.

la communication politique considérée non pas comme un espace de « communication », mais comme le lieu d'affrontement de logiques contradictoires.

Cette absence de complémentarité ne conduit pas à invalider le modèle démocratique, comme le pensent certains esprits critiques. Notre hypothèse est inverse : le décalage entre ces trois approches est une nécessité structurelle au fonctionnement de la communication politique et à son rôle dans le jeu démocratique.

L'objet de ce texte est donc de montrer que l'affrontement politique se fait aujourd'hui sur un mode communicationnel, et que le triomphe apparent de la communication sur la politique, est en réalité à interpréter comme la condition pour que la politique existe à l'échelle d'une démocratie de masse. Ce changement a trois conséquences. La première concerne la politique, qui dans la démocratie de masse est inséparable des médias et des sondages. La seconde concerne le rôle respectif des sondages et des médias dans la communication : jusqu'à présent complémentaires, ils se différencient. Les médias vont se comprendre davantage dans une logique de l'information et les sondages dans une logique de la communication. La troisième concerne le statut de l'opinion publique. Si celle-ci demeure la référence des médias, comme des sondages et des hommes politiques, c'est cependant dans un sens progressivement différent pour les uns et pour les autres. Plus que jamais la communication politique est le lieu de lecture de ce qui sépare les trois frères ennemis de la politique démocratique.

Ce sont les médias qui dans ce jeu à trois occupent une place particulière mais difficile. Ils sont apparemment dominants, puisqu'ils assurent au sens strict la « communication », mais en même temps leur légitimité est plus fragile que celle des sondages ou celle des hommes politiques, liées toutes les deux à un principe de représentativité.

Pourquoi les médias occupent-ils à la fois cette place stratégique et si fragile ?

## MÉDIAS, SONDAGES, HOMMES POLITIQUES : DIALOGUES DE SOURDS ET CONCURRENCE

La position des médias à l'égard des deux autres acteurs est variable selon les contextes et explique qu'en dépit des apparences, c'est plus le dialogue de sourds et la concurrence qui animent ces relations que la coopération.

### *Les médias à mi-distance des hommes politiques et de l'opinion publique*

Pendant un demi-siècle, les médias se sont adressés à l'opinion publique, qui est à la fois le destinataire de leur travail et une légitimation de leur existence. Le développement des sondages n'a fait que renforcer cette relation, les journalistes trouvant auprès de ceux-ci, les ressources nécessaires pour obliger les hommes politiques à s'éloigner un peu de la langue de bois.

Cette relation est aujourd'hui encore plus naturelle puisque les médias sont les principaux clients des instituts de sondages. Mais rien ne dit que cette alliance restera aussi forte car les conditions du jeu de la communication politique sont en train de changer : l'élargissement du domaine politique, sa visibilité accrue et la connaissance des préoccupations et des réactions de l'opinion publique changent les relations entre les trois partenaires. On découvre progressivement que l'opinion publique n'est pas toujours du côté de l'ouverture et du mouvement et que les manifestations de son conformisme déjà craintes par les libéraux du XIX^e^ siècle (Tocqueville, Constant) et même certains auteurs du XX^e^ siècle (Arendt) peuvent susciter des blocages et de l'hostilité dont les médias risquent d'être la victime, notamment en période d'instabilité économique ou sociale.

On retrouve ainsi ce qui fait partie intégrante de l'histoire de la presse mais que celle-ci a oublié un peu : les situations dans lesquelles hommes politiques et opinion publique se lient ensemble pour dénoncer les méfaits de la presse.

L'opinion publique demeurait, tant qu'elle restait un concept, l'« alliée » de la presse parce qu'elle était la grande muette. L'homme politique pouvait s'opposer à l'« alliance » entre médias et opinion publique et revendiquer pour lui-même une meilleure « connaissance » de l'opinion publique. Les sondages changent radicalement cette représentation et font même parfois apparaître une opinion publique souvent plus conservatrice que celle souhaitée par les médias. D'abord, parce que les évolutions profondes de la société se traduisent mal dans les sondages. Ensuite, parce que l'opinion publique, lors d'événements, n'est saisie qu'au travers des sondages qui ne permettent pas aisément de démêler la manière dont se combinent les réactions positives, opposées, traditionnelles ou novatrices. Enfin parce que la logique des sondages n'est pas si naturellement complémentaire de celle des médias.

La conséquence de cette incarnation partielle de l'opinion publique dans les sondages facilite le « découplage » entre médias et opinion publique pouvant ainsi favoriser un rapprochement entre l'opinion publique et les hommes politiques contre les médias. Cette situation n'est pas à exclure, comme on l'a vu par exemple aux États-Unis lors de l'Irangate en 1986-1987, où l'opinion publique a explicitement soutenu les hommes politiques contre la « folie » d'investigation des médias qui voulaient à tout prix connaître la vérité. Ce décalage a également été très nettement perceptible au printemps 1988 en Sicile, où l'opinion publique rejeta de plus en plus nettement le comportement des journalistes qui voulaient, à l'occasion des procès antimafia, pousser trop loin les enquêtes sur cette organisation.

Car tel est le décalage structurel entre médias et sondages. Les premiers, quels que soient leurs défauts, sont motivés, la plupart du temps, par le désir de démêler l'écheveau de la réalité, ce qui les conduit à une attitude critique aussi bien à l'égard des hommes politiques qu'à celui de l'opinion publique et des groupes sociaux.

Tout peut donc pousser les hommes politiques à chercher, et à trouver, auprès de l'opinion publique, représentée par les sondages, un appui dans leur rapport de force avec les médias. Et ce d'autant plus qu'opinion publique et hommes politiques ont une référence commune : le poids de la légitimité représentative, les uns par l'élection, les autres par les vertus de la statistique.

Cette légitimité un peu rapidement accordée à tout phénomène « représentatif » peut concurrencer directement le rôle des journalistes puisque l'opinion de « quelques-uns » vaut toujours moins que « l'opinion représentative ». Contrairement à ce que nombre de journalistes pensent, l'« opinion publique sociographique » est un allié incertain aussi bien en situations normales que lors des campagnes électorales. L'alliance populiste, acteurs politiques-opinion publique, au détriment des journalistes est toujours possible.

*Les médias aux côtés des hommes politiques contre l'opinion publique*

C'est en quelque sorte la situation opposée et symétrique. Si les sondages sont les alliés des hommes politiques contre le libéralisme « excessif » et « irresponsable » des journalistes, ils peuvent tout autant devenir un poids pour les hommes politiques quand l'action de ceux-ci est à contre-courant de l'opinion publique. Les hommes politiques trouvent alors dans l'existence de sondages autant d'éléments les dissuadant d'une action impopulaire. Or toute action politique d'envergure risque d'être impopulaire. Plus la représentation des états de l'opinion publique est fiable et fidèle, plus il est difficile aux hommes politiques d'agir « sans connaissance de cause », c'est-à-dire sans connaître les risques de réactions négatives. Il leur faut alors d'autant plus d'énergie pour maintenir le projet.

Dans ce contexte, les médias, par nature tournés vers la nouveauté, seront des alliés pour les hommes politiques, au nom de la modernisation ou tout simplement du changement. L'autonomie des médias par rapport à l'opinion publique peut donc favoriser l'action politiquc de deux façons. Soit en desserrant l'étau de l'opinion publique pour laisser aux hommes politiques le temps de convaincre du bien-fondé de leur action. Soit en desserrant la pression qu'exerce la base électorale de ceux qui ont élu les vainqueurs afin que les dirigeants puissent trouver un appui dans l'opinion publique. Dans ce jeu compliqué entre discours politique, discours idéologique et aspirations de l'opinion publique, les médias peuvent incontestablement introduire des facteurs de liberté favorables aux hommes politiques.

C'est pourquoi la tendance croissante des médias à commander des sondages sur tous les sujets d'actualité risque d'être un piège pour eux-mêmes consistant à identifier définitivement opinion publique et sondages.

L'intention des médias en recourant aux sondages est apparemment louable puisqu'elle consiste à vouloir, sur un fait politique ou de société, obtenir une information plus « sérieuse », « objective », « représentative ». Cela présente deux inconvénients : rapprocher encore plus l'information de la logique de la représentation et d'autre part, réduire dans l'information ce qui revient à l'événement par rapport à ce qui revient à une information liée à la représentation. À quoi conduit la plupart du temps le comportement des médias qui recourent de plus en plus aux sondages pour savoir « ce que pensent les Français » sur tel ou tel sujet d'actualité ? Essentiellement à se transformer en simples commentateurs ou à orienter leurs propres conclusions, car bien rares sont les enquêtes journalistiques qui vont dans le sens inverse des sondages ! Il faudrait pour cela beaucoup de liberté d'esprit, et du temps.

Il peut en résulter deux réactions, néfastes pour les médias. La première est de croire qu'il y a une sorte de continuité entre l'information-média et l'information-sondage. La seconde est de créditer davantage l'information-sondage que l'information-média, alors qu'il s'agit de deux informations de nature différente.

Dans les deux cas, il y a un glissement de sens à propos du rôle des sondages. Autant ceux-ci sont significatifs dans le domaine politique car les citoyens, par la suite, décideront et trancheront par le vote, autant ils n'ont pas la même valeur pour les problèmes de société, de valeur, de religion, car il s'agit aussi d'expression d'opinions qui peuvent varier dans le temps et qui ne conduisent pas à une décision. L'usage des sondages dans d'autres domaines que la politique est discutable. Mais aujourd'hui, l'idéologie de la représentativité est telle que cette différence entre les deux types de sondages est balayée, les deux sont investis de la même force alors qu'ils n'ont ni la même véracité, ni le même statut. Distinguer la différence de nature entre les deux genres de sondages permet de relativiser le poids de l'opinion publique dans le processus global de l'information.

Le dernier argument qui plaide en faveur de la logique des médias contre celle des sondages résulte de ce que la plupart du temps les sondages ne peuvent prévoir les crises politiques inhérentes à la vie démocratique. Et pourtant on ne le leur reproche pas ! On touche là peut-être l'essentiel : la fonction de réassurance dont les sondages sont investis. Ils sont appréciés parce qu'ils rassurent dans l'instant, donnant l'impression d'une maîtrise possible de la réalité, même si chacun sait bien finalement qu'ils n'offrent guère de valeur prédictive.

### *Les médias aux côtés de l'opinion publique contre les hommes politiques*

C'est la troisième situation de cette relation triangulaire. Nous avons tous à l'esprit ces mouvements sociaux qui, en trente ans, ont pris appui sur l'évolution de l'opinion publique pour obliger les hommes politiques à agir. Les médias servent d'amplificateur aux mouvements d'opinion publique facilitant la visibilité des leaders, en leur offrant la possibilité de s'exprimer, contribuant d'ailleurs à leur conférer une certaine légitimité.

Les médias sont l'« autre côté » de l'opinion publique, celle qui n'a pas d'expression légitime ou officielle et qui est cependant susceptible de jouer un grand rôle. « L'opinion publique, dont les médias sont l'interlocuteur, est un ensemble composite bien différent de celui des sondages. » Elle est évidemment liée à l'opinion publique « officielle », mais elle est aussi en liaison avec une opinion publique plus floue, faite d'attitudes disponibles. Elle est enfin sensible à l'opinion publique des mouvements sociaux qui surgissent de manière non officielle, voire violente. Face à cette diversité des « opinions publiques », les journalistes jouent un rôle éminent dans l'interprétation et la valorisation de certaines données par rapport à d'autres.

Le rôle éminemment positif des médias demeure lié à leur capacité de faire remonter dans l'espace politique les problèmes sociaux qui émergent, suggérant ainsi implicitement la fragilité de la légitimité politique du moment. La force des médias est d'être réceptifs à une opinion publique ni légitime, ni représentative. L'arbitraire avec lequel ils amplifient ou minimisent cette autre face de l'opinion publique est en réalité un facteur de souplesse essentiel à la communication politique. Si les médias anticipent un mouvement d'opinion non visible « statistiquement », ils permettent éventuellement aux hommes politiques de deviner certains phénomènes et notamment d'être moins surpris si des mouvements sociaux viennent tout à coup perturber le jeu politique légal.

## LES DEUX FACES DE L'OPINION PUBLIQUE OU L'ENJEU DU RAPPORT ENTRE MÉDIAS ET SONDAGES

Que faut-il comprendre quand on dit que les deux références à l'opinion publique sont radicalement différentes ? Non seulement qu'il n'y a pas de rapport direct entre la représentation sociographique des sondages et le concept véhiculé par les médias, mais surtout que les médias seraient mal venus de vouloir rapprocher « leur » opinion publique des données sociographiques omniprésentes et séduisantes des sondages. Autrement dit, plus l'opinion publique s'incarne dans des chiffres et des données, plus il est nécessaire de montrer que le même mot recouvre des réalités différentes selon qu'il est prononcé par les hommes politiques, les instituts de sondages, ou les journalistes. Si les hommes politiques distinguent finalement l'opinion publique et l'électorat, les médias ont eux beaucoup de difficultés à comprendre que « leur » opinion publique n'est pas celle des sondages et qu'il leur est tout à fait nécessaire de maintenir cette différence de nature entre l'opinion publique sociographique des sondages et l'opinion publique concept politique des médias. L'incarnation de l'opinion publique dans les chiffres ne rapproche pas l'opinion publique des médias de celle des sondages mais paradoxalement l'éloigne peut-être un peu plus...

Cette différence de nature entre les deux acceptions de l'opinion publique se retrouve dans les deux genres d'information gérés par les médias et les instituts de sondages : l'information-représentation dans un cas et l'information-événement dans l'autre.

### *L'information sondage, résultat d'une construction, est représentative*

C'est une photographie à un instant donné, mais elle n'offre guère d'éléments d'interprétation pour comprendre l'avant ou l'après. Elle nécessite en tout cas une interprétation qui est toujours fonction des événements et du contexte politique.

Cette faiblesse structurelle ne retire rien à l'intérêt du sondage. La difficulté vient plutôt du fait qu'il n'a d'intérêt que s'il existe une certaine « opinion publique » sur le sujet concerné. Or, la plupart du temps, cette émergence d'une « opinion publique » est tributaire d'événements qui rendent les sondages dépendants d'un changement d'opinion pour l'étudier. Le sondage exprime donc moins une nouveauté qu'il ne traduit les réactions à l'égard de ce qui existe. Il ouvre moins qu'il ne sanctionne.

La dépendance de l'information représentative d'une certaine « conscientisation » de l'opinion publique et de l'existence d'une demande solvable est à la fois sa force et sa faiblesse. Sa force, car elle illustre le fait que l'opinion publique n'intéresse pas en soi les acteurs politiques ni les médias, mais seulement en fonction d'un certain contexte d'utilité. Sa faiblesse, car il est difficile d'apprécier la maturité des esprits sur un sujet pour rendre significatif le moment où le sondage sera réalisé. Les individus se font leurs opinions dans le temps selon une logique qui n'obéit pas seulement à celle des événements, à celle des sondages ou des discours politiques.

La pression du calendrier politique permet en général de « cadrer » les enjeux et donc de donner une certaine forme non pas à l'opinion publique, mais à la manière dont les problèmes se posent. La politique, comme on dit, impose son « agenda » à l'opinion publique, ce qui réduit en partie la part d'inattendu, à condition de ne pas oublier que des événements peuvent toujours venir bousculer un certain équilibre des rapports entre l'opinion publique et les hommes politiques.

L'intérêt de l'information représentative est secondaire par rapport à l'information-événement. La diversité des situations qui viennent modifier le calendrier politique normal suffit à montrer qu'il ne faut pas trop identifier opinion publique et sondage.

*L'information-événement n'est jamais représentative*

Le passage de l'événement à l'information dépend de nombreux facteurs, finalement peu rationnels et du travail du journaliste qui, sans pouvoir modifier complètement la réalité, peut la rapporter de manière plus ou moins objective.

Il existe également des informations qui ne sont pas liées à des événements mais à une enquête du journaliste et qui sont encore plus marquées que les précédentes du sceau de celui qui les a produites. De quelque côté que l'on se tourne, l'information-événement est teintée d'une subjectivité liée à l'interprétation des événements.

Sa force est d'empêcher le renfermement du système politique sur lui-même. Car en dépit de l'hommage classique rendu aux médias, chacun peut voir combien les acteurs politiques, presque naturellement, rêvent de voir limiter le rôle de la presse quand les événements ne leur sont pas favorables.

Les médias sont au mieux de leur rôle pour ouvrir un débat quand le consensus politique et le conformisme empêchent la perception d'une partie de la réalité ou pour organiser la confrontation des points de vue lors d'une controverse politique électorale ou non électorale.

Ils peuvent, en revanche, brouiller les pistes et rater leur mission d'animation de l'espace public en ne « sentant » pas une situation historique, ou pire, en réduisant un problème complexe à quelques formules phares, sous prétexte que l'opinion publique « ne comprendrait pas ». Cette assurance avec laquelle ils décident de hiérarchiser, en général à la baisse, tout ce qu'ils ne connaissent pas est une de leur plus grande faiblesse, d'autant qu'ils le font avec bonne conscience au nom de leur « expérience » ou de « ce que veut le public ». Leur responsabilité dans l'organisation de ce qui fait débat est essentielle, sans pour autant qu'ils en aient totalement conscience. Il y a pire.

Ils sont en général faiblement compétents pour initier une réflexion sur un sujet peu visible même s'il est important. Curieux de tout ce qui émerge, ils ont par contre une tendance naturelle à sous-estimer ce qui n'est pas

« visible ». Ce qui a deux conséquences graves. La première est qu'un événement chasse l'autre, c'est-à-dire que les médias focalisent leur attention pour une durée brève sur un sujet. Ils vivent avec une mémoire de l'événement qui très souvent n'est pas en écho avec les préoccupations du public ou celles des hommes politiques. La seconde conséquence est liée à cette différence d'échelle de temps et de préoccupations entre médias et opinion publique. Or les décalages de préoccupations sont constants, visibles à chaque élection au moment où les sondages font apparaître des préoccupations qui la plupart du temps ne sont pas traitées par les médias. Ce décalage n'est pas en soi gênant puisqu'il est constitutif de la communication politique, il le devient davantage quand la croissance des médias tend à faire croire que leurs échelles de préoccupations correspondent à celles du public...

En résumé, on peut dire que les médias ont l'initiative dans la communication politique, quand un événement casse la logique de l'information représentative ou quand celui-ci évite le renfermement de la communication politique sur elle-même par l'intermédiaire du poids des discours des hommes politiques. Leur existence est la garantie que l'information-événement permettra toujours la réouverture du jeu politique. Leur force est de pouvoir réagir à des situations inattendues, apportant aux citoyens, et aux acteurs politiques, les éléments d'information et d'appréciation indispensables en situation de crise.

Ils sont en revanche beaucoup plus faibles quand il n'y a pas d'événements et éprouvent de grandes difficultés à rendre compte des évolutions peu visibles de la société. C'est à ce moment, en théorie, mais rarement en pratique, que les médias et les sondages devraient s'occuper du point de vue d'autres acteurs comme les experts, les intellectuels, etc.

### LES MÉDIAS EN PORTE-À-FAUX

L'analyse que nous avons voulu mener peut se résumer en cinq propositions.

— La place plus grande occupée par la communication politique à la suite de l'élargissement du champ de la politique, de la croissance des médias et du développement des sondages ne change rien au caractère polémique, violent, imprévisible de la politique. Simplement, les conditions de la communication politique sont à l'échelle des problèmes et des mécanismes d'une démocratie de masse et l'affrontement politique se fait aujourd'hui dans les démocraties davantage sur un mode communicationnel. L'adversaire n'est plus nié, mais admis et intégré dans ce théâtre permanent qu'est la communication politique.

— Les trois principaux discours de la communication politique non seulement ne sont pas complémentaires, mais sont au contraire en concurrence les uns avec les autres pour la maîtrise de l'analyse des processus politiques, chacun ayant de plus en plus vocation à pouvoir exclure l'autre.

— Au sein de la communication politique, les médias occupent une position centrale, non seulement parce qu'ils assurent la circulation de tous les discours mais aussi parce qu'en étant à mi-distance de la logique représentative de l'opinion publique et de la politique, ils maintiennent la présence d'une logique de l'événement indispensable pour la non-clôture du système politique.

— L'opinion publique prend une place sans cesse croissante avec les sondages, tout en demeurant le destinataire de la plus grande partie de ces discours. Mais cette omniprésence de l'opinion publique s'accompagne d'une distinction de plus en plus nette entre ses différentes significations. L'opinion publique des hommes politiques apparaît progressivement très distincte de celle des médias et de celle des instituts de sondages.

— La croissance de l'information par l'intermédiaire des médias et celle de la communication par celui des sondages, obligent à distinguer plus nettement les deux, en dépit de leur proximité dans l'histoire de la démocratie. L'information est au fondement de l'existence de la presse, centrée sur les événements et sur le droit à la critique, alors que la communication, au contraire, s'inscrit de plus en plus dans une logique institutionnelle et représentative dont les sondages sont la réalisation la plus parfaite.

*La conclusion* principale à laquelle nous arrivons concerne la place des médias dans la communication politique. Elle est paradoxale.

C'est au moment où ceux-ci triomphent et imposent leur loi comme leurs excès que leur faiblesse structurelle au sein de la communication politique apparaît. En effet, ce n'est pas parce que les journalistes deviennent les personnages centraux de notre mythologie des temps modernes que leur rôle et leur statut sont renforcés ou légitimes. Au contraire, puisque leur légitimité est attaquée parallèlement à l'encensement dont ils sont l'objet.

D'une part, ils subissent une concurrence plus forte des hommes politiques qui apprennent à se passer d'eux, et simultanément l'appui que représentait le concept d'opinion publique s'estompe au fur et à mesure que celle-ci, par l'intermédiaire des sondages, s'autonomise.

D'autre part, le domaine de l'information institutionnelle et représentative s'élargit naturellement, en rapport avec l'extension de la sphère de la politique et de la démocratie, dont la conséquence est de menacer la logique de l'information-événement au profit d'une information institutionnelle plus proche des caractéristiques de l'information représentative.

Enfin, il y a la tentation de subordonner davantage leur mission d'information aux contraintes et aux performances réelles, mais envahissantes de la communication. Les médias doivent plus que jamais rappeler que la finalité de leur travail est l'information et non la communication et que plus les deux logiques se développent en parallèle, plus il leur est nécessaire de rappeler ce qui les sépare.

Les médias se trouvent donc dans une situation étrange. Leur triomphe parfois même encombrant dans le jeu d'une politique sans cesse plus médiatique accentue les critiques dont ils sont l'objet et risque d'aboutir à une sorte de contresens sur les enjeux de la situation : craindre leur pouvoir excessif au moment où, en réalité, c'est leur statut qui est attaqué à la suite des progrès du jeu démocratique et des performances de la communication.

Si les journalistes ont le monopole du travail sur l'événement, ils n'ont plus celui de l'information et encore moins celui de la communication. C'est en tenant compte de cette nouvelle concurrence qu'ils pourront réaffirmer l'originalité et la légitimité de leur statut : faire le compte rendu, en temps réel, de l'histoire au jour le jour et maintenir ouvert l'espace de la critique.

À mi-chemin de la politique et de l'opinion publique, les médias maintiennent une sorte d'équilibre fragile entre les trois dimensions de la politique moderne : l'information, la communication, la représentation.

---

## *Journalistes, une si fragile victoire*[13]

Les journalistes sont apparemment les grands vainqueurs de ce demi-siècle. Et ce, pour quatre raisons liées aux valeurs, à la technique, à l'économie et à la culture.

Pour les *valeurs*, le changement est considérable. Dans l'affrontement Est-Ouest, les valeurs de liberté et démocratie l'ont emporté. La liberté de la presse est devenue l'horizon de la communauté internationale, et même si elle n'est pas toujours respectée, loin s'en faut, la valeur en est acceptée. Ce sont les régimes autoritaires et dictatoriaux qui doivent maintenant se justifier. Presque partout, au prix parfois de leur vie, les journalistes travaillent dans le monde.

La deuxième victoire est celle des *techniques*. Les satellites, la radio, la télévision et Internet permettent maintenant de produire et d'envoyer des informations, presque en temps réel, de n'importe quel coin du monde. Impensable il y a encore trente ans.

La troisième rupture est *économique*. Les industries de l'information et de la communication sont en pleine expansion au plan mondial. Les quatre plus grandes multinationales ne sont-elles pas les industries de la communication dans lesquelles on trouve à la fois des journaux, des radios, des télévisions, des maisons d'édition, du cinéma, de la musique, des logiciels ? Le nombre de journalistes dans le monde, et particulièrement dans les pays occidentaux, a presque triplé en deux générations.

Enfin, la quatrième victoire est d'ordre *culturel*. Les journalistes sont un peu les héros des temps modernes, en tout cas fortement identifiés et valorisés par rapport aux hommes politiques, entrepreneurs, enseignants... Ils sont omniprésents dans la vie publique, culturelle et politique. Tout accès à la communication passe par eux, ce qui leur confère un pouvoir réel.

Néanmoins, toutes ces victoires posent de redoutables défis à une profession inévitablement fragile, parce que composée d'individualités. D'autant que les journalistes travaillent sur l'information, qui n'est jamais une donnée naturelle, mais une donnée construite par des hommes, à destination d'autres hommes, et dont personne ne sait jamais comment elle est reçue.

En réalité, la profession est confrontée à cinq défis.

---

13. *Hermès*, n° 35, *Les Journalistes ont-ils encore du pouvoir ?*, 2003.

## INFORMER N'EST PLUS COMMUNIQUER

Il n'y a plus de lien direct entre information et communication, et entre les deux, le récepteur est de plus en plus actif. La communication n'est plus naturelle, il faut la construire. Or les journalistes, dans leur vision du monde, avaient tendance à valoriser la problématique de l'information et à dévaloriser celle de la communication, réduite le plus souvent au commerce, au *marketing* ou à la publicité. L'information était noble, la communication douteuse. Aujourd'hui, le problème de la communication, c'est-à-dire des conditions d'acceptation par les publics, devient crucial, par le simple fait de l'*élargissement* du champ de l'information. C'est la victoire même de l'information qui remet la question de la communication au centre du rapport information-communication.

La vitesse de circulation pose aussi un problème nouveau. La vitesse de production de l'information et son volume croissant laissent entière la question de la *compréhension* du monde. L'information ne suffit pas à « dissoudre » la complexité du monde. C'est pourquoi les journalistes doivent absolument compléter leur travail, en faisant appel aux autres professions : universitaires, spécialistes, experts, qui peuvent compléter la logique de l'information par celle de la connaissance. *Les connaissances sont aujourd'hui le complément indispensable de l'information.* À condition que chacun reste à sa place.

## L'EMPRISE DE L'ÉCONOMIE

Globalement, le secteur de l'information et de la communication est en pleine expansion économique, mais davantage du côté des possibilités offertes par les systèmes d'information liés aux nouvelles technologies et aux réseaux à haut débit, que du côté des médias traditionnels. Si la radio peut être lucrative, la télévision l'est moins, la presse quotidienne très peu, la presse magazine et spécialisée beaucoup plus. Autrement dit, c'est à la fois un secteur dans lequel il y a beaucoup d'argent en circulation *et où* l'économie stricte de l'information-presse reste fragile.

Le décalage entre la forte culture politique des journalistes, et leur faible culture économique, est accentué par ce *changement de statut de l'information* dont on ne parle pas assez. Il y a d'une part une réalité de l'information devenue une marchandise dans une économie généralisée de la société de l'information, et d'autre part la subsistance d'un discours classique et important sur la liberté de la presse.

Hier, l'information était avant tout une valeur politique, et elle était finalement vendue à un prix relativement modeste. Aujourd'hui, c'est l'inverse. L'information est abondante, mais vendue de plus en plus cher aux publics destinataires ciblés, car on est passé d'une conception politique à une conception économique. Il y a d'ailleurs là un paradoxe. Soit l'information est de plus en plus chère, soit elle est gratuite, avec l'essor de la presse gratuite. Ce qui, dans les deux cas, illustre le changement de référence. La presse écrite est confrontée à la gratuité, et à l'opposé, pour les systèmes d'information, on voit une segmentation des marchés et la montée des prix.

Il y a d'une part une économie de l'information qui se met en place au plan mondial, et qui tend à faire payer de plus en plus cher toutes les informations rares ou utiles, et il y a d'autre part, sous couvert de « démocratie » – en réalité d'économie de la publicité – la tendance à développer des journaux *gratuits*.

Dans les deux cas, c'est le même phénomène : le concept d'information politique, lié à une bataille d'émancipation qui est battue en brèche, au profit soit de l'information *payante* pour les publics cibles, soit l'information *gratuite* pour le plus grand nombre.

## LES CINQ CATÉGORIES D'INFORMATION

Le changement de statut de l'information va obliger les journalistes à définir les *critères déontologiques* qui permettent de valider une information-presse. Si tout le monde peut mettre n'importe quoi sur Internet et y accéder, il faut bien que le public puisse *distinguer* rapidement l'information labellisée par des professionnels, de celle produite et distribuée par tous ceux qui ont un accès à Internet.

À côté de l'*information-presse*, on trouve l'*information-service* en pleine expansion dans le monde entier, et qui est probablement le principal atout des nouvelles technologies ; l'*information institutionnelle,* très bien gérée par les acteurs économiques et politiques qui ont compris la nécessité d'être présents dans l'espace public ; l'*information-connaissance,* liée à toutes les bases de données et aux systèmes d'information professionnels qui vont croître, au fur et à mesure des échanges et de la croissance d'une économie de la connaissance au niveau mondial. Enfin la dernière, la plus récente, l'*information relationnelle*, en expansion avec les réseaux sociaux, Facebook,... liée aux relations interpersonnelles et communautaires. Soit cinq types d'information.

Aujourd'hui, si tout est information, dans la « société de l'information », on comprend vite qu'il ne s'agit pas de la même information selon que l'on parle de la bourse, de l'économie, des services, du savoir, de rapports humains, de la politique !

Non seulement il faut préserver une information universelle, bon marché, liée au statut de citoyen, mais il faut, en plus, que ces mêmes citoyens *distinguent* facilement les informations validées par les professionnels que sont les journalistes de toutes les autres informations produites par les acteurs de la société où la dimension de conviction, ou d'intérêt, l'emporte sur la déontologie de l'information-presse. Les journalistes doivent redéfinir et défendre nettement les *critères* de distinction pour protéger l'information la plus fragile, celle qui est liée au statut de la presse.

Pour défendre le statut de l'information-presse, les journalistes doivent s'allier avec les archivistes et documentalistes qui, dans l'économie de l'information, jouent un rôle considérable. Sans eux, les journalistes ne peuvent plus faire leur travail, tant ils sont submergés par le volume de l'information.

Ce travail sur les différents types d'information obligera aussi les journalistes, et leurs organisations syndicales, à augmenter les liens avec le milieu universitaire au sens large. *Les uns et les autres regardent la même réalité, mais différemment*. Et plus il y a d'informations et de connaissances de toute nature, plus les journalistes ont besoin des repères, et de la connaissance universitaire. À condition que chacun reste *bien à sa place* et que les journalistes, par exemple, à partir d'un certain degré de notoriété, ne croient pas tout savoir. Cette tendance est évidemment plus forte pour l'« élite journalistique » que pour les autres.

## L'ÉMERGENCE DU RÉCEPTEUR ET DE LA DIVERSITÉ CULTURELLE

Plus il y a d'information, plus le rôle du récepteur devient central, car contrairement à ce que l'on a longtemps cru et qui a été invalidé par les faits, le récepteur n'est jamais passif. Il sélectionne, trie, hiérarchise, accepte, refuse, et plus il est exposé à un flux croissant d'information, plus il se tiendra à distance. Le récepteur n'a pas toujours raison, mais il n'est ni neutre, ni transparent. Le public d'aujourd'hui, plus éduqué et informé, est donc plus critique à l'égard de l'information *et* des journalistes. Ce qui va obliger beaucoup plus les journalistes à tenir compte de la *diversité culturelle* des récepteurs. C'est un des plus gros enjeux politiques de la mondialisation de l'information. L'information conçue sur un modèle occidental est aujourd'hui distribuée dans le monde entier, de manière identique, *sans tenir compte des diversités culturelles*. Comme si tout le monde avait la même conception de l'information, de la liberté, du rapport au pouvoir, de la hiérarchie, du droit de critique. Il suffit déjà de se rendre compte des différentes conceptions de l'information existant *au sein* de l'Europe *et* entre celle-ci et les États-Unis ! L'Occident, un peu arrogant, s'imagine qu'il détient, pour le monde entier, la vérité de ce qu'est l'information, et la liberté de l'information. Tout simplement parce que c'est en Europe que ces concepts essentiels ont été inventés entre le XVIIIᵉ et le XIXᵉ siècle et que l'Europe les a exportés dans le monde entier. Parfois pour de bonnes raisons, parfois pour de moins bonnes...

Le modèle occidental de l'information est contesté. Il faudra demain organiser une cohabitation entre plusieurs conceptions de l'information, de telle sorte que l'information occidentale, aujourd'hui la plus libre, et la plus pluraliste, ne fasse pas l'objet d'un rejet, le Sud n'y voyant que la trace d'un impérialisme culturel. *Les techniques d'information sont mondiales, l'information est parfois mondiale, le citoyen n'est jamais mondial*. C'est cette contradiction qu'il faut maintenant gérer. En sachant qu'en trente ans, partout dans le monde, la culture de l'information s'est considérablement développée. L'Occident a d'ailleurs tendance à confondre le fait que *ses* informations sont de plus en plus accessibles dans le monde, avec le fait que le monde *partage sa* conception de l'information... Là aussi, il va falloir faire l'apprentissage de la diversité culturelle. *Pas de liberté de l'information demain sans une réflexion sur la diversité culturelle*.

La dimension universelle de l'information et du travail journalistique passe aujourd'hui par l'acceptation d'un *relativisme historique* pour permettre aux autres cultures d'appréhender cette information occidentale, en général la plus libre, sans la rejeter. Non que l'Occident doive abandonner sa philosophie de la liberté et de l'information, mais qu'il évite de croire qu'elle est « naturellement » meilleure. Et qu'il fasse un effort pour comprendre d'autres systèmes de valeurs.

Les journalistes sont sur le fil du rasoir : obéir à leur conception de l'information ; rester indépendants ; faire honnêtement leur travail ; tenir compte de la diversité culturelle, sans s'y soumettre.

### LA GRANDEUR DU MÉTIER DE JOURNALISTE

Plus il y a de professionnels de l'information, plus il faut spécifier le métier de journaliste qui, à partir des événements, construit des informations à destination du public, le plus large possible. Car *la légitimité du journaliste tient au lien très fort qui existe entre son métier et la démocratie de masse*. Et son pouvoir ne vient, en définitive, que de la *confiance* accordée par le public. Si l'objectivité est depuis toujours impossible, l'*honnêteté* par contre reste un idéal à privilégier. Et de plus en plus.

Caractériser le métier, c'est aussi distinguer les différents *types* d'activités liées à l'information et à la presse. Et surtout oser rappeler que l'« élite journalistique » que l'on rencontre dans chaque pays ne correspond qu'à une partie de la profession. C'est cette élite qui est le plus souvent critiquée, car les citoyens y voient une collusion avec toutes les autorités, une certaine arrogance et sûreté de soi, finalement contradictoires avec un métier où la modestie est sans doute la valeur la plus importante à défendre. Les publics supportent mal l'autosatisfaction d'une minorité de journalistes qui confondent le fait de « voir les grands » de ce monde, et se croire « supérieurs ». La proximité des décideurs de tous ordres devrait les rendre plus modestes. On assiste au contraire au mouvement inverse depuis trente ans. Les publics *voient* cette collusion et la supportent de moins en moins. Rappeler que l'écrasante majorité des journalistes n'a pas de rapport avec ce petit milieu aura probablement un effet positif. Pourquoi les journalistes ne se distinguent pas de ceux qui sont souvent devenus la caricature du métier en en devenant l'élite ? Les journalistes d'agence, par exemple, si essentiels à la production de toute l'information mondiale, n'ont rien à voir avec la médiatisation de cette élite, ni la plupart du temps.

De même, faudrait-il que les journalistes, en Occident, desserrent l'étau des sondages. Pas un jour, dans la presse, sans un sondage. Comme s'il n'y avait que l'information quantitative. Les journalistes, en privilégiant à l'excès les sondages, réduisent la part du travail d'enquête, et leur esprit critique. Comment s'opposer à cette information quantitative ? C'est toute la *dimension qualitative* du métier qui est en cause dans le glissement d'une activité journalistique qui, en dehors de la stricte couverture des événements, se réduit de plus en plus à un commentaire de sondages.

Le résultat favorable de la mondialisation de l'information serait d'obliger à diversifier les rôles et comportements des journalistes, et de retrouver l'enquête, qui est le centre de son métier. Cela passe par un effort sérieux de formation. À la fois pour mieux comprendre les enjeux de la mondialisation de l'information, les réalités et contradictions des sociétés occidentales *et* pour s'ouvrir aux autres sociétés et cultures. *Le journaliste n'est ni un justicier, ni un compagnon du pouvoir, ni un politique, ni un universitaire en culotte courte.*

Pour ma part, cela fait des années qu'à la fois je défends ce métier, indispensable à la démocratie, que j'en rappelle sa fragilité, et réfléchis aux moyens d'en renforcer le statut et les liens, avec des professions dont les valeurs sont proches. J'en ai parlé dans de nombreux livres, *L'Information demain. De la presse écrite aux nouveaux média* (1979) ; *La Folle du logis* (1983) ; *Terrorisme à la une. Médias, terrorisme et démocratie* (1987) ; *War Game. L'information et la guerre* (1991) ; *La Dernière Utopie. Naissance de l'Europe démocratique* (1993) ; *Penser la communication* (1997) ; *Internet et après. Une théorie critique des nouveaux médias* (1999).

Dans un monde saturé d'informations, de rumeurs et de mensonges, le rôle du journaliste, visant à déchiffrer le monde et les événements pour essayer de les expliquer au plus grand nombre, est fondamental. Entre l'*action* et la *connaissance*, son métier, centré sur une *information* validée par lui, est déterminant. Cette fonction de médiateur est encore plus importante aujourd'hui qu'hier car *l'espace* de la communication est plus vaste, et les enjeux de paix et de guerre, liés aux incompréhensions et mensonges, encore plus nombreux.

*C'est en distinguant plus nettement les trois logiques fondamentales, de l'information, de la connaissance et de l'action que l'on peut contribuer à défendre et refonder le métier de journaliste, indispensable à la démocratie.*

Quel est l'essentiel ? *Le lien entre information et journalisme*. En effet, l'information n'existe jamais en soi. Elle est toujours le résultat d'une construction, discutable, par des hommes qui, tel Fabrice à Waterloo, face au spectacle fou du monde, essayent de le comprendre pour l'expliquer à d'autres hommes, innombrables, et invisibles. C'est cette chaîne, finalement fragile, entre les événements, l'information, les journalistes et le public qui fait l'intérêt de ce métier. Les journalistes, avec quelques autres, sont les fantassins de la démocratie.

## *Les enjeux théoriques contemporains*

Toutes les problématiques et contradictions concernant l'avenir de l'information et du journalisme sont présentes dans ces textes publiés depuis 1980. Tout était là, mais tout s'est amplifié. Les contradictions majeures, écrites dans mes textes les plus anciens, il y a trente trente-cinq ans, reprises ici, n'ont rien perdu de leur acuité. Seuls le nom et la performance de la technique ont changé, ce qui prouve que la problématique théorique est de loin la plus importante et non le changement technique.

La crise la plus nette, préfigurée par le titre prémonitoire du livre publié en 1979 et dont le titre pourrait être repris aujourd'hui : *L'Information demain. De la presse écrite aux nouveaux média*, concerne celle de la presse écrite face à Internet. Rien ne dit que cette crise sera définitive, mais la manière pessimiste dont elle est actuellement abordée par les principaux acteurs professionnels, privés et publics, illustre le poids de l'idéologie technique. C'est comme si rien ne pouvait résister à Internet qui tel Attila, détruit tout sur son passage. Pourtant, *toute* l'histoire des techniques de communication invite à plus de prudence sur les « changements définitifs », notamment parce qu'en dépit d'un siècle de formidables progrès dans ce domaine, aucune de ces « nouvelles techniques », des télécommunications à la radio, la télévision, l'ordinateur et Internet, n'a suscité la disparition, pourtant régulièrement annoncée, des précédentes. En réalité, elles s'additionnent à l'aune de cette communication sans cesse recherchée et de plus en plus inatteignable au fur et à mesure que les techniques semblent triompher. La performance des techniques contre la « savonnette » de la communication. Le pessimisme généralisé qui entoure aujourd'hui l'avenir de la presse écrite est un exemple, à lui tout seul, de la place de l'idéologie technique. La plupart des « spécialistes » pensent qu'il n'y a plus d'avenir pour la presse écrite, ni pour le journal papier, en dehors d'Internet ! C'est comme pour le livre condamné à disparaître et remplacé par le formidable iPad, si pratique et intelligent...

La deuxième caractéristique de ce secteur est l'insuffisante mobilisation intellectuelle des parties prenantes, avec *trois* réactions contradictoires. Le milieu de la presse écrite est pessimiste. Il se sent menacé par les « gratuits » et les nouveaux supports, mais ne développe pas d'analyse critique, de peur d'être soupçonné de conservatisme. Les milieux financiers et industriels sont au contraire enthousiastes, à la hauteur des marchés qui devraient se profiler, et sont les premiers à souligner la rupture « radicale » du numérique. Enfin, le grand public est plutôt sensible à ces incessantes innovations, même si les « usages » suivent plus lentement qu'annoncé... En tout cas, il n'y a plus d'analyse critique, ni de culture politique, pour mettre en perspective ce progrès technique. C'est lui, et lui seul, qui mène la danse.

Cette absence de réflexion professionnelle remonte assez loin, puisque dans les textes des années 1980, soit il y a trente ans, reproduits dans ce chapitre, et consacrés à l'informatisation de la presse écrite et à ce que l'on appelait déjà les « nouveaux médias », j'avais remarqué plus d'inquiétude pour l'informatisation de la fabrication *que* pour celle des rédactions et l'arrivée des nouveaux médias ! La vitesse du changement technique et l'adhésion de la population prennent ce milieu professionnel à contre-pied, alors même que les bouleversements de l'information devraient susciter, au contraire, plus de réflexion *critique*. On constate hélas ici le même suivisme technique que pour d'autres professions. Et quand par exemple le monde enseignant, dans le secteur voisin essentiel de la transmission des connaissances, oppose une résistance face à l'e-éducation, qui est davantage un immense marché qu'une « révolution pédagogique », le monde des professeurs est alors taxé de conservatisme et de corporatisme. Pourtant ceux-ci savent très bien, depuis toujours, combien la transmission des savoirs et des connaissances est un art difficile et fragile, où la technique peut jouer un rôle essentiel, à condition de ne pas se substituer aux autres méthodes. L'éducation est avec la communication humaine le secteur où les techniques sont les plus séduisantes, mais aussi les plus insuffisantes. De même qu'un individu multibranché n'est pas assuré d'une meilleure communication humaine, de même une classe envahie de cartables électroniques et de tableaux interactifs n'est pas assurée d'une meilleure pédagogie, si les professeurs ne sont pas au moins aussi nombreux aujourd'hui qu'hier. Autrement dit, pour la communication humaine, comme pour l'enseignement, les progrès techniques sont considérables, mais l'essentiel reste du côté des échanges humains, bien sûr insuffisants et maladroits, mais irremplaçables. La communication humaine, comme l'enseignement, ont cette particularité d'être toujours plus complexes que toute transmission et interaction technique. Le même raisonnement vaut pour l'information. Dans les deux cas, on sous-estime gravement le rôle essentiel de la *confiance* dans l'acceptation de l'information comme de la connaissance. Confiance dont j'ai plusieurs fois parlé et qui est bien plus complexe que les performances de l'interactivité. *D'où vient cette énergie à croire que pour l'information, la communication, l'éducation, les techniques feraient mieux que l'homme ?* D'où vient cette tendance générale à sous-estimer le récepteur, supposé toujours d'accord avec l'émetteur et le message ? Pourtant, dans la réalité, on voit plutôt s'instaurer l'autonomie critique de ce récepteur constamment sollicité.

La seule chose qui ait changé en trente ans, c'est le *vocabulaire*. Prestel, videotex, Teletel, vidéotransmission, etc. : voilà qui renvoyait à des techniques disparues depuis, remplacées par d'autres qui disparaîtront à leur tour. Les journalistes habituellement plus sceptiques ne le sont guère ici, sans doute parce qu'il s'agit de « techniques d'information ». Le manque de distance critique des journalistes à l'égard de ces panoplies révolutionnaires a des conséquences immédiates sur d'autres milieux professionnels : si les journalistes, au cœur de la culture de l'information, n'ont pas soulevé de problèmes particuliers, pourquoi d'autres milieux le feraient-ils ? C'est notamment la facilité d'accès à un nombre croissant d'informations de toute nature et aux multiples interactions qui séduit presque deux générations de journalistes et explique la problématique dominante : comment s'adapter, ne pas être « en retard », ni avoir « l'air dépassé ». Tout plutôt que de poser la question : pour quoi faire ? La communication est dévalorisée alors qu'elle est toujours aussi difficile à réaliser, malgré la performance des services. *Vitesse et interaction ne sont pas toujours synonymes de communication*. Hier, l'information était valorisée car difficile de fabrication, d'accès, et peu chère. Aujourd'hui, c'est l'inverse, elle est plus facile d'accès, abondante, et en même temps finalement plus chère sur tous ses segments, car la segmentation de l'information s'accompagne d'une différenciation hiérarchique des marchés de l'information.

Deux pistes de réflexion s'imposent pour l'avenir des rapports entre information et journalisme.

1) *Réfléchir enfin aux conséquences de l'éclatement du concept d'information en cinq catégories :* information-presse ; institutionnelle ; service ; connaissance ; relationnelle. Arrêter de tout mélanger, et surtout de croire que l'explosion de l'information-service, qui est au cœur de la fascination pour Internet et de son succès légitime, préfigure le même processus pour les quatre autres types d'information. Hélas, tout cela est plus compliqué. Bref, il faut reprendre de la distance par rapport à la technique et introduire une réflexion critique : *le concept d'information est beaucoup plus complexe que l'information des systèmes techniques*.

La seule nouvelle catégorie d'information apparue en trente ans, avec l'explosion de l'information-service, est *l'information relationnelle*, avec Facebook comme symbole. Elle est d'ailleurs peut-être plus importante dans sa signification sociale que technique, au sens où elle illustre les forces et les difficultés de cet immense mouvement d'affirmation individuelle. Ce qui est en cause avec Facebook ? Le fait que chacun veuille s'exprimer, et aller vers l'autre, à la recherche de meilleures relations. L'information relationnelle illustre ainsi cette mutation culturelle difficile à vivre : *libre, mais souvent seul*. Et derrière des « centaines d'amis en réseaux », c'est évidemment la quête de *quelques* relations authentiques qui devient le centre de la vie quotidienne. Les techniques actuelles ne font qu'essayer à leur tour de résoudre cette difficulté antique et anthropologique : comment aborder l'autre ?

Pourquoi insister tant sur la différence entre l'information-presse, liée à la légitimité politique, et « l'information-service » au cœur d'Internet et des réseaux ? Parce que l'une est *normative*, l'autre *fonctionnelle*. Même si la seconde, en volume, envahit tous les espaces de la vie privée et professionnelle, elle n'est pas de même nature. Et cette distinction est fondamentale à maintenir, si l'on ne veut pas que tout se mélange au moment où le volume d'information ne cesse d'exploser.

En réalité, en passant de l'information normative à l'information fonctionnelle, on peut observer trois groupes d'information dont il faut respecter les différences de nature. *L'information normative* renvoie à l'information-presse et à l'information relationnelle, c'est-à-dire les deux piliers de la démocratie ; la politique et la liberté individuelle. Au milieu on trouve *l'information-connaissance* qui réunit la dimension normative et fonctionnelle, entre les valeurs du savoir *et* la réalité du marché. Enfin, l'*information fonctionnelle* renvoie à l'explosion de l'information institutionnelle et des services. Cette dernière catégorie, en pleine expansion, n'a rien à voir avec les autres dimensions normatives, même si ses protagonistes ont tendance à tout mélanger et à faire croire que le marché exponentiel de l'information-service et de ses multiples logiques interactives *préfigure* ce qu'il se passe pour les autres marchés de l'information et de la communication.

D'ailleurs, il faudra bientôt *oser sortir* du paradigme actuel où toute information est considérée comme un « progrès », et distinguer, différencier, hiérarchiser cet immense marché où tout n'y est pas synonyme de liberté et d'émancipation. Ce qui est d'ailleurs frappant, c'est que ces contradictions essentielles du statut de l'information et les contradictions du métier de journaliste ont été soulevées dès mes premiers écrits sur le journalisme et l'avenir de la presse (*cf.* textes de 1979-1989 réunis dans ce chapitre).

L'infinie segmentation n'est, par exemple, pas toujours le signe du « progrès ». Les autorités de par le monde, à l'instar de la CNIL en France, qui reste pionnière pour limiter les dégâts de l'*imperium* technique, en savent quelque chose. L'idée de réglementation s'impose difficilement tant l'information sans contrainte reste le *symbole* du progrès... Il suffit aussi de voir la réaction globalement très favorable à Wikileaks, considéré comme le « Robin des bois de l'information », pour réaliser toutes les ambiguïtés qui entourent ce fameux « droit à l'information des citoyens » et à la « transparence » au nom de quoi tout doit être possible et toléré... L'affaire Dominique Strauss-Kahn au printemps 2011 l'a encore illustré. Pourquoi réduit-on le plus souvent l'information à une logique de *révélation et de soupçon* ? Les sites sont-ils au-dessus des lois ? Au nom de quoi tout révéler ? Pourquoi être gavé d'informations ? Qui sont ces justiciers qui n'obéissent à aucune loi, sauf la leur ? Avant l'arrivée de ces sites, tout n'était donc que barbarie, secrets et obscurantisme ? Le journaliste n'a-t-il pas une histoire plus glorieuse que celle des techniques ? Qui manipule qui ? Pourquoi n'y a-t-il aucune retenue ? Pourquoi, dans cette immense explosion de l'information, n'y a-t-il aucune recherche des bonnes nouvelles ? Pourquoi l'information se réduit-elle à une dimension catastrophique et critique ? En réalité, plus cette explosion se produit, plus il faut rappeler qu'il n'y a pas de droits à l'information sans devoirs, règles et interdits. Sinon nous assisterons à la tyrannie de la « liberté d'information », et la presse, condition de la démocratie, creusera son propre tombeau. *L'abondance technique de l'information n'a rien à voir avec son contenu culturel et politique, critique et émancipateur.* Un exemple pour montrer la complexité de l'information à la communication et le rôle central que doit jouer le journaliste pour passer de l'une à l'autre. Plus il y a d'informations, plus il faut surmonter cinq obstacles : opinion, préjugé, stéréotype, représentation, idéologie. Seule la compétence professionnelle des journalistes peut les combattre. Et seule l'idéologie technique naïve d'aujourd'hui peut faire croire qu'avec Facebook, les réseaux, les twitts... il y a une transmission *directe* et sans difficultés de l'information à la communication.

Les journalistes ont probablement raté deux moments pour mener une réflexion sur leur rapport à la technique. C'est d'une part à l'occasion de l'informatisation de la presse écrite dans les années 1980 et d'autre part avec l'essor d'Internet à partir des années 2000. Dans les deux cas, le métier ne s'est pas senti menacé, il a plutôt été grisé, comme tout le monde, par les promesses du tout-information, et ne voulait surtout pas donner le sentiment de « s'opposer » au progrès technique. Dommage. Le monde de l'université n'a pas de leçons à donner, car il se trouve dans la même situation. *Là aussi, l'idéologie technique emporte tout : critiquer, c'est être dépassé et conservateur.* La généralisation des savoirs en ligne et l'expansion des industries de la connaissance, sans parler des universités virtuelles, tout va, là aussi, sans beaucoup de réflexion critique sur la « révolution de l'information ». Quand les deux premiers acteurs de ce secteur, les journalistes et les universitaires, ne disent rien, la résistance bien réelle par contre du monde enseignant du primaire et du secondaire est au contraire facilement assimilée à du corporatisme passéiste.

Dans ce chapitre, une bonne partie de toutes les contradictions liées à l'avenir de l'information-presse par rapport aux quatre autres catégories de l'information vient d'une certaine manière des rêves et illusions créés par l'explosion de l'information en cinquante ans. Le milieu de la presse n'a pas nettement su distinguer, dans cet immense marché des autres formes de l'information, ce qui constituait la spécificité de sa conception. Tout le monde a été un peu emporté par le tohu-bohu de la « révolution » de l'information. Tout était en expansion, alors pourquoi jouer les grincheux à vouloir distinguer, discriminer l'information-presse, quand tout le monde devrait pouvoir bénéficier de tout ? La presse n'a pourtant rien à gagner à confondre les deux et à s'imaginer que l'information-presse pourrait, sans travail de distinction, sortir bénéficiaire du maelström de l'information, dont les seules boussoles, pour l'instant, sont l'interactivité technique et le marché. Le chapitre suivant évoque les forces et les limites de cet immense marché, celui l'information-donnée qui triomphe aujourd'hui au travers des réseaux. Et toute la difficulté pour l'usager des réseaux est de savoir discriminer ce qui relève de l'information normative de ce qui renvoie à l'information fonctionnelle.

*Il est nécessaire de s'éloigner des prodiges du progrès pour repenser le statut et les contradictions du concept d'information, qui signifie simultanément, marché, manipulation, liberté et émancipation.* Et surtout rappeler que dans notre philosophie occidentale de l'information, celle-ci est encadrée par deux grandes perspectives : le lien information et connaissance ; le lien information et action. Et dans tous ces marchés de l'information, il est indispensable de distinguer *rapidement* ce qui relève de la responsabilité journalistique. Sur les cinq catégories d'« information », deux seulement sont directement concernées par l'éthique journalistique. C'est l'information-nouvelle et bien sûr, l'information-connaissance. Par contre, les trois autres types de messages n'ont d'information que le *nom*. On l'a vu, il s'agit de l'*information-service*, en pleine expansion mais sans rapport avec la presse, tout comme l'*information institutionnelle* et l'*information relationnelle.* Ce sont des marchés complémentaires pour l'industrie de la presse, mais il ne s'agit pas de leur cœur de métier. Pourquoi les journalistes ne sont-ils pas les premiers à faire le tri dans ce marché mondial en pleine expansion, mais où les deux tiers de ce qu'on y trouve *ne sont pas* des informations journalistiques ?

Dans ce travail théorique à relancer concernant l'information, une réflexion est à mener sur la *protection des sources*. Toutes les sources ne sont pas d'égale valeur et les journalistes n'ont pas à se rendre complices de tous les « sites justiciers » qui se multiplient au travers d'incessantes révélations. « Révéler » des informations dans un monde qui en est déjà saturé ne veut pas dire la même chose qu'il y a cinquante ans. Les mots sont les mêmes, pas les problématiques.

Autre combat à mener, celui contre l'illusion de *l'information gratuite*, alors que l'information va au contraire coûter de plus en plus cher, parce qu'elle est liée à un *travail humain*. Pourquoi la tendance générale est-elle à ne plus vouloir payer l'information ? Pourquoi chacun accepte-t-il de payer de plus en plus cher les *tuyaux* et de moins en moins les *contenus* ? Cette bataille autour du statut de l'information, préfigure d'ailleurs celle de demain autour des industries de la connaissance. Y aura-t-il encore une conception de la connaissance qui échappe à la logique des marchés mondialisés ? Que voudrait dire demain une information, une connaissance gratuite ? Si aucun citoyen, usager, consommateur ne paye, qui paye ? Comment s'est opéré ce glissement en vingt ans de la confusion entre abondance d'informations *et* démocratie, abondance *et* gratuité ? L'information gratuite est évidemment une dévalorisation. Tout ce qui est gratuit a paradoxalement un prix, alors ici, qui paye ? Aucune activité économique gratuite n'est valorisée, sauf si elle sert de « produit d'appel ». Quant à la solution intermédiaire, « apparemment juste », le paiement à la carte ou au compteur, elle est en réalité antidémocratique car elle reproduit les inégalités et légitime l'identification de l'information à une marchandise que l'on ne paye que lorsqu'on s'en sert. L'information ? Un bien devenu banal. Exit alors la dimension normative, bonjour la dimension fonctionnelle...

2) *La seconde piste de réflexion, complémentaire de la première, concerne la revalorisation du statut du journaliste*. À condition là aussi de différencier. Si les valeurs, les références sont identiques, il n'en est pas de même pour les pratiques des journalistes d'agence, de radios, de télévisions, de nouveaux médias, de presse écrite, etc. Confronter les ressemblances et les différences paraît essentiel. Comme il est indispensable, également, que ce milieu fragile, individualiste, à l'aise avec la culture politique comprenne mieux les urgences économiques de *son* secteur. Comprendre mieux les enjeux économiques de ce milieu oblige aussi à réfléchir à la différenciation croissante de ces professions. Le groupe « des » journalistes n'existe pas. Il faut en distinguer trois. L'« élite », relativement arrogante dans chaque pays. Persuadée qu'elle est au cœur du pouvoir, elle a perdu sa distance critique. La « classe moyenne » fait dans son ensemble modestement son travail, mais elle est cantonnée *sous* l'élite. Quant au « prolétariat journalistique », malgré un niveau scolaire en hausse, il est décidé à « arriver par tous les moyens », y compris en acceptant d'horribles conditions de travail et des bas salaires. Il est fasciné par l'élite qui d'ailleurs l'ignore, mais il ne peut la critiquer d'autant moins que la classe moyenne, plus nombreuse et légitime, ne dit rien elle-même...

Autre chantier complémentaire : réfléchir aux moyens d'enrayer la *baisse de confiance généralisée* qui s'installe à l'égard des journalistes, et dont d'ailleurs, curieusement, beaucoup d'entre eux ne semblent guère s'inquiéter. Pourtant cette confiance est la clé de leur légitimité auprès du public, pour asseoir ce rôle, si fragile et indispensable, de contre-pouvoir.

Certes, la crise de confiance concerne beaucoup plus l'« élite de la profession » que l'ensemble des journalistes, mais c'est l'élite que l'on voit, notamment dans des relations trop étroites avec tous les pouvoirs, dotée souvent d'une très bonne conscience et d'une arrogance disproportionnée. Comportements d'autant plus exaspérants qu'aujourd'hui tout le monde voit tout et sait tout. Par exemple, pourquoi les journalistes nient-ils la concurrence créée par les nouveaux médias et disent-ils que leur métier reste le même, quel que soit le support ? Pas un mot non plus sur la concurrence croissante entre journalistes, liée à la multiplication de ces mêmes supports et à la course à l'urgence ? En réalité, les journalistes ressemblent de plus en plus à des *internautes*. Pourquoi veulent-ils finalement disparaître derrière ce rôle à la mode ? Internet est autre chose qu'un support, et c'est sur toutes les formes de construction de l'information, sans hiérarchie, qu'il faudrait réfléchir. Les journalistes sont aujourd'hui constamment « visibles », mais aussi de plus en plus critiqués, ce qui devrait les inciter à plus de réflexion déontologique, doublée d'un *indispensable travail de comparaison* avec les autres pays. Tout faire pour revaloriser ce métier. Mais ce ne sont pas les affiches en 4×3 les représentant sur les murs de nos villes qui permettent de faire la disjonction entre leur métier et ceux de la « com ». Pourquoi ont-ils besoin d'être banalisés et identifiés aux autres professionnels de la « com » et de l'animation ? Les journalistes des *agences* sont inconnus et fournissent pourtant l'essentiel de l'information mondiale.

Cette *fragilité* des journalistes est d'ailleurs croissante, à la proportion du volume des informations produites et au discours séduisant mais faux, selon lequel les citoyens-journalistes pourraient se substituer à eux. Qu'il soit plus facile aujourd'hui de témoigner et de s'exprimer ne suffit pas à transformer les citoyens en journalistes. Ce glissement pernicieux faisant de chacun de nous un « citoyen-journaliste » vient du manque de confiance des journalistes dans la spécificité de leur métier et du poids croissant des vertiges de la vitesse de l'information, de l'interactivité, du direct et de la concurrence. *Les journalistes ne défendent pas assez le temps, la sélection, la lenteur et la réflexion*. Quand tout s'accélère, il faut pourtant ralentir. L'instant peut devenir une tyrannie. L'histoire du monde n'est pas tous les jours en direct ! L'absence de réflexion critique, et les contraintes terribles, mais peu évoquées, de la concurrence conduisent à un enchaînement de plus en plus rapide de « révélations » et « secrets », avec leur complément, la « pipolisation ». Ce sont donc la vitesse de production de l'information, permise par les techniques *et* la concurrence liée à l'augmentation du nombre de supports qui expliquent cette « accélération du travail journalistique » délaissant l'enquête pour les scoops et le spectaculaire. D'autant plus que le bouleversement complet de l'économie de l'information conduit à un résultat paradoxal : le volume et la vitesse de l'information ne créent pas une plus grande *diversité* dans le champ de l'information. C'est même le contraire. Tout va vite, et tout se ressemble. Avec un inconvénient supplémentaire : les journalistes font de moins en moins d'enquêtes, parce que cela coûte cher et prend du temps. Résultat, ils restent la plupart du temps derrière leur ordinateur. *On ne fait pourtant pas le tour du monde en faisant celui de son ordinateur.* Et plus l'information va vite, plus le risque d'erreur est élevé. Pourquoi refuser de comprendre que plus il y a d'informations, plus il faut des explications lentes ? La vitesse de l'information n'est d'ailleurs pas compatible avec la complexité du monde.

La presse électronique a mangé le modèle du journalisme. L'instrument a imposé sa logique à la profession !

Pourquoi la presse ne défend-elle pas la spécificité de cette profession, au moment où chacun pense devenir un journaliste de lui-même et de l'histoire, sous prétexte qu'il peut produire et diffuser lui-même de l'« information » ? Entre le mythe de la transparence, l'idéologie de la révélation, la tentation de la « pipolisation », la domination des sondages, l'illusion d'une information en direct, comment protéger en plus les journalistes contre les illusions du « citoyen-journaliste » ? Ils doivent réagir, ouvrir des cercles de réflexion, débattre avec d'autres professions, expliquer la difficulté de leur métier dans un univers saturé d'informations, où dominera progressivement l'impression que l'on a plus besoin d'eux. Il faudrait aussi créer des conseils de réflexion autour de l'information et de la communication et accroître l'autorégulation. Les journalistes n'ont pas à réinventer leur métier, mais à en réaffirmer au contraire les valeurs centrales, inchangées depuis cinquante ans : *informer, enquêter, critiquer*. Plus que jamais le journaliste n'est ni un justicier en culottes courtes ni le copain du pouvoir, de la justice, ou des sondeurs. Il ne peut plus parler au nom de l'opinion instrumentalisée par les sondages, mais il fait partie de ces métiers *intermédiaires*, qui sont en réalité l'infrastructure indispensable au fonctionnement de l'espace public démocratique. Fonction intermédiaire qui permet de réintroduire la distance de l'expérience et de la compétence. Hier, pour accéder à un peu de vérité, il fallait se méfier des intermédiaires. Aujourd'hui où tout est en direct, il faut au contraire les réintroduire. Le Net a d'ailleurs bouleversé notre rapport à la vérité. Des sites d'information mélangeant vérité de l'information, vitesse et révélations, créent un étrange couple avec l'idéologie technique, renforçant finalement une logique de « transparence ». Et simultanément, tout devient révélation et scandale. La vitesse, au bout d'un certain temps, disqualifie le journalisme. La pression médiatique use tout et délégitime. Le risque, c'est celui d'un *flux continu* d'informations sans début ni fin. Il n'y a plus de séquences. Tout devient *bruit*, avec évidemment le risque de saturation, donc d'une baisse de crédibilité et de confiance dans l'information, tout comme dans les journalistes. Avec, dans ce flux continu où tout devient *urgence*, le risque de la disparition du contexte. Or il n'y a pas d'information sans *contexte*. Que devient celui-ci dans la situation de l'information mondialisée alors qu'il n'y a jamais de citoyen mondial ?

La *distance* fournie par le savoir, et la culture, est pourtant un moyen de compléter les forces et les faiblesses du *direct* et de la *vitesse*. Plus l'information va vite, plus elle a besoin d'être complétée par la lenteur de la connaissance. C'est pour cela que les journalistes devraient cesser de monopoliser la plupart des émissions de radio ou de télévision où ils deviennent en plus de leur activité normale, les nouveaux experts, éditorialistes et commentateurs. Aujourd'hui, les journalistes ne cessent d'apparaître dans les émissions des uns et des autres, au point de croire qu'il n'y a que des journalistes dans le monde. Jusqu'où le journaliste peut-il devenir analyste de tout ? Où sont les diplomates, les universitaires, les acteurs économiques, militaires... ? Les journalistes doivent par contre rester la *première boussole* d'un univers saturé d'information et leur rôle n'est pas d'en cautionner ni les industries ni les dérives, au nom de la « liberté d'information ». Revaloriser cette profession est d'autant plus nécessaire qu'elle vit aujourd'hui sous l'œil beaucoup plus critique de ces fameux *récepteurs*, devenus extrêmement sceptiques. Les journalistes ne peuvent ni les ignorer ni d'ailleurs s'aligner sur eux. Là aussi ils doivent assurer cette fonction d'intermédiaire. *Autrement dit, il n'y aura pas de revalorisation des différents concepts de l'information sans sauvetage, simultanément, des métiers du journalisme.* Ceux-ci sont parmi les vigiles les plus fragiles de la démocratie, comme on le constate constamment avec les enlèvements et les assassinats dans le monde.

Revaloriser cette profession, *c'est donc aussi apprendre à savoir dire non* au maelström de l'information et des rumeurs. C'est aussi renforcer les règles, insuffisantes actuellement, de l'*autocontrôle* et de l'*autorégulation*. C'est réfléchir aux différents types d'information et à ce qui les sépare. C'est retravailler les rapports entre les mots. C'est penser la rupture entre la technique *et* le résultat du travail humain dans la production de l'information... Seule l'information-service peut être rapide, mais elle n'est qu'un sous-ensemble, même si c'est aujourd'hui un marché en expansion. En prenant leurs distances à l'égard de cette « invasion informationnelle », les journalistes rendraient service à d'autres professions qui seront demain soumises à la même invasion : les politiques, les entrepreneurs, les médecins, les avocats, les enseignants, les commerçants... Retravailler le concept d'information, et le compléter par d'autres logiques de la connaissance, est la condition indispensable pour préserver la liberté d'information *et* la dimension d'émancipation qu'elle recèle. C'est aussi préserver la spécificité de ce métier fragile et irremplaçable pour toute politique démocratique.

*BIBLIOGRAPHIE SÉLECTIVE*

– ACCARDO, A. *et al.*, *Journalistes précaires*, Bordeaux, Le Mascaret, 1998.
– ALBERT, P., *La Presse française*, Paris, La Documentation française, 2008.
– AUBERT, A., *La Société civile et ses médias*, Lormont/Paris, Le Bord de l'eau/INA, 2009.
– BOUGNOUX, D. (dir.), *Sciences de l'information et de la communication. Recueil de textes classiques*, Paris, Larousse, 1996.
– BOURDON, J., *Haute fidélité. Pouvoir et trahison, 1935-1994*, Paris, Seuil, 1994.
– CHARAUDEAU, P., *Les Médias et l'Information. L'impossible transparence du discours*, Bruxelles, De Boeck/INA, coll. « Médias recherches », 2005.
– CHARON, J.-M., LE FLOCH, P., *La Presse en ligne*, Paris, La Découverte, coll. « Repères », 2011.
– CHARON, J.-M., *Les Journalistes et leur Public. Le grand malentendu*, Paris, Vuibert, INA, Clemi, 2007.
– CHARON, J.-M., MERCIER, A. (dir.), *Les journalistes ont-ils encore du pouvoir ?*, *Hermès*, n° 35, Paris, CNRS Éditions, 2003.
– ESTIENNE, Y., *Le Journalisme après Internet*, Paris, L'Harmattan, 2007.

– HEINDERYCKX, F., *La Malinformation*, Bruxelles, Labor, 2003.
– JEANNERET, Y., Ollivier, B. (dir.), *Les Sciences de l'information et de la communication, Hermès*, n° 38, Paris, CNRS Éditions, 2004.
– LAULAN, A.-M., PERRIAULT, J., *Racines oubliées des sciences de la communication, Hermès*, n° 48, Paris, CNRS Éditions, 2007.
– LEGAVRE, J.-B. (dir), *La Presse écrite : objet(s) délaissé(s)*, Paris, L'Harmattan, 2004.
– LEMIEUX, C. (éd.), *La Subjectivité journalistique. Onze leçons sur le rôle de l'individualité dans la production de l'information*, Paris, EHESS, 2010.
– MAC BRIDE, S. *et al.*, *Voix multiples, un seul monde*, rapport de la commission internationale d'étude des problèmes de la communication, Paris, Unesco/La Documentation française, 1980.
– MAIGRET, E., *Sociologie de la communication et des médias*, Paris, Armand Colin, 2007.
– MATHIEN, M., *Les Journalistes. Histoire, pratique et enjeux*, Paris, Ellipse, coll. « info-com », 2007.
– MERCIER, A. (dir.), *Le Journalisme*, Paris, CNRS Éditions, coll. « Les Essentiels d'Hermès », 2009.
– RAMONET, I., *L'Explosion du journalisme. Des médias de masse à la masse des médias*, Paris, Galilée, 2011.
– TODOROV, T., *La Peur des barbares. Au-delà du choc des civilisations*, Paris, Robert Laffont, 2008.

CHAPITRE 6

# Internet et la société de l'information[1]

**Repères chronologiques[2]**

**1945 :** Vannevar Bush publie *As We May Think*, dans lequel il décrit le Memex, système visionnaire qui pose les fondations d'une réflexion sur l'hypertexte.
**1948 :** *Cybernetics or Control and Communication in the Animal and the Machine* de Norbert Wiener pose les fondements de la cybernétique.
**1960 :** J. C. R. Licklider, reconnu comme un précurseur de la cybernétique et de l'intelligence artificielle, rédige *Man-Computer Symbiosis*.
**1961 :** Leonard Kleinrock du Massachusetts Institute of Technology publie un premier article sur l'utilisation de la commutation de paquets pour transférer des données.
**1962 :** Paul Baran de la Rand Corporation, dans *On Distributed Communications Networks*, développe l'idée de la commutation de paquets pour des réseaux militaires.
**1962** : Douglas Engelbart publie *Augmenting Human Intellect : A conceptual framework*.
**1962** : J. C. R. Licklider rejoint l'ARPA (Advanced Research Projects Agency).
**1964** : Tandis que paraît *Communication Nets : Stochastic message flow and delay*, un livre sur la communication par commutation de paquets de L. Kleinrock, sort un recueil d'articles de Paul Baran sur la commutation de paquets : *On Distributed Communications*.
**1965** : Début du projet Xanadu de Ted Nelson, qui officialise le terme « hypertext ».
**1965** : Première connexion longue distance entre deux ordinateurs, un TX-2 et un Q-32, réalisée par Tom Marill et Larry Roberts.
**1967 :** Larry Roberts entre à l'IPTO, au sein de l'ARPA, avec pour mission de réaliser un réseau d'ordinateurs hétérogènes reliant les *Arpa's contractors* (centres universitaires en contrat avec l'ARPA).
**1967** : Lancement du projet Arpanet, ancêtre d'Internet, et première réunion de présentation aux *Arpa's contractors* à Ann Arbor.
**1967** : Symposium international de l'ACM sur le temps partagé à Gatlingburg dans le Tennessee.

1. **Ouvrages de D. W. en regard** : *Les Réseaux pensants. Télécommunications et société*, Paris, Masson, 1978 ; *Internet et après ? Une théorie critique des nouveaux médias*, Paris, Flammarion, 1999 ; *Internet. Petit manuel de survie. Entretiens avec Olivier Jay*, Paris, Flammarion, 2000 ; *Hermès*, n° 26-25, *www.democratielocale.fr*, 2000 ; *Hermès*, n° 50, *Communiquer-innover. Réseaux, dispositifs, territoires*, 2008 ; *Hermès*, n° 53, *Traçabilité et réseaux*, 2009 ; *Hermès*, n° 55, *Société civile et Internet en Chine et Asie orientale*, 2009.

2. Deux références indispensables : J. Abbate, *Inventing the Internet*, Cambridge, MIT Press, 1999 ; A. Serres, *Aux sources d'Internet : l'émergence d'Arpanet*, thèse de doctorat, Villeneuve-d'Ascq, Presses universitaires du Septentrion, 2003.

**1968** : Formation du Network Working Group derrière Steve Crocker, groupe informel de 4 ou 5 chercheurs qui travaille aux protocoles d'Arpanet.
**1968** : J. C. R. Licklider et R. Taylor publient *The Computer as a Communications Device*, inspiré de la cybernétique de Wiener, qui envisage les potentialités des réseaux futurs.
**1968** : La proposition de la firme BBN (Bolt, Beranek and Newman) est retenue, suite à un appel d'offres de l'ARPA pour construire le sous-réseau à commutation de paquets d'Arpanet. Y travaillent Frank Heart et Robert Kahn.
**1969 :** Connexion des premiers ordinateurs d'Arpanet entre les universités américaines de Californie-Los Angeles, Stanford, Californie Santa Barbara et de l'Utah.
**1970** : Élaboration du protocole de serveur à serveur NCP (*network control protocol*) par le NWG.
**1972 :** Naissance de l'International Network Working Group présidé par Vinton Cerf.
**1972** : Ray Tomlinson de BBN écrit les premiers programmes de courrier électronique pour un réseau distribué.
**Octobre 1972 :** Première démonstration publique d'Arpanet lors de la conférence ICCC (International Conference on Computer Communications) à Washington.
**1973 :** L'Angleterre et la Norvège rejoignent le réseau Arpanet.
**1974 :** Vinton Cerf et Robert Kahn jettent les bases de TCP (*transport control protocol*) qui préfigure TCP/IP et l'Internet comme « réseau des réseaux » capable de relier des réseaux terrestres, satellites, radio...
**1979 :** Création de Usenet, forum de discussion (*newsgroup*) par des étudiants de Caroline du Nord.
**1981** : Premières expérimentations du Minitel en France.
**1983** : Séparation d'Arpanet en une branche civile et une branche militaire qui prend le nom de Milnet. Adoption de TCP/IP (*transport control protocol/Internet protocol*) dans Arpanet.
**1983** : Version d'Unix dotée de TCP/IP.
**1989 :** Tim Berners-Lee du Cern (Suisse) jette les bases du Web. L'environnement logiciel du Web est construit à partir de trois éléments complémentaires, un système d'adressage (URL – *Uniforme Resources Locators*), un protocole de communication (HTTP – *hypertext transfer protocol*), un langage de description de l'information (*hypertext markup language* – HTML).
**1991 :** Annonce publique du World Wide Web.
**1993 :** Marc Andreessen et Eric Bina du Centre national pour les applications des superordinateurs (NCSA) créent Mosaic, le premier navigateur graphique populaire fonctionnant sur les systèmes d'exploitation Mac OS, Windows et Unix (il deviendra Netscape et sera revendu à AOL).
**Août 1993 :** Tim O'Reilly et Dale Dougherty lancent le site Global Network Navigator (GNN), le premier à proposer des bannières publicitaires cliquables.
**1995** : Microsoft lance Internet Explorer 1.0 pour Windows 95.
**17 décembre 1997 :** L'informaticien américain Jorn Barger utilise pour la première fois le terme « *weblog* » (plus tard abrégé en « *blog* »)
**1998 :** Larry Page et Sergey Brin créent le moteur de recherche Google.
**1999** : Lancement de Napster, service de *peer-to-peer* pour l'échange de fichiers musicaux.
**2000 :** Début de l'explosion de la bulle Internet.
**2002 :** La Mozilla Foundation lance son navigateur Phoenix, qui deviendra Mozilla Firefox.
**2003 :** Dale Dougherty utilise pour la première fois le terme de Web 2.0 pour désigner les interfaces permettant aux internautes ayant peu de connaissances techniques de s'approprier les technologies du Web (création de pages, échanges de fichiers et de courriels, etc.).

**4 février 2004 :** Mark Zuckerberg crée The Facebook (qui deviendra Facebook en 2005) pour les étudiants de l'Université Harvard.
**2004 :** La société canadienne Ludicorp crée Flickr, site de partage de photos et de vidéos gratuit.
**2005 :** Internet dépasse le milliard d'utilisateurs dans le monde.
**2006 :** Google accepte de brider son moteur de recherche afin de pouvoir s'implanter en Chine.
**30 août 2006 :** Google lance GoogleBooks, service permettant d'accéder à des livres numérisés, notamment des œuvres littéraires tombées dans le domaine public.
**2006 :** Création de Stat.us, qui deviendra twittr puis Twitter, par Noah Glass et Evan Williams au sein de la start-up Odeo Inc. à San Francisco.
**Décembre 2007 :** Le moteur de recherche de blog Technocrati recense plus de cent millions de blogs sur Internet.
**2008 :** Google annonce le lancement de son navigateur Chrome.
**12 janvier 2010 :** Une attaque pirate massive venue de Chine, dite Opération Aurora, cible une vingtaine d'entreprises dont Adobe, Google et Intel. Google menace de se retirer du marché chinois mais n'en fera rien.
**Juillet 2010 :** Le site lanceur d'alerte Wikileaks, créé en 2006, révèle des télégrammes diplomatiques secrets et les transmet à plusieurs journaux à l'échelle mondiale.

## *Les enjeux culturels de l'information : la bouteille à l'encre*[3]

La télématique domestique, c'est-à-dire la fourniture d'information à domicile, grâce à l'interconnexion de l'informatique, du téléphone, de la télévision rompt avec les autres applications, parce qu'elle dépasse l'échelle de l'organisation et des services spécialisés pour descendre au niveau des ménages et de la vie quotidienne. Chacun deviendra à la fois usager et utilisateur et les informations véhiculées seront nécessairement d'un genre très hétérogène.

On comprend l'espoir et les attentes dont est investie l'informatique grand public qui a d'ailleurs ravivé les mythes de la société relationnelle. D'où le problème évident que tout le monde se pose : pour quoi faire, ou plus exactement, quelles informations fournir et vendre, c'est-à-dire quelle est la demande solvable de nouveaux services d'information ? Et de manière encore plus profonde, « quels sont les besoins d'information » auxquels l'informatique grand public devrait répondre ?

La question des « besoins d'information » qu'il faudrait satisfaire avec l'informatique n'est pas nouvelle et se repose régulièrement depuis trente ans à chaque développement nouveau de l'informatique. Ce qui est spécifique ici, c'est évidemment qu'il ne s'agit plus d'application à l'intérieur de l'entreprise, mais d'une application domestique dans une perspective nouvelle

3. *Les Enjeux culturels de l'informatisation,* Paris, La Documentation française, coll. ou « Information et société », n° 9, 1980.

d'interconnexion, et ceci par opposition à la micro-informatique qui peut très bien se développer dans une perspective beaucoup moins « communicative ».

Or, dans chaque pays, ces nouveaux services posent des problèmes institutionnels. De qui dépendront-ils ? Entreprises indépendantes, filiales des télécommunications, entreprises soumises aux règles du service public ? Comment seront réglés les rapports entre transmission et message ? C'est-à-dire qui sera responsable du contenu : les fournisseurs ou les distributeurs ? Quels seront les coûts de ces informations ? Quelle concurrence ces nouveaux services apporteront-ils à la presse écrite et aux maisons d'édition ? De quels types de contrôle relèveront-ils ?

## LE DÉCALAGE ENTRE L'OFFRE ET LA DEMANDE

C'est de là qu'il faut partir : l'offre[4] précède largement la demande comme on le voit d'ailleurs clairement dans toutes les études de marché existantes. Les gens à qui sont posées les questions ne demandent rien de particulièrement nouveau et se contentent souvent de prolonger ou de compléter la situation actuelle. Ce qui est tout à fait normal car il est difficile d'anticiper les services qui n'ont actuellement aucune réalité sociale, surtout quand ceux-ci ont trait, avec l'information, à un produit qui est d'abord socioculturel et qui reflète une certaine vision du monde.

Le décalage apparaît également dans l'anticipation des rapports entre « fournisseur » et « utilisateur » d'informations. C'est bien parce que les utilisateurs n'existent pas encore que les fournisseurs sont obligés de se constituer une vision de ce que seraient les utilisateurs de demain.

Ce qui introduit une différence importante avec la télévision où la programmation est fonction notamment des réactions du public. Ici, il n'y a rien en face de l'offre, ni résistance, ni proposition.

Il y a donc un triple phénomène. D'une part, une demande faible et qui émerge lentement, au travers des enquêtes ; d'autre part, une anticipation par les offreurs de ce que pourrait être la demande de demain, anticipation qui d'ailleurs structure les services futurs ; enfin, une tendance à éliminer ce qui, dans les demandes formulées, ne peut correspondre aux services d'information susceptibles de faire l'objet d'une offre.

Ce problème classique du décalage entre l'offre d'un produit et sa demande prend ici une signification particulière puisqu'il s'agit de l'information. D'où le glissement du mot « demande », trop connoté de marketing, à celui de « besoin », déjà beaucoup plus légitime, surtout lorsqu'il s'agit de besoin d'information lui-même lié à l'idée de représentation sociale.

Et c'est ainsi que les théories sur les « besoins croissants d'information » (jamais analysés et toujours très homogènes socialement) se substituent au thème beaucoup plus classique d'une demande à créer. Ils lui donnent une finalité sociale.

On peut distinguer deux grands types d'informations :

---

4. L'utilisation des mots « offre » et « demande » est un raccourci emprunté au vocabulaire économique pour symboliser un problème qui dépasse le cadre économique.

— des informations générales, traditionnelles, mais brèves, type dépêches d'agences que le public pourra recevoir à domicile, ainsi que des informations spécialisées pour milieux socioprofessionnels ;

— des « informations-services » qui, de la météo aux courses, annonces classées, renseignements administratifs, étaient plus ou moins traditionnellement apportées par le journal papier.

On voit qu'il n'y a là rien de très nouveau quant au contenu, même si la réception à domicile *via* la télématique représente incontestablement une prouesse technique. En somme, des services d'information plutôt que des informations proprement dites. On serait donc tenté de dire « beaucoup de bruit pour rien ».

## LE GRAND CHANGEMENT : L'ÉLARGISSEMENT DU CHAMP DE L'INFORMATION

Pourtant, il serait insuffisant d'en rester à cette approche. D'abord, parce que l'information est un produit chargé de significations socioculturelles et que son automatisation dans le cadre d'une informatique grand public introduit une rupture dont on ne peut prévoir, aujourd'hui, l'impact.

Ensuite, parce que l'informatique grand public se développe dans une dynamique plus large que les seules applications d'information-service. Les banques de données et d'information ouvrent un nouveau champ que l'on peut appeler l'« information-connaissance », mélange de nouvelles et de données, à partir d'une reconstruction intellectuelle et d'une certaine représentation du monde.

Ce nouveau type d'information lié à l'augmentation et à la spécialisation de connaissances dans tous les domaines, ne trouve pas son origine dans la technique, mais dans un changement socioculturel.

Cette information, contrairement à l'information-événement, n'existe que si on la fabrique. Elle est donc directement tributaire d'un champ de connaissances et d'activité. *La donnée n'existe qu'après avoir été construite.*

Ainsi le champ de l'information s'élargit de plus en plus, en se diversifiant et en intégrant des dimensions nouvelles. Les satellites et la télévision par câble offrent déjà une démultiplication de l'information traditionnelle avec, dans le cadre de la télévision bidirectionnelle, la possibilité donnée au consommateur de choisir beaucoup plus son information, voire de la construire, en tout cas d'y répondre. Le vidéodisque et la vidéocassette accentuent encore ce choix.

Enfin, les informations spécialisées et les banques de données (à travers l'informatique domestique et les vidéotex) sont le moyen de gérer le nombre croissant d'informations et de connaissances.

Les fournisseurs potentiels sont d'ailleurs nombreux et en concurrence pour la captation de ces nouveaux marchés. On y trouve, bien sûr, la presse écrite et radiotélévisée qui, jusqu'à aujourd'hui, a le monopole de l'information, mais aussi les maisons d'édition intéressées par cette diversification de leur activité, ainsi même que des maisons de disques et des entreprises de toutes sortes se spécialisant dans la fourniture d'informations et de programmes culturels audiovisuels.

*Le vrai problème n'est donc pas la satisfaction des besoins d'information, mais l'élargissement du champ de l'information.* C'est-à-dire l'automatisation, l'organisation, la systématisation d'informations traditionnelles et la création d'informations nouvelles. On n'est plus du côté des besoins, c'est-à-dire de la demande qui n'existe pas, mais du côté de l'offre, ce qui est plus modeste, plus exact et plus sérieux.

## UN NOUVEAU STATUT DE L'INFORMATION

L'enjeu de cet élargissement du champ de l'information est le changement de légitimité du statut de l'information.

Le statut de celle-ci repose en Occident sur la philosophie et la révolution du XVIII^e siècle, c'est-à-dire sur une conception et une politique qui mettent au centre l'individu et la démocratie. L'information se justifie au nom de la connaissance pour tous. Elle est indissociable d'une idée d'égalité et d'universalité. C'est comme on dit « un droit ». C'est ce fondement qui a permis la bataille, longue à gagner et chaque jour renouvelée de la presse depuis deux siècles. C'est une conception essentiellement politique, qui n'a d'autre légitimité qu'un système de valeurs propre à une culture, celle de l'Occident. Il suffit d'ailleurs de voir quelles sont les conceptions de l'information qui prévalent dans d'autres pays et systèmes politiques, pour comprendre le caractère contingent de la conception occidentale ! Acquis d'un combat politique, elle reste donc marquée d'une référence conflictuelle qui lui retire toute idée de légitimité absolue.

Quelle est la conception qui sous-tend les nouveaux services d'information ?

Apparemment, la même, mais la justification réelle est beaucoup plus du côté de la connaissance-action que de celui de la démocratie. Bien sûr, ces nouveaux services sont offerts, et à juste titre, avec l'argument qu'il faut aujourd'hui beaucoup plus connaître pour agir dans une société sans cesse plus complexe. Mais quand on regarde le processus dans sa dynamique on remarque qu'il s'agit moins d'un effort de démocratisation dans l'accès à ces informations que d'une spécialisation des informations en fonction des différents milieux solvables. Car le paiement de cette information à son coût réel, et suffisant pour faire un bénéfice, est indissociable de ces nouveaux services. Le risque de développement d'une conception moins démocratique de l'information reposant sur une spécialisation par niveau de connaissance et capacité financière est réel.

Quelles sont les conséquences de ce changement de statut de l'information ?

## DE L'INFORMATION UNIVERSELLE À L'INFORMATION SÉRIALISÉE OU LE TEMPS COURT-CIRCUITÉ

La représentation du réel qui sous-tend la notion d'information actuelle est une représentation politique impliquant dynamique sociale et conflits. Celle qui prévaut à travers l'émergence de l'information-connaissance est beaucoup moins conflictuelle et plus statique. Elle renvoie à une légitimité « supérieure », celle de la connaissance.

Il en résulte une différenciation « naturelle » en fonction des milieux socioculturels. Le risque ici est la *sérialisation de l'information*, c'est-à-dire l'adéquation entre la stratification sociale et les types et genres d'informations.

La question soulevée va bien au-delà de l'inégalité sociale et concerne l'idée d'une *adéquation possible* entre information-connaissance et stratification sociale. Les ambiguïtés de la montée de l'information connaissance apparaîtront d'autant plus lentement qu'elle semble démocratique, traduisant la volonté de différencier l'information en fonction de l'hétérogénéité sociale, donc de dépasser les inconvénients de l'information de masse. Il s'agit d'une conception *étroite* de la démocratisation.

Tout d'abord, parce que la sérialisation consiste à fournir ce que l'on demande et seulement cela. Or l'un des effets de l'inégalité socioculturelle est de ne pas demander autre chose que ce que l'on sait. L'ouverture, la curiosité traduisant déjà une démarche d'émancipation. Le risque ici serait de diminuer les occasions d'accéder à une information « par hasard ». Ensuite parce que ces informations coûteront plus cher. Ici, tout sera beaucoup plus finalisé, avec probablement beaucoup plus de sujets, mais à un coût supérieur et à travers une spécialisation et un choix encore plus liés à des critères économiques ou socioculturels.

Enfin, il est à craindre que cette démocratisation de l'information qui permettra davantage d'interconnecter « offre et demande » traduise une fausse prise en charge du vieux désir de savoir et de connaître. Ce désir est en effet quelque chose de beaucoup plus flou, contingent et arbitraire que ces masses d'informations, sages et rationnelles, à vendre dans les systèmes d'information.

D'un côté, il y a la structuration d'une offre, nécessairement organisée pour que l'on puisse y accéder et l'utiliser. De l'autre, il y a un processus beaucoup plus diaphane, obscur, insaisissable qui est celui de l'accès à la connaissance et à l'émancipation, très différent d'un individu à l'autre et en tout cas d'un milieu à l'autre.

En définitive, il est probablement nécessaire de distinguer entre les applications d'information-service qui ne posent pas d'autres problèmes que techniques, et les autres types d'applications. Si l'on connaît assez exactement le domaine de l'information-service, il n'en est pas de même pour tout ce qui touche, à travers les banques de données au processus de la culture et de la connaissance.

D'où la question essentielle de la confusion des échelles de temps. Celle du temps culturel et de la connaissance n'est pas celle de la vie pratique et des *mass media*. Or, les applications informatiques, par la nature même du service offert, sont obligées de mettre à plat et d'homogénéiser les échelles de temps. Et plus on s'approche de l'information-connaissance, plus le « produit » échappe à l'organisation technologique, à un sens et à un rythme raisonnable.

La caractéristique fantastique de l'informatique est de réduire les échelles de temps et de permettre d'accéder immédiatement à ce qui a mis longtemps à se construire, et auquel nous accédons par des voies souvent complexes, en tout cas rarement rationnelles. Si ce court-circuit temporel réalisé par l'informatique peut se faire aisément pour certaines applications, il n'en est pas toujours ainsi.

Le domaine de l'information est un de ceux où ce court-circuit atteint ses limites. Quoi que l'on fasse, le décalage subsiste entre le temps long qu'il a fallu pour arriver à la conception que nous avons de l'information, et le temps très court, dans lequel s'est élaborée celle de l'information-connaissance.

Le besoin d'information n'est pas totalement objectivable, c'est-à-dire qu'il y a rarement conscience exacte et coïncidence à un moment donné, entre la nature des besoins d'information et l'état de la société. Or, l'information-connaissance, qui illustre peut-être le plus ce décalage entre deux échelles de temps, fait comme si ce décalage pouvait être nié, au profit d'une simultanéité. Le temps social est plus lent et complexe que celui des réalisations techniques.

Pourquoi ne pas distinguer dans les applications actuelles grand public, celles qui ne sont que l'automatisation de procédures existantes autour de l'information-service, et celles qui constituent réellement une autre manière d'aborder l'information et la connaissance. Il est probablement souhaitable de ne pas tout mettre sur le même plan si l'on veut éviter certains échecs.

En définitive, outre la mise en place indispensable de procédures démocratiques d'expérimentation, ce seront les réactions du public qui révéleront les possibilités et les limites de certaines applications grand public. On peut, en fait, prévoir deux cas simples. Le premier où, malgré les promesses, la mise sur place de ces nouveaux services s'avère difficile, complexe, ceux-ci se limitant au niveau le plus simple « des services ». C'est la banalisation. Le second cas est celui où l'élargissement des applications conduit effectivement au problème du changement de statut de l'information avec les enjeux d'un changement de légitimité et le risque de sérialisation précédemment évoqué.

Pendant trente ans la radio puis la télévision ont été accusées d'homogénéiser la pensée, d'imposer un seul type d'information et de connaissance, d'être au service de l'idéologie dominante... À cet effet massif, destructeur des différences, on a longtemps opposé la nécessité de systèmes d'information plus relationnels, individualisés, décentralisés, seuls susceptibles de permettre une réelle communication entre les individus et les groupes sociaux. La télévision communautaire dans les années 1960, puis les radios locales dans les années 1970 ont été portées par ce projet, dont l'expérience a montré, hélas, les profondes limites. Mais ces échecs, au lieu d'obliger à une nouvelle réflexion sur les rapports entre systèmes d'information, structures sociales et communication, ont au contraire trouvé dans la télématique l'outil susceptible de réaliser ce projet. Et si les applications grand public de l'informatique, au lieu de réaliser le rêve d'un autre mode d'information de la relation et de communication accéléraient le processus de différenciation du champ de l'information, provoquant ainsi de nouvelles inégalités ?

Autrement dit, l'individualisation des réseaux d'information qui, depuis trente ans, est conçue comme l'alternative démocratique aux méfaits des *mass media* n'est-elle pas, au moment où elle peut concrètement se réaliser, porteuse d'inégalités et de problèmes au moins aussi complexes que ceux qu'elle devait résoudre ? Les *mass media* au-delà de leur effet de nivellement ne sont-ils pas plus démocratiques puisqu'en offrant la même chose à tous ils maintiennent la légitimité universelle de l'information, et son caractère contingent, arbitraire ? L'un des avantages des applications grand public de la télématique va donc être de *relancer la réflexion sur la place et la fonction de l'information* dans une société. Si les *mass media* ont eu l'inconvénient d'uniformiser, ils ont par contre été un fantastique moyen d'ouverture sur le monde. Quant aux procédures d'individualisation de l'information dont la signification démocratique en termes de respect des différences est évidente, on voit également qu'elles portent en germe son contraire, à savoir la sérialisation.

---

## *Internet, un exemple d'incommunication*[5]

La distance entre l'usager et le citoyen n'a peut-être jamais été aussi grande, à propos d'une technique de communication. Avec Internet tout est possible, et les signaux d'alarme pointant les contradictions entre liberté et sécurité n'y font rien. Pour le moment, *la Toile, c'est-à-dire le filet* – image qui ne renvoie pourtant pas à la liberté – reste paradoxalement le symbole de la liberté. C'est comme si des millions d'utilisateurs dans le monde restaient sourds aux inquiétudes concernant les risques de contrôle, d'atteinte aux libertés privées et publiques, de renforcement de traçabilité, que recèle Internet dans un nombre croissant de ses applications. Pourtant, jamais ne se sont dévoilées aussi rapidement les contradictions entre les problèmes posés par une nouvelle technique et notre culture démocratique.

Autant la radio et la télévision se sont développées en suscitant une *méfiance constante* concernant leur « influence sur les masses », autant Internet n'a pour le moment guère suscité d'inquiétude. On traite de grincheux, voire d'archaïques, ou mieux de technophobes, ceux qui dénoncent les atteintes aux libertés privées et publiques, au fur et à mesure que se multiplient les applications dans les loisirs, les services, l'éducation, le politique, l'économie... *Le message critique ne passe pas.* Exemple formidable d'incommunication qui illustre ce fait : il ne suffit pas d'informer pour communiquer. Les informations existent sur les menaces mais le message n'est pas reçu. Depuis dix ans, quelles que soient les interrogations, les révélations, les mises en demeure, venues du monde entier, la confiance dans la technique l'emporte aveuglément. Et même de plus en plus au fur et à mesure de la généralisation des usages et de l'augmentation du nombre des internautes. Comme si l'usage

---

5. *Hermès*, n° 53, *Traçabilité et réseaux*, 2009.

individualisé d'une infrastructure néanmoins de plus en plus lourde et rigide renforçait la liberté individuelle. *Contradictions entre le sentiment de liberté individuelle et la réalité du réseau technique et de ses applications.*

Internet, symbole du progrès, de la liberté, de l'imagination. Comme s'il n'y avait pas simultanément le règne de la spéculation, de la cybercriminalité, de la pédophilie, du *snuff movie*...

Comme ce sont les pays développés qui mènent la danse, le reste du monde ne veut pas, à juste titre, être en retard. Même le lien entre Internet et les atteintes possibles à la culture démocratique n'est pas perçu, d'autant plus que dans de nombreuses dictatures, le Web est au contraire le symbole de la liberté. Il en est de même pour le lien entre Internet et la crise économique et financière actuelle, qui illustre pourtant les effets pervers de l'usage des systèmes d'information et de communication. Et, au moment où le capitalisme parle d'une nécessaire régularisation et reconstruction d'une règle de droit, personne ne songe à en faire autant pour Internet. C'est même le contraire. *Réguler Internet, ce serait porter atteinte aux libertés...* Comme si la vitesse et le volume d'informations traitées devenaient la condition normative de la mondialisation, le symbole de l'ouverture et de la circulation. Les vaisseaux et le sang, du monde que l'on veut meilleur.

Rien n'entache pour le moment cette croyance, car il s'agit d'une croyance, qu'Internet est le symbole du progrès et de la modernité permettant de relier l'individu à l'ensemble du genre humain et à toutes les échelles de temps et d'espace. Le rêve d'une réduction de la fracture sociale s'incarne dans cet accès universel possible. La puissance technique fascine. Elle est le bon côté du progrès et le symbole de cette aspiration universelle : pouvoir faire ce que l'on veut, quand on veut. Quand la mise en perspective, la réflexion critique, la politique, la discussion reprendront-elles leurs droits ? Pourquoi une telle incommunication, un tel décalage entre une innovation technique époustouflante et une volonté obstinée de ne pas savoir, de ne pas vouloir réfléchir aux limites, contradictions et inégalités qui en découlent ?

Au moins trois raisons. D'abord, la crise des idéologies politiques. Ni le marxisme ni le capitalisme n'offrent d'horizon. Le ciel politique est vide. Internet relance une utopie *politique* à partir d'une technique qui vise justement à mettre les « hommes en communication ». Et pour les autres usagers, ceux pour qui le réseau n'a rien à voir avec un idéal de solidarité, Internet représente tout simplement un espace de liberté, d'initiative, voire de transgression. Ensuite le symbole d'un monde nouveau à construire. Puisqu'il n'y a pas d'autre horizon que la mondialisation, et que le monde est fini, si vaste, et si petit à la fois, alors il faut bien pouvoir circuler. Mélange d'ouverture, d'universalisme et d'individualisme. Enfin, le symptôme d'un monde peuplé d'individus libres, mais seuls. Internet, le royaume de la liberté individuelle, mais aussi la passerelle pour essayer de sortir de la solitude et de soi, afin de nouer des relations avec d'autres, ailleurs, de son voisin de palier à l'âme sœur rêvée et inconnue au bout de la Terre. Le symbole de la recherche de l'autre dans un monde où les solidarités s'effondrent et les solitudes affleurent.

C'est sans doute ces trois raisons, et beaucoup d'autres, qui font d'Internet pour le moment le symbole de la liberté et de l'émancipation. *Rarement une technique de communication a autant suscité d'espoir.*

Jamais le rêve de la communication entre les hommes grâce à un dispositif séduisant n'a été aussi fort. Jamais l'idéologie technique, c'est-à-dire le soin confié à une technique de résoudre des problèmes humains et sociaux, n'a été aussi partagée. Jamais la contradiction entre liberté et sûreté, information, respect des libertés individuelles et des droits de l'homme, n'a été autant ignorée. C'est même le contraire parce que nombreux, de bonne foi, voient précisément l'instrument des droits de l'homme.

Jamais l'anthropomorphisation d'une technique n'a été aussi forte. Nous sommes dans ce moment, à la fois technique, anthropologique, culturel et politique. Puissent les connaissances contribuer le plus vite possible à détendre ce technicisme ambiant et à le remettre à sa place, dans une perspective où les valeurs démocratiques, critiques et humanistes l'emporteront. Attention à la chute, quand une génération entière dans le monde aura passé une bonne partie de sa vie sur les réseaux, sans que cela suffise à la changer, ni à changer les hommes et la société.

---

## *Penser et réglementer Internet : un impératif catégorique pour la démocratie*[6]

Depuis cinquante ans, la technique emporte tout dans la communication. Du téléphone à la radio, puis de l'informatique à la télévision et à l'Internet, toutes les conditions de communication, individuelles et sociales, ont substantiellement changé. Même si le lien entre progrès technique et progrès dans la communication reste à démontrer, ces révolutions techniques donnent toujours lieu au même discours : les nouvelles techniques améliorent la communication humaine et sociale. *S'adapter ou être en retard et mourir*. Telle est l'obsession de l'Occident vis-à-vis des techniques, obsession qui se répercute désormais au Sud, sommé de rejoindre la révolution des techniques. Il n'est plus question que de vitesse, de réseaux et d'interactivité, dans une optique mièvrement optimiste. Plus il y aura de terminaux, plus les hommes communiqueront, plus ils s'ouvriront les uns aux autres dans la paix et la fraternité. *La liberté et le bonheur sont au bout des réseaux.*

### DISSOCIER ENJEUX INDUSTRIELS ET ENJEUX DE SOCIÉTÉ

Il est urgent, pour le Nord comme pour le Sud, de prendre ses distances par rapport aux promesses de la « révolution technique », de penser les nouvelles techniques, de les replacer dans une perspective historique, théorique, culturelle pour échapper à l'idéologie de l'urgence. Avec les nouvelles tech-

---

6. Tribune libre, *in Actes du Sommets mondial des régulateurs, Unesco, 30 novembre-1<sup>er</sup> décembre 1999*, CSA, 2000.

niques de communication, l'enjeu est mis très haut, toujours plus haut au fur et à mesure de l'extension de la Toile, un peu comme si le rythme d'innovation technique, très rapide dans les industries de l'information et de la communication, devait commander à toutes les autres dimensions de l'homme et de la société.

Deux aspects radicalement différents sont confondus. Les enjeux industriels, qui obligent effectivement chaque continent à être présent dans le secteur des industries de l'information et de la communication, *et* les enjeux de société, c'est-à-dire le projet social et culturel dans lequel insérer ces techniques, différent de la performance technique et de la rentabilité économique. *Car un système technique, fût-il de communication n'a jamais fait un modèle de société.* Les changements techniques comptent même moins que le changement social et culturel, dans lequel ces techniques ont pris leur place. En un mot, le village global est un exploit technique, pas un projet de société.

Quel est donc le projet social et culturel correspondant à Internet, à la télévision et aux télécommunications ? Cette question rappelle les trois dimensions de la communication : technique, économique, mais aussi culturelle et sociale. La rupture, comme toujours, est entre les techniques, l'économie *et* la culture. Les hommes n'échangent pas entre eux de la même manière d'un bout à l'autre de la planète, et chacun doit s'adapter plus ou moins au rythme de l'autre sous peine d'incommunication. D'autre part, la communication dépend des lois, traditions et règlements qui fixent les conditions des échanges sociaux.

L'apparition du village global ne suffit pas à changer les sociétés et l'ordre du monde. L'omniprésence des ordinateurs et des réseaux dans le travail, les loisirs, l'éducation n'est pas synonyme de l'apparition d'une nouvelle société. *L'interactivité technique n'est pas synonyme de communication.* Le changement technique a modifié le statut de la communication. Hier, transmettre était tellement difficile que cela était plus ou moins synonyme de communication. Aujourd'hui, c'est presque l'inverse. Il est très facile de transmettre, mais la communication est toujours aussi difficile et l'incompréhension toujours plus flagrante. Les progrès dans la transmission et l'interactivité ne sont plus synonymes de progrès dans la communication humaine et sociale. D'autant que les hommes en s'émancipant revendiquent plusieurs modèles et formes de communication.

Cette *disjonction* entre performance technique et difficulté de la communication doit être rappelée dès lors que l'omniprésence des techniques s'accompagne d'un discours sur la continuité entre la dimension technique de la communication et sa dimension sociale et culturelle. *C'est très exactement cela l'idéologie technique : établir une continuité entre les dimensions techniques et humaines de la communication.* C'est croire que l'Internet va tout changer, qu'il s'agit d'une révolution mondiale qui échappe aux États, qui eux ne cherchent qu'à réglementer et donc à tuer cette nouvelle liberté de communication. C'est croire que le rachat par AOL de Time Warner en janvier 2000 a constitué un véritable progrès, alors qu'il s'est agi d'une logique classique de concentration. On aurait crié au monopole, à la tyrannie de l'argent, à la menace pour la démocratie et le pluralisme culturel dans tout autre domaine. C'est enfin identifier toute réflexion critique sur l'Internet à de l'obscurantisme rétrograde.

Il faut au contraire refuser l'idée selon laquelle l'omniprésence des techniques suffira à créer des sociétés plus égalitaires ou pacifiques. Et donc prendre nos distances par rapport au terme de « société de l'information et de la communication » qui confond place prépondérante des techniques de communication dans nos sociétés *avec* modèle de société. C'est cette idéologie technique qu'il faut dépasser pour en revenir à l'essentiel, c'est-à-dire à ce que les hommes et les sociétés peuvent faire des nouvelles techniques de communication. *C'est aux techniques de l'information et de la communication de s'adapter aux projets des hommes et non l'inverse.*

Il est vrai que notre histoire démontre le contraire. Ce sont plutôt les hommes qui se sont adaptés aux deux grandes révolutions industrielles qui ont modifié le rapport à la nature et à la matière. Cela a d'ailleurs eu un coût humain, social et culturel considérable. Pour autant, la révolution technique actuelle s'avère radicalement différente car elle porte sur les signes et les symboles, c'est-à-dire ce qui est au cœur de l'expérience humaine et sociale. C'est la raison pour laquelle ces réseaux semblent être le « prolongement » de l'esprit humain, identifiés à un projet de société.

Penser la place d'Internet dans notre société, c'est donc d'abord replacer la question de l'information de la communication dans une théorie de la société. Et refuser la continuité entre technique et société. C'est ensuite préférer le concept de communication à celui d'information pour penser la place des nouveaux services. C'est enfin réfléchir à la place que peut prendre Internet dans nos modèles de mondialisation.

## REPLACER LES TECHNIQUES D'INFORMATION ET DE COMMUNICATION DANS UNE THÉORIE DE LA SOCIÉTÉ

Comme les téléphones, les télévisions ou les ordinateurs sont identiques d'un bout à l'autre de la planète, l'idée s'est propagée qu'il y avait là les prémices d'un même type de société. C'est le thème si séduisant, et si dangereux, du village global. Séduisant, parce que réduire le problème si compliqué de la communication entre les hommes et entre les cultures à la performance technique facilite les choses. Dangereux, parce que la réalité historique vient toujours rappeler que les *convergences techniques n'empêchent absolument pas les différences culturelles et sociales.* Relativiser la dimension technique de la communication est essentiel. D'une part pour échapper à une vision trop réductrice de l'histoire, et d'autre part pour rappeler les conditions sociales et culturelles nécessaires au changement.

Si l'imprimerie a eu l'impact que l'on connaît à la Renaissance, c'est parce qu'un profond mouvement d'affirmation de la conscience individuelle s'était fait jour *préalablement*. Si la radio et la télévision se sont imposées, c'est parce qu'elles étaient portées par la démocratie de masse.

Pour le moment, Internet, révolution technique considérable, attend un grand projet social et culturel. La technique est là, mais il n'y a pas de rupture fondamentale des modèles de communication. Internet atteste d'une part de la place fondamentale de l'individualisme, qui s'est imposé depuis deux siècles, et d'autre part du passage à la mondialisation qui est plus un fait qu'un projet. Il est donc à cheval entre deux logiques. Du point de vue des valeurs, il rejoint le puissant mouvement individualiste propre à l'Occident. Du point de vue des intérêts, il sert à la mondialisation des flux d'informations. Cela correspond aux deux dimensions propres à la communication : la dimension *normative*, visant à l'intercompréhension entre les individus, et la dimension *fonctionnelle*, consistant à assurer les échanges à l'échelle mondiale. Internet est donc en phase avec la première dimension normative de nos sociétés, à savoir l'individualisme, sans apporter d'éléments nouveaux à la communication entre individus et des collectivités que tout sépare.

Le défi de demain consiste à assurer un minimum de cohésion entre des collectivités indifférentes les unes aux autres. Le défi est *la gestion des différences, non celle des ressemblances*. Or Internet sert plutôt à la mise en relation des communautés semblables qu'à gérer l'hétérogénéité sociale et culturelle. C'est cela replacer la technique de communication dans une théorie de la société : ne pas raisonner par rapport aux performances de l'outil, mais par rapport aux défis culturels et sociaux auxquels nous sommes confrontés. Si Internet renforce la communication communautaire, nécessaire, il reste moins performant du côté du lien social à créer *entre* les milieux hétérogènes, au sein de la société individualiste de masse. Et comment assurer au niveau des nations et du monde un minimum de cohabitation culturelle, alors que, paradoxalement, grâce aux techniques, les différences n'ont jamais été aussi visibles ?

Notre modèle de communication a radicalement changé. Pendant des siècles, l'inégalité était la base des relations interpersonnelles, sociales, et internationales. C'était le plus fort qui communiquait. Le droit aux différences culturelles et sociales est aujourd'hui reconnu, ce qui *complique* les relations de communication.

## PAS DE LIBERTÉ DE COMMUNICATION SANS RÉGLEMENTATION

Comparer Internet aux médias de masse permet de casser les discours actuels visant à les hiérarchiser. Le Net serait le futur, et les médias le passé. Or, pour ce qui est du lien social au sein de sociétés ouvertes à forte hétérogénéité, le Net et les médias sont complémentaires. Le Net comble l'aspiration à une communication directe avec ses proches quelle que soit leur situation dans l'espace, les médias assurent la communication avec la société. L'un est du côté de l'homogène, l'autre de l'hétérogène. *Socialiser ainsi les techniques de communication, le Net comme les médias de masse, est le seul moyen d'échapper à l'idéologie technique*. Cela pose par voie de conséquence la question de la régulation de l'Internet. Cette technique n'est pas au-delà des lois, hors de la politique, du droit, elle devra s'y soumettre, comme toutes les autres techniques de communication. Réguler, ce n'est pas tuer la liberté, mais la rendre possible...

D'autant que si on met systématiquement en avant la liberté, l'interactivité et la créativité, Internet constitue surtout un immense réseau commercial où la logique des intérêts prédomine. L'enjeu premier de l'Internet n'est évidemment pas celui du courrier électronique, des forums de discussions et de l'accès gratuit aux banques de données. Il constitue au premier chef un instrument du commerce mondial dans le cadre de la globalisation, ce qui est une tout autre perspective que celle de la liberté. Si les Américains refusent depuis des années de compter les industries de l'information de la communication dans le cadre des négociations à l'OMC sur l'exception culturelle, c'est bien parce qu'ils veulent élargir la dérégulation à ce gigantesque marché de l'information qu'est l'Internet. L'importance des intérêts en jeu oblige donc à encadrer juridiquement l'Internet. Il ne peut être présenté comme le symbole de la mondialisation et échapper à toute réglementation au moment où l'ensemble des organisations internationales s'efforce d'établir un minimum de réglementation pour humaniser la mondialisation. Si l'Internet est voué à devenir autre chose que l'infrastructure du commerce électronique libre et « dérégulé », nouveau mot pour désigner la loi de la jungle, et servir aussi à la coopération entre les peuples, les cultures et les systèmes politiques, il faudra bien qu'il entre dans le cadre d'une politique mondiale de la régulation.

## QUELLE UNITÉ D'ANALYSE CHOISIR : INFORMATION OU COMMUNICATION ?

Techniquement, Internet est un système d'informations automatisées interactif. Il transporte des informations qui seront utilisées ensuite dans une logique de communication sociale. L'information insiste sur l'unité des messages et la transmission, alors que la communication insiste sur l'appropriation de ces informations par des individus ou des collectivités. Dans le cadre d'une réflexion sur la régulation, il est donc préférable de s'intéresser à la communication, c'est-à-dire à la triple question de l'émetteur, du message et du récepteur. La problématique de la communication est donc plus délicate à traiter puisqu'elle s'intéresse à la dimension sociale des échanges, tandis que la problématique de l'information insiste sur la performance de l'outil et le caractère distinct du message. Le message est neutre d'un point de vue technique, pas d'un point de vue sociétal. *Au bout des ordinateurs connectés il y a des hommes et des sociétés, et non des machines.*

On peut même opposer la vitesse de circulation des informations, notamment financières, et la lenteur avec laquelle les groupes humains et les sociétés arrivent à se comprendre. On peut transmettre de plus en plus d'informations, de plus en plus vite, mais on ne peut augmenter sans limites les capacités de compréhension des hommes et des sociétés. La communication va toujours beaucoup moins vite que la transmission des informations. Les hommes vivent de communication, pas d'informations. Ce qui les intéresse, c'est la recombinaison des informations dans leur cadre culturel. Le mot « communication » est plus ambitieux que le mot « information », car il renvoie tout de suite à l'existence d'un cadre. Pas d'information sans cadres d'interprétation, c'est-à-dire sans communautés, sans langue, sans traditions. Pas d'information sans communauté d'interprétation. *Si l'information est un flux, la communication est toujours une séquence.*

Cela est fondamental dans la perspective d'une régulation. L'égalité d'accès, à la supposer possible, ne crée pas l'égalité de compétence pour la compréhension et l'usage, tant la compétence est marquée par les inégalités culturelles. *L'abondance d'informations ne crée donc, en soi, aucune égalité dans la communication.*

La nécessité de réguler tient à la nécessaire complémentarité entre le Net et les médias de masse. Chacun admet la nécessité de réguler l'audiovisuel dès lors qu'il touche au grand public. Pourquoi en serait-il différent pour Internet ? On les oppose en mettant en avant que le Net reposerait sur une logique de l'information, distincte de la problématique de la communication, propre aux médias. La régulation nationale des médias de masse ne serait pas transposable à l'Internet par nature international. Pourtant, même si l'Internet est un réseau physique d'échange d'information mondial, l'ensemble des informations qu'il véhicule est *interprété* dans un cadre national ou communautaire. En un mot, les techniques sont identiques, mais la problématique sociale est différente. Cela ne doit pas conduire à réguler Internet comme on régule les médias. Il n'en demeure pas moins qu'un grand nombre de concepts et de normes propres à la réglementation des médias peuvent être transposés pour Internet. En somme, inclure les nouvelles techniques de communication dans la problématique de la communication permet de les humaniser et de les socialiser, de réintroduire le rôle des intermédiaires sociaux et culturels et de souligner l'objectif premier des instances de régulation : la protection du récepteur.

En parlant de communication, on inclut le récepteur, donc l'homme et la société. On souligne ainsi l'importance de l'intercompréhension qui est beaucoup plus délicate que celle de l'interactivité. *L'interactivité est une question technique, l'intercompréhension un enjeu humain et social.* Cela ramène les techniques de communication, anciennes ou nouvelles, à leur finalité, et cela justifie leur régulation.

### LES AVANTAGES À PARLER EN TERMES DE COMMUNICATION, PLUTÔT QUE D'INFORMATION

Pour les pays développés, parler de communication plutôt que d'information renvoie à la contradiction majeure de nos sociétés : la *tradition individuelle* qui du téléphone à l'Internet insiste sur la communication point à point entre des individus ou des collectivités qui ont les mêmes intérêts, et la *tradition égalitariste* consistant à faire cohabiter des individus et des collectivités qui n'ont pas forcément de points communs, mais qui, au nom de l'égalité sociale et culturelle, participent de plain-pied à la même société.

Pour les pays du Sud, la problématique de la communication est aussi plus riche que celle de l'information. S'en tenir à l'information prolongerait une situation d'inégalités, le Nord étant par définition en situation de domination. Parler de communication associe tous les autres médias à la réflexion : traditionnels, audiovisuels, cinématographiques. La problématique de la communication s'accompagne d'une pluralité des techniques. Certaines sont plus modernes que d'autres, mais ne peuvent en aucun cas nier l'existence des autres. En s'en tenant à l'information, c'est le parc d'ordinateurs qui devient l'indicateur du niveau du développement. Parler de communication *élargit* la perspective et souligne la complexité des échanges.

Préférer la communication à l'information permet aussi de souligner la différence entre les deux mondialisations dont Internet est l'enjeu. La première est liée à la globalisation économique et à la déréglementation. Ces deux logiques envisagent le monde comme un seul marché. L'Internet en est clairement l'instrument. La deuxième mondialisation est radicalement différente et met l'accent sur des projets de coopération internationale, sur le modèle de l'ONU. Il s'agit au contraire de respecter les différences et les identités, dans le cadre de la constitution d'une communauté internationale. Dans ce cas, c'est la logique de communication qui domine. Dans un cas, Internet sert le marché *on line* ; dans l'autre, il fonctionne comme un outil de coopération international à un rythme beaucoup plus lent que celui des réseaux. Autrement dit, au-delà du débat, apparemment technique, sur la question de savoir si l'Internet est d'abord un outil d'information ou de communication, se jouent en réalité deux conceptions relativement antagoniques de l'information et de la communication et de la place des techniques de communication dans notre modèle de société. Soit une philosophie technique de la communication qui *déduit* la communication humaine de la performance des outils. Soit une philosophie humaniste de la communication qui *insiste* sur la difficulté des hommes à se comprendre et sur la discontinuité qui existe entre système technique et compréhension humaine et sociale.

Si Internet n'est pas réglementé, il pourrait devenir une menace réelle pour nos libertés individuelles et collectives, toujours fragiles. *Les techniques n'apportent pas la liberté. Elles peuvent en créer les conditions, mais seuls les hommes et les lois peuvent réellement établir et pérenniser la liberté*. Les techniques ne peuvent se subtiliser à la loi, sauf à imposer celle de la puissance économique qui les contrôle, peinte aux couleurs de la liberté.

Il serait d'autant plus dommage que le Net est le symbole d'une réelle innovation et atteste un fort besoin de créativité. C'est un superbe support d'utopies sociales et culturelles, bien plus importantes que les prouesses techniques. Pour éviter que ces utopies cèdent à la seule loi du marché, il faut multiplier les expériences, comparer, évaluer, être empirique et ne pas confondre performance technique et changement de rapports sociaux. Dans cette perspective, affirmer haut et fort que la loi ne tue pas la liberté de communication, elle la protège, contrairement à ce que prétend l'idéologie de la déréglementation.

Internet possède une dimension émancipatrice qui sera préservée en privilégiant la logique de la communication et les enjeux de société qu'elle porte, par rapport à la logique de l'information qui reste centrée sur la performance des outils et des techniques industrielles.

L'idée générale consiste à *socialiser les techniques pour éviter de techniciser la société.* Préconisation corollaire : il ne faut pas séparer les nouvelles techniques des médias traditionnels. Nouveaux et anciens sont en réalité complémentaires, ne ressortissant pas à la même échelle de communication.

Penser la communication technique en termes de hiérarchie, c'est sacrifier à l'idéologie technique.

Les jeunes générations sont séduites, à juste titre, par la performance technique. Il faut pourtant leur faire comprendre que l'essentiel de la communication n'est pas là, mais dans la grandeur et la difficulté des rapports humains. Une trop forte fascination technique provoquera de profondes désillusions quand toute une classe d'âge constatera que les rapports sociaux n'ont pas changé. En un mot, résister au « jeunisme technique ». Ce n'est pas l'ambiguïté d'Internet qui est en cause, mais la fausse croyance selon laquelle on pourrait passer facilement, presque ludiquement, de la dimension technique de la communication à sa dimension sociale. Plus la dimension technique et économique s'imposera, plus il faudra maintenir avec énergie l'autre dimension possible d'Internet, celle d'un outil compatible avec un projet politique de solidarité au Nord et destiné à équilibrer les relations Nord-Sud.

---

## *Internet et les industries culturelles*[7]

L'idée d'utiliser Internet pour aider certaines industries culturelles, dont l'édition en sciences sociales appelle trois commentaires qui illustrent l'emprise actuelle de l'idéologie technique.

Partant du fait qu'Internet distribue un grand nombre d'informations d'un bout à l'autre de la Terre, on rêve d'une augmentation considérable de l'offre de connaissances. Ce qui suppose l'offre actuelle étranglée, notamment par les éditeurs. Or jamais la question de la qualité de l'*offre* n'est posée. Jamais l'idée d'une difficulté des sciences sociales à décrypter et rendre intelligible un monde de plus en plus compliqué n'est évoquée. Jamais n'est suggéré non plus le décalage entre une société qui ne cesse, apparemment, de demander des connaissances aux sciences sociales, mais qui lui préfère dans l'écrasante majorité des cas les propos des journalistes, hommes politiques, et des experts car ceux-ci sont davantage dans l'air du temps. Jamais non plus n'est évoqué ce décalage, presque inéluctable, entre le discours des sciences sociales et les autres discours existants dans la société. Et surtout personne ne pose la question de la *demande*. Celle-ci est hélas souvent faible par rapport à ce type de connaissances.

Bref, il y a de très nombreuses explications à cette reconnaissance difficile des sciences sociales, où l'étroitesse du marché et les ravages du photocopillage jouent aussi un rôle déterminant. Au lieu de reconnaître cette complexité des rapports entre l'offre et la demande, on se focalise sur le système technique. Augmenter la capacité de diffusion résoudrait tous les problèmes,

7. *Le Monde*, 11 juin 1999.

en réduisant le rôle des éditeurs, considérés comme responsables de la crise actuelle. Pourtant leur fonction est essentielle, même si elle est toujours critiquable, car l'éditeur sélectionne, oriente, conseille.

*On retrouve ici une des idées dominantes d'Internet : haro sur l'intermédiaire, soyez libres, faites tout vous-mêmes !* Devenez votre éditeur. La critique du statut d'intermédiaire va bien au-delà de l'édition, elle touche aussi le journaliste dont on veut réduire le rôle au profit du mythe de l'« information en direct », le professeur auquel on préfère le dialogue homme/machine, ou l'homme politique bientôt remplacé par la démocratie électronique. *Bref, le modèle est le suivant : vous avez toutes les compétences. Faites tout tout seul.* Or ce n'est pas parce que chacun peut accéder au Net que chacun dispose des compétences pour gérer et apprécier les millions d'informations qui y circulent ! Et surtout, cette idéologie de la liberté poussée à l'extrême, oublie de rappeler le lien entre Internet et le commerce électronique, réalité bien éloignée des rêves libertaires d'édition électronique et de forums alternatifs ! Pourquoi Internet irait-il aider par exemple l'édition en sciences sociales ou toute autre industrie culturelle, si demain il peut, en ligne, satisfaire le milieu universitaire, académique et scientifique, en le débarrassant des « coûts » de l'édition du livre ?

Ces services interactifs, mêlant documentation et édition et où chacun sera simultanément auteur et lecteur, structureront un marché électronique rentable, assez éloigné du rêve d'une société transformée en vaste librairie. Là où certains ne voient que la liberté, rôdent, à terme, la rationalisation et surtout la rentabilité d'une bonne partie des connaissances scientifiques, culturelles, et artistiques. Et à des taux de rendement qui feront paraître bien modestes les exigences des éditeurs et des producteurs actuels. Si l'information et la connaissance entrent, comme on le dit depuis plus de trente ans, directement dans une logique de l'économie, il y a toute chance que leur prix soit bientôt sans commune mesure avec ce que nous connaissons...

Au-delà du prix se pose la question essentielle de la *validation*. Si chacun peut mettre « librement » sur le réseau ce qu'il veut, *qui contrôle* ? On le voit déjà avec la tendance à vouloir contourner les revues scientifiques au profit de connaissances circulant « librement » sur Internet, et qui sont, de ce fait, beaucoup moins contrôlées. Sans parler des possibilités d'erreurs, d'espionnages scientifiques ou industriels, voire de manipulations qui sont sans rapport avec l'idéal libertaire existant actuellement.

Non, Internet, comme réseau, est trop lié à des enjeux gigantesques de production et de diffusion d'informations scientifiques, économiques et demain culturelles de toute nature pour qu'il soit possible naïvement de croire que le déplacement des industries de la presse, de la connaissance et de la culture sur le Net ne créerait pas de redoutables problèmes déontologiques, économiques et politiques. Non seulement le système technique ne crée aucune vertu, en soi, mais surtout le récepteur n'est pas non plus une oie, capable d'absorber une quantité croissante d'informations, de connaissances, de culture sans filtres, hiérarchie, compétences, intermédiaire et confiance.

Un autre problème, intéressant, concerne le statut *mi-privé mi-public* des informations circulant sur le Net. Celles-ci ne rencontrent pas l'épreuve radicale de marché, c'est-à-dire d'œuvres, qui, de l'édition à la musique et à l'image, prennent le risque de la *rencontre* avec le public au travers du processus de l'offre. Avec Internet, il y a bien sûr une rencontre avec le public, mais à distance, sans les risques et la visibilité du marché. Mais à terme quel est le statut de cette communication à mi-chemin entre le privé et le public ? Si tout est accessible sur réseau que reste-t-il de la dimension *publique* de la culture ? Imagine-t-on, pour prendre le simple exemple de la presse, la disparition des journaux et des magazines dans les kiosques, à la vue de tous, parce que salissants, encombrants et chers, au profit de petits portables universels ! Le marché de l'information et de la connaissance est depuis toujours lié à un principe de publicité.

Avec le Net on est « entre nous » ; c'est d'ailleurs l'une des raisons de son succès. On est aussi « à côté » des rapports sociaux officiels. Pourquoi pas ? Il peut y avoir ainsi la création d'un autre type de communication, mais cela laisse entière l'autre question essentielle en démocratie de ce qu'on appelle la culture publique. Cela oblige à réfléchir sur le statut de ce que l'on appelle « rendre public » avec les contraintes qui en découlent et avec probablement une valorisation des industries culturelles qui rendent « publiques » les œuvres.

Cela ouvre une réflexion concernant le statut d'Internet, présenté comme un nouveau média grand public, alors que ses performances le tirent plutôt du côté d'un média thématique. Pourquoi ? Parce qu'un système de diffusion à grande échelle ne suffit pas à faire un média grand public. Pour qu'il y ait média, il faut certes une technique, mais surtout un projet, une conception, une organisation de l'offre, et une représentation du public.

Le Net, de ce point de vue, ressemble plus, à côté de sa fonction principale de commerce électronique, à un système d'expression à grande échelle qu'à un média grand public. C'est la liberté et l'aléatoire qui font l'intérêt d'Internet ; chacun s'exprime sans vision *a priori* des récepteurs et des publics. Passé la phase d'engouement pour cette fonction d'expression mondialisée, le Net s'adaptera à une logique de média thématique en permettant de relier plus facilement des communautés d'intérêt, d'un bout à l'autre de la planète. Ce qui est très utile. Or c'est l'inverse du discours actuel où on confond ce processus avec la mondialisation du contenu de la communication. Cela relancera une réflexion théorique sur la différence essentielle entre média thématique et généraliste. C'est-à-dire sur le statut du grand public, donc des rapports toujours compliqués entre un projet culturel pour tous, *et* la réalité sociologique de l'existence de publics parcellaires.

Autrement dit, *un réseau mondial de communication est parfaitement compatible avec une segmentation des marchés et de la société.*

La question n'est plus de savoir comment satisfaire une demande de plus en plus diversifiée, et d'ailleurs susceptible d'être satisfaite par toutes les techniques de communication interactives, et individualisées, elle est *au contraire* de préserver une offre généraliste qui dépasse cette segmentation des offres culturelles.

On retrouve ici le superbe défi de la presse écrite généraliste comme celui de la radio, de la télévision, et de l'édition sous toutes leurs formes. Cela rouvre une réflexion sur une philosophie de l'offre, dépasse les infinies segmentations culturelles et sociales qui sont paradoxalement devenues de plus en plus légitimes, au fur et à mesure qu'elles alimentent des industries de la demande articulées aux réseaux individualisés.

L'Occident a inventé l'individu, mais, avec le temps, les intérêts et les techniques ont glissé subrepticement de l'individualisme à la segmentation, et donc à une hiérarchie des marchés notamment culturels. Il faut un projet politique pour transcender la segmentation croissante des techniques, des marchés, des modes de vie.

Plus les réseaux permettent une satisfaction des demandes d'informations individuelles de toute nature (travail, culture, éducation, etc.), plus réapparaît l'enjeu théorique, mais aussi culturel et politique, d'une réflexion sur le grand public. C'est-à-dire sur ce qui dans une société contribue à fonder le lien social de millions d'individus, dans ce qui les réunit, au-delà de ce qui les sépare.

## *Les enjeux théoriques contemporains*

Internet, au travers des blogs, des sites, des twitts, des réseaux numériques dits sociaux, etc., est devenu quasiment le symbole de la liberté individuelle. Notamment par rapport aux logiques dites « standardisées » des médias de masse. Pourtant, en trente ans, les groupes industriels, symboles de cette liberté individuelle ont considérablement changé d'échelle, et de puissance. Google, Apple, Microsoft, Facebook, etc., sont devenus des entreprises mondiales toutes-puissantes, à la poursuite de toujours plus de concentration et de monopoles. La guerre des rachats ne fait que commencer. Cette rationalisation du pouvoir et des investissements ne bouleverse pourtant pas la vision des internautes qui n'y voient toujours *que* liberté individuelle et contre-pouvoir… Comment peut-on concilier Internet, *symbole* de liberté individuelle, de contre-pouvoir, et *la réalité* de ces oligopoles, aux stratégies souvent obscures ? S'agit-il de « réseaux sociaux » ou de « *business* sociaux » ? Ces champions de la transparence se comportent avec autant, voire plus de secrets, d'intox et de manipulations que les autres grandes entreprises mondiales. D'ailleurs, en 2011, Apple est devenu « la marque globale la plus valorisée dans le monde » (Millwardbrown, États-Unis), suivie par Google, Microsoft, IBM, Intel, Samsung, Cisco, Amazon, HP, Facebook, etc. Avec en plus les risques liés à la traçabilité, la surveillance, le franchissement « technique » de la frontière fragile entre le privé et le public… Sans parler de ces projets naturellement « démocratiques » de numérisation des livres du monde qui aboutissent à un degré de concentration des industries culturelles qui n'a jamais existé dans l'histoire. Ou bien encore à cette idéologie d'une « information sans limites », sans cesse plus nombreuse et accessible, comme si trente années d'expérience de cette mondialisation n'avaient pas déjà montré les limites de cette « démocratisation de l'information » maîtrisée par les plus puissants opérateurs du monde, et encombrée de standardisation, « pipolisation », conformisme, contrôle, surveillance, traçabilité, rumeurs…

*Internet reflète cette contradiction majeure entre l'idée de liberté et la réalité d'un immense réseau antinomique avec cette idée même de liberté.* Et de cette contradiction, on ne peut en sortir que par la politique. Oui, la dimension *libertaire*, critique et utopiste est la plus importante, mais seul le manque de culture historique fait oublier que les *mêmes* utopies généreuses ont existé pour la radio et la télévision, sans oublier le télégraphe dans les années 1820. Oui, l'idée d'égalité entre les usagers est superbe, mais, dans les faits, l'interactivité généralisée ne suffit pas à réduire les inégalités socioculturelles et renforce souvent les communautarismes. Oui, les bloggeurs peuvent être des nouveaux acteurs de la démocratie, mais il y en a eu beaucoup d'autres avant eux, et avec des moyens techniques dérisoires par rapport aux performances du Net. Oui, Internet relance des formes de mobilisation politique plus décentralisées, proches de l'autogestion et de l'anarchie, doublées d'une méfiance à l'égard des partis et des syndicalistes officiels. Pourquoi pas ? Cela s'est déjà produit plusieurs fois au XIX^e^ et au XX^e^ siècle. L'essentiel n'est jamais la technique, mais la question d'une pensée politique critique. D'ailleurs, depuis une génération, le progrès des techniques de communication a littéralement « asséché » une pensée réflexive sur le statut des techniques qui avait existé depuis les années 1920. Le mélange de leurs performances et le fait qu'elles portent sur la communication, avec une efficacité supérieure à la communication humaine, ont fait disparaître, voire disqualifier toute tradition intellectuelle et culturelle de réflexion sur le statut de la technique dans la société. *Internet et après ?* Oui, Internet reste un lieu d'expression, de liberté, d'émancipation, d'apprentissage individuel, mais pourquoi les faces d'ombre, les contradictions, sont-elles ignorées ? Pourquoi *confondre* le rôle éminemment positif d'Internet dans les dictatures et régimes autoritaires – comme souvent la radio et la télévision d'ailleurs – et les problèmes qu'il pose dans la démocratie ? Utiliser Internet pour lutter contre les dictatures ne supprime pas les contradictions existant dans la démocratie. La lutte contre les tyrans ne donne aucun blanc-seing pour ignorer les contradictions visibles dans les pays démocratiques à son endroit. Et rien n'interdit demain à des forces hostiles à la démocratie de se servir d'Internet pour combattre celle-ci, avec autant d'efficacité que les internautes s'en servent aujourd'hui contre les dictatures. Autrement dit, il n'est écrit nulle part qu'Internet et les réseaux de toutes sortes sont « naturellement » et définitivement du côté du « bien ». Comme le montre d'ailleurs toute l'histoire des techniques de communication. Or, pour l'instant, on ne veut pas savoir.

La fascination l'emporte, visible dans le fait que les internautes courent avec jubilation, sans rechigner, après l'une des réussites les plus habiles du marketing : faire accepter sans cesse de changer de matériel, pour un « futur interconnecté », chaque fois plus séduisant et rebondissant. Et passer ainsi de la troisième à la quatrième génération de téléphone portable, en attendant l'arrivée d'ordinateurs encore plus petits et puissants, sans oublier les i-Pad, sauveurs de la presse et du livre, de la culture, de la création… Ici, curieusement, l'expérience ne relativise rien, elle amplifie le mythe. De quelque côté que l'on se tourne, le discours dominant rappelle que le monde de demain sera évidemment différent… grâce à Internet. L'une des causes de l'idéologie d'Internet vient peut-être de l'idée de pureté associée au caractère « immatériel » de cette activité. Il ne s'agit ni de la nature avec la surveillance de l'écologie, ni de l'industrie avec le poids de la pollution, mais d'activités « sans traces physiques », immatérielles, et pour tout dire imaginaires. En tout cas, elles valorisent l'intelligence de celui qui est au clavier, avec un ténu, mais délicieux sentiment de toute-puissance. Il subsiste une question toujours sans réponse : *que faire du temps gagné par ces instruments ?* Celui-ci reste toujours finalement compté pour l'existence humaine. En réalité, la question n'est pas posée et, tel le petit lapin de Lewis Carroll, chacun continue de courir, de plus en plus vite. Ce qui d'ailleurs se résume parfaitement dans le titre d'un hebdomadaire : « Les ados accros, les parents à cran. »

La question anthropologique complémentaire est la suivante : le Net accélère sans cesse la circulation et l'interaction, au point que tout circule, mais qu'en est-il de l'accumulation, donnée humaine indépassable ? Puisque l'individu ne peut pas tout accumuler, quel équilibre peut s'établir entre accumulation et circulation ? Et si l'on accumule de plus en plus, comment oublier ? *Inventer, c'est oublier*, même si c'est parfois pour retrouver ou réaménager. En tout cas, il faut pouvoir s'échapper de tout ce qui circule et qui est là, accumulé. Cette fascination pour la circulation et l'accessibilité renforce l'idée fausse d'un monde où *tout* est transparent et connaissable. Il n'y a quasiment plus de frontières *au tout* du savoir et de l'image. Tout peut être dit, montré, y compris volé, avec Wikileaks, au nom de la transparence. Aucune loi au nom de la liberté ne peut finalement s'appliquer au Net. Ni barrières ni limites.

Pourtant, simultanément, les murs physiques ne cessent de se multiplier dans ce monde « ouvert », ainsi que les frontières politiques souvent infranchissables. *Les hommes peuvent circuler dans leur tête, mais pas toujours, dans les faits.* Autrement dit, ce sont autant des raisons anthropologiques qu'idéologiques qui expliquent le succès inouï de tout ce qui tourne autour de l'Internet avec ce choix : rien ici ne peut être soumis au droit habituel. Nous sommes face à un « hors-norme », pour ne pas dire un « hors-la-loi ». L'Internet hors la loi des dictatures devient aussi, souvent, hors la loi pour les démocraties. Comme s'il s'agissait des mêmes enjeux. *Il y a pourtant trois bornes* dans ce monde transparent, instantané et interactif. L'altérité n'est nullement réduite par la visibilité ; le conflit des légitimités entre des visions nécessairement contradictoires du monde ; l'importance des intermédiaires humains certes plus lents que les interactions techniques, mais qui permettent justement de relativiser ce qui était déjà un mythe des années trente, celui de l'avènement d'une « société automatique ».

En réalité, la vraie révolution du Net concerne l'explosion de l'information-service qui ouvre un marché considérable pour demain. Et l'on rêve finalement que vitesse, performance et rationalité deviennent identiques pour l'information-presse et l'information-connaissance, deux types d'informations pourtant beaucoup plus complexes à produire et à interpréter. *Le monde de demain ne peut exister avec l'étalon de l'information-service.* Celle-ci est la vraie victoire d'Internet à condition de rappeler que la *même* performance technique existant pour l'information-presse, l'information-connaissance et même l'information relationnelle ne crée pas la même vitesse de compréhension et d'action. L'idéologie technique, c'est finalement établir un *continuum* pourtant impossible entre information, technique et communication. Préserver les discontinuités est indispensable. Reste, à côté de cette rationalisation de l'information, la question politique du rôle des réseaux sociaux qui constituent un espace d'expression, de critique, d'innovation, mais aussi de rumeurs et de mensonges. En tout cas, avec près d'un milliard de comptes, cela crée un vrai changement, en moins de dix ans. Avec deux solutions. Soit cette capacité d'expression contribue à restructurer un espace critique, avec ses discours et ses nouvelles pratiques facilitant non pas un « espace public mondial », mais un appel d'air pour inventer une politique plus transversale. Internet à la hauteur de nouvelles utopies politiques. Soit après plusieurs années records d'expression, on constatera une usure, liée à la difficulté à changer les rapports humains et sociaux. On assisterait alors à une sorte de rationalisation de l'expression et de la gestion des relations humaines et sociales. Pourquoi pas ? Mais rien de révolutionnaire là-dedans.

Il y a douze ans, quand j'ai publié deux livres sur Internet, on discutait *encore* du bien-fondé, et des limites, de cette révolution technique en la comparant avec les précédentes. On se posait la question de la finalité de cet univers. Bref, il existait encore un espace critique, même s'il n'était pas grand ni très légitime. Aujourd'hui, tout s'est refermé. Il est beaucoup plus difficile d'ouvrir une discussion contradictoire. L'anathème surgit : conservatisme, passéisme, technophobie... C'est actuellement l'un des sujets de société où l'idée même de contradiction et d'ironie, de mise à distance et d'interrogation, est la moins acceptée. Même l'idée de *régulation* qui est en général la base de la démocratie n'est pas retenue ici. Elle devient synonyme d'atteinte aux libertés, alors même que depuis toujours on sait, notamment en matière d'information et de communication, qu'il n'y a pas de liberté sans lois.

Internet est un peu le *substitut* de l'utopie politique en panne, car nul doute que, s'il y avait de grands combats collectifs, tout cela serait relativisé. De moyen, il devient une fin. Même si le « village global » n'a suffi à créer ni communication ni tolérance entre les hommes et les civilisations, le mythe perdure et se redéploie sur Internet. Cette croyance ne s'explique *pas seulement* par le discours des industriels, des médias et de quelques politiques, mais aussi parce qu'*Internet est l'idéologie du moment, à la fois technique, humaniste et politique*. Avec comme symptôme la course à des « tuyaux » de plus en plus larges, du Web 2.0 au Web 3.0 en attendant 4.0. Avec de plus en plus d'informations dans tous les sens. L'utopie politique d'un monde nouveau se réduit à un accroissement sans fin du volume et de la vitesse de circulation de l'information. Mais pour quels contenus et quelle communication ? Le haut débit Internet pour tous en Europe, en Chine, en Inde, en Afrique ? Pourquoi pas ? Mais pour quel projet de société, de cohabitation des cultures ? *Échanger de plus en plus vite des informations n'a jamais fait une civilisation.* D'abord parce qu'une société n'est jamais la somme des réseaux, mais surtout parce que l'accroissement des interactions et du virtuel ne garantit nullement une amélioration du nombre et de la qualité de la communication. Un exemple de ce réductionnisme technique ? Au nom de la démocratie, on considère qu'il doit y avoir aujourd'hui dans les pays riches, et demain pour tout le monde un accès *égalitaire* à Internet. Mais simultanément, des régions entières, voire des pays deviennent de véritables déserts. En tout cas, de radicales inégalités se développent notamment par rapport au processus implacable de concentration urbaine dans le monde. Et sans que cela suscite aucune interrogation. Comme si l'accès à Internet supprimait toutes les autres inégalités et n'en créait pas de nouvelles. Pour l'instant, tout ce qui tourne autour d'Internet semble symboliser l'intelligence. Alors l'intelligence et l'anthropomorphisation sont partout : on parle des objets intelligents, de l'homme augmenté, de l'intelligence ambiante, des objets communicants, des maisons intelligentes (domotique), des *digital natives*, etc. Bref, dès qu'il y a des capteurs, de l'information et de l'interaction, il y a de l'intelligence...

Alors que faire ? Ce que je propose depuis plus de dix ans, à la suite du livre *Internet et après ?* : sortir de la performance immédiate ; introduire de la politique, réintroduire l'histoire et la comparaison, penser. Se poser aussi cette question simple : pourquoi le symbole de la liberté, le Net, est-il un filet, un réseau, en tout cas un mot qui renvoie à l'enfermement ? Finalement, de quelle liberté est-il question ? Bref, prendre des mesures de deux ordres. D'une part, organiser cette liberté nouvelle par *l'autorégulation des acteurs*. Concept d'ailleurs parfaitement en phase avec l'idée d'une discussion pluraliste. *L'homme n'est pas meilleur sur Internet que sans Internet*. Pour cela, il est évidemment nécessaire de lutter contre la concentration technique et éditoriale à l'échelle du monde. D'autre part, introduire des règles, interdits, sanctions, au plan mondial, pour éviter que cette technique s'évanouisse dans les mirages de l'histoire de l'émancipation. Enfin, ouvrir ce débat fondamental pour l'avenir, de la différence de nature *entre* information et communication. Le Net symbolise la victoire écrasante de l'information ; la question suivante, plus compliquée, concerne la relation et le rapport à l'autre. Comment passer du sens de l'information aux innombrables *faux sens* et contresens de la communication et de l'incommunication avec autrui ? Dépasser la victoire de l'information pour qu'elle retrouve la question plus complexe de la communication. Pourquoi est-on admiratif à l'égard de l'augmentation du nombre des internautes, alors que précédemment on se méfiait considérablement du succès de masse de la radio et de la télévision ? Et si Internet a permis d'accroître la communication entre individus et communautés, il va bientôt retrouver la question théorique qui était à l'origine des médias de masse : non pas réunir les communautés, mais établir un lien entre des individus et des communautés *hétérogènes*.

Autrement dit, la massification des services et des usages du Net retrouve une bonne partie des débats qui concernaient hier les médias de masse. Internet, qui devait justement constituer l'alternative aux « défauts » des médias, y est en réalité également confronté. La puissance mondiale des industries de l'information retrouve les problématiques que l'on critiquait pour la radio et la télévision.

*Où est d'ailleurs passée la pensée critique académique* par rapport à la révolution d'Internet ? Le Web 2.0, 3.0, 4.0 et 5.0, les universités virtuelles, les campus numériques, les cartables électroniques et autres innovations sont présentés au contraire comme des solutions « audacieuses » pour penser l'éducation, l'université et la recherche. Les ingénieurs ont pris le pouvoir pour la plus grande paresse de tous. *Où est l'indépendance d'esprit du monde académique ?* Le conformisme, la soumission à la modernité technique l'emporte sur toute autre considération intellectuelle. Rien sur l'histoire des techniques de communication, la comparaison des sociétés, l'anthropologie, l'analyse du pluralisme des modèles de communication, les rapports au temps et à l'espace, rien sur la diversité des cultures et des civilisations dans les rapports entre communication et connaissances. Et encore moins sur les fantastiques processus de concentration économique et technique. Rien sur les risques que représentent cette rationalisation et marchandisation des informations et des connaissances. De la spécialisation excessive des savoirs qui empêche toute vision critique d'ensemble, rendant difficile une synthèse critique, jusqu'à la concurrence internationale des universités qui les conduit à ne *jamais* apparaître comme contestataires, tout pousse à la démission critique du monde académique et des élites. Que reste-t-il de la liberté d'esprit ?

De quel côté le monde académique choisira-t-il de tomber ? *Soit* pour des raisons d'« efficacité », de « rationalité », d'« accès », de « démocratisation des connaissances » du côté de la logique des systèmes d'information avec à la clé la mondialisation des industries de la connaissance, l'omniprésence des mêmes marques, la vitesse d'accès et les « performances ». *Soit* du côté d'une critique de cette rationalisation autant technique que cognitive, au profit de la recherche d'un système pluraliste d'accès aux savoirs et à la connaissance. Avec un peu plus d'imagination critique. Si la première approche, liée à la « mondialisation » des connaissances l'emporte, c'est finalement la technique qui mènera le bal avec son cortège de performances, de standards et de normes. Si à l'inverse la seconde approche s'impose, plus sensible au pluralisme culturel et cognitif et à la critique, ce qui est en principe le rôle de l'Université, ce serait une bonne chance pour repenser les rapports entre science, technique, culture, société, connaissance et communication.

Dans quelques années, les événements relativiseront cette idéologie aujourd'hui quasi populaire. Tout se recalera, mais nous sommes ici dans un de ces *moments de surdité*, non pas politique, mais technico-politique, qui illustre à la fois la crise de la pensée politique *et* le besoin d'utopie à l'échelle de la planète. C'est de cela qu'il faudrait parler, plutôt que de croire que la technique suffira à rapprocher les hommes. Oui à Internet comme aiguillon d'une réflexion sur les utopies humaines et politiques à construire. Non à l'idée qu'il en serait l'acteur principal.

À l'aune de cette victoire galopante d'Internet en vingt ans, il convient de réfléchir au moins à trois défis.

*Internet ou les limites de l'information.* D'abord maintenir la *distinction* entre information normative et information fonctionnelle, surtout au moment où Internet a tendance à brouiller toutes les pistes et à devenir le symbole de *toutes* les informations et de *toutes* les techniques de l'esprit, de la biologie de synthèse aux RFID et aux technologies de l'homme augmenté. Internet devient un peu l'emblème de l'homme « maître de lui-même » au travers la gestion contradictoire de multiples systèmes d'information. Une autre tâche est de maintenir la *différence* entre information et communication. Dans ce passage de l'une à l'autre, on redécouvre la nécessité de réaffirmer le rôle de l'altérité et l'incommunication. Là où l'on croyait développer une continuité, on redécouvre la *discontinuité* et l'obligation de négocier. C'est donc la victoire même de l'information qui oblige à repenser la gradation, et la discontinuité, des rapports entre information et communication. Et ce, à condition de distinguer beaucoup plus nettement les cinq catégories d'information contenues dans ce mot-valise : nouvelle, connaissance, service, institutionnelle et relationnelle.

*Pourfendre l'idéologie technique.* Malgré l'éclatement de la bulle Internet il y a dix ans, celui de la bulle financière en 2008, l'existence d'un nombre croissant d'internautes, les atteintes aux libertés et la traçabilité, rien n'y fait. Il n'y a qu'un seul camp, celui du progrès. Avec un paradoxe de plus : une confiance totale à l'égard de l'information, et aucune méfiance à l'égard des industries qui sont pourtant les piliers actuels du capitalisme le plus classique... Pourquoi une telle confiance en Google, Microsoft et les autres, persuadés qu'ils ne sont animés que par l'altruisme et la recherche du bonheur de l'autre ? Pourquoi ce basculement du thème de la liberté à la réalité de la puissance du nombre et des monopoles n'est-il pas interrogé ? Pourquoi la question des masses, tant critiquée pour les médias est-elle ici si brillamment saluée ? Pourquoi les hommes de Wikileaks seraient-ils naturellement vertueux ? Pourquoi n'y a-t-il jamais d'interrogations sur la face noire de l'information ? Pourquoi ces entreprises centralisées, secrètes, seraient-elles des parangons de vertu dans leur activité ? Pourquoi le monde doit-il adhérer à l'amendement n° 1 de la Constitution américaine qui interdit toute réglementation au nom de la liberté, mais qui n'empêche pas ce pays d'être la première puissance du monde en matière d'exportations, d'industries de l'information, de la communication et de la connaissance et la seconde en matière d'industries de l'armement ? Ces questions sont indispensables à poser, si l'on veut éviter les risques de la génération perdue d'Internet, une génération qui, après avoir cru que tout changerait avec le Net, réaliserait douloureusement que l'histoire et la société sont beaucoup plus complexes que les systèmes d'information.

La ligne de démarcation entre l'homme et la technique ? La place que l'on accordera demain à Internet dans l'éducation. C'est un outil supplémentaire, mais rien d'exceptionnel pour résoudre une des questions les plus compliquées : comment transmettre d'une génération à l'autre le patrimoine de l'humanité pour se préparer à un monde inconnu, *où* croire que des machines individualisées et interactives seraient plus efficaces. Ce serait alors oublier que toute transmission des savoirs est un compromis humain, mystérieux, irrationnel, beaucoup plus compliqué et hasardeux que le branchement des machines. Croire qu'Internet serait le nouveau paradigme de l'éducation, c'est réduire celle-ci à un transfert d'informations et d'interactivité. C'est oublier le poids essentiel des affects. C'est oublier la lenteur de ce processus qui n'a rien à voir avec la vitesse des systèmes d'information. C'est croire que l'éducation est liée à la modernité. L'éducation depuis toujours n'est pas moderne mais « a-moderne », car elle assure le passage entre le patrimoine de l'humanité et ce qui demain, par définition, sera autre chose que la modernité d'aujourd'hui. Le sens de l'éducation est évidemment beaucoup plus complexe que l'adaptation à la modernité et si les techniques peuvent être utiles, c'est à la condition de se souvenir que dans le savoir, comme dans la communication, le plus simple concerne les techniques, le plus compliqué les hommes et la société. Autrement dit, le rapport de l'éducation à Internet est un test, grandeur nature et en temps réel, du poids de l'idéologie technique et du temps réel. Mais l'éducation n'est jamais du temps réel. C'est probablement un des processus les plus lents et hasardeux de l'expérience humaine. Pourquoi vouloir à ce point le rationaliser ?

*Ouvrir le débat fonctionnel/normatif.* Celui-ci n'oppose pas communication humaine et technique, *mais* la part respective du normatif et du fonctionnel dans les deux types de communication. Pour cela, il est nécessaire de sortir de la seule logique technique en favorisant la complémentarité entre les médias de masse *et* les nouvelles technologies. La force d'Internet est de permettre un accès à un volume considérable d'informations et à des interactions non moins considérables, à condition de rappeler que cela suppose de la part des partenaires de partager les mêmes codes. On retrouve toujours le même défi théorique : en facilitant l'échange tous azimuts d'informations de toutes natures, le Net peut *autant* favoriser l'essor d'un espace public élargi *que* la segmentation de cet espace public en autant de microcommunautés ou même accentuer des formes d'incompréhension. *La production, la circulation et l'interactivité des informations ne suffisent pas à créer un modèle politique ni à définir une orientation normative.* Ne serait-ce que parce que la vitesse d'échange plus rapide des informations et les interactions accélèrent aussi des formes d'incommunication auxquelles on n'avait pas pensé.

On retrouve toujours cette aporie : l'information ne suffit plus à communiquer, il faut négocier. Internet reposant sur une logique d'information est efficace pour une communication soit strictement fonctionnelle, soit de type communautaire. Les médias, à l'inverse, par la prééminence de la logique de l'offre et de l'échelle de diffusion, illustrent le deuxième sens du mot communication, normatif, qui rappelle l'importance de la négociation entre points de vue souvent différents. Cette vitesse de production de l'information, des échanges et de l'interactivité tant recherchée depuis deux siècles, peut devenir un accélérateur d'incommunication, supprimant le temps dont les individus et les sociétés ont besoin pour appréhender l'autre. *Le temps nécessaire pour se comprendre est indépendant de la vitesse de circulation des informations et des connaissances*. On retrouve les différences historiques, culturelles, les stéréotypes, les représentations... bref, tout ce qui fait que les sociétés restent très hétérogènes.

*BIBLIOGRAPHIE SÉLECTIVE*


– Abbate, J., *Inventing the Internet*, Cambridge, MA, MIT Press, 1999.
– Arnaud, M., Merzeau, L. (dir.), *Traçabilité et réseaux*, *Hermès*, n° 53, Paris, CNRS Éditions, 2009.
– Aubert, N., Haroche, C. (dir), *Les Tyrannies de la visibilité. Être visible pour exister ?*, Ramonville-Saint-Agne, Érès, 2011.
– Bomsel, O., *Du déploiement de l'économie numérique*, Paris, Gallimard, coll. « Folio actuel », 2007.
– Breton, P., *Le Culte d'Internet. Une menace pour le lien social ?*, Paris, La Découverte, coll. « Sur le vif », 2000.
– Berry, G., *Pourquoi et comment le monde devient numérique*, Paris, Fayard, coll. « Fayard-Collège de France », n° 196, 2008.
– Bomsel, O., *L'Économie immatérielle. Industries et marchés de l'expérience*, Paris, Gallimard, 2010.
– Carr, N., *Internet rend-il bête ?*, Paris, Robert Laffont, 2011.
– Casilli, A., *Les Liaisons numériques. Vers une nouvelle sociabilité ?*, Paris, Seuil, 2010.
– Cassin, B., *Google-moi. La deuxième mission de l'Amérique*, Paris, Albin Michel, 2006.
– Coutant, A., Stenger, T. (dir.), *Ces réseaux numériques dits sociaux*, *Hermès*, n° 59, Paris, CNRS Éditions, 2010.
– « Culture du numérique », *Communications*, n° 88, Paris, Seuil, 2011.
– Dacos, M., Mounier, P., *L'Évolution électronique*, Paris, La Découverte, 2010.

- Favier, L. (dir.), *La Démocratie dématérialisée. Enjeux du vote électronique*, Paris, Seuil, 2011.
- Flichy, P., *L'Imaginaire d'Internet*, Paris, La Découverte, 2001.
- Ganascia, J.-G., *Voir et pouvoir : qui nous surveille ?*, Paris, Le Pommier, 2009.
- Habermas, J., *La Technique et la Science comme idéologie*, Paris, Gallimard, 1990.
- Jullien, F., *Un sage est sans idée ou l'Autre de la philosophie*, Paris, Seuil, 1998.
- Leroi-Gourhan, A., *Le Geste et la Parole. Technique et langage*, Paris, Albin Michel, 1974.
- Mumford, L., *Le Mythe de la machine*, Paris, Fayard, 1973.
- Perriault, J., *L'Accès au savoir en ligne*, Paris, Odile Jacob, 2011.
- Schafer, V., Le Crosnier, H. (dir.), *La Neutralité de l'Internet. Un enjeu de communication*, Paris, CNRS Éditions, coll. « Les Essentiels d'Hermès », 2011.
- Sennett, R., *Les Tyrannies de l'intimité*, Paris, Seuil, 1979.
- Shannon, C., Weawer, W., *Théorie mathématique de la communication*, Paris, Retz, 1976.
- Türk, A., *La Vie privée en péril*, Paris, Odile Jacob, 2011.
- Vanbremeersch, N., *De la démocratie numérique*, Paris, Seuil, coll « Médiathèque », 2009.

CHAPITRE 7

# Europe[1]

## Repères chronologiques

**9 mai 1950 :** Déclaration Schuman (ministre français des Affaires étrangères).
**Avril 1950 :** Signature du traité de Paris créant la Communauté européenne du charbon et de l'acier (CECA) entre l'Allemagne, la France, l'Italie et la Belgique, les Pays-Bas et le Luxembourg.
**Mars 1957 :** Signature des traités de Rome créant les communautés européennes (CEE et Euratom) entre les six mêmes pays membres.
**Janvier 1973 :** Élargissement des communautés au Royaume-Uni, à l'Irlande et au Danemark (Europe des Neuf) ; après référendum, la Norvège n'adhère pas.
**Juin 1979 :** Première élection du Parlement européen au suffrage universel.
**Janvier 1981 :** Adhésion de la Grèce (Europe des Dix).
**Juin 1985 :** Convention de Schengen sur l'ouverture des frontières européennes.
**Janvier 1986 :** Adhésion de l'Espagne et du Portugal (Europe des Douze).
**Février 1986 :** Signature de l'Acte unique européen.
**Novembre 1989** : Chute du mur de Berlin.
**Novembre 1993 :** Entrée en vigueur du traité dit de Maastricht : fusion des communautés auxquelles succède officiellement l'Union européenne, projets d'union monétaire et de politique étrangère et de sécurité commune.
**Janvier 1995 :** Élargissement de l'Union à l'Autriche, à la Suède et à la Finlande (Europe des Quinze).
**Mars 2000** : Conseil européen de Lisbonne, définissant une nouvelle stratégie de l'Union dans l'« économie de la connaissance ».
**Janvier 2002 :** Mise en circulation de l'euro – dix-sept pays sont membres de la zone euro.
**Mai 2004 :** Élargissement de l'Union aux pays baltes, aux anciens pays de l'Europe de l'Est, à Chypre et à Malte (Europe des Vingt-Cinq).
**Mai 2005 :** Rejet du Traité de constitution pour l'Europe par la France et par les Pays-Bas.
**Janvier 2007 :** Adhésion de la Roumanie et de la Bulgarie (Europe des Vingt-Sept).
**Octobre 2008** : Crise financière et bancaire au niveau mondial.
**Décembre 2009 :** Entrée en vigueur du traité de Lisbonne : élection de Herman Van Rompuy comme premier président du Conseil européen.
**Avril 2010 :** Premier plan européen d'aide à la Grèce (prêts bilatéraux d'une durée de trois ans d'un montant de 30 milliards d'euros) qui atteste les difficultés budgétaires

1. **Ouvrages de D. W. en regard** : *La Dernière Utopie. La naissance de l'Europe démocratique*, Paris, Flammarion, 1993 ; *Jacques Delors. L'unité d'un homme*, Odile Jacob, 1994 ; *L'Esprit de l'Europe*, tome 2 : *Mots et choses*, Paris, Flammarion, 1993 ; *Hermès*, n° 23-24, *La Cohabitation culturelle en Europe, Regards croisés des Quinze, de l'Est et du Sud*, 1999.

de plusieurs pays membres et des divergences franco-allemandes quant aux solutions à adopter pour répondre à la crise.
**2011 :**
- Crise des dettes publiques.
- Fin des négociations d'adhésion avec la Croatie, qui devrait adhérer à l'UE prochainement.

## *La nation.*<br>*Il n'y a pas d'espace public européen*[2]

La langue de bois européenne existe et l'un de ses plus beaux clichés consiste à répéter : « La richesse de l'Europe réside dans sa diversité et dans le dialogue de ses identités. » Qui ne souscrirait à une telle affirmation ? Si l'Europe réussit, elle pourra effectivement être fière de ces différences. Or nous n'en sommes pas là. Il n'y a pas d'espace public européen parce que les conditions historiques qui ont présidé à l'apparition de tels espaces au sein des différents États-nations depuis le XVIII^e^ siècle ne sont pas réunies à l'échelle de l'Europe. *On ne décrète pas un espace public, on en constate l'existence.* Comme l'Europe résulte de décrets imposés à des opinions publiques qui, sans y être hostiles, n'ont jamais été demandeuses, on pense pouvoir poursuivre le même volontarisme. Telle est à la fois sa force et sa faiblesse : elle s'est faite vite et de manière volontaire, mais ce volontarisme commence à trouver ses limites. Viendra peut-être un jour un espace public européen, mais pas pour le moment, et rien ne sert de faire semblant d'en prouver l'existence à partir de bribes d'échanges mêlant la politique, mesures culturelles ou scientifiques, projets de revues ou d'édition. Un espace public, pour exister, doit représenter autre chose que des échanges économiques, politiques ou culturels.

Qu'est-ce qu'un espace public ? *Un espace symbolique au sein duquel s'échangent les discours, pour la plupart contradictoires, des acteurs sociaux, religieux, culturels et politiques composant une société.* Il faut le distinguer de l'espace politique, qui n'en est en quelque sorte qu'un sous-ensemble consacré à la prise de pouvoir. Si elle ne possède pas d'espace public, l'Europe est un espace économique, juridique et politique, ce qui est déjà un bel exploit en une génération. Le processus de construction de l'unité européenne suppose que l'on respecte certains symboles sous peine de provoquer des réactions violentes. Les opinions publiques sont prêtes à accepter l'union économique, une monnaie commune, voire l'union politique, mais pas à aller aussi vite dans le domaine social, culturel, historique, religieux, c'est-à-dire à se doter d'un espace public.

---

2. « La nation. Il n'y a pas d'espace public européen », in A. Compagnon, J. Seebacher (dir.), *L'Esprit de l'Europe*, t. 2 : *Mots et choses*, Paris, Flammarion, 1993, p. 125-141.

À trop vouloir simuler l'unité et l'identité de l'Europe, on risque de susciter une réaction antieuropéenne au sein des opinions publiques, qui sont « embarquées » dans l'histoire européenne plus qu'elles n'en sont les acteurs. L'Europe est de plus en plus difficile à construire, au fur et à mesure que l'on passe de l'économie à la politique, à l'histoire et à la culture. *C'est le plus facile qui s'est opéré en un demi-siècle. Le plus difficile reste à faire.* Ceux qu'inquiètent les résurgences en Europe de l'extrême droite devraient réfléchir aux causes qui les ont suscitées. Ce qui émerge avec le racisme et le refus de l'émigration pourrait se produire demain contre l'Europe elle-même, chargée de tous les méfaits. Le divorce entre la minorité des « élites éclairées » favorables à l'Europe et l'« archaïsme dépassé » des opinions publiques nationales, insuffisamment « mûres » pour abandonner leurs prérogatives nationales, serait très préjudiciable pour l'Europe démocratique. Celle-ci ne peut disqualifier les opinions publiques, même si elles s'opposent à elle et interdit de caricaturer ceux qui ne partagent pas le discours dominant du moment.

## LES TRANSFORMATIONS DE L'ESPACE PUBLIC ENTRE LE XVIIIe ET LE XXe SIÈCLE

Si le terme d'espace public a aujourd'hui la faveur des sociologues politiques, il n'a pas fait l'objet de nombreux travaux. Son utilisation croissante atteste du ralliement des élites intellectuelles et culturelles au modèle démocratique pluraliste des années 1980. Auparavant, à l'époque du marxisme dominant, la démocratie paraissait fade, voire bourgeoise et vaguement aliénante. En devenant le symbole de la démocratie, plusieurs changements se sont opérés. L'expression de l'opinion en débats libres et contradictoires a acquis sa légitimité. L'histoire ne repose plus sur l'idée de lutte des classes mais résulte d'intérêts opposés, permettant à l'individu d'avoir une opinion et de l'exprimer. L'espace public reconnaît l'existence de l'autre et lui donne une légitimité d'alter ego.

L'espace public est indissociable du suffrage universel qui suppose une communication de masse assurée par la presse écrite, la radio, la télévision et la réalisation de sondages. On passe d'une opinion raisonnée et critique au sens de Kant à une opinion conflictuelle, évolution qui distingue la démocratie de masse de la démocratie minoritaire. Avec la démocratie « tout » entre dans le champ politique, l'espace public devient une *agora* dont les frontières s'élargissent sans cesse, chacun y accédant de chez lui par l'intermédiaire des médias. Contrairement au XVIIIe siècle des Lumières, l'espace public moderne est désormais lié à l'État-nation. Bien sûr, ce sont à peu près les mêmes questions qui sont débattues partout en Europe, mais dans un vocabulaire, une langue, avec des références historiques, culturelles et géographiques hétérogènes. Il en résulte un *style national* des espaces publics.

## L'IMPOSSIBLE ANALOGIE ENTRE L'ESPACE PUBLIC NATIONAL ET L'EUROPE

Cinq différences apparaissent entre l'espace public national et son extension à l'espace public européen.

La première est d'ordre *historique*. Chaque espace public national s'est constitué au cours d'un processus historique complexe, souvent violent, qui a pris deux siècles. Comment accélérer l'histoire pour faire surgir un espace public européen dans un délai bien moindre ? Quel est aujourd'hui le modèle politique qui enflammerait les Européens, si ce n'est l'extension du modèle démocratique qui est *déjà* au cœur du modèle européen ? Le simple élargissement dans l'espace du régime démocratique constitue-t-il un facteur de mobilisation suffisant ? En outre, l'espace public s'est constitué comme un espace ouvert face à des sociétés relativement fermées les unes aux autres. Pour des raisons économiques et technologiques, nous vivons aujourd'hui au contraire dans un monde déjà ouvert. Cela suffit-il à créer un nouvel espace de mobilisation ?

La deuxième grande différence concerne *les notions de frontières et l'idée de fermeture*. Hier, les espaces publics se sont constitués au sein d'unités politiques fermées. C'est pour lutter contre ce principe de fermeture que les philosophes des Lumières ont appris à communiquer, préfigurant un espace public européen dont rêvent de s'inspirer ceux qui aujourd'hui parlent de l'Europe des régions et des villes. Aujourd'hui, le point de départ est exactement inverse. Les frontières économiques ont disparu, les échanges marchands sont massifs, la communication omniprésente. Bref, l'ouverture l'emporte largement sur la fermeture. Avec l'effondrement du communisme, l'ouverture s'est étendue jusqu'à Vladivostok. Dès lors, comment constituer un espace public qui par nature suppose une distinction entre l'intérieur et l'extérieur ?

La troisième différence concerne *la question de l'identité*, sans laquelle il n'y a pas non plus d'espace public. Ne peuvent s'exprimer, communiquer, s'opposer au sein d'un espace public que des acteurs identifiés qui en sont les citoyens. Or l'Europe n'est pas encore une société politique, mais la somme de sociétés politiques aux caractéristiques bien différentes, et n'a pas non plus de frontières, si ce n'est celles de la CEE. *Il n'y a donc pas encore de citoyens européens*. Quand cette citoyenneté sera entrée en vigueur, il faudra du temps pour avoir suffisamment de points communs pour échanger des idées et initier de vrais débats. Il ne suffit pas qu'il existe un espace ouvert pour qu'il y ait un espace public. Les élections européennes au Parlement de Strasbourg le montrent bien et sont la manifestation non pas de l'existence d'un espace public mais, plus modestement, d'un espace politique européen. Dans la plupart des pays, les élections européennes se contentent de recycler les problèmes nationaux, d'autant que les députés sont élus sur des étiquettes nationales.

La quatrième différence tient à *l'absence de valeurs communes*. Celles qui ont fondé l'Europe actuelle, la démocratie, la lutte contre le nazisme, l'anticommunisme et l'économie de marché, ne suffisent pas à fonder un espace public. Quant aux deux seules valeurs éventuellement communes à l'Europe, la *nation* et le *christianisme,* elles ont donné lieu à d'innombrables conflits et s'opposent au modèle de société laïque, rationnelle et sécularisée comme aux réductions de souveraineté des nations.

La cinquième différence touche *l'absence de langue commune.* Les affrontements linguistiques, qui sont loin d'avoir cessé, ne favorisent pas l'expression des citoyens, sans laquelle il n'y a pas d'espace public. Dès lors que les uns et les autres ne parlent pas la même langue, il est beaucoup plus difficile d'organiser un dialogue. Bien sûr, il existe une culture commune, au sens d'une histoire, de traditions, de valeurs, mais cela ne suffit pas à fonder une communication au sein d'un espace public. S'il existe encore une culture commune des élites, ce qui demeure à prouver, il n'y a pas de culture au sens large entre les Européens, même si les modes de vie se ressemblent. On souligne souvent que ce sont les « différences culturelles » qui font la richesse de l'Europe. Dès lors, comment une « culture européenne » pourrait-elle exister ? Il faut choisir. Il n'existe même pas de culture politique commune au sein de l'Europe puisque les valeurs du libéralisme, du socialisme, de la social-démocratie chrétienne ne sont pas vécues de la même manière selon les cultures nationales. La preuve ? Les noms de groupes politiques au Parlement européen ne correspondent pas à ceux des groupes au sein des espaces politiques nationaux.

## L'ÉTAT-NATION : OBSTACLE ET CHANCE

État-nation et espace européen se sont développés de concert depuis le XVIIIe siècle. Les mutations à l'Est depuis 1989 confirment ce lien. Le divorce est d'ailleurs croissant entre l'« Europe de l'Est », qui ramène brusquement sur le devant de l'actualité la question des rapports entre État et nation, et l'Europe de l'Ouest, à l'aise dans ses frontières. En outre, l'Ouest est bien plus méfiant à l'égard de la nation qu'à l'égard de l'État, même si c'est le plus souvent des États que sont sorties les nations. Or l'Europe, pour l'instant, n'est ni un État ni une nation, ce qui explique l'absence de cadres propres de réflexion. Par ailleurs, les changements économiques et commerciaux ont déjà brisé les échelles géographiques. La nation n'a plus de cadre physique et territorial. Cela ne l'empêche pas de perdurer dans ses dimensions symboliques et culturelles. La technique, en supprimant les distances, l'économie en ouvrant les marchés, et la politique en instaurant de multiples procédures de concertation ont déjà porté un coup fatal au concept d'État-nation, tel qu'il existe dans la tradition. Le débat sur l'État-nation en Europe risque donc d'être affecté par un contresens opposant les « progressistes », séduits par l'identité « postnationale » ou « postconventionnelle », et les « conservateurs archaïques » qui n'auraient pas encore compris que l'histoire a changé. Plutôt que de craindre le retour de vieux démons « nationalistes », pourquoi ne pas voir dans le thème de la nation un échafaudage dont tout le monde a besoin pour que se constitue une nouvelle identité politique.

Autrement dit, on peut constituer un *nouvel espace européen* et même décider de la création d'un *nouvel acteur politique*, que l'on appellera « communauté politique » comme pour l'enraciner déjà dans une tradition historique qu'il n'a pourtant pas encore, mais il n'est pas certain que l'on puisse instaurer un *espace public débarrassé* de la question nationale. La valeur nationale est d'autant plus importante à préserver qu'elle est aujourd'hui plus culturelle qu'économique ou politique, mais il y a un silence sur la question de la nation. Autant les dissertations sur l'État, l'État libéral, l'État redistributeur, le régime social-démocrate, sont récurrentes, autant le nécessaire débat sur la question nationale est passé sous silence.

Ce n'est pas le thème de l'identité « postnationale » qui aidera à l'émergence de l'espace public européen car il conduit à sélectionner dans le nationalisme ce qui est « bon » : les valeurs, l'identité, et à rejeter ce qui est « mauvais ». Il privilégie une vision rationaliste et conventionnelle, argumentative et synchronique, et élimine le reste : bref, à construire un *nationalisme idéal*. Si historiquement l'Europe est indissociable de la nation, comment espérer séparer les deux dans une identité postnationale ? *Avec l'idée de nation, il faut tout prendre, tandis qu'avec celle de « postnationale », on s'inscrit dans le temps « raisonnable » des vingt dernières années.* En d'autres termes, si la question de l'État-nation, ou plus exactement du devenir du fait national, est probablement une des plus compliquées de notre époque, il est peu probable que l'idée d'identité postnationale en soit la solution.

### DEUX BLOCAGES SUPPLÉMENTAIRES : LA CRISE DES VALEURS ET LES LIMITES DU CONCEPT D'ESPACE PUBLIC

Favoriser l'émergence de l'espace public pourrait-il renforcer la dimension communautaire de l'Europe ? Autrement dit, faut-il utiliser l'espace public pour résoudre les deux faiblesses de l'Europe : une identité encore insuffisante et le poids trop fort des États-nations. Cela ne semble pas possible pour trois raisons.

La première tient à ce que *la notion d'espace public est à cheval entre la citoyenneté liée à l'État-nation et la communauté politique liée à celle de nation*. Or l'Europe n'est ni un État-nation ni une nation. Une communauté implique des liens directs entre ses participants, que l'on trouve dans l'espace public national où rien ne vient s'interposer entre le citoyen et l'État, mais dont on ne trouve pas trace en Europe. Il n'est même pas certain qu'un tel espace public, sans intermédiaire entre le citoyen et l'Europe, puisse se constituer tant est vaste l'espace communautaire. On ne trouve pas dans l'histoire d'exemple de communauté réelle, au sens moderne et démocratique, de trois cent cinquante millions d'habitants. En réalité, en dépit de son nom, l'Europe n'est pas une communauté directe. Elle n'est qu'une confédération d'États et de nations.

La deuxième raison concerne la crise des valeurs actuelles en Europe. Il n'existe par exemple plus d'adversaire contre lequel se mobiliser. Depuis l'effondrement du communisme, la question se pose : contre qui fait-on l'Europe ? Quant aux valeurs traditionnelles sur lesquelles s'enracine un espace public : identité, langue, notion de peuple, de patrie, d'éducation, de région, de nation, elles sont aujourd'hui en crise. À cette crise des valeurs anciennes, s'ajoute un doute sur les valeurs « modernes » qui sont le deuxième élément de la constitution de l'espace public : les notions de citoyen, de souveraineté, de réglementation, d'intervention de l'État, de redistribution, d'égalité. Paradoxalement, le triomphe du modèle démocratique, avec l'effondrement du communisme, s'accompagne d'une crise sociopolitique des deux modèles qui se sont longtemps partagé l'Europe : le modèle libéral et le modèle social-démocrate. Dans les deux cas, c'est le rôle de l'État qui est en crise. Cette crise accentue la difficulté à identifier un modèle politique original d'organisation pour l'Europe. Ce ne peut être simplement le fédéralisme de type nord-américain, ni une sorte d'« hyperrégionalisme », car le statut des régions diffère trop nettement d'un pays à l'autre. Il faut donc repenser les notions essentielles de souveraineté, de citoyen et de légitimité.

La troisième raison porte sur le concept même d'espace public. Il n'est pas nécessaire d'en faire un idéal. Il est une réalité et une condition du fonctionnement de la démocratie. Il suscite aussi des contradictions dont il ne faut pas sous-estimer l'importance. Son fonctionnement n'est pas toujours « rationnel » et ses distorsions, occasionnées par les médias, les sondages et la complexité politique, risquent de se retrouver au niveau européen, à un moment où la dichotomie gauche/droite s'estompe. Si la fin de l'opposition droite/gauche a l'avantage de ramener la politique au centre, elle a en revanche l'inconvénient de faire perdre aux individus et aux collectivités leurs points de repère essentiels.

Les difficultés risquent par ailleurs de se renforcer quand il s'agira de bâtir un espace public à l'échelle de l'Europe car le problème du nombre ne sera pas contrebalancé par les *traditions* et les *identités* propres aux États-nations. La généralisation de la communication surdimensionne certains thèmes et en sous-estime d'autres, au risque de créer des « spirales du silence » marginalisant certaines problématiques et certains acteurs. Dans les États-nations, des contrepoids contrebalancent ce type de dysfonctionnement : il existe d'autres canaux de communication que les médias, d'autres moyens de décoder le silence ou la violence de certains groupes. Ces contrepoids sont très faibles au niveau européen. La communication est inséparable d'une logique de l'information directe liée à l'événement. Or l'Europe se comprend moins dans une logique de « news », que dans une logique historique et comparative, nécessairement plus lente. Il y a un hiatus profond entre le calendrier rapide des décisions politiques liées à la construction politique depuis quarante ans, et le calendrier beaucoup plus lent de la construction européenne.

Pour conclure, on peut dire que l'existence de l'espace public n'est pas la garantie du bon fonctionnement d'un système démocratique de discussion, surtout lorsqu'il s'agit d'en élargir l'existence à un espace géographique plus vaste, dans une organisation politique sans tradition, à un moment où les cadres idéologiques s'estompent et où il est difficile d'identifier les positions politiques.

## QUE FAIRE ?

Il faut repartir du passé et rediscuter de tout ce qui sépare afin d'ébaucher une nouvelle volonté de vivre ensemble. Il faut également admettre qu'en dépit du volontarisme des élites politiques européennes depuis cinquante ans, l'Europe ne mobilise pas beaucoup les opinions publiques nationales. Celles-ci croient à la nécessité de l'Europe, mais plus par raison que par passion. Qui connaît le nombre de pays membres, leur population ou le nom de leurs grandes forces politiques, sans parler de la composition du Parlement européen ? Et le décalage augmente entre l'intégration économique et la quasi-inexistence de l'espace public. Pourquoi ? Ce n'est pas parce que les énergies étaient polarisées par la construction économique et politique, mais parce que le rythme de construction de l'espace public n'obéit pas au volontarisme politique et économique. Autrement dit, *il faut repartir de ce qui divise, plutôt que de ce qui unit,* reprendre les deux formes de nationalisme, la tradition républicaine et la tradition impériale, pour comprendre comment celles-ci se sont mêlées dans chaque histoire nationale. Il faudra aussi réexaminer ce qui paraît si « conservateur » à l'Ouest, à savoir le rôle des facteurs religieux, car malgré deux siècles de sécularisation, la religion demeure une clé indispensable pour comprendre les comportements en Europe, passés et à venir. Personne ne peut souhaiter le retour d'une Europe chrétienne au sens d'antan, mais personne ne peut non plus affirmer que l'Europe laïque et rationnelle telle qu'elle s'est installée depuis un siècle garantisse un meilleur équilibre social et culturel. Pourquoi craindre un réexamen des valeurs contre lesquelles s'est constituée la modernité ? D'où vient cette peur de réinterroger la tradition, dès lors que la modernité a triomphé mais aussi montré ses limites ? La laïcité, la rationalité, la modernité n'ont-elles pas suscité des divisions ? Ce n'est donc qu'en reprenant le passé qu'on pourra arriver à un certain respect mutuel, condition d'une autre histoire. Autre point de départ : les droits de l'homme. Ils constituent la seule valeur « moderne » partagée par les différentes cultures. Formidable levier politique en Europe de l'Est contre le communisme, ils représentent la valeur politique et culturelle la plus largement partagée à l'Ouest et sous-tendent le mouvement humanitaire, qui s'avère, avec l'écologie, le seul changement véritable politique des dernières années.

Recourir à la *communication* pour accroître l'intégration risque de s'avérer un facteur de désordre puisqu'il ne peut y avoir de communication intensive que supportée par des identités constituées. Or l'Europe d'aujourd'hui passe nécessairement par un affaiblissement des identités. Mieux vaudrait donc ne pas parler de « médias européens », qui n'existent pas encore, mais plutôt ouvrir les médias nationaux les uns aux autres. Comme je l'ai expliqué dans *Éloge du grand public* (chapitres 10 et 11), il faut se servir des médias pour valoriser la spécificité culturelle de chaque nation et non pas pour unifier un espace culturel encore inexistant. Utiliser les médias pour aider chacun, de chez lui, à mieux connaître l'autre, sans se sentir menacé par lui. *C'est l'interconnexion, et non le dépassement des médias nationaux, qui constitue une chance pour l'espace public européen*. Autrement dit, il ne faut pas se servir de la communication pour « dépasser » les frontières, mais dans un premier temps pour les « respecter », ne pas confondre l'ouverture facilitée par les technologies et l'ouverture culturelle qui requiert un autre calendrier.

Il n'y a pas d'espace public européen au sens strict de la philosophie et de la sociologie politique. Constater des « échanges » ne suffit pas à conclure à son existence. En revanche, la question de l'espace public condense tous les problèmes du temps dans la construction européenne. Elle illustre les limites du volontarisme, qu'il soit économique, politique, social ou culturel, comme les difficultés à vouloir faire tourner les temps à l'envers. C'est en faisant un détour par ce qui est « archaïque », la nation, la religion, la tradition, qu'on facilitera l'apparition de l'espace public. Celui-ci ne relève pas d'un processus contractualiste ou argumentatif, il exprime un équilibre entre des logiques contradictoires. C'est quand les frontières historiques et culturelles de l'Europe rencontreront le projet politique européen que se constituera l'espace public.

*Il faut donc remercier l'Europe de l'Est.* La chute du communisme a été vécue comme un soulagement par l'Ouest, mais a aussi permis de se représenter les difficultés à vaincre pour rapprocher les deux Europe. Au lieu de se sentir gênée par sa demi-sœur dont elle vantait d'autant plus les qualités qu'elle était assurée d'en être éloignée, l'Europe de l'Ouest devrait au contraire la féliciter. Elle pensait retrouver la cousine de province moins riche et démodée. Elle se rend compte que l'Est catalyse en fait les questions propres à la construction de l'Europe. L'autre intérêt de la réintégration de l'Europe de l'Est est de montrer les dangers d'une coupure entre les élites et le reste de la société. Fondée sur le volontarisme des élites, l'Europe de l'Ouest en arrive à un moment où une fracture avec le reste de la population risque de se produire. La « non-modernité » de l'Europe de l'Est fait donc écho à une bonne partie de l'opinion à l'Ouest. Les problèmes, les contraintes, les inadaptations, retards qui accompagnent l'Est constituent donc moins un frein qu'une chance. Ils rappellent qu'il n'y a pas d'espace public sans reconnaissance de l'altérité et que cette altérité se traduit par un rapport d'égalité.

L'hypothèse développée dans ce texte peut être résumée ainsi : l'espace public suppose une inscription simultanée dans le présent comme dans le passé. Le seul moyen d'être « moderne » est d'accepter d'être traditionnel et d'assumer le passé.

---

## *L'impatience de l'Europe et les langueurs de la communication*[3]

La communication constitue, après l'économie et la politique, le troisième volet de la construction européenne. Elle devra donner un « supplément d'âme » à un projet politique sans réel adversaire depuis l'effondrement du communisme, et qui va continuer à susciter des appréhensions après l'Acte unique, Maastricht et l'ouverture du grand marché. Dans ce contexte d'hésitation, voire de raidissement, la tentation est grande d'utiliser la communication pour renforcer l'adhésion.

3. *Le Débat*, n° 71, octobre 1992.

Tout le problème vient du décalage entre les initiatives prises pour l'Europe de la communication et le faible besoin de communication exprimé. L'enthousiasme « pour la télévision sans frontières » relève du volontarisme. Après tout, l'Europe ne s'est-elle pas construite ainsi depuis quarante ans, par la volonté d'une minorité, les opinions publiques se contentant de suivre ? Mais la communication s'oppose à un tel volontarisme. Pourquoi ? Parce qu'elle touche à l'essentiel : l'identité des peuples, des cultures, des nations, leur histoire et leur représentation. Autant le volontarisme économique, voire politique, est possible, autant le volontarisme est difficile sur le terrain de la communication. La politique audiovisuelle européenne risque donc d'être en décalage avec les attentes des publics. Au lieu d'accélérer l'identité européenne, elle risque de conduire à un rejet quand le renforcement de la construction européenne, en déstabilisant les points de repère et les identités nationales, fragilisera les opinions publiques.

La politique audiovisuelle européenne, secteur le plus avancé de la communication, apparaît néanmoins comme une nécessité pour trois raisons : politique pour accélérer la prise de conscience de l'unité ; économique pour aider au développement d'un marché de la communication plus diversifié que celui des États-Unis ; pour enraciner le projet européen dans une perspective plus durable. En clair, on souhaite instrumentaliser la communication pour mieux réussir le projet européen. La télévision, médium de masse par excellence, paraît l'outil rêvé puisque les ondes se rient des frontières et véhiculent l'image, compréhensible dans toutes les langues.

Ce projet de bon sens consistant à utiliser le médium le plus populaire afin de « mieux faire passer le message de l'Europe », suscite pourtant deux objections. Pourquoi faire jouer ce rôle politique à la télévision alors que pendant trente ans on a dénoncé son utilisation par les gouvernements ? Pourquoi ce qui était critiquable sur le plan national serait-il souhaitable au plan européen ? La télévision se désengage d'ailleurs lentement du pouvoir politique pour cesser d'en être le bras armé. La seconde critique concerne l'échelle d'un tel projet. On reproche à la télévision de transmettre le même message à des millions d'individus et d'accentuer la standardisation. Pourquoi ce facteur de standardisation à l'échelle d'une société de trente à soixante millions d'habitants s'avérerait-il un facteur de progrès à l'aune du continent ? L'effet de « massification » n'aurait donc pas à être dénoncé parce que la cause est bonne ?

Comme l'Europe ne suscite pas d'adhésion enthousiaste mais simplement une « passion molle », selon l'expression de F. Furet, mêlant volontarisme, attentisme et sentiment de l'inéluctable, on cherche le meilleur moyen d'en accroître l'attrait. C'est normal, mais au lieu de favoriser une réflexion sur l'Europe, son identité et ses contradictions, on assiste à un tour de passe-passe. On fait comme si la question de l'Europe était résolue pour ne plus réfléchir qu'au moyen de maximiser l'interaction entre un « bon projet » et de « bons outils ». On retrouve là ces deux idéologies qui dévorent la communication : l'idéologie politique et l'idéologie techniciste. La première assigne aux techniques de communication la mission de réussir l'Europe politique. La seconde voit dans les nouvelles techniques, du câble au satellite, le moyen de supprimer les frontières du passé et de construire l'Europe nouvelle.

La communication européenne suscite une curieuse alliance entre eurocrates et intellectuels. Les premiers cherchent dans la culture et la communication un élargissement, une légitimation, un souffle pour compenser l'aridité de leur travail pourtant essentiel. Les seconds, après avoir largement boudé la CEE, taxée de pure « opération capitaliste », sont heureux de se lancer dans une nouvelle aventure qui renoue avec l'Europe des villes et des universités, du XIII^e^ au XV^e^ siècle, chère à l'élite culturelle européenne. Tous sont prêts à se battre pour l'Europe et la « richesse de ses diversités » culturelles, avec le même ton dramatique et la même urgence qu'il y a trente ans pour d'autres causes. C'est ainsi que les mesures en faveur de l'Europe de la communication se multiplient depuis 1986 avec pour seul mot d'ordre « qu'il faut aller de l'avant ».

Il n'y a pas d'unité culturelle européenne, pas d'espace public européen, pas d'identité européenne, pas de langue commune, pas d'histoire commune en dehors d'un passé commun chrétien, des langues grecque et latine, d'une dizaine de siècles de guerres et d'un superbe projet qui n'a que quarante ans d'âge. Et des peuples que tout sépare encore auraient envie de communiquer ? Il suffit de voir l'incommunication qui s'est établie entre les deux Europe après la fin du communisme pour comprendre qu'il y a loin des mots aux actes. Bien sûr, il faudra que l'Europe de la communication et de la culture vienne donner un sens au projet économique et politique, mais pourquoi prétendre que cela peut se faire au même rythme, avec le même volontarisme, avec les mêmes méthodes ?

Plus l'Europe politique se fera, plus les cultures joueront un rôle essentiel dans la revendication des différences et des identités. Quand on en sera à la cohabitation respectueuse et à la curiosité mutuelle, c'est que le moment de la revendication identitaire aura été dépassé. Pourquoi faire semblant de croire qu'il suffit de le « vouloir » pour passer de l'état d'incommunication actuel, à base de rancœur et de méfiance, à celui d'une communication postnationale ? C'est au contraire en considérant comme légitime le raidissement identitaire que l'on pourra ultérieurement parler des « droits à la différence ». *Mieux vaut être sensible à cette sourde inquiétude à l'égard des pertes d'identité consécutives à l'unification européenne que de les taxer de rétrogrades, et de conservatrices*. Il faut apprivoiser l'histoire, « purger » le passé pour éviter de voir surgir une Europe de la peur.

Pour dépasser la situation actuelle, il faut respecter l'autre. Or ce n'est pas le cas lorsqu'on examine ce qui sépare l'Europe de l'Est et celle de l'Ouest à propos des deux valeurs essentielles de leur histoire que sont le nationalisme et la religion. *L'URSS et l'Europe de l'Est se sont débarrassées du communisme en s'appuyant sur le nationalisme et sur la religion, les deux valeurs dont justement l'Ouest se méfie le plus !* En outre, l'Europe de l'Ouest considère implicitement que l'Est ne se serait pas appuyé sur le nationalisme et la religion si ces pays avaient été « plus modernes », dévalorisant ainsi leur expérience en la hiérarchisant par rapport à ses propres critères. Contrairement à ce que nous croyons, les conflits nationalistes au Karabakh, en Bosnie ou en Ukraine ne dévalorisent pas le fait national, d'autant que l'Ouest « postmoderne » et « postnational » achoppe encore, malgré son avance démocratique sur quelques fronts nationalistes (Pays basque, Corse, Irlande) qui lui interdisent d'arborer une trop bonne conscience. Oui, il y a un conflit entre nationalisme et Europe. Il est plus honnête de l'admettre que de le disqualifier en parlant de conflit « ethnique ». C'est en admettant au contraire que le nationalisme n'est pas un obstacle à l'Europe, mais une condition de sa construction qu'on pourra aborder la question du nationalisme avec moins de mépris, et celle de l'Europe avec moins de conformisme.

Le mot nation a au moins deux sens. De la Révolution française aux années 1880, la nation était une valeur progressiste et un facteur d'émancipation politique. À partir des années 1890 et jusqu'à la Seconde Guerre mondiale, la nation devient un concept expansionniste et agressif justifiant les guerres de conquête. Pourquoi ne retenir que ce second sens et glisser automatiquement de l'identité nationale au populisme, au nationalisme et à la xénophobie ? C'est ne pas voir qu'en « société ouverte », le statut et le rôle du nationalisme changent. Si les partisans de l'Europe stigmatisent l'idée de nation, les mouvements réellement réactionnaires s'empareront définitivement du concept, avec le risque de réactiver haines, xénophobie et antisémitisme et même de se retourner contre l'Europe. Celle-ci pourrait susciter une réaction nationaliste, comme l'immigration a rendu vie à la xénophobie. Pour éviter la crispation nationaliste, si on dévalorise trop le concept de nation, il faut donc la prendre en compte et ne pas la laisser en cadeau à l'extrême droite. Mais il faut la prendre en compte dans son ensemble, sans faire de tri, quitte à réexaminer ensuite ce qui doit l'être.

La « culture » n'est pas plus européenne que la communication. Les projets de « culture européenne » ont du mal à progresser, en dépit d'un « fonds commun de valeurs ». Ce fonds repose sur les trois valeurs de la liberté, des droits de l'homme et de la rationalité scientifique. Pour autant, il ne suffit pas à créer une culture européenne. La culture reste liée à une identité, le plus souvent nationale. Cela n'a jamais empêché les cultures de communiquer entre elles, mais selon un rythme qui ne correspond pas au schéma rationaliste du projet européen. Très française, l'idée d'une politique européenne de la culture est difficilement partagée, voire contestée, par nos partenaires européens. Malgré un fonds commun de valeurs et d'œuvres, de souvenirs et d'échanges, il n'y a pas de culture européenne reconnue en tant que telle. C'est pourquoi les esprits élégants, qui rêvent d'un espace public européen sur le modèle du XVIII^e^ ou du XIX^e^ siècle, ont tort de penser que faciliter la communication permettra l'émergence d'une culture européenne.

Prenons en compte la réalité. Aucune langue ne réunit les Européens ; aucun citoyen européen ne connaît le nom des principales forces politiques du pays voisin ou du Parlement européen, ni les frontières de l'Europe de l'Est, ni sans doute le nombre de pays composant l'Union. L'élection du Parlement européen se traduit par une forte abstention et la projection, la plupart du temps au plan européen, des enjeux nationaux. Il n'y a pas de presse écrite européenne, pas de cinéma européen, sauf quand il s'agit de s'opposer aux Américains, pas d'informations européennes, pas d'éducation européenne. Même si chacun admet que l'éducation permettra d'enraciner l'identité européenne, aucun État n'a renoncé à son monopole éducatif, parce que l'école transmet également l'identité nationale. En revanche, le programme Erasmus permet aux étudiants de circuler, ce qui est exactement le sens de la démarche qu'il faut avoir en communication interculturelle.

*La communication doit pouvoir garantir les identités*. Il n'y a pas antinomie entre identité et communication, mais profonde complémentarité. L'identité est la condition de la communication. Même les droits de l'homme, valeur typiquement européenne, n'ont pris leur dimension universelle, à la fois laïque et spirituelle, que médiatisés par les histoires et les cultures nationales. On ne remerciera jamais assez l'Europe de l'Est de nous avoir rappelé l'importance du temps et des identités.

L'enjeu européen de la communication est en réalité à l'opposé de son rôle traditionnel. Elle ne devrait pas ouvrir et relativiser les identités, mais les revaloriser pour éviter un repli identitaire agressif. Dans cet esprit, il faut valoriser ce que l'on a critiqué trop rapidement : les stéréotypes de la communication. Comment aborder l'autre, si ce n'est au travers d'un certain nombre d'idées toutes faites ? Les stéréotypes sont les béquilles et les échafaudages de la communication.

Le risque, pour la communication en Europe, est de voir triompher le libéralisme économique, qui prend appui sur les possibilités techniques, le haut niveau de revenus et de consommation des Européens, et l'incapacité de la télévision publique à construire un autre modèle de télévision dans un cadre concurrentiel. On oublie ainsi la complexité des rapports entre identité et communication, entre télévision et lien social, pour ne plus considérer la communication *que* sous l'angle du marché. Bref, on en arrive à considérer la télévision comme n'importe quelle autre industrie et à ignorer que dans tous les pays, les industries culturelles, presse, édition, théâtre, cinéma, font l'objet d'une politique d'aide et de réglementation, dans la mesure où elles concernent la nation et son identité, valeurs supérieures à celles du marché. Alors même que l'Europe est la seule partie du monde où la télévision publique est en concurrence réelle avec les médias privés.

Actuellement en Europe, tout ce qui a trait à la déréglementation, aux nouvelles techniques et au marché de la communication passe pour moderne. En matière de communication, il n'y a rien de pire que cette idéologie qui en arrive à identifier progrès et marché, liberté sans contrainte et émancipation. Mais c'est oublier que la liberté de la communication passe par des règles et des contraintes. Sinon, c'est la loi du marché qui s'impose avec ses inégalités culturelles bien connues. C'est précisément parce que l'Europe s'ouvre à elle-même, avec tous les problèmes de relations, d'identité, de susceptibilité qui en résultent, qu'il faut résister à l'idéologie libérale ambiante selon laquelle le marché serait la solution à tous les problèmes. La télévision n'est pas seulement un marché. Face aux téléviseurs, il y a des consommateurs, mais aussi des citoyens embarqués à grande vitesse dans l'aventure européenne.

Il faut admettre que pour accroître la communication et l'interaction entre les peuples, l'image et la télévision ne sont pas toujours les meilleurs moyens. Les voyages en sont d'autres qui laissent une marge de manœuvre par rapport à la télévision, car la force de l'image est de rapprocher mais aussi de créer une compréhension illusoire. On ne dira jamais assez l'impact positif du tourisme de *masse* en Europe. Cette industrie a un coût, mais elle a permis aux uns et aux autres de se rapprocher. La radio a également beaucoup contribué à ce rapprochement. Elle est probablement l'outil de communication le plus libre, le plus ouvert, le plus convivial, inséparable de toutes les luttes pour la liberté, comme la presse écrite le fut au XIX<sup>e</sup> siècle. La télévision bénéficie de la force de l'image, mais chacun ressent combien cette force est à manier avec délicatesse.

Les limites à imposer au règne de la télévision justifient la nécessité d'une politique publique de l'audiovisuel définissant la place de la télévision dans la société. Imposer des règles à la télévision vise à préserver, dans la production et les échanges, le respect d'une certaine complexité. Le respect des identités dépend de cet équilibre concurrentiel entre secteur public et privé. De ce point de vue, la politique des quotas de programmes européens, anachronique pour l'idéologie libérale, est une bonne initiative. *L'Europe ne maintiendra son identité qu'en protégeant les identités qui la composent, même si cet impératif est contradictoire avec les lois du marché.*

La manière de vivre les événements et d'en rendre compte n'est pas identique d'un pays à un autre. La meilleure façon de préparer aujourd'hui la télévision européenne de demain nécessite de résister aux sirènes des télévisions thématiques, d'empêcher l'effondrement de la télévision publique et de préserver des chaînes généralistes de qualité, et de renforcer Euronews.

## LE SOUHAITABLE ET LE POSSIBLE

Le but de la communication en Europe consiste, dans un premier temps, à respecter et valoriser les différences culturelles historiques, religieuses, à reconnaître les différences de modes de vie et de tradition pour les intégrer. *L'harmonisation, maître mot de la politique européenne, est inappropriée pour la communication et la culture*. Si les créateurs sont souvent curieux de ce qui se passe ailleurs, leur production reste ancrée dans une identité nationale. Quant à la culture au quotidien, elle n'est pas moins hétérogène d'un pays à l'autre, même si la modernité triomphante offre des cadres de vie globalement similaires d'un pays à l'autre. C'est très net dans les aéroports européens, qui pourtant se ressemblent tous, comme dans les gares : derrière l'homogénéité apparente de la modernité, fourmillent les différences de tous ordres. Si ces différences doivent absolument être préservées, ce n'est pas dans un souci « ethnologique », mais parce que ce sont elles qui permettront de s'intéresser à l'identité de l'autre.

Pour l'information, le problème est moins de susciter une « information européenne » qui n'existe pas, faute de politique, d'espace public et de langue commune, que de comprendre concrètement comment les mêmes événements sont appréhendés dans les différentes capitales. Un exercice quotidien de ce type dans les principaux journaux télévisés ferait plus pour la cause européenne que trois chaînes de télévisions européennes. Euronews est un vrai succès, comme trait d'union, et devrait être développée énergiquement, sans craindre de souligner les différences d'interprétation au sein de l'espace européen, qui serait une occasion de comprendre le pluralisme et une antithèse à CNN. L'expérience méconnue de TV5 donne déjà, sous cet angle, des orientations à suivre.

En ce qui concerne les programmes, il faudrait faire de même, c'est-à-dire renforcer les échanges qui existent entre télévisions européennes (jeux, sitcoms, feuilletons). Pour contrer la banalisation des coproductions, il faudrait renforcer la production de programmes « typiques » qui reflètent la manière dont se combinent traditions, stéréotypes et modernité. En d'autres termes, l'Europe des programmes ne passe pas seulement par les coproductions européennes au plus petit dénominateur commun, mais par l'histoire, l'imaginaire et les valeurs de chaque pays, caractéristiques de leur identité. L'histoire européenne offre à ce titre une inépuisable source de programmes, tant elle est à la fois commune et différente selon les lieux et les points de vue.

Une autre stratégie consisterait à favoriser l'expression audiovisuelle des identités régionales. Les régions, au sens historique et non pas administratif du terme, sont constitutives de l'identité européenne et ont l'habitude de la communication. En favorisant cette expression de proximité, on renforce ces liens. Au même titre, il faudrait favoriser les projets de télévisions frontalières, car c'est autour des frontières européennes mêmes et des conflits passés auxquels elles ont donné lieu qu'une communication pourrait s'instaurer.

Les projets bilatéraux et limités sont les plus propices pour faire progresser la compréhension mutuelle. Ils ne sont pas antinomiques aux projets européens de télévision généraliste, mais au lieu de les considérer comme secondaires parce que moins ambitieux, il faudrait reconnaître qu'ils constituent une étape nécessaire de l'intercompréhension mutuelle.

Ce n'est pas parce que la télévision est techniquement européenne au sens où les images peuvent être reçues partout en Europe, si les États le décident, qu'elle l'est pour autant sur le plan du contenu. C'est la même illusion que celle que véhicule la trop célèbre formule de McLuhan sur le « village global ». Oui, la Terre est un village global grâce aux techniques de communication puisque des images font instantanément le tour de la Terre. Mais plus il est facile techniquement d'établir une communication mondiale, plus cela est difficile du point de vue du contenu, qui achoppe sur les incommunications culturelles, auparavant masquées par le manque de moyens techniques. *C'est la possibilité technique de communiquer qui révèle l'incommunication.* Plus une Europe de la communication est techniquement possible, plus sa difficulté et sa grandeur apparaissent sur le plan du contenu.

---

## *Quand l'Est nous demandera des comptes*[4]

Les pays de l'Europe de l'Est pourraient bientôt se tourner vers nous et demander quelques comptes. Non seulement pendant quarante ans nous n'avons pas fait grand-chose pour les aider, mais quand nous les avons retrouvés, ce fut largement pour voler au secours de leur victoire et trouver,

4. *Le Nouvel Observateur*, 18-24 juillet 1991.

une fois l'euphorie des retrouvailles passée, ces pays légèrement décevants… Trois ans après l'ouverture nous continuons de les aborder avec le même regard, si ce n'est les mêmes stéréotypes.

C'est surtout à partir du 24 juin 1989, même s'il y avait eu auparavant la Pologne avec l'ouverture de la frontière de la RDA par la Hongrie, que l'euphorie a commencé, culminant avec la chute du mur de Berlin le 9 novembre 1989. On vit alors des charters de journalistes, intellectuels, hommes politiques aller fêter bruyamment la fin de la guerre froide, mais combien d'entre eux cherchaient réellement à comprendre ce qui s'était passé pendant plus d'une génération ? Ces régimes sortaient de la nuit communiste et rejoignaient la lumière du capitalisme. Il n'y avait rien d'autre à penser…

Déjà, en 1990, l'intérêt retomba, au gré des élections dans les différents pays, car elles ne faisaient pas apparaître les clivages auxquels l'Ouest est habitué. Les solutions « modernes » tardaient à se confirmer et l'on comprit mal ces histoires de partis populaires, de partis paysans, ces retours aux clivages d'avant-guerre et la référence explicite à la religion. La vie démocratique, en retrouvant ses racines historiques, déçut les observateurs de l'Ouest qui trouvaient presque cela un peu « ringard ». Ils auraient préféré que, par une sorte de coup de baguette magique, l'Europe de l'Est saute sur les quarante ans de son histoire pour retrouver nos clivages, nos vocabulaires, nos conflits. Beaucoup trouvèrent qu'elle n'avait « pas beaucoup avancé ».

C'est ainsi que furent interprétés les antagonismes nationalistes en Tchécoslovaquie, Hongrie, Yougoslavie et Roumanie. Sans parler de la religion dont on ne voulait voir que le « conservatisme » catholique et le « progressisme » protestant, en refusant de comprendre que la question de la spiritualité n'était pas seulement une manière de faire autrement de la politique. La sympathie s'accompagna d'une légère déception. Tout juste si on ne reprochait pas aux pays de l'Est de rester accrochés à leur histoire, celle de l'Empire austro-hongrois, dont il y aurait pourtant aujourd'hui à méditer les leçons plutôt qu'à perpétuer les idées reçues du temps de la III^e^ République triomphante. Et ce ne fut pas la marche forcée à la réunification allemande, dans l'année 1990, qui améliora notre perception de l'Est tant l'issue réveilla les appréhensions sur l'Allemagne et la Mittel Europa.

Bref, l'Europe de l'Est a cessé d'être à la mode aussi vite qu'elle l'était devenue, l'idée étant simplement qu'elle doit beaucoup travailler pour nous rejoindre. Et comme les promesses mirifiques en matière des marchés se sont rapidement heurtées aux nationalismes, aux traditions et aux limites économiques de pays souvent plus pauvres que nous l'avions imaginé, y compris pour la RDA, c'est tout juste si les rapports ne s'inversent pas. L'Ouest rappelle aujourd'hui bruyamment sa magnanimité pour oublier son attentisme passé. L'absence de curiosité, et la bonne conscience se traduisent par le fait de demander à ces pays de faire une croix sur quarante ans de leur histoire. Leur passé est effacé, comme leur vocabulaire, leur légitimité, et jusqu'à leur identité avec la suppression d'un État, la RDA, qui est à la fois le cas limite et le symbole de cette rupture.

Au nom de quoi ? Accueillir l'autre n'est-ce pas au moins respecter son passé ? Pendant ce temps, ces pays ont travaillé, souffert, vécu, *créé*, dans tous les domaines, et la vie des régimes capitalistes de l'Ouest fut-elle à ce point superbe dans la même période qu'on puisse être certain de n'avoir rien à apprendre de l'Est ? Les impasses politiques, économiques et sociales concernant les pays de l'Est suffisent-elles à masquer les limites de notre société capitaliste individualiste, limitée à l'idéologie moderniste, dépourvue de réflexion sur le bien commun, multipliant les mécanismes d'exclusion sociale ? Avons-nous si bien réussi pour considérer n'avoir rien à apprendre de l'expérience de l'autre ? Ce n'est pas parce que l'échec économique et politique est total qu'il faut oublier que certains crurent et que, de toute façon, la société, les cultures, les peuples continuaient à vivre. Ou alors c'est pratiquer le même raisonnement d'exclusion que celui des marchés.

Pour qui voyage un peu à l'Est aujourd'hui, il n'est pas difficile d'entrevoir la solitude dans laquelle se trouvent des pays. Solitude d'autant plus paradoxale que les facilités de circulation, l'explosion de la communication et l'essor du tourisme pourraient au contraire créer les conditions d'une certaine intercompréhension. Ces pays ont le sentiment de ne rien pouvoir nous apporter et surtout d'avoir à se taire. L'indifférence est grande à l'égard de peuples pourtant si tragiquement liés à notre histoire puisqu'ils nous ont en partie permis de vivre quarante ans en paix, d'une paix chèrement payée par eux.

L'Ouest est trop sûr de lui. Sa chance est que ces pays le regardent encore avec les yeux de l'amour mais gare au réveil, car la tristesse et la déception pourraient servir de terreau à de nouveaux extrémismes politiques. L'Europe de l'Est peut à la fois souhaiter échapper au socialisme, vivre une crise morale grave, et ne pas pour autant être totalement séduite par notre superbe, et pourtant si vide modernité. Comment ne pas voir que certaines de leurs ambitions valaient bien notre fétichisme individualiste et qu'une bonne partie de leurs problèmes sont étonnamment proches des nôtres ? Comment ne pas voir qu'ils ne sont pas « forcément en retard » et nous « forcément en avance » ? Comment ne pas voir surtout qu'on ne sera pas trop de deux pour essayer de faire une Europe ?

---

## *La cohabitation culturelle en Europe*[5]

L'Europe des valeurs est plus difficile à réaliser que l'Europe politique, elle-même plus difficile à réussir que l'Europe économique. L'effondrement du communisme a accéléré la naissance de l'Europe politique dans des conditions assez difficiles et l'on se trouve aujourd'hui confronté à la construction de l'Europe culturelle dont chacun sent qu'elle sera extrêmement malaisée

5. *Hermès*, n° 23-24, *La Cohabitation culturelle en Europe. Regards croisés des Quinze, de l'Est et du Sud*, 1999. Voir aussi du même auteur, dans le même ouvrage, « Culture : le refoulé de l'Europe ».

à réussir, bien qu'elle soit probablement la condition réelle de l'Europe politique. La culture est à manier avec précaution car elle est, depuis toujours, autant facteur de rapprochement entre les hommes que facteur de différenciation, si ce n'est de haine. Les pères fondateurs avaient raison de repousser l'épreuve à plus tard.

Le paradoxe est donc le suivant. C'est bien parce qu'il existe un fonds culturel commun, lié en partage de mêmes valeurs religieuses, à la même philosophie de la liberté individuelle, au même modèle de rationalité et à l'adhésion aux mêmes valeurs démocratiques que l'Europe a pu se réaliser si rapidement. Mais en même temps, chacun sait aussi qu'en grattant un peu ce fonds culturel indéniablement commun, on retombe vite sur les différences, pour ne pas dire les antagonismes qui expliquent cette même histoire violente de l'Europe. C'est ainsi que cette phrase manifeste cent fois répétée est à la fois vraie et fausse, « l'Europe est forte de ses diversités ». Elle est vraie car elle correspond à la réalité historique, fausse car elle relève plus de la langue de bois et du programme que de la réalité.

L'enjeu est considérable car il s'agit d'une première dans l'histoire : avoir pour horizon une intégration économique et la naissance d'une nouvelle forme politique accompagnées d'une mise en commun des cultures qui respecte les singularités et produise néanmoins des projets communs. Tout est à inventer, avec la double difficulté suivante : conduire un processus démocratique concernant trois cent soixante-dix millions d'habitants à partir d'un territoire qui n'est pas fermé puisque le processus d'élargissement est inachevé.

Le fait central est l'absence de débats sur cette question essentielle de l'Europe culturelle. Ou plutôt la question continue d'être posée dans la tradition de l'élite culturelle de la première partie du XX^e^ siècle, où l'on parlait en termes de patrimoine commun, à travers les œuvres, les musées, les traditions philosophiques et littéraires, les voyages et les villes d'art. L'Europe de la culture se résume presque à l'Europe des capitales culturelles qui changent, tous les ans, dans une tranquille indifférence. Elle se résume également à ce discours selon lequel « l'Europe du XX^e^ siècle retrouverait la circulation culturelle du XVIII^e^ siècle », en oubliant simplement que l'Europe culturelle de demain n'aura rien à voir avec celle d'hier qui était évidemment celle d'une minorité aristocratique et bourgeoise.

L'Europe culturelle est confrontée au défi suivant : définir une unité qui transcende toutes ces différences, que l'on appelle pudiquement la diversité, tout en prenant en compte cette réalité d'une démocratie de masse de trois cent soixante-dix millions d'habitants. Soit on joue sur les différences et on reste nécessairement dans le schéma d'une diversité culturelle réservée aux élites. Soit on joue sur un projet culturel de démocratie de masse et l'on insiste davantage sur les points communs. La difficulté de l'intégration de la problématique culturelle dans l'Europe politique depuis Maastricht est de devoir faire les deux simultanément. On sait à peine gérer les différentes cultures au sein d'une démocratie de masse des États-nations, on devine alors combien cela relève du défi dans le cadre d'une Europe démocratique où la conscience d'une identité culturelle commune reste encore largement inachevée.

Ouvrir la boîte de Pandore de la culture fait surgir trois problèmes. Quelle unité culturelle mettre en valeur ? Comment gérer le fait que l'Europe démocratique requiert une problématique de la culture de masse, déjà peu pensée au sein des États-nations ? À quelle condition inventer une politique culturelle au sein de l'Union, en sachant que de nombreux États sont hostiles à cette manière de voir les rapports entre culture, société et politique ?

C'est la question du statut de la différence qui est immédiatement posée par toute réflexion sur la culture. Différence qui ne se joue pas seulement à l'intérieur de l'Europe, mais aussi entre celle-ci et ses marches de l'Est et du Sud. Car si pour des raisons économiques et politiques, on parle de l'Europe de l'Ouest, du point de vue des civilisations et des cultures, les allers-retours entre l'Europe du Sud, de l'Est, et ce que nous appelons l'Union des Quinze ont été constants, faisant l'objet d'enrichissements mutuels et de multiples affrontements. *On débouche alors sur le paradoxe suivant*. D'un côté, il faut arriver à fermer pour créer une identité. De l'autre on réalise que la mobilisation du facteur culturel, indispensable pour concrétiser cette intégration, est difficile à réaliser puisqu'elle montre immédiatement le caractère contingent, voire discutable de ce principe de fermeture. Les flux culturels ne cessent de traverser les frontières actuelles de l'Europe, à l'est et au sud de la Méditerranée.

Aborder la question de la culture dans l'Europe fait donc éclater facilement les points de repère et les clôtures actuelles. Pour avancer dans une réflexion plus fine concernant le rôle de la culture, il faudrait ouvrir un débat théorique sur les différentes définitions de la culture et les différentes manières de voir les rapports entre culture, société et politique. Mais on constaterait aussi très rapidement combien les thèses en présence sont relativement contradictoires, pour ne pas dire antagoniques. Autrement dit avec la culture, on en arrive souvent vite aux « petites différences essentielles », aux identités radicales au-delà desquelles les mots et les intentions ne passent plus du tout.

Comment mobiliser la culture, ce facteur hautement explosif, mais indispensable à l'Europe politique dans un calendrier nécessairement serré, alors même qu'il faudrait au contraire laisser le temps se détendre ?

La situation est inédite et ne peut s'appuyer sur aucune autre expérience historique. L'Europe là aussi comme pour le droit, dont on ne dira jamais assez l'extraordinaire créature culturelle qu'il représente dans la naissance de l'Europe, est ici à inventer. Et c'est volontairement que je rapproche culture et droit, car, dans les deux cas, il s'agit d'enjeux symboliques, mais aussi politiques, langagiers. Si le droit européen, certes poussé par la nécessité de l'économie mais cela n'explique pas tout, a pu être à ce point inventif, rien n'interdit de penser qu'il pourra en être de même pour la culture. À la condition, sans doute, de regarder les difficultés en face et de ne pas s'abriter derrière des modèles inutiles, comme le modèle multiculturel américain. D'abord parce que la réussite de ce modèle n'est pas si évidente que cela, et aussi parce que le problème américain est inverse du nôtre. À partir d'un territoire fermé et souverain, il a fallu intégrer des populations qui venaient de tous les coins du monde et qui, pour devenir citoyens américains, abandonnaient leurs identités. Pour l'Europe c'est l'inverse. Le territoire n'est pas fermé, l'État n'est pas souverain et les peuples n'ont aucune envie d'abandonner leurs langues, leurs identités, et leurs patrimoines. Le modèle à inventer est donc à l'antipode.

Une autre difficulté apparaît concernant l'intégration de la culture au projet européen : le modèle culturel dominant de nos sociétés est celui de la circulation, mais simultanément on assiste à un processus d'affirmation des identités culturelles. Par rapport au siècle dernier, les déplacements sont plus nombreux, facilitant les échanges et la standardisation des modes de vie. Simultanément les médias ouvrent sans cesse les fenêtres, les uns sur les autres. En même temps, on sent bien poindre, à côté de ces rapprochements visibles dans les styles de vie, la consommation, la publicité, l'utilisation des mêmes objets, l'émergence de revendications identitaires. Le mouvement est encore diffus mais il faudrait y être attentif, d'autant que l'intégration politique va créer un indéniable sentiment de dépression que les peuples voudront compenser par une affirmation de leur identité culturelle.

D'un côté, on leur parlera de l'Europe comme grande puissance, grande démocratie et grand espace culturel, et de l'autre, les Européens souhaiteront mieux connaître et mieux valoriser leurs différences culturelles. La situation est donc paradoxale, entre une évidente homogénéisation culturelle des modes de vie européenne *et* une difficulté à penser le rôle des identités nationales dans l'élaboration d'une nouvelle entité culturelle européenne.

On peut de manière réaliste résumer la situation de la manière suivante. L'inconnu est lié au fait qu'une telle expérience n'a jamais existé dans l'histoire de l'humanité ; le défi est de le faire à l'échelle de la démocratie de masse ; le risque serait de continuer à penser la place de la culture dans la construction européenne avec les catégories de l'élite culturelle. La réalité est que le mot n'a pas le même sens dans les quinze pays de l'Union ou les quarante du Conseil de l'Europe et que la culture a été autant un facteur de rapprochement, que de différenciation, voire de haine.

Le défi ? À quelle bonne distance faut-il se situer mutuellement pour supporter la culture des autres ? *La culture remet au centre de l'Europe la question centrale de l'altérité qui est au cœur de tout modèle de communication normative, donc celle de la cohabitation.* Le mot a l'avantage de laisser ouverte la question du rapport à nos voisins du Sud et de l'Est. Si par tradition historique, la culture ne s'arrête pas aux frontières, c'est encore plus vrai pour l'Europe. Ce qui explique le choix consistant à éclairer la cohabitation culturelle au sein de l'Union par le regard de l'Est et du Sud.

Autrement dit, réfléchir sur la cohabitation culturelle en Europe, c'est autant comprendre les liens qui unissent les Quinze que comprendre l'apport de l'Europe du Sud et de l'Est au projet actuel. Établir les liens entre les trois Europe, c'est d'abord rappeler le poids indispensable de l'histoire. Pendant plus de dix siècles, sous toutes les formes des régimes politiques, des religions, des expéditions militaires, du commerce et de la culture, l'Europe de l'Ouest n'a cessé d'être en relation avec l'Est et le Sud, et ce ne sont pas les nécessaires clôtures liées au projet de l'Europe politique actuelle qui doivent faire oublier que, déjà dans le passé, la cohabitation réglait les flux culturels. La grande nouveauté du projet européen actuel est évidemment son caractère démocratique et pacifique par rapport aux différentes expériences du passé. Relier l'utopie de l'Europe à son histoire c'est éviter les conflits inévitables qui surgiront demain au moment où il faudra réellement introduire des relations avec nos voisins de l'Est et du Sud.

Il est difficile de se passer de l'apport des Européens de l'Est, artificiellement coupés de l'Europe de l'Ouest pendant les cinquante années du communisme, alors que depuis plusieurs siècles les influences culturelles réciproques sont incessantes. En outre, pendant ce demi-siècle communiste, se dire Européen était le moyen de s'opposer au régime, et de refuser le projet de l'homme nouveau. L'Ouest doit réintégrer au plus vite dans sa réflexion tout ce qu'il doit à l'Europe de l'Est avant que celle-ci ne réalise combien l'intérêt qu'elle portait à l'Ouest n'a guère été payé de retour. Bref réintroduire au plus vite dans le patrimoine de l'Ouest tout ce que l'on doit à l'Est sera un moyen de limiter les contentieux qui résulteront de la fin d'une certaine idéalisation que les pays de l'Est ont à l'égard de l'Ouest.

La situation est aussi « à risque » à l'égard du Sud, qui reproche ouvertement à l'Europe d'avoir déjà choisi le renfermement, le bunker et l'indifférence à l'égard du Sud. La colonisation ayant déjà créé de nombreux contentieux, le Maghreb n'est pas loin de penser que les Quinze confondent aujourd'hui supériorité économique et domination culturelle. Et comme l'Europe ne sait pas bien gérer la question religieuse ni celle du fondamentalisme, tout est en place pour un réel contentieux. Deux dimensions culturelles traversent déjà les cultures, au Nord, à l'Est et au Sud, facilitant une certaine cohabitation. C'est d'une part l'ouverture aux *musiques* des uns et des autres. On ne dira d'ailleurs jamais assez le rôle central que joue la musique comme facteur de paix et de tolérance culturelle au niveau européen et mondial. C'est d'autre part le développement du *tourisme* qui est toujours un moyen assez simple pour aller éprouver la culture d'autrui, sans risques, car le déplacement étant toujours de courte durée, il se fait avec une certaine curiosité à l'égard d'autrui.

L'objectif n'est pas ici de résoudre l'impossible question de l'identité culturelle européenne, mais plutôt de prendre le parti d'une réflexion centrée sur la cohabitation culturelle. Qui dit cohabitation dit respect des identités et recherche d'un mode de relation qui permette une certaine intercompréhension. Avec l'idée de cohabitation on est au cœur du travail culturel qui est toujours emprunt et circulation, production autonome et réappropriation des œuvres ou des démarches des autres cultures.

Le terme, modeste, de « cohabitation culturelle » renvoie, en réalité, à l'importance de la dimension communicationnelle dans toute problématique culturelle, puisqu'il souligne l'impossible repli d'une culture sur elle-même, et fait référence à l'incessant travail de décodage et recodage à l'égard des autres cultures.

L'immense et superbe défi consiste à rapprocher plus de trois cent soixante-dix millions d'Européens qui las peut-être de se déchirer au nom de Dieu, du progrès, de la science, du peuple ou du parti, essayent d'inaugurer une forme de coopération politique et culturelle. Une coopération qui est généralement conforme à cet idéal de la « communauté internationale » que les hommes, épuisés à la sortie de la barbarie de la Seconde Guerre mondiale, ont rêvé comme nouvel idéal de l'humanité, au-dessus des champs de ruine. Le projet européen est né sur le cimetière de ces millions de morts.

Parler aujourd'hui de cohabitation culturelle, ce n'est pas afficher un objectif humble, c'est au contraire reconnaître l'extrême ambition d'une construction politique qui souhaite n'oublier aucune de ses traditions et de ses sources d'inspiration.

**Pour un manifeste de la diversité culturelle**[6]

Pour nourrir la réflexion, et l'action, cinq thèmes peuvent être d'ores et déjà approfondis et faire l'objet d'un manifeste.

• *La diversité culturelle face à la mondialisation des industries.* La culture, dans sa dimension de patrimoine comme de création, dépend toujours de l'action conjuguée du secteur privé et du secteur public. Face au modèle dominant de la déréglementation, l'Europe doit faire valoir cette originalité pour éviter l'absorption complète des industries culturelles dans une logique commerciale. Comme pour d'autres secteurs essentiels – la santé, l'éducation, la recherche –, la logique du marché ne peut suffire à garantir cette diversité culturelle. Non seulement pour la culture, mais aussi pour toute vie démocratique.

• *Les nouveaux rapports entre identité et communication.* Pendant trois siècles, l'ouverture, notamment culturelle, a été un des moyens privilégiés de dépasser les identités, les frontières. Le progrès dans toutes ses dimensions était associé à l'idée d'ouverture. Aujourd'hui, la mondialisation des techniques achève de construire un village global, mais s'agit-il d'un projet d'émancipation, ou tout simplement d'une ouverture liée à la mondialisation des techniques et des marchés ? Dans tous les cas, cela déplace la question et le statut de l'identité. L'identité n'est plus un obstacle et un frein à l'ouverture de la communication, elle est au contraire la condition, sans laquelle aucune ouverture n'est possible.

• *Le statut d'auteur.* L'auteur doit faire l'objet d'une réflexion et d'une protection d'ensemble, notamment par rapport à l'essor du multimédia, afin de pouvoir rester ce qu'il est depuis toujours, la source de la création. Cela afin de ne pas exclure les dimensions symboliques, langagières, esthétiques et religieuses par rapport aux dimensions économiques, aujourd'hui largement dominantes. C'est peut-être sur la conception de l'auteur, défini par sa dimension économique, que se séparent le plus la culture européenne et la culture américaine.

• *L'Europe et ses marchés.* L'Europe est depuis toujours un lieu d'échanges culturels et l'on oublie trop souvent que ses frontières de l'Est et du Sud ont joué – et jouent – un rôle essentiel dans son identité. C'est encore plus vrai aujourd'hui avec la fin du communisme. L'économie ne peut être le seul critère de construction de l'Europe, sinon, la culture, dans toutes ses dimensions, fera retour de manière violente, car ni un niveau de vie, ni un mode de consommation, ni même l'adhésion aux mêmes valeurs démocratiques ne suffisent à créer une dignité et une reconnaissance. L'avance économique de l'Ouest n'est pas synonyme d'avance culturelle par rapport à ses marches de l'Est et du Sud.

6. *Le Monde*, 30 mars 2000 (avec Manuel Maria Carrilho).

• *La culture entre universalité et segmentation.* Pour l'Europe, qui est finalement la première démocratie de masse au monde, avec trois cent soixante-dix millions d'habitants, la question est de préserver un dynamisme social et politique sans lequel il n'y a ni création, ni diversité culturelle. Concrètement, comment éviter au sein de l'Europe le repli, techniquement possible des multiples communautés sur elles-mêmes ? Comment éviter qu'après des batailles séculaires pour faire reconnaître le droit à la différence, on arrive à une situation où ce droit, reconnu et légal, se traduirait par une légitimation des différents processus de segmentation et de fractionnement ? Le pire serait une sorte de réification démocratique de la culture, chaque communauté culturelle, sociale, langagière resterait plus ou moins enfermée sur elle-même.
• L'enjeu de l'Europe culturelle est à la fois de préserver et de valoriser ses diversités culturelles, tout en évitant les risques d'une segmentation. Il n'y a pas de création sans respect de l'hétérogénéité sociale et culturelle. Seul le projet politique permet à l'Europe de valoriser ses diversités culturelles *et* de les replacer dans une dynamique de dialogue avec les autres cultures. C'est dans cette double démarche que l'Europe peut être fidèle à un certain principe d'universalisme dont elle est l'auteur depuis plusieurs siècles.

## *La télévision européenne en question*[7]

La « télévision sans frontières », l'« espace audiovisuel européen », la « télévision européenne » constituent l'un des thèmes européens les plus consensuels, de la droite à la gauche, des hommes politiques aux intellectuels, des professionnels de la communication aux eurocrates. Quelle meilleure cause que l'Europe ? Quel meilleur outil à l'échelle de l'Europe que la télévision ? Ce projet irénique fait l'unanimité au point de ressembler à une sorte de « lâche soulagement ».

Les risques en sont pourtant réels dans la mesure où il souligne les deux principaux défauts qu'on reproche à la télévision. La première contradiction concerne le rôle politique assigné à la télévision européenne. Quarante ans durant, on a reproché aux États-nations d'instrumentaliser la télévision à leurs fins. Sous prétexte que la cause est bonne, ce qui a jusqu'ici été considéré comme malsain deviendrait soudainement vertueux ? La deuxième contradiction tient à ce que la télévision soit un média de masse. La télévision européenne pourrait toucher trois cent vingt millions d'habitants, davantage si on intègre l'Europe de l'Est. Dès lors que des marchés de vingt à cinquante millions d'habitants ont été considérés comme le comble de la standardisation, pourquoi un marché de trois cent vingt millions d'habitants constituerait-il une chance historique à saisir ? Pourquoi la « télévision européenne de masse » serait-elle meilleure que la « télévision nationale de masse » ?

7. « Télévision en Europe. Politiques, économies et stratégies des médias », *Médiapouvoirs*, 1990, n° 20.

Notre hypothèse est la suivante. Plus l'intégration européenne économique et politique à l'Ouest, voire à l'Est, progresse, plus s'avère nécessaire *le maintien de cadres nationaux de références*. N'oublions pas ce que disait très justement Jean Monnet lors de la signature du traité de Rome : « Nous ne coalisons pas des États, nous unissons des hommes. » Les conditions de la communication sociale supposent une communauté de valeurs, un sentiment d'identité, une culture commune. Pour le moment, elles ne sont pas encore réunies en Europe. Pourquoi refuser de voir que les conditions de la communication ne sont pas forcément réunies en Europe ? Supposer la télévision capable de surmonter ces difficultés structurelles, c'est faire preuve d'un volontarisme dans le domaine de la communication, comme il y en a dans la sidérurgie, l'environnement ou la banque. C'est considérer la culture comme un facteur d'« unité naturel » et la télévision comme un « outil naturel » et pacifique de « circulation ». Or le sens du terme « communication » varie selon les pays et contrairement à l'intuition technocratique, la télévision n'est pas « naturellement » un facteur de communication entre les cultures. En réalité, la culture ne constitue pas en Europe un marché libre au sens de l'industrie automobile ou informatique, et si l'objectif consiste à accroître la conscience européenne, la meilleure solution n'est pas forcément la télévision. Celle-ci peut même susciter des difficultés, comme on commence à le voir dans les relations entre l'Europe de l'Est et l'Europe de l'Ouest. Elle n'est pas simplement un outil de diffusion. Le problème est plus compliqué qu'un simple branchement entre un stock culturel et des outils de communication audiovisuels. La télévision n'est pas un « tuyau » destiné à diffuser rapidement, à un grand nombre de personnes, un message dont personne ne doute qu'il sera accepté et intégré.

## TÉLÉVISION, IDENTITÉ ET NATIONALISME

Le nationalisme joue probablement pour l'Europe le rôle de « cadavre dans le placard ». C'est pour éliminer le nationalisme que les pères de l'Europe ont lancé la coopération européenne avec la CECA en 1951 puis le marché commun en 1957. La nécessité de reconstruire l'économie puis de la lutte contre le communisme a également contribué à la dynamique européenne, mais ces arguments restent seconds par rapport à l'obsession de Robert Schuman, de Konrad Adenauer et du général de Gaulle, de mettre un terme à la haine franco-allemande et, plus largement, aux haines nationalistes. La construction de l'Europe à l'Ouest et du communisme à l'Est a donné l'impression pendant plus d'une génération que la question nationale était dépassée. Cette impression s'effondre aujourd'hui avec le dégel communiste, remettant la question nationale au cœur de l'histoire. Cette rencontre entre la communication, symbole du rapport à l'autre, et le nationalisme, exclusion de l'autre, s'avère hasardeuse et douloureuse.

Alors qu'on pensait la communication, et particulièrement la télévision, comme le moyen d'intégrer l'Europe, on s'aperçoit avec effroi qu'elle n'a pas réduit la fièvre nationaliste. On réalise au contraire qu'en Europe de l'Est, les mouvements politiques se sont appuyés sur le nationalisme, largement attisé par les médias, pour renverser le joug communiste ! Libéralisation et résurgence du nationalisme ont également partie liée en URSS où, depuis 1985, tous les mouvements nationalistes (Ukraine, Arménie, Républiques baltes) relèvent la tête en mettant la Perestroïka à profit. L'Europe de l'Ouest se trouve prise à contre-pied : le triomphe de ses valeurs en Europe de l'Est ne peut masquer la résurgence du nationalisme qu'elle tentait de dépasser dans le cadre de la construction politique européenne. L'ouverture de l'Europe de l'Est élargit les frontières de l'Europe, et semble indiquer le « dépérissement » du nationalisme qui, depuis le congrès de Vienne, a constitué un des principaux facteurs de haine et de guerre. En même temps, la libération du communisme s'est opérée en remettant en selle le nationalisme dont on s'aperçoit désormais qu'il constituait, avec la religion, la principale force de résistance au communisme. L'Europe de l'Est et celle de l'Ouest ne pourront donc pas faire l'économie d'une réflexion sur les rapports entre Europe et nationalisme, même si l'ensemble des techniques de communication ne parle que de circulation, communication, relation, et même si, par pudeur, on préfère parler d'« identité collective » et d'« identité culturelle » que de nationalisme.

Nation, nationalisme, culture nationale, sentiment national sont des mots connotés, difficiles d'emploi, plus difficiles à manier que les expressions qui ont trait à la culture. Le sens et les références ont changé depuis quatre siècles. Du XVII^e^ au XX^e^ siècle, le mot évolue, de la nation « communauté ethnique » à la nation « État », du sentiment à la construction nationale, de la culture nationale au patriotisme et au nationalisme qui a abouti aux guerres mondiales. S'il est très difficile de manier le concept de nationalisme sans réveiller de vieux démons, ce n'est pas en pratiquant la politique de l'autruche que les Européens arriveront à l'exorciser. Ce n'est pas non plus parce que le nationalisme a été un facteur de guerre et de haine qu'il ne faut pas aborder de fond le problème et s'efforcer de le dépasser dans le cadre de la construction d'un nouvel espace symbolique culturel européen. S'abriter derrière les idées, apparemment plus *soft* d'« identité collective » ou « culturelle » ne résout rien. L'Europe politique devrait être le moyen de réaborder la question nationale, non pas en l'« éliminant » mais en lui donnant la possibilité de se « transcender » pour trouver une autre place dans un autre dispositif symbolique et culturel.

Dès lors, outil de communication largement utilisé dans une perspective de « dénationalisation », la télévision peut-elle prendre en charge cette résurgence de la question nationale ? Les projets de télévision européenne s'inscrivent dans deux logiques antagonistes. On l'envisage à la fois comme un « outil de communication » pour rapprocher les différents peuples d'Europe *et* comme un moyen de refléter les différentes cultures. Or il faut choisir entre le facteur d'intégration sociale et culturelle comme l'a presque toujours été la télévision *et* un facteur d'expression des différences. Seule la casuistique eurocratique peut prétendre que ces rôles sont complémentaires.

En fait, entre ces deux voies possibles, les partisans de la télévision européenne et de l'Europe ont choisi. Ils ont privilégié l'aspect intégrateur et considéré que la dimension culturelle s'avérerait un paramètre utile et complémentaire. Les différences culturelles sont vues comme une richesse, à condition d'être « acceptables », c'est-à-dire de ne pas remettre en cause le processus d'intégration. Oui à la différence culturelle, mais à condition d'être débarrassée de sa violence historique. On reconnaît la fameuse « méthode Coué », ce désir désespéré qu'en disant les mots, on calmera l'histoire. Tel est le défi de la télévision européenne. *Comment favoriser l'intégration européenne en faisant semblant de croire qu'il sera facile de dépasser le nationalisme en lui donnant le nom de diversité culturelle ?*

Il faut faire attention à la communication. Elle joue aujourd'hui un rôle si considérable dans la constitution des représentations et des identités qu'il n'est plus possible de s'en tenir à une vision benoîtement libératrice. Pour qu'il y ait communication, il faut des identités constituées, une volonté d'échange, une interaction, un langage et des valeurs communes. Vis-à-vis de ces critères, la télévision permet à chacun de se brancher et de se débrancher à volonté et à distance dans un ensemble de programmes offert à tous. La communication consiste donc autant dans la réception des images *que* dans ce système de participation à distance. C'est en cela que j'ai plusieurs fois insisté sur la dimension de lien social de la télévision. Elle est un moyen de participer à l'ordre social de chez soi. Cette caractéristique de la communication télévisuelle est tout à fait adéquate à la communication dans une société individualiste de masse, puisqu'elle répond à cette double dimension de « communication individuelle » et d'« être ensemble collectif ». En revanche, pour que cette communication fonctionne, il faut un principe d'ouverture et de fermeture, réunies dans le cadre d'un espace public national, mais pas dans celui de l'Europe. Depuis quarante ans, l'espace européen ne cesse de s'élargir et encore plus depuis l'ouverture de l'Europe de l'Est. Au niveau de la télévision européenne, il existe donc un principe d'ouverture mais pas de fermeture. S'il n'y a de communication qu'avec une identité, la seule qui existe en Europe est actuellement d'ordre national. C'est donc en regardant de chez soi, c'est-à-dire à partir de sa culture et de son identité nationale que l'on pourra progressivement admettre l'existence et l'intérêt des autres et donc de l'Europe. *En d'autres termes, pour faire l'Europe de la communication, il ne faut pas d'abord dépasser le nationalisme, mais au contraire l'assumer.*

---

## *Culture et identité européenne dans le cadre du processus d'intégration européenne*[8]

Étudiant la construction européenne depuis les années 1990, j'ai, dans *La Naissance de l'Europe démocratique* (1997), essayé de répondre à cette question simple mais, hélas, sans réponse à ce jour : À quelles conditions peut-on passer de l'Europe économique à l'Europe politique ? Quelle révo-

8. *In* Panayotis Soldatos (éd.), *L'Europe des cultures et des langues : quels enseignements ?*, Montréal, Chaire Jean-Monnet, 1999.

lution mentale accomplir ? Cette terrible épreuve consistant à mobiliser, non seulement les trois cent soixante-dix mille personnes que compte l'élite qui a fait l'Europe pendant quarante ans, mais aussi les trois cent soixante-dix millions de citoyens qui constituent l'Union à Quinze. Car les élites technocratiques, qui ont bâti l'Europe en quarante ans, continuent à agir avec les mêmes techniques, le même vocabulaire, les mêmes références, les mêmes symboles, sans percevoir le refus violent de l'Europe politique de la part des millions de gens qui ne se sont pas entendus parce que le système politique mis en place ne permet pas de les entendre.

Nous avons fait l'Europe pour deux raisons : d'une part le souvenir de cent millions de morts, d'autre part le rejet du communisme. Le souvenir des morts a malheureusement tendance à s'estomper et le communisme a disparu bien plus tôt que prévu. Partis sur un projet d'Europe politique mais avec une logique économique, idée géniale des pères fondateurs, nous nous sommes convertis, au début des années 1990 où tout a basculé, pour le passage d'une Europe économique à l'Europe politique. L'idée consistait à pallier l'effondrement du projet européen auquel pouvait nous entraîner la chute du mur de Berlin et du communisme. Le traité de Maastricht a été proposé dans ce contexte et voté dans les conditions que l'on sait, nous entraînant bien trop vite de l'Europe économique à l'Europe politique. Soulignons au passage ce volontarisme inouï : aucune autre région du monde n'a été capable de faire ce que nous avons réussi à faire en cinquante années. Contrairement à ce qu'on se plaît à prétendre, l'Europe n'est donc pas entrée en décadence, sauf à prendre pour référence les dragons asiatiques où les rapports sociaux correspondent à ceux que nous avons connus au XIX^e siècle.

La question de la culture rôde depuis l'origine dans la construction européenne. Tout en souhaitant une Europe politique dépassant les nationalismes, les pères fondateurs ont eu la sagesse de ne pas commencer par l'Europe des valeurs, mais par celle des intérêts. C'était un choix stratégique habile. On prétend que Jean Monnet aurait dit, avant de mourir : « Si c'était à refaire, je commencerais par la culture. » Cette citation est apocryphe : heureusement que les pères fondateurs n'ont pas débuté par la culture. Ils ont commencé par « faire du business », car les hommes se rapprochent plus facilement pour ce motif que pour créer en commun. Maintenant, l'Europe politique est en place, l'enjeu culturel refait son apparition. C'est cela qui m'intéresse. Comment mobiliser ces références un peu galvaudées que sont l'Europe aristocratique et francophone du XVIII^e siècle, la Ligue hanséatique, ou l'Europe des villes du Moyen Âge, alors que nous sommes passés à la culture de masse, dans des espaces ouverts et démocratiques ?

### L'EUROPE POLITIQUE : LE PLUS GRAND DÉFI DE L'HISTOIRE DÉMOCRATIQUE

Comment passer de l'Europe des intérêts à celle des valeurs ? Les eurocrates parlent tous la même langue de bois : « La richesse culturelle de l'Europe, c'est sa diversité. » Il faut prendre garde au concept de culture comme facteur de légitimation de l'Europe politique. L'histoire nous montre que la culture a autant conduit à rapprocher les hommes qu'à susciter les haines, les divisions et les sujétions. Il est donc pour le moins simpliste d'affirmer que la culture serait une des conditions de l'Europe démocratique. Le danger réside à mon avis dans un glissement de sens. L'Europe politique repose sur une culture politique, qui est celle de la démocratie. Mais à l'Europe culturelle sont assignés des objectifs qui dépassent cette culture démocratique. Autrement dit, l'Europe politique, *et* la culture démocratique inscrite dans l'Europe politique, ne suffit pas à fonder l'Europe culturelle telle que nous la rêvons.

Telle est la question : peut-on construire des cadres destinés à modifier la vie de millions de personnes sans relayer leurs attentes et sans même qu'elles s'en rendent compte ? Le processus est en quelque sorte inversé. En général, il y a des pratiques, des expériences, des conflits, des guerres qui conduisent à de nouvelles institutions. Pour ce qui est de l'Europe, sans pratique ni expérience, nous mettons en place des institutions qui ne répondent pas à une véritable attente. La plupart de nos concitoyens n'ont en effet aucune expérience concrète de l'Europe. Les gouvernements ont perdu une bonne partie de leur souveraineté au profit de l'Union, mais se gardent bien de le souligner. Face à cette partie de mistigris, les groupes sociaux n'ont pas l'expérience directe de l'Europe, à l'exception des pêcheurs, des agriculteurs et de quelques autres qui se tiennent la plupart du temps sur la défensive. Comment construire un cadre symbolique, culturel et cognitif, sans références ni expériences communes ? Car la seule expérience politique qui nous est proposée au Parlement européen s'avère particulièrement complexe. Douze langues officielles y sont pratiquées, quatre-vingt-dix partis s'y présentent, regroupés, après les élections en neuf groupes politiques, ne correspondant en général pas au découpage politique des États-nations.

La plus grande difficulté tient à ce que l'espace commun, l'espace public et l'espace politique ne peuvent cohabiter. Dès l'origine, l'Europe s'est affirmée comme un *espace commun*, structuré par le Marché commun à six, à neuf, à douze et aujourd'hui à quinze. La liberté des biens, des services et des hommes y prévaut même si les accords de Schengen ont restreint la liberté des personnes pour des raisons migratoires et nationalistes. Qu'en est-il de l'*espace public* commun, cet espace destiné à permettre aux groupes sociaux et aux individus de s'exprimer, de communiquer, de dialoguer et de s'opposer ? Cela suppose des langues communes, des mots communs, des représentations communes, des symboles et évidemment des idéologies. Or l'Europe n'a pas atteint ce stade, fait semblant de croire que cela peut se faire rapidement. Pour les États-nations, il a fallu deux à trois siècles pour passer de l'espace commun à l'espace public : pourquoi en serait-il autrement de l'Europe ? L'*espace politique* européen dont on parle n'existe en fait que pour deux à trois cent mille hauts fonctionnaires, hommes politiques et hauts dirigeants d'entreprise. Pour le reste, grâce aux moyens modernes d'information et de communication, tout le monde voit tout. Nous sommes informés en direct de ce qui se passe à Bruxelles, *mais* ce qui nous est montré ressemble à une fiction d'enjeux politiques : des réunions de conseil d'un ennui profond, des voitures grises avec des hommes gris qui arrivent avec des têtes grises pour des raisonnements gris. Comment y voir

« la plus grande aventure politique du siècle ». Les médias rendent encore plus perceptible ce décalage entre le souffle du projet européen et son manque de saveur et d'expérience.

### LES RAPPORTS COMPLIQUÉS IDENTITÉ-CULTURE-POLITIQUE

Les sociétés avancées sont entrées dans une ère où l'on considère que la culture est un facteur de réunification. Il suffit pourtant de regarder autour de nous pour se rendre compte que l'inverse perdure. Même en Europe, la culture s'est longtemps affirmée comme un facteur de différenciation. Les beaux-arts ont permis aux princes et aux Églises de se différencier et de mettre en place une hiérarchie. Il faut donc affiner cette vision un peu rose de la culture comme facteur de réunification.

Ce que l'on entend la plupart du temps par culture est la culture patrimoniale, le legs de l'élite à l'humanité. Depuis la Seconde Guerre mondiale est apparue une seconde culture largement sous-estimée, qu'on peut appeler « culture moyenne » ou « culture démocratique », celle de l'école, des médias, des loisirs, de la consommation. Une troisième forme de culture s'est ensuite imposée, relevant de la logique commerciale des industries culturelles et servant de soubassement, la culture de masse. Il n'y a guère de rapport entre ces trois cultures et même plutôt conflit. Mais on fait semblant de croire qu'elles pourraient toutes trois concourir à la construction de l'Europe. Des clivages nationaux doivent également être pris en compte. La culture à la française valorise les œuvres, la création et les créateurs, protégés par le droit d'auteur. La vision anglo-saxonne est plus anthropologique, s'attache au mode de vie. Quant à la conception allemande, elle renvoie à la civilisation. Ces trois conceptions de la culture ne s'inscrivent pas de la même manière dans le projet politique européen. N'oublions pas enfin que les élites intellectuelles se sont longtemps méfiées de la construction européenne, considérée comme une « tactique américaine » contre le communisme.

Les difficultés de l'Europe culturelle sont donc nombreuses. Il faut intégrer des patrimoines culturels nationaux qui sont fondamentalement différents. Il faut ensuite que nous déterminions les points communs d'un projet culturel spécifiquement européen, ce qui demande un énorme travail de décodage et recodage, les mots nation, État, souveraineté, légitimité, suffrage, opinions, croyances, stéréotypes, variant de sens d'un pays à l'autre et d'une langue à l'autre. Il faut enfin démocratiser l'ensemble étant donné que l'Europe démocratique se bâtit avec le suffrage universel.

### LES FAUSSES SOLUTIONS

Étant donné la difficulté du défi, nombre de solutions de facilité sont venues encombrer les discours des eurocrates qui, en un mot, croient pouvoir appliquer le volontarisme de l'Europe économique à la construction de l'Europe politique avec un peu de badigeon culturel.

Les identités nationales ayant été un facteur de haine, on s'efforce ainsi de les escamoter, se référant notamment aux pères fondateurs qui préconisaient de ne jamais parler du passé. Mais il n'y aura pas d'espace politique européen si on en escamote les catégories symboliques, les mots, les histoires, les traditions, les haines, les stéréotypes nationaux. La standardisation des modes de vie, pour faire vite, l'Europe du blue jean et du hamburger, ne prélude absolument pas à la communauté des valeurs et des symboles.

Une autre erreur consiste à croire en une continuité entre culture européenne, culture occidentale et culture marchande. L'Europe a certes donné naissance à la culture occidentale en en inventant les principales catégories : l'individu, la personne, l'autre ou encore l'œuvre d'art, de même qu'elle est à l'origine du capitalisme. Son fonds identitaire ancestral ne s'y est pas pour autant fondu. Dans un même ordre d'idée, on présente la société américaine comme une préfiguration de la société européenne, ce qui est un contresens. On ne peut sérieusement comparer le multiculturalisme américain, qui a toujours beaucoup de mal à intégrer ses différentes composantes, surtout les Noirs, et les différentes conditions de construction de l'Europe politique. Contrairement aux États-Unis qui résultent du projet de bâtir une nouvelle société, il n'est pas question pour les États européens de renoncer à leur passé.

Croire enfin que les technologies de l'information et de la communication sont un moyen d'accélérer l'Europe constitue également une idée fausse. Jamais une société ne s'est construite à partir d'un modèle technique. Ce qui compte, c'est la façon dont les techniques sont modulées, réappropriées, réinvesties par des valeurs, des représentations, des idéologies, des systèmes cognitifs. Comme la Commission européenne n'a pas de projet de société, elle s'en remet aux technologies, jugées comme interactives, pacifiques et démocratique. On parle de « la société de l'information et de la communication ».

## LE RENVERSEMENT ENTRE IDENTITÉ-CULTURE ET COMMUNICATION

Il faut désormais passer d'un jeu à deux, identité et culture, à un jeu à trois : identité, culture et communication. L'omniprésence de la communication empêche d'envisager les rapports entre identité et culture sans les médiatiser par la technique ou des modèles culturels liés à la communication. En effet, dans le cadre des sociétés fermées de jadis, la culture était un puissant facteur de civilisation, qu'il s'agisse de la littérature, de la philosophie, du théâtre ou de la poésie. Nous sommes désormais dans un univers ouvert dominé par la circulation des échanges à une échelle beaucoup plus globale. La culture n'y joue plus le même rôle d'ouverture. En raison des industries culturelles, il lui arrive même de devenir un facteur de déstabilisation car l'ouverture qu'entraîne l'ère de la communication repose souvent la question de l'identité. *En somme, on ne veut pas penser à ce qu'est la communication, réduite aux techniques, on a du mal à penser à ce qu'est la culture et on préfère oblitérer ce qu'est l'identité.* Enfin, la culture suppose une distance qui n'existe plus dans nos sociétés où tout est omniprésent grâce aux transports physiques et informatiques. Dès lors que vous avez des sociétés transparentes les unes aux autres et où l'autre est de plus en plus proche, le rapport culturel à l'autre change.

*Aujourd'hui, trois types de mondialisation se superposent* : celle des techniques, de la globalisation économique et de l'universalisme. Ces trois niveaux sont en permanence confondus. On présente les techniques de communication comme des outils adéquats pour la globalisation des marchés et comme la condition du concept d'universalisme. Or l'universalisme n'a rien à voir avec la mondialisation et n'a rien à voir avec la globalisation. La globalisation des marchés et la mondialisation des techniques ne sont nullement la condition de l'universalisation parce qu'ils supposent résolue la question préalable de l'identité. Il faut d'abord revaloriser les identités pour pouvoir passer à une véritable coopération, c'est-à-dire reprendre la question de l'autre dans les sociétés transparentes où la coexistence est généralisée. Il faut ensuite effectuer un énorme travail de connaissance mutuelle. Et comment se passer d'utopie ? Seuls deux symboles ont été mis au point : un drapeau étoilé qui fait un peu penser au drapeau américain, et un hymne qui n'est que le final de *La Neuvième Symphonie* de Beethoven. Cela a suffi pendant quarante ans, mais peut-on continuer ainsi ?

L'Europe devient un volcan. Si les Européens ne veulent pas de l'union politique, personne ne les forcera à la faire. Nous assistons actuellement aux progrès de l'extrême droite dans l'ensemble des pays européens : Autriche, France, Pays-Bas, Danemark. Ne risque-t-elle pas de cristalliser le refus de l'Europe ? L'« élasticité » qui demeure à l'égard de la construction européenne devrait attirer l'attention des dirigeants. Ce n'est pas parce que cette élasticité demeure qu'elle ne se rompra pas un jour.

## LE CITOYEN N'EST PAS UN AGENT ÉCONOMIQUE, AVEC UN BULLETIN DE VOTE EN PLUS

Il n'existe aucune raison *a priori* pour que l'Europe politique réussisse. Ce n'est pas parce qu'il n'y a plus de guerre entre nous que la culture pourra devenir le sens, l'enjeu et l'alibi de l'Europe. Pour la construction de l'Europe, la question principale qui se pose est celle du rapport à autrui : à quelle distance peut-on gérer l'altérité ?

On ne peut pas mettre en place un espace politique, symbolique et culturel, sans débat et sans adversaire.

Nous ne devons pas oublier l'Europe de l'Est. Nous avons cru que le rideau de fer était tombé pour deux siècles et 1989 nous a surpris à l'improviste. Pour parvenir à nous associer à cette deuxième partie de l'Europe, nous aurions intérêt à réintroduire, dans le cadre de notre tradition rationnelle, démocratique et laïque, les autres traditions issues du judaïsme, de l'islam deuxième religion de France, et de l'orthodoxie, largement minorée. Sans renoncer pour autant à notre mode laïque, rationnel et démocratique. L'Union à quinze et bientôt à vingt dépend de ce dialogue avec l'Europe de l'Est et de notre capacité à intégrer les apports de Byzance, de la Turquie et de la façade méditerranéenne.

## Référendum : le boomerang de la communication politique[9]

### Le traité de Maastricht

Le traité de Maastricht, dont la dénomination institutionnelle est traité sur l'Union européenne (TUE), a servi de base constitutive à l'Union européenne, du 1er novembre 1993, date de son entrée en vigueur, au 1er décembre 2009, où lui a été substitué le traité de Lisbonne.
Signé par les Douze, il a remplacé l'expression de « marché commun » par celle d'Union européenne, affirmé les objectifs de cette Union et défini les trois « piliers » de son action : communautés européennes, politique étrangère et de sécurité commune, coopération policière et judiciaire. Il a également lancé l'Union économique et monétaire (UEM) devant conduire à la création de l'euro et défini les critères de convergence nécessaires pour assurer la stabilité de l'Europe monétaire : inflation réduite, déficit budgétaire inférieur à 3 % du PIB et endettement public inférieur à 60 % du PIB. En France, suite à la décision du Conseil constitutionnel, la ratification du traité a nécessité une révision qui est entérinée par référendum le 20 septembre 1992, 51 % des suffrages s'étant exprimés en faveur du traité (pour une participation de 69,7 %). Le 3 septembre, ce référendum avait donné lieu à un débat contradictoire organisé à la Sorbonne entre le président François Mitterrand et Philippe Séguin, un des dirigeants de l'opposition, partisan du non, débat marqué par sa courtoisie et sa franchise politique.
Le 29 mai fait apparaître cinq faits. Une réelle incommunication entre pays légal et pays réel. D'un côté, les élites, les urbains, les plus âgés. De l'autre, les ruraux, les plus pauvres, les jeunes. Un casse-tête qui ne recoupe pas les frontières politiques. Un rejet du libéralisme dont l'Europe devient le symbole, même si elle en était au contraire une tentative d'organisation. Une immense colère contre la crise économique et sociale. Le refus d'une constitution, pas assez débattue, et symbole des abandons de souveraineté difficiles à accepter. L'arrogance des élites se retourne contre elles avec la fin du chantage à l'« intelligence », à la compétence. Le non n'était même pas pensable... Pourtant en cas de suffrage universel il n'y a plus de hiérarchie entre ceux d'en haut et d'en bas. Enfin c'est la preuve que ni les médias, ni les élites ne font l'opinion et l'élection : les deux, dans l'ensemble, étaient favorables au « oui ». On a donc assisté à la rencontre des « deux non ». Le non français contre la majorité actuelle et le non européen contre l'eurocratie. Les deux non se sont tissés ensemble, brouillant une fois de plus, et c'est l'originalité de l'Europe, le clivage gauche/droite. Avec cette question sans réponse : le non français aurait-il été plus faible si Jacques Chirac avait en 1995, 2002 et 2004 pris en compte le vote des Français ? Le boomerang moins fort ? Ce qui relance la contradiction inhérente à la démocratie de masse médiatisée : pas d'action possible du pouvoir sans un minimum de durée et de stabilité. Simultanément, il est impossible de ne pas écouter les citoyens.
Au-delà, il faut réfléchir au rôle essentiel de la communication politique, véritable moteur de la démocratie. La communication politique ce n'est ni les paillettes, ni le marketing, ni la publicité. C'est au contraire l'espace symbolique, constitué par le jeu des acteurs politiques, des médias, de l'opinion publique, et la circulation de leur discours. Pas de démocratie avec un grand nombre d'acteurs, le suffrage universel, beaucoup d'informations, de médias, de sondages, sans une réflexion sur le rôle essentiel de ce triangle de la communication politique. Son risque ? Se refermer, perdre le

9. À propos du rejet du traité de la Constitution pour l'Europe par la France lors du référendum du 30 mai 2005, *Le Monde*, 5-6 juin 2005.

contact avec la réalité, rétrécir le jeu politique et arriver au découplage auquel on a assisté lors de ce référendum.

Un exemple. Dès le dimanche soir, dans tous les débats, la ronde des explications avait repris. Tout le monde savait déjà quoi dire et penser. Aucun silence. Aucun doute. En quelques minutes, l'événement était avalé, neutralisé... Et pourtant, il y a de quoi réfléchir sur ce triangle.

Les acteurs politiques d'abord. Pourquoi si peu de modestie et d'autocritique ? Pourquoi ignorer à ce point que les citoyens ne sont pas dupes ? Attention à cette classe dirigeante médiatisée, pointe visible de l'iceberg qui laisse dans l'ombre ces milliers d'élus, nationaux, régionaux, locaux, qui ont souvent une bien meilleure compréhension de la société que ces élites. Sans oublier les syndicats, associations, mouvements d'éducation populaire, systématiquement identifiés à des corporatismes. Mais les élites ne sont-elles pas furieusement corporatistes ? D'autant que les médias font effet de loupe. Les citoyens voient tous et savent tout. Ils n'ont pas toujours raison, mais impossible de construire ce nouvel espace politique, en sous-estimant à ce point les récepteurs que sont les citoyens.

L'opinion publique. L'Europe est sans doute le secteur où la tentation de la réduire aux sondages est la plus forte, et la plus dangereuse. Ne sachant pas comment se forment les opinions sur cet immense Far West on y transcrit les méthodes, d'ailleurs parfois insuffisantes, existant aux plans nationaux. L'Europe est à la fois un espace commun fait d'économie et un espace politique qui s'élargit lentement. Mais ce n'est pas encore un espace public nécessitant un minimum de langue, représentations, idéologies, enjeux communs. Les « opinions » des uns et des autres ne veulent pas dire la même chose. Et c'est normal. Alors pourquoi croire que la multiplication des sondages compensera ou suffira à faire naître un espace public ? Mieux vaut d'abord interroger l'histoire, comparer, affronter l'altérité, voyager, comprendre que l'on ne comprend pas. *En un mot admettre que la question des opinions européennes n'a rien à voir avec celle de chacune des opinions nationales*. Un exemple. Une opinion sur l'Europe, chez un individu, suppose comprendre un petit peu les rapports entre information, connaissance, représentation, idéologie, stéréotype, rumeur, préjugé ! Oui aux sondages mais pas comme substitution à une réflexion théorique et imaginaire.

Les médias. Leur rôle, comme toujours, a été central, pour expliquer les enjeux et organiser des confrontations. Surtout quand ils ont réalisé l'ampleur du non. Le contenu des débats aurait-il conduit à un autre résultat si les médias avaient commencé *plus tôt* ce travail d'explication et de débats ? À leur décharge, les opinions politiques ne manifestaient guère hier d'intérêts aux questions européennes. En réalité les médias sont le moteur de la communication politique, mais à deux conditions. D'abord éviter d'être trop liés aux élites et conserver la fonction de médiation entre les différents milieux de la société. Ils doivent refléter l'hétérogénéité de la société. C'est leur rôle démocratique. D'autant qu'en haut les dirigeants n'ont souvent plus de rapports avec la réalité, et n'y accèdent qu'à travers les médias. Ensuite les médias doivent éviter de devenir les simples commentateurs des sondages. Trop de sondages commandés ou commentés. On serait effaré, tous médias confondus, de voir sur *une* seule journée le nombre d'informations qui se réduisent à un commentaire de sondage. À croire que les journalistes ne savent plus faire que cela, avec des sondeurs, omniprésents dans les rédactions, réduisant la place de *toutes* les autres compétences pour donner une autre vision de la politique.

La communication politique est donc au cœur de la construction de l'Europe, mais à condition de reconnaître qu'elle ne recoupe pas les clivages traditionnels, et en dépassant les logiques de « chantage » qui ont été utilisées jusqu'à aujourd'hui. À condition aussi d'admettre qu'il ne peut y avoir d'Europe politique sans un minimum de croissance et de solidarité. Sans oublier l'importance des identités et de la diversité culturelle. Enfin, si avec le non français rien ne sera plus comme avant, c'est aussi à condition pour la France de ne pas nier la liberté des autres, de ne pas imposer sa loi. Autrement dit, la grandeur de la communication est de construire la cohabitation politique en Europe. Donc, la tolérance. À l'heure de la mondialisation, l'Europe est le plus grand exercice de communication politique démocratique.

## *Les enjeux théoriques contemporains*

Depuis cinquante ans, l'Europe est la plus grande aventure politique démocratique de l'histoire du monde. Cinquante ans qu'elle fait partie de notre vie quotidienne avec ses victoires et ses défaites, chaque crise devant annoncer son échec, chaque renaissance faisant oublier la crise précédente. Cinquante années très courtes aux yeux de l'histoire, mais très longues pour nous, accentuant notre impatience. Notre inexpérience, proportionnelle ici à l'immensité du projet, a toujours tendance à nourrir le pessimisme et l'annonce régulière de « la fin de l'Europe ».

Rapprocher lentement six, neuf, douze, quinze, vingt-sept et demain plus, États-nations que tout a séparé dans l'histoire et qui ne se comprennent guère, avec vingt-six langues, sans trop d'intérêts mutuels si ce n'est une certaine méfiance, mais qui avancent néanmoins lentement dans la même direction en passant progressivement, depuis Maastricht, d'un modèle technocratique à démocratique : voilà un exploit unique au monde. Le tout sur fond de rencontres, de conférences, qui font sans doute de cette partie du monde celle où les États n'arrêtent jamais de négocier. Celle où les fonctionnaires, comme les lobbys, les associations, les politiques, les technocrates débattent et coopèrent de manière conflictuelle, en permanence. *Sans doute le plus grand espace de communication politique dans l'histoire du monde.* Néanmoins, impatients, sceptiques, indifférents mais finalement toujours volontaristes, les Européens font en « ronchonnant » cette histoire dont ils n'arrivent pas à être fiers. Par contre, dès que l'on quitte l'Europe et que l'on voyage dans le monde, on ne voit que la force de cet immense projet politique qui continue de progresser, sans panache, sans paillettes, mais quasi inexorablement et dont le monde entier, sauf les Européens, sait l'importance, même si tout le monde n'en parle que sur le mode dérisoire. Il est même plus important que la fin du communisme car il a commencé avant, et enjambe la fin de la guerre froide.

Que serait le monde aujourd'hui sans cette aventure qui est la seule à se poursuivre à cette échelle ? *History as usual,* c'est-à-dire l'histoire comme d'habitude. Un immense marché capitaliste avec la finance comme seule aventure, et la haine au bout des inégalités. *Retirez la construction de l'Europe, il ne reste rien qui essaye de transcender la seule loi mondiale, celle du marché.* L'Europe reste avant tout un projet politique ; c'est sa grandeur et c'est une espérance mondiale. Si ce projet réussit, alors c'est un immense espoir pour tous les autres continents, car elle a été l'espace où il y a eu le plus de haine, de guerres, de massacres. Si ce bout de continent, qui domina le monde et faillit plusieurs fois s'autodétruire est capable de construire une forme de coopération, alors cela signifie que l'espoir est possible, selon d'autres modalités, en Amérique latine, au Proche-Orient, en Afrique, en Asie, etc. Quelle autre partie du monde, au-delà des critères économiques de la globalisation, aurait pu créer un tel espoir ? Malgré les crises, les trahisons, les incommunications, le feuilleton de l'Europe ne s'arrête jamais. Enterré cent fois, ce projet renaît sans cesse, et ce malgré le scepticisme des Européens… Cent fois au bord du précipice, les Européens continuent d'inventer.

La crise actuelle de l'euro illustre très bien la double nature, politique et économique de l'Europe. Cette monnaie est d'abord un pari politique, mais elle est constamment confrontée à la finance mondiale risquant régulièrement d'être rabattue sur sa seule dimension économique. Notamment de la part des « marchés », hermétiques à un quelconque projet politique. Sauver l'euro, c'est donc d'abord rappeler la suprématie de la dimension politique de cette monnaie par rapport à sa dimension économique et avancer vers une politique économique commune. De toute façon, quand l'économie impose son imperium, comme c'est le cas en Europe depuis dix ans, c'est que le politique est en crise. L'Europe manque aujourd'hui d'une volonté politique, expliquant l'actuel économicisme dominant. La tyrannie des agences de notation, l'appel à la fin de la zone euro et à l'impossible solidarité entre ses membres, illustre l'affaissement actuel du politique, et redonne sens aux populismes nationalistes. Cela se voit dans l'absence d'une communication politique à l'échelle de l'Europe. Les politiques trop prudents face à l'étape suivante, celle d'une politique commune, sont défiés par les marchés. L'Europe est condamnée à retrouver le *leadership* de la politique sous peine d'exploser. D'ailleurs la crise de la politique par rapport à la finance accroît la rupture entre l'élite et les peuples, et nourrit l'absence de confiance à l'égard des élites. La sortie de crise n'est pas simplement l'invocation au « fédéralisme » car celui-ci peut parfaitement accroître le poids de la technocratie, s'il n'y a pas simultanément plus de pouvoir donné aux peuples, notamment au travers du Parlement européen. Et surtout avec plus de solidarité et de débats publics européens, contradictoires. Cette crise économique est une crise du politique et les Européens attendent finalement de voir si la dimension politique pourra de nouveau prendre le pas. Même s'ils critiquent sans cesse l'Europe, les peuples, encore actuellement, en défendent le projet, à condition que le politique l'emporte sur les marchés. Et de ce point de vue, le fait que le couple franco-allemenad représente 60 % du PIB de l'Europe est un atout politique et pas seulement économique.

Sans projet politique, l'Europe n'est qu'un marché de 500 millions d'habitants dans la mondialisation. Et ce sera son échec. Or rien ne prouve qu'il n'y aura pas de nouveau départ. L'Europe est l'histoire d'un yo-yo, entre utopie politique, revanche du marché et dérive bureaucratique.

En un mot, l'Europe est à elle toute seule le symbole et le triomphe de l'incommunication. Elle est pourtant le plus bel hommage rendu à l'utopie politique, au désir des hommes, de construire parfois l'histoire, pacifiquement. Au-delà de l'incommunication triomphante, on retrouve néanmoins la volonté de coopérer. Il n'y a *aucun* autre exemple historique où communication et incommunication sont à ce point conjointes. Au lieu de valoriser cette situation exceptionnelle, même au travers de ses contradictions, une sorte de défaitisme s'installe, légitimant les dix-huit partis nettement anti-européens existant actuellement. Avec ses échecs et ses réussites, l'Europe est la seule expérience aussi ambitieuse dans le monde. Elle ressemble d'ailleurs à cette autre utopie, l'ONU, donc beaucoup, évidemment, disent qu'« elle ne sert à rien ». On pourrait même dire que ces deux utopies empêchent de désespérer de cette mondialisation présentée pendant vingt ans comme la « nouvelle frontière de l'histoire » et qui s'est révélée, après l'effondrement du communisme, n'être que le changement d'échelle du capitalisme ; avec ses forces et ses impasses.

Le sens de l'Europe, sans que chacun le revendique clairement, est bien la recherche, tâtonnante et souvent insuffisamment flamboyante, d'un moyen de *cohabiter* et de repousser les haines et les guerres. Nous sommes ici au cœur de la communication, c'est-à-dire le partage et la négociation. Si l'économie est depuis toujours la vitrine du projet, celui-ci reste finalement politique et culturel, et c'est probablement la raison pour laquelle, sans le dire nettement, les peuples, depuis 1945, ont suivi cette aventure. Mais à l'inverse, si ce projet politique n'arrive plus à ébranler l'économisme dominant, le rejet risque d'être net. Un exemple ? La solidarité. C'est la force du projet politique européen, depuis toujours largement méconnue par les Européens. Mais s'il n'y a pas de projet politique, cette solidarité ne devient qu'un « rattrapage financier ». Autrement dit, l'économie est toujours le facteur de communication le plus facile, et c'est indispensable, mais à condition d'être encadrée par une perspective politique. Et notamment en valorisant l'histoire. Car celle-ci est totalement inséparable de l'Europe. Par exemple, interroger l'intelligence de ces trois empires multiculturels : austro-hongrois, russe et ottoman, battus en 1918, mais qui dans un contexte non démocratique avaient néanmoins construit une politique multiculturelle intelligente. Cela permettrait d'absorber autrement l'éclatement de l'ex-Yougoslavie, la Bosnie, la Serbie, le Kosovo... Les Balkans sont la poudrière de l'Europe, et seuls la volonté, l'histoire, la culture, la politique et le respect de l'autre peuvent éviter l'explosion car toutes les forces, faiblesses et contradictions de l'Europe se retrouvent. Et plus l'Europe s'élargit, plus elle retrouve *ses* histoires, dont on a besoin aujourd'hui. Au-delà de l'économicisme actuel, les Balkans demeurent l'œil du cyclone de l'Europe. Réussir à européaniser les Balkans est sans doute le meilleur moyen pour éviter de balkaniser l'Europe. Pour cela, il faut ouvrir les frontières mentales, faire tomber tous les murs et surtout laisser parler, s'exprimer les histoires, les rancœurs et les souvenirs. On est ici loin de la vitesse des systèmes d'information et des réseaux. Cependant, il n'y aura aucun progrès si l'on sous-estime cette phase lente et indispensable de la communication interculturelle. C'est la violence de l'histoire, des histoires, qu'il faut apprivoiser, et donc prendre du temps et ouvrir la communication publique. La plus grande faiblesse de l'Europe est sans doute ce déficit de *communication interne*. Il n'y a même pas d'intérêt pour cet extraordinaire espace de communication politique qu'est le *Parlement européen*. Ni pour le *Conseil de l'Europe* et toutes les enceintes européennes de débat et d'action. Les rubriques « Europe » sont beaucoup trop faibles, et institutionnelles, dans tous les pays et dans tous les médias. Les chaînes d'information sont obsédées par l'événement alors qu'il s'agit ici d'apprivoiser l'histoire et de cultiver patiemment le terrain d'une « culture » commune. Pour cela, sortir notamment du masochisme européen en matière de communication, où seule existe *Euronews*, insuffisamment développée, et favoriser la connaissance et l'analyse de l'Europe dans tous les médias européens. *Le plus grand projet politique actuel du monde ne dispose d'aucune politique de communication !* De peur d'étaler des différences que tout le monde connaît déjà… C'est pourtant au travers des bruits et des disputes que l'on apprend à cohabiter. Comme cela se produit d'ailleurs au sein des États-nations. Et l'horizon de ces monologues, dialogues et disputes ne sera pas le choix entre l'Europe *ou* les États-nations, mais les États-nations *et* l'Europe. On a besoin de ces deux jambes pour essayer de dépasser les haines et les incompréhensions inexpiables. Elle est le chantier politique actuel où le concept de *cohabitation* est le plus visible, en grandeur nature.

L'Europe est d'ailleurs le plus bel hommage à cette hypothèse que je défends modestement depuis trente ans : l'importance de la *communication normative*, c'est-à-dire celle des valeurs, celle qui met, au centre de l'histoire et des relations entre les hommes, la capacité à se parler, sans forcément se comprendre, mais à se respecter et à négocier pour atteindre une certaine cohabitation. La grandeur de cet idéal politique est encore plus visible aujourd'hui qu'hier, dans ce monde multipolaire où les contradictions de l'Europe à vingt-sept n'ont jamais été aussi visibles, décevantes et vilipendées. L'invention est encore plus difficile, tant le fonctionnement quotidien actuel a de quoi briser tous les optimismes. D'autant que cette Europe quotidienne oublie de montrer les réussites en termes, notamment, de solidarités. Car c'est peut-être ce mot de solidarité qui caractérise le mieux le projet européen, entre les États et les régions riches par rapport aux pauvres, entre l'Est et l'Ouest… Mais de cette politique volontariste de la solidarité, il n'est guère question publiquement. C'est aussi la seule expérience politique où l'on a autant de fois *arrêté les pendules*, freiné le temps pour le retrouver et arriver à un accord ! Non seulement l'Europe est le plus bel hommage rendu au couple communication-politique, mais elle est aussi un lieu de lecture privilégié de toutes les contradictions existant par ailleurs dans les espaces publics nationaux. On y voit la montée rapide de l'extrême droite, de la xénophobie et du populisme ; l'élitisme ; la difficulté à gérer la diversité culturelle ; la réduction de l'économie européenne au libéralisme ; la nécessité de redonner le pouvoir à la politique ; le besoin de symboles et de projets au-delà de l'économie ; les tentations du repli identitaire ; le parfum de l'islamophobie ; les sirènes d'une certaine ethnicisation de la politique. En un mot, elle est un des lieux où l'on voit se recouper les rapports entre cultures, politique et communication, c'est-à-dire les composantes de la troisième mondialisation.

Quelle est la première force de l'Europe ? Obliger à repenser tous les concepts de la politique et de la démocratie. La notion de frontière et ses rapports avec les patries et les territoires ; les rapports entre nations et communautés ; les cultures et l'histoire ; les questions d'identités culturelles et de patrimoine ; celles des peuples, des langues, de l'État, de l'espace public et de la communication politique. Quoi de plus essentiel ? D'autant que, dans ces innombrables négociations, sans panache apparent, s'affrontent, se frottent et cohabitent depuis cinquante ans les deux modèles antagoniques, libéraux et sociaux-démocrates, constitutifs de l'identité européenne. Bref, avec l'Europe, tout est visible à condition de regarder. En fait l'utopie politique de l'Europe est essentielle, et n'a pas changé depuis cinquante ans car les trois valeurs centrales perdurent : la politique qui l'emporte finalement sur l'économie ; l'altérité indépassable qui contraint à inventer sans cesse des formes pacifiques de cohabitation culturelle ; l'horizon qui demeure démocratique obligeant à recourir, le temps nécessaire, à des processus de négociation. On a souvent dit que la seule frontière de l'Europe est la démocratie. Et c'est exact.

En réalité ce mécanisme politique bancal est le lieu de lecture de tous les conflits du triangle, politique, culture et communication et de toutes les utopies démocratiques. C'est pourquoi, si tant est que la phrase ait un sens, l'Europe est aux avant-gardes de l'histoire, au « balcon de l'histoire ». Actuellement, le plus beau projet de cohabitation culturelle mondiale.

La deuxième force de l'Europe ? La lecture en grandeur nature et quotidienne des processus *incessants* de négociation pour arriver à trouver des moyens de cohabiter. En Europe, tout le monde passe son temps à négocier, illustrant ce troisième sens, contemporain, de la communication, à savoir la *négociation* et la cohabitation.

Cette politique au grand jour fait rire plus d'un « spécialiste » des relations internationales car on n'y retrouve pas forcément les codes habituels de la diplomatie. Elle est en avance sur les autres parties du monde, car l'Europe a appris à ses dépens, depuis 1914, et plusieurs fois, que l'autre est intelligent, et qu'il n'y aura pas d'autre solution que d'apprendre à cohabiter. *Cohabiter*, voilà un mot modeste indispensable à valoriser car il permet de gérer pacifiquement et démocratiquement l'altérité, omniprésente dans un monde ouvert où chacun revendique davantage ses droits que ses devoirs. C'est pourquoi j'insiste souvent, comme condition de réussite de cette cohabitation, sur la nécessité de respecter la « bande des quatre » dont j'avais parlé dans *La Dernière Utopie, naissance de l'Europe démocratique* en 1993. C'est-à-dire la nation, l'histoire, la religion, les identités.

*L'Europe symbolise le premier défi du XXI^e^ siècle : reconstruire l'universalisme à l'aune des diversités culturelles*. Ce qui implique notamment de réfléchir aux mutations structurelles suivantes : le rapport entre élites et masses ; tradition et modernité ; la géographie et les frontières ; le triangle identité, cohabitation culturelle et immigration ainsi que son complément, le racisme, le populisme et l'islamophobie ; les rapports entre l'Europe de l'Ouest, et l'Europe centrale et orientale ; la nécessité de valoriser la rive sud et de repenser l'unité de cette civilisation européenne ; la valorisation d'une laïcité de tolérance face au retour des intolérances religieuses…

En matière de communication, le plus fascinant est sans doute le décalage entre cet immense travail quotidien de fabrication de l'Europe *et* l'incapacité à en rendre compte positivement. Rien qui puisse sensibiliser à la puissance *et* la diversité des Européens. Rien sur l'histoire comparative, ni sur cette force incroyable de l'Europe : être toujours au carrefour des deux grandes questions de l'avenir : l'identité culturelle et la révolution de l'information. Rien, comme je l'ai déjà évoqué, en dehors d'*Euronews*, d'ailleurs exceptionnelle, mais qui n'arrive même pas à être la grande chaîne d'information *mondiale* que l'Europe mérite. Rien ou pas grand-chose en matière de communication de grands médias nationaux. L'Europe a par contre un avantage, elle sait qu'un grand projet d'« Europe numérique » n'aurait pas grand sens, car elle est *déjà*, avec les États-Unis, la partie du monde où il y a le plus de systèmes d'information performants, sans que cela ait suffi à générer une plus grande curiosité communicationnelle réciproque… Il faut plutôt aller vers plus d'expériences communes. Les *Erasmus*, par exemple, devraient être multipliés par dix, et pas seulement pour les étudiants, mais pour tous les jeunes. Sans oublier de grands chantiers européens qui permettraient de relier le Nord et le Sud, l'Est et l'Ouest. Créer et valoriser un corps de volontaires internationaux qui dans tous les pays du monde, s'essaieraient à la solidarité. Multiplier les échanges entre les deux rives de la Méditerranée, pour réaliser combien, malgré leurs caractères inégaux, ces échanges illustrent le rôle essentiel de l'islam dans l'histoire de l'Europe. Arrêter de faire de celui-ci un bouc émissaire, surtout depuis le printemps arabe, et réaliser qu'au travers de sa présence dans les Balkans, il est autant au cœur de l'histoire de l'Europe que le judaïsme ou le christianisme. La Turquie, qui depuis des années est rejetée de l'Europe, devient non pas le modèle, mais un des symboles d'économie en croissance en lien avec une société qui recherche un autre dialogue entre société civile et religion. Ironie de l'histoire. Cette Turquie dévalorisée devient, depuis les printemps de 2011, un des laboratoires de la recherche d'un autre modèle de société et de relation entre économique, politique, social et religieux.

Un symbole de cette incommunication structurelle : la politique d'immigration de l'Europe. Après l'ouverture de Shengen, tout se referme, surtout depuis la crise. L'immigré devient menaçant à rebours de toute la tradition de l'Europe depuis le XIII$^{e}$ siècle, qui est d'avoir été un espace de circulation. Tout justifie progressivement la fermeture, les reconduites aux frontières, les suspicions, les doubles discours. Comment l'espace politique le plus démocratique du monde va-t-il pouvoir garder longtemps une telle méfiance à l'égard d'individus et de groupes qui ont tous fait partie des pays liés à son histoire et qui sont tous venus mourir pour elle dans les deux guerres mondiales ? Le printemps arabe illustre cette contradiction. D'un côté, les Européens applaudissent à cette rencontre entre l'islam et la démocratie et, de l'autre, ils ferment toutes les frontières aux réfugiés. Comme si les peuples du Maghreb et du Mashrek déjà si habitués à l'inhospitalité européenne avaient une quelconque envie de vouloir immigrer durablement en Europe. Attention ! Avec la mondialisation de l'information, tout le monde voit tout. Gare aux retours de bâton face à tant d'humiliation. L'île de Lampedusa qui fut la destination souvent tragique de tant de ces réfugiés qui cherchaient la sollicitude européenne devient le symbole de son inhospitalité et de son refus de l'autre, mise pourtant, par ailleurs, au cœur de son projet politique…

L'Europe est aussi un cas de figure exceptionnel pour une autre raison : comment le plus grand et le plus compliqué des chantiers politiques du monde se fait-il à ce point sans imaginaire et panache ? Peut-être qu'au-delà de tant de maladresse faut-il voir dans ce clair-obscur un des moyens d'aborder cet immense chantier ? Dans tous les cas, un tel comportement est à méditer : il est à *l'opposé* de toute l'idéologie des news, de la communication et des scoops qui caractérisent par ailleurs l'information. Comme s'il y avait deux philosophies de l'information. Une saturée de vitesse, d'émotions, pour le tout-venant des événements. Une beaucoup plus silencieuse, discontinue, maladroite, voire inefficace, pour certaines grandes mutations historiques, sociales et culturelles dont l'Europe est un superbe exemple. Une communication *a minima*, comme pour ne pas provoquer de conflits ? Et le même raisonnement peut être tenu pour la politique.

L'Europe illustre ce que je ne cesse de répéter depuis des années, et qui se vérifie particulièrement ici : *la performance des techniques de communication ne suffit pas à créer la communication entre les hommes et les sociétés*. Ici, toutes les techniques sont présentes dans la région du monde où il y a sans doute le plus d'interactions de toute nature et pourtant la communication n'est pas au rendez-vous. L'Europe ou l'antimodèle de la communication. Jusqu'où pourra-t-il y avoir ce *grand écart* entre la complexité du chantier politique, l'impérieuse nécessité de mieux le valoriser, et cette situation complètement artisanale, dans laquelle se trouvent l'information et la communication ?

Un exemple de cette non-pensée du statut de la communication dans le projet politique européen ? Au moment de la rédaction de la première Constitution européenne, les auteurs voulaient faire référence au rôle des racines chrétiennes dans l'identité européenne. Ils y ont renoncé face aux réactions des tenants d'autres valeurs. Mais rien n'était plus facile que de souligner *toutes* les racines culturelles de l'Europe : le judaïsme, le christianisme, l'islam, la libre pensée, le socialisme. Cela aurait rendu hommage à chacun et aurait aussi simplifié les relations avec le monde musulman, notamment dans le dialogue avec la Turquie. Que de temps perdu à se montrer trop pusillanime. Une proposition modeste pour accélérer, au-delà de l'information, cette solidarité commune ? Décider de conserver dans tous les pays, de 1 à 5 % du crédit de chaque ministère, pour réaliser des projets européens, de coopération et de communication. Chacun, de chez lui, verrait le travail commun, renforçant la perception de cette ambition politique commune.

Cette faiblesse concerne *aussi* la production audiovisuelle, cœur de la télévision, elle-même cœur de la conscience collective. L'Europe de l'audiovisuel, à l'exception de quelques mécanismes est quasi inexistante, du moins sans commune mesure avec la richesse culturelle et cinématographique de ces vingt-sept pays. Rien sur l'expérience d'une télévision publique de qualité qui existe ici dans de nombreux pays. Pourquoi l'Europe ne croit-elle pas à cette communication publique que chacun de ses États défend par ailleurs ? Pourquoi cette modestie masochiste qui ne reflète, ni pour elle, ni pour le reste du monde, l'extravagance et l'originalité de ce projet ? Comment les Européens pourraient-ils être fiers de ce qu'ils réalisent, si jamais ils sont incapables de sortir d'eux-mêmes et de commenter la grandeur du projet ? Pourquoi cette absence européenne sur les marchés audiovisuels, des nouvelles technologies, et des nouvelles formes d'expression ? L'Europe, dont l'expérience de chacun des États membres est *considérable* en matière d'information mondiale, ne se donne pas les moyens de développer *sa* propre chaîne d'information mondiale. Sans parler des industries culturelles et de la communication qui sont à la fois parmi les plus brillantes, expérimentées, et surtout les plus diverses par rapport à d'autres régions du monde. Dans un monde ouvert, saturé d'interactions et d'informations, la communication, c'est-à-dire la capacité à s'exprimer et à débattre contradictoirement avec tous, est tout de même un indice de la confiance dans l'histoire que l'on est en train de fabriquer. Pourquoi ne pas inventer un *autre* modèle de communication qui échappe aux codes classiques de la communication publique ? Inventer une autre politique de communication, qui pourrait être aussi originale que l'est ce projet fou, irréaliste, mais finalement tellement optimiste qu'est l'Europe ?

*BIBLIOGRAPHIE SÉLECTIVE*

– *L'État de l'Union 2011*, rapport Schuman sur l'Europe, Paris, Lignes de repères, 5e édition.
– BALIBAR, E., *Nous, citoyens d'Europe ? Les frontières, l'État, le peuple*, Paris, La Découverte, 2001.
– BONET, L., NÉGRIER, F. (dir.), *La Fin des cultures nationales ? La politique culturelle à l'épreuve de la diversité*, Paris, La Découverte, 2008.
– BRAGUE, R., *Europe, la voie romaine*, Paris, Critérion, 1992.
– COHN-BENDIT, D., *La France est-elle soluble dans l'Europe ?*, Paris, Albin Michel, 1999.
– COMPAGNON, A., SEEBACHER, J. (dir.), *L'Esprit de l'Europe*, Paris, Flammarion, 1993, 3 vol.
– DAUBENTON, A., DACHEUX, E., HENRY, J.-R., MEYER-BISCH, P., WOLTON, D., *La Cohabitation culturelle en Europe. Regards croisés des Quinze, de l'Est et du Sud, Hermès*, n° 23-24, Paris, CNRS Éditions, 1999.
– DAKHLIA, J., VINCENT, B. (dir.), *Les Musulmans dans l'histoire de l'Europe*, Paris, Albin Michel, 2011, tome 1.
– DUROSELLE, J.-B., *L'Europe, histoire de ses peuples*, Paris, Hachette, 1998 (1990).
– Eurobaromètre, *La Discrimination dans l'Union européenne. Perceptions, expériences et attitudes*, TNS Opinion & Social, juillet 2008.
– FERRAND, O., *L'Europe contre l'Europe. Appel à une nouvelle génération européenne*, Paris, Hachette, coll. « Terra Nova », 2009.
– FERRO, M., *Histoire des colonisations, des conquêtes aux indépendances*, Paris, Seuil, 2001 (nouvelle édition).
– FOUCHER, M., *L'Europe et l'avenir du monde*, Paris, Odile Jacob, 2009.
– FRANK, R. (dir.), *Les Identités européennes au XXe siècle. Diversités, convergences et solidarités*, Paris, Publications de la Sorbonne, 2004.
– FUMAROLI, M., *Quand l'Europe parlait français*, Paris, Éditions de Fallois, 2001.
– HORKHEIMER, M., *Éclipse de la raison*, Paris, Payot, 1994.
– JEANNENEY, J.-N., *Quand Google défie l'Europe. Plaidoyer pour un sursaut*, Paris, Mille et Une Nuits, 2006.
– MORIN, E., *Penser l'Europe*, Paris, Gallimard, coll. « Folio Actuel », 1990 (1987).
– NOWICKI, J., OUSTINOFF, M., PROULX, S., *L'Épreuve de la diversité culturelle, Hermès*, n° 51, Paris, CNRS Éditions, 2008.
– OLLIVIER, B. (dir.), *Les Identités collectives à l'heure de la mondialisation*, Paris, CNRS Éditions, coll. « Les Essentiels d'Hermès », 2009.
– SAPIRO, G., *L'Espace intellectuel en Europe. De la formation des États-nations à la mondialisation. XIXe-XXIe siècle*, Paris, La Découverte, coll. « Recherches », 2009.
– STUCS, J., *Les Trois Europe*, Paris, L'Harmattan, 1985.
– SLOTERDIJK, P., *Si l'Europe s'éveille*, Paris, Mille et Une Nuits, 2003.
– THIESSE, A.-M., *La Création des identités nationales, Europe XVIIIe-XXe siècle*, Paris, Seuil, coll. « L'Univers historique », 1999.
– TUDOROVA, M., *L'Imaginaire des Balkans*, Paris, Éditions EHESS, coll. « En temps & lieux », 2011.
– VANDERMOTTEN, C., *L'Identité de l'Europe. Histoire et géographie d'une quête d'unité*, Paris, Armand Colin, 2008.

CHAPITRE 8

# Diversité culturelle et mondialisation[1]

## Repères chronologiques

**La France d'outre-mer**

Les outre-mers français comptent 2 685 705 habitants[2]. Depuis les années 1980, leurs populations revendiquent la prise en compte de leur diversité, de leur autonomie, voire de leur indépendance. À ce titre, sont à retenir les dates suivantes :
**Mars 1946 :** Le statut de département d'outre-mer leur a été attribué par la loi du 19 mars 1946 formant l'Union française, statut pour lequel Aimé Césaire, alors député, a plaidé.
**Octobre 1946 :** Constitution de la IVe République et création des territoires d'outre-mer.
**19 mars 1999** : La Nouvelle-Calédonie, jusqu'alors territoire d'outre-mer, devient une collectivité à part, régie par la loi organique n° 99-209 du 19 mars 1999, conformément au titre XIII de la Constitution française.
**Mars 2003 :** Révision constitutionnelle ; l'outre-mer comprend des départements et régions d'outre-mer (DROM), des collectivités d'outre-mer (COM) et la Nouvelle-Calédonie (titre XIII).
**mars 2009 :** Référendum à Mayotte qui choisit de devenir un département à compter de janvier 2011.
**Printemps 2009** : États généraux de l'outre-mer.
**2011 :** Année des outre-mers.

* **Départements d'outre-mer :** Plus de 2 millions d'habitants (Guadeloupe, Martinique, Guyane, Réunion et Mayotte depuis 2011).
* **Collectivités d'outre-mer** : 330 000 habitants – Polynésie française (qui a la dénomination particulière de « pays d'outre-mer ») ; Saint-Pierre-et-Miquelon ; Wallis-et-Futuna (qui garde dans les faits l'usage du terme de « territoire d'outre-mer ») ; Saint-Martin (depuis le 15 juillet 2007) ; Saint-Barthélemy (depuis le 15 juillet 2007).
* **Nouvelle-Calédonie :** 246 000 habitants.

1. **Ouvrages de D. W. en regard** : *L'Autre Mondialisation,* Paris, Flammarion, 2003 ; *Demain, la francophonie. Pour une autre mondialisation,* Paris, Flammarion, 2006 ; *Mondes francophones. Auteurs et livres de langue française* (dir.), MAE, 2006 ; *Hermès*, n° 32-33, *La France et les outre-mers. L'enjeu multiculturel,* 2002 ; *Hermès*, n° 40, *Francophonie et mondialisation*, 2004 ; *Hermès*, n° 49, *Traduction et mondialisation*, 2007, vol. 1 ; *Hermès*, n° 51, *L'Épreuve de la diversité culturelle,* 2008 ; *Hermès*, n° 56, *Traduction et mondialisation,* 2010, vol. 2.
2. Au 1er janvier 2011. Bilan démographique Insee 2010.

**La francophonie**

Inventé par le géographe Onésime Reclus (1837-1916), le terme de francophonie renvoie aujourd'hui à la fois à un fait linguistique (l'usage de la langue française dans le monde), la politique de la France dans le monde, et à une institution multilatérale, l'OIF (Organisation internationale de la francophonie). Dans cette acception institutionnelle, la francophonie correspond à soixante-quinze États (cinquante-six pays membres et dix-neuf observateurs) ayant le français en commun et les institutions de défense et de promotion de la langue française dont ils se sont dotés. Depuis les travaux du Sénégalais Léopold Sédar Senghor dans les années 1960, la francophonie apparaît surtout comme une communauté d'intérêt, portée par la conscience d'avoir en commun une langue et une culture.

On estime aujourd'hui le nombre de locuteurs réels du français à environ deux cents millions. Pour certains pays, le français est la langue maternelle de la grande majorité de la population (France, Québec, Wallonie et Suisse romande). Pour d'autres, le français est la langue administrative ou une seconde langue vivante, comme en Afrique subsaharienne ou au Maghreb (même si l'Algérie n'adhère pas encore à l'OIF). Dans d'autres pays, le français n'a pas de statut officiel, mais il existe d'importantes minorités francophones et un grand nombre d'élèves qui l'apprennent. La francosphère, c'est-à-dire la francophonie dans la mondialisation, n'a plus grand-chose à voir avec l'empire colonial, puisqu'il y a une forte francophilie en Europe de l'Est et orientale, en Amérique latine, en Afrique anglaise, en Asie centrale, territoires qui n'ont aucun rapport avec la colonisation. De ce point de vue, la francophonie est plus vaste que l'OIF, qui s'est elle-même déjà élargie avec les quatorze pays observateurs.

On compte quatre cent quatre-vingts établissements d'enseignement liés à la France, implantés dans cent trente pays et scolarisant trois cent mille élèves dont cent dix mille Français.

On évalue par ailleurs à près de cent millions le nombre de jeunes et d'adultes qui apprennent le français au cours de leurs études, dans les écoles et lycées français répartis sur les cinq continents et dans les établissements de l'Alliance française. Il s'agit là de la plus ancienne institution de la francophonie, créée en 1883. Il y a aujourd'hui neuf cent soixante-huit alliances dans le monde. Ce sont des institutions de droit local, accentuant les liens avec les pays où elles sont installées. Enfin, il existe également les Instituts français dans le monde, liés aux réseaux diplomatiques du Quai d'Orsay. Ils sont au nombre de cent quarante-cinq dans le monde, avec des réseaux d'attachés culturels, linguistiques, scientifiques, audiovisuels...

L'Organisation internationale de la francophonie repose sur cinq acteurs :

- l'Agence intergouvernementale de la francophonie (AIF – qui gère notamment des programmes de coopération dans les domaines de l'éducation et de la culture) ;
- l'Agence universitaire de la francophonie (AUF – fondée en 1961, rassemble 693 établissements d'enseignement supérieur et de recherche dans le monde) ;
- l'Université Senghor d'Alexandrie (Égypte) : créée en 1989, l'enseignement s'y fait en langue française, elle a été reconnue d'utilité publique internationale ;
- l'Association internationale des maires francophones (AIMF – 156 capitales et métropoles de 46 pays francophones) ;
- TV5 et France 24 : seules chaînes de télévision en langue française disponibles dans le monde.

Le Sommet de la francophonie se tient tous les deux ans. Les derniers ont eu lieu à Montreux (XIIIe) et à Québec (XIIe) au Canada en 2008. Le XIVe Sommet de la francophonie se tiendra en 2012 à Kinshasa (République démocratique du Congo).

La Journée internationale de la francophonie est célébrée chaque année dans le monde le 20 mars.

En France, les questions francophones dépendent des ministères des Affaires étrangères et, partiellement, du ministère de la Culture.

**L'Europe et les outre-mers**

Avec trois structures, l'Europe est *extrêmement* présente dans le monde, sans aucune valorisation ni connaissance par les peuples, par les pays et le plus souvent par les Européens eux-mêmes.

*__Les régions ultrapériphériques__ (**RUP**) sont des régions qui font partie de l'Union européenne mais sont situées très largement en dehors du continent européen. Elles abritent quatre millions trois cent mille habitants, répartis sur huit collectivités : Açores, Canaries, Guadeloupe, Guyane, Madère, Martinique, Réunion, Saint-Martin.

***Les PTOM (pays et territoires d'outre-mer)** regroupent vingt-six collectivités avec plus d'un million d'habitants.
Groenland, Nouvelle-Calédonie et dépendances, Polynésie française, Terres australes et antarctiques françaises, Wallis-et-Futuna, Mayotte, Saint-Pierre-et-Miquelon, Aruba, Antilles néerlandaises (Bonaire, Curaçao, Saba, Sint Eustatius, Sint Maarten), Anguilla, îles Cayman, îles Falkland, îles Sandwich et South Georgia, Montesserrat, Pitcairn, Saint-Hélène et dépendances, Territoire britannique de l'Antarctique, Territoire britannique de l'océan Indien, îles Turks et Caicos, îles Vierges britanniques, Bermudes.

***Les pays ACP (Afrique, Caraïbes-Pacifique)** regroupent soixante-dix-neuf pays et sept cent quarante-cinq millions d'habitants sur tous les continents. Ils sont pour la plupart d'anciennes colonies : Afrique du Sud, Angola, Guinée, Haïti, Samoa occidentale, Congo, Madagascar, Vanuatu, Tuvalu, etc.

## *De la diversité à la cohabitation culturelle*[3]

Nous sommes face à un paradoxe inattendu. La globalisation qui devait ouvrir le monde conduit à un défi politique inverse : le retour des identités. Rappelons-nous. La mondialisation, avant d'apparaître comme une phase du capitalisme, était perçue dans les années 1980 comme une formidable opportunité de dépasser les frontières Nord-Sud et Est-Ouest. Après la première mondialisation politique, marquée par la création de l'ONU et quarante ans de guerre froide, la deuxième mondialisation, économique cette fois, apparaissait comme un idéal. Mais personne n'avait prévu la troisième mondialisation, qui, en réaction à la standardisation économique, prône le respect de la diversité culturelle. La signature de la Convention pour le respect de la diversité culturelle à l'Unesco en 2005 a montré l'importance de cette réaction, ce que j'appelle le *surgissement du triangle infernal, identité-culture-communication*. On maîtrisait jusque-là la grammaire économique et sociale, il faut désormais y ajouter la grammaire

3. *Hermès*, n° 51, *L'Épreuve de la diversité culturelle*, 2008.

culturelle et avec elle, la diversité des langues, des cultures et des civilisations.

La mondialisation constitue une rupture substantielle puisque l'autre change de statut. Hier dans un monde fermé, il était lointain, ailleurs, il fallait du temps pour l'atteindre. C'était l'autre de l'ethnologie et de l'anthropologie. On ne se métissait qu'aux frontières et le cosmopolitisme ne concernait que l'élite. Les pauvres migrants n'avaient qu'à s'intégrer et se taire. Aujourd'hui, la problématique a radicalement changé. Grâce à l'avion et à l'Internet, l'autre est là, omniprésent et finalement menaçant par son omniprésence. Plus question de métissage ou de cosmopolitisme. Il s'agit désormais de préserver sa propre identité. L'identité, perçue souvent à tort comme menacée par cet autre, devient une arme pour le tenir à distance. L'autre c'est d'abord celui avec qui je dois cohabiter dans tous les espaces et les moments de la vie.

Il y a aujourd'hui deux figures de l'autre. La première provient de l'outremer et des pays francophones. La seconde du reste de la planète, l'Afrique, l'Asie et l'Amérique latine. Il y a donc deux diversités culturelles. Celle qui résulte de l'ouverture du monde et qui suscite racisme, xénophobie, politique restrictive d'immigration, chute des visas. La seconde s'inscrit dans le cadre de la mondialisation et de la Convention de l'Unesco. C'est celle qui est apparue à la télévision et avec qui il va falloir cohabiter au sein du monde ouvert. Ces deux visions ont des liens entre elles, mais elles n'ont pas le même sens ni la même finalité, celles des banlieues dans le premier cas, celle de l'Unesco dans l'autre.

## PAS DE DIVERSITÉ CULTURELLE SANS REVALORISATION DE LA POLITIQUE

*Le cauchemar de la diversité culturelle, c'est le communautarisme.* La diversité culturelle a longtemps été niée. Contraints à la multiculturalité, les empires russe, ottoman et autrichien s'en sont sortis en hiérarchisant les cultures, mais ont néanmoins été les expériences contemporaines de cohabitation culturelle à grande échelle. En reconnaissant l'égalité des cultures, la Convention de l'Unesco marque une véritable révolution démocratique au plan international. Deux menaces lui répondent. D'une part, le thème de la guerre des civilisations, nourri aujourd'hui par le fondamentalisme religieux et demain par la revendication du respect des cultures. De l'autre, la peur du communautarisme mis en avant pour limiter la reconnaissance des diversités culturelles. La France s'est longtemps méfiée de ces différences, potentiellement dangereuse pour son unité en tant que république et nation. Le projet d'intégration républicain, surtout depuis la fin de l'empire colonial, passait pour le contraire de la diversité culturelle. Seules quelques nations comme la Grande-Bretagne, les États-Unis, le Canada et l'Inde ont incarné un modèle plus ouvert.

Depuis les soubresauts économiques, le blocage de l'ascenseur social et des modèles d'intégration, les deux types de modèles sont en crise. En Europe, le risque de communautarisme n'est apparu *qu'après* l'échec des modèles d'intégration. *Ce n'est pas la revendication identitaire qui suscite le communautarisme. C'est l'échec de l'intégration, le non-respect de l'égalité des populations et les discriminations qui réveillent les communautarismes.* L'épouvantail du communautarisme sert à masquer les responsabilités dans l'échec des politiques d'intégration. Quand l'intégration, dont il ne faut jamais sous-estimer la violence symbolique, n'est pas compensée par un certain espoir d'émancipation, la revendication identitaire survient. Les mêmes qui condamnent si sévèrement le communautarisme tiendraient peut-être un autre discours s'ils se trouvaient dans la situation des migrants.

Si certains pays assument aujourd'hui leur statut multiculturel, la France se présente paradoxalement comme le champion de l'universalisme *et* de la diversité culturelle, tout en refusant son propre caractère multiculturel, qui est pourtant une de ses plus grandes forces. La France est multiculturelle grâce à l'immigration, à l'outre-mer, aux liens avec les anciens pays colonisés par le biais de la francophonie. Au nom d'un modèle républicain devenu trop étroit, et incapable de favoriser l'intégration qu'il prône par ailleurs, cette richesse est niée. Le pays se retrouve en contradiction avec les valeurs qu'elle prône, alors même qu'en prenant en compte sa réalité multiculturelle, elle pourrait être pionnière en Europe en repensant l'universalisme à l'aune des identités culturelles.

Intégrer la problématique de la diversité culturelle au niveau des États-nations et de la communauté internationale suppose deux conditions. Il faut, d'une part, reprendre le concept d'*identité culturelle collective* pour le revaloriser. Toute revendication d'identité culturelle n'atteste pas d'un communautarisme obscur. On peut en effet distinguer l'*identité culturelle refuge,* qui caractérise ceux qui se sentent exclus et l'*identité culturelle relationnelle* qui se pense en relation avec un cadre politique et culturel plus large, celui de l'État-nation et de la communauté internationale, caractéristique des États multiculturels. Il faut, d'autre part, associer cette revalorisation de l'identité culturelle collective avec une revalorisation du politique. Seule la perspective politique permet de dépasser le communautarisme.

La politique permet de préserver le cadre étatique. Ce « monstre froid », même à l'heure de la mondialisation, demeure moins mauvais pour permettre aux identités de cohabiter et de converger vers l'intérêt général. Plus la revendication identitaire est forte, plus il faut garantir l'État-nation pour préserver la légitimité des valeurs communes. Le communautarisme comme le populisme sont, la plupart du temps, le symptôme d'un cadre politique défaillant. Il en est de même au plan international. Plus le risque d'éclatement des États et de communautarisation des relations internationales se renforce, plus l'ONU et les institutions de la communauté internationale doivent s'affirmer et proposer un projet alternatif. Autrement dit, au moment où « tout le monde voit tout et sait tout », il incombe aux États-nations comme à l'ONU de construire des projets ambitieux pour dépasser les revendications identitaires. L'élaboration de cette *utopie politique* nécessite des travaux de recherche historique, culturelle et géographique qui valorisent toutes les histoires.

## TROIS RÉVÉLATEURS DE LA DIVERSITÉ CULTURELLE

Le premier révélateur est l'*immigré*, cette figure oubliée de la diversité culturelle. L'immigré pauvre qui vient travailler pour nous et pour qui les portes de notre monde riche se referment de plus en plus violemment, est l'exclu de la mondialisation en même temps qu'il en est le symbole. Il est le témoin visible de cette diversité culturelle proclamée dans les textes et refusée dans les faits. Dites-moi la politique de l'immigration que vous menez et je vous dirai la vision de l'autre que vous avez. Figure tragiquement emblématique du rejet, l'immigré incarne une des contradictions les plus fortes de la mondialisation. Les deux cents millions d'immigrés pauvres dans le monde attestent des difficultés à admettre la diversité culturelle. Nier à l'immigration sa dimension culturelle remet en cause et invalide le principe de la diversité culturelle et ceux qui l'incarnent.

Le deuxième révélateur concerne *les quartiers, les banlieues et les ghettos*. Plus de 60 % de la population mondiale vit aujourd'hui dans les villes, mais avec une terrible frontière entre le centre et la banlieue. Notre territoire est devenu le symbole de la discrimination sociale et culturelle, les espaces urbains, le lieu de lecture de ces discriminations. La diversité culturelle est en réalité hiérarchisée et confinée dans les ghettos. En ville, la bataille de la diversité culturelle est d'abord celle des territoires. Dans les banlieues et les quartiers, elle prend une autre dimension, reflétant la dichotomie entre riches et pauvres. Dis-moi où tu habites, je te dirai à quelle diversité culturelle tu appartiens : celle du modèle urbain, « noble » ou celle des « rebus ».

Le troisième révélateur est *la mondialisation de l'information*. Avec plus de quatre milliards et demi de radios, trois milliards et demi de télévisions, plus de trois milliards de téléphones portables et plus d'un milliard d'ordinateurs, l'omniprésence de l'information a décuplé la prise de conscience des différences et les moyens de les revendiquer. La place croissante de l'expression critique est en effet favorisée par la place croissante des technologies de l'information et des industries culturelles qui catalysent la réflexion critique. En d'autres termes, les systèmes d'information favorisent dans un premier temps l'ouverture sur le monde avant de procurer dans un deuxième temps la volonté et les moyens de préserver son identité culturelle.

## L'EUROPE, LABORATOIRE DE LA DIVERSITÉ CULTURELLE

L'Europe est la plus grande expérience démocratique de cohabitation culturelle jamais tentée. Vingt-sept pays pour le moment, aux identités linguistiques, culturelles et sociales fortes, ont décidé de coopérer dans le domaine économique, puis politique et, plus lentement, culturel, où les concessions sont les plus difficiles. Aucun Européen ne veut abandonner son identité et tous veulent néanmoins faire œuvre commune. Au-delà de ses frontières, l'Europe entretient d'incessants échanges avec la Méditerranée, l'Afrique, les Amériques et l'Asie, et l'identité européenne doit beaucoup à ces emprunts, vols et allers-retours dont on sous-estime l'importance, mais qui est une condition structurelle de cette troisième mondialisation à construire. C'est sans doute la raison pour laquelle les Vingt-Sept, désunis sur bien des points et incapables de repenser le statut des identités, ont poussé à la signature de la Convention sur la diversité culturelle en 2005. Et ce malgré les multiples différences sociales, culturelles et religieuses qui les traversent.

L'Europe est toutefois confrontée à une autre diversité bien plus délicate : celle des *vingt millions de travailleurs immigrés*. Un mélange d'idéologie sécuritaire, de peur démographique, de fantasme religieux et d'identité défensive réclame la fermeture des pays riches. L'Europe qui fut une des terres du cosmopolitisme et du métissage, doit désormais faire face à quatorze partis qui portent un message plus ou moins agressif de fermeture et ne parvient plus à comprendre que sa propre cohabitation culturelle est indissociable de l'ouverture aux autres multiculturalismes. À l'heure de la mondialisation et des sociétés ouvertes, il est indispensable d'organiser la cohabitation des cultures, mais sans en exclure *a priori* certaines populations. D'autant qu'aujourd'hui tout le monde voit tout et sait tout, créant à terme les conditions d'un boomerang politique violent.

## CINQ CHANTIERS

### *Passer de la diversité culturelle à la cohabitation culturelle*

Valeur reconnue par l'Unesco, la diversité culturelle est la nouvelle frontière de la mondialisation. La cohabitation culturelle en est le chantier politique. Il s'agit non seulement de faire cohabiter les élites sociales et culturelles, mais aussi de penser la cohabitation des sociétés de masse, c'est-à-dire d'établir un dialogue entre les cultures et les sociétés ouvertes, une ouverture qui ne soit ni un abandon des identités, ni un mélange uniformisant, ni un melting-pot, mais un modèle à inventer liant identité et ouverture. La cohabitation culturelle est donc le dispositif politique qui permet de gérer pacifiquement les relations conflictuelles entre identité, culture et communication. Elle passe par le respect de la diversité linguistique : langues maternelles, grandes aires linguistiques (francophonie, hispanophonie, lusophonie, arabophonie, russophonie). Elle nécessite aussi de favoriser tous les programmes de type Erasmus permettant de faire circuler étudiants et professeurs et les faire toucher du doigt toutes les richesses sociales, culturelles et politiques qui existent ailleurs. Comparer c'est penser, étape indispensable de cette cohabitation culturelle à construire. Dans ce domaine, tout est encore à inventer.

### *Penser un modèle de « laïcité de tolérance »*

Au moment où les rapports entre religion et politique se resserrent, il est indispensable de penser à nouveau leur autonomie pour éviter les « guerres de religion ». Aucune organisation de la communauté internationale n'est possible sans poser en principe l'autonomie du spirituel et du temporel. Construire une laïcité tolérante est une des conditions pour lutter contre le retour de la xénophobie, qui menace tous les pays riches, et toutes les tentations de refaire du pouvoir religieux un pouvoir politique. Une laïcité de tolérance par opposition à une laïcité de combat, telle que l'a connue la France et qui n'est plus possible à l'heure de la mondialisation et de l'ouverture. Cette laïcité de combat ne ferait qu'attiser les haines au lieu d'essayer de les réduire. Là aussi, il faut apprendre à cohabiter. C'est la condition de la politique et de la communication à l'heure d'un monde ouvert *et* fini, dans lequel il faut apprendre à gérer les différences.

*Favoriser un renouveau de la pensée politique*

Revaloriser les identités culturelles collectives s'avère indispensable pour éviter que la troisième mondialisation n'accentue les risques de guerre. Pour cela, il est indispensable de construire un cadre qui permette le respect mutuel, ce qui suppose de mener un travail historique et comparatif et de confirmer le rôle des États-nations. Ces derniers, en dépit de leurs imperfections, demeurent le cadre le plus commode pour revaloriser la politique, redéfinir les rapports entre individus, faire redémarrer l'ascenseur social, promouvoir l'apprentissage de trois langues, développer une politique de traduction, assurer un peu d'égalité. Toutes ces conditions sont finalement préalables à la reconnaissance de la diversité culturelle...

*Réduire la concentration mondiale des industries culturelles et de la communication*

La concentration actuelle des industries culturelles, notamment au détriment des pays émergents, est *incompatible* avec la notion de diversité culturelle. Il faut donc réglementer les rapports entre les télécommunications, l'informatique et l'audiovisuel, sans oublier l'Internet, veiller au même pluralisme pour les industries de la connaissance, et admettre enfin que ces industries jouent un rôle *aussi* déterminant pour la paix et le respect d'autrui que les industries métallurgiques ou alimentaires. La culture constituera bientôt un des paramètres de la mondialisation aussi central que l'énergie, l'alimentation ou l'environnement. En effet, les industries de la culture et de la connaissance sont un des moyens privilégiés pour désamorcer les conflits politiques liés à la dynamique du triangle infernal identité-culture-communication.

*Développer les connaissances*

Nos sociétés ont profondément changé en un demi-siècle. Il faut donc repenser les rapports entre tradition et modernité, individualisme et lien social pour affronter les nouvelles formes d'inégalité et d'exclusion économique et sociale qui en résultent. Pour cela il est nécessaire de valoriser les problématiques de communication sociale et interculturelle, reconstruire les rapports entre diversité culturelle, lien social, nations et États, redéfinir les multiples formes d'identité culturelle et leurs liens avec les populismes, développer les recherches comparatives, repenser les rapports entre identité et communication. *La nouvelle frontière ? Comment vivre ensemble avec nos différences ? Comment concilier la contradiction entre la vitesse des systèmes d'information et la lenteur de la communication humaine et sociale ?* La valorisation théorique et politique de tout ce qui concerne la communication et l'incommunication est probablement un des défis les plus importants à relever pour *penser* les rapports entre culture et politique.

## DIVERSITÉ CULTURELLE ET UNIVERSALISME

La diversité culturelle oblige d'abord à décoloniser les imaginaires. Si la mondialisation a souligné l'importance de l'environnement, elle doit aussi prendre en compte le rôle central des rapports entre identité, culture, communication et politique. Or l'incommunication est à la hauteur de la performance croissante des techniques de communication. C'est pour cela que la diversité culturelle, et son horizon normatif, la cohabitation culturelle, constituent l'aventure politique la plus originale de ce début de siècle. L'hyperconnexion des hommes entre eux n'augmente pas leur tolérance mutuelle, car la communication est un enjeu politique avant d'être un défi technique.

La communication constitue le *double* de la diversité culturelle : comment éviter de se sentir menacé par l'autre ? Penser le cadre de la cohabitation culturelle est inséparable d'une réflexion théorique sur les nouveaux rapports entre communication, intégration et cohabitation. Cela pour sortir de la malédiction du choc des civilisations avec sa vision mécanique des guerres de religion. Par contre la cohabitation devrait permettre de repenser l'universalisme à l'heure des identités et à l'aune de la diversité culturelle.

### La traduction, le passeport pour accéder à l'autre[4]

La traduction est l'autre face de la mondialisation, certes moins visible et spectaculaire, mais tout aussi fondamentale, car il n'y a pas d'ouverture possible vers autrui sans respect des identités culturelles, au premier rang desquelles les langues, et donc les traductions. Pas de mondialisation pacifique sans industries reconnues, foisonnantes, brillantes de la traduction. On en est loin. Quasiment à l'opposé. Ah, si les traductions pouvaient être marginalisées, réservées seulement à un public érudit, au profit de cette communication si rapide, pratique, efficace de l'anglais !

Ce n'est pas l'anglais qui est en cause, il faut bien une « langue » minimale, même si tout monolinguisme est appauvrissant, mais l'oubli – avant tout des élites – à l'égard des langues, première condition du respect de la diversité culturelle. Respect qui suscite très peu d'intérêt, alors qu'on reconnaît enfin, par ailleurs, l'enjeu de la diversité de l'environnement. Et ce malgré la signature de la Convention pour le respect de la diversité culturelle, à l'Unesco en octobre 2005. Pourquoi reconnaître la diversité de l'environnement et non pas celle des cultures au-delà des incantations de la langue de bois ? D'autant que la diversité culturelle est au moins autant politique que l'écologie. Et peut-être plus, car les conflits culturels – langues, mémoires, représentations, territoires, conceptions de la liberté – s'expriment souvent avec une grande violence.

*La traduction est donc la première condition du respect de l'autre*. C'est dire si elle est toujours une question politique. Un symbole ? Comme je l'ai écrit dans *La Dernière*

4. *Hermès*, n° 56, *Traduction et mondialisation*, 2010, vol. 2.

*Utopie* (1993), le jour où en Europe il y aura partout des bureaux de traduction (vingt-six langues pour vingt-sept pays actuellement), on reconnaîtra alors à la fois l'objectif démocratique de ce projet *et* le rôle central des traductions. On multiplierait les traductions, dans toutes les langues, sans hiérarchie, dans une fantastique kermesse des mots et des accents. Les traducteurs seraient enfin valorisés. Hélas, on en est encore très loin. Il n'y a jamais de moyens financiers pour les traducteurs et les traductions sont systématiquement considérées comme trop onéreuses. Pourtant, il y a toujours de l'argent pour la énième génération de « nouvelles technologies », achetée les yeux fermés, jusqu'aux appareils de « traduction automatique » : on préfère la multiplication des performances techniques à l'intelligence humaine.

La traduction est le symbole le plus visible de l'impossibilité à se comprendre facilement et directement. En même temps, elle est une leçon de modestie, un immense hommage aux traducteurs, une valorisation de la diversité des cultures et des visions du monde que les hommes ont construites.

*Traduire, c'est comme communiquer, tenter de se rapprocher, se respecter, ne pas se comprendre, se métisser, négocier et cohabiter.* Avec cette redoutable réalité : il n'y a pratiquement jamais d'égalité entre les langues et les traductions, comme il n'y en a pas entre les hommes et les cultures. La traduction et le traducteur, comme symboles *aussi* de l'échange inégal.

*La traduction, en ce sens, devrait être la première industrie de la mondialisation*, celle qui par ses efforts, ses difficultés et ses miracles illustre la complexité des rapports entre les sociétés et les cultures. Et plus les échanges de mots, d'images, de sons, de données sont rapides et nombreux, et nous fascinent, plus ressurgit la question de la traduction, donc de la fragilité du sens, comme si la performance des outils rendait plus visible la nécessité de l'intelligence humaine et de l'interprétation pour réduire les innombrables malentendus, accentués par les volumes d'échanges. Échanger facilement n'est pas synonyme d'une meilleure compréhension.

La traduction symbolise trois dimensions essentielles de la mondialisation. La réalité de la diversité culturelle et linguistique. Le fait de l'incommunication. La nécessité du travail humain, et de son coût, pour réduire cette incompréhension, et les risques de conflits qui en résultent souvent.

Traduire c'est toujours réécrire et réinventer, rouvrir le champ de la compréhension, et reconnaître l'impossible continuité entre les langues et les cultures, la difficulté à enfermer le sens, avec son cortège de fidélités et d'infidélités.

## *La francophonie : un atout pour l'autre mondialisation*[5]

Pourquoi la francophonie n'est-elle pas plus présente dans l'espace public français, d'autant que la mondialisation repose brutalement la question des rapports entre culture, communication et politique ? Pourquoi tant d'intérêt pour les débats douteux sur l'« identité française », un très timide début de réflexion pour la diversité culturelle en Europe, et une aimable

5. *Hermès*, n° 40, *Francophonie et mondialisation*, 2004.

indifférence à l'égard de la francophonie pourtant aux premières loges pour comprendre la diversité des affrontements culturels mondiaux ? L'intérêt de la francophonie n'est pas la gestion des restes de l'empire, mais, au contraire, la capacité de voir en grandeur nature, et en accéléré, une bonne partie des enjeux politiques et culturels de la mondialisation. Elle ne ferme pas le jeu, elle l'ouvre. *Il existe une sorte de triangle maudit : décolonisation-outre-mer-francophonie* qui empêche de passer à une autre étape de l'histoire.

Les outre-mers et la francophonie sont les *deux racines* de la mondialisation de la France. L'outre-mer, en posant la question du multiculturalisme qui est déjà une réalité française, la francophonie, en posant directement celle de la diversité culturelle qui est au cœur des enjeux de la mondialisation. La diversité culturelle est un fait qui s'impose au monde. Le multiculturalisme est le moyen de gérer cette diversité culturelle au sein des nations. Les États-Unis, le Brésil, le Canada... sont des États multiculturels. J'appelle cohabitation culturelle cette gestion de la diversité culturelle au niveau mondial dans le droit-fil des chartes de l'ONU : respect des identités *et* adhésion aux valeurs universelles de la communauté internationale. Pour valoriser la francophonie comme acteur de la diversité culturelle, il faut faire cohabiter sans hiérarchie ces trois dimensions : institutionnelle (avec notamment le rôle de l'OIF et de ses agences), la société civile, la francophonie « militante ». Ce sont les deux dernières qui sont les plus importantes, car si la francophonie disparaît de la société civile et de ses créations « sauvages », la dimension institutionnelle s'assèche et devient une caricature. Naturellement, cela suppose d'abord que la France et les Français aient conscience de l'importance politique et culturelle de la francophonie, qu'ils en soient fiers et agissent. Pas de francophonie possible sans action forte de la France. La francophonie n'est pas un impérialisme, mais un des acteurs centraux de cette cohabitation culturelle à construire. Les langues sont toujours au départ des impérialismes politiques, avant de devenir des passeurs culturels. C'est le rôle notamment des cinq grandes aires linguistiques mondiales, dont la France.

Il ne faut pas non plus oublier l'histoire et ses fractures. Le refoulement de l'histoire de la colonisation et de la décolonisation pèse, alors même que nous sommes *déjà* dans une autre histoire, celle de la mondialisation. Pour sortir définitivement de la décolonisation, il faut en parler, en parler, en parler, mais la France, comme la plupart des puissances coloniales européennes, reste amnésique. Pas de francophonie sans travail sur l'histoire coloniale, avec ses aspects positifs et négatifs, mais aussi sur celle de l'immigration depuis trois générations. La réflexion critique sur l'immigration, systématiquement oubliée, dépasse d'ailleurs aujourd'hui en importance politique et culturelle celle de la décolonisation. Rétablir les faits. Assumer l'histoire pour retrouver la solidarité. Sortir du silence pour dépasser les contentieux.

Cela passe ensuite par une réorganisation institutionnelle. Non seulement les Français, toute la classe politique de droite comme de gauche, et les élites ne s'intéressent pas à la francophonie – n'y voyant un peu bêtement qu'un reste nostalgique de l'empire –, mais celle-ci est, en outre, beaucoup trop dispersée institutionnellement. Et pas de valorisation, pas de visibilité... Il y a beaucoup trop de structures qui s'occupent de la francophonie en

France : Quai d'Orsay, ministère de la Culture, ministère de l'Éducation nationale... Tout se chevauche et se neutralise. Cela n'empêche pas néanmoins, hélas, une réduction catastrophique des moyens financiers pour l'action culturelle extérieure. Année après année, souvent sournoisement, les projets diminuent, le réseau culturel rétrécit, les centres ferment... Personne ne souligne cette contradiction effarante pour un pays à « vocation mondiale », où chacun vante les nécessités et les vertus de la mondialisation, en même temps que l'on assiste à une réduction catastrophique des capacités d'action culturelles et scientifiques dans le monde. Quant aux Alliances françaises (la fondation est créée en 1883 et regroupe plus de mille comités dans cent trente-cinq pays), elles jouent un rôle essentiel, plus de mille dans le monde, elles ne sont pas du tout valorisées en France. « Bercy », avec la complicité de tous, impose une ridicule réduction de la place de la France dans le monde. Et la France oublie beaucoup trop sa propre responsabilité dans la francophonie tout en la finançant presque totalement, *mais* sans projet. En fait, la francophonie multilatérale ne pourra, après ces premières quarante années d'institutionnalisation, trouver une autre place qu'à condition que les Français et la France se réveillent et soient enfin fiers de ce patrimoine qui est à la fois le leur et celui de l'humanité.

## LANGUE-CULTURE-DIVERSITÉ CULTURELLE

En élargissant son champ d'action, la francophonie reste fidèle à une certaine conception de la culture qui est de s'intéresser aux conditions sociales, politiques et économiques de la vie des hommes. Les pères fondateurs de la francophonie (L. S. Senghor, H. Bourguiba, H. Diori, N. Sihanouk) parlaient d'ailleurs de « valeur commune » pour le développement.

Ce lien entre langue, culture, développement et diversité culturelle est à lui seul le raccourci le plus fort du projet de la francophonie. En passant de la langue à la culture, la francophonie passe de l'unilinguisme au multilinguisme, puisque défendre le français, c'est reconnaître la légitimité des *autres* langues, et *d'abord* les langues maternelles. Le lien entre langue et culture permet de voir comment la culture, depuis toujours, est une *ressource politique* nécessaire aussi à l'économie. C'est d'ailleurs comme cela que la définit l'Unesco dans sa déclaration sur la diversité culturelle de décembre 2001. « Ce sont les traits distinctifs spirituels et matériels, intellectuels et affectifs qui caractérisent une société ou un groupe social... Elle englobe, outre les arts et les lettres, les modes de vie, les façons de voir ensemble, les systèmes de valeurs, les traditions et les croyances. » Cette définition permet de faire le lien entre la culture-patrimoine *et* la culture-projet, ce que j'appelle la culture *refuge* et la culture *relationnelle* (*cf. L'Autre Mondialisation*, 2003). Et ce sont de ces *deux identités culturelles* dont les peuples ont aujourd'hui besoin.

En réalité, la mondialisation accentue l'effet de boomerang du couple culture-communication. Plus le monde s'ouvre, plus les revendications identitaires, donc linguistiques, s'affirment. Les revendications identitaires ne sont pas l'obstacle à la mondialisation, mais sa condition. La francophonie contribue à conjuguer maintien de l'identité *et* ouverture au monde, surtout avec la mondialisation de la communication où l'arrivée d'images, d'informations et de données du monde entier renforce la volonté de conserver les cultures locales et régionales. Plus les techniques se ressemblent, plus les contenus se différencient. La francophonie est en grandeur nature le lieu de lecture de ce que j'appelle le triangle infernal du siècle : les rapports entre identité, culture et communication.

Le XXIe siècle est caractérisé simultanément par la mobilité et l'identité. On le voit très bien au travers de la créolisation du français, moyen à la fois de conserver les racines *et* de s'adapter à la modernité. Le phénomène général de créolisation est un moyen pour les populations de « coloniser » le français et lui permettre de servir de tête de pont, de passage entre la tradition et la modernité. Le langage « beur » s'est imposé en dix ans comme le langage de la jeunesse. Adapter le français à l'économie, à toutes les formes de modernité et de créolisation est aussi le moyen d'éviter de l'enfermer dans le caveau de la culture. Il ne faut pas arriver à cette opposition, entre une langue anglaise, rapide, symbole de la liberté, du business, de la modernité, et le français, langue de la culture et de la politique. Revaloriser la place du français dans la vie des affaires est aussi important que pour la culture ou l'éducation. Là aussi, comme pour l'anglais, il faut valoriser les quatre cents mots indispensables. Chaque langue est à vocation universelle.

Dans cet esprit d'élargissement de la francophonie, il faut aussi renforcer l'usage du français comme langue scientifique, dans les congrès et les séminaires. Les clercs et les scientifiques ne revendiquent pas suffisamment l'usage du français pour ces manifestations. Dans l'usage de l'anglais, il y a même un phénomène d'identification au monde moderne, alors qu'il ne s'agit que d'un pauvre sabir. Ces deux à quatre cents mots sont peut-être adaptés aux échanges en sciences de la nature, de la vie, de la matière et en mathématiques, où les concepts sont limités et presque univoques. Mais ils sont par contre inadaptés pour les sciences humaines et sociales, car les mots sont ici indissociables des concepts et de la pensée. On ne pense pas de la même manière d'une langue à une autre. Parler dans une autre langue, c'est penser autrement, c'est déplacer les raisonnements. Le problème n'est pas l'anglais, mais l'abandon des autres langues. Traduire est donc aussi le *premier* signe de reconnaissance de la cohabitation culturelle. La traduction évite l'illusion du « cosmopolitisme » de la pensée. Il faut donc militer pour le pluralisme linguistique contre l'unilatéralisme anglophone et pour la traduction. Les deux vont de pair, mais on voit bien aujourd'hui la disproportion. Tout pour l'anglais, très peu pour les autres langues, presque rien pour les traductions qui sont pourtant le seul moyen de préserver, et de valoriser la diversité culturelle. Par ailleurs, il n'y a pas de pluralisme linguistique et culturel possible sans préalablement l'alphabétisation et l'apprentissage de la langue maternelle. Défendre la diversité linguistique est donc la première condition de cette troisième mondialisation dont j'ai parlé dans *L'Autre Mondialisation.* La cohabitation culturelle est un contrepoids indispensable à la mondialisation économique.

Il faut aussi *mener une politique audiovisuelle plus ambitieuse.* Cela passe par un renforcement indispensable de TV5, seule chaîne francophone, sans oublier le rôle essentiel d'Euronews. L'AFP (Agence France-Presse), RFI

(Radio France internationale) et France 24 doivent également être renforcées. Quant à la presse écrite francophone, elle est scandaleusement laissée de côté, et les radios et télévisions publiques francophones largement sous-utilisées, presque considérées comme des éléments de folklore... La vérité est que la francophonie manque dramatiquement d'une politique de la communication, du côté français comme du côté multilatéral.

LA POLITIQUE

La politique est au cœur de la francophonie, même si cela ne se dit pas nettement, compte tenu de la diversité des régimes politiques, culturels et sociaux qui la composent. C'est pourtant sur l'horizon d'un certain nombre de valeurs démocratiques, liées au respect des droits humains, que la francophonie essaie de se regrouper. En posant la question de la diversité culturelle, la francophonie pose celle des conditions politiques à la croissance économique. Elle montre le lien – largement sous-évalué – entre culture et développement économique. C'est en respectant la diversité culturelle et son organisation que l'on renforce les conditions du développement économique. D'ailleurs la diversité culturelle illustre aussi le fait *qu'il n'y a pas un seul modèle économique de développement*. Là aussi, un jour, il faudra admettre la nécessité du pluralisme culturel comme condition de développement durable.

De même, la francophonie est-elle confrontée, en symétrie à l'élargissement de l'Europe, au défi d'un changement de statut. L'élargissement est favorable à la francophonie à la condition qu'elle s'accompagne d'un réel effort de compréhension pour des pays souvent de tradition partiellement francophone, mais surtout qui n'ont rien à voir avec l'histoire coloniale. D'une certaine façon, l'élargissement de l'Europe contribue à bousculer les frontières de la francophonie et la détache encore un peu plus de son histoire coloniale pour la rapprocher de la francosphère, c'est-à-dire de la francophonie à l'heure de la mondialisation. Il en est de même pour la visibilité de plus en plus forte de la francophonie en Europe centrale et orientale ou en Amérique latine. Au-delà de l'Europe, la francophonie peut jouer un rôle considérable dans la construction de ce que j'appelle la troisième mondialisation, celle qui donne une place beaucoup plus grande à la culture à côté de l'économie et de la politique. D'autant que les contractions liées à la mondialisation économique sont des accélérateurs des conflits culturels. La francophonie, avec les autres grandes aires linguistiques, peut contribuer à éviter ce qui pourrait être le résultat de la mondialisation économique : une lutte des classes au plan mondial, comme l'Europe en a connu une, entre le XIX^e^ et le XX^e^ siècle.

*Dans quels domaines améliorer l'action ?*

*Le fait religieux et la politique.* La francophonie, qui rassemble de nombreuses religions et régimes politiques différents, ne peut rester longtemps silencieuse sur les rapports entre religion et politique qui sont au cœur de la plupart des conflits politiques mondiaux depuis quinze ans. D'autant que la *laïcité* « à la française » s'impose parfois dans des discours, mais n'est plus toujours comprise. 2005 n'est pas 1905. Demain, la question religieuse traversera la francophonie. C'est-à-dire celle des rapports à établir entre politique, société, culture et religion. Si la francophonie est laïque, c'est aussi à la condition de tenir compte de la diversité des situations culturelles et religieuses.

*Les relations avec le monde anglo-saxon.* Celui-ci a longtemps été identifié au camp de la liberté, de l'émancipation et de la modernité, y compris pendant la guerre froide et les luttes de décolonisation. Depuis la chute du communisme et la mondialisation, le statut de puissance impériale des États-Unis accélère le changement de la donne. La liberté repasse du côté de la francophonie, surtout depuis la guerre du Golfe et de l'Irak. Et la francophonie peut alors être un lieu de débats privilégiés concernant les grands enjeux de la planète liés à l'environnement, la santé, l'éducation, le développement durable, la pauvreté, la société de l'information...

*L'immigration.* Les populations « étrangères » vivant en Europe illustrent plutôt la question du multiculturalisme quand elles relèvent des outre-mers, ou de la diversité culturelle quand elles viennent de pays souverains (Maghreb, Turquie...). Ces populations veulent venir travailler dans les pays riches, qui en ont besoin sans le reconnaître, y compris pour des motifs démographiques non avoués. Et l'on continue de les traiter sur le plan sanitaire, social, culturel et éducationnel comme si l'on était encore dans les années 1970. Le silence de la francophonie, officielle et officieuse, sur les conditions de l'accueil de l'immigration, notamment en France, n'est pas compatible avec les idéaux proclamés par ailleurs en faveur de la diversité culturelle. Comment parler de la patrie des droits de l'homme, de la France terre d'asile, carrefour des cultures, et continuer une politique de plus en plus étroite et bureaucratique en matière de visas ? Augmenter le nombre de visas à entrées multiples est une condition indispensable pour adapter la francophonie à la mondialisation. Comment la francophonie multilatérale veut-elle afficher ses valeurs démocratiques sans rien dire du sort fait aux immigrés francophones ? La « libre » circulation des hommes dans la mondialisation est radicalement différente, selon que vous soyez pauvre, ou riche.

*Devenir un espace de la diversité.* Le monde a besoin de lieux de délibération à côté des structures de l'ONU et surtout d'un style différent, plus libre. La francophonie pourrait offrir un de ces espaces politiques de débats où il y aurait une attention à la diversité linguistique, religieuse, un respect des racines historiques et des métissages. Il ne s'agit pas de se substituer à l'ONU ou à l'Unesco, mais d'offrir un espace *supplémentaire* de dialogue. En s'occupant des *autres* problèmes du monde, la francophonie relativiserait certaines de ses divisions.

### *Quelles réflexions mener sur les modèles économiques ?*

Une réflexion critique sur le modèle de management des grandes entreprises francophones. *Pourquoi miment-elles à ce point le modèle anglo-saxon ?* Avec la multiplication des délocalisations, le pluralisme culturel sera de plus en plus visible. Les directions d'entreprises elles-mêmes n'arriveront plus à gérer cette diversité culturelle. Les Anglo-Saxons, en parlant de « management interculturel », sont paradoxalement en avance sur nous dans ce domaine, alors même qu'ils pourraient se contenter de gérer leur propre modèle, largement repris dans le monde.

*Une réflexion sur le statut* même des industries culturelles et de la communication. Non seulement la francophonie devrait défendre sa propre diversité culturelle, mais elle devrait pouvoir agir au niveau mondial pour que la diversité des programmes, dans les médias et, plus généralement, dans le cinéma et les industries du spectacle, soit préservée. Il en est de même pour Internet et les systèmes d'information. Le problème central n'est pas seulement l'écart Nord-Sud, mais celui de pouvoir préserver une certaine diversité dans les approches, les contenus et les usages. Il est évident que les nouvelles techniques d'information sont perçues au Sud comme une chance à ne pas rater pour accéder à plus d'autonomie, de modernité, et pour ne pas prendre de retard supplémentaire. C'est normal, mais c'est du côté des modèles cognitifs des usages, des contenus, que les questions se posent. Autrement dit, oui à toutes les nouvelles technologies de l'information et de la communication, aux campus numériques, aux batailles pour un Internet francophone, mais il faudrait que cela s'accompagne de certaines conditions pour que la francophonie reste fidèle à ses valeurs : pas de financement des équipements et de l'accès aux programmes *sans* financement de professeurs et de professionnels. Plus il y a de techniques, plus il faut le complément en hommes, et non l'inverse.

*Une réflexion sur le développement durable.* Jusqu'où la francophonie peut-elle contribuer à construire un modèle de développement qui tienne les « deux bouts » : celui de langue de la culture et de la politique d'un côté, celui de l'économie et de la société de l'autre ? Jusqu'où faut-il l'élargir à la perspective sociale, culturelle et politique ? À partir de quand faut-il aussi conserver l'autonomie de l'économie par rapport au reste des dimensions d'une société ? L'économie ne peut ni être impérialiste, ni totalement « culturalisée ». La francophonie pourrait devenir une sorte d'agitateur d'idées. D'autant que les pays qui la composent sont très souvent parmi les pays les moins avancés (PMA), en tout cas beaucoup moins riches et développés que ceux du Commonwealth. Les PMA ne sont pas dupes de cette inégalité de la mondialisation et sont sensibles aux propositions alternatives que la francophonie, avec d'autres, pourrait essayer de faire.

La francophonie officielle est une aventure très récente. Elle a moins de quarante ans. C'est un facteur de légitimité et une raison d'être optimiste. Elle illustre cette évolution centrale, pour le siècle à venir : la culture devient une ressource politique qu'il n'est plus possible de dissocier de la communication. Elle est aussi un exemple des nouveaux rapports entre identité et diversité culturelle. C'est son caractère libre et transversal aux continents et aux institutions, qui fait sa force, à condition évidemment que l'on n'oublie ni la francophonie militante, ni celle de la société civile, ni le rôle de la France. Alors pourquoi y a-t-il si peu de recherches et de débats sur ce chantier passionnant de la francophonie ? Développer une logique de connaissances est fondamental pour accompagner ce projet politique et culturel. Comparer, établir les ressemblances et les différences avec la lusophonie, le Commonwealth, l'hispanophonie, l'arabophonie, etc.

Quatre thèmes de réflexion concernent la francophonie à l'épreuve de la mondialisation :

— Les rapports de plus en plus complexes entre culture et politique. Quel que soit le lien langue-culture-politique-communication, il est évident que la francophonie ne doit jamais abandonner le centre de son projet lié à l'alphabétisation et l'apprentissage.

— La capacité de la francophonie à gérer ces quatre logiques complexes : langue, culture, politique, économie.

— Préserver les trois dimensions de la francophonie : une activité gouvernementale et intergouvernementale, la prégnance de la société civile, un militantisme.

— Les rapports entre mondialisation, réseaux et déplacements. La force de la francophonie est moins son réseau que le désir de vouloir se déplacer et pouvoir se rencontrer. Autrement dit, demain, les coûts les plus importants ne concerneront pas les systèmes d'information et de communication, mais les moyens de faire se *rencontrer* les hommes. Il faut donc favoriser, partout dans le monde, de réelles capacités d'accueil, multiplier les bourses et les visas, et créer une politique digne des migrations.

**L'identité francophone dans la mondialisation[6]**

La francophonie ? C'est deux choses : un mouvement militant, politique et culturel qui dure depuis des siècles ; une organisation multilatérale, l'OIF (Organisation internationale de la francophonie), récente, créée en 1970.

Elle est aujourd'hui un acteur institutionnel de la diversité culturelle, mais le lien entre elle-même et sa source se distend. Le risque, c'est d'oublier que, dans la durée, l'existence et l'intérêt de l'OIF ne valent que par ce lien avec la société civile, les millions de militants anonymes et par ses millions de locuteurs. Sans eux, l'OIF se dessèche et devient une sorte d'ONU *bis* sans âme, une organisation internationale parmi tant d'autres. Et c'est sur la capacité à lancer, organiser des débats d'idées que l'on voit si l'OIF est une institution comme les autres ou si elle n'oublie pas que sa légitimité est liée à ses millions de fantassins anonymes, bien loin des tapis rouges et des protocoles.

Cinq remarques s'imposent dans le rôle que l'on pourrait faire jouer à la francophonie dans une réflexion sur l'identité francophone fragile, où les repères traditionnels se sont effrités et où il faut essayer de nouer d'autres liens en retricotant modernité et tradition.

— Pas d'avenir de la francophonie si celle-ci n'est pas capable de réfléchir librement, contradictoirement aux multiples aspects de cette identité. Et pour cela *créer un espace public au sein de la francophonie*. Prendre l'habitude de parler librement en distinguant ce qui relève des positions officielles, liées au fonctionnement de l'OIF, de tout ce qui existe par ailleurs dans les sociétés civiles. Les prises de position

6. Extraits de *L'Identité francophone dans la mondialisation*, Organisation internationale de la francophonie (cellule de réflexion stratégique de la francophonie, CRSF, avec Aurélien Yannic et Catherine Mandigon), décembre 2008.

officielles ne recouvrent pas, loin s'en faut, tout le champ de réflexion et d'action de la francophonie officielle et hors les murs. Pour cela, il faut apprendre à débattre, à argumenter, s'opposer. L'habitude n'existe pas. Ouvrir des sites, des blogs, libérer la parole, accepter les controverses, ne plus confondre le jeu institutionnel interétatique *et* la réalité sociopolitique. Les nouvelles technologies doivent servir à cela : ouvrir un espace public à l'échelle du monde.

— Le débat de fond n'est pas entre élargissement et approfondissement de la francophonie. Certains États considérant, comme pour l'Europe d'ailleurs, que les liens seraient plus forts, si la francophonie comptait moins de pays. Ce qui n'a rien d'évident. L'avantage des membres plus « périphériques » est souvent de poser plus rapidement les questions et contradictions que le club fermé des fondateurs souhaiterait le faire.

L'existence depuis des années d'un espace public ouvert et contradictoire a évidemment permis de dépasser cette fausse opposition. De toute façon, l'élargissement a lieu et l'approfondissement s'impose. Il faut faire les deux. En revanche, chacun, à juste titre, cherche sa place. Les différences existent entre le noyau historique, l'Asie, l'Europe centrale et orientale... Tout est possible à condition de pouvoir parler librement. Débattre permet de dépasser les méfiances et les méconnaissances mutuelles. Il ne peut pas y avoir d'unanimité, par exemple, sur une question aussi fondamentale que celle de l'identité, mais en débattre empêche les méfiances mutuelles. C'est donc à l'organisation de proposer les conditions d'une expression libre et contradictoire. Et dans toutes les enceintes, sans peur que cela menace l'identité du mouvement. Là comme ailleurs, dans la francophonie, il faut distinguer ce qui relève des arbitrages internationaux, du reste où l'expression doit être libre. Rien de pire que par une sorte de contagion, le style diplomatique langue de bois, concerne tous les débats d'une organisation internationale.

— Pour le débat sur l'identité, et dans tous les débats sur l'avenir de la francophonie, la francophonie « hors les murs » est donc aussi importante que la francophonie officielle. Ce sont les deux jambes d'un même mouvement. Pendant vingt ans, on s'est beaucoup occupé, à juste titre, de l'institutionnalisation. Il faut maintenant être attentif aux dimensions antérieures liées notamment aux politiques francophones, menées par ailleurs par les États, ainsi qu'à tous les pays où le français est langue étrangère, et à tous les endroits dans le monde où existe une histoire francophile ou francophone. Bref, s'ouvrir à la francosphère, c'est-à-dire la troisième francophonie, celle qui est en phase avec la mondialisation. Et pour cela, valoriser notamment les États qui veulent être observateurs ou associés à la francophonie. Sans oublier ces milliers de communautés francophones existant dans le monde, rattachées à aucun État, mais qui témoignent du dynamisme de la diversité culturelle.

— L'OIF ne doit pas rester uniquement le reflet de l'organisation des États, mais doit, comme cela s'est passé pour l'Europe avec la Commission, et comme cela se fait pour certaines autres organisations multilatérales, renforcer son autonomie et être capable, pour certains domaines, comme l'immigration, l'identité francophone, le dialogue des civilisations, l'Europe élargie... d'avoir ses propres positions. Celles-ci ne sont pas des positions « officielles », mais le résultat du travail et de la prospective de l'organisation qui, par son existence même, est capable de faire preuve d'originalité. Autrement dit, élargir le rôle de l'OIF au-delà de celui d'une instance intergouvernementale fait partie du travail sur la question de l'identité francophone.

— Face à la multiplication des identités, la tentation est grande de se satisfaire des références au « métissage », « cosmopolitisme »... pour aborder un problème complexe. Puisque les identités ne disparaissent pas, on les prend toutes et on mélange. Reprendre aujourd'hui ce vocabulaire du métissage et du cosmopolitisme malgré son côté sympathique, n'est pas suffisant. D'abord le cosmopolitisme et le métissage concernent plutôt les problématiques liées à un monde fermé. On se mélange aux frontières. Cela a toujours existé et se perpétue. C'est un des moyens essentiels de contact entre les cultures et les civilisations. Mais la problématique change de sens aujourd'hui avec la mondialisation et l'avènement des sociétés ouvertes où tout le monde circule. Certes, tout le monde se métisse plus ou moins dans les modes de vie – pourquoi pas ? –, mais là n'est pas l'essentiel, qui est plutôt de conserver, à côté de cette logique d'ouverture mondiale, la force des identités pour ne pas justement se « dissoudre » dans un vague métissage. Plus tout est ouvert, plus chacun souhaite conserver ses identités. La cohabitation des identités à construire est autre chose que le métissage apparu à partir, notamment, de l'ouverture du monde du XVII^e au XX^e siècle.

## *Migrations, une richesse pour la francophonie*[7]

Les hommes circulent et les migrations sont une richesse humaine, économique, culturelle, plus ou moins valorisée selon les périodes et les espaces, mais le plus souvent perçue comme une menace. Le décalage est considérable entre l'apport des migrations, facteur de dialogue entre les sociétés, et le fait d'être souvent perçu comme un péril. On retrouve cette ambivalence même dans les pays d'immigration récente massive (États-Unis, Canada, Australie, etc.).

La migration pose depuis toujours la question de la tolérance à l'égard de l'autre. En période de prospérité, les frontières s'ouvrent : avec les crises, elles se referment. Le migrant devient alors le bouc émissaire, relançant ou justifiant la xénophobie et le racisme. On le voit actuellement avec la mondialisation. Peu de situations offrent un tel décalage entre la qualité de ce qu'apportent les hommes et la suspicion que ces mêmes hommes suscitent. Les migrations illustrent depuis toujours la question de l'ouverture à la diversité culturelle. Le migrant, c'est l'autre dont on se méfie alors qu'il est toujours un messager des autres sociétés et qu'il rend service à la société dans laquelle il s'installe.

L'immigration clandestine varie aussi selon les époques, mais sert toujours de caution pour justifier les politiques de méfiance et de rejet. La mondialisation par nature augmente cette immigration clandestine, surtout avec la dimension libérale actuelle. Elle est son envers, son double. *Pas de mondialisation sans immigration et immigration illégale.* Les trois vont ensemble, ce qui pose le problème d'une politique et d'une régulation de la mondialisation pour en réduire les aspects les plus critiquables. Penser la mondialisation, c'est donc penser aussi la question des immigrations avec

7. Extraits de *Francophonie et migrations internationales*, Organisation internationale de la francophonie (cellule de réflexion stratégique de la francophonie, CRSF, avec Aurélien Yannic et Catherine Mandigon), janvier 2008.

plus de tolérance pour l'autre, cet homme dont on a tant besoin, mais dont on sous-estime si souvent la qualité.

Il y a de multiples formes de migrations. Pour simplifier on peut distinguer quatre catégories. Les migrations liées aux conquêtes militaires et commerciales. Très nombreuses et fortes dans le passé, elles le sont moins aujourd'hui. Les migrations de peuplement. Le mouvement n'est pas terminé. La migration des réfugiés politiques, ethniques, religieux, culturels. Les inégalités, injustices et persécutions contradictoires avec toutes les valeurs de la communauté internationale, sont hélas toujours présentes. Simplement, la mondialisation de l'information les rend un peu plus visibles. Enfin, les migrations liées au travail et à l'économie. Avec deux dimensions. Les populations formées, qualifiées et éduquées qui circulent facilement dans la mondialisation et en sont un des paramètres essentiels ostensiblement mis en avant. Les populations de main-d'œuvre non qualifiée dont l'économie des plus riches a besoin, qui souvent quittent des contextes de misère ou d'inégalité, mais qui rencontrent de plus en plus de difficultés de circulation. Si l'intelligence d'un migrant n'a rien à voir avec son statut social et éducatif, c'est pourtant, hélas, par rapport à cette hiérarchie que sont les discriminations.

Les migrations sont à l'origine de l'enracinement de la langue française et de la francophonie sur les cinq continents au travers de son histoire, et des cinquante-six États et gouvernements qui la composent aujourd'hui.

*La place des migrants est ainsi en train de devenir une question au carrefour de toutes les autres problématiques politiques, économiques, sociales, culturelles, scientifiques*… il est donc plus que légitime de se poser la question de la mobilité et des déplacements d'une partie des cent quatre-vingts millions de francophones. Dans un contexte global de fermetures des frontières des pays du Nord, la francophonie, lieu de rencontre entre le Nord et le Sud, peut-elle encore rester silencieuse ?

Les migrations sont donc une des grandes questions politiques qui se posent à la francophonie. Elle n'est pas présente dans la déclaration de Bamako (2000) pourtant consacrée aux droits de l'homme et à la démocratie et à peine effleurée au sommet de Ouagadougou (2004) portant sur le thème du développement durable, et dans la déclaration de Saint-Boniface (mai 2006) sur la prévention des conflits et la sécurité humaine. Il faut attendre le XI$^{e}$ sommet des chefs d'État et de gouvernement de Bucarest en septembre 2006 pour trouver une allusion directe à cette question dans le troisième point des résolutions. Les migrations peuvent pourtant être une chance pour la francophonie, car elles contribuent à rajeunir les cadres de ce mouvement qui, après les deux générations des pères fondateurs, doit s'ouvrir avec la francosphère, à un changement de génération et à d'autres visions du monde.

La question des migrations est le premier chantier politique mondial consécutif à l'émergence politique de la question de la diversité culturelle. La signature à l'Unesco, le 21 octobre 2005, de la Convention sur la protection et la promotion de la diversité des expressions culturelles reconnaissant le principe du respect de la diversité culturelle a démontré qu'il est possible d'encadrer une mondialisation économique sans boussole. Le combat pour plus de respect des migrations n'est-il pas la suite, le double exactement, de celui mené pour le respect de la diversité ? D'autant que les pays riches sont les premiers à mettre en application ce qu'ils dénoncent ailleurs : le repli identitaire. D'un côté, ils prônent l'ouverture tous azimuts des marchés, des capitaux, des savoirs et de l'information, et, de l'autre, ils pratiquent la fermeture des frontières pour les hommes pauvres. *Tout peut circuler dans le monde sauf les pauvres !*

## CINQ ACTIONS PRIORITAIRES

En trente ans, le contexte de migrations a changé avec la fin du conflit Est-Ouest, la mondialisation économique, l'ouverture des frontières, l'augmentation des déplacements, l'élévation du niveau de vie et des connaissances et une bien plus grande information sur le monde global[8].

Cinq paramètres sont à prendre en compte pour penser une politique des migrations.

1. *Les migrations ont toujours plusieurs causes* dont certaines se cumulent selon les moments où les continents : économiques, politiques, culturelles, religieuses, sociales...

2. *Les migrations ne sont jamais seulement Nord-Sud.* Les plus importantes sont souvent Sud-Sud, accentuant les phénomènes d'inégalité et d'exclusion. L'exclusion n'est nullement une exclusivité du Nord par rapport au Sud, mais une caractéristique constante des rapports d'inégalité entre sociétés et économies de marché. Le Nord n'a pas le monopole des multiples formes d'inégalité.

3. *Les migrations ne se réduisent pas aux populations sous-qualifiées.* Non seulement celles-ci tendent à développer la migration circulaire et à revendiquer le respect d'une part de leurs identités culturelles, mais il existe aussi une autre migration. Celle des populations éduquées, inscrites dans d'autres rapports de force culturels et économiques.

4. *Les circuits de migrations.* La plupart, généralement anciens, sont aujourd'hui amplifiés et même modifiés par le double effet d'ouverture liée à la mondialisation et du refus des pays riches du Nord et de certains pays émergents du Sud. Sur une carte des migrations, indispensable à réaliser, il est nécessaire de toujours distinguer les pays de départ, de transit et d'accueil.

5. *La dynamique économique et sociale de la mondialisation,* avec ses inégalités et ses richesses, modifie l'équilibre entre pays d'émigration et d'immigration. Les premiers, avec l'enrichissement, deviennent à leur tour des pays d'immigration.

---

8. Quelques chiffres (source : www.iom.int, consulté en novembre 2011) :

— En 2008, on dénombre 214 millions de migrants dans le monde, soit 3,1 % de la population mondiale. Autrement dit, une personne sur 33, dans le monde, est aujourd'hui un migrant (alors qu'en 2000, le rapport était d'une personne sur 35). Cependant, le pourcentage du nombre de migrants par rapport à la population mondiale est resté relativement stable, puisqu'il n'a augmenté que de 0,2 % ces dix dernières années (passant de 2,9 à 3,1 %). La moitié des migrants dans le monde sont des femmes.

— Pour l'Europe, le nombre des immigrants clandestins a été estimé à des chiffres pouvant atteindre un demi-million par an, ce qui correspond à un rapport encore plus élevé au nombre d'immigrants entrés régulièrement.

— Selon des données du haut-commissaire des Nations unies pour les réfugiés, on comptait en 2010 15,4 millions de réfugiés, contre 15,9 millions en 2000 – soit un recul d'environ 500 000 personnes.

Pour accélérer le débat, je propose de *sélectionner cinq actions* comme particulièrement symboliques des combats à mener. Elles recouvrent toutes les dimensions et montrent l'étendue des initiatives possibles. Autrement dit, avec la question des migrations, la francophonie peut illustrer son rôle dans la construction d'une autre mondialisation plus respectueuse de l'homme, et en faveur d'une certaine laïcité de tolérance si utile dans le contexte actuel d'un renouveau du lien religion-politique.

— *Une charte du migrant*. Définir une charte avec les droits et devoirs des migrants et des États de départ, de transit ou d'accueil, pour contribuer à valoriser le rôle des migrations dans la mondialisation.

— *Des centres d'information au départ et à l'arrivée*. Ceci afin à la fois de donner plus d'informations et de connaissances à ceux qui partent. Et pour ceux qui accueillent de respecter davantage les identités culturelles des migrants. Ceci est inséparable de la problématique grandissante en faveur des *migrations circulaires*.

— *Une banque des migrants*. Afin de valoriser des flux financiers indépendants et plus importants que ceux de l'aide publique internationale. Afin aussi, par ces nouveaux circuits de favoriser le codéveloppement, complément indispensable d'une politique de migration.

— *Une politique de communication mondiale*. Ici tout est à faire pour que la francophonie dans la bataille mondiale des industries culturelles et de la communication, comble son retard. Il s'agit de TV5 et des multiples initiatives à créer, pour le cinéma, l'audiovisuel, les logiciels, un Web francophone mondial, le livre... Faire de la francophonie un acteur de ces industries déterminantes pour le respect de la diversité culturelle.

— *Un Erasmus francophone*. Créer un réseau d'une quinzaine d'universités dans le monde, par grands domaines de compétences, afin de faire circuler professeurs et étudiants et faciliter la prise de conscience de la richesse de la francophonie.

C'est en se fixant des objectifs ambitieux que la francophonie pourra transcender les inévitables contradictions qui la structurent. *Les migrations ? C'est l'histoire et l'utopie de la francophonie comme communauté des hommes au-delà de toutes les différences*.

---

## *Les outre-mers, une chance pour la France et l'Europe*[9]

Les outre-mers sont une chance pour la France, parce qu'ils sont une ouverture sur le monde à partir des trois aires culturelles de l'océan Atlantique avec les Antilles, la Guyane, Saint-Pierre-et-Miquelon ; de l'océan Indien

9. *Hermès*, n° 32-33, *La France et les Outre-mers. L'Enjeu multiculturel*, 2002.

avec la Réunion et Mayotte ; de l'océan Pacifique avec la Nouvelle-Calédonie, Wallis-et-Futuna et la Polynésie française.

Ils permettent aussi de sortir de l'« européocentrisme » dominant depuis un demi-siècle et surtout de vivre en grandeur nature le défi du multiculturalisme. C'est la cohabitation avec ces identités, langues, cultures, religions, traditions, liées à la métropole, mais aussi inscrites dans une histoire bien plus ancienne que celle marquée par l'arrivée des Européens (entre les XVI^e^ et XVIII^e^ siècles) qui fait l'importance de ces territoires. Ils sont une *autre figure* de la mondialisation, et les petits cailloux de cette difficile intercompréhension à construire au moment où, les distances physiques disparaissant, les distances culturelles prennent de plus en plus de place.

LES OUTRE-MERS : UNE EXCEPTIONNELLE DIVERSITÉ

Cette diversité culturelle est un atout pour construire l'autre mondialisation, celle qui, au-delà des marchés, des économies, et des nouveaux rapports de force doit au contraire organiser le dialogue des cultures et des civilisations. Car il faudra bien admettre que le monde est autre chose qu'un immense supermarché, avec ses riches et ses pauvres, et que l'économie n'a jamais suffi à faire un projet politique. Demain les pays du Sud, au nom de cultures et de civilisations aussi brillantes que celles du Nord demanderont des comptes, ou plutôt rappelleront qu'il n'y a pas de mondialisation sans respect de l'autre. *L'importance des outre-mers n'est donc pas d'abord économique ou démographique, elle est culturelle et politique.*

Le lien avec le passé oblige à réintégrer l'histoire des colonisations. Le statut d'autonomie aujourd'hui est une voie politique originale pour préserver un lien fort avec la métropole tout en respectant les identités socioculturelles des collectivités. La recherche d'un développement économique, avec la région, la métropole, l'Europe est pour demain la figure d'un autre modèle de mondialisation.

Les outre-mers sont donc pour la France un défi, et une chance de trois points de vue : politique – comment assumer l'autonomie et le lien avec la métropole ; économique – comment faire face aux gigantesques bouleversements liés à la mondialisation ; culturel – comment valoriser les identités culturelles en évitant le repli communautaire et en favorisant le multiculturalisme ?

Contrairement à ce que beaucoup pensent, par manque de culture, de curiosité et de respect des autres, ces territoires ne sont pas les « reliques du passé », des « confettis de l'histoire coloniale », un morceau du XIX^e^ siècle. Ils sont au contraire à l'avant-garde des enjeux du XXI^e^ siècle. Ils sont un des terrains privilégiés pour une alternative politique sociale et culturelle aux dégâts de la mondialisation économique. On y voit en grandeur nature toutes les questions de demain, liées à la cohabitation des cultures et des civilisations.

Ces territoires représentent des passerelles pour des problèmes qu'il faudra de toute façon aborder, et qui sont liés au conflit de valeur entre deux modèles antagoniques de la mondialisation : la mondialisation économique dont l'horizon est un marché de sept milliards de consommateurs.

La communauté internationale dont la finalité est d'organiser la cohabitation des États, des nations, des cultures et des sociétés.

## DIX CHANTIERS THÉORIQUES ET POLITIQUES

### *Valoriser l'autonomie comme projet politique*

Les leçons de la décolonisation, la fin de la guerre froide, les dégâts de la mondialisation économique, la constitution des grands regroupements régionaux, la réduction des souverainetés nationales... tout cela permet-il de créer de nouveaux liens qui supposent néanmoins un respect mutuel ?

Oui, à condition de sortir de la vision dichotomique passée pour arriver à des liens de solidarité mutuels, basés sur le respect des identités culturelles, et accompagnés de droits et devoirs réciproques. Il y a là une invention politique à faire, dont les outre-mers pourraient être un terrain d'expérience, valable d'ailleurs pour de très nombreux territoires liés à l'Europe. Cela prouverait que les histoires coloniales peuvent aussi être l'occasion d'innovations politiques et culturelles considérables pour penser autrement la mondialisation.

### *Inventer un concept d'identité relationnelle*

Dans l'histoire, l'affirmation identitaire a toujours été violente. Les outre-mers français, au travers de leur évolution caractérisée par un haut niveau de vie, d'éducation et de culture, ne peuvent-ils pas être l'occasion de l'invention d'une identité moins conflictuelle ? Par exemple, passer enfin réellement de la langue française, aux langues de la France ; inventer des identités culturelles qui échappent à la double dérive de l'ethnicisation et de la communautarisation ; faire émerger des identités qui dessinent les contours d'un multiculturalisme ouvert sur le vaste monde ?

Il y a à inventer, dans le cadre de la mondialisation d'autres rapports entre « identité » et « territoire », « communication » et « mondialisation ». Peut-on échapper au double piège de l'abrasement des identités dans la mondialisation ou de leurs irrédentismes conflictuels ? Éviter en tout cas le processus le plus classique, d'une affirmation identitaire violente, dont le risque est le repli sur soi. En réalité le défi est d'inventer une identité relationnelle et non une identité d'exclusion.

### *Revendiquer le statut de sociétés multiculturelles*

La France est *déjà* une société multiculturelle, grâce à ses outre-mers. Pourquoi ne pas en faire publiquement une force, car demain tous les États-nations seront confrontés à la même réalité ? Pourquoi ne pas accepter ce multiculturalisme, le revendiquer et réfléchir aux moyens juridiques et sociaux de l'inscrire dans un projet politique ? Peut-on passer de cet état de fait à un projet politique ?

L'outre-mer pourrait contribuer à ce passage, prenant ainsi une revanche sur l'histoire. Cela permettrait ainsi une sorte de clin d'œil à l'universalisme français qui, s'il n'a pas toujours su être à la hauteur de ses valeurs, pourrait néanmoins contribuer à l'élaboration de modèles politiques, échappant aux dérives du communautarisme. Le débat entre « communautarisme » et « universalisme » est donc loin d'être dépassé. Il structurera une partie du XXI^e^ siècle.

*Débattre des métissages*

Là encore l'outre-mer est une école de la diversité dont il faut éviter de faire un magasin de souvenirs, ou une machine à exclure. La diversité historique des métissages au sein des outre-mers est une ressource politique et culturelle considérable pour ouvrir une réflexion sur les nouveaux rapports entre identité, communauté et citoyenneté, à l'heure de la mondialisation.

*Penser le défi de la communication*

Comment gérer outre-mer cette contradiction entre la revendication croissante des identités et l'absorption rapide de ces sociétés dans le maelström de la communication mondiale avec le surgissement d'un grand nombre de chaînes par satellite, la concurrence du privé, la mondialisation des programmes et l'arrivée progressive d'Internet ? Comment utiliser cet afflux de communication, qui a tous les attraits de l'ouverture et de la modernité, notamment pour les jeunes, sans pour autant être aspiré dans une spirale où les identités s'effritent et se caricaturent dans les industries mondiales de l'identité ?

La technicisation croissante de la communication oblige aussi à revaloriser les autres dimensions de la communication. Celles liées aux modèles culturels des relations humaines et sociales où subsistent des traditions, des codes et des savoir-faire sans aucun rapport avec les techniques mais si nécessaires pour affronter le maelström de la modernité. Le multimédia n'est pas en soi synonyme de progrès de la communication. L'outre-mer pose en grandeur nature, la question de l'organisation et de la réglementation des industries de la communication.

*Élargir les caractéristiques de l'espace public et de la communication politique*

Il y a, avec les outre-mers, toute une culture politique pour se sensibiliser à d'autres modes de communication politique. Si les règles, les outils et les codes sont partout identiques dans le monde, les contenus, les styles et les procédures de communication politique sont différents. Et toute problématique authentique de communication interculturelle passe par la compréhension de la pluralité des modèles de fonctionnement des espaces publics.

*Affronter les contradictions sociales d'outre-mer*

Il y a des inégalités économiques et sociales propres à ces sociétés, qu'il faudra bien analyser et critiquer. Et d'abord étudier sérieusement les conditions d'une autonomie économique aujourd'hui largement insuffisante. Réfléchir aussi aux conditions du travail, du salariat, du syndicalisme, de la protection sociale, de la formation... Faire le tri entre les restes d'une économie et d'une société postcoloniale et les responsabilités et les atouts propres à ces sociétés.

*Réhabiliter la politique entre la culture et la société*

Depuis une génération, les revendications identitaires ont progressivement dominé le jeu politique. Le risque est l'installation d'une problématique politique principalement culturelle qui au nom des « identités » d'autant plus réifiées que personne, et surtout pas en métropole, ne les met en cause ou les relativise, ne devienne demain le langage dominant de la politique. Si le fait culturel devient le cœur de la politique, le risque est l'exacerbation des conflits culturels. Ceux-ci seront d'autant plus violents qu'il s'agit de sociétés toutes multiculturelles où les risques d'« ethnicisation » et de « communautarisation » existent, comme on le voit, dans les territoires voisins de ces collectivités françaises ultramarines. Et reconnaître les diversités culturelles n'empêche pas, au sein des populations qui en bénéficient, le maintien ou l'essor d'autres inégalités économiques et sociales.

*Assumer la question de l'altérité*

Si le lien à la France au travers d'un certain cadre historique, institutionnel et culturel fonde une partielle unité, la diversité de chacune de ces réalités éclate dès que l'on regarde de plus près.

Les liens trop longtemps « verticaux » entre Paris et chaque outre-mer, l'absence de liens *entre* ces territoires ont empêché de réaliser l'importance de ces diversités culturelles. À l'heure où l'autonomie tend à devenir la règle, penser un projet politique de société multiculturelle commun s'impose. Et surtout inciter les différents territoires à entretenir des relations mutuelles et apprendre ainsi à gérer entre eux les inévitables flottements et contradictions qui en résulteront. Reconnaître les diversités culturelles mutuelles ne suffit pas à créer plus de solidarité sociale et politique.

*Sortir du couple culpabilité/réparation*

Depuis un demi-siècle, l'histoire coloniale est le « cadavre dans le placard » des relations entre les outre-mers et Paris.

Tout le monde parle d'autonomie, mais dans des perspectives différentes et presque symétriques. Ce qui explique la prégnance du discours de « réparation » tenu par les élites d'outre-mer à Paris et la logique de « culpabilité » dans laquelle la métropole s'enferme. Il n'y aura aucune communication politique réellement fructueuse entre Paris et les outre-mers tant que l'on ne sortira pas de cette dichotomie, même si pour l'instant l'outre-mer en est le bénéficiaire apparent. En réalité, avec le XXIe siècle, une autre histoire politique commence qui n'empêche nullement une analyse rigoureuse du passé, mais qui ne peut fonder les relations futures sur la base d'une éternelle culpabilité historique.

Si la France et ses outre-mers ne sont pas capables de construire des relations culturelles relativement pacifiques, c'est à désespérer de la question centrale de demain, celle du multiculturalisme. Plus les moyens techniques de communication sont performants, rapides, puissants et interactifs, plus on réalisera les difficultés d'ordre culturel, politique, social, philosophique, et religieux inhérentes à la communication. Les distances demain ne seront plus physiques, mais sociales, politiques et culturelles. C'est en cela que la communication interculturelle est le défi de demain.

Le défi est politique, car c'est à la politique de construire la condition de cette intercompréhension. La fausse fenêtre est technique en croyant que les réseaux et les satellites suffiraient à faciliter cette communication culturelle. *Autrement dit, plus le « village global » est une réalité technique, plus le vrai défi est politique et culturel.*

Ce qui est en jeu dans la quête d'une communication, en lien avec un statut d'autonomie, c'est la recherche d'un autre schéma de relations politiques. À l'échelle planétaire, l'indépendance est évidemment la loi commune, mais pour de nombreux territoires de par le monde, à forte identité culturelle, mais avec une population peu nombreuse, et sans grand potentiel économique, l'« autonomie » ouvre peut-être un nouveau type de relation politique et culturelle. Encore faut-il que les uns et les autres admettent les deux conditions : une réelle décentralisation *et* la construction d'un cadre politique commun. Non seulement entre la métropole et ses outre-mers mais aussi entre les outre-mers eux-mêmes.

Cette recherche pour un statut original de l'autonomie dans la République suppose d'indéniables efforts réciproques, auxquels beaucoup ne sont pas encore prêts. Et pour cela dépasser notamment les démons d'une histoire de la décolonisation qui n'en finit pas de s'écrire. Quel en est l'enjeu ? D'une part, sortir de la logique de « culpabilité-réparation », au profit d'un dialogue plus authentique où les droits et les devoirs *réciproques* soient communs. D'autre part, reconstruire, ou plutôt construire, en métropole un espace public sur l'outre-mer et l'ensemble de ces questions. Un espace public qui serait la preuve pour la France, au-delà de son engagement européen, de l'importance de ses racines culturelles et politiques dans les trois aires culturelles, de l'Atlantique, de l'océan Indien et du Pacifique.

Un espace public qui, élargi à la francophonie, serait dans ce grand débat politique mondial à venir, la preuve qu'il existe un « *multiculturalisme à la française* ». Un modèle qui permettrait aussi de repenser les conditions contemporaines de l'universalisme. Bref la France, et la francophonie, au travers de ces deux concepts d'universalisme et de multiculturalisme pourraient contribuer à penser les enjeux politiques de demain.

**Un exemple concret – la Polynésie française : une communication politique en devenir**[10]

**Juillet 1977 :** Statut d'autonomie de la Polynésie, approfondi en 1984, février 2004, décembre 2007, juin 2010.
**Mai 1986 :** Gaston Flosse, secrétaire d'État au Pacifique Sud dans le gouvernement de la première cohabitation.
**Janvier 1996 :** Émeutes en Polynésie suite au dernier essai nucléaire français.

10. *Hermès*, n° 32-33, *La France et les Outre-mers. L'Enjeu multiculturel*, 2002.

**Juin 2004 :** L'indépendantiste polynésien Oscar Temaru devient président du pays, mettant fin à l'ère Gaston Flosse, président depuis 1984 ; Oscar Temaru et Gaston Tong-Sang alternent depuis au pouvoir à un rythme annuel.
Même si au bout du grand océan, on peut éprouver le sentiment d'être en continuité territoriale avec la France, en fait, tout est différent. L'effet d'isolement, voire d'enfermement, rejaillit sur la communication politique : on ne peut pas dire n'importe quoi, tout se sait, rien ne s'oublie. Il existe un réel décalage entre la réalité d'une société décontractée et accueillante, et un jeu politique fermé, opposant un nombre limité d'acteurs. C'est sans doute une des raisons de l'agitation chronique de la vie politique locale : on relance d'autant plus les antagonismes qu'on demeure confiné dans les archipels. On est condamné à vivre ensemble la violence des affrontements verbaux pour compenser l'obligatoire cohabitation physique.
Si le métissage est une force, dire « qui est polynésien » entre les Polynésiens de souche, les demis, les Popa'a (métropolitains) et les Chinois est délicat. L'identité polynésienne est forte, mais liée la plupart du temps à des métissages qui n'ont pas le même sens et la même force selon les communautés et surtout selon la hiérarchie sociale. De petite taille, la société polynésienne n'en est pas moins sophistiquée. Il s'agit d'une société en réseaux, non seulement à l'échelle globale comme à celle des communautés, mais aussi vis-à-vis des multiples formes d'appartenance « transversale » : Églises, associations, franc-maçonnerie. Une sorte de « négociation » permanente et silencieuse se déroule entre tous les systèmes d'appartenance symbolique. Le débat politique, focalisé sur l'idée que l'État est l'adversaire des populations locales, freine l'émergence des autres questions et favorise une sorte de fuite en avant dans la revendication incessante d'autonomie. Au fond, deux modèles de communication politique se superposent : le modèle officiel et tout un entrelacs de logiques parallèles et souterraines.
L'État ne sait pas quoi faire à l'égard de cette double culture et identité. Comme la forme en est occidentale, beaucoup de fonctionnaires en déduisent que le fond l'est aussi. Combien d'agents de l'État ont échoué pour essayer de comprendre cette société d'autant moins facile à appréhender qu'elle répond à des logiques cachées. La communication politique de l'État est faible alors que le territoire fait en permanence montre d'une communication politique offensive. Nous sommes par ailleurs à un tournant. Les rapports avec la France se sont distendus, réduisant les perspectives politiques à l'échelle du Territoire, d'autant que Gaston Flosse, tout en prétendant le contraire, pose la métropole en « adversaire » et que le faible pluralisme des médias ne favorise pas l'émergence d'autres approches.
À ce manque de curiosité de la Polynésie vis-à-vis de l'extérieur répond l'insuffisante curiosité sociopolitique de la métropole à l'égard du territoire. Les deux indifférences sont en miroir. Trop centrée sur la personnalisation du pouvoir et le contentieux avec l'État, la Polynésie risque de devenir une cocotte-minute. Rien de plus difficile que d'éviter le repli du pouvoir sur lui-même et ses effets de cour tout en restant sensible aux mutations d'autant plus difficiles à percevoir que les oppositions ont du mal à trouver leur place.
L'opinion publique n'est pas mesurable en Polynésie puisqu'il n'existe toujours pas de sondages. Chacun interprète l'« opinion » comme il l'entend. Les médias s'avèrent trop institutionnels pour se prétendre les porte-parole de l'opinion publique. Ce sont en définitive les grèves et les manifestations qui sont les thermomètres de l'opinion. Les acteurs politiques ont une assez bonne connaissance des rapports de force politique. Mais tout ce qui n'entre pas dans le champ direct, soit de l'affrontement politique, soit du traitement institutionnel, reste largement méconnu.

Si la Polynésie se construit actuellement autour de l'« identité polynésienne », le Polynésien de base n'y est pas associé. Les demis gouvernent le pays en leur nom et se sont approprié cette identité. L'émigration des archipels vers Tahiti accroît le problème car ces émigrés se situent en bas de l'échelle sociale. Le mouvement de retour vers les archipels qui s'esquisse et l'élévation progressive du niveau éducatif, vont peut-être modifier l'identité polynésienne en une identité plurielle à partir d'un débat sur le rôle des demis et des autres communautés, car là aussi, les relations communautaires sont refermées les unes sur les autres. Même s'ils sont toujours mentionnés comme « chinois », ceux-ci ont réussi leur percée dans l'espace politique. Mais les maîtres de la communication politique demeurent les demis qui parlent le tahitien. Il y a d'ailleurs plusieurs catégories de demis, entre ceux qui se nomment comme tels et ceux que l'on désigne comme tels. Tous issus d'un métissage, ils n'ont pas la même légitimité. Les Polynésiens appellent demis les métis de longue date, identifiés à des familles connues mais dénient l'appellation à ceux qui n'ont pas participé depuis longtemps au contact avec les Polynésiens. L'identité des demis a donc également tendance à se stratifier entre métissage et adhésion à la langue et à la culture polynésiennes.

Ancienne puissance coloniale, maître d'œuvre du nucléaire, gardien de la souveraineté, l'État s'est transformé en adversaire idéal, d'autant qu'il répond de manière maladroite aux provocations en apparaissant sur la défensive, s'excusant d'être encore là. À Tahiti tout au moins, car dans les archipels, le haut-commissariat, l'armée et la gendarmerie conservent un réel prestige. Seul l'État est efficace en cas de catastrophe naturelle. La communication politique est marquée par ce rapport de force. Le territoire rappelle sans cesse qu'il lutte contre un État « quasi colonial », tout en sachant très bien que ce même territoire ne cesse de lui renforcer son autonomie déjà bien réelle et qu'en jouant la victime, il est, depuis une dizaine d'années, le vainqueur. Dans la culture démocratique, la victime bénéficie toujours d'un préjugé favorable. L'État assume mal l'histoire. Au lieu de les nier, il ferait mieux d'assumer ses erreurs et ses réussites, d'autant que les Polynésiens ont une bonne intelligence politique et une très bonne mémoire, afin de souligner en contrepoint les conséquences positives de la présence française. Il devrait ainsi assumer l'histoire du Centre d'expérimentations du Pacifique (CEP), aujourd'hui disparu de l'espace politique.

D'une manière générale, l'État ne semble plus capable de donner aux Polynésiens le sentiment et les raisons de se sentir fiers d'être français. Il n'y a pas assez d'actes symboliques pour rappeler aux Polynésiens ce qu'ils apportent à la France et les raisons qu'ils ont d'appartenir à l'espace français. Trop institutionnel, voire bureaucratique, l'État a du mal à gérer l'autonomie d'un pays au sein de la République.

L'intérêt de la métropole pour la Polynésie est insuffisant. Son statut de paradis touristique loin et cher n'aide pas. L'absence de crise politique grave, comme en Nouvelle-Calédonie, ne mobilise pas les médias. L'omniprésence de Gaston Flosse conforte ses amis comme ses ennemis dans l'idée que le *statu quo* durera tant qu'il sera en fonction. La baisse dramatique de la culture politique des élites françaises vis-à-vis de l'outre-mer joue également un rôle. La discrétion des Polynésiens, volontiers silencieux, n'incite pas les métropolitains résidants, qui se contentent de quelques clichés, à s'investir réellement. La faiblesse de la communauté polynésienne en métropole empêche d'en faire un lobby culturel et politique comme celui des Antilles. Or l'intérêt défaillant de la métropole est d'autant plus regrettable que la Polynésie française s'avère un lieu d'observation privilégié pour les problèmes culturels, sociaux et politiques des sociétés multiculturelles de demain et notamment pour l'Europe. C'est un vrai paradoxe. On parle sans cesse de la mondialisation, du « dialogue des cultures » et du « village global ». La France, qui a la chance inouïe d'être présente dans trois aires culturelles et géographiques, n'en est pas fière, n'en fait rien et n'en dit rien.

## *Les enjeux théoriques contemporains*

Mondialisation et diversité culturelle ? Sans doute la question la plus dangereuse pour la paix et la guerre des prochaines années. Celle, en réalité, que l'on n'avait pas vue venir et qui a été catalysée par l'ouverture du monde à partir des années 1970-1980. Il suffit pour s'en rendre compte de voir le terrorisme lié à l'islamisme avec, en retour, l'anti-islamisme et plus généralement la montée en puissance de la méfiance, pour ne pas dire de la haine de l'autre. Celle-ci est visible dans la politique anti-immigration, les replis identitaires, les retours du nationalisme, de la xénophobie et autres populismes dans les pays hautement démocratiques. Et ce sur tous les continents, Europe en tête, où il existe dix-huit partis populistes, disposant de 10 à 25 % de l'électorat aux élections dans les vingt-sept pays de l'Union. Comme si la réaction à l'ouverture de la mondialisation devait être la fermeture des identités culturelles et religieuses. Le contraire d'un monde cosmopolite et multiculturel, « irrigué » par les nouvelles technologies de communication, que l'on avait généreusement prédit. Certes, les nouvelles technologies sont omniprésentes, sans que la tolérance entre les peuples soit mieux assurée. C'est d'ailleurs une leçon de modestie à méditer : beaucoup de techniques ne suffisent pas à améliorer la communication ! La situation s'est même parfois détériorée, car ces technologies rendent encore plus visibles les différences culturelles, accentuent d'autant l'intolérance… Comment sortir d'un cercle vicieux, qui devait être vertueux ?

*Il existe en réalité trois logiques contradictoires* : la mondialisation financière et économique centrée sur l'ouverture des marchés et la circulation ; les nouvelles technologies de communication qui ne parlent que de réseaux et d'interactivité mondiale et, à l'opposé, une fermeture croissante des pays sur eux-mêmes, avec une méfiance à l'égard de l'étranger, une politique de plus en plus restrictive d'immigration, avec la recherche désespérée de critères d'« identité nationale ». Le thème de l'identité culturelle, absent de la communication politique il y a trente ans, est redevenu un facteur de mobilisation et de conflits, et ceci à l'opposé de tout le mouvement d'ouverture technologique et économique existant par ailleurs. En réalité, on avait oublié qu'il n'y a pas de communication sans identité. On ne peut pas vanter les vertus de l'ouverture et de la mondialisation sans rappeler la nécessité préalable de l'existence et du rôle des identités. Celles-ci, sous-valorisées pendant un demi-siècle, reviennent en boomerang. Plus le monde s'ouvrait, plus on se méfiait des identités, considérées comme un facteur de régression. Les identités culturelles collectives offrent pourtant les points de repère et les éléments de stabilité nécessaires pour amortir les chocs de l'ouverture. D'autant que les identités culturelles d'aujourd'hui n'ont plus le caractère statique qu'elles pouvaient avoir hier. Elles ont elles-mêmes été modifiées et « assouplies ». En tout cas, la place et le rôle des identités culturelles collectives au travers l'existence et l'action des nations et des États constituent une réalité incontestable et un objet de revendication et de discours politique largement inexistant il y a cinquante ans, mais central pour les conflits du XXI^e^ siècle. *Plus la question de l'identité culturelle collective est mise sous le tapis des démocraties, plus les populistes s'en serviront.*

C'est ce que j'appelle les conflits de la troisième mondialisation (2003) peut-être les plus dangereux, parce qu'ils portent sur les conceptions contradictoires de la liberté, de la politique, de la religion, de l'identité, des langues, du patrimoine, de l'histoire. Bref de toutes les catégories symboliques pour lesquelles les hommes vivent, se construisent une identité et une représentation d'eux-mêmes, et sont depuis toujours prêts à mourir. Cette troisième mondialisation, enjeu de la paix et de la guerre, dont personne n'avait prédit le surgissement, vient *après* les deux autres mondialisations. Celle de la politique pour la recherche avec l'ONU d'un cadre commun, pour organiser la communauté internationale. Celle de l'économie, plus récente, qui oscille entre l'idéologie du laisser-faire et celle d'un minimum d'organisation avec l'OMC. Les enjeux de cette troisième mondialisation, avec ses méfiances nationalistes et populistes, visibles d'abord dans les pays riches, démocratiques et développés, apparaîtront aussi ailleurs, en bonne partie en réaction à cette mondialisation désordonnée et sans idéal autre qu'économique. L'Europe, au sens large, en devient une sorte de miroir. Cela ne veut pas dire que les enjeux culturels remplacent les enjeux politiques et économiques, ils s'y surajoutent. Aujourd'hui, les trois types d'inégalité se conjuguent : politique, économique et sociale, culturelle. Et très souvent ces dimensions culturelles catalysent ou amplifient les revendications politiques et sociales, notamment dans les pays du Sud. C'est pour cela que la cohabitation culturelle devient un enjeu politique, au même titre que la quête de la démocratie et la réduction des inégalités économiques et sociales. *Les inégalités politiques et sociales accentueront le réveil des revendications d'identités culturelles.*

Le surgissement de ces questions d'identité culturelle dans le champ de la politique vient *après* celui de l'écologie il y a cinquante ans. Avec l'écologie, il s'agissait d'organiser la cohabitation pacifique avec la nature. Avec la diversité culturelle, il s'agit d'organiser la cohabitation pacifique entre les peuples et les sociétés dans un monde ouvert où la visibilité des différences met en cause la capacité à cohabiter. Il y a d'ailleurs, entre l'écologie et la diversité culturelle – les deux défis majeurs actuels – une réelle différence, symbolisée par deux dates : 1992, la conférence de Rio pour le climat et l'écologie ; 2005, la Convention de l'Unesco sur le respect de la diversité culturelle. Depuis 1992, pour l'écologie, les sommets, manifestations de rue, colloques et contestations se multiplient pour mobiliser les partis, les États, les opinions publiques et construire une politique de l'écologie. Cela notamment pour entraîner les États récalcitrants et pollueurs (Chine, États-Unis, Inde) à s'engager. L'accord de Cancun sur le climat en décembre 2010, avec une mobilisation croissante, politique et militante, constitue une victoire indéniable. On fête à juste titre, en 2012, les vingt ans de la conférence de Rio. À l'inverse, rien de tel, hélas, pour la diversité culturelle. Très peu de mobilisation et d'intérêt se sont manifestés sur cette question depuis octobre 2005. Et ce malgré le superbe succès qu'avaient représenté la signature de cette convention et sa ratification par la majorité des États. Depuis cette date, il ne s'est rien passé. Ni déclaration ni mobilisation entre 2005 et 2010. Et pourtant, ce ne sont pas les événements et les faits qui ont manqué pour illustrer l'importance de cette nouvelle question politique. Aucune manifestation internationale ou régionale, aucune parole politique pour agir concrètement. Le silence, voire l'indifférence généralisée.

*L'idée de diversité est acquise pour la nature et l'environnement, pas pour les cultures...* Sauf lorsqu'il s'agit de patrimoine, c'est-à-dire de la diversité reconnue et acceptée dans l'histoire. Sans doute parce qu'existe le pressentiment qu'il sera plus difficile de gérer la diversité culturelle que celle de la nature. En effet, avec celle-ci, une médiation existe entre les hommes, pour arriver à un accord de protection tandis que pour la communication et la culture, il n'y a plus d'intermédiaire. Les hommes sont directement face à face. Face à face avec leurs histoires et leurs contentieux. Bref, les conflits liés à l'identité, à la diversité culturelle collective et aux rapports entre culture, communication et politique, sont devant nous, sans que depuis cinq ans la conscience politique, en dépit de tous les événements plus ou moins tragiques survenus, ait progressé. La diversité culturelle aujourd'hui n'est acceptée que dans les musées et, par ailleurs, elle est brandie comme épouvantail et menace d'éclatement pour les États-nations. Comme s'il avait fallu attendre l'émergence de la diversité culturelle, cousine de la diversité de l'environnement, pour que les hommes se battent et que le monde se fragmente en communautés belliqueuses ! *Le cadavre dans le placard de la question de la diversité culturelle s'appelle le nationalisme.* Comme celui-ci a causé d'innombrables guerres aux XIX$^{e}$ et XX$^{e}$ siècles, beaucoup craignent que la reconnaissance de la diversité culturelle collective, donc des identités culturelles ne le fasse renaître. C'est exactement le contraire. C'est en *ignorant* les revendications croissantes du respect des identités culturelles que l'on réveille toutes les formes de nationalisme. À l'inverse, respecter les identités culturelles collectives est une condition indispensable pour accepter l'ouverture de la mondialisation. Il y a un domaine où cette ouverture au monde est une réussite, c'est celui de la *musique*. Justement parce qu'elle se fait sur la base de la confrontation des identités culturelles musicales. Respecter la diversité culturelle comme enjeu politique est aussi important que réglementer la mondialisation. Il est alors possible de penser à nouveaux frais ces trois concepts complémentaires de l'espace politique contemporain : *la diversité culturelle qui est un fait ; l'identité culturelle collective qui est une revendication ; la cohabitation culturelle qui est un objectif politique.*

Et c'est là, aussi, où l'on retrouve l'Europe, à deux titres. Elle est un lieu d'observation de ces raidissements politico-culturels, visibles avec le sort fait aux immigrés, les ressentiments non verbalisés au sein de l'ex-Yougoslavie, les conflits larvés sur les frontières, la crise belge terriblement symbolique, les populismes, jusqu'aux régionalismes violents, l'hostilité à l'égard des Roms, la sourde incommunication entre les deux parties de l'Allemagne, la mise à distance humiliante de la Turquie devenue entre-temps un repère fort dans le printemps arabe. En même temps, l'Europe est actuellement, en interne, le plus grand chantier démocratique du monde en matière de cohabitation culturelle. Elle essaye lentement d'organiser sa propre cohabitation culturelle tout en se refermant à l'égard de l'Est et du Sud. Même le printemps arabe n'a pas, jusqu'à présent, réussi à améliorer les relations entre les deux rives, pourtant cousines, de la Méditerranée. L'ouverture assurée par la mondialisation suscite trois réactions qui sont autant de symptômes de ce problème de la diversité culturelle collective à gérer. D'abord, on observe le retour des vocabulaires et des revendications politiques concernant les territoires et les frontières, avec en filigrane la question de l'« identité nationale ». Deuxièmement, on voit revenir la problématique de la distinction entre ce qui relève du public et du privé dans la société, notamment pour savoir jusqu'où les actes liés à l'identité culturelle collective relèvent de l'un ou de l'autre. Enfin, et sans doute fait plus grave, se dessine en réaction à l'ouverture du monde une tendance à prendre l'autre comme bouc émissaire et notamment à l'ethniciser.

*Le statut de l'autre a changé,* il ne peut plus être simplement l'exotique, l'immigrant, l'étranger. Tout en étant « ailleurs », il coexiste maintenant avec moi, ce qui repose la question du statut et des limites de la tolérance à l'égard des inégalités entre « lui » et « moi ». Autrement dit, les revendications d'identité culturelle augmentent dans un monde ouvert, mais ne peuvent se faire sans l'exclusion de l'autre d'une part, sans un minimum d'égalité avec cet autre d'autre part. Il faut donc à la fois repenser les identités culturelles collectives, le statut de l'autre et le rapport que l'on y entretient. Cet autre incontournable, avec lequel il faut cohabiter, ne doit néanmoins pas être enfermé dans des inégalités sociales et culturelles infranchissables. La question se pose, par exemple, avec la politique de fermeture de l'immigration et des suspicions qui l'accompagnent. L'immigré devient d'ailleurs le symbole et le symptôme grimaçant de la mondialisation. Tout circule, des capitaux aux hommes riches, tout sauf les travailleurs pauvres qui pourtant font le travail que personne ne veut faire. Tous les idéaux démocratiques, qui par ailleurs animent la construction de la communauté politique, viennent buter sur l'immigré, clandestin ou non, qui devient la figure universelle de l'homme. Il est ce travailleur dont personne ne peut se passer mais dont on nie l'identité culturelle, religieuse, politique, linguistique... L'enjeu de la diversité culturelle n'a donc rien de théorique et affecte directement la question de la paix civile.

Le retard de réflexion et, surtout, d'action de l'Europe vis-à-vis de sa propre réalité multiculturelle est comme le symétrique de la montée en puissance de ces problématiques belliqueuses et ostracisantes vis-à-vis de l'extérieur. Si tout le monde n'en est pas au stade de fermeture de la Suisse, force est de reconnaître que l'intolérance monte avec les scores électoraux de ces fameux dix-huit partis populistes sur les vingt-sept pays de l'Union, qui n'ont l'air d'inquiéter personne. Et pourtant on en voit rapidement l'existence. Il suffit de voir le double langage concernant le printemps arabe de 2011. Tous les États européens saluent les révolutions démocratiques à condition qu'il ne soit surtout pas question d'accueillir les clandestins qui fuient leur pays. Lampedusa devient le symbole des limites de la solidarité européenne et la marque de cet isolationnisme culturel croissant dans un monde, par ailleurs ouvert et transparent. La cohabitation culturelle sera la cause la plus importante de la réussite ou de l'échec de cet immense projet européen, son talon d'Achille. La politique régulera les relations économiques et institutionnelles entre les vingt-sept ou trente pays, mais organiser la cohabitation culturelle consécutive au resurgissement des identités culturelles collectives est beaucoup plus difficile. Si la fin du communisme en 1990 a permis à l'Europe de retrouver ces frontières, il a aussi réveillé toutes ces contradictions culturelles qui avaient été écrasées pendant soixante ans.

Bref, la question de la cohabitation culturelle *est la grande question politique du début du XXI<sup>e</sup> siècle.* Elle vient après celle de l'écologie, mais sans doute de manière plus violente, et sans que les peuples, les dirigeants, les élites y réfléchissent sérieusement. Une fois de plus l'Europe est le point de lecture de ces mutations. Soit elle réussit à construire cette cohabitation culturelle interne et cela sauvera son projet tout en donnant un espoir formidable pour le monde. Soit elle échoue et cela ne présage rien de bon pour la capacité à gérer pacifiquement, communicationnellement, les contradictions liées à l'émergence des identités culturelles collectives internes et externes. La communication se trouve ainsi au carrefour de deux grandes problématiques de ce début du XXIe siècle. La relativisation de la victoire de l'information, puisqu'il n'y a plus de rapport direct entre l'information, la communication et le respect mutuel. L'importance de l'identité puisqu'il n'est plus possible de communiquer sans la prendre en compte, c'est-à-dire sans poser la question du respect de la diversité culturelle. Et si l'on veut bien y réfléchir, la problématique du respect de l'identité culturelle, et le défi de la cohabitation culturelle, ne sont rien d'autre qu'une extension de la problématique du récepteur, à l'échelle du monde.

Il faut ici soulever une autre contradiction autour du mot identité. Celui-ci est valorisé à l'échelle individuelle, inséparable du thème de la liberté et de l'émancipation ; il est suspect quand il s'agit d'identités culturelles collectives à l'échelle des peuples et des cultures. Ce sont pourtant les mêmes défis. Curieusement le changement d'échelle se traduit par une disqualification du concept dès qu'il concerne la diversité culturelle collective. De la même façon qu'il n'est plus possible de communiquer à l'échelle individuelle en ignorant la diversité des identités, il n'est guère possible de communiquer à l'échelle de la mondialisation sans respecter la diversité des « récepteurs » que sont les identités culturelles collectives.

Autrement dit, contrairement au discours dominant, la prise en compte de la diversité culturelle collective n'est pas un obstacle au dialogue des cultures, elle en est la condition. Elle n'est pas l'antichambre du nationalisme, mais sans doute un des meilleurs moyens de le combattre. Reconnaître la diversité culturelle ne signifie pas préparer le communautarisme, mais au contraire l'empêcher, car reconnaître l'autre ne peut se faire sans une référence à l'universel. Et les distorsions démographiques du XXIe siècle (Inde, Chine, Afrique...) ne feront qu'accentuer ces problématiques politiques.

Une hypothèse : la difficulté à penser la diversité culturelle au plan mondial vient peut-être aussi du fait que la critique de la mondialisation économique est encore trop faible. Tout le monde constate les dégâts du capitalisme dérégulé, alors que pendant trente ans, on a martelé que les marchés étaient plus efficaces que les États. Devant les excès de la finance des années 2000-201..., on ne peut que constater la faiblesse du pouvoir politique sur la domination financière. Et les mêmes qui, hier, dénonçaient le rôle inutile de l'État, sont les premiers à réclamer son retour, en tout cas à réclamer plus de réglementation et d'autorégulation. La mondialisation économique a été trop rapide et puissante, déstabilisant le rôle des États, devenus « inutiles ». La crise financière oblige au contraire au retour du politique, d'autant plus rapidement que la vitesse de la spéculation – et ses conséquences – est toujours plus rapide que la vitesse de la politique, surtout en démocratie. Le seul levier dont disposent les États en ce moment est finalement – et c'est paradoxal – la mobilisation des banques centrales. Il est certain que l'affaiblissement du politique vis-à-vis du financier depuis finalement une génération, déstabilise aussi les identités culturelles et crée une instabilité qui va bien au-delà de l'économique et du social. Il y a d'ailleurs très peu d'ONG (comme Finance Watch) critiquant et agissant dans ce secteur comme il y en a par contre pour les droits de l'homme ou la démocratie. La crise financière, le besoin de politique et d'État, le rôle des BRIC, des ONG et la montée du besoin de régulation peuvent constituer un début de contre-pouvoir à la toute-puissance de la finance.

Or c'est ce capitalisme mondial débridé qui a réveillé et amplifié, en réaction, ces problématiques de l'identité et de la diversité culturelles. C'est cette ouverture non pensée du monde sur lui-même, dans une espèce d'euphorie des années 1980-2000 qui a accentué ces problématiques culturelles.

*Il n'y a plus deux fronts, la réduction des inégalités économiques et sociales, mais trois avec la question culturelle de la diversité et de la cohabitation culturelle.* Préserver son identité culturelle en temps de crise est la condition pour accepter la grande « lessiveuse » de la mondialisation. Il suffit de penser aux Grecs en Europe et à tant d'autres dans le monde pour comprendre que les identités culturelles sont un impératif face aux déstabilisations financières et économiques de la mondialisation qui se transforme en un gigantesque facteur d'incommunication. Les murs et les frontières d'intolérance peuvent demain résulter du rejet d'un monde ouvert dans lequel les hommes perdront leur souveraineté économique autant que leurs identités culturelles collectives. Les murs et les frontières comme horizon d'un monde qui devait être ouvert ?

Les mots qui suivent, liés à cette politique de la diversité et de la cohabitation culturelle, sont les mots de paix et de guerre de ce début de XXI^e^ siècle. Ils ne remplacent pas les autres, simplement ils caractérisent d'autres contradictions. *Ces mots ont surgi en moins de vingt ans et structurent déjà une bonne partie des affrontements mondiaux contemporains.* Ils ne sont pas nouveaux en soi, mais le sont dans leurs dimensions conflictuelles. Ils renvoient à ce que j'appelle le triangle infernal de la mondialisation avec les relations houleuses entre politique, culture et communication.

Sans exhaustivité, on peut citer au moins quinze mots d'abord culturels qui, il y a trente ans, ne faisaient pas partie du vocabulaire politique mondial : identité ; diversité culturelle ; multiculturalisme ; cosmopolitisme ; cohabitation culturelle ; communautarisme ; métissage ; universalisme ; racisme ; tolérance ; altérité ; laïcité ; citoyenneté ; aires linguistiques ; francophonie, etc. Ils renvoient à cette question centrale et récente : comment cohabiter pacifiquement dans un monde, à la fois ouvert et fini, dans lequel les différences, notamment culturelles, sont plus fortes que les ressemblances ? Théoriquement, les vieux pays européens qui, par leur expérience coloniale et post-coloniale, ont une culture de ces problématiques auraient pu montrer le chemin. Il n'en est rien. On y retrouve, hélas, les mêmes réactions qu'ailleurs. Sans doute parce que cet impensé des identités culturelles collectives depuis au moins cinquante ans réveille les peurs ancestrales, chacun sachant par une sorte de mémoire immémoriale que l'Europe est un véritable volcan de problématiques d'identités culturelles, religieuses et politiques, prêt à exploser à tout instant. Et les mots ont changé de sens, comme par exemple le *métissage*. Hier, il était une réalité, dans un monde fermé, essentiellement aux frontières. Aujourd'hui, où tout est ouvert, il est une pratique beaucoup plus courante, mais il suppose évidemment le renforcement des identités culturelles, sinon c'est le risque d'anomie.

Les atouts de la France ? On y trouve deux échelles d'expérience du rapport à l'autre. D'une part, les douze collectivités d'outre-mer sur trois océans, c'est-à-dire le multiculturalisme au sein d'un même pays. D'autre part, la francosphère, qui dépasse largement le cadre de la francophonie de l'ancien empire colonial, avec la diversité culturelle en réseau et qui assure une ouverture pour penser la diversité et la cohabitation culturelle. Autrement dit, avec les outre-mers et la francophonie, le multiculturalisme *et* la diversité culturelle, la France dispose de deux patrimoines, historique et politique, pour penser cette question centrale de demain : être soi-même dans un monde ouvert ; reconnaître la pluralité des sources identitaires ; cohabiter avec l'autre, sans avoir peur de lui. Ce patrimoine culturel utile pour penser la cohabitation culturelle à l'échelle mondiale l'est aussi pour penser le statut du multiculturalisme en France et celui de la cohabitation culturelle en Europe.

Pourquoi la France et la Grande-Bretagne, qui se trouvent dans la même situation, ne valorisent-elles pas cette expérience de la mondialisation qui fait partie de leur histoire, au moment où tant de pays doivent *inventer* pour essayer de comprendre cette nouvelle échelle du monde ? Pourquoi sous-évaluer cette expérience mondiale, même si celle-ci s'est terminée, comme pour d'autres pays européens, par l'échec des guerres coloniales ? *Il y a deux mystères*. Pourquoi la France se replie-t-elle, en n'ayant confiance ni dans ses outre-mers, ni dans la francophonie, les deux étant pourtant indispensables au chantier de l'Europe ? Pourquoi l'Europe, qui par ses regroupements des PTOM dispose elle aussi d'une considérable ouverture et expérience du monde, est-elle à ce point-là incapable de valoriser ce patrimoine ? C'est dire si la France et l'Europe disposent des plus formidables conditions pour comprendre la diversité culturelle au plan mondial et le multiculturalisme en leur sein. Pourtant, l'Europe comme la France ont un peu une politique de repli par rapport à ce défi de la diversité culturelle à l'échelle mondiale.

Revenons à la France et à la francophonie. Pourquoi la France n'a-t-elle aucune politique réelle dans ce domaine, en dehors d'un soutien financier massif à l'OIF (plus de 80 % de toutes les dépenses, y compris celles des opérateurs) et une absence de vision, doublée d'une sorte de masochisme face à l'implicite critique anticoloniale dont elle reste l'objet par de nombreux partenaires de la francophonie ? Et pourquoi ne mobilise-t-elle pas plus activement les dix-neuf pays observateurs sur les soixante-quinze pays que compte l'OIF ? La construction de l'Europe depuis trente ans ne justifie pas un tel abandon de cette culture universaliste. D'autant que, sans ses racines mondiales, la position de la France s'affaiblit aussi en Europe. L'Europe elle-même n'est jamais aussi grande que lorsqu'elle accepte ses racines et ses dettes à l'égard de la mondialisation... D'ailleurs, par ses politiques d'aide aux anciens territoires liés à l'Europe, elle a aussi une présence réelle, économique, sur la plupart des océans. On ne réalise pas du tout combien l'Europe, par cette histoire, est une avant-garde ignorée dans le monde : avec les RUP (réformes ultrapériphériques avec huit collectivités et quatre millions d'habitants : Guadeloupe, Martinique, Réunion, Guyane, Açores, Madère, Saint-Martin, les Canaries), les PTOM (pays et territoires d'outre-mer, avec vingt-six collectivités pour un million d'habitants : Anguilla, Géorgie du Sud, Mayotte, Nouvelle-Calédonie, Polynésie, etc.), les pays ACP (pays d'Afrique, Caraïbes et Pacifique, avec soixante-dix-neuf pays indépendants et environ sept cent quarante-deux millions d'habitants, pour la plupart d'anciennes colonies : Afrique du Sud, Angola, Guinée, Congo, Madagascar, Vanuatu, etc.).

*L'outre-mer, la francophonie, l'immigration, trois silences, trois échecs de la France pour penser autrement les rapports entre identité, diversité culturelle et universalisme.* Cela pour dépasser la mondialisation économique et ouvrir le chantier de la diversité culturelle. Hélas, la Grande-Bretagne, l'Allemagne, l'Espagne, le Portugal, les Pays-Bas... pays aux rôles similaires à la fois dans la construction de l'Europe et dans l'expérience mondiale de la diversité culturelle, se trouvent dans la même situation. C'est d'autant plus grave que le monde entier va se confronter à cette question de la diversité culturelle, beaucoup plus complexe que celle du fondamentalisme musulman et que l'Europe est sans doute la partie du monde qui en a la plus grande expérience. Ce serait un juste retour des choses. Après avoir conquis et dominé le monde du XV^e^ au XX^e^ siècle, l'Europe, au-delà de sa propre diversité, pourrait aider à penser un autre « nouveau monde », où il faudrait justement inventer une autre cohabitation entre identités, cultures, communication, société et politique.

Cette difficulté de la France, et de l'Europe, à penser leurs racines mondiales et leur propre diversité, se retourne contre elles et ne les aide pas à penser non plus leur problème contemporain interne : comment organiser pacifiquement une société multiculturelle ? *Multiculturel ne doit pas être pris, ici, comme synonyme de communautarisme.* Il n'est plus possible d'opposer dans les caricatures de débats théoriques, l'universalisme français et le multiculturalisme anglo-saxon. Les deux, en trente ans, ont plutôt échoué et dans les deux cas, l'équation est aujourd'hui la même : comment défendre un modèle universaliste pour éviter la dérive communautariste liée à un certain modèle communautaire, tout en tenant néanmoins compte de la diversité culturelle au sein même des États qui ne peuvent faire l'économie d'une réflexion sur la pluralité des identités internes ? En voyant ces affrontements entre culture et communication, on réalise combien la question de *l'altérité* est présente dans l'espace politique contemporain. Bien sûr cette question n'est pas nouvelle, mais c'est la convergence entre la mondialisation des échanges, l'ouverture du monde, la tentation du repli, la généralisation des techniques de communication *et* le cheminement des valeurs démocratiques qui lui donnent cette acuité. À quoi bon vanter sans cesse les vertus d'un monde ouvert et interactif si le résultat est l'accentuation de toutes les méfiances et stéréotypes à l'égard de l'autre ? La présence des mêmes marques d'ordinateurs dans le monde, comme le nombre croissant d'internautes, n'y change rien. La communication et le respect de l'autre ne sont pas une question technique, mais politique.

Dans tous les cas, cette logique du repli exprime une difficulté à se penser comme société multiculturelle. Le débat sur l'« identité française » en 2010 était une caricature de « débat », où toute la tradition d'une France ouverte sur le monde était balayée par une identité introuvable, qui pour se manifester, en arrive à décider de l'expulsion des Roms ! Un autre exemple de l'effet négatif de ce mouvement de repli défensif : le débat sur la laïcité. La position française est aujourd'hui défensive, soupçonneuse, souvent perçue comme conservatrice, hostile à la liberté, alors même qu'il s'agit d'une médiation indispensable pour éviter de nouveau un lien trop étroit entre pouvoir religieux *et* politique. Notre laïcité de combat est perçue comme rétrograde et opposée à toutes les valeurs qui ont pourtant porté ce combat pour la tolérance !... Et dont la France fut un acteur central. Comment a-t-on pu arriver à un tel retournement ? D'où vient cette incapacité à ouvrir ce débat mondial, non pas pour faire la même chose qu'en 1905, mais pour tenir compte de cette expérience et du nouveau contexte ? La France devrait être pilote pour sortir de cette laïcité de combat et construire une laïcité de tolérance. Dilapider en si peu de temps une telle expérience, et être finalement perçu comme un adversaire acharné de la liberté, alors qu'il s'agit au contraire de séparer le spirituel du temporel, est un véritable gâchis. Une laïcité de tolérance serait pourtant indispensable pour maintenir la séparation entre le religieux et le politique dans un monde multiconfessionnel où la religion retrouve des velléités de reconquête du politique.

Tout cela repose la question suivante : *qu'ont fait les élites à propos de ce domaine immense, en trente ans ?* Elles ne se sont pas beaucoup engagées dans cette triple bataille : la diversité culturelle et la cohabitation culturelle ; la laïcité et la mondialisation ; l'Europe et la cohabitation culturelle. C'est un peu le même phénomène qui s'est déjà produit avec l'émergence de l'Europe. Les pionniers étaient en réalité des *marginaux*, on ne le dira jamais assez, même si aujourd'hui, tout le monde l'a oublié. Des années 1950 aux années 1980, la très grande majorité de l'intelligentsia était hostile à l'Europe, confondue soit avec l'impérialisme américain, soit avec une dénaturation des États-nations et de leur souveraineté, soit avec la décadence de l'Occident... Aujourd'hui tout le monde « a rattrapé le train » en ne manquant pas de crier à la première occasion soit la mort du projet, soit la décadence de l'Europe face à tous les autres continents et surtout l'Asie... Cette absence de fierté de l'Europe envers elle-même pèse sur sa propre constitution, mais aussi sur le rôle que celle-ci peut jouer dans la construction de la cohabitation culturelle à une échelle plus vaste. Cette responsabilité des élites et des intellectuels en général, est visible dans la faiblesse des débats et des controverses sur ces sujets (sauf quand il s'est agi du voile) concernant les rapports entre identité, diversité culturelle et cohabitation culturelle, entre laïcité et démocratie.

*Finalement la question de la diversité culturelle et de la cohabitation culturelle est un formidable révélateur des capacités d'une société à débattre et à éviter le piège du repli identitaire.* Les intellectuels ont une responsabilité pour l'avenir, dans la capacité à rouvrir ce débat. Il les oblige de toute façon à sortir des frontières nationales, à l'aborder à l'échelle européenne, puis à l'échelle du monde. Penser la diversité, le comparatisme et les conditions de la cohabitation. Personne n'échappera à une confrontation entre diversité culturelle *et* altérité, ce qui permettra peut-être aux élites de changer de postures. Abandonner le rôle de *héros* de l'universel, au profit de celui, plus modeste de praticiens d'un dialogue indispensable à ouvrir. D'autant que la question de la confrontation à d'autres cultures ne se pose pas seulement à l'échelle de la mondialisation, ni même à celle de l'Europe, elle se joue aussi à celle des États-nations, c'est-à-dire à l'échelle la plus quotidienne de la vie en commun. Une fois de plus la question de la communication est politique et non technique : il n'y a jamais eu entre les pays, notamment européens, autant de technique, assurant la visibilité et l'interaction, sans autant d'intercompréhension et de faible curiosité mutuelle...

*BIBLIOGRAPHIE SÉLECTIVE*

– ANOPOULOS, K., RICCIARDELLI, M., URBAN, S. (dir.), *Mondialisation et sociétés multiculturelles. L'incertain du futur,* Paris, Presses universitaires de France, 2000.
– BALANDIER, G., *Le Dédale. Pour en finir avec le XX*e siècle, Paris, Fayard, 1996.
– BAMBRIDGE, T., BARRAQUAND, H., LAULAN, A.-M., LOCHARD, G., OILLO, D. (dir.), *Francophonie et mondialisation, Hermès,* n° 40, Paris, CNRS Éditions, 2004.
– BAMBRIDGE, T., DOUMENGUE, J.-P., Ollivier, B., SIMONIN, J., WOLTON D., *La France et les Outre-mers. L'enjeu multiculturel,* Paris, CNRS Éditions, 2002.
– BANCEL, N., BLANCHARD, P., VERGÈS, F., *La République coloniale. Essai sur une utopie,* Paris, Albin Michel, 2003.
– BECK, U., *Qu'est-ce que le cosmopolitisme ?,* Paris, Aubier, 2006.
– BERNARD, P., *Immigration, le défi mondial,* Paris, Gallimard, 2002.
– BERNARD, F. DE (dir.), *Déclaration universelle sur la diversité culturelle. Commentaires et propositions,* Paris, Éditions de l'Unesco, 2003.
– CALVET, L.-J., *Le Marché aux langues. Les effets linguistiques de la mondialisation,* Paris, Plon, 2002.
– CALVET, L.-J., *Histoire du français en Afrique. Une langue en copropriété* ?, Paris, L'Archipel, 2010.
– CARDINI, F., *Europe et islam. Histoire d'un malentendu,* Paris, Seuil, 2000.
– CHEBEL, M., *Manifeste pour un islam des Lumières,* Paris, Hachette, 2004.
– CHOMBART DE LAUWE, P.-H., *La Culture et le Pouvoir,* Paris, Stock, 1975 (réédition augmentée, Paris, L'Harmattan, 1983).
– CONDOMINAS, G., *L'Exotique est quotidien. Sar Luk, Vietnam central,* Paris, Plon, coll. « Terre humaine », 2006 (1965).
– CORM, G., *Orient-Occident : la fracture imaginaire,* Paris, La Découverte, 2002.
– ESTOILE, B. DE L', *Le Goût des autres. De l'exposition coloniale aux arts premiers,* Paris, Flammarion, coll. « Champs », 2010.
– FILIU, J.-P., *La Révolution arabe. Dix leçons sur le soulèvement démocratique,* Paris, Fayard, 2011.

– Gandillac, M. de, *Genèse de la modernité. Les douze siècles qui ont fait notre Europe*, Paris, Cerf, 1992.
– Grunitzky, C. (dir.), *Transculturalisme*, Paris, Grasset, 2008.
– Hobsbawm, E., Ranger, T., *L'Invention de la tradition*, Paris, Amsterdam, 2006 (Gallimard, 1992) ; *The Invention of Tradition*, 1983.
– Huntington, S., *Le Choc des civilisations*, Paris, Odile Jacob, 2007 (1996).
– Jullien, F., *De l'universel, de l'uniforme, du commun et du dialogue entre les cultures*, Paris, Fayard, 2008.
– Lochak, D., *Le Droit et les Paradoxes de l'universalité*, Paris, PUF, coll. « Les voies du droit », 2010.
– Maalouf, A., *Le Dérèglement du monde*, Paris, Grasset, 2009.
– Mattelart, A., *Diversité culturelle et mondialisation*, Paris, La Découverte, 2005.
– Mbembe, A., *Sortir de la grande nuit*, Paris, La Découverte, 2010.
– Paquot, T., *L'urbanisme, c'est notre affaire*, Nantes, L'Atalante, 2010.
– Rasse, P., *La Rencontre des mondes. Diversité culturelle et communication*, Paris, Armand Colin, 2006.
– Serres, M., *La Communication*, *Hermès*, n° 1, Paris, Minuit, 1968.
– Taylor, C., *Multiculturalisme. Différence et démocratie*, Paris, Aubier, 1994.
– Weil, P., *La France et sa diversité, immigration, intégration, discrimination*, Paris, Seuil, 2005.

CHAPITRE 9

# Sciences, techniques et société[1]

### Repères chronologiques

Les sciences et techniques sont omniprésentes dans nos sociétés depuis plus d'un siècle. À ce titre, émerge, depuis la seconde moitié du XXe siècle, une conscience accrue de la nécessité d'un contrôle démocratique sur l'orientation de la recherche. Ainsi, le thème du scientifique isolé dans sa « tour d'ivoire » s'étiole. Le temps où le chercheur était en dehors de la sphère publique est aujourd'hui révolu : science, technique et société sont intimement intriquées.

**1983 : Création de l'Office parlementaire d'évaluation des choix scientifiques et technologiques (OPECST).** L'office est un organe d'information commun à l'Assemblée nationale et au Sénat, dont la mission est d'« informer le Parlement des conséquences des choix de caractère scientifique et technologique afin, notamment, d'éclairer ses décisions ». Lorsque arrivent au Parlement, dès le début des années 1980, des débats concernant les orientations des programmes nucléaires, spatiaux ou du plan « câble », les deux assemblées constatèrent leur incapacité à apprécier en toute indépendance les décisions du gouvernement sur les grandes inflexions de la politique scientifique et technologique ; elles se sont ainsi dotées de leur propre outil d'expertise et d'évaluation et à cet effet l'office est un intermédiaire clé entre le monde politique et le monde de la recherche. Depuis sa création, l'office, sur avis de son conseil scientifique, a dû prendre position sur des dossiers controversés comme l'illustrent certains objets des saisines en cours pour les années 2009 et 2010 : changement climatique, perturbateurs endocriniens, impact des lignes à haute tension et des pesticides sur la progression des cancers infantiles, enjeux de la biologie synthétique, etc.

**Septembre 1997 : Création de la Commission nationale du débat public (CNDP).** La reconnaissance du principe d'information et de participation du public et des associations pour les questions concernant l'impact environnemental des grands projets nationaux d'infrastructure (lignes à haute tension, centrales nucléaires, etc.) commence en 1976, avec la loi relative à la protection de la nature. Après diverses étapes, en France (enquêtes publiques, concertations publiques) et aux plans européen et international (Convention d'Aarhus, déclaration de Rio), le principe de participation publique prend une forme institutionnelle plus aboutie avec la CNDP. Elle a notamment été saisie sur des sujets comme le nucléaire (2004) et les nanotechnologies (2009) et se distingue des procédures de conférences de citoyens (sur les OGM en 1998, par

1. **Ouvrages de D. W. en regard** : *L'Illusion écologique*, Paris, Seuil, 1980 ; *Il faut sauver la communication*, Paris, Flammarion, 2005 ; *Hermès*, n° 21, *Science et médias*, 1997 ; *Hermès*, n° 39, *Critique de la raison numérique*, 2004 ; *Hermès*, n° 45, *Fractures dans la société de la connaissance*, 2006 ; *Hermès*, n° 57, *Sciences.com, libre accès et science ouverte*, 2010.

exemple). Les procédures de la CNDP sont cependant l'objet de vives critiques quant au poids réel de l'avis citoyen sur les décisions politiques.
**Mars 2000 :** La stratégie de Lisbonne visant à faire de l'économie européenne la plus compétitive du monde inclut un volet « Économie de la connaissance » qui vient en renfort du programme-cadre européen relatif à la recherche scientifique. La recherche fait partie du « triangle de la connaissance » qui doit renforcer la croissance et l'emploi de l'Union européenne (UE) dans une économie mondialisée. Le septième programme-cadre de Recherche, qui couvre la période 2007-2013, est une occasion pour l'UE de mettre sa politique de recherche à la hauteur de ses ambitions économiques et sociales en consolidant l'Espace européen de la recherche (EER).
**Février 2005 : Inscription du principe de précaution à la Constitution française.** Principe décisionnel et juridique, il a été développé et formalisé en France dans les domaines de la santé et de l'environnement à la suite des affaires dites du sang contaminé et de la vache folle. Il fait l'objet de critiques par certains acteurs qui le perçoivent comme un frein à la recherche et l'innovation. À l'inverse, le principe est avancé par d'autres comme étant une innovation décisionnelle et légale indispensable à la régulation en contexte d'incertitude scientifique.
**Octobre 2007 :** Le Grenelle de l'environnement instaure un débat multipartite réunissant des représentants du gouvernement, d'associations professionnelles et d'ONG sur les questions de santé publique et d'environnement. Sur ce modèle, de nombreux Grenelles voient le jour depuis 2007.
**1999-2010 :** Création et recomposition des Agences françaises de sécurité sanitaire (AFSS), établissements publics dont la mission principale est d'évaluer les risques sanitaires. Les AFSS ont toutes une mission de veille et d'expertise auprès des ministères impliqués : Agence de la biomédecine (2004) ; Agence nationale chargée de la sécurité sanitaire de l'alimentation, de l'environnement et du travail (ANSES, 2010, née de la fusion de l'Afssa et de l'Afsset) ; Agence française de sécurité sanitaire des produits de santé (Afssaps, 1999) ; Établissement français du sang (EFS, 2000) ; Haute Autorité de santé (HAS, 2005) ; Institut national du cancer (INCa, 2004) ; Institut national de prévention et d'éducation pour la santé (Inpes, 2002) ; Institut de radioprotection et de sûreté nucléaire (IRSN, 2002) ; Institut de veille sanitaire (InVS, 1999). Les AFSS ont pour mission d'évaluer et de fournir aux autorités compétentes toutes les informations sur les risques dont leurs compétences relèvent. Elles réalisent des expertises et fournissent l'appui scientifique et technique nécessaire à l'élaboration des dispositions législatives et réglementaires et à la mise en œuvre des mesures de gestion des risques. Elles assurent par ailleurs des missions de veille, d'alerte, de vigilance et de référence. Elles définissent, mettent en œuvre et financent des programmes de recherche scientifique et technique.

## *Vieux problèmes – idées neuves*[2]

Le trait commun aux différentes communautés « Science, technique, société » en Europe et aux États-Unis est d'étudier les problèmes posés par le développement des sciences et des techniques dans les sociétés contem-

2. *Indisciplines, Cahier STS*, CNRS Éditions, n° 1, 1984.

poraines. Et ce, de deux points de vue : soit à partir de l'analyse des politiques scientifiques des gouvernements et des organismes de recherche, soit à partir des conséquences sociopolitiques liées aux activités scientifiques. Dans tous les cas, ce sont les problèmes empiriques de maîtrise ou de planification des changements scientifiques et techniques qui ont été à l'origine des recherches STS. C'est ce qui explique leur succès dans les pays anglo-saxons dans les années 1960. La France n'a pas connu le même mouvement parce que la réflexion sur les sciences relevait d'une tradition philosophique et historique plus théorique qu'empirique.

En outre les recherches sur les questions scientifiques et techniques n'ont pas toujours bénéficié d'un soutien institutionnel, contrairement à d'autres domaines de recherche et tout particulièrement de la part de la politique contractuelle. Elles sont restées une sorte de parent pauvre au moment où l'on assistait à un formidable développement scientifique et technique. C'est donc une double cause intellectuelle et institutionnelle qui explique le retard pris en France dans ce domaine. Retard comblé, en partie au travers l'action du CNRS et du programme STS. L'objectif de celui-ci est de financer des recherches en sciences exactes et en sciences humaines pour expliciter les relations entre la science, la technique et la société et constituer un milieu intellectuel qui par la confrontation de ses travaux et de ses approches renouvellera la connaissance dans un domaine essentiel à la réalité d'aujourd'hui. Quatre-vingt-cinq projets de recherche sont actuellement financés.

Trois raisons expliquent l'intérêt pour la problématique STS. D'abord un regain d'intérêt pour les questions scientifiques à partir de la fin des années 1970. Cet intérêt tient à la fois d'une curiosité pour les progrès réalisés dans les sciences (biologie, physique...) et les techniques (informatique...) et d'un mouvement de réflexion critique sur la science et son rôle dans les sociétés contemporaines. Ensuite une crise des idéologies qui s'est traduite par une remise en cause des grands systèmes d'explications théoriques et de l'analyse que ceux-ci faisaient de la science et de son rôle dans la société et l'histoire. Enfin la volonté de sortir des cloisonnements disciplinaires.

Les sciences sociales, en parlant des transformations de la science et de la technique, se sont aperçues qu'elles ne disposaient pas toujours des cadres intellectuels nécessaires à l'explication des réalités nouvelles. Quant aux chercheurs en « sciences exactes », ils étaient directement confrontés à des problèmes heuristiques liés à l'accroissement des volumes des savoirs, à la spécialisation, à la transformation des disciplines et aux passages de concepts et de thèmes d'un domaine de la connaissance à un autre.

STS n'est pas une nouvelle discipline, c'est un *champ de recherche* et une *problématique* que l'on peut caractériser de la manière suivante : il s'agit à partir d'objets concrets de recherches, de démêler les différentes logiques à l'œuvre dans les rapports entre la science, la technologie et la société. Si la science n'a jamais pu être pensée sans la société elle y est aujourd'hui encore plus étroitement mêlée. Quant à celle-ci, il suffit de l'observer pour voir comme elle est bouleversée par le développement des sciences et des techniques. Tel est le noyau dur de STS : accumuler des travaux qui à partir des questions posées par les sciences et les techniques permettent de mieux comprendre les liens qu'elles ont avec la société. Ces travaux font apparaître trois types de liens : l'influence de la science sur la technique ; l'influence des choix sociopolitiques sur le développement des sciences et des techniques ; l'influence des techniques sur la dynamique des sciences. Ce sont les deux derniers qui sont les plus récents et peut-être aussi les plus importants.

Ce champ de recherche repose actuellement sur trois pôles ; la philosophie et l'histoire ; la sociologie et l'économie ; enfin des chercheurs travaillent spécifiquement sur les technologies. Le quatrième pôle est constitué par un certain nombre de scientifiques venus à cette problématique en partant de leurs démarches spécifiques.

Le domaine couvert est le suivant :

— l'analyse des productions de la science (les conditions sociales de la production scientifique – l'épistémologie des rapports science-technique – la dynamique des sciences et les controverses scientifiques) ;

— les nouveaux rapports qui s'instituent entre science et technique (science et éthique – communication et réseaux – science et défense) ;

— la puissance créatrice propre aux techniques (technique et processus cognitifs – l'innovation technique – technique et adaptation socioculturelle).

Ce qui rapproche les chercheurs est finalement une certaine remise en cause de l'approche traditionnelle et le sentiment d'être à un moment de redistribution dans la manière de réfléchir sur ces questions.

Ce mouvement n'exclut pas des rapports de force entre disciplines, pour ce qui concerne les manières d'appréhender ces changements et de découper les objets de recherche. Les trois disciplines à la fois les plus complémentaires et les plus concurrentes sont : la sociologie, la philosophie, l'histoire. Le premier équilibre à maintenir est interne aux sciences sociales entre une approche trop « philosophante », ou trop « sociologisante ». Le second équilibre qui pose toute la question de l'interdisciplinarité est entre les sciences sociales et les sciences exactes. Le risque du côté des sciences sociales est de vouloir ramener toute la spécificité des activités scientifiques ou techniques à une logique sociopolitique excluant toute perspective internaliste. Comme s'il était plus facile de parler de la science et de la technique, à condition que les scientifiques et les techniciens ne soient pas là, ou qu'en étant là, ils acceptent de perdre toute spécificité dans leur travail et leur manière d'être. À l'inverse, les sciences exactes ont tendance à réduire l'apport des sciences sociales à une simple étude des enjeux sociopolitiques autour de la recherche, à condition de maintenir une sorte d'espace purement cognitif dans lequel joueraient leurs critères intellectuels. Autrement dit, réduire le rôle des sciences sociales à une explicitation des rapports de force sociaux entourant le fonctionnement de la science ou de la technique, tout en préservant l'existence d'une logique interne uniquement accessible aux spécialistes et confrères.

La problématique STS est apparue sur les décombres des théories existantes, elle en est la marque en creux et ne doit pas s'y substituer. En définitive, ce domaine de recherche est à la fois une problématique, un niveau d'analyse de la réalité, un lieu à partir duquel repenser les rapports entre la science et la technique et la société.

## Les nouveaux rapports science/société[3]

Science et société ont toujours été plus en interrelation qu'on ne le pense, ne serait-ce qu'au travers les applications militaires et parce que la science a toujours été un symbole de la puissance politique. Mais depuis le XXe siècle le lien est encore plus fort du fait de la place de la science dans *l'économie*. La mondialisation ne fait qu'accentuer le phénomène : science et technique sont au cœur de la hiérarchie économique, politique et sociale. Ceci est renforcé par l'émergence du thème de « la société de la connaissance », où les systèmes d'information prennent une place considérable. Les enjeux scientifiques sont donc aujourd'hui directement des enjeux de société.

Les scientifiques sont confrontés à deux logiques. D'une part, intégrer les conséquences ou les applications de la science et de la technique à la société. D'autre part, réfléchir aux demandes sociales à l'égard de la science. Ils doivent donc avoir à l'esprit cette double pression, sans néanmoins oublier l'obligation d'indépendance intellectuelle et cognitive. Comment échapper à ce double déterminant : croire que la science est finalement au-delà de la société ? Croire que la science doit être finalement pilotée par la demande sociale ?

Aujourd'hui, les relations entre science, technique et société doivent gérer *trois logiques* contradictoires. Celle de la science et de la recherche. Celle de ses impacts sur la société. Celle des demandes de la société. Il ne s'agit pas seulement d'une prospective, des grands enjeux scientifiques, mais au contraire d'une analyse de ces interactions incessantes souvent contradictoires entre ces trois logiques.

Les scientifiques ne peuvent se réfugier du côté de l'autonomie de la connaissance puisque celle-ci est justement au cœur de la production, du pouvoir et de la hiérarchie. Ce n'est pas seulement un problème d'inégalité Nord-Sud, mais de changement radical du rapport des scientifiques à la société. Ils ne sont pas « à côté », mais « au cœur », et néanmoins, on ne peut socialiser totalement la recherche sous peine de lui faire perdre son autonomie intellectuelle.

Les scientifiques sont donc obligés de sortir de leur « autonomie » pour penser ces trois interactions : entre eux ; eux et la société ; la société et eux. Situation professionnelle, sociale, culturelle, politique, éthique beaucoup plus compliquée qu'il y a cinquante ans. Et l'enjeu est mondial pour l'avenir de la science et de la connaissance.

L'interdisciplinarité est un peu le lieu de lecture de toutes les contradictions. D'une part, elle illustre le caractère nouveau des frontières scientifiques, liées à l'évolution des connaissances, à la nécessité de sortir de l'hyperspécialisation, de réfléchir à l'impact des sciences sur la société, des demandes sociales et culturelles. D'autre part, elle renvoie au problème de la capacité des scientifiques à pouvoir maîtriser l'évolution compliquée du front des connaissances et à tenir les équilibres entre les trois logiques précédentes. L'interdisciplinarité est encore plus nécessaire qu'hier avec la compétition scientifique, l'ouverture de nouveaux fronts, l'accumulation de la production des connaissances et de leurs utilisations. Il y a donc une obligation à favoriser l'interdisciplinarité, trop freinée par le poids de la hiérarchie des disciplines. Tout le monde est favorable à l'interdisciplinarité, à condition que ce soit le voisin qui l'organise.

L'information et la communication sont de toute façon un des secteurs majeurs de cette interdisciplinarité à construire. D'abord parce que les deux sont au cœur de la

3. Note au conseil scientifique du CNRS, juin 2010.

production de la valorisation des sciences de la société de la connaissance. Ensuite parce que les scientifiques en sont de toute façon les producteurs. Dans une société de l'information, ou de la connaissance, l'information scientifique est au cœur des enjeux de connaissance et de pouvoir. Enfin, parce que la logique même de l'interdisciplinarité est un processus communicationnel puisqu'il consiste à rapprocher et à faire travailler ensemble plusieurs connaissances.

CINQ NOUVEAUX ENJEUX

### Le statut et le rôle de la communauté scientifique

Celle-ci, on l'a vu est un *idéal* pour les chercheurs. Idéal souvent loin de la réalité, mais néanmoins indispensable pour vivre. Les scientifiques, par nature isolés, ont besoin de l'existence de cette communauté, pour les relations avec les pairs, l'évaluation, l'élaboration de l'interdisciplinarité, les passerelles pour la coopération internationale. L'internationale des savants n'existe pas, mais dans un monde ouvert où tout hésite entre information, médiatisation et concurrence, vitesse et marché, l'existence de la communauté est un repaire, parfois un pôle de stabilité.

### L'expertise

Elle est de plus en plus valorisée dans une société où les rapports Sciences/techniques/sociétés se compliquent. Mais l'expertise de demain ne peut plus reposer sur la simple valorisation de la connaissance. Justement parce que les rapports entre connaissance, pouvoir et économie sont plus étroits et compliqués. Il faut donc *refonder* le statut et le rôle de l'expert à l'aune de la nouvelle place des scientifiques dans l'économie, la société et la mondialisation. Sans réflexion renouvelée, l'expertise peut devenir une nouvelle caution à tous les arbitrages, plus ou moins arbitraire. Soit du *scientisme* toujours menaçant comme moyen de ne pas voir le changement de place de la science dans la société ouverte. Soit de *l'économisme* comme moyen finalement d'instrumentaliser encore un peu plus les scientifiques. L'expertise réussie c'est le moyen d'établir la cohabitation entre ces trois logiques contradictoires : la connaissance ; la société ; la communication.

### L'autonomie de la recherche fondamentale

Le changement de statut de la connaissance et son intégration plus forte dans l'économie et la politique obligent à garantir ce statut de la recherche fondamentale. Celle-ci est partout grignotée par l'économisme, et par une vision naïve de la demande de la société. Sous prétexte de « faire entendre » celle-ci, on risque de ne pas laisser au monde académique dans son ensemble, la liberté et l'autonomie sans lesquelles il n'y a pas de création. La connaissance a réussi à s'émanciper du pouvoir religieux et politique, ce n'est pas pour tomber sous les fourches Caudines de l'économie, ou de la demande sociale. Plus les rapports sont étroits entre sciences, politique, économie et société, plus l'autonomie des sciences est à préserver. Et ceci vaut aussi pour un grand nombre de techniques. Des nanotechnologies aux RFID, nombre de techniques obligent à repenser le rapport à la société.

### L'information scientifique et technique

C'est le changement même du statut de l'information dans l'économie, la politique et la société qui oblige à *distinguer* l'IST de toutes les formes d'information. Les scientifiques, comme au XIXe siècle dans un contexte radicalement différent où ils inventèrent la vulgarisation et la didactique des sciences, doivent inventer une autre manière de faire de l'IST, avec un espace public élargi, la mondialisation, et la médiatisation. Résister aussi à une idéologie douteuse des nouvelles technologies qui mélange accès direct et compétence, faisant croire que chacun pourrait accéder librement, sans l'intermédiaire de professionnels à tous les savoirs, aboutissant ainsi à confondre l'accès aux connaissances *et* la compétence pour les traiter. Plus les informations sont accessibles publiquement, et pas forcément gratuitement, plus se pose la question des intermédiaires indispensables que sont les documentalistes, les professeurs... pour rendre possible l'utilisation des connaissances.

**Sciences, techniques et société**

Tout est à reprendre dans ce triptyque. Mais du point de vue du monde académique, car la vision que celui-ci en a est nécessairement différente de celle du politique et des entreprises. La société ouverte ne signifie pas l'unanimité des points de vue. C'est même plutôt le contraire : elle conduit à l'organisation pacifique de la *cohabitation* de points de vue contradictoires. C'est le cas pour les rapports STS. Le monde académique n'a pas le monopole d'une réflexion sur cet immense sujet, mais sa vision n'est pas moins légitime que celle des autres acteurs. Par contre ils doivent apprendre à gérer des allers-retours entre la société et la recherche, ne serait-ce que mieux se positionner et savoir jusqu'où ils peuvent répondre aux demandes sociales, sans craindre de perdre la distance, sans laquelle il n'y a pas de production de la connaissance.

## *L'illusion écologique*[4]

Certains diront peut-être que nous faisons le « jeu de l'adversaire » ; que le mouvement antinucléaire est trop faible pour être critiqué. Ils poseront la question de savoir à qui profiteront ces raisonnements ; craindront que cela affaiblisse une mobilisation populaire toujours fragile ; bref, diront que ce genre de critique risque de faire plus de mal que de bien, et qu'il sera toujours temps de faire apparaître certaines divergences au moment où le rapport de force sera inversé. Dans l'immédiat, l'important n'est-il pas de constituer un front uni de tous les opposants ?

C'est à sa naissance que l'on peut attaquer une vague idéologique, avant qu'elle ait tout submergé. Les contradictions existent et apparaîtront un jour ou l'autre.

Si nous accordons une telle importance au silence qui entoure les conséquences du nucléaire pour ceux qui y travaillent, ce n'est pas pour privilégier ce problème parmi d'autres. L'optique du travail n'a rien de sacro-saint. Tout de même, quelle capacité d'amalgame ! On fait comme si l'on voulait dévoiler des rapports sociaux et l'on se tait sur les situations de travail. On confond des revendications ou des contre-propositions syndicales avec des alternatives écologiques. On mélange des positions qui restent éloignées et personne ne fait de différence entre ceux qui déclarent « être contre le nucléaire » et ceux qui veulent s'opposer au « programme électronucléaire français ». Ce n'est pourtant pas la même chose ! Qui le voit ?

4. Extrait de *L'Illusion écologique*, Paris, Seuil, 1980.

Ce qui nous gêne dans le langage écosystémiste, c'est le ton ! Aucun doute, aucune question. Tout est déjà réglé, par ceux qui savent, depuis la température des mers jusqu'à l'État policier, en passant par l'avenir des espèces et un nouveau modèle de vie quotidienne. Ton de certitudes d'autant moins acceptable qu'il joue, pour se faire créditer, sur l'angoisse de chacun devant les dangers physiques – ô combien réels ! – représentés par la contamination nucléaire.

En fin de compte, il est utile de faire éclater l'apparente unité des prises de position autour du nucléaire parce que ce faux consensus risque de sceller un marché de dupes. Beaucoup croient combattre pour la nature, contre les excès de la science, alors que l'examen attentif des positions en présence amène à une conclusion différente : l'écosystémisme s'oppose à un certain modèle de rationalité au profit d'un autre. Rien de plus. En outre il est possible que les fausses unités entretenues par la politisation freineront un jour la mobilisation autour du nucléaire. Les liens si rapidement établis entre les logiques scientifique, technique, sociale et politique ne sont peut-être pas aussi simples et univoques qu'il y paraît. La question est bien de savoir si la politisation suffit à intégrer des problèmes de nature différente.

La force de l'idéologie écologique est qu'elle donne un sens à un combat difficile, qu'elle unifie des actions éclatées, qu'elle apporte une caution « scientifique » à une révolte subjective et qui se cherche. Qui n'a pas été choqué par la façon dont le gouvernement français a opté pour le tout-nucléaire ? Qui n'est pas scandalisé par le comportement d'EDF pour le choix des sites, les enquêtes d'utilité publique, l'information sur les risques ? Qui n'est pas inquiet au sujet des déchets, de la prolifération ou de l'accident possible ? Qui n'est pas perplexe quant à la rentabilité réelle du nucléaire ? Qui ne voit pas que la rapidité de mise en œuvre du programme est incompatible avec la sécurité nécessaire ? Et même contradictoire avec l'acquisition d'une réelle compétence industrielle ? Qui ne voit pas que dans une période de chômage l'investissement dans le nucléaire est de ceux qui créent le moins d'emplois ? Seulement voilà : comment faire aujourd'hui pour être contre ce nucléaire sans se retrouver, bon gré, mal gré sous la bannière de l'écosystémisme ? La question mérite d'être posée quand on voit les glissements successifs du mouvement antinucléaire, sa dilution dans un vaste mouvement écologique.

Une bonne part de l'ambiguïté du débat nucléaire réside sans doute dans le fait qu'on veut en faire le symbole de quelque chose qu'il n'est pas. Symbole d'un choix de société, symbole d'une conception de la science, symbole d'une nouvelle culture… Qui n'a pas son interprétation ? La liste n'est pas encore close. Personne ne veut voir le problème nucléaire dans sa singularité.

Quelques écologistes trouvent leur compte dans cette symbolisation car elle leur permet de faire passer leur analyse globale, et cette idée tragique d'une « science des choix politiques ».

Certains scientifiques s'en trouvent bien également, qui peuvent situer l'enjeu au plan de la science et d'un redécoupage des disciplines et des savoirs. Même le gouvernement et EDF y ont intérêt, car la globalisation permet d'exercer le chantage classique consommation ou pénurie, « le nucléaire ou l'âge de pierre », sûrs de ce qu'une majorité de Français n'est pas tellement favorable aux privations et aux restrictions.

En définitive, que l'on ne nous vende pas une civilisation et une philosophie, avec un type d'énergie ou un autre !

Que l'on nous comprenne bien, nous ne contestons pas qu'il y ait des relations entre société et énergie, mais nous critiquons l'idée d'un lien univoque et sans ambiguïté entre les deux. Cette idée que nous aurions aujourd'hui la possibilité, en choisissant un type d'énergie, de choisir un type de société nous paraît dangereuse. D'abord parce que pour illustrer ce lien on se réfère aux exemples du passé, et l'on extrapole ce que l'on a pu constater de certaines sociétés, à ce qui se passerait aujourd'hui. Ce faisant, on oublie que ce rapport entre énergie et la société, nous le voyons sur le passé avec le confort du recul historique, la problématique d'aujourd'hui et la liberté d'interprétation. Rien ne dit que les gens d'une époque (par exemple le XIX$^{e}$ siècle) en avaient à ce point conscience.

Ensuite, il y a derrière cela une hypothèse sur ce qu'est la société comme ensemble intégré où tous les éléments qui la composent ont une signification les uns par rapport aux autres. C'est toujours le vieux rêve ou la même utopie d'une conscience totale et simultanée du monde. C'est la même chose que le rêve ou le cauchemar de l'individu qui ne pourrait jamais fermer les yeux, rêver, divaguer, et qui serait toujours conscient au monde, lucide et maître de ses choix. Nous ne voyons pas en quoi le choix entre deux ou plusieurs types d'énergie oblige ou condamne *ipso facto* à choisir entre deux types de société. À partir de quel pourcentage d'électricité fournie par le nucléaire passe-t-on d'un modèle à un autre ? Par exemple, la Grande-Bretagne, qui après la Seconde Guerre mondiale a fait le choix du nucléaire, était-elle devenue, avant le pétrole de la mer du Nord, une société nucléaire ?

Après tout, ne pourrait-il pas y avoir des sociétés nucléaires démocratiques et des sociétés solaires tout à fait fascistes ?

Finalement, n'est-ce pas les systémistes qui ont un modèle de société à vendre et qui se serviraient de la peur légitime qu'éveille le nucléaire pour promouvoir leur modèle ?

On peut même se demander s'ils continueront à se soucier autant du nucléaire s'ils trouvent un autre cheval de bataille, par exemple la biologie ou la santé. Le problème ne resterait-il pas alors entier ? Qui portera les interrogations plus instrumentales ? S'il faut se battre contre les technocrates bien pensants d'EDF, il faut aussi s'opposer à ceux qui, au nom de leur opposition aux premiers, ne font que substituer une conception totale de la société à une autre.

Le problème n'est donc pas d'être pour le nucléaire et le type de société qu'il induit ou d'être contre et pour un autre type de société qu'il faudrait établir. Il est de refuser de penser en termes de société à constituer. C'est cette alternative que nous refusons. Il faut se battre pour ramener le problème nucléaire à de plus justes proportions, ne serait-ce que pour rappeler qu'il se découpe en tranches.

Que le modèle de société soit à base de nucléaire ou de technologie douce, dans tous les cas l'idée dangereuse chemine qu'on a les moyens d'agir pour réaliser tel ou tel modèle. Les deux camps tranchés acceptent ce présupposé d'un type de société façonnable par un choix énergétique. Absurde ! La société ne sera jamais complètement connaissable et « agissable ». Et c'est très bien ainsi. Le clivage fondamental passe même finalement entre ceux qui le souhaitent désespérément et les autres.

Il faut donc, par des combats locaux, attaquer l'idée de « la société », c'est-à-dire réintroduire les contradictions et casser le rêve paranoïaque qui, dans chaque camp, aboutit à penser l'ordre social.

Poser concrètement et inlassablement les problèmes de choix concernant la sécurité, l'économie, les énergies de remplacement sans leur donner de significations globales est peut-être plus efficace pour faire vaciller les certitudes technocratiques que d'opposer type de société à type de société. En définitive, le problème n'est pas d'être pour ou contre le nucléaire, encore moins de lui préférer les technologies de l'information ou les énergies douces, mais de lutter d'une part contre un programme électronucléaire précis qu'on nous impose comme seule solution, et d'autre part contre tout autre discours qui nous vante une liaison plus harmonieuse entre énergie et société.

Ce ne sont donc pas tous les écologistes que nous critiquons, mais le système de référence de certains groupes qui, par leur brio, éclipsent les autres et prétendent non seulement donner un sens global au combat antinucléaire, mais fournir en plus « une nouvelle théorie sociale ».

Le paradoxe est donc bien que la énième manifestation du scientisme – en l'occurrence le systémisme – s'exprime à travers l'action de groupes qui par leur existence et leurs comportements étaient la preuve vivante de l'irrationalité du monde.

De toute façon, les luttes antinucléaires n'ont que faire de ce système de référence pour exister et se légitimer. Elles ont tout à y perdre. *L'éco-systémisme n'est que la version moderne de l'idéologie scientiste.*

Autour du nucléaire et de l'écologie, émergent des questions nouvelles et fondamentales pour nos sociétés. De nouveaux enjeux politiques apparaissent. Or le recouvrement de ce qui est neuf et important par une idéologie représente un réel danger. Les mouvements actuels n'ont donc aucun intérêt à trop structurer leurs idées en un discours cohérent. Dans le contexte actuel d'apparition de nouveaux conflits sociaux, il est peut-être préférable de laisser jouer les possibles et de les favoriser.

Quant au lien si évident, paraît-il, entre type d'énergie et type de société, nous le contestons. C'est cela la pensée technocratique qu'il faut combattre, qu'elle s'appelle nucléaire ou informatique ou écologique. On crève sous le sens, il y en a trop, il en regorge de partout.

Nous voulons des choix plus modestes parce que c'est finalement à ce niveau qu'ils se font et c'est là aussi que le fonctionnement de la société se fait au jour le jour, dans une semi-conscience. C'est d'ailleurs parce qu'il y a cette semi-conscience que les contradictions et les conflits peuvent exister. C'est peut-être moins satisfaisant pour l'esprit que les grands projets de société. Mais ceux-ci ont fait suffisamment de morts, qu'ils soient de droite ou de gauche, depuis soixante-dix ans pour que l'on soit maintenant sceptique. Le bric-à-brac social est moins sanglant que les épures.

## *De la vulgarisation à la communication*[5]

Les choses étaient « simples » jusqu'à aujourd'hui. D'un côté, la science, le progrès et les savants ; de l'autre, un public curieux de connaissances, au milieu la vulgarisation. Cette grande entreprise a, pendant un siècle, assuré par journaux, publications et livres interposés le passage du monde des savants à celui de l'espace public.

Un jeu à deux, avec la vulgarisation comme point de bascule, dont on ne soulignera jamais assez son rôle dans l'émancipation culturelle. Certes le contexte culturel, favorable de la science, facilitait les initiatives de vulgarisation, mais rien ne serait plus faux que de minimiser son rôle pendant un siècle. Elle fut et demeure un grand projet culturel et politique, dont une bonne partie des orientations reste encore juste.

Aujourd'hui, tout est plus compliqué. Il n'y a plus deux acteurs, les scientifiques et le public, mais au moins quatre, la science, la politique, la communication et les publics. La science est devenue les sciences, avec le développement des sciences de la matière, de la vie, de la nature, de la société. Et celles-ci ne sont plus entourées de la même croyance dans le progrès et la raison. Le XX^e^ siècle, de l'énergie atomique à la destruction de la nature et au génie génétique a montré les limites d'une science identifiée au progrès. Quant aux sciences sociales, elles montrent, elles aussi, quotidiennement la fragilité des sociétés, des hommes et la difficulté à dégager dans le temps une certaine rationalité des conduites collectives.

D'autre part, les activités scientifiques ont perdu de leur autonomie. Le rôle considérable qu'elles occupent dans la compétition économique internationale les a rapprochées d'une logique politique leur faisant perdre la référence à l'objectivité qu'elles pouvaient avoir auparavant. Aujourd'hui plus que jamais, la science et la technique sont inséparables des décisions politiques. Cela change leur statut et celui des controverses scientifiques. Celles-ci ont toujours existé, mais elles ont aujourd'hui une dimension supplémentaire, du fait de l'expansion des connaissances scientifiques, dans un bien plus grand nombre de domaines, et surtout du lien plus fort entre science et compétition économique. *L'entrée des sciences dans l'espace public a compliqué leur statut, leur rôle et ce que l'on attend d'elles. Le développement d'Internet accentue l'expression des discours critiques et favorise les rumeurs.*

Du point de vue de la communication, les choses ne sont pas plus simples. Le milieu professionnel des médias n'est plus seulement un médiateur, il a sa logique, ses valeurs, sa conception de l'information et a souvent tendance à préférer un scandale scientifique au travail patient d'explication au jour le jour. En outre, la concurrence entre les médias et les contraintes de l'information en images conditionnent aussi la manière dont sont sous-évalués ou surévalués certains phénomènes par rapport à d'autres. *Les activités scientifiques sont*

5. *Hermès*, n° 21, *Science et médias*, 1997.

*omniprésentes, sans pour autant être discutées ou comprises. L'information scientifique ne suffit pas.*

Enfin du côté du public, les choses, non plus, ne sont pas simples. Les « dégâts du progrès » ont cassé la confiance naturelle pour la science, source du progrès. Et le niveau culturel du public a également diminué la part d'enchantement qu'il pouvait y avoir à l'égard des autorités scientifiques. D'ailleurs plus que jamais, il n'y a plus un public, mais des publics, au sein d'un espace public aux limites sans cesse repoussées.

Le passage de deux à quatre logiques se voit même dans le vocabulaire. Hier on parlait de vulgarisation, aujourd'hui de médiation, médiatisation, valorisation de la recherche... La multiplication des mots atteste de la difficulté à construire les relations entre les sciences, les techniques et la société. Et encore faut-il différencier. La demande de vulgarisation est largement inégale selon les sciences, et selon les moments. Si les sciences de la nature et de la matière font depuis longtemps l'objet d'une curiosité, la situation est différente pour les sciences de la vie, et encore plus pour les sciences de l'homme. En dépit des discours, la demande à l'égard de celles-ci est faible, les hommes politiques, journalistes et hauts fonctionnaires considérant le plus souvent être suffisamment compétents.

*Bref tout s'est compliqué en passant de la vulgarisation à la communication des sciences, c'est-à-dire d'une logique de deux acteurs à une logique de quatre acteurs.*

Que faut-il entendre par communication, par rapport à la vulgarisation ? Moins l'idée simple de *transmission*, que la gestion de logiques contradictoires. Moins à « faire passer les messages » qu'assurer un minimum de cohésion entre des visions du monde nécessairement hétérogènes.

Hier avec la vulgarisation il s'agissait, pour l'essentiel, de la transmission de valeurs et de connaissances, du domaine scientifique vers le public. Aujourd'hui, avec la communication, il s'agit de rendre compte du passage de deux à quatre logiques : le milieu scientifique, la société, le monde de la médiation et les publics aux niveaux culturels et d'exigence croissants. Communiquer à propos de la science consiste donc moins à transmettre des connaissances qu'à organiser la cohabitation entre des logiques plus ou moins concurrentes et conflictuelles. C'est en cela que la communication est un bon lieu de lecture des tensions qui existent dans les rapports entre la science, la culture, la politique, et la démocratie moderne.

La médiatisation n'est pas non plus l'équivalent de la vulgarisation en dépit de la place croissante des médias dans la société et de l'idée simple, et fausse, selon laquelle plus les médias parleraient de science, plus il y aurait de vulgarisation. La médiatisation assure une certaine visibilité, mais la visibilité n'est pas synonyme de ce qui est le plus important dans la logique de la vulgarisation. Aujourd'hui, le plus important du point de vue d'une logique de la connaissance concernerait moins la médiatisation que la mise en valeur des controverses scientifiques. L'idée implicite qui sous-tend encore l'idée de vulgarisation est celle d'une science peu marquée par les conflits de valeurs entre les intérêts scientifiques et ceux de la société...

D'ailleurs, cela illustre une des contradictions de la société démocratique : autant sur le plan politique celle accepte l'idée de controverses et d'oppositions, autant sur le plan scientifique elle les supporte moins. D'ailleurs, on ne demande pas trop aux chercheurs de s'expliquer sur des controverses, eux-mêmes n'y tiennent pas trop, tant cela rend visible des rapports de force qui peuvent toujours évoluer.

Un décalage existe donc entre la demande croissante de connaissances, au sein des sociétés *et* une certaine résistance à l'égard de la compréhension et de la visibilité des mécanismes réels de production de connaissances scientifiques. Naturellement, il faudrait nuancer cette position selon les sciences et les moments. Les sciences de la vie, par exemple, supportent probablement mieux les controverses, car celles-ci reflètent des oppositions philosophiques, existant par ailleurs, sur les définitions de la vie, de la conscience, de la reproduction... À l'inverse, les sciences de l'ingénieur, liées aux relations de plus en plus automatisées entre l'homme et la machine, supportent moins le doute, tant les performances croissantes des machines sont la projection d'un imaginaire de perfection et de rapidité. Les sciences de l'homme sont dans un statut intermédiaire. Les demandes à leur égard sont le plus souvent liées aux périodes de crises et disparaissent avec celles-ci.

La question du rôle des médiateurs devient également cruciale, d'autant que ce milieu n'est guère homogène et rend visible de manière inégale les progrès, les incertitudes et les controverses. Où commence et où finit d'ailleurs une information scientifique ? Comment l'isoler dans cette guerre de la connaissance que se livrent les scientifiques et les politiques, les médias et les industries et où l'idéal de la vérité est souvent malmené ? D'autant que les médias étant de plus en plus sollicités dans les rapports de force politico-scientifiques peuvent avoir une influence dans un jeu où science, intérêt, politique et valeurs s'entrechoquent. Autrement dit, le « devoir d'informer » qui, plus que jamais réunit *apparemment* scientifiques et journalistes, n'a jamais autant signifié de choses différentes, dont les uns et les autres ne soulèvent pas toujours les contradictions. Non par malignité mais plutôt par difficulté à définir une position tranchée. Résultat ? Plus que jamais tout le monde veut informer et communiquer, dans une société de dialogues et de transparence, mais plus que jamais le flou cohabite avec la vérité...

Finalement une des questions posées par la complexité des relations entre sciences et sociétés reste bien celle de savoir si le terme de communauté scientifique a encore un sens. Les intérêts individuels et les rapports de force entre disciplines, laboratoires, communautés, intérêts économiques et politiques, sans parler des distorsions introduites par la problématique de la communication, n'ont-elles pas en définitive raison de ce concept, apparu avec la révolution du XVI$^{e}$ siècle ?

Que reste-t-il de l'autorité des pairs dans des systèmes ouverts où le jeu de toutes les concurrences permet de contourner et subvertir les règles du jeu internes à la communauté scientifique, comme d'ailleurs à de nombreuses autres communautés ? La question du maintien du rôle de la communauté scientifique pose celle du statut des *pairs*, de plus en plus détrônés par la problématique de l'expert. Les sociétés modernes, qui ne reconnaissent que le système de valeur de la rationalité recourent de plus en plus aux experts. Or l'expert n'est ni le savant, ni le chercheur. Il est une catégorie hybride, à l'interface de la compétence et du droit. À mi-chemin entre la justice, l'État, l'économie et la politique, l'autorité et la science. L'expert est une des figures favorites de la société contemporaine, entourée d'une autorité grandissante et d'une ambiguïté qui ne l'est pas moins. L'internationalisation de la science complique aussi la question d'une communauté scientifique « internationale » qui semble d'autant plus sollicitée, évoquée et légitimée qu'elle est à bien des égards en crise. Si tant est qu'elle n'ait jamais réellement existé. Ce qui ne retire rien à son rôle imaginaire. Il y a là beaucoup de *wishfull thinking*. L'entrée de la science dans une logique économique de concurrence entraîne un changement d'attitude indéniable des scientifiques et techniciens, sans que cela n'entraîne, pour autant, une place plus grande accordée à l'idée ou à la légitimité de la communauté scientifique. En bref, des logiques mises bout à bout de la concurrence, de l'industrialisation et de la médiatisation de la recherche, ainsi que la montée du thème de l'expert rendent plus complexe cette idée pourtant indispensable de communauté scientifique.

Les sommités mondiales scientifiques, dont l'autorité va maintenant au-delà de leur sphère de compétence, deviennent des autorités « morales » sollicitées tous azimuts s'exprimant sur tout et contribuent, elles aussi, à déstabiliser cette idée de communauté scientifique, indépendante et neutre. D'ailleurs, on n'a jamais autant parlé d'éthique et de comités d'éthique que depuis la prise de conscience de l'effritement des règles éthiques traditionnelles. L'éthique devient autant un moyen de réfléchir aux problèmes scientifiques qu'à la place des sciences par rapport aux normes sociales et mondiales.

En un mot, si les liens entre science, culture et société sont davantage discontinus, rien ne dit qu'il ne puisse pas y avoir néanmoins une capacité de communication entre eux. Simplement, il faudra tenir compte de plus d'interactions contradictoires, dans les deux sens, des sciences vers la société, de la société vers les sciences. Deux risques au moins apparaissent dans ce nouveau rapport entre médias et sciences – la fuite dans le ghetto scientifique – l'adhésion trop rapide, au contraire, à une logique médiatique qui gommerait la spécificité des activités scientifiques.

La communication de l'activité scientifique pose directement le problème de la *revalorisation des communautés intermédiaires* dont j'ai parlé dans *Penser la communication* (1997). Les communautés scientifiques sont ici concrètement une condition de fonctionnement de l'espace public démocratique, pour compenser les effets déstabilisants d'une ouverture et d'une mondialisation des flux d'informations, y compris scientifiques. Ces professions et ces cultures permettent d'éviter deux écueils concernant les rapports entre sciences et communication : celui d'une illusoire autonomie de l'activité scientifique par rapport aux autres activités sociales, celui à l'inverse d'une disparition de la spécificité de l'activité scientifique, sous prétexte de la socialisation croissante des activités scientifiques. Éviter la fuite vers le scientisme toujours renaissant, ou vers son opposé, en réalité son symétrique, le relativisme sociologique, qui vise à nier toute spécificité de l'activité scientifique.

Les communautés professionnelles intermédiaires (professeurs, médecins, ingénieurs, etc.) maintiennent l'idée de l'importance du savoir et des connaissances dans un monde plus transparent et tenté par la simplification. Plus il y a de vitesse et d'interactions, plus il faut maintenir l'existence de logiques professionnelles et culturelles qui sont les témoins de la profondeur et de la complexité des connaissances et du fonctionnement de la société.

## Le débat sur les OGM : cinq changements dans la communication scientifique et politique[6]

Une procédure de débat public modifie les conditions de la communication politique. Celle sur les OGM, de la conférence des citoyens de 1998, au débat de février 2002, fait apparaître cinq changements importants, dont les pouvoirs publics, pour l'avenir, doivent tenir compte.

### LE RENVERSEMENT D'ATTITUDE À L'ÉGARD DE LA SCIENCE

C'est la fin d'une certaine confiance *a priori* qui, par exemple, identifierait les OGM au progrès. Le sang contaminé, les farines animales, et d'autres accidents survenus depuis une vingtaine d'années ont créé cette crise de confiance durable. Les arguments d'autorité ont beaucoup moins de poids. Le public veut savoir, ne fait plus confiance *a priori*, et la peur ne peut plus être identifiée à de l'obscurantisme. Le besoin de débat exprime aussi cette crise de confiance dans la science et la politique. La sûreté alimentaire devient un enjeu politique, et pas seulement technique.

### LES ENJEUX ÉCONOMIQUES L'EMPORTENT SUR LA DIMENSION SCIENTIFIQUE ET TECHNIQUE

Les OGM sont d'abord un avatar du productivisme agricole, avant d'être un défi technique. On peut faire tout autant, et peut-être mieux, sans eux. La France et l'Europe, si elles le veulent, ont un modèle d'agriculture traditionnel au moins aussi performant. Les OGM sont d'abord liés aux puissants groupes agroalimentaires américains, et le chantage au développement économique n'est plus crédible. Aucun pays ne peut s'approprier la biodiversité, ni faire une telle impasse sur l'avenir. Débattre des OGM avant qu'il ne soit trop tard permet, pour une fois, de choisir l'intérêt général, avant les intérêts industriels agroalimentaires.

### UN DÉBAT PUBLIC SIGNIFIE ÉGALITÉ DES POINTS DE VUE

S'il y a débat public il n'y a plus d'arguments d'autorité *a priori*, les logiques sont à égalité ainsi que les opinions et les croyances. Il n'y a pas l'« élite » scientifique, technique, politique, économique, contre l'« archaïsme » des peurs et les corporations. Dans le débat public, tout le monde est sur le même pied, ce qui oblige les autorités à un peu de modestie. La logique sociale et démocratique l'emporte sur les autres. Il faut respecter la volonté de savoir et de comprendre, et surtout ne pas oublier l'action. Rien de pire que les débats publics sans suite politique, et sans décisions. Impossible de décevoir tous ceux qui ont été mobilisés, et attention à leurs réactions dans ce cas.

6. Analyse des débats publics tenus les 4 et 5 février 2002 au Conseil économique et social, en vue de la rédaction du *Rapport à la suite du débat sur les OGM et les essais au champ* (Christian Babusiaux, Jean-Yves Le Deaut, Didier Sicard, Jacques Testart).

### UNE POSTURE NOUVELLE POUR LES SCIENTIFIQUES

Ils sont dans l'arène publique, obligés d'expliquer ce qu'ils savent et ne savent pas. Ils doivent apprendre à se situer par rapport aux autres logiques que les leurs : politiques, industrielles, groupes de pression... Apprendre à décoder les discours et les enjeux sociopolitiques. Apprendre à savoir résister aux pressions, ou à justifier leur choix pour tel ou tel engagement vis-à-vis du pouvoir politique, de l'administration, des entreprises, des syndicats, des acteurs critiques... Apprendre à être contestés dans leurs logiques d'experts. Apprendre à compléter la logique de connaissance par les autres logiques de la société. Apprendre à communiquer et débattre...

### LE RÔLE NOUVEAU DES ASSOCIATIONS PAR RAPPORT AUX PARTIS POLITIQUES, SYNDICATS ET POUVOIRS PUBLICS

La crise des OGM révèle le rôle d'un nouveau militantisme à la fois scientifique et politique, à côté des forces politiques traditionnelles des partis, des syndicats et des partenariats de la politique agricole. Une nouvelle contestation plus informée se développe. *C'est un élargissement de l'espace public*, une augmentation du nombre des partenaires et des logiques en discussion. La fin d'une certaine logique de l'autorité et des savoirs. De nouveaux acteurs émergent à la fois militants et techniciens qui se battent ; pour obtenir que les informations soient rendues publiques et débattues contradictoirement ; pour que soient protégés ceux qui sont les premiers à poser ces problèmes nouveaux ; pour dénoncer les *lobbies* économiques et politiques ; pour critiquer les liens entre certains scientifiques et les groupes agroalimentaires ; pour faire entrer ces enjeux dans les débats politiques traditionnels ; pour mobiliser les citoyens ; et briser l'indifférence des médias.
Du point de vue de la communication politique, *ce qui se joue au travers du débat sur les OGM, c'est un élargissement de l'espace public*, à la fois pour les thèmes et les acteurs ; une prise de distance à l'égard d'un certain déterminisme technico-économique lié à un modèle productiviste ; l'espoir pour une fois de peser sur les événements avant que des choix fondamentaux aient lieu. Et éviter ainsi de n'avoir pour seul recours que la dénomination *a posteriori* des dégâts.

### UNE POSTURE NOUVELLE POUR LES SCIENTIFIQUES

Ils sont dans l'arène publique, obligés d'expliquer ce qu'ils savent et ne savent pas. Ils doivent apprendre à se situer par rapport aux autres logiques que les leurs : politiques, industrielles, groupes de pression... Apprendre à décoder les discours et les enjeux sociopolitiques. Apprendre à savoir résister aux pressions, ou à justifier leur choix pour tel ou tel engagement vis-à-vis du pouvoir politique, de l'administration, des entreprises, des syndicats, des acteurs critiques... Apprendre à être contestés dans leurs logiques d'experts. Apprendre à compléter la logique de connaissance par les autres logiques de la société. Apprendre à communiquer et débattre...

### LE RÔLE NOUVEAU DES ASSOCIATIONS PAR RAPPORT AUX PARTIS POLITIQUES, SYNDICATS ET POUVOIRS PUBLICS

La crise des OGM révèle le rôle d'un nouveau militantisme à la fois scientifique et politique, à côté des forces politiques traditionnelles des partis, des syndicats et des partenariats de la politique agricole. Une nouvelle contestation plus informée se développe. *C'est un élargissement de l'espace public*, une augmentation du nombre des partenaires et des logiques en discussion. La fin d'une certaine logique de l'autorité et des savoirs. De nouveaux acteurs émergent à la fois militants et techniciens qui

se battent ; pour obtenir que les informations soient rendues publiques et débattues contradictoirement ; pour que soient protégés ceux qui sont les premiers à poser ces problèmes nouveaux ; pour dénoncer les *lobbies* économiques et politiques ; pour critiquer les liens entre certains scientifiques et les groupes agroalimentaires ; pour faire entrer ces enjeux dans les débats politiques traditionnels ; pour mobiliser les citoyens ; et briser l'indifférence des médias.
Du point de vue de la communication politique, *ce qui se joue au travers du débat sur les OGM, c'est un élargissement de l'espace public,* à la fois pour les thèmes et les acteurs ; une prise de distance à l'égard d'un certain déterminisme technico-économique lié à un modèle productiviste ; l'espoir pour une fois de peser sur les événements avant que des choix fondamentaux aient lieu. Et éviter ainsi de n'avoir, pour seul recours que la dénomination *a posteriori* des dégâts.

## *Abondance et gratuité de la science, pour quoi faire et jusqu'où[7] ?*

*Les différentes formes de diffusion ouverte de la science augmentent sa disponibilité ; peut-on dire pour autant que cela participe à sa démocratisation ?*

Pour répondre à cette question, il faut poser *trois préalables*. Le premier, c'est qu'aucune « nouvelle » technologie de communication (télévision, radio, ordinateur, ou autres) ne peut à elle seule provoquer une rupture. Il faut la rencontre entre un progrès technique et un projet politique pour qu'il y ait réellement une « révolution » dans la communication. La technique à elle seule ne suffit pas à transformer les rapports humains et sociaux. *C'est cela l'idéologie technique* : *croire qu'un système technique, quel qu'il soit modifie les rapports humains et sociaux.* Aucun progrès technique n'échappe à ce fait. Sinon, on sombre dans le technicisme. Il y a bien sûr une interaction constante, mais contrairement à l'idée largement répandue, ce n'est pas toujours la technique qui est première. Ou plutôt, elle ne peut avoir l'impact qu'on lui connaît, que parce qu'il y a préalablement des mutations socio-culturelles qui permettent cette rupture.

Ce n'est pas l'invention de l'imprimerie qui rend possible la Réforme, mais le fait que le mouvement antérieur de critique du catholicisme trouvera dans l'imprimerie le moyen de populariser ses idées. De même pour la radio et la télévision. La révolution des médias de masse n'a cette ampleur que parce qu'elle rencontre un mouvement politique préalable, celui de la lutte pour la démocratie et le suffrage universel. Quant à Internet, la situation est inédite car il n'y a pas eu antérieurement ou simultanément un projet social, culturel ou politique qui lui donne sens. L'Internet renforce deux dimensions de nos sociétés, l'accès à l'information et à l'individualisme, qui

7. *Hermès*, n° 57, *Sciences.com, libre accès et science ouverte*, 2010.

sont *déjà* dans l'ordre de la réalité. Internet pour le moment, est plutôt le symétrique des médias de masse, les uns renforçant la problématique collective, Internet la problématique individualiste. Mais les deux appartiennent au même paradigme, celui de la société individualiste de masse où s'opposent les deux valeurs contradictoires de notre modèle social et politique, liberté et égalité. Pour Internet, c'est donc à l'émergence d'une autre problématique sociale qu'il faut être attentif, et qui lui donnerait un autre sens. En un mot, Internet attend un projet politique.

Le deuxième préalable est un constat : tout le monde est pour l'accès libre à l'information, à la science ou à la culture, depuis deux siècles. Qui peut être contre ? Et le progrès technique permet justement cet accès généralisé ; mais le problème vient du fait que l'accès à l'information, en général, n'est pas seulement un problème technique, ni de libéralisme. La technique est toujours plus simple que la société, et cet accès « libre » se fait néanmoins sur fond de concurrence effrénée, ou d'une guerre technologique et économique extrêmement dure. Il y a donc une *contradiction* entre l'accès libre à l'information, à la science, à des connaissances *et* cette concurrence.

Enfin, troisième point, l'accès « universel » aux connaissances suppose deux conditions : d'une part, il faut que les récepteurs aient les capacités cognitives pour les recevoir, les interpréter, les utiliser et d'autre part l'accès libre ne résout pas les problèmes de diversité culturelle. On ne comprend pas la même chose selon les pays, les cultures, les modèles éducatifs... *Si on rationalise trop les rapports entre science et culture, on nie le fait incontestable de la diversité culturelle*. Et cela n'a rien à voir avec l'objectivité des sciences. On ne pense pas de la même manière selon que l'on soit au Nord ou au Sud, dans un pays chrétien, musulman ou autre. Les modèles culturels et d'éducation sans parler des inégalités Nord-Sud et Est-Ouest ne disparaissent pas simplement parce que chacun utilise les mêmes réseaux. *Le village global ne crée pas la communication globale. Il est une prouesse technique, pas une réalité humaine.*

Il est donc trop simple de dire que la science ouverte contribue à la démocratisation. Certes nous sommes passés à un modèle de société ouverte, et rien ne se refermera jamais : il y aura toujours la mondialisation, les médias, les opinions publiques, les intérêts politiques et économiques liés aux sciences et aux techniques. Mais cela ne crée pas pour autant une mondialisation pacifique, au contraire. Les scientifiques, par exemple, sont de plus en plus présents dans la société, contestés ou sollicités, en tout cas obligés de sortir de leur isolement, tout en devant préserver leur autonomie. Leur position est beaucoup plus complexe qu'autrefois car ils doivent apprendre à gérer ces dimensions contradictoires. Désormais, les scientifiques doivent composer avec les multiples logiques à l'œuvre dans les espaces publics médiatisés.

Bref, tout se complique de croire que l'accès direct à la science serait en soi un progrès est insuffisant, voire naïf, car tout cela se fait sur fond de rapport de force, technique, économique qui n'a rien à voir avec l'idéal de partage et de gratuité qui prévaut *a priori* dans l'idée de science ouverte. Il peut y avoir simultanément une science ouverte, accessible, et des antagonismes économiques, politiques ainsi que l'installation de nouveaux mécanismes de pouvoir. *La société de la connaissance qui se dessine n'est ni irénique, ni dépourvue d'antagonismes et de conflits d'intérêts.*

*Le modèle de l'édition scientifique marchande est attaqué par les publications ouvertes. Peut-on se passer d'un secteur marchand et quel serait le prix à payer ? Comment les institutions peuvent-elles arbitrer entre science ouverte et modèle marchand ?*

Cette utopie, au sens laudatif du terme, de la science ouverte est à la fois une idéologie et une réalité. Une réalité si on pense aux masses d'informations disponibles. Mais aussi une idéologie qui voudrait que l'on puisse se passer des intermédiaires et établir une communication « directe » entre le producteur de connaissances, et les usagers. Or il n'y a pas de connaissances sans professions intermédiaires, sans professeurs, journalistes, bibliothécaires, documentalistes, éditeurs... Il faut nécessairement des professions qui médiatisent la connaissance. On ne pourra jamais se passer d'elles. Sauf à succomber à l'illusion et à l'idéologie de l'usager en direct, tout-puissant. On peut être « tout-puissant » face à l'information-service, mais pas pour l'information-politique ni pour l'information-connaissance. En outre, il faut répondre à la question : qui va payer ? Ce qui nécessite de réfléchir aux nouveaux modèles économiques possibles, qui permettront de rémunérer les trois parties : les auteurs, les intermédiaires et les marchés.

Les institutions académiques doivent réfléchir, de leur côté, à leur rôle. Pour le moment, il y a une véritable confusion entre les émetteurs, les distributeurs et les intermédiaires... Le monde académique se plie aux conditions faites par les éditeurs. Il ne développe guère de pensée critique sur le statut de la technique ; *il se laisse piloter par le progrès technique et pire, pense qu'il n'y a qu'un chemin possible.* C'est ce paradigme qui est faux, avec en prime une soumission au modèle anglo-saxon. Pourtant le monde académique est par ailleurs le premier à défendre l'importance du pluralisme de l'information, de la culture, des connaissances. Et chacun sait bien qu'on ne rêve pas, ne parle pas, ne crée pas de la même manière partout dans le monde ! Y compris pour les sciences et les techniques. Et c'est la responsabilité des chercheurs en tant que producteurs de connaissances que de réfléchir au statut des industries de la connaissance, aux conditions d'ouverture de la science, à la place centrale de la guerre économique, au maintien de l'indispensable pluralisme de toutes les formes de cultures, à ce qui relève de l'universel, de la connaissance et à ce qui renvoie aux rapports de force cognitifs.

Deux exemples illustrent cette mutation. La transformation radicale de la question des controverses. Jadis, les controverses entre scientifiques concernaient peu de personnes. L'espace public ouvert les rend plus visibles, mais ne les rend pas plus lisibles. En plus, et ceci est nouveau, leur échelle devient mondiale avec des controverses qui peuvent impliquer plusieurs points de vue scientifiques, comme on le voit pour les OGM, le climat, les nanotechnologies..., et mobiliser également les opinions publiques et les médias, sans parler des dimensions économiques presque omniprésentes. *La mondialisation devient à la fois une ouverture, un espace public complexe et un nouveau théâtre de rapports de force.*

D'autre part, on assiste à la montée en puissance de toutes les sortes d'expertises, qui ont pour vocation d'arbitrer les rapports de force de plus en plus nombreux et contradictoires. La science ouverte ne supprime pas les hiérarchies internes au monde de la science ; elle peut les rendre plus visibles, avec, par exemple, la présence croissante des opinions publiques et des médias, sans pour autant les modifier. Il faut donc que les universitaires et les chercheurs acceptent d'exercer leur esprit critique sur les forces et limites de cette fantastique ouverture technique. Ceux qui sont favorables à l'« ouverture » ne sont pas nécessairement du côté du « progrès » et ceux qui s'y opposent des « réactionnaires ».

*Comment aborder ces transformations ?*

Il faut que nous repensions à la racine la question de la production des savoirs, de leur diffusion, de leur réception… *Il manque des théories de la communication concernant les chemins de la connaissance.* L'attitude critique qu'ont suscitée la radio et la télévision n'a pas son équivalent face à Internet. Avec Internet, tout est trop idyllique, avec la vision d'un usage libre, intelligent, critique, honnête, altruiste… *Tout est noir avec les médias et rose avec l'ordinateur.* L'extension des équipements et des usages a en outre été tellement rapide, tellement séduisant, tellement généralisé (même si ce n'est, il faut toujours le rappeler, qu'à une part minoritaire de la population mondiale) que cela a empêché le développement d'une pensée critique. Les médias de masse étaient naturellement critiqués au nom d'une soi-disant passivité. L'ordinateur est naturellement loué au nom d'une soit-disant intelligence.

Peut-être parce que ces techniques concernant l'« esprit », donnant le sentiment d'une toute-puissance et l'idée d'une nouvelle liberté. Bref le volume d'informations traitées et la vitesse des interactions ont donné le sentiment de créer des ruptures radicales. Avec ce stéréotype : critiquer la science ouverte, et plus généralement Internet, signifie s'opposer au « progrès », à l'ouverture démocratique et égalitaire… On retrouve d'ailleurs à chaque nouvelle technologie le même mécanisme. Interroger la technique, c'est devenir conservateur et réactionnaire ! *Il y a hélas peu de rapport entre le progrès scientifique et technique, indéniable dans l'information et la communication, et le « progrès » des hommes vers plus de compréhension.*

Le CNRS comme l'université et les grands organismes de recherche n'ont pas de position claire et originale sur ces questions. C'est plutôt le « comment s'adapter » qui l'emporte, avec un paradoxe. Le monde académique est toujours méfiant à l'égard des institutions du pouvoir politique quel qu'il soit et simultanément toujours sans critique à l'égard des processus techniques, surtout d'information, sans jamais voir les enjeux économiques et de société qui les accompagnent !

Pour penser les forces et les limites de l'Internet en matière de production scientifique, il faudrait également avoir une culture de la communication, c'est-à-dire une réflexion qui aille au-delà de la production, de la diffusion et de l'interaction des informations. Or c'est un sujet que le milieu académique a, depuis plus de trente ans, refusé de penser. On a pensé un peu la mutation du statut de l'information, on n'a pas du tout pensé la question de la communication, pourtant beaucoup plus complexe car elle pose celle de la relation, donc de l'altérité. Il y a un manque structurel de réflexion épistémologique et de comparatisme. L'accès ouvert, libre, n'est pas synonyme de communication. L'interaction généralisée n'est pas synonyme de communication. La révolution des tuyaux ne suffit pas à changer l'économie de la connaissance et de la communication. Surtout s'il y a simultanément de plus en plus de messages, de récepteurs et d'interactions. Faute de réflexion théorique et paradigmatique et faute d'un travail comparatif, les institutions scientifiques tâtonnent pour finalement se limiter le plus souvent à une seule réflexion sur les « usages », et à supposer une continuité, pour le moins discutable entre information et communication.

Autre problème : on a laissé ces questions aux seules sciences sociales. Or elles ne sont pas les seules à être concernées, loin de là. C'est un enjeu *commun* qui est partagé par tous les domaines de la connaissance. La communication ? Elle est le plus souvent ignorée ou réduite à la caricature de la « com ». Les sciences sociales ont parfois considéré, à tort, qu'elles avaient une compétence « naturelle » pour penser ces questions, sans pour autant apporter la curiosité, l'attention théorique nécessaires, sauf pour les spécialistes des sciences de la communication très souvent marginalisés dans les rapports de force entre disciplines.

Le monde académique est finalement fasciné lui aussi par la technique et a laissé de côté cette réflexion critique épistémologique indispensable sur les rapports entre information, connaissance et communication. Il faudrait, dans toutes les sciences, ouvrir une réflexion critique sur les avantages et inconvénients des systèmes ouverts, admettre qu'il faut du temps, faire le tri, faire du comparatisme, produire des connaissances, et rappeler que l'érudition est aussi indispensable que la course à la vitesse technique.

*La science est de plus en plus anglophone. Ces formes de science ouverte pourraient-elles être une chance pour les autres langues, pour la francophonie ? Ou contribueront-elles au contraire à asseoir la position dominante de l'anglais ?*

Là encore, le monde académique n'a pas assez pensé cette mutation. Il s'est désintéressé en particulier d'une question déterminante, celle de la traduction. *Il n'y a pas de mondialisation possible de l'information, comme de la culture ou de la connaissance sans traduction*. Le monolinguisme est un appauvrissement et ultérieurement une source de conflits : personne ne veut abandonner ses racines linguistiques. Comment imaginer que l'on pourrait réellement se comprendre à partir de ces cinq cents mots d'anglais d'aéroport, certes indispensables, mais largement insuffisants pour tout échange authentique !

Curieusement tout le monde défend la diversité culturelle sans défendre sa première condition : la diversité linguistique ! Et quel décalage entre la prise de conscience concernant la diversité écologique et l'indifférence polie à l'égard de la diversité culturelle ! Et ce n'est pas l'accès facilité à toutes les informations et connaissances du monde qui résoudra cette question centrale pour la paix et la guerre de demain. Chacun le sait : dans l'histoire les guerres à caractère culturel (religion, liberté, modèle politique, etc.) sont parmi les plus violentes. Les traductions sont des moyens de « réduire » l'incommunication, en tout cas de la penser et surtout de ne pas la sous-estimer.

Nous sommes devant un nouveau défi : défendre le modèle universaliste de la connaissance, mais repensé à l'aune des identités culturelles et de la question des langues. La traduction des publications, notamment scientifiques, est le prix à payer pour que la mondialisation puisse être filtrée et appropriée par les cultures régionales.

Le problème n'est pas seulement celui de l'anglais, mais plutôt celui de l'illusion selon laquelle avec trois cents ou cinq cents mots (en anglais ou dans une autre langue), on pourrait se comprendre. C'est un peu le défaut des scientifiques que de croire que leur « conversation courte » suffit. Et pourtant même en physique, mathématique, biologie... il en faut plus ! D'ailleurs il suffit d'examiner les rapports de force entre disciplines pour voir qu'il faut du temps, de la négociation, et souvent des traductions. Dans le domaine de la politique internationale par exemple, on sait très bien qu'il faut des traductions et du temps. Pourquoi le monde académique est-il le premier à penser que l'on peut tout faire dans une langue qui n'est pas la sienne ?

Publier en anglais ne suffit pas à se faire reconnaître par la communauté anglo-saxonne car il n'y a pas seulement un problème de traduction, mais aussi de cadre culturel, de rapports de force et de concurrence. La communauté scientifique mondiale n'est pas non plus irénique, la compétition et le rapport de force y sont constants. Il suffit de voir la guerre des Nobel. Croire qu'utiliser la langue dominante suffit pour être à égalité, ou pour prendre un avantage par rapport à ses concurrents restés nationaux serait malheureusement naïf. *La traduction est le passeport pour aller vers l'autre.*

Il faut d'ailleurs ouvrir cette question de la langue et penser aux cinq grandes aires linguistiques, espagnole, portugaise, française, russe et arabe, qui sont les plus réparties, mais pas les plus nombreuses sur tous les continents. Elles permettent donc de faire des liens, des petits passages entre les différentes cultures. Si la transmission technique ne prend pas beaucoup de temps, ni d'argent, la traduction puis la réception, par les hommes et les sociétés en prend beaucoup.

Les sciences ouvertes permettraient peut-être que tout soit publié et accessible mais une journée n'a que vingt-quatre heures, la connaissance n'est jamais de l'ordre « du tout », et penser, comme créer consiste justement à sortir de l'abondance et à échapper à l'encombrement des données. Avec l'abondance on perd en profondeur historique, en connaissance et souvent en distance critique, là où on y gagne en volume et vitesse. La « loi » de Google qui veut que l'intérêt aille aux documents les plus consultés est déjà discutable, elle l'est encore plus dans le domaine de la science et de la culture.

Cette navigation non totalement maîtrisée, un peu aléatoire a néanmoins un avantage considérable insoupçonné : ouvrir sur de l'inattendu, sur des associations d'idées involontaires de nouvelles interactions et créations. On pense aussi, et souvent, à partir de rencontres imprévues, et les systèmes d'information sont incontestablement un atout pour accélérer cette « connaissance aléatoire ».

Autrement dit, il faut arriver à penser ensemble deux logiques complémentaires et contradictoires. D'une part, la facilité d'accès favorise incontestablement l'ouverture d'esprit et la création. D'autre part, et contradictoirement, ces « merveilleux instruments » ne suffisent pas malgré leur performance à assurer une communication généralisée. Personne ne peut tout penser et tout savoir, et cette abondance première dans l'histoire de l'humanité, ne suffit pas à assurer le progrès dans les cultures. Autrement dit, le savoir, la culture, l'information, la connaissance ne sont jamais de l'ordre du « Tout ». Donc oui à toutes les innovations et les inventions. Non à l'idée de croire que le progrès technique, dans l'information et la communication, permettait de créer un monde plus « intelligent », tolérant et moins inégalitaire.

### Le pouvoir politique est déjà très pesant sur le scientifique[8]

*La tension est remontée d'un cran entre les scientifiques et le gouvernement. Les questions budgétaires ne sont toujours pas réglées puisque les labos du CNRS auront encore une fois une dotation de leur organisme en général inférieure à celle de l'an dernier. L'affrontement relancé sur le rôle et l'autonomie du CNRS ne reflète-t-il pas une crise beaucoup plus profonde, sur les relations entre science et politique ?*

Dans tous les pays développés, la question est la même : celle de l'autonomie du monde scientifique. *La politique et l'économie doivent-elles piloter la recherche ? Non.* Certes la politique peut donner des orientations, ainsi que l'économie et la société, mais à condition que chacun reste à sa place. Cela fait bien longtemps que la recherche n'est plus dans sa tour d'ivoire. Les scientifiques sont attentifs aux demandes de la société et aux conséquences des sciences et techniques, de même que les interactions entre recherche fondamentale et appliquée sont nombreuses et rapides. Mais la production de la connaissance est d'un autre ordre et suppose que l'on respecte ses logiques et ses temporalités. *Le temps de la recherche est plus long que celui de la politique et de la société et n'obéit pas aux mêmes valeurs ni aux mêmes paramètres.* Les questions viennent de loin. Le défi des sociétés ouvertes où tout communique ? Ne pas mélanger les logiques. Ce que j'appelle assumer l'autonomie, voire le conflit des légitimités entre les trois rapports au monde : l'action (politique et économique), la connaissance, l'information. *Oui aux interactions. Non à la fin de l'autonomie.* Quand tout circule et communique il faut absolument préserver les différences de logiques entre l'action, la connaissance et l'information. Sinon tout se mélange au détriment de tout. La tentation est dangereuse de vouloir standardiser et rationaliser les visions du monde.

On pourrait faire un résumé lapidaire des transformations de la recherche : l'argent à l'ANR, l'Agence nationale de la recherche, et l'évaluation à l'AERES, l'Agence d'évaluation de la recherche et l'enseignement supérieur. Derrière ces sigles se cache la mise en place d'outils de pilotage de la recherche en prise directe avec le pouvoir politique. Les directions de ces deux agences seraient nommées par les autorités et elles composeraient les divers comités de sélection des programmes ou d'évaluation à leur guise. Simultanément, les crédits accordés aux organismes de recherche et aux universités se réduiraient au point de n'assurer que les dépenses vitales des laboratoires. Le résultat de cette prise en tenaille ? Le copinage, l'absence d'autonomie scientifique, les effets de mode scientifique, le corporatisme. L'ANR et l'AERES ne peuvent avoir de sens que si elles ont en face des organismes puissants avec des capacités de financement et d'évaluation. Oui à la complémentarité mais à condition de respecter le rôle de chacun.

8. Propos recueillis par Sylvestre Huet, *Libération*, 17 octobre 2007.

## *L'expertise collective*[9]

La demande croissante d'expertise relie de plus en plus la science à la société. Elle donne une dimension supplémentaire à la socialisation de la science, et d'une certaine manière traduit une perte d'autonomie de la recherche, tirée vers la politique et l'économie. La question de l'indépendance de l'expertise est donc essentielle et sous-jacente à bon nombre des interrogations. L'expertise est un moyen d'arbitrage entre des intérêts contradictoires et d'aide à la décision. C'est par rapport aux conflits de logique entre sciences, techniques, politique, économie, opinion publique et médias que le recours à l'arbitrage des experts se multiplie. L'expertise est donc le plus souvent liée au besoin de résoudre un conflit ou une controverse, comme on peut s'en rendre compte, pour la question du climat ou celle des OGM, des nanotechnologies, des perturbateurs endocriniens... La liberté du chercheur s'appuie plus sur une coutume que sur des textes. Il n'y a pas une, mais des situations d'expertise. Les différentes modalités d'intervention du chercheur dans la société gagneraient à être spécifiées. Par ailleurs, les situations et les enjeux d'expertise diffèrent selon les secteurs : sciences du vivant, de la nature, de la matière, de la société. Une distinction supplémentaire est nécessaire, afin de considérer l'expertise collective et l'expertise individuelle comme deux situations différentes.

### L'EXPERTISE

Un programme de recherche n'a pas à être directement utile socialement ; il doit faire avancer les connaissances. Le chercheur a besoin d'une certaine liberté dans son travail de recherche. Une contrepartie à cette liberté est que tout chercheur peut avoir une seconde activité : celle d'expert, qui forge son « utilité sociale ». L'expert est celui qui doit expliciter les différentes connaissances et les enjeux, mais qui ne décide pas.

La visibilité beaucoup plus grande de la science et de la technologie dans la société oblige les chercheurs à réfléchir activement aux changements déontologiques qui en découlent. Ils ne peuvent se dérober aux demandes de la société où à leur implication dans cette société. Mais ils ne peuvent pas pour autant passer leur temps à y répondre, sans quoi ils risqueraient de perdre la distance nécessaire à la production de connaissances. Ils doivent donc apprendre à faire des allers-retours entre le temps de la société, de la politique, des médias et celui de la recherche. Nouvelle posture indissociable du statut de chercheur. Ni trop loin, ni trop près.

Trois notions sont fortement impliquées dans le débat : celle de la *position* de l'expert, qu'il soit public ou privé, individuel ou collectif ; celle de la *portée* de l'expertise, qu'elle soit réalisée par un ou plusieurs experts ; et celle du *poids* des activités d'expertise dans l'évaluation des chercheurs.

9. Rapport *Recherche et société*, CNRS, juin-novembre 2003.

Lorsqu'on parle d'expertise, on présuppose que la qualité d'expert est inhérente à la personne, et qu'elle résulte de certains objectifs reconnaissables par tous (statut, diplômes, réputation). Si on examine des exemples concrets, on ne voit pas des experts, mais des *situations d'expertise.* L'expertise n'est pas une qualité, ni un métier, mais une situation occupée à un moment donné par un professionnel, *choisi* par un interlocuteur pour traiter une question donnée. Il en résulte que c'est souvent celui qui pose la question qui produit l'expert, en le qualifiant comme tel. L'expert est institué, labellisé par le commanditaire. C'est le demandeur qui fonde l'expertise. Ce n'est pas l'expert qui construit la situation d'expertise. Une typologie des différentes situations d'expertise s'impose, pour circonscrire le sujet et caractériser ce qui distingue les experts dans les différentes situations : celle de la justice, des médias, du politique, de l'économique et de l'administration. L'interaction de l'expertise avec les différents pouvoirs existants dans la société est liée à la question de l'indépendance.

Accepter une expertise ne va donc pas de soi, dans la mesure où la position d'expert s'inscrit dans les cadres les plus variés, qui peuvent mettre le chercheur en délicatesse par rapport au devoir de réserve lié à son statut, ou par rapport aux engagements pris par son laboratoire.

La portée de l'expertise dépend du *statut* que l'organisme donne à l'expert. L'expertise (qu'elle soit réalisée par un ou plusieurs experts) n'engage que celui qui est mandaté, et non l'établissement qui l'emploie. En revanche, l'établissement public peut être *lui-même* producteur d'expertise, en mettant en place une procédure de consultation dont il pourra faire état par la suite. Dans ce cas, l'expertise est celle de l'établissement.

Enfin, la prise en compte des activités d'expertise dans l'évaluation des chercheurs pourrait faire l'objet de modalités bien définies par la direction et les structures d'évaluation des chercheurs des autres établissements de recherche. Seules ont vocation à être évaluées les activités d'expertise qui relèvent directement du domaine de compétence scientifique des agents concernés.

La mission principale du chercheur est de faire de la recherche. La société finance cette recherche publique et parallèlement, il y a une augmentation des demandes d'expertises, avec parfois une contradiction entre ces deux missions. Jusqu'où va l'autonomie de l'établissement par rapport au gouvernement qui demande des « services » ? Comment concilier logique de pouvoir, logique de connaissance et d'expertise ? Il est essentiel, pour préserver l'autonomie scientifique, de distinguer ce qui, dans une expertise, relève du chercheur afin de préserver la différence de nature entre la science, l'économie, la politique... Et de maintenir les différentes logiques. Il y a partout des dépendances et l'on devrait plutôt parler de « clarté des dépendances ». Derrière la question de l'expertise, c'est celle de la construction de la confiance entre une organisation de recherche et la société qui est posée. Construire cette confiance implique plusieurs paramètres : clarté des processus de travail, structure financière, posture stratégique affichée, comportement des acteurs impliqués...

Les rapports entre l'institution et ses chercheurs ne sont pas étrangers à la question de l'indépendance car ceux-ci, même avec beaucoup de liberté, sont des agents publics à qui s'applique le devoir de réserve et qui dépendent d'une hiérarchie. Leur capacité de recherche doit justifier leur liberté y compris à l'égard de leurs institutions. Auto-organisés, autodésignés des chercheurs réalisent de plus en plus d'expertises et de contre-expertises : il y a des chercheurs qui ne font plus que cela, sans contrepartie parfois d'un vrai travail de recherche pour l'établissement de rattachement. Il est donc nécessaire, quand on examine l'expertise, d'analyser les responsabilités et les attributions de chacun.

Quelles qu'en soient les modalités, les procédures adoptées pour sélectionner les experts devraient être précisées et rendues publiques par le demandeur d'expertise. Pour ce qui est des critères de compétence des experts, devrait aussi être retenu le nombre de publications scientifiques dans le domaine de l'expertise à réaliser.

Depuis 1999, les établissements ont le droit de vendre leurs expertises. La recherche exige de rester dans une logique de créativité. Il s'agit donc de fabriquer l'autonomie, c'est-à-dire un temps, un lieu et des procédures propres. De construire ce cadre, notamment dans les statuts : clarifier les missions (production de connaissances, formation, valorisation, information scientifique et technique) ; développer la réflexion sur la question du statut des établissements sur le plan juridique ; réfléchir à ce que l'on attend des chercheurs au titre de la *valorisation* dans les missions et dans les métiers de la recherche.

Enfin, la question de la temporalité est fondamentale dans la définition des enjeux de l'expertise contemporaine. D'une part, lorsque les problèmes se posent sur le long terme, d'autre part, cas le plus fréquent, en cas de crise, liée à des événements soudains et à la pression de l'opinion publique. Ces situations d'urgence sont aussi problématiques que les autres, font appel aux mêmes principes, mais en « accéléré ». Elles obligent les chercheurs à avoir une capacité d'action rapide qui n'est pas conforme à la culture de la recherche. Or la politisation et la médiatisation des questions scientifiques et technologiques risquent d'accroître ce besoin d'expertise rapide.

## L'EXPERTISE COLLECTIVE

Quand on dit « expertise collective », il faut ajouter : expertise institutionnelle et ne pas la confondre avec l'expertise individuelle, codifiée (par exemple celle d'un psychiatre auprès des tribunaux). L'expertise collective consiste moins à donner une réponse qu'à imaginer des scénarios, poser des hypothèses et en mesurer les conséquences.

Les expertises collectives mobilisent les connaissances, et produisent de vrais rapports, parfois contradictoires, sur une question donnée. Les connaissances et les points de vue n'expriment pas une vision unitaire de la science, mais plutôt un type de raisonnement. Il n'y a jamais une vision du monde. L'expertise scientifique est la capacité à rassembler les différents types d'arguments, en distinguant, lorsqu'il s'agit de société, le point de vue du chercheur du point de vue du citoyen. Les modalités de l'expertise collective doivent être centrées sur la pluralité des argumentaires plutôt que sur un argumentaire. En cas d'expertise collective, le CNRS pourrait préciser que les avis minoritaires seront mentionnés et clairement exposés.

Quand il y a une décision à prendre, l'expertise collective n'est pas forcément suffisante. D'autres acteurs, dont la société civile, d'autres experts que les scientifiques, doivent pouvoir entrer en action.

Enfin, l'expertise s'appuie sur les connaissances et en produit. C'est vrai aussi pour l'expertise collective et peut-être surtout pour la recherche pluridisciplinaire. L'interaction entre scientifiques de champs différents suppose un long travail d'approche. C'est *un métier* de savoir construire une expertise regroupant plusieurs compétences et c'est un savoir-faire, associé à une déontologie.

Les situations et les enjeux d'expertise doivent être distingués selon les champs de connaissance : sciences du vivant, de la nature, de la matière, de la société... Si un certain nombre de questions sont communes à tous les secteurs, beaucoup possèdent des spécificités, une maturité, une histoire différentes. Dans le domaine des sciences de la nature et de la matière, les questions d'énergie sont aujourd'hui abordées avec une maturité de la communauté scientifique qui paraît plus grande qu'il y a vingt-cinq ans. Le domaine des sciences sociales paraît le plus difficile en tant que tel, la question de la preuve étant plus délicate que dans d'autres domaines. Il est pourtant partie prenante de très nombreux débats. Mais c'est souvent le monde politique, technocratique, journalistique, économique, qui n'est pas demandeur d'expertise des sciences sociales. Notamment à cause d'une concurrence de légitimité qui n'est pas dite, mais qui existe. Chacun loue l'importance des sciences sociales, tout en s'en méfiant !

Une expertise collective a plus de chance de réussir quand la construction scientifique de l'objet a déjà été réalisée. Or, la plupart du temps, les « objets intellectuels » ne sont pas construits. L'usage social de l'expertise collective est souvent une manière de reformuler la question, de faire émerger le débat. Dans ce contexte d'inévitable pluralisme, aucune situation d'expertise ne se ressemble et les controverses sont rarement de même nature. L'Inserm qui, entre autres, pratique ce type d'expertise depuis longtemps, en mesure les intérêts et les difficultés.

L'expertise pose, par nature, la question de l'interdisciplinarité. La question de l'expertise est transversale aux disciplines et aux départements scientifiques. Le CNRS est transversal et interdisciplinaire. Il ne valorise et n'utilise pas assez cette richesse théorique.

Les pratiques de l'expertise reposent également sur des règles concernant les contrats passés avec les commanditaires d'expertise, l'achat d'expertises et de compétences. Il y a un équilibre à trouver entre l'accroissement des connaissances et la logique économique. La culture de l'expertise devient un marché où la science, la connaissance, l'intérêt général ne sont pas toujours les valeurs dominantes. Ce qui est normal. Rien n'indique que les scientifiques convoqués ou sollicités par cette nouvelle pratique soient au-dessus des autres logiques d'expertise. Cette ouverture et publicisation des expertises doit néanmoins obéir à certaines règles de déontologie communes. C'est le rôle de la communauté scientifique que de faire connaître la spécificité de cette approche, nullement supérieure aux autres, mais différente. D'où la nécessité absolue d'organiser un travail permanent de veille et de réflexion sur le statut de l'expertise scientifique par rapport aux autres situations d'expertise.

## LE RAPPORT DE L'EXPERTISE À LA CONNAISSANCE ET À LA DIFFUSION SOCIALE DE LA CONNAISSANCE

Une expertise est faite pour être diffusée. La plupart des rapports officiels sont sur Internet. Leur diffusion est considérablement élargie, et ils restent disponibles dans le temps, en particulier pour les associations (syndicats, associations de consommateurs ou de défense...) qui donnent leurs propres commentaires dans leur sphère d'influence. Ce commentaire lui-même est amplifié par Internet ou les publications. Il pourrait faire l'objet de forums de discussion sur le site émetteur du commanditaire. Une non-publication apparaîtrait comme une censure, un manque de transparence.

Une expertise suscite forcément des débats.

Il y a nécessité d'associer les services de communication en amont de toute action d'expertise.

Les associations et les ONG ont une importance de plus en plus grande. Les organismes publics rencontrent moins de confiance parce qu'ils sont sous tutelle. Comment articuler les deux types de légitimité ?

La démarche scientifique étant partagée, on peut imaginer, créer et tenter d'organiser une mutualisation des savoirs. Mais cela demande un effort particulier. Est-ce toujours possible ?

Le contenu scientifique n'étant jamais figé et la science toujours un lieu de conflits, les champs de connaissance instables, il faut expliquer le protocole utilisé, la méthodologie, les résultats et les divergences de l'expertise, afficher les points de vue contradictoires. Il s'agit d'éclairer la décision politique, non de prendre la décision. Il est certain que la communication et la discussion contradictoire de l'expertise scientifique des organismes, devraient être amplifiées. Cela montrerait aux chercheurs et aux différents acteurs l'importance et la difficulté de la procédure, et permettrait aussi de faire la différence avec des expertises parfois moins argumentées.

L'expert a par ailleurs un devoir de justification de ses choix. Le « jugement d'expert » ne suffit plus, il doit être explicité. Par exemple, à défaut de pouvoir annexer l'intégralité des sources utilisées à l'occasion de l'expertise, leur consultation devrait être facilitée par la publication de leurs références précises.

Une meilleure formation des chercheurs et une meilleure organisation devraient permettre de ne pas raisonner uniquement en termes de réponses à la demande, mais de réactivité à des situations concrètes. Pour un journaliste, un expert est souvent un témoin, à charge pour les politiques, et à décharge pour l'opinion publique. Il y a souvent ici un jeu de rôle.

Les chercheurs manquent aussi de formation aux médias, à la logique et à la temporalité médiatiques.

Pour faire intervenir les connaissances dans le débat, des forums scientifiques pourraient être hébergés par toute structure de recherche.

La logique d'expertise illustre le nouveau statut des scientifiques. À mi-chemin entre le temps de la connaissance et celui de la société. C'est cette *logique « intermédiaire »* qu'il faut renforcer et valoriser. Elle est indissociable du nouveau statut de chercheur. Ni le retrait, voire souvent la condescendance liée au savoir, ni l'omniprésence médiatique.

### La prochaine bataille sera celle du savoir[10]

Le monde académique, quoi qu'on dise, est écrasé depuis trente ans par le monde de l'information, des médias, de l'événement et du journalisme. L'information n'a pas tué la connaissance, elle l'a marginalisée. Et le milieu académique a sa part de responsabilité dans cette marginalisation. C'est l'information, par sa victoire, qui a englouti le culturel et la connaissance avec la vitesse, la brièveté, la concurrence. Plus l'information va vite, plus on a besoin de la lenteur de la connaissance. Et c'est bien l'information-connaissance dont on a besoin pour rééquilibrer l'information-nouvelle et l'information-service, et même l'information relationnelle.

Les universitaires ne peuvent plus refuser la révolution de l'information et se réfugier dans une tour d'ivoire aristocratique. Le problème n'est pas le volume d'informations, mais leur hiérarchisation et surtout la valorisation du monde de la connaissance par rapport aux deux autres. La connaissance introduit une médiation et en ce sens les universitaires sont les premiers intermédiaires pour hiérarchiser les deux autres. À quand le retour de l'érudition, de la culture, de l'étendue des savoirs transverses pour compenser cette illusion d'une « connaissance événementielle » sans profondeur, dominée par la tyrannie de l'événement ? Internet, compte tenu du volume d'informations accessibles, n'a en général pas plus de dix ans de profondeur historique. Mais attention : les informations et les connaissances ne suffisent de toute façon pas. Il faut en plus prendre en compte les cadres culturels et idéologiques. Car au-delà de ce qui est appelé « la communauté internationale de la science et des connaissances », les rapports de force, la concurrence et les différentes visions du monde seront de plus en plus visibles.

La communauté scientifique semble ne pas avoir encore pris conscience de cette rupture. *Les relations entre information, connaissance, culture, idéologie, sont de plus en plus complexes.* Même si ce sont les mêmes techniques que l'on utilise à travers le monde pour s'informer et communiquer, rendant apparemment « plus facile » la circulation des messages. Les mêmes outils avec les mêmes marques ne signifient pas les mêmes contenus ni les mêmes rapports au monde. Si le monde de l'information, en moins d'une génération, a compris cet enjeu, ce n'est pas le cas des scientifiques, organisés à la fois sur une base nationale et reliés aux valeurs d'une communauté internationale qu'il faudra défendre. Par exemple, si les sciences sont pour le moment moins touchées que l'information par le débat entre universalisme et occidentalisme, elles le seront aussi, ne serait-ce qu'à travers les rapports de force grandissants et les points de vue différents sur le monde qui vont résulter de l'émergence de nouvelles puissances. Cela ne concerne pas seulement les sciences de l'homme, mais également celles de l'environnement, de la communication, de l'ingénieur.

En se rapprochant inévitablement de la société et de l'économie, les sciences se rapprochent également des débats sociaux et politiques. Le monde académique doit donc à la fois défendre la tradition, aujourd'hui insatisfaisante, de la vulgarisation qui est en quelque sorte universelle. Il doit aussi apprendre à gérer les allers-retours entre la société et lui, concernant la place des sciences et des techniques dans les débats publics et les controverses ; les rapports entre recherche fondamentale et appliquée, l'ambiguïté de la demande croissante d'expertise ; les limites du statut de conseiller de prince… tous les problèmes nouveaux surgis en cinquante ans. Mais surtout il doit réfléchir à ce « nouveau front » qui surgit depuis une dizaine d'années : celui du rapport entre information et connaissance. Il doit ici refuser de s'adapter à la culture de la vitesse et de l'information-connaissance quantitative et se donner les moyens de prendre position sur l'enjeu politique de demain : celui des industries de la connaissance.

10. Propos recueillis par Nicolas Moinet, *Géoéconomie*, printemps 2010.

## *Les enjeux théoriques contemporains*

La révolution de l'information fascine, à juste titre, mais on réalise moins son impact sur le statut des connaissances. Le volume et la vitesse de circulation de l'information affectent en effet les conditions de production, de circulation, d'accès et d'appropriation des savoirs. Tout ne peut pas changer dans l'environnement direct des connaissances sans les affecter elles aussi. Le résultat de cette révolution technique ? Un continuum s'établit entre information, connaissance et communication. Et c'est évidemment ce continuum qu'il faut interroger. Il y a en réalité autant de discontinuité entre l'information et la communication, qu'il y en a entre information, communication et connaissance. La question est donc de savoir comment cette révolution de l'information et de la communication oblige à repenser *aussi* le statut des connaissances.

Dans l'ensemble, il y a deux options concernant l'avenir des connaissances. Soit celles-ci sont finalement absorbées par la logique de l'information et la performance des systèmes d'information, la vitesse, la mondialisation, créant une forme de « démocratisation », parfaitement compatible avec la marchandisation des connaissances. Soit elles échappent à cette logique et rejoignent la problématique de la communication, c'est-à-dire l'idée de la discontinuité, de la revalorisation du temps, et de la cohabitation contradictoire des points de vue. Avec en filigrane le maintien du rôle spécifique des communautés universitaires. *Les conséquences ne sont pas les mêmes si l'on glisse finalement vers une certaine continuité entre information et connaissance, ou si, au contraire, on essaye de maintenir une certaine discontinuité.* Dans un cas, on rejoint la continuité permise par les techniques entre information, connaissance et communication. Avec finalement le même modèle de rationalisation. Dans l'autre, on reprend la discontinuité telle qu'on la constate entre la communication technique et la communication humaine, et on réfléchit aux distances qu'il faut maintenir entre information, connaissance et communication. Quel événement de type Fukushima faudra-t-il qu'il advienne dans l'ordre de la communication pour réaliser combien il est urgent de rappeler qu'il y a une limite à l'emprise des techniques sur la communication et les connaissances ?

*Cinq questions illustrent ce changement du statut de la connaissance.*

Jusqu'où socialiser les connaissances, les segmenter et les rendre accessibles à tous, à la fois par projet démocratique et par possibilité technique ? Si chacun peut se connecter chez lui à toutes les bibliothèques du monde, pourquoi ne pas le faire et ne pas y voir un grand progrès ? S'y opposer n'est-ce pas manifester un réel élitisme ? La facilité d'usage rejoint apparemment la bataille pour l'émancipation par les connaissances qui traverse le monde depuis le XVIII$^{e}$ siècle. Les nouveaux outils ne permettent-ils pas les mêmes courts-circuits pour les connaissances que ceux qu'ils permettent de réaliser aujourd'hui pour l'information et la politique ? Tout le monde peut être en ligne ; plus besoin d'intermédiaires. Tout se publicise et se démocratise comme pour l'information. Réservées hier à une minorité, les connaissances pourraient devenir aujourd'hui quasiment un bien commun. On rejoint presque ainsi ceux qui réclament la gratuité de l'information, même si simultanément les tuyaux continuent, eux, d'être payants... Si l'information, l'économie, la religion, l'art, la médecine, etc., se sont socialisés, pourquoi ne peut-il pas en être de même demain pour les sciences et les techniques, et plus généralement pour les connaissances ? Accessibles à tous, elles se démocratisent et les adversaires ne sont en définitive que les « mandarins » défenseurs du *statu quo*. Si tout est public, pourquoi conserver des frontières ? Et s'il faut en conserver, comment concilier le caractère ouvert des sciences et le maintien d'une économie fermée des sciences et de la connaissance dans un monde ? Le meilleur moyen de lutter contre les nouvelles inégalités à venir de la « société de la connaissance » n'est-il pas de tout rendre accessible et public ? Mais jusqu'où la comparaison entre information et connaissance est-elle possible ? La démocratisation se réduit-elle à une question d'accès et d'expression ? Qu'en est-il de l'accumulation des connaissances et des savoirs ? Qu'en est-il de l'indépassable hiérarchie dans la compétence et l'utilisation des connaissances ? En fait, il y a une distinction à renforcer entre information et connaissance au moment où le progrès technique établit une continuité d'accès et d'usage entre les deux. Le statut de l'information n'est pas le même que celui de la connaissance. Ce ne sont pas les outils qui sont ici en cause, mais l'activité différente sur laquelle ils portent. L'information trouve sa finalité dans la politique et l'action, la connaissance dans la culture et l'accumulation.

La facilité d'accès aux connaissances mondiales repose la question des rapports entre globalisation, universalisme et diversité culturelle. Tout ce qui est mondial est-il universel ? C'est toute la question – déjà – du débat sur le « nouvel ordre » de l'information, dans les années 1980 avec le rapport MacBride à l'Unesco, lorsque les pays du Sud avaient critiqué les Occidentaux en leur reprochant une définition de l'information où universalisme et occidentalisme étaient synonymes. Quand et selon quelles modalités cette même question se posera-t-elle *aussi* pour les connaissances ? Comment gérer les rapports de force de tous ordres dès lors que les connaissances sont *à la fois* une référence universelle et un immense marché ?

Si la globalisation des connaissances n'est pas synonyme d'universalisation, on retombe sur l'épineux problème des inégalités et de la prise en compte de la diversité culturelle. Comment introduire cette problématique de la diversité culturelle, donc de la gestion des différences, au moment où la généralisation d'Internet et l'« idéal » d'un savoir pour tous, donnent *au contraire* le sentiment que l'on identifie globalisation des connaissances *et* universel ? Parler de frontières cognitives et culturelles n'est-il pas « réactionnaire » ? Mais en même temps, si la mondialisation des connaissances devient compatible avec la globalisation des industries de la connaissance, n'y a-t-il pas là une légère contradiction avec la problématique de la diversité culturelle ? *Autrement dit, en quoi l'« idéal » des connaissances mondiales est-il à ce point compatible avec celui des « industries » mondiales du même nom ?* Que devient alors le respect de la diversité culturelle dans l'ordre des connaissances ? La différence est ici normative et politique. En définitive, la problématique de la diversité culturelle s'applique non seulement à la culture, mais également aux connaissances ? D'autant qu'il peut y avoir, comme on le sait avec la culture, à la fois respect de la diversité culturelle *et* référence à l'universel.

On retrouve, pour la culture comme pour la connaissance, deux modèles. Soit celui de la globalisation où toutes les différences sont possibles, mais où tout se marchande. Soit dans une problématique de l'universel, avec des choix plus conflictuels puisque respecter la diversité culturelle, dont celle des connaissances, soulève non seulement la question des inégalités, mais surtout celle de la *pluralité* des modèles de connaissance. On retrouve alors la question du statut de l'altérité, aussi normative et conflictuelle dans le domaine de la culture *que* dans celui des connaissances. En trente ans, on vient de reconnaître progressivement l'importance politique de la *diversité* dans l'ordre culturel, même si dans les faits, pour le moment, rien ne bouge. Le débat, par contre, n'est même pas posé en ce qui concerne la question de la diversité dans l'ordre des connaissances. On pourrait même se retrouver dans une sorte de marché de dupes, où le thème des « *connaissances pour tous* » pourrait devenir un slogan « démocratique », avec en perspective une bataille contre les « bastides universitaires » où les mandarins seraient identifiés aux adversaires de cette pseudo-démocratisation. On pourrait ainsi avoir une mondialisation de la connaissance et une marchandisation mondiale des connaissances au nom du progrès, de la démocratie et de l'universel. Le tout par Internet... La bataille, lente et difficile, pour poser actuellement le principe du respect de la diversité à l'égard des cultures se retrouve en réalité dans les mêmes termes, pour la question des connaissances. Avec ce même « faux nez », énorme, de la référence à la démocratie. La confusion entre mondialisation des industries de la connaissance *et* universalisme est un enjeu central. C'est d'ailleurs M. Murdoch, bien connu pour sa défense de l'universalité et de la diversité culturelle, qui a déclaré au printemps 2011 que l'entrée massive de l'informatique et des réseaux à l'école, sera le seul moyen de réduire les inégalités économiques et sociales...

Le monde de la connaissance devrait donc réaliser les points communs qui existent entre les problématiques politiques concernant le statut de l'information, de la culture et des connaissances. Les trois sont confrontées au même problème normatif. Le respect à la fois de la diversité culturelle *et* d'une certaine référence à l'universel. Éviter une pseudo-universalité qui peut finalement ressembler à une mondialisation marchande et à une standardisation. Information, culture et communication sont toutes trois prises dans le maelström de la globalisation, avec cette idée séduisante, et fausse, selon laquelle la circulation générale de tous ces biens symboliques constituerait « naturellement » un progrès pour tous, auquel « s'opposeraient » des professions corporatistes... Et les journalistes, artistes, universitaires et scientifiques qui refuseraient cette pseudo-ouverture pourraient être présentés comme des « adversaires » de la mondialisation, identifiée ici au bien commun de l'universel ! En un mot, des opposants au progrès et à la démocratie... Le populisme au nom de la démocratie ne commence-t-il pas souvent par remettre en cause les élites et les communautés intermédiaires ?

Dans un monde ouvert, jusqu'où faut-il vulgariser et rendre transparentes des logiques différentes ? L'idéal de la vulgarisation retrouve apparemment ici tout son intérêt, car il est complémentaire du thème des connaissances « pour tous » et des possibilités techniques. Même si la question des *compétences* nécessaires non pas pour accéder, mais pour utiliser, n'est jamais clairement posée… Jusqu'où faut-il simplifier, démocratiser, par Internet et autres supports ? Avec cette interrogation complémentaire : *quels intermédiaires, pour quoi faire ?* Jusqu'où a-t-on besoin d'eux quand tout est utilisable *a priori* par les individus eux-mêmes et librement ? Autrement dit, se pose la question du *rapport* entre accessibilité et compétences, qui ne doit pas oublier celle du financement et du prix…

L'argument de la compétence ne risque-t-il pas lui-même d'être considéré comme une forme de « résistance » à ce vaste mouvement de « déhiérarchisation » des conditions de production, d'utilisation et de diffusion des savoirs et des connaissances pour tous ? Pour réfléchir à ce nouveau contexte, il faut en tout cas ne pas identifier la vulgarisation, très ancienne pratique, avec les performances des nouveaux médias. Elle les précède et, surtout, renvoie à une perspective beaucoup plus large. La question normative de la vulgarisation est à reprendre, mais dans le cadre d'un débat social qui s'est élargi avec Internet. Il n'y a plus comme hier rareté d'information et de connaissance, mais plutôt abondance. Et donc, les conditions de transmission, mais surtout d'appropriation et aussi de débats, ont changé. Hier, il s'agissait de faire accéder le plus grand nombre au savoir scientifique. On était dans un modèle descendant de transmission. Aujourd'hui, c'est autant simplifier que permettre les discussions contradictoires. On passe de plus en plus à un modèle de négociation dans la communication. On assiste à la fois à une « simplification » de la connaissance, en même temps qu'à des possibilités polémiques dans lesquelles les scientifiques ne sont pas forcément les seuls protagonistes, ni certains de l'emporter. La vulgarisation contribua à ouvrir les sciences vers la société, elle le fait encore aujourd'hui, mais il s'agit souvent également d'une mise en question des sciences. C'est à la fois un changement d'échelle et de nature. *Nous sommes aujourd'hui obligés de penser trois phénomènes distincts* : la vulgarisation ; la discussion contradictoire des rapports sciences/société ; le maintien de la distinction des rôles et de la compétence des communautés scientifiques.

La problématique « sciences, techniques et société » est donc inséparable de l'élargissement de l'espace public. Elle est évidemment beaucoup plus complexe qu'il y a cinquante ans du fait du plus grand nombre d'acteurs, de l'élargissement *et* de la spécialisation des connaissances. L'expansion des savoirs, des communautés scientifiques, de l'opinion publique, des médias, de la politique et de l'internationalisation facilitent les interactions et la cohabitation de logiques, sans rien simplifier, au contraire. Hier, la vulgarisation était le plus souvent le facteur de communication entre ces trois logiques. Aujourd'hui, dans un monde ouvert, les interactions sont beaucoup plus nombreuses, avec plus de débats, de polémiques, de controverses, sans simplifier d'ailleurs la compréhension, ou la décision. Tout est plus visible et en interaction, sans que cela soit finalement plus simple. Tout débat n'est pas une polémique ou controverse, mais quand il y a controverse, il y a nécessairement confrontation de cinq paramètres : scientifique, économique, international, l'opinion publique, les médias. On voit donc que « tout se complique », facilitant pour demain certaines démagogies, inscrivant en tout cas encore plus les sciences et les techniques dans la société avec les allers-retours qui sont plus embrouillés et tourmentés que ce qui existait hier avec la vulgarisation. Dans les polémiques actuelles (OGM, réchauffement climatique, nanotechnologies, perturbateurs endocriniens...), les scientifiques n'ont plus forcément la maîtrise des débats et les références s'élargissent au point de rendre plus difficile la perception ou la compréhension de la vérité, quand ce n'est pas la contestation même de l'idée de vérité qui surgit. C'est pour cela qu'une réflexion sur les rapports sciences, techniques et société est inséparable d'une réflexion sur le fonctionnement de l'espace public, et du rôle des communautés scientifiques.

La tendance vers plus de débats et de vulgarisation, avec ses inévitables avantages et inconvénients, rencontre un obstacle : celui du mouvement vers la *spécialisation* des savoirs scientifiques et techniques. Cette spécialisation, croissante depuis plus d'un demi-siècle, ne va pas dans le sens d'une compréhension simplifiée. Chacun ne devient spécialiste que de sujets de plus en plus étroits, favorisant la concurrence interne aux champs scientifiques mais enfermant les chercheurs dans leurs spécialités. Il n'y a plus de vue d'ensemble, chacun n'osant pas sortir de sa compétence. *Les universitaires deviennent des handicapés de la communication scientifique.* On se trouve ainsi face à un phénomène contradictoire. Tout va vers une plus grande présence du milieu académique dans le débat public, en tout cas vers une publicisation de la science et, en même temps, les savoirs scientifiques et techniques se spécialisent considérablement, faisant obstacle à une vision plus large. Autrement dit, la publicisation des activités scientifiques est contradictoire avec l'évolution de la production des sciences. Cela obligera le monde universitaire, pour gérer cette contradiction, à remettre en cause cette division et organisation du travail. Ici, l'évolution de la société va rétroagir sur les conditions de production des sciences et des techniques. Sinon, les scientifiques intervenant dans les débats publics seront soit marginalisés, soit tentés par des visions idéologiques. C'est d'une certaine manière toute l'économie des sciences qui est remise en cause par ce mouvement de socialisation et de communication élargie. Et ici, les nouvelles techniques, blogs, twitts, et autres procédures de discussion vont accentuer cette mutation : pour débattre et participer, les scientifiques vont devoir *se déspécialiser* et acquérir une vision d'ensemble de leur domaine de connaissance. Tant mieux.

La problématique des rapports sciences, techniques et société est donc *non seulement* l'apprentissage d'un processus de cohabitation entre différentes logiques : scientifique, économique, culturelle, médiatique... mais aussi une invitation à *déspécialiser* la logique scientifique et à lui faire retrouver une dimension d'ensemble qu'elle a perdue avec la spécialisation, depuis presque un siècle. L'éthique des sciences, par exemple, ne doit plus être seulement l'objet de comités *ad hoc* qui se multiplient dans le monde, comme quelque chose existant « à côté » et « en plus » du travail des scientifiques, mais doit être au contraire *directement* intégrée dans les pratiques professionnelles quotidiennes, et débattues.

Le risque finalement n'est-il pas celui de la dilution de la spécificité de la communauté scientifique dans un espace public de plus en plus large où chacun du haut de son droit à penser, à s'exprimer, à débattre, se considère comme *aussi* légitime que tous les spécialistes du monde ? La science devenant un élément de culture comme un autre devient donc aussi l'objet de communication politique. Comment éviter que la liberté et l'égalité d'opinion, liées à la démocratie, ne glissent vers une illusion d'égalité de compétence des savoirs et des professions ? Simultanément à l'ouverture sur l'espace public il est donc également nécessaire de redessiner et renforcer l'autonomie et le rôle des communautés scientifiques. Celles-ci doivent continuer d'affirmer leur existence, sans devenir pour autant des bunkers ou des châteaux forts. Elles doivent être capables de s'ouvrir sur la société et, néanmoins, défendre la spécificité de la logique de la connaissance. Le risque symétrique du « bunker » est le suivant : un rapprochement trop étroit des sciences à l'égard des pouvoirs politiques, économiques. Avec son dérivé, tout aussi indiscutable : un rapprochement trop étroit vis-à-vis de la société et des médias d'autre part. Tout cela au nom de la démocratie. La question est donc : jusqu'où faut-il rapprocher les logiques, à partir de quand organiser leur cohabitation, voire maintenir leur altérité ? En sachant que les scientifiques ne sont pas non plus des anges. Si l'histoire des sciences paraît « lisse », c'est à la condition de ne pas ignorer les rapports de force qui l'ont fabriquée. Dans les sciences comme ailleurs, il y a une langue de bois concernant la « fraternité » de la « communauté scientifique ». C'est une guerre, ici comme ailleurs, de tous les instants et sur tous les fronts. L'ouverture sur la société permet de sortir des cadres d'une communication trop refermée sur elle-même. À l'inverse, une ouverture trop grande donne le sentiment qu'il n'existe plus de spécificités. À partir de quand le monde académique perd-il son identité, sa spécificité ? La même question se pose pour les militaires, médecins, magistrats… toutes les professions confrontées à la socialisation de leurs savoirs *et* à la nécessité de maintenir des frontières entre leur univers et le reste de la société. La démocratisation de la société ne signifie pas la fin des différences et la fin du conflit des légitimités, elle concerne au contraire la possibilité d'organiser cette cohabitation de logiques. Il en est de même pour les connaissances. Leur ouverture croissante vers la société n'est pas synonyme de leur alignement complet sur toutes les autres activités sociales et culturelles. Il y a une limite à une conception trop univoque de l'égalitarisme, ou de la démocratie. La généralisation d'Internet dans tous les domaines accentue cette confusion entre l'accès aux savoirs et la démocratisation des connaissances. Cette démocratisation tant recherchée est un peu plus compliquée que la simple « transparence » de l'accès, ou de l'usage.

Ce défi illustre une des questions centrales de la société ouverte, maintes fois évoquée ici, la nécessité de maintenir le rôle des communautés intermédiaires, et la réaffirmation de leur rôle pour éviter l'illusion d'une sorte de « société de l'égalité, de la transparence et de la communication ». C'est ce que je ne cesse de réaffirmer depuis *Penser la communication* (1997). Rappeler l'existence des conflits de logiques et de valeurs, entre les communautés professionnelles et culturelles et la société n'est pas un frein pour la démocratie. C'est l'inverse. C'est le moyen de mettre en perspective critique cet idéal apparemment démocratique de la « société de l'information interactive » et de critiquer l'illusion d'une « société en ligne ». C'est éviter le pseudo-égalitarisme, source de toutes les démagogies. Oui à toutes les ouvertures, interactions, débats et controverses. Non au mouvement d'ouverture sans limite qui conduit finalement à la domination de l'expression, voire la tyrannie d'une minorité, quelle qu'elle soit. Non à l'instauration d'une pseudo-égalité. En réalité, si l'on veut maintenir l'existence et le rôle des points de vue contradictoires dans une société ouverte, encore faut-il que ceux-ci soient identifiés, reconnus et nécessairement hiérarchisés. *C'est l'altérité qui permet la communication, pas la similitude.* Et ce malgré ce que chacun d'entre nous rêve... On retrouve ainsi la question *théorique* de la communication, jusque dans les rapports entre science, technique et société. On suppose que la communication serait plus « authentique » dans une logique du même et on réalise, là comme ailleurs, l'impérieuse nécessité de maintenir visible et compréhensible la logique de l'altérité.

La condition normative du fonctionnement d'une société est donc la nécessité de respecter la visibilité du conflit des légitimités, c'est-à-dire la distinction radicale à maintenir entre *les trois logiques du rapport au monde que sont l'information, l'action et la connaissance*. Trois rapports à maintenir clairement distincts et visibles, pour éviter la confusion des rôles et des légitimités. L'intérêt du conflit des légitimités est d'empêcher l'aplatissement entre ces trois logiques au nom de la socialisation. Aplatissement facilité par la médiatisation qui a souvent tendance à simplifier. En un mot, il faut réintroduire du relief. Le défi de la communication normative ? Éviter cette mise à plat et rendre visible ce conflit des légitimités, condition substantielle du fonctionnement de la société démocratique.

Deux dérives menacent ce conflit des légitimités si nécessaire au maintien du rôle des communautés scientifiques. La première est l'effet pervers du règne de la *bibliométrie* (et plus généralement les agences de notation), qui n'est qu'une logique quantitative de l'évaluation de la recherche et des chercheurs. Puisque tout est transparent dans un univers scientifique néanmoins terriblement concurrentiel, l'idée d'évaluer avec des degrés quantitatifs permet d'être plus démocratique. En réalité, cela pousse les chercheurs à multiplier les publications, en vue d'augmenter sans cesse le nombre de travaux ; travaux lus par personne, sauf quelques spécialistes concurrents, et qui s'empilent dans ces milliers de bibliothèques virtuelles, soi-disant démocratiques parce qu'accessibles par les réseaux, mais qui laissent entières les questions essentielles de construction de sens, des filiations d'écoles, de la hiérarchie des connaissances et des hypothèses. Bref, chacun croule sous le quantitatif. Le règne de la bibliométrie et de la cartographie s'avère être un moyen de renforcer les conformismes et les rapports de pouvoir, au lieu de les amoindrir. *Toute pensée originale est toujours minoritaire.* Comment la reconnaître dans un univers quantitatif nécessairement conformiste ? Pourquoi les agences de notation qui opèrent sur le même mode quantitatif dans la mondialisation des banques internationales et des pays sont-elles enfin remises en cause et pourquoi ne pas poser la même question pour l'évaluation des sciences, d'autant que nombre de scientifiques sont depuis toujours opposés à cette quantification que l'on retrouve aussi dans le discutable classement de Shanghai ? Les critères pris en compte sont souvent simplistes, en tout cas hermétiques à cette diversité du monde de la connaissance qui vient. La seconde dérive concerne l'essor exponentiel du recours à *l'expertise*. Tout devient transparent et égalitaire, obligeant à recourir à un nombre sans cesse plus grand d'experts pour arbitrer, départager les controverses scientifiques ou les rapports de force. Mais sont-ils vraiment neutres et indépendants ces experts ? Nombreux sont ceux qui sont inévitablement parties prenantes dans les conflits et la logique d'Internet, sinon, ils ne pourraient pas comprendre les enjeux. Sans être évalués eux-mêmes et en ne se posant pas assez la question de leur indépendance, au nom de quoi auraient-ils toujours raison ? Pourquoi sont-ils chargés d'arbitrer des conflits et des controverses, sans procédures contradictoires ? Leur nombre croît à la proportion des situations inévitables de blocage, mais rien ne dit que leur arbitrage restera longtemps incontesté. L'expertise sans contrôle et sans critique est le phénomène exactement inverse de la logique scientifique, qui est la possibilité de pouvoir discuter contradictoirement de tout...

La « démocratisation » de la production des connaissances, leur diffusion et leur réception n'est pas synonyme de la fin des différences entre information, opinion, connaissance et action. C'est le contraire. Ces différences sont à maintenir. Tirer sur le fil de nouvelles relations entre sciences, techniques et société, c'est réfléchir à la nouvelle cohabitation à installer entre ces trois logiques. Assurer plus d'interaction ne signifie pas supprimer les différences et les hiérarchies. Et surtout, cela laisse entier l'autre défi : l'expansion des industries de la connaissance qui « fait passer » toute la production du savoir sous la logique économique. Les industries de la connaissance sont présentées comme un progrès car elles veulent toucher tous les publics, au nom la plupart du temps non pas d'un altruisme universel, mais de l'extension des marchés, où elles souhaitaient faire rentrer toutes les sciences.

Autrement dit, les altérités existent et doivent être maintenues entre les figures du scientifique, du courtisan, de l'expert, du militant, du conseiller, etc. C'est indépendant du fait que les scientifiques doivent apprendre à communiquer, c'est-à-dire expliquer leur logique *et* être capables de discuter des points de vue différents des leurs. Hier, il suffisait de transmettre, parfois de partager. Aujourd'hui, il faut de plus apprendre à négocier. Sans pour autant passer trop de temps dans l'espace public au risque de se pipoliser. *Le monde académique doit apprendre à faire des allers-retours entre son travail et la société, et simultanément, être capables d'affronter l'hétérogénéité des argumentations de l'espace public.*

Cet élargissement du rôle des scientifiques dans l'espace public oblige à deux réformes. D'une part, déspécialiser les savoirs et interroger la figure de l'expert. D'autre part, réfléchir au rapport avec la société entre les deux extrêmes que constituent la tour d'ivoire et l'égalitarisme citoyen. C'est pourquoi développer l'interdisciplinarité au sein du monde académique est indispensable pour relever ces deux défis, celui de la spécialisation et, à l'inverse, celui de la dilution. Construire et assurer l'interdisciplinarité, c'est demeurer dans une logique de connaissance tout en admettant la nécessité de nouvelles formes d'interactions. Cette interdisciplinarité établit des ponts entre des univers mentaux et culturels différents, développe des interfaces et valorise cette logique de l'intermédiaire qui n'est pas « à la mode » aujourd'hui, où domine le mythe du tout *on line*. Cette revalorisation de l'intermédiaire se révélera, au contraire, indispensable, quand on sortira de l'idéologie actuelle du « direct ». Revaloriser ce poids des intermédiaires, c'est aussi rendre plus visible le conflit des légitimités qui est indispensable au fonctionnement de l'espace public des sociétés ouvertes. Mettre au centre du fonctionnement de l'espace public le poids de la logique des intermédiaires et le nécessaire conflit des légitimités rencontre la logique de la communication que je défends, celle qui insiste sur le poids de l'altérité et de la nécessité d'une négociation entre points de vue contradictoires.

*Cinq enjeux* caractérisent donc ces nouveaux rapports entre science, connaissance et communication : maintenir l'autonomie de la recherche fondamentale ; réaffirmer le statut des communautés intermédiaires scientifiques ; débattre de l'expertise ; revaloriser le statut de l'information scientifique et technique ; repenser les rapports sciences, techniques et société.

*BIBLIOGRAPHIE SÉLECTIVE*


- Aron, R., *Les Désillusions du progrès*, Paris, Calmann-Lévy, 1969.
- Atlan, H., *La science est-elle inhumaine ? Essai sur la libre nécessité*, Paris, Bayard, 2002.
- Beck, U., *La Société du risque. Sur la voie d'une autre modernité*, Paris, Aubier, 2001 (1986).
- Besnier, J.-M., *Demain, les posthumains. Le futur a-t-il encore besoin de nous ?*, Paris, Hachette, coll. « Haute Tension », 2009.
- *Cahiers STS (Sciences, Techniques, Société)*, n° 1-12, Paris, CNRS Éditions, 1984-1986.
- Canguilhem, G., *Idéologie et rationalité dans l'histoire des sciences de la vie*, Paris, Vrin, 2000 (1977).
- Debray, R., *Transmettre*, Paris, Odile Jacob, 1997.
- Descola, P., *Par-delà nature et culture*, Paris, Gallimard, coll. « Bibliothèque des sciences humaines », 2005.
- Dupuy, J.-P., *Pour un catastrophisme éclairé. Quand l'impossible est certain*, Paris, Seuil, 2004.
- Eisenstein, E., *La Révolution de l'imprimé à l'aube de l'Europe moderne*, Paris, La Découverte, 1991.
- Eliade, M., *Forgerons et alchimistes*, Paris, Flammarion, coll. « Champs », 1977 (1956).
- Ellul, J., *La Technique ou l'Enjeu du siècle*, Paris, Economica, 1980.
- Farchy, J., Froissart, P., Méadel, C. (dir.), *Sciences.com, libre accès et science ouverte*, *Hermès*, n° 57, Paris, CNRS Éditions, 2010.
- Feyerabend, P., *Contre la méthode. Esquisse d'une théorie anarchiste de la connaissance*, Paris, Seuil, 1979 (1975).
- Friedmann, G., *La Puissance et la Sagesse*, Paris, Gallimard, 1970.
- Habermas, J., *La Technique et la Science comme « idéologie »*, Paris, Gallimard, coll. « Tel », 1973.
- Gilles, B. (dir.), *Histoire des techniques*, Paris, Gallimard, 1978.

– KAHN, A., *Le Secret de la salamandre. La médecine en quête d'immortalité*, Paris, NIL, 2005.
– LADRIÈRE, J., *Les Enjeux de la nationalité. Le défi de la science et de la technique aux cultures*, Paris, Aubier/Unesco, 1977.
– LEROI-GOURHAN, A., *Milieu et techniques*, Paris, Albin Michel, 1945.
– LECOURT, D. (dir.), *Dictionnaire d'histoire et de philosophie des sciences*, Paris, PUF, 1999.
– PAQUOT, T., *Petit Manifeste pour une écologie existentielle*, Paris, Bourin Éditeur, coll. « Essai », 2007.
– PERRIAULT, J., et VAGUER, C. (dir.), *La Norme numérique. Savoir en ligne et Internet*, Paris, CNRS Éditions, 2011.
– SIMONDON, G., *Du mode d'existence des objets techniques*, Paris, Aubier, 1958.
– VINCENT, J.-D., *Voyage extraordinaire au centre du cerveau*, Paris, Odile Jacob, 2007.

CHAPITRE 10

# Connaissance et communication[1]

## Itinéraire d'un indiscipliné : des politiques scientifiques, du programme Sciences, Techniques et Société (1980) à l'Institut des sciences de la communication du CNRS (2007)

### *Parcours institutionnel*

Depuis mon entrée au CNRS en 1979, j'ai toujours exercé des responsabilités de politique scientifique, parallèlement à mes recherches personnelles dont les textes réunis dans ce volume constituent un florilège. Cela en initiant et dirigeant simultanément des Programmes visant à multiplier les recherches sur l'information et la communication, dans une perspective interdisciplinaire.

LE PROGRAMME SCIENCE, TECHNOLOGIE, SOCIÉTÉ (1980-1985)

Il s'agissait du premier et du seul programme interdisciplinaire du CNRS entre les départements Sciences pour l'ingénieur, Sciences du vivant et Sciences de l'homme et de la société. L'objectif était d'analyser les changements liés aux interactions croissantes entre la société, les sciences et les techniques. Il consistait surtout à saisir le double mouvement qu'il y a entre science, technique et société, c'est-à-dire à analyser les influences *réciproques* existantes entre l'activité scientifique et technique *et* le fonctionnement de la société.
Ceci en privilégiant trois causes. Une première, essentiellement économique, liée à l'évaluation des coûts de la recherche scientifique et technologique. Une autre, politique, marquée par la volonté d'améliorer les processus démocratiques de décisions concernant les choix à caractère scientifique et technique. Enfin, une origine davantage liée à une logique de connaissance et à la volonté de mieux connaître le rôle exact de la science et de la technique dans nos sociétés. L'objectif était aussi de mieux comprendre la spécificité du contexte français par rapport à la Grande-Bretagne et aux États-Unis.
Le programme finança quatre-vingt-cinq projets de recherche entre 1980 et 1985, qui permirent notamment de renouveler les problématiques des sociologues, des ingénieurs, des économistes, dans une perspective comparative. Les projets les plus nombreux portaient sur les thèmes de « discours scientifique/discours social », « légitimité

1. **Ouvrages de D. W. en regard** : *Penser la communication*, Paris, Flammarion, 1997 ; *Informer n'est pas communiquer*, Paris, CNRS Éditions, 2009 ; *Hermès*, n° 38, *Les Sciences de l'information et de la communication*, 2004 ; *Hermès*, n° 48, *Racines oubliées des sciences de la communication*, 2007 ; *Hermès*, n° 58, *Les Langues de bois*, 2010.

scientifique et marginalité » et « les controverses scientifiques ». Sur le plan intellectuel, le programme a donné une légitimité à des travaux menés hors des filières et des disciplines traditionnelles, et a favorisé un *décloisonnement*. Sur le plan du contenu, l'intérêt majeur semble avoir été l'incitation à penser en termes de mise en rapport là où dominaient le plus souvent les approches monodisciplinaires.

#### LE PROGRAMME COMMUNICATION (1985-2000)

À la suite du programme STS, et en collaboration avec les mêmes départements scientifiques du CNRS, j'ai créé le programme Communication. Les travaux portaient sur les mutations de l'information et de la communication en neurosciences, sciences cognitives, sciences de l'homme et de la société. Deux cent cinquante projets furent financés. Avec quinze années d'activité, c'est aussi le plus long programme que le CNRS ait soutenu dans ce domaine. À partir de 1993, les neurosciences et les sciences cognitives firent l'objet de projets spécifiques. Une bonne partie des équipes existantes aujourd'hui, dans ce domaine interdisciplinaire, a commencé à travailler grâce à ce programme. Avec quelques années de décalage, *la création de l'Institut des sciences de la communication (ISCC)* en 2007 a repris cet objectif de créer une communauté de recherche interdisciplinaire, en lien avec l'université, dans tous les domaines de la communication.

#### LE LABORATOIRE COMMUNICATION ET POLITIQUE (1988-2000)

J'ai créé et dirigé ce laboratoire pendant douze ans, il fut une véritable pépinière pour les jeunes chercheurs et les universitaires. Pendant des années, le séminaire hebdomadaire permit de créer un milieu, pionnier pour les recherches sur la communication au CNRS. Il y eut sous une pression quelques recrutements CNRS, mais beaucoup trop insuffisants en nombre. On pâtissait nettement à l'époque du caractère neuf et interdisciplinaire de ce champ de recherche. Le laboratoire rassembla jusqu'à cinquante chercheurs et les travaux que l'on retrouve aussi dans *Hermès* furent pionniers dans les domaines de l'espace public, la communication politique, l'opinion publique, les médias, la communication interculturelle, les sciences et les médias, la réception, les nouvelles technologies. Le laboratoire a été incontestablement novateur pour affirmer l'importance théorique de ces concepts.

#### L'ISCC, LES SCIENCES DE LA COMMUNICATION ET LE CARRÉ DES CONNAISSANCES (DEPUIS 2007)

La création de l'ISCC correspond à un changement d'ambition dans la politique scientifique, en rapport sans doute, aussi avec la place croissante de la communication dans nos sociétés et le besoin de l'interdisciplinarité. L'ISCC est le premier et le seul institut du CNRS transversal aux dix autres.

#### LES OBJECTIFS DE L'ISCC : LE « CARRÉ DES CONNAISSANCES » ET LA STRUCTURATION D'UN DOMAINE DE RECHERCHE INTERDISCIPLINAIRE

Mettre en place une politique scientifique interdisciplinaire passe donc par un nécessaire état des lieux. C'est pour accélérer cette politique scientifique spécifique qu'a été créé le premier institut interdisciplinaire du CNRS. Une sorte de *think tank*, transversal aux dix autres. Il a été doté d'une politique de recrutement interdisciplinaire, de crédits de recherche, de conventions avec des laboratoires universitaires et d'autres institutions scientifiques, ainsi que d'une politique de conventions internationales. *Dans les Instituts et les laboratoires universitaires*, les chercheurs qui, de fait, travaillent

sur des problématiques de l'information et de la communication constituent une communauté actuelle de *cinq cents à mille chercheurs*.
Pour développer son projet scientifique, l'ISCC s'est doté d'un modèle théorique, une sorte de « moteur de recherche ». Celui-ci constitue la grille à partir de laquelle sont interrogés les différents domaines de recherche portant sur la communication. Ce modèle s'appelle le *carré des connaissances*, dont les quatre angles sont :
- l'épistémologie comparée et l'interdisciplinarité ;
- l'expertise et les controverses ;
- les industries et l'ingénierie des connaissances ;
- les rapports entre sciences, techniques et société.

Ce carré est traversé par les questions relatives aux thèmes « cultures, sociétés et mondialisation », qui relient les quatre domaines entre eux. Le *carré des connaissances* permet d'ordonner et de développer des recherches dans les *cinq grands domaines* suivant des sciences de la communication :
- Langage et communication : neurosciences et sciences cognitives, langage et représentations ; arts, cultures ; débats, controverses ; dialogue homme/machine, industries de la connaissance, etc.
- Communication politique, espace public et société : médias, opinion publique, sondages et politique ; valeurs, et nouvelles technologies ; individus, communautés et lien social ; systèmes d'information, etc.
- Mondialisation et diversité culturelle : mondialisation des industries culturelles et de la connaissance ; entre « village global » et tour de Babel ; réseaux et dialogue des cultures ; outre-mers, francophonie, etc.
- Information scientifique et technique : systèmes d'information ; moteurs de recherche, fouille de données ; culture scientifique et technique ; bases et banques de données ; industrie et partage des savoirs ; enjeux de l'interdisciplinarité, etc.
- Sciences, techniques et société : concepts et théories de l'information et de la communication ; épistémologie comparée ; expertises, risques et normes ; controverses ; évaluation de la recherche ; statut, rôle et responsabilité des communautés scientifiques ; conflits de légitimité des rationalités, etc.

Au CNRS, vingt-cinq sections sur quarante liées à toutes les disciplines scientifiques sont en prise avec une problématique théorique, scientifique, sociale et culturelle de l'information et de la communication. À l'université, trente-sept sections du conseil national des universités (CNU) sont concernées par l'ISCC.
Tous les instituts du CNRS sont intéressés par ce nouveau champ de connaissance. Les instituts de chimie (INC) ; de physique nucléaire et physique des particules (IN2P3) ; de physique (INP) ; des sciences informatiques et de leurs interactions (INS2I) ; des sciences mathématiques et de leurs interactions (INSMI) ; écologie et environnement (INEE) et national des sciences de l'univers (INSU). D'une manière générale les grands défis scientifiques et politiques liés à l'énergie, aux ressources naturelles, à la biodiversité, ainsi que les diverses controverses impliquant les sciences et les techniques, mettent toutes en avant l'importance de la problématique de la communication, c'est-à-dire la *cohabitation* de logiques différentes.
L'Institut des sciences biologiques (INSB) est concerné par les problématiques du langage, des sciences cognitives et des modèles de connaissance ; l'Institut des sciences humaines et sociales (INSHS), par l'impact de la révolution de l'information et de la communication au sein des sociétés et au cœur de la mondialisation ; enfin, l'Institut des sciences de l'ingénierie et des systèmes (INSIS) est impliqué par des questions d'interactions homme/machine, ainsi que les interactions entre entreprises, systèmes d'information et société.

DES REVUES ET DES HOMMES : DES CAHIERS STS À LA REVUE HERMÈS

La majeure partie des travaux menés dans le cadre du programme Science, Technique et Société (STS) avait donné lieu à des parutions dans *Les Cahiers STS* qui ont relevé le défi éditorial d'assurer la parution de douze numéros entre avril 1984 et septembre 1986. Le premier, référence incontournable encore aujourd'hui, s'était intitulé *Indisciplines* et explique aussi le titre de cet ouvrage. L'interrogation épistémologique a constitué l'essentiel de la teneur des *Cahiers*, notamment pour réfléchir aux relations entre les objets de connaissance et les disciplines.

Au vu de l'intérêt suscité par *Les Cahiers STS*, la revue *Hermès*, consacrée à la communication comme ses différentes origines et significations, voit le jour en 1988. C'est une revue scientifique, pluraliste, non dogmatique, non conçue comme une école, mais qui devait autant contribuer à dégager les enjeux scientifiques liés à l'explosion de la communication, qu'à structurer la communication comme domaine de connaissance. Sa création s'inscrit au départ dans le foisonnement des idées et des questions relatives à la communication lors des années 1980, à la suite aussi des travaux des pères fondateurs des années 1960, ainsi qu'à celle de la création de la filière universitaire dans le domaine des sciences de l'information et de la communication, à partir des années 1970-1975.

La revue *Hermès* a fêté ses vingt-trois ans en 2011 avec aujourd'hui près de mille cent auteurs impliqués dans soixante numéros parus. Le n° 60 est d'ailleurs consacré à Edgar Morin, comme une sorte de clin d'œil car il fut un des pionniers et une des figures emblématiques de ce nouveau domaine de recherche, la communication, illustrant ce pour quoi il s'est battu toute sa vie, l'interdisciplinarité et l'émergence du concept de *complexité* comme symbole du passage du XX$^{e}$ au XXI$^{e}$ siècle. C'est une réussite, intellectuelle, scientifique, humaine, et la revue francophone la plus renommée sur le plan international pour ce champ de recherche. D'autant que par son approche transversale et conceptuelle, elle contribue à renouveler et structurer théoriquement ce domaine de connaissance en mutation. La force d'*Hermès* est d'être une revue libre où cohabitent plusieurs disciplines et où la présence de chercheurs étrangers permet d'avoir une perspective ouverte et comparative. Les débats y sont vifs, la liberté réelle, le respect et la tolérance certains, autant que l'exigence intellectuelle. *Hermès* permet concrètement de voir pourquoi, et comment *la communication est une des nouvelles frontières de la connaissance du XXI$^{e}$ siècle.*

*Hermès* souhaite aussi renouer avec la première forme de la revue *Communications* qui, à la fin des années 1960, fit tant pour ouvrir les esprits à une première prise de conscience de l'importance du phénomène de communication dans les sociétés contemporaines, sous l'impulsion de ses fondateurs E. Morin, R. Barthes et G. Friedmann. De la revue *Communications* à la revue *Hermès* le projet est le même : contribuer à souligner l'intérêt des enjeux scientifiques et culturels, du « *communication turn* » comme fut finalement admise au début du siècle l'importance du « *linguistic turn* ». De ce point de vue, une *continuité* existe entre les travaux, en France, de R. Barthes, J. Ellul, R. Escarpit, G. Friedmann, A. Moles, E. Morin, G. Simondon, P. Schaeffer, et d'autres, *et* ce que nous souhaitons aussi faire.

Finalement, la survie d'une revue scientifique dans un contexte multimédiatisé devient un défi : l'interactivité triomphante ne doit pas envahir toutes les formes d'expressions, la « lenteur » du texte écrit retrouve l'extraordinaire complexité de la pensée. La place de l'écrit, et du support papier, n'est pas une question secondaire dans l'univers saturé d'informations et de *communication interactive*. Il est le signe que la vie scientifique et culturelle s'inscrit *aussi* dans une tradition, et qu'il y a là dans la production d'une revue, un contrepoint aux systèmes d'informations, et aux bases de données plus

spécialisées. *Hermès* contribue à structurer un champ de connaissances avec cette vision *humaniste* de la communication, qui met au centre le langage, plutôt que les techniques, les idéaux plutôt que les intérêts.
Depuis 2009, la revue est complétée par « Les Essentiels d'Hermès » ; il s'agit d'une collection de livre de poche et de vulgarisation, destinée à offrir à un public plus large la possibilité d'accéder au patrimoine constitué par les recherches dans le domaine de l'information et la communication. Trente ouvrages ont été publiés. Chacun est thématique, et constitué d'articles publiés dans *Hermès*. Le but est de donner envie au lecteur d'en savoir plus et de construire une passerelle entre la recherche et le public. Cela exprime aussi la volonté de rapprocher communication, savoir et connaissance.

## *Le tournant communicationnel*[2]

Les origines des sciences de la communication sont multiples. C'est en fait le comparatisme qui permettrait, au mieux, de percevoir la diversité de leurs origines, et la richesse de ces sciences, les plus récentes, venant au XXe siècle à la suite de la naissance des sciences de l'ingénieur, puis de celles du vivant et de l'environnement.

Les sciences de la communication sont en réalité le symbole du début du XXIe siècle : comment vivre ensemble, ou plutôt cohabiter dans un monde ouvert, fini où l'autre est omniprésent mais différent et néanmoins incontournable ? La question de la communication, c'est-à-dire de la cohabitation avec « l'autre », est bien au cœur des défis nouveaux. Avec ce risque de renversement inouï dans l'histoire : l'information et la communication qui furent depuis trois siècles des valeurs d'émancipation peuvent, au contraire, dans un monde ouvert, devenir un facteur de guerre, faute de pouvoir supporter la présence de l'autre si différent de soi. C'est en cela que, au-delà de la technique et de l'économie, la communication est avant tout une *question politique*.

Malgré la dévalorisation théorique dont elle fut trop longtemps l'objet, la communication est une des grandes questions de ce siècle et du siècle précédent. L'impensé d'un monde que l'on a voulu sans cesse plus ouvert, sans voir qu'il amplifiait la question qui est déjà au cœur de toute l'histoire humaine, à savoir celle de la cohabitation entre des hommes et des cultures différentes. Comment vivre, de manière pacifique, avec ce voisin qui ne me ressemble pas, de plus en plus mon égal, que je ne peux plus éliminer, et avec lequel il faut cohabiter ? Comment revaloriser l'identité, condition indispensable de la communication, sans favoriser pour autant tous les irrédentismes identitaires ?

2. *Hermès*, n° 48, *Racines oubliées des sciences de la communication*, 2007.

## LA COMMUNICATION, D'HIER À AUJOURD'HUI

Comme dans toute l'histoire des sciences, tout a commencé par de l'interdisciplinarité, c'est-à-dire fondamentalement de l'« indiscipline ». Seuls des esprits originaux, en marge ou rebelles, s'occupaient de questions comme l'information et la communication qui n'intéressaient personne et ne semblaient guère porteuses d'avenir. En outre, qu'il s'agisse de littérature, théâtre, cinéma, enseignement, psychologie sociale, médias, militants, éducateurs, journalistes... les origines professionnelles et intellectuelles de ces précurseurs étaient elles-mêmes tellement hétérogènes que ceux qui s'en occupaient, n'avaient pas toujours le même langage pour échanger entre eux. Certains étaient ingénieurs, d'autres fonctionnaires, journalistes, universitaires, militaires, militants. C'est donc l'« incommunication » des pères fondateurs, liée à l'hétérogénéité des sources et des origines de cette question, qui explique, en partie, la faible légitimité qui entoure l'émergence de la problématique. C'est bien visible dans le n° 48 de la revue *Hermès, Racines oubliées des sciences de la communication*, paru en 2007.

Cependant, on retrouve toujours quelques points communs chez ces fondateurs. D'abord des esprits critiques et indépendants qui souhaitent changer la société et les hommes. Un grand intérêt pour les techniques, sans pour autant tomber dans l'idéologie technique qui dominera à partir des années 1980. Une volonté de lier progrès technique et projet social. Des militants et des politiques. Avec en filigrane une réflexion plutôt favorable sur l'émergence de la société de masse dans les années 1960. Un hommage spécifique devra un jour être rendu à Georges Friedmann, philosophe et sociologue français, qui après avoir créé la sociologie industrielle dans les années 1946-1960 avec Alain Touraine, Michel Crozier et tant d'autres, crée également le Centre de recherche sur la communication de masse en 1960, avec Edgar Morin, Roland Barthes et Olivier Burgelin. Ce sont eux qui introduisent au CNRS, la recherche sur les médias de masse, avec cette volonté de faire le lien entre ce qui était perçu comme une double chance d'émancipation : la société et la communication de masse.

Contraste réel avec l'émergence des nouvelles technologies dans les années 1980-1990 qui se fera, au contraire, contre le thème de la société de masse, condamnée pour son égalitarisme, au profit de tout ce qui sera individuel. Et qui verra dans Internet le symbole de l'« intelligence » d'un individu libre, contre « le troupeau passif et manipulé du grand public de la télévision ». Dans les années 1960, le souhait d'utiliser les techniques pour un projet politique social ou culturel était évident. La culture est d'ailleurs omniprésente chez ses jeunes fondateurs. Peu d'entre eux craignent pour la perte de la culture d'élite – contrairement aux années 1990 pendant lesquelles cette crainte sera exagérée. Quelle que soit leur discipline d'origine, ils se posent la question de savoir « comment aider à faire émerger une culture de masse de qualité ». D'ailleurs à l'époque, on parle souvent de « communication sociale », voire de « communication populaire », ce qui atteste la volonté de lier la communication à un projet de société. Et ceci quelles que soient les opinions politiques de droite ou de gauche de ces auteurs. La société d'alors n'a pas encore été gagnée par l'individualisme d'aujourd'hui, et les inégalités culturelles sont combattues au nom de la société de masse, qui depuis la fin de la guerre était considérée comme un progrès. En tout cas une chance à saisir. On voit comment le contexte a changé… Rares sont ceux aujourd'hui qui pensent d'abord par rapport à une responsabilité sociétale et collective. Les lourdeurs de la société de masse, les possibilités de l'individualisme, le progrès technique et l'enrichissement partiel, ont « démonétisé » la question d'un projet pour la société de masse qui était animée de valeurs égalitaires et d'émancipation dans les années 1960.

Et aujourd'hui ? C'est presque le contraire. La technique domine avec ses réalisations inouïes, la vitesse des changements, les coûts en diminution, un usage de plus en plus vaste et plus populaire. La banalisation et la marchandisation réussie semblent être la réponse à toutes les questions politiques d'hier. C'est d'ailleurs le lien *technique/économie* qui domine. Le progrès va tellement vite, et les marchés sont tellement au rendez-vous, que l'adaptation des usages aux techniques devient synonyme de projet politique ! Pourquoi se poser des questions si les individus s'enthousiasment librement pour toutes les techniques de communication et leurs interconnexions ? Le marché apparaît comme le substitut de la politique, ou plutôt comme « aboutissement » de la question politique. Et comme tous les milieux sociaux, les classes d'âges se convertissent progressivement aux NTIC, tout semble aller dans le bon sens. D'où la prédominance de l'idéologie technique et l'absence de projet politique en dehors d'une petite frange d'auteurs critiques.

Si les budgets de communication sont les budgets les plus en expansion chez les ménages depuis vingt ans, n'est-ce pas la preuve de l'adéquation entre technique, économie et société ? L'adaptation comme seul projet politique. Quant à la culture, c'est là encore celle des usages qui domine. La culture des nouvelles technologies de l'information et de la communication a tout envahi, devenant le symbole de la modernité et de l'ouverture. Très peu de culture critique, d'autant qu'il y a toujours le souvenir que, parmi les premiers fondateurs d'Internet, il y avait beaucoup de *libertaires* qui souhaitaient, par les réseaux, subvertir le marché capitaliste et la démocratie formelle. Il s'est d'ailleurs passé avec Internet la même chose que pour la radio et la télévision, dont on supposait qu'elles allaient changer la société. Flotte encore autour des systèmes d'information un parfum de subversion, de critique et d'émancipation qui semble dévaluer encore plus les médias de masse et valoriser les services interactifs individualisés. Par le sacre de la demande et de l'individu, n'y a-t-il pas la preuve d'une émancipation par les TIC ? Et la manière dont les altermondialistes se sont saisis de ces techniques depuis une dizaine d'années, confirme l'illusion d'une adéquation entre nouvelles techniques et émancipation.

Rarement, dans l'histoire des techniques, aura-t-on assisté à une telle égalité entre usage, technique, économie, politique, projet et critique. Rarement des techniques auront été autant investies positivement, avec aussi peu d'esprit critique. La preuve ? Toute critique est considérée comme de la « technophobie ». Et comme beaucoup d'individus, notamment jeunes, éprouvent une légitime fierté à pouvoir s'en servir pour s'émanciper et exprimer leurs opinions dans les blogs et forums, on en arrive à un quasi-consensus. Des plus sceptiques à l'égard de la société de consommation, aux vendeurs les plus acharnés, chacun voit dans l'emprise croissante des techniques de communication et du multibranchement une des manifestations les plus visibles de l'émancipation de l'homme.

Un exemple ? La quasi-absence de critiques contre l'idéologie sécuritaire qui envahit progressivement nos sociétés et qui trouve dans les systèmes d'information toutes les traçabilités nécessaires à la surveillance des individus. Et même si cela menace une bonne partie des libertés politiques, privées ou publiques, qui ne sont pourtant que le résultat, fragile, de tant de luttes politiques.

Dans aucun autre domaine d'activité la technique n'a été investie d'une telle capacité à « aider » l'homme et la société. Bien sûr les contradictions sont devant nous, mais pour le moment, c'est l'euphorie. Pourquoi pas ? Avec le sentiment que là au moins il y a un « progrès ». C'est évidemment la redécouverte de l'incommunication qui progressivement obligera à un retour critique.

Un symbole de l'euphorie ? Le mot « communication » a presque disparu. On ne parle que d'information et de « systèmes d'information ». Nous sommes fascinés par la capacité à produire et distribuer un nombre sans cesse croissant d'informations, avec autant d'interactions que beaucoup, de bonne foi, sont persuadés que la communication est au bout des tuyaux et des systèmes.

Hier information et communication étaient synonymes. Aujourd'hui avec le progrès technique, l'élévation du niveau de vie et d'éducation, l'information semble l'emporter sur la communication. Pourtant entre les deux, émerge le *récepteur* de plus en plus critique et dont on a sous-estimé depuis un demi-siècle, la complexité. En réalité, cette complexité de la communication évacuée au fur et à mesure des prouesses techniques ressurgit par le biais de la résistance trop oubliée de ce récepteur. Entre la révolution de l'information et la résurgence de la complexité de la communication surgit donc la figure inattendue du récepteur. Le retour de l'homme, là où la technique devait en faire un utilisateur.

## QUATRE TOURNANTS THÉORIQUES EN UN DEMI-SIÈCLE

Depuis les années 1960, l'histoire de la communication a été marquée par une emprise croissante de la technique, de l'économie et de la problématique des usages. Au point que les questions des années 1950-1960 – les techniques, au service de quel projet politique, social ou culturel – sont devenues progressivement des questions réduites à celle de *l'adaptation*. Non pas comment adapter les techniques à un projet, mais quel projet social, culturel, élaborer *à partir* de ces techniques.

La modernisation devient ainsi le seul horizon théorique. Au point que, depuis une génération, il est nettement conseillé de ne pas mettre en cause le bien-fondé de ces techniques, surtout depuis qu'elles sont individualisées. Celui qui interroge, ou critique, doit se justifier de n'être ni conservateur ni technophobe, sans réellement convaincre d'ailleurs. L'usage est devenu le projet. L'adaptabilité la valeur. D'ailleurs en France, depuis plus de vingt ans, le discours dominant est : « Comment rattraper le retard ? » L'histoire technique, liée hier à une problématique du service public, est devenue celle d'un horizon commercial, avec la sempiternelle critique du peuple français toujours « frileux » à l'égard des NTIC. Le Français est supposé être « incapable » de s'adapter à l'ordinateur et à Internet, même si le succès du Minitel montrait le contraire, et même si les chiffres d'équipement et d'usage sont aujourd'hui tout à fait conformes à ce qu'il se passe ailleurs. Par contre ce qui manque cruellement, c'est la réponse à cette question : Tout cela pour quel projet de société ? L'augmentation rapide du nombre d'usagers semble la seule réponse possible.

C'est dans la découverte ultérieure qu'il ne suffit pas qu'il y ait beaucoup d'informations pour créer davantage de communication que la prise de conscience de la complexité théorique de la communication apparaîtra lentement. Pour le moment, la prise de conscience de ce fait incontournable ne se fait pas au bout des réseaux et des systèmes, il n'y a pas d'autres systèmes, mais des hommes, des sociétés et des cultures. Admettre que la gestion de l'altérité est le défi de la communication n'est pas encore accepté. On pense que la performance des techniques et la multiplication des interactions permettent enfin une « bonne communication ». C'est l'omniprésence des outils qui empêche de voir le défi de demain : communiquer ce n'est pas rester dans le registre du même. *C'est affronter l'autre.*

### *Le tournant linguistique (1960-1970)*

Lié au structuralisme, ce tournant est essentiel pour les sciences sociales, mais aussi bien au-delà. Le structuralisme a révolutionné le rapport entre le sujet et le monde, redessinant autrement, après l'existentialisme, la question des libertés de l'homme. Ici la linguistique, la sémiologie et la psychanalyse ont joué un rôle essentiel, même si quelques années plus tard le raidissement des positions intellectuelles et théoriques appauvrira finalement ce qui avait été au départ une révolution de l'homme.

### *La révolution des techniques (1970-1980)*

Les techniques, surtout avec le surgissement de l'ordinateur, constituent le symbole de la modernité. Le sentiment qu'une autre époque s'ouvre, où en s'affranchissant du temps et de l'enjeu, l'homme va pouvoir façonner une autre modernité, dont les techniques de communication sont un peu le symbole. À la redéfinition des rapports hommes/femmes, l'« ébranlement » des valeurs sociales et culturelles traditionnelles, s'ajoutent les promesses des ordinateurs couplés aux téléphones qui doivent permettre l'émergence de rapports humains plus simples et plus directs. Technique et modernité vont de pair.

### *La révolution de l'information (1980-2000)*

C'est le règne des réseaux. Internet comme symbole du village global. Le systémisme après le structuralisme. Le lien entre la liberté et le système.

La problématique critique, venue des États-Unis où Internet est perçu comme la condition d'une révolution cognitive autant que sociale et politique, finit de séduire. Une utopie qui rappelle furieusement les débuts de la radio et de la télévision, avec cette fois-ci non la foule, le peuple, la masse, la société, comme héros, mais l'individu libre.

Du technicisme au systémisme et à l'idéologie technique, le chemin n'est pas long. Les progrès techniques sont si rapides, les services si attractifs et de plus en plus bon marché que chacun semble se convertir à la société de l'information et de ses « autoroutes ». Dites-moi le nombre d'ordinateurs existant par pays, et je vous dirai le niveau du développement de ces derniers. La fin de l'affrontement Est-Ouest accentue ce sentiment de vivre l'émergence d'un monde ouvert où tout est possible.

*Le « tournant communicationnel » (2000-...)*

Malheureusement, il ne suffit pas d'informer pour communiquer. Au bout des réseaux et des systèmes d'information se révèle la complexité des hommes et des cultures. La découverte de l'incommunication à grande échelle, avec ses malentendus et ses échecs surprend, là où il ne devait y avoir que fluidité et circulation. C'est le surgissement de la complexité du récepteur. Et le retour de la problématique de l'altérité, mais dans une perspective différente de celle évoquée par le structuralisme. Finalement l'autre et l'incommunication obligent à sortir d'une politique finalement technique, pour retrouver l'épaisseur des dimensions culturelles et politiques. C'est le début de la critique des théories de la société de l'information (*cf.* sommets de Genève et de Tunis) et le passage de l'information, réduite à la performance technique, à la complexité de la communication humaine et sociale. De la vitesse de l'information à la lenteur de la communication. Ce n'est plus la modernité technique qui invalide un schéma humaniste dépassé, c'est la complexité même de la manière dont les hommes et les sociétés utilisent les systèmes techniques, qui oblige à réintroduire une perspective humaniste et politique.

*Deux mots* symbolisent cette mutation de la problématique des années 1960 aux années 2010. Hier c'est celui de « *village global* » (1970). Le rêve qu'un grand nombre de radios, de télévisions, puis d'ordinateurs, accessibles à un nombre de plus en plus grand d'individus permettraient l'ouverture du monde, une meilleure compréhension des hommes entre eux, et finalement plus de justice, de paix et d'égalité. Aujourd'hui, c'est l'expression « *diversité culturelle* », symbolisée par l'entrée en application, le 19 mars 2007, de la Convention pour le respect de la diversité culturelle signée à l'Unesco par cent quarante-six États en octobre 2005 qui est un peu le symbole. Le problème n'est plus le village global technique, mais la nécessité d'organiser la diversité culturelle comme condition de la paix. Considérable changement. On est passé de la performance des systèmes d'information à la complexité de la communication, avec le défi de la cohabitation pacifique à organiser entre les peuples et les cultures, au sein d'un monde fini où tout le monde voit tout.

## LES ENJEUX SCIENTIFIQUES DU « TOURNANT COMMUNICATIONNEL »

Ces enjeux sont considérables, et nous n'en avons pas suffisamment conscience tant notre modèle culturel et scientifique identifie information et communication, valorise encore le premier au détriment de la seconde, et réduit la problématique de la communication à celle de la transmission et de l'interaction.

En réalité cet enjeu scientifique est tombé dans « le trou creusé » en un demi-siècle par une baisse de réflexion théorique sur l'homme, accompagnée d'une parcellisation des savoirs et d'un progrès technique si considérable qu'il a créé l'illusion d'un continuum entre communication humaine et communication technique. Et comme la performance technique est quasiment parallèle au mouvement d'émancipation individuel, on a progressivement identifié les deux.

### *Les cinq caractéristiques du « tournant communicationnel »*

*L'homme est définitivement plus compliqué que la technique.* Il n'y a ni rapport direct ni continuité entre les performances des techniques et la communication humaine. Même si les techniques amplifient et améliorent les fonctions humaines de la communication. On rêve de continuité. On découvre la *discontinuité* entre l'homme et les outils qu'il a inventés pour communiquer avec autrui.

*La problématique de la communication est plus complexe que celle de l'information.* L'information c'est le message, la communication, la relation, donc la prise en compte du point de vue de l'autre. Une information se transmet, une communication se construit et se négocie.

Entre les deux surgit le *récepteur* qui n'est jamais « en ligne » avec l'émetteur, le message et la technique. La perception du message par le récepteur ne correspond pratiquement jamais à la réalité du message.

L'autonomie croissante du récepteur, rappelle que le plus difficile dans la communication n'est ni le message, ni la technique, *mais l'autre*. L'enjeu de la communication reste l'appréhension, *et* la gestion de l'altérité.

Cette omniprésence de l'altérité révèle l'importance de *l'incommunication* comme horizon de la communication. Incommunication qui oblige à négocier et admettre que la plupart du temps le *sens* de la communication est moins le *partage* de valeurs ou d'intérêts communs, que le résultat de la *négociation* et la construction d'une cohabitation.

La séquence théorique de tout processus de communication peut se résumer ainsi. On souhaite communiquer pour séduire, partager ou convaincre. On bute sur l'incommunication, le récepteur modifiant le sens de ce qui a été transmis. L'altérité s'engouffre donc dans la communication obligeant à négocier entre points de vue différents. La cohabitation est le résultat de la négociation entre l'émetteur, le message, et le récepteur. On passe ainsi d'une théorie de communication liée à un modèle de *transmission* à un modèle de *cohabitation*. D'un horizon de compréhension et d'adhésion à une réalité d'incommunication et de négociation. Quels que soient l'échelle de la communication, le nombre de partenaires et de techniques.

On passe d'une perspective communicationnelle à une réalité de l'incommunication. Le déplacement théorique est aussi un déplacement de points de vue sur le monde. C'est surtout notre vision des rapports humains et sociaux qui change. Tout devient négociation, dans un processus de relance, d'interprétation, de déplacement qui fait du processus communicationnel, tout sauf quelque chose de simple et de naturel. La communication devient le double ou le symbole des ambivalences de l'homme dans ses rapports avec autrui.

On découvre la place irréductible de l'incommunication, et le décalage croissant, entre la performance des techniques, la vitesse de production et de circulation de l'information *et* la lenteur de la communication humaine et sociale. Tout cela oblige à revisiter les paradigmes communicationnels classiques.

Le tournant communicationnel oblige à tout repenser dans un monde ouvert où les individus sont beaucoup plus libres, critiques, mobiles qu'il y a un siècle, et où l'omniprésence des techniques n'améliore que partiellement l'intercompréhension. La complexité du processus a donc pour conséquence de revaloriser le rôle des techniques qui n'ont jamais été aussi omniprésentes. L'obligation, aussi, de relativiser la place et le rôle des techniques qui pourtant n'ont jamais été aussi nombreuses, omniprésentes et objet de tant de succès.

La communication émancipatrice d'hier peut devenir le cauchemar d'une communication ratée, voire d'une incommunication entre les hommes et les sociétés. Et la performance croissante des outils devenir un accélérateur de cette incommunication qu'elle devait réduire. En déplaçant le point de vue sur le monde, les sciences de la communication déplacent non seulement les frontières des disciplines et des problématiques, mais aussi les modèles épistémologiques historiques. Avec la communication, tout ce qui devait se simplifier se complique.

## D'UN CHAMP DE RECHERCHES INTERDISCIPLINAIRES À LA NAISSANCE DES SCIENCES DE LA COMMUNICATION

L'« émancipation » de la communication par rapport à l'information, et sa légitimation ont donc été un processus lent. S'il y avait eu une catastrophe d'ordre technique, culturel ou social, sans doute y aurait-il eu une demande de connaissances. Mais comme depuis trente ans, la technique domine, impose son rythme et ses miracles, le sentiment général est qu'« il n'y a rien à penser », ou plutôt que « penser, c'est s'adapter ».

Il faut quatre conditions pour expliquer le passage d'un objet de recherche interdisciplinaire comme la communication à l'émergence d'une nouvelle discipline.

D'abord, le fait que les problématiques théoriques sont trop complexes pour être résolues par une simple coopération des disciplines. Il faut aussi trois autres conditions. Bien sûr, une capacité de production de connaissance autonome. Par ailleurs, une transmission de ces connaissances dans le système universitaire. Enfin, une demande de la société.

Les sciences de la communication sont donc à la fois, un objet de recherche interdisciplinaire, une théorie de la connaissance et un ensemble de savoirs nécessaires à une société dominée par les interactions.

La dimension épistémologique des sciences de la communication a pour objet de comparer la manière dont les différentes disciplines ont progressivement introduit des concepts et des théories de l'information et de la communication au sein de leurs domaines. Le travail épistémologique comparatif est également indispensable en sciences de la nature, de la matière, de la vie, et dans les sciences sociales. D'autre part, les sciences de la communication sont liées aux changements de *rapports entre sciences et société*. Dès lors que la connaissance est au cœur du modèle d'accumulation, il en résulte un nouveau rapport entre sciences et société. Toutes les sciences et les connaissances sont prises dans des rapports de force, entre le politique, le scientifique et l'économique. Cela oblige les scientifiques à sortir de leur « neutralité » et à réfléchir aux nouveaux liens qui s'établissent entre les métiers de la connaissance et la société. Deux idéologies réductionnistes menacent ce très récent domaine de connaissance. C'est d'abord le scientisme, toujours séduisant face à un objet complexe. C'est un réductionnisme qui se traduit par un refus de la discontinuité existant entre des logiques de natures différentes. C'est notamment le problème du passage des neurosciences, aux sciences cognitives puis au langage et à la communication. L'autre idéologie est le technicisme. Réduire la complexité de la communication aux performances croissantes des systèmes techniques. Cette seconde idéologie s'inscrit naturellement dans l'idéologie du marché. Si les techniques ont beaucoup de succès c'est qu'elles « correspondent » à des besoins humains. Dans les deux cas, il s'agit d'un réductionnisme.

La vraie difficulté théorique de la communication est d'admettre le principe de la cohabitation de logiques différentes, alors même que l'idée de communication renvoie, au contraire, au fait de relier. En réalité, il faut admettre la discontinuité là où chacun pense la continuité. Nous sommes écartelés entre une aspiration humaine de communication intégrative, et une réalité de la discontinuité. Les communautés scientifiques ont une responsabilité particulière dans cette mutation culturelle à penser. D'abord parce que parler de « société de la connaissance » met les scientifiques, *tous* les scientifiques, en position de valorisation. Et comme il n'y a pas de connaissances, sans information et sans communication, on comprend le lien qui s'établit et qu'il faut endiguer entre sciences, communication et société. Ensuite parce les scientifiques ont aussi pour tâche de comprendre le modèle d'une société où tout circule, sans créer plus d'égalité, de démocratie, ou de tolérance à l'égard de l'autre. Enfin ils doivent entreprendre un travail, et comparatif, pour étendre la place de l'information et de la communication dans l'évolution des disciplines et des théories de la connaissance. Et ceci de manière comparative selon les cultures et les sociétés. On ne pense, ni n'agit la communication de la même manière d'un bout à l'autre des sociétés. Les processus communicationnels sont parmi les plus universels et simultanément parmi les plus différents. Tout ceci oblige les communautés scientifiques à repenser leur rapport à la société. Ni le refuge dans la tour d'ivoire, ni l'immersion complète dans la société, mais l'apprentissage d'un aller-retour pour maintenir l'objectif d'une autonomie des communautés, sans lesquelles il n'y a pas d'autonomie de la connaissance.

Les sciences de la communication, par nature interdisciplinaires, vont *peut-être* permettre à la communication de sortir du couple technique-économie qui depuis trente ans l'enferme. Si dans la communication contemporaine, il y a toujours trois dimensions – technique, économique, culturelle – et même si les deux premières dimensions sont les plus visibles, c'est toujours la troisième qui est la plus structurante.

L'émergence de cette nouvelle discipline est aussi importante que ce qu'il s'est passé précédemment pour les sciences de l'ingénieur, les sciences du vivant et les sciences de l'environnement, depuis cinquante ans. Dans les quatre cas, on remarque une prise en compte de plus en plus grande des paramètres humains et sociétaux, par rapport à ce qui fut longtemps le seul domaine des savoirs et des techniques. La communication est souvent dénigrée et réduite à la « com » tout en cherchant derrière la « com », alors que ces caricatures ne sont jamais que la pointe visible de l'iceberg. Chacun sait bien que, au-delà de la critique de la communication fonctionnelle, c'est souvent la communication normative qui est recherchée. C'est elle qui fait sens dans les relations entre les hommes. Les sciences de la communication sont finalement inséparables de deux phénomènes complémentaires et contradictoires. Il n'y a pas de société ouverte sans augmentation du processus de communication de toute nature, et cependant l'incommunication est souvent l'horizon de ces processus communicationnels généralisés.

Cette incommunication n'invalide pas l'idéal de la communication, au contraire, elle le relance et oblige à en comprendre sa complexité. Tant mieux. Il en est de même pour la démocratie, les travers et les limites de celle-ci n'invalident pas le concept.

---

## *Les dix chantiers de la communication*[3]

Dans le foisonnement des enjeux scientifiques, culturels, sociaux et politiques qui traversent le champ de la communication, dix chantiers permettent de valoriser le rôle des connaissances.

### *Ne jamais rester au niveau des pratiques et des discours mais essayer d'avoir une approche théorique pour hiérarchiser, mettre en perspective et relativiser*

Par exemple, bien distinguer les deux philosophies de la communication : celle qui insiste sur la *technique* et le « progrès » économique ; celle qui est d'abord sensible à une perspective *humaniste* et, en filigrane, aux

3. *Hermès*, n° 38, *Les Sciences de l'information et de la communication*, 2004.

enjeux politiques. Dans un cas, on parle plutôt de progrès, d'adaptation, de révolution technique. De l'autre on réfléchit dans une perspective anthropologique et critique nécessairement dubitative. Les deux démarches sont utiles et complémentaires, à condition de ne pas les hiérarchiser. Il est évident que le progrès technique et les enjeux économiques poussent davantage vers le thème de la « société de l'information », alors qu'une approche plus critique et sociétale est davantage sensible aux inégalités et aux interrogations sur les limites des modèles cognitifs et rationnels liés à l'expansion des réseaux et des théories de la société de l'information.

*Relier les usages aux questions plus théoriques des rapports entre connaissance et représentation, information et opinion, stéréotypes et idéologies*

Les échanges plus nombreux ont-ils un impact sur ces « infrastructures » culturelles et mentales qui structurent en bonne partie notre rapport au monde ? Pourquoi, par exemple, la multiplication des informations qui rend le monde plus visible ne suffit-elle pas à le rendre plus compréhensible, et surtout moins violent ? Hier on pensait que l'absence d'information expliquait en partie la violence du monde. Aujourd'hui on constate que l'abondance d'informations ne change rien. De même, pourquoi les rumeurs augmentent-elles aussi vite que les informations et les connaissances, chargées au contraire de les relativiser ? Pourquoi les stéréotypes et les idéologies sont-ils si imperméables à toute rationalité communicationnelle ?

*Valoriser la problématique du récepteur*

L'augmentation des volumes d'information échangés ne crée pas forcément une meilleure communication, tout simplement, parce que émetteur et récepteur ne sont jamais en ligne. Les récepteurs sont de plus en plus autonomes par rapport aux messages, au fur et à mesure que ceux-ci sont plus nombreux et hétérogènes. Qu'est-ce qui résiste et se déforme dans les processus de communication interpersonnels ou collectifs ? Internet, qui dans un premier temps, par exemple, a été perçu comme un accélérateur de communication se révèle être aussi un fantastique moulin à « *rumeurs* ». L'homme n'était « rationnel » à l'égard de l'information que lorsqu'elle était rare. La complexité des rapports entre information, culture, représentation, idéologie réapparaît dès lors que les informations sont nombreuses.

*L'individualisation et l'interactivité ne facilitent pas l'émergence d'une société personnalisée mais, au contraire, la visibilité des problèmes collectifs*

Plus les relations s'individualisent, plus, paradoxalement, le poids de la société, des valeurs, des idéologies, des intérêts collectifs, du passé... refont surface. À la rationalité souhaitée des relations individuelles s'oppose finalement assez vite le poids de la société avec son épaisseur historique, culturelle et religieuse. On pensait les individus désireux de s'en affranchir, on voit qu'ils ne peuvent y échapper... On croyait aller vers davantage d'individualisation, on retourne vers le collectif, ou plutôt on réalise, qu'au-delà des projets individuels, il est difficile de s'affranchir du poids de la société. Ce sont les contradictions de ce que j'appelle la *société individualiste de masse*. Elles se retrouvent au niveau des États-nations, ainsi dans le cadre de la mondialisation, où chacun veut *à la fois* appartenir à la modernité et à la mondialisation des échanges, *sans abandonner* ses identités culturelles collectives, ses histoires, son patrimoine… Toujours ces deux dimensions contradictoires de notre modèle culturel : la liberté individuelle, le collectif. Elles existent depuis longtemps, ce qui change, c'est qu'elles sont aujourd'hui dans le cadre de la démocratie de masse, toutes les deux valorisées simultanément.

*Réfléchir au statut de l'autre rendu plus visible par la généralisation des échanges*

Non seulement la communication ne rapproche pas forcément des points de vue, mais elle peut même amplifier l'incommunication. Comment gérer l'altérité dans un univers où la communication a toute sa place, mais sur un mode où domine finalement la rationalisation ? Valoriser la problématique de l'autre dans la communication, c'est aussi revenir sur les glissements de sens du mot information. Celui-ci fut d'abord lié à une revendication politique : la liberté d'information comme condition de la démocratie et le complément de la liberté de conscience. Il fut ensuite le symbole de la presse, liée à l'événement. Et il y a maintenant un autre sens à ce mot, lié aux systèmes d'information, plus proche de l'économie et de la gestion du monde complexe : c'est l'information fonctionnelle. Elle n'est *pas* synonyme de l'information politique et de l'information événement. C'est même parfois l'inverse, car elle s'appuie sur une certaine *continuité* et rationalité. Or la problématique de l'autre dans la communication, renvoie beaucoup plus aux deux premiers sens de l'information qu'au troisième et à ce que j'ai appelé l'information normative. Autrement dit les difficultés de la communication, au sens de la place que l'on accorde à l'autre, obligent à réexaminer et à faire cohabiter les deux dimensions contradictoires de l'information et de la communication, le fonctionnel et le normatif.

*Socialiser les questions d'information et de communication*

Non pas simplement pour rappeler l'importance des conditions sociales et culturelles inhérentes à toutes situations de communication mais pour rappeler qu'il n'y a pas de communication sans histoire. Au bout des réseaux existent des hommes, des cultures et des sociétés qui rapidement feront surgir les multiples formes d'altérité. Réguler, ouvrir des débats, évaluer les expérimentations, comparer : tout faire pour sortir de la technique, des usages et de l'économie et permettre à la société, aux imaginaires de se saisir à leur tour de cette « révolution ». C'est en ne perdant jamais de vue le lien fort existant entre information, communication *et* imaginaires, utopies, idéologies et représentations que l'on pourra éviter les risques violents de rejets. Socialiser les questions d'information et de communication, ce n'est pas perdre du temps, c'est en gagner.

*Introduire une perspective historique et comparative*

Valoriser l'histoire pour voir des changements d'échelle et de comportement, ainsi que les discontinuités et ruptures dans les discours tenus soit sur les techniques, soit sur les modèles sociaux et culturels de la communication. Si l'on ne veut pas que le modèle occidental de communication soit rejeté au titre de l'impérialisme occidental, il faut au plus vite *s'ouvrir* aussi aux autres modèles culturels et politiques de communication. Et rappeler pour l'avenir, l'importance de la « cohabitation culturelle ».

*Maintenir la distinction entre les dimensions normatives et fonctionnelles de la communication*

C'est même ce mélange entre fonctionnalités et valeurs qui à la fois plaît à chacun d'entre nous et fait croire à certains qu'il n'y a rien à penser avec la communication puisque « ça marche ». Mais le fait que les marchés se développent et que les individus « en redemandent » ne suffit pas, car la subjectivité et l'imaginaire ne sont jamais éloignés de la rationalité. En gros, ne pas séparer trop nettement les dimensions normatives et fonctionnelles. Les deux cohabitent à condition que l'on sache les distinguer facilement. Le normatif peut être aussi humain que technique, et réciproquement pour la dimension fonctionnelle.

*Aujourd'hui, culture et communication sont inséparables*

Avec le monde ouvert, l'essor des techniques et des industries culturelles mondiales, culture et communication avancent de pair. Elles offrent *à la fois*, l'ouverture au monde, une clé de compréhension de la réalité contemporaine autant que la nécessité de ne pas bouder le passé mais au contraire de le revisiter. Le pire serait de croire que la modernité, dans la communication comme ailleurs, peut se passer de la tradition. Mais il y a un deuxième phénomène. Avec la mondialisation de la communication, les revendications d'identités culturelles collectives seront croissantes. Il y aura donc deux mouvements, celui de l'affirmation des libertés culturelles individuelles, et une réaffirmation des identités culturelles collectives. Dans les deux cas, on retrouve le lien entre culture et communication.

*Le rôle croissant des connaissances, de la recherche et de la formation*

Plus les discours publics, politiques et économiques parlent de la « révolution de la communication », plus il faut introduire la distance critique apportée par la connaissance, l'école et l'université. Distance indispensable pour résister à la tyrannie des techniques. La communication requiert cette altérité, fournie par le monde de la culture et de la connaissance pour résister à l'efficacité croissante des marchés.

L'ironie, le doute, l'humour, la distance sont également les armes nécessaires pour rappeler la complexité et l'ambivalence de toute situation de communication. Après tout, chacun sait bien que l'idéal de la communication est la mise en rapport, l'échange et la compréhension mais qu'au même moment, les individus ou les collectivités font tout pour que cette mise en rapport ne réussisse pas réellement. « Plus ça marche plus on s'esquive. »

---

## *De l'utilité des langues de bois*[4]

*La langue de bois mérite de vraies recherches pour cinq raisons.* Premièrement, plus il y a de démocratie, plus il y a d'échanges et plus il y a d'espace public ouvert, plus il y a d'interactions ; donc, plus il y a de risques de langues de bois. Plus on parle, plus on suppose qu'on nous « en cache » encore plus. Autrement dit, c'est une projection que l'on fait sur l'émetteur. La langue de bois repose d'ailleurs sur l'hypothèse d'un récepteur manipulable, plutôt crédule et qui va croire ce qu'on lui assène. Or, jusqu'à présent, on n'a pratiquement jamais vu de langue de bois gagner dans la durée. Dans les démocraties, le soupçon répandu selon lequel l'« autre » serait manipulé par le mensonge et la langue de bois est un fantasme classique, fréquent, mais qui ne se vérifie pratiquement pas. Ce fantasme de manipulation a pourtant la vie dure. Quant à la langue de bois en régime dictatorial, chacun sait qu'il s'agit uniquement de la langue du pouvoir. Là, il n'y a rien à en attendre, sinon qu'en face elle suscite un mélange de silence et d'humour.

*Deuxièmement*, langue de bois, stéréotypes et représentations forment un véritable triangle aporétique. Et ce triangle me fascine. Pourquoi ? Parce qu'on ne peut pas parler à quelqu'un sans avoir une représentation de lui. Plus on est dans un espace ouvert, plus les représentations d'autrui sont naturellement prégnantes et renforcées par des stéréotypes. Les deux constituent alors la plupart du temps de véritables adversaires de la communication, puisque, par définition, ils déforment le message. En même temps, ils conditionnent la communication puisqu'on ne peut accéder à l'autre que par le truchement de représentations ou de stéréotypes. Ce triangle « représentations, stéréotypes, langue de bois », duquel il est très difficile de s'échapper, est en outre accentué par l'omniprésence des interactions. Paradoxalement, on pourrait presque dire que la langue de bois est un critère de démocratie.

*Troisièmement*, la langue de bois suppose la capacité à manipuler le récepteur. Cela pose la question du populisme. Le développement du populisme dépend de trois facteurs : une crise sociale et une crise de confiance réelle ; des hommes politiques incapables de dire la vérité ; des médias qui s'affolent comme des boussoles et peu capables de resituer les événements. Avec ce paradoxe : la crise crée souvent une demande de langue de bois.

*Quatrièmement*, la langue de bois renvoie à l'idée que derrière elle, au-delà d'elle, il y aurait une vérité. Or la difficulté de toutes les démocraties est

---

4. « Entretien avec Joanna Nowicki, Michaël Oustinoff et Bernard Valade », *Hermès*, n° 58, *Les Langues de bois*, 2010.

que tout y est en permanence négociation et mouvement. Il n'y a pas derrière, ailleurs, un agir communicationnel efficace et rationnel. Tout est compliqué et interagit en mélangeant rationalité, imaginaires et idéologies. Des éléments de vérité répondent à la langue de bois et réciproquement, mais il n'y a pas, à un moment donné, la vérité qui se dresserait contre la langue de bois.

*Enfin, cinquième point*, pour se faire entendre dans un espace public ouvert, il faut simplifier le discours et donc le rigidifier. En quelque sorte, l'horizon de la langue de bois menace tous les discours. C'est vrai pour les politiques et les magistrats, les scientifiques, les journalistes et les artistes, c'est vrai pour tout discours constitué. La simplification nécessaire à l'espace public ouvert et concurrentiel, favorise par définition l'émergence d'un discours codé, structurant, proche de la langue de bois. La question est donc la suivante : dans une logique de rapports de force en espace public ouvert, comment parvenir à fluidifier les discours, à empêcher qu'ils ne se rigidifient sous forme de stéréotypes et, pire, sous forme de langue de bois ?

Curieusement, il existe une sorte d'impensé de la langue de bois. Elle est à la fois connue dans les régimes totalitaires, mais sans y être hélas analysée dans toute sa finesse. Elle est sans cesse évoquée dans les démocraties, en raison notamment des deux triangles que j'évoquais. D'une part, représentations/langue de bois/stéréotypes. D'autre part, langue de bois/politiquement correct/idéologie. Mais sans faire davantage l'objet d'analyse en profondeur. Des études de cas devraient permettre d'y voir plus clair, d'autant qu'avec la généralisation des situations de communication, la langue de bois est amenée à se développer, et à se diversifier, chacun ayant naturellement tendance à penser que c'est l'autre qui y recourt, et jamais lui-même. On faisait de la langue de bois un des attributs du régime autoritaire, on constate qu'elle s'insinue partout, dans les discours démocratiques, nonobstant l'omniprésence des techniques, des images, des informations, du direct, des controverses. Elle devient presque consubstantielle à la construction d'une espace public transparent, « clair » et « intelligible ».

Les langues de bois contemporaines, bien plus complexes que celles du passé, sont autant de formes d'incommunication. Tout est fait pour rendre clair et compréhensible d'un côté, alors que de l'autre, tout s'obscurcit à nouveau. Au fond, les langues de bois font peut-être également partie du patrimoine des démocraties. Cela suppose deux démarches : s'employer, par du comparatisme fin, à distinguer langue de bois, mensonge et politiquement correct et élargir ainsi la compréhension des mille et un mécanismes subtils auxquels nous avons les uns et les autres recours pour dire et ne pas dire quelque chose. Il faudrait par ailleurs lancer des exercices réciproques d'analyses empiriques pour passer nos diverses langues de bois au crible.

## *Une théorie actuelle de la communication*[5]

Au départ, communiquer, c'est partager. C'est l'étymologie qui renvoie à l'amour et l'échange. Après le XVIe siècle, cela veut dire aussi transmettre, par les techniques, mais aussi au sens hiérarchique. Aujourd'hui, c'est le plus souvent négocier, car les messages sont nombreux et les récepteurs plus indépendants et égaux, les individus et les groupes se trouvent davantage en situation d'égalité. Le concept de négociation appartient d'ailleurs à la culture démocratique. Pas de négociation dans une société autoritaire ou totalitaire. Si l'on regarde bien la vie, chacun passe son temps aujourd'hui à négocier, dans le couple, la famille, l'école, l'entreprise, la société, l'Europe, le monde... Beaucoup moins de choses s'imposent, beaucoup plus se négocient. Et plus les individus sont formés, plus ils critiquent et négocient.

**Le schéma**

Je peux ici résumer les cinq étapes du schéma qui expliquent la théorie de la communication que je défends, et qui concerne autant la communication humaine que celle médiatisée sur les techniques.

Premièrement. La communication est inhérente à la condition humaine. Pas de vie personnelle et collective sans volonté de parler, communiquer, échanger à l'échelle individuelle et collective. Vivre, c'est communiquer.

Deuxièmement. Les êtres humains souhaitent communiquer pour trois raisons. Partager. Convaincre. Séduire. Et très souvent pour les trois simultanément. Même si cela n'est pas toujours revendiqué.

Troisièmement. La communication bute sur l'incommunication. Le récepteur n'est pas en ligne ou n'est pas d'accord.

Quatrièmement. Il s'ouvre une phase de négociation où les protagonistes, plus ou moins librement et égalitairement, négocient pour trouver un point d'accord.

Cinquièmement. Le résultat, quand il est positif, s'appelle la cohabitation, avec ses forces et ses faiblesses. La négociation et la cohabitation comme procédure pour éviter l'incommunication et ses conséquences, souvent belliqueuses.

Cette théorie de la communication, apparemment modeste, repose sur l'hypothèse qu'aucun individu, aucune société ne peut échapper à la communication. Cela a trois conséquences. L'horizon de la communication est le plus souvent l'incommunication, visible notamment dans la discontinuité entre information et communication ; l'impossibilité de réduire la communication à la performance technique ; l'obligation de la négociation entre partenaires, et l'horizon de la cohabitation. Cette incommunication structurelle nécessite évidemment l'égalité des protagonistes, sinon il n'y a pas négociation, ce qui fait de la communication contemporaine une réalité indis-

5. Extraits d'*Informer n'est pas communiquer*, Paris, CNRS Éditions, 2009.

sociable de la culture démocratique et un processus beaucoup plus large que la simple expression. Pas de communication donc sans un minimum de temps, de respect et de confiance mutuelle, faisant de la tolérance une des conditions structurelles de tout processus de communication.

Enfin toute théorie de la communication porte en elle une vision implicite de la société, selon que l'on accepte un modèle plus ou moins ouvert, égalitaire, ou hiérarchique. La conception défendue ici est humaniste, avant d'être technique, faisant de l'échange l'horizon de toute l'expérience humaine et sociale. C'est aussi une conception politique, au sens où elle privilégie la négociation en vue de l'établissement d'un compromis.

*Il y a finalement deux conceptions de la communication qui s'opposent.* La première, largement dominante, insiste sur la performance des techniques comme progrès de la communication dans une sorte de continuum, avec son prolongement en faveur des industries qui sont aujourd'hui le secteur le plus en expansion dans le monde. La seconde, minoritaire, à laquelle j'adhère, qui part de la dimension anthropologique de la communication et privilégie les processus politiques à mettre en œuvre pour éviter que l'horizon de l'incommunication, entre les individus et les peuples, ne devienne source de conflit. Deux conceptions qui n'ont pas le même rapport à l'homme et à la technique.

*Pour résumer, les horizons de la communication sont* : le partage, la conviction, la séduction, l'influence, la cohabitation et l'incommunication. Et si les systèmes techniques sont en ligne, les hommes et les sociétés le sont rarement, c'est pourquoi le progrès technique est à la fois le meilleur et le pire de la communication. Il a permis de sortir de la communication fermée et de multiplier les messages et les échanges, mais il n'a pas augmenté la communication proportionnellement à la performance des outils. Il a rendu plus visibles les épreuves de l'incommunication. Terrible renversement dont on ne veut pas réaliser l'impact tant, par exemple depuis vingt ans, le monde entier saute à pieds joints dans le mythe d'Internet, persuadé que six milliards et demi d'internautes permettraient une « authentique » communication…

## *Les enjeux théoriques contemporains*

Pourquoi finir par les sciences de la communication ? Parce que dans un monde ouvert dominé par les interactions de toutes sortes, la vitesse de l'information, l'omniprésence des techniques, le désir d'expression des individus, il est nécessaire de ralentir et de compenser cet immense mouvement brownien par un travail de connaissance. D'autant que dans cette mutation rapide du monde, à peine un siècle, on a changé plusieurs fois de modèle de communication et le lien information-communication s'est distendu, mettant au premier plan le défi de la cohabitation. Cela nécessite de développer des connaissances de tous ordres pour penser ce nouveau paradigme de la communication ; relativiser la place des techniques ; penser les relations entre communication et culture ; distinguer ce qui relève des idéaux de l'intercompréhension du développement des innombrables interactions nécessaires dans un monde ouvert.

La communication est donc au cœur de toutes nos activités privées et publiques, sans susciter suffisamment de réflexions. Comme si ce qui est littéralement un « envahissement », en deux générations, était un phénomène « naturel ». *Avec d'ailleurs cette question sans réponse : l'omniprésence de la communication est hélas sans grand impact sur la violence historique. Abondance, vitesse et interactivité font bon ménage avec intolérance, racisme et incommunication*. On est passé de la certitude apparente de l'information à l'incontournable incertitude de la communication. Et avec cet immense progrès technique, il est toujours aussi indispensable de distinguer ce qui relève de l'idéologie, de la recherche authentique à l'opposé d'une meilleure intercompréhension.

Les sujets de réflexion théorique sont immenses, à la hauteur de cette révolution de la communication qui bouleverse tout depuis un siècle. Dans cette absence d'intérêt conceptuel et politique, les *élites* portent une responsabilité particulière puisque après n'avoir jamais considéré la communication comme une question « noble » et avoir critiqué systématiquement les médias de masse, elles se sont converties précipitamment et sans aucune résistance à l'idéologie technique, voyant dans la panoplie de tout ce qui tourne autour d'Internet l'avenir de nos sociétés. Un test ? La très grande majorité des livres théoriques en philosophie, sociologie, sciences politiques, économiques… publiés depuis trente ans concernant la société, l'État, la politique, l'Europe ou la mondialisation et dont l'objet est d'analyser ou anticiper les mutations structurelles, ne comporte *pratiquement jamais* de chapitre concernant les enjeux scientifiques et politiques d'un monde envahi par l'information et la communication. Sauf pour évoquer, sans distance critique, la « révolution » des techniques de l'information, mais rien sur le concept de communication, relégué au niveau des « tuyaux » avec cette idée simple et fausse que plus il y aura de tuyaux, mieux on se comprendra. Et quand les propos théoriques existent, c'est la plupart du temps pour réduire la communication à la « com », et aux fantasmes de manipulation.

On comprend dans ce contexte les difficultés à développer ce nouveau champ de recherche. C'était vrai il y a près de cinquante ans, pour les pionniers de ce domaine en France comme à l'étranger, et c'est encore le cas aujourd'hui. Il n'y a de place la plupart du temps que pour deux postures. Soit une critique, minoritaire, souvent marxiste, dénonçant les puissances d'argent et l'aliénation des individus manipulés par les techniques. Soit une adhésion beaucoup plus fréquente à l'émergence *via* Internet de la société « de l'information », « de la connaissance ». Pour l'instant, la tendance dominante reste celle du technicisme. Il n'est pas tellement facile de se faire entendre, quand l'on refuse ces deux postures, au profit d'un appel à construire des connaissances pour penser ce phénomène de la communication à la fois fascinant, émancipateur et ambigu. Il y a quelque part une similarité entre le refus théorique de penser la communication et la résistance à l'égard du concept d'inconscient lorsque celui-ci a été construit. Dans les deux cas, on supporte mal ce qui échappe à une analyse « rationnelle » du comportement humain. Admettre l'importance du rôle de l'inconscient dans les actes et les mots de la vie quotidienne est aussi difficile que de reconnaître l'extraordinaire ambiguïté de la communication humaine et sociale, par rapport à l'apparente rationalité de l'information… et des systèmes techniques. La résistance à penser la communication illustre celle à penser la complexité, l'implicite, l'altérité, la rélation. Tout ce qui oblige à ouvrir le sens, à penser les phénomènes dynamiques et contradictoires, et à préserver des marges de manœuvre.

La difficulté à faire reconnaître l'importance des sciences de la communication retrouve donc la résistance classique à l'égard de l'émergence de toutes les sciences nouvelles, surtout si elles sont interdisciplinaires, mais aussi à ce qui est spécifique à la communication, à savoir l'ambivalence que chacun d'entre nous entretient avec elle… Personne n'échappe à la question de la communication et à l'étendue de ce domaine qui va de la communication humaine, à toutes les techniques, en passant par la restructuration des connaissances, la diversité culturelle et les industries du même nom… Peu de secteurs, aussi immenses et aussi proches du cœur de l'homme, comme de son rapport à autrui et au monde, ont été bouleversés en si peu de temps avec si peu de réflexion. Les performances croissantes des techniques ont comblé les doutes ou les questions qui auraient pu surgir.

Le plus visible dans cette sorte d'indifférence à la connaissance est ce stéréotype : « les nouvelles techniques et Internet en particulier, sont la victoire de la liberté individuelle contre tous les pouvoirs, notamment celui, standardisant, des médias de masse ». Avec le Net, le Web et ses services, on retrouve l'échelle humaine *et* le dépassement des industries de masse. *Small is beautiful.* Pourtant, comme on l'a vu, trente ans après Microsoft, Google, Apple sont devenus de gigantesques entreprises mondiales, bien similaires aux multinationales classiques. *Small* est devenu *very big*. D'ailleurs comment afficher goulûment le nombre croissant d'internautes sans réaliser que cette nouvelle réalité est donc bien plus compliquée qu'une simple victoire de la liberté individuelle ? La culture du grand nombre concerne autant aujourd'hui Internet qu'elle concerne la radio et la télévision. Mais curieusement on ne veut pas le réaliser. On confond la « liberté individuelle » *et* la taille de ces industries. Ou plutôt, on ne veut pas voir que cette « liberté » est inséparable d'énormes infrastructures techniques, financières et de stratégies de pouvoir. Ce changement d'échelle ne suscite ni doute, ni prise de conscience, ni volonté de savoir. Le Net et son industrie sont pourtant passés maintenant du côté des multinationales et de la concentration, devenant aussi préoccupants que ce que l'on essaye désespérément de réguler du côté du pétrole, du nucléaire, de l'automobile… et même du côté des industries de la culture.

*L'objet des sciences de la communication* concerne toutes les situations humaines. D'abord le langage et la communication individuelle et collective, pour l'homme en société, de la culture à la politique. Ensuite, tout ce qui a trait à l'ouverture de la mondialisation avec l'ensemble des techniques. Enfin, tout ce qui se rapporte à la place de l'information et de la communication dans les sciences et les rapports entre sciences, techniques et société. Les hommes cherchent sans fin la communication, directement ou par l'intermédiaire des instruments, et butent irrémédiablement sur l'incommunication. L'autre n'est pas au rendez-vous suscitant encore plus le recours à des techniques sans cesse plus performantes, comme pour relativiser cette difficulté de la communication humaine. Les sciences de la communication abordent *donc* directement cet enjeu de l'incommunication individuelle et sociale. Car l'essentiel de leur originalité est là : s'affronter à la compréhension des mécanismes de l'incommunication, dans une société qui ne parle que de communication, de performance des outils et de transparence d'un monde interactif… C'est en ce sens, et à une autre échelle, que ces sciences sont les « enfants » de la psychanalyse qui fut la première discipline à aborder la même question, à l'échelle de l'histoire de l'individu. Admettre la réalité de l'inconscient est aussi difficile que d'admettre l'horizon de l'incommunication. De même que l'on craint le surgissement de l'inconscient dans la vie, on se méfie de l'incertitude de la communication. On rêve de réduire le poids de l'inconscient, comme on rêve d'une communication maîtrisée et cohérente. Ce qui explique cette méfiance vis-à-vis de la communication humaine et la séduction à l'égard de la communication technique, qui semble « plus simple ». Mais ces sciences sont *aussi* celles de l'« émancipation », car la volonté même de communiquer, en dépit de ses échecs, est toujours liée au mouvement de libération des individus et à la recherche d'une cohabitation possible. Et c'est en cela que les tentatives sans cesse répétées de communication sont souvent du côté de l'affranchissement.

Les sciences de la communication, au-delà de l'imperium technique, symbolisent cette recherche d'*une marge de manœuvre* pour arriver à mieux se comprendre. Cette expression, « marge de manœuvre », est apparemment modeste, mais, comme le mot cohabitation, elle illustre la force de la liberté humaine pour échapper aux multiples déterminismes. *Les sciences de la communication, sciences de la négociation et de la cohabitation, sont plurielles parce qu'interdisciplinaires et modestes compte tenu de l'étendue de leur champ d'étude*. Sont-elles critiques ? Inévitablement, puisqu'elles cherchent à différencier, comparer les différentes situations de communication, à l'échelle individuelle et collective et à essayer de les améliorer. Pendant trente ans, on a insisté sur les performances techniques et sur la revendication d'expression. Demain, ce sont ces difficultés de l'intercompréhension et la recherche d'une cohabitation pacifique à une grande échelle qui seront au cœur de ces sciences, desserrant inévitablement l'emprise, qui a duré plus d'un demi-siècle, de la technique sur la communication. Elles peuvent aussi contribuer à revaloriser le monde des *connaissances*. Celui-ci est aujourd'hui déstabilisé par la vitesse et la performance des systèmes d'information, qui nécessairement désacralisent la lenteur de la connaissance et de la culture, au profit de la vitesse et de la rationalité des systèmes d'information. Certes, les dispositifs techniques accélèrent les interactions cognitives, mais sans pouvoir se substituer à toutes les complexités et lenteurs du monde de la culture et de la connaissance. En réalité, les deux processus sont à penser ensemble. Avec les sciences de la communication, c'est donc tout le rapport entre information, connaissance, culture et réalité qui est à repenser. On sort d'une fausse dichotomie entre le moderne et l'ancien, la vitesse et la lenteur. Le champ d'investigation va de l'épistémologie comparée des connaissances aux conditions de l'interdisciplinarité, aux rapports science technique société et à la cohabitation culturelle dans un monde ouvert.

*La force de ces sciences récentes et interdisciplinaires est de cinq ordres*. Insister sur l'importance de l'incommunication et la nécessité de la négociation pour dégager une marge de manœuvre. Revaloriser la place de l'altérité et montrer la différence radicale entre information et communication. Souligner le rôle croissant du récepteur. Valoriser les trois sens du mot communication, dont le dernier, *négocier*. Enfin, rappeler que la problématique de l'homme est toujours plus complexe que celle des techniques, notamment dans un monde qui ne voit que leur performance.

Dans ces sciences neuves, on peut déjà voir quatre attitudes, ou courants, que j'avais analysés dans *Penser la communication* (1997). Les thuriféraires qui pensent que tout va changer avec la révolution technique. Les critiques, sceptiques à l'égard du concept même de communication ; les empiristes critiques, qui insistent sur l'idée de marge de manœuvre et de la distinction fonctionnel/normatif, courant dont je me sens proche ; les nihilistes, méfiants tant à l'égard de la puissance des techniques que de l'idée même de communication.

L'apport épistémologique de ces sciences porte sur cinq aspects.

*La reconnaissance de l'altérité*. La problématique de la communication deviendra centrale au fur et à mesure que la révolution de l'information butera sur l'incommunication, obligeant à reconnaître le poids de l'altérité. Altérité qui symbolise parfaitement la discontinuité entre information et communication, message et relation. Cette reconnaissance de l'altérité est évidemment liée au paradigme démocratique qui en reconnaissant la liberté et l'égalité des sujets, admet le droit d'être *différent*.

*Le changement d'horizon de la communication*. De moins en moins la transmission, rarement le partage, le plus souvent la *négociation* avec pour perspective l'organisation de la cohabitation. Reconnaître que la *cohabitation* est l'horizon normatif de la plupart des situations de communication est un immense progrès heuristique car on relativise ainsi la vision hiérarchique des rapports humains et sociaux. Ce changement d'horizon est lié à la rupture épistémologique du XX^e^ siècle entre l'information et la communication. En fait, l'originalité des sciences de la communication est de penser le monde et les connaissances à partir de cette discontinuité entre information et communication.

*La réintroduction de l'homme au-delà du dédale des applications techniques.* Rappeler que, par-delà ces miracles techniques indubitables, la difficulté est toujours la même : parvenir à un minimum d'intercompréhension. Ceci met en perspective la dimension technique, revalorise la dimension humaine et politique au sens où la communication cherche à organiser une cohabitation pacifique.

*Le caractère interdisciplinaire de ces sciences.* Celles-ci concernent toutes les dimensions de *l'expérience,* humaine, culturelle, technique et sociale. Cette obligation d'interdisciplinarité est un hommage à la communication entendue comme concept de négociation et elle est aussi une leçon de modestie. Aucune discipline ne peut à elle seule comprendre l'extrême diversité des situations de communication.

*Le changement de représentation de l'intellectuel.* La question n'est pas seulement de penser le monde, mais au moins autant d'analyser les conditions de cohabitation à établir, entre les hommes et les cultures. *Les sciences de la communication, en quelque sorte, symbolisent la fin de l'intellectuel universel, et l'émergence d'un intellectuel plus modeste,* parce que constamment confronté à la question des rapports entre universalité et altérité et à la construction de la cohabitation.

On retrouve ce défi, maintes fois évoqué dans ce livre et crucial pour l'avenir : repenser l'universalité à l'heure de la diversité culturelle, avec pour conséquence de privilégier une autre vision des rapports entre connaissance et histoire. Ce rapport différent au monde entraîne un changement de l'approche critique : passer de l'interdisciplinarité à la complexité, puis à la cohabitation. L'apport principal, peut-être, des sciences de la communication est la valorisation de ce concept de *cohabitation,* d'ailleurs également au cœur du modèle démocratique. Ce concept n'a rien à voir avec un néorelativisme, car il traduit deux ruptures théoriques essentielles du monde contemporain. La reconnaissance de *l'altérité,* visible depuis l'existence du récepteur jusqu'à la reconnaissance de la diversité culturelle. La nécessité constante de la *négociation* et de la *cohabitation*.

En fait un des grands apports de ce basculement entre le XX^e^ et le XXI^e^ siècle, est le caractère indépassable de la problématique de l'altérité. Et cette « installation » de l'altérité, au cœur de la connaissance et de l'expérience, fonde, de mon point de vue, l'intérêt de ces sciences récentes de la communication, dans l'histoire des sciences. *Leur objet est de penser un monde ouvert, où chacun a droit à une place, sans exterminer l'autre.* Et cette recherche d'une cohabitation possible entre universalité et diversité culturelle en fait tout autre chose qu'un avatar du communautarisme, qui justement reste du côté du « même » et élimine autant que possible la question de l'altérité. Avec la communication, c'est au contraire la reconnaissance indépassable de la place de l'altérité qui est en cause. D'ailleurs, avec cette reconnaissance, on retrouve les trois idéaux de la liberté, de l'égalité et de la fraternité. En effet, comment nommer autrement que *fraternité* le processus qui consiste à essayer d'organiser pacifiquement la cohabitation de points de vue contradictoires ?

*L'originalité, la force et l'intérêt des sciences de la communication* est apparemment modeste, mais essentiel. Il consiste à se décaler de quelques millimètres pour voir le monde autrement, et essayer de répondre à cette question aporétique : pourquoi, malgré la volonté constante de se rapprocher les uns des autres, les individus et collectivités butent-ils constamment sur l'incompréhension ? L'intérêt et l'originalité de ces sciences sont de réfléchir aux conditions à satisfaire pour essayer de dépasser cette réalité, de plus en plus visible de l'incommunication dans un monde ouvert. Pourquoi dans ce monde transparent, envahi d'interactions humaines et techniques, la communication est-elle toujours aussi peu assurée de succès ?

Ces sciences sont nécessairement humbles, car leur expérience illustre quotidiennement le fait que les échecs y sont plus nombreux que les réussites. Mais elles symbolisent aussi ce fait universel : *il existe une marge de manœuvre*. Quelque chose est toujours possible. Ces disciplines n'auront jamais l'efficacité des sciences de la matière, de la vie, de la nature, puisqu'elles portent en permanence sur les forces et faiblesses des hommes et des sociétés, et sur l'ambivalence des individus et des cultures à se comprendre et à se rapprocher. Mais elles ouvrent aussi un espace de pensée et de négociation. Des sciences modestes n'en sont pas moins des sciences. Toutes les sciences interdisciplinaires, du vivant, à celles de l'ingénieur ou de l'environnement, sans oublier la chimie, ne sont-elles pas aussi de plus en plus modestes ? Le scientisme a vécu avec ses forces et contradictions, n'ayant d'ailleurs pas empêché les catastrophes de tout genre. Le postscientisme est nécessairement plus humble. *Bref, avec les sciences de la communication, nous sommes dans le XXI^e^ siècle et c'est le regard porté sur la réalité qui change*. Un regard sensible à la recherche continue de relations entre les hommes, et à la compréhension de son double permanent, l'incommunication. Si l'Institut des sciences de la communication du CNRS (ISCC) est aujourd'hui pionnier dans la construction de ce champ de recherche transversal aux dix autres instituts du CNRS qui regroupent toutes les sciences, il est probable qu'il y aura partout, dans dix ans, des structures de ce type. Cet élargissement de perspective à toutes les sciences est probablement une des grandes ruptures à venir et symbolise la place croissante de l'information et de la communication, dans tous les domaines des connaissances, autant que dans le fonctionnement des sociétés et des cultures.

Quel serait, dans l'idéal, *le portrait de ce « nouveau scientifique »*, construisant la dernière des sciences apparues, une science interdisciplinaire dont l'horizon est d'essayer de comprendre à quelles conditions organiser une cohabitation pacifique entre des hommes, tous différents, et obligés de composer entre eux pour éviter l'apocalypse ?

Il devrait satisfaire à *plusieurs exigences*.

Mettre en œuvre *l'interdisciplinarité* puisque l'information et la communication sont à la fois au cœur de l'épistémologie des connaissances contemporaines, des industries de la connaissance, des techniques, des modèles de rapports sociaux. Leur transversalité ressemble d'ailleurs à celle que l'on trouve pour les sciences de l'ingénieur et de l'environnement.

Réfléchir aux relations de plus en plus complexes entre *information, connaissance et communication.* C'est-à-dire penser les décalages entre l'abondance de l'information, le rôle croissant des interactions techniques, la complexité des connaissances, et la persistance et la difficulté de la communication humaine et sociale. Le tout, ce qui n'est pas plus simple, sur fond de marchandisation de tout ce qui tourne autour de la communication.

Dans ce « tohu-bohu » où tout se produit, s'échange et s'achète, *préciser et valoriser l'autonomie des communautés scientifiques.* Le monde de la connaissance peut-il échapper à l'instrumentalisation inéluctable des réseaux de la société ouverte ? Que reste-t-il de sa spécificité quand tout et ouvert et circule, et que chacun peut devenir « acteur » de la connaissance ?

Ces mutations obligent à une réflexion critique sur le statut des *industries de la connaissance.* Comment conserver un minimum *d'autonomie* aux valeurs de la connaissance quand celle-ci, à la suite des industries de la culture et de la communication, devient un des grands enjeux de pouvoir et de domination économique dans un monde encombré d'interactions ?

L'autre question concerne la capacité des communautés scientifiques à préserver *la diversité culturelle dans le domaine de la connaissance*. Pourront-elles y réussir, avec ou contre les industries de la connaissance ? Le monde de la connaissance pourra-t-il préserver la diversité culturelle là où les industries de la culture et de la communication ont échoué jusqu'à présent ?

Cela nécessite de sortir du mythe d'une *communauté scientifique internationale* qui n'a probablement jamais existé, mais qui n'est en tout cas plus de mise aujourd'hui. Comment faire pour que ce fameux triangle information-connaissance-communication ne soit pas seulement le moteur d'une nouvelle économie du savoir, simple restructuration du modèle capitaliste ?

L'amplitude de ces défis nécessite de résister au mouvement croissant de *spécialisation* des connaissances qui enferme dans des compétences de plus en plus étroites. Le caractère transversal de l'information, de la connaissance mais aussi de la communication oblige ceux qui travaillent dans ces domaines à *élargir* leur vision du monde et à favoriser cette ouverture de tous les domaines scientifiques et techniques. L'hyperspécialisation de la recherche est un obstacle à la connaissance et un handicap dans une société où il faut sortir de son petit domaine de connaissance pour apprendre à comparer et à cohabiter avec d'autres savoirs.

Ces mutations radicales de la connaissance impliquent aussi de revaloriser *la place et le rôle de toutes ces professions porteuses de savoirs et de compétences* (médecins, journalistes, professeurs, documentalistes...) afin de maintenir les *communautés* professionnelles de cultures et de savoir. Et ceci pour trois raisons. Lutter contre l'illusion d'une société en direct et en ligne où l'on confond la facilité d'accès aux connaissances avec la compétence pour les traiter. Rappeler les différences de nature entre ces trois activités connexes, l'information, la connaissance, la communication. Valoriser ce conflit des légitimités entre l'information, la connaissance et l'action qui correspond à trois rapports différents au monde. En un mot, souligner, à côté de la place croissante des réseaux, branchements et interactivités, l'importance des *discontinuités* pour préserver l'altérité sous toutes ses formes. C'est un des défis majeurs du fonctionnement normatif des sociétés, cohabitant dans un monde ouvert.

Ceci implique aussi l'existence de milieux professionnels scientifiques *beaucoup plus ouverts sur l'espace public,* et capables de distinguer, dans leur travail et leur comportement, la logique de la connaissance, par rapport à celle de l'information et de l'action.

Le risque symétrique est celui de la « pipolisation » et de la médiatisation. Pour éviter cette dérive séduisante, il est nécessaire d'apprendre à faire des allers-retours entre la société et le monde de la connaissance. *Ni dans une tour d'ivoire, ni à longueur de temps dans les médias et la politique*. C'est dans cette capacité à intervenir et à se retirer que l'on reconnaîtra le statut de ces « nouveaux scientifiques ».

Les sciences de la communication présentent un intérêt qui va bien au-delà de leur domaine : elles signalent une sorte d'*aggiornamento* concernant la place, en général, des scientifiques dans l'espace public. Ni trop près, ni trop loin, dans une sorte de mi-distance et d'interaction qui représente la nouvelle place des sciences dans les sociétés ouvertes d'aujourd'hui. Tout doit se négocier en organisant la cohabitation pacifique de légitimités différentes.

Cette nouvelle posture épistémologique peut d'ailleurs être utile, au-delà des sciences à nombre de professions dont l'objet concerne la communication entre les êtres humains et le dialogue homme/machine. Ce sont des sciences et des métiers de la négociation qui se développent, liés à l'émergence d'un monde ouvert. Des sciences et des métiers de la diplomatie en quelque sorte. Autrement dit, des sciences de la communication jusqu'aux métiers qui tournent autour de cette question, il existe un enjeu commun : comprendre pourquoi, en dépit de la volonté de se comprendre, de partager, d'échanger, les hommes butent le plus souvent sur l'incommunication et cherchent, au mieux, des voies de cohabitation. Ou pour le dire autrement, pourquoi dans un monde ouvert, transparent et traversé de tous les réseaux interactifs et individualisés, y a-t-il de plus en plus de revendications territoriales, de murs et de frontières, de toute nature ?

*BIBLIOGRAPHIE SÉLECTIVE*


- ADORNO, T. W., *Société : intégration, désintégration. Écrits sociologiques*, Paris, Payot, 2011.
- ARON, R., *Démocratie et totalitarisme*, Paris, Gallimard, 1965.
- CASTORIADIS, C., *Les Carrefours du labyrinthe*, Paris, Seuil, 1978-1999, 6 tomes.
- CAZENEUVE, J., *La Société de l'ubiquité*, Paris, Denoël, 1972.
- CHARBONNEAU, B., *Le Paradoxe de la culture*, Paris, Denoël, 1965.
- DELEUZE, G., GUATTARI, F., *Mille Plateaux. Capitalisme et schizophrénie*, Paris, Minuit, 1980.
- DRU, J.-M., *Jet Lag. Le monde vu de la publicité*, Paris, Grasset, 2011.

– Escarpit, R., *Théorie générale de l'information et de la communication*, Paris, Hachette, 1991 (1976).
– Grémion, P., Piotet, F., *Georges Friedmann. Un sociologue dans le siècle (1902-1977)*, Paris, CNRS Éditions, 2004.
– Griset, P., *Les Révolutions de la communication aux* XIX*e et* XX*e siècles*, Paris, Hachette, 1991.
– Habermas, J., *Théorie de l'agir communicationnel*, Paris, Fayard, 1981, 2 tomes.
– Honneth, A., *La Société du mépris : vers une nouvelle théorie critique*, Paris, La Découverte, 2006.
– Lefort, C., *L'Invention démocratique*, Paris, Fayard, 1981.
– Marcuse, H., *L'Homme unidimensionnel. Étude sur l'idéologie de la société industrielle avancée*, Paris, Minuit, 1968.
– Mattelart, A., *L'Invention de la communication*, Paris, La Découverte, 1994.
– Moles, A., *Théorie structurale de la communication et société*, Paris, Masson, 1986.
– Morin, E., *L'Esprit du temps. Essai sur la culture de masse*, Paris, Seuil, 1962, 2 vol.
– Morin, E., *La Méthode*, Paris, Seuil, 1977-2004, 6 tomes.
– Oillo, D., Mvé-Ondo, B. (dir.), *Fractures dans la société de la connaissance, Hermès*, n° 45, Paris, CNRS Éditions, 2006.
– Perriault, J., *La Logique de l'usage. Essai sur les machines à communiquer*, Paris, L'Harmattan, 2008, 2e éd.
– Schaeffer, P., *Machine à communiquer*, Paris, Seuil, 1962, 2 vol.
– Serres, M., *Hermès*, Paris, Minuit, 1969-1980, 5 vol.
– Sfez, L. (dir.), *Dictionnaire critique de la communication*, Paris, PUF, 1993, 2 tomes.
– Touraine, A., *Pourrons-nous vivre ensemble ? Égaux et différents*, Paris, Fayard, 1997.
– Vattimo, G., *La Fin de la modernité. Nihilisme et herméneutique dans la culture postmoderne*, Paris, Seuil, 1987.

CONCLUSION GÉNÉRALE

# Communiquer, c'est négocier

La rupture du XXI^e^ siècle est sans doute l'apparition de ce troisième sens du mot communication : *négocier.* Il vient après celui de transmettre et partager, et concerne la question centrale : comment cohabiter pacifiquement dans un monde devenu tout petit, transparent, où les différences, grâce aux techniques, sont plus perceptibles que les ressemblances ? *Comment éviter que la communication qui, hier, rapprochait les individus devienne aujourd'hui un accélérateur d'incompréhension, voire d'hostilité, en tout cas de distance entre les sociétés dont les différences sont beaucoup plus perceptibles ?* Le concept de cohabitation est devenu un concept central du XXI^e^ siècle. On est passé de l'apparente certitude de l'information au XX^e^ siècle à l'incertitude de la communication au XXI^e^ siècle.

Le monde multipolaire d'aujourd'hui est plus compliqué et dangereux que celui d'hier car, aux conflits politiques, économiques et sociaux, s'ajoutent les tensions culturelles. Telle est la question du début de ce siècle. Le XIX^e^ siècle fut celui de la politique avec la démocratie, le XX^e^ siècle, celui de l'économique et du social avec la réduction des inégalités, le XXI^e^ siècle, au début du moins, est celui de la communication, c'est-à-dire de la négociation et de la cohabitation.

Le triangle identité-culture-communication peut devenir le triangle infernal du XXI^e^ siècle. Le respect de l'altérité et la construction de la cohabitation deviennent les clés de la paix et de la guerre. La séduction technique ne suffit plus à juguler ces contradictions d'un nouveau type, car si les différends culturels ont toujours existé, la mondialisation technique en accélère la visibilité. Les techniques de communication ont, par contre, eu un rôle extrêmement positif, insuffisamment valorisé depuis un demi-siècle : amortir le choc de l'ouverture du monde sur lui-même. Elles ont à la fois assuré cette ouverture *et* réduit la déstabilisation que celle-ci suscitait parmi les individus et les peuples qui pouvaient voir le monde de chez eux. Elles ont servi de médiation. En ouvrant le monde sur lui-même, elles ont certes beaucoup perturbé les représentations, mais, en même temps, elles ont sensibilisé à cette nouvelle réalité d'un monde ouvert, avec ses ressemblances et différences. En s'appuyant sur la performance des techniques, les hommes essayent donc aussi de garder un lien, voire de garder la main, tout simplement pour amortir le choc de l'altérité. Les techniques de communication « classiques » ou « récentes » ont donc un rôle contradictoire : rendre plus visibles, donc plus conflictuelles, les différences de culture et de civilisation. Rendre plus compréhensible ce monde qu'elles contribuent à ouvrir.

Néanmoins, progressivement, cette révolution technique est devenue le « cache-sexe » de l'incommunication. Il devient urgent de sortir du mythe de « l'individu libre, multibranché, naturellement altruiste et curieux, vivant dans une société en ligne où tout n'est que relations pacifistes ». Le résultat est tout autre avec la violence du monde, la complexité et l'irrationalité de la communication humaine et sociale, sans oublier la puissance des industries de la « com ». D'autant que la différence entre interaction et communication est croissante. Il y aura de plus en plus d'interactions et d'interactivité, y compris avec les objets intelligents, les RFID et les nanotechnologies, plus on devinera, douloureusement, que l'intercompréhension n'est pas meilleure. Plus les interactions sont nombreuses et fructueuses, plus il sera nécessaire de les différencier des forces et faiblesses de la communication humaine. Plus les techniques sont performantes, plus il est nécessaire de souligner ce qui les *sépare* de la communication.

Le problème n'est pas la hiérarchie des techniques entre « vieux » et « nouveaux » médias, mais de comprendre comment médias et Internet gèrent, *chacun à leur manière*, ces deux dimensions inhérentes à l'information et à la communication : normative et fonctionnelle. Les deux prennent en charge, différemment, le plus important : les rapports humains et sociaux. Les médias, moins performants techniquement qu'Internet, sont mieux armés pour traiter la question de l'*altérité*. Internet, en revanche, est plus efficace pour assurer une communication *communautaire*, où les ressemblances culturelles facilitent une communication normative. À l'inverse, les nouvelles techniques sont moins adaptées à une communication hétérogène liée à une société ouverte. D'un côté, il existe une communication où domine l'altérité ; de l'autre, prévaut une communauté de valeurs. Une fois de plus, ce n'est pas la performance technique qui est le plus important, mais l'intentionnalité avec laquelle sont gérées ces deux dimensions éternelles de la communication : normative et fonctionnelle. Donc deux dimensions qui, rappelons-le, n'opposent pas l'homme à la technique, car il y a de très nombreuses situations où la communication normative est du côté des techniques, et la communication fonctionnelle du côté des hommes…

*Le défi essentiel de la communication ? L'autre et l'altérité. On recherche le même, on négocie avec l'autre.* Et on comprend pourquoi la performance technique permet de retarder l'affrontement à cette question. Jusqu'où la vitesse de transmission des informations, la pseudo-transparence des rapports humains, l'interactivité généralisée, la continuité apparente information-communication, l'accès sans cesse facilité à toujours plus d'informations vont-ils contrebalancer la lenteur de la communication humaine, le poids des silences, la discontinuité des relations, la lenteur des décisions et de l'action, l'irrationalité des rapports humains et sociaux ? Les difficultés de la communication humaine ont toujours existé ; ce qui est radicalement nouveau, c'est le changement de modèle culturel qui fait de la communication une sorte d'obligation « naturelle ». Communiquer est devenu synonyme de vivre. C'est l'attribut de la liberté. Tant mieux, mais à condition de ne pas confondre la performance technique avec les difficultés existentielles de la communication humaine. La technique devient à la fois le meilleur allié et l'adversaire de la communication. C'est pourquoi il faut critiquer l'idéologie technique, quand celle-ci fait des techniques la cause de l'émergence d'une société idéale. Les ordinateurs ne créent pas une nouvelle société. À l'inverse, il est indispensable de retrouver les utopies politiques *derrière* les nouvelles techniques. La revalorisation des utopies permet d'éviter que la technique devienne l'utopie.

Souligner la différence de nature entre information et communication est également indispensable pour une autre raison. Hier, l'information renvoyait à l'idée d'événement et de rupture. Aujourd'hui, tout est événement et l'information devient une sorte de flux continu, sur lequel chacun se branche quand il veut. En revanche, la communication, hier, était davantage du côté du flux. Dans l'univers contemporain, où l'altérité s'impose et où il faut au contraire respecter la cohabitation, elle devient plus séquentielle. C'est elle qui gère les discontinuités et la négociation. Les deux concepts restent inséparables, mais dans une perspective normative quasiment opposée à celle dans laquelle ils avaient été pensés au XVIIIe siècle.

On peut rappeler ici les *cinq ruptures* essentielles du tournant communicationnel du XXIe siècle.

La communication est devenue une problématique plus complexe que celle de l'information, car elle concerne la relation, donc le rapport à l'autre. Ce décalage symbolise l'émergence du rôle croissant du *récepteur,* qui filtre de plus en plus les messages, négocie les interactions et devient un peu le symbole du fait qu'informer n'est pas communiquer. Communiquer, c'est se confronter à l'altérité. Sortir de la technique pour retrouver les hommes, la société, et négocier. On pourrait même dire que la différence entre la communication humaine et technique est justement la réalité de l'incommunication qui n'existe pas dans la communication technique. L'incompatibilité existe, mais pas l'incommunication. Les machines se branchent, distribuent, interagissent, seuls les hommes connaissent l'épreuve de l'incommunication.

La question centrale, pour la paix et la guerre, est donc celle de la gestion de l'altérité. Comment cohabiter pacifiquement, quand les différences sont plus visibles et réelles que les ressemblances ? D'autant que personne ne veut abandonner ses spécificités. Reconnaître le poids de l'altérité, c'est reconnaître celui de l'identité culturelle collective, donc la réalité de la diversité culturelle *et* l'horizon de la cohabitation. La référence *simultanée* à l'universel empêche d'enfermer la diversité culturelle dans le communautarisme, la politique dans le rejet de l'autre et le populisme. Conjuguer respect de la diversité *et* de l'universalisme est le nouvel horizon normatif d'un monde ouvert. Ce qui oblige à conjuguer deux perspectives : celles de l'identité et de la diversité culturelle.

Pas de cohabitation politique, culturelle et pacifique sans instauration, ou renforcement, de la laïcité, seule manière d'éviter un recouvrement du politique et du religieux... *La laïcité,* c'est la cohabitation pacifique entre la religion et la politique. Identité culturelle-laïcité-universalisme sont donc les trois conditions de l'invention d'une cohabitation culturelle qui ne soit menacée ni par le communautarisme, ni par le retour d'une mainmise du religieux sur le politique. La laïcité reste un des principaux concepts culturels et politiques pour penser l'altérité, la cohabitation culturelle et l'universalisme. L'Europe, sous des formes différentes, en a une expérience forte qu'elle ne réussit pas à valoriser.

Rendre plus visible le rôle du conflit des légitimités, que j'évoque depuis de nombreuses années, est nécessaire pour souligner la différence de nature entre information, connaissance et action. Il s'agit de trois rapports au monde indispensables et complémentaires, mais souvent contradictoires. Il faut réaffirmer nettement ce qui les distingue. Sinon, l'espace public devient anarchique, encombré de visions antagonistes, qui se chevauchent et se concurrencent, sans que les uns et les autres puissent s'y retrouver. Le risque ? L'anomie. Tout peut et doit cohabiter dans l'espace public, ouvert et élargi, à condition que chacun y repère facilement la différence de rapport au monde que représentent ces trois visions.

L'Europe, de ce point de vue, est le plus grand chantier de cohabitation politique de l'histoire car elle essaye de faire coopérer, actuellement, vingt-sept États, avec vingt-six langues et cinq cents millions d'Européens que tout sépare. S'il y a une expérience positive à l'échelle du monde, c'est bien celle-ci ! Seuls les Européens n'ont pas de fierté pour l'histoire qu'ils fabriquent. *Imaginons la mondialisation sans cet immense chantier existant depuis cinquante ans. Que serait-elle ? Un classique jeu de rapports de force et de guerres*. L'Europe est la seule réalité qui depuis cinquante ans incarne l'invention en politique. On y avance pas à pas, avec l'économie et un peu de politique et de culture, et avec pour seule boussole la nécessité de la cohabitation. Y voir dans les difficultés rencontrées, mais vaincues à chaque fois, la « fatigue d'un vieux continent » est un contresens et une absence de vision des défis de l'histoire. Il suffira de voir les difficultés que rencontrera le prochain chantier, hors de l'Europe, de rapprochement entre les peuples, pour réaliser ce qu'il y avait d'avant-gardiste dans l'Europe.

La rupture essentielle est peut-être du côté des connaissances à construire pour penser ce monde ouvert, en interactions constantes et sans trop de hiérarchie. Pour cela, interroger d'abord l'histoire pour essayer d'entrevoir l'étendue des différences. Mobiliser ensuite toutes les sciences, de la politique à l'économie, de l'histoire à l'anthropologie, des sciences cognitives et de l'ingénieur aux sciences de l'environnement, et de la communication... pour essayer de penser, grâce à l'interdisciplinarité, ce nouveau couple communication-mondialisation. À condition aussi de ne pas oublier le rôle essentiel des expériences littéraires, religieuses, journalistiques, artistiques, esthétiques, souvent au moins autant explicatives. Un immense effort de connaissance est donc nécessaire pour penser combien la communication est une des conditions de la paix et la guerre de demain, sans rapport avec l'omniprésence des interactions techniques d'aujourd'hui.

*En un siècle, les faits ont été plus rapides que les analyses*. C'est pour cela qu'une grande diversité des savoirs et des approches est nécessaire pour penser toutes ces ruptures. Hélas, cette diversité des approches est contradictoire avec la réalité économique qui va dans le sens contraire, celui d'une rationalisation croissante des industries de la connaissance. Là tout se standardise au niveau mondial, comme on le voit déjà avec les industries de la culture et de la communication. La signature de la Convention pour le respect de la diversité culturelle en 2005 devait pourtant favoriser cette diversité, mais elle n'a, en réalité, nullement freiné la concentration des industries de la culture et de la communication. Du côté des connaissances, on assiste au même mouvement. Il n'est question que des bienfaits de la diversité, pour les nier tout aussitôt. *La diversité des techniques ne renforce pas la diversité des contenus*. C'est le même constat que pour l'information. Il n'y a jamais eu autant de supports et pourtant les visions du monde ne sont pas plus tolérantes pour les uns et les autres. Les sociétés ne se donnent pas les moyens de penser ces changements d'échelles, encore plus compliqués que ceux concernant l'écologie puisqu'il s'agit de la vie des hommes, des cultures et des sociétés. De l'information à la communication, la culture et la connaissance, la mondialisation n'est pas aisément synonyme de diversité.

Des exemples de ces chantiers théoriques à ouvrir pour penser un monde ouvert, mais guère respectueux des diversités ? La discontinuité entre information et communication ; la fin des différences physiques et la visibilité accrue des distances culturelles. Que se passe-t-il quand tout le monde voit tout, et sait tout ? L'expansion des solitudes interactives ; le gouffre entre la performance des systèmes techniques et l'incommunication humaine ; l'omniprésence de la vitesse et l'insupportabilité du temps ; l'incapacité à penser l'altérité dans un monde petit et transparent ; le respect de la diversité culturelle, le rejet de la diversité linguistique et le règne du monolinguisme ; la triple tyrannie de la transparence, de l'interactivité et de la sécurité ; la montée des communautarismes au nom du droit aux différences... Et la liste des sujets à penser est encore plus longue.

Cette complexité croissante des rapports entre information et communication se retrouve dans un domaine voisin essentiel pour la paix de demain : celui des connaissances, envahi lui aussi par la marchandisation des savoirs face à laquelle les communautés académiques sont à la fois désarçonnées et séduites. Ces communautés sont elles-mêmes gagnées par la rationalisation, l'efficacité, la vitesse, la compétition, la hiérarchie, alors qu'elles sont *a priori* porteuses d'autres valeurs que celles du capitalisme financier. Un exemple ? Tout n'est que classement, course et compétition entre les universités mondiales, guerre pour les Nobel, enfermement des meilleurs professeurs et étudiants venant du monde entier dans des campus paradisiaques. Il y a de moins en moins d'insolences, de connaissances « inutiles », d'érudition, de culture artistique, de débats loufoques, et tout simplement d'humour et de drôlerie. Tout devient homogène et sage. Le monde académique ressemble au monde économique. Les « grandes » universités ressemblent à des entreprises, avec du gazon en plus et des salles de sport. La connaissance se réduit à un instrument de pouvoir, la communication, à un court-circuit grimaçant.

C'est donc aussi le statut et la responsabilité des élites qui est en cause. Ne feront-elles finalement qu'accompagner un phénomène de globalisation et de rationalisation dans la communication, comme dans l'information ou la connaissance, ou bien auront-elles la capacité à maintenir d'autres valeurs ? Notamment celle de l'intérêt général, du respect d'autres logiques de la connaissance, du refus de la hiérarchie mondiale, de la générosité, au-delà du règne de la dérégulation ? Actuellement, malheur à celui qui interroge, critique, ou ironise. Il devient vite l'adversaire du « progrès », le défenseur du passé… Les élites du monde entier, et partant, l'écrasante majorité des communautés universitaires, se sont converties bruyamment à cette concurrence mondialisée des savoirs, accompagnée d'une soumission étrange à l'idéologie technique, n'offrant aucune résistance critique aux multiples promesses des réseaux du savoir, universités interactives, banques de savoirs et de données. Le pire est sans doute que le monde académique reprend *directement* la vision des entreprises, alors même qu'avec l'économicisme dominant, les différences de vision sont plus que jamais nécessaires à maintenir. En trente ans, on assiste inéluctablement à l'alignement du monde académique sur une réalité économique pourtant largement insuffisante. *L'Université avait appris à se tenir à distance de l'Église, elle n'y arrive pas à l'égard de l'économie.*

Entrée dans la modernité, simultanément à l'idée de liberté individuelle, la communication, aujourd'hui flanquée de ces deux i, identité et information, se trouve être un des principaux concepts contemporains pour penser ce début de XXIe siècle. Celui-ci est à la fois confronté à la mondialisation de l'information *et* au triomphe de la diversité culturelle, deux ruptures essentielles qui ramènent à la communication et peuvent être autant facteurs de paix que de guerre.

Avec ces deux mots, information et communication, ce n'est pas seulement un choix technique qui est en cause, mais finalement deux conceptions du monde des savoirs. Dans un cas, un monde de la connaissance qui se rationalise et devient une industrie mondiale comme les autres. Dans l'autre, un *aggiornamento* de l'univers des savoirs par l'élargissement à d'autres dimensions sociales et anthropologiques. C'est en cela que l'information et la communication, bien au-delà des enjeux techniques, politiques, culturels évoqués, se trouve au centre d'une révolution épistémologique. Celle qui concerne la définition et le statut de la connaissance dans un monde ouvert.

Le débat n'a pas encore commencé, hélas, mais il signifie deux choses. D'abord le lien existant, étroit et insuffisamment analysé entre la révolution de l'information, de la communication *et* le statut des connaissances. L'information et la communication se trouvent au centre du réaménagement des sciences, mais *aussi* au cœur des débats sur les mutations du rôle des connaissances dans le monde. Ensuite, la responsabilité des communautés académiques et des élites pour penser cette révolution de l'information et de la communication s'impose. Une révolution qui modifie la représentation du monde, et partant, son organisation, puisque pour la première fois dans l'histoire, le monde devient « instantané ». Il en résulte un impact fondamental sur la production des représentations de ce monde, ouvert et petit. Y aura-t-il la poursuite d'un seul modèle, finalement occidental, des rapports entre science, technique, culture et société, avec ses forces, ses faiblesses et son processus de rationalisation ? Ou bien, à l'occasion de cette mondialisation, qui est aussi un réexamen des rapports à l'autre et à l'universalité, assistera-t-on à l'émergence d'une problématique de la diversité, avec ses inévitables rapports de force ? Autrement dit, la connaissance, comme la communication, est confrontée à la question de la diversité et à l'obligation de repenser les rapports entre diversité *et* universalité.

Dans les deux cas, c'est le rapport à l'autre qui est en cause, ou plutôt le degré de prise en compte de l'altérité, donc des différentes formes de cohabitation, dans les communications autant que pour les connaissances.

*Valoriser la cohabitation*, qui est d'ailleurs au cœur du modèle démocratique, c'est aussi réfléchir aux moyens de sortir d'une vision trop économique et rationaliste de la société. Réhabiliter la problématique de la cohabitation, c'est donc sortir de l'idéologie économiciste dominante et rappeler que les sociétés ont d'autres aspirations, dont celle d'apprendre à vivre ensemble, tout en étant différents les uns des autres. Cette recherche de la cohabitation, comme nouvel horizon de la mondialisation, peut devenir une utopie et trouver dans cette conception politique de la communication, qui privilégie négociation et cohabitation, une valeur supplémentaire.

L'enjeu politique de la communication ? Faire cohabiter, pacifiquement, le même et le différent dans les sociétés ouvertes où l'économie ne sera plus le seul horizon des hommes. Utopique ? Sans doute et tant mieux, car cette troisième mondialisation crée un besoin d'utopie pour éviter que l'omniprésence de l'information et de la communication, au lieu de rapprocher les points de vue, menace encore plus les équilibres fragiles de la paix et la guerre de ce début de siècle.

# Sources des textes utilisés

## Chapitre 1

– Revue *Autrement, Finie, la famille ?*, automne 1975, n° 3.
– Revue *Autrement, 1968-1978, dix années sacrilèges*, février 1978, n° 12.
– Revue *Esprit*, juillet-août 1976, n° 7-8.
– Revue *Esprit*, juillet-août 1977, n° 7-8.

## Chapitre 2

– Revue *Autrement, 1968-1978, dix années sacrilèges*, février 1978, n° 12.
– Revue *Les Temps modernes, Télécommunication et Société*, août-septembre, 1978.
– *Les Dégâts du progrès. Les travailleurs face au changement technique* (avec la CFDT, J.-P. Faivret et J.-L. Missika), Paris, Seuil, 1977.
– *Le Tertiaire éclaté. Le travail sans modèle* (avec la CFDT, J.-P. Faivret et J.-L. Missika), Paris, Seuil, 1980.
– *Mouvements sociaux d'aujourd'hui. Acteurs et analystes*, Actes du colloque de Cerisy-la-Salle, 28 juin-8 juillet 1979, Paris, Les Éditions ouvrières, 1982.

## Chapitre 3

– *Les Cahiers du Secours catholique*, janvier 1994, n° 1.
– *Hermès*, n° 11-12, *À la recherche du public. Réception, télévision, médias*, Paris, CNRS Éditions, 1993.
– *Hermès*, n° 13-14, *Espaces publics en images*, Paris, CNRS Éditions, 1994.
– *Enjeux — Les Échos*, hors série sur l'autorité, mars 2006.
– *Le Monde*, 11 juillet 1989 et 6 décembre 2002.
– *Télérama*, 11 juin 2008.
– *Rapport pour l'Union européenne de radiodiffusion*, mai 2009.

## Chapitre 4

– Revue *Études*, février 1996, n° 2.
– Revue *Hermès*, n° 4, *Le Nouvel Espace public*, Paris, CNRS Éditions, 1989.
– Revue *Hermès*, n° 15, *Argumentation et rhétorique (I)*, Paris, CNRS Éditions, 1995.
– Revue *Hermès*, n° 17-18, *Communication et politique*, Paris, CNRS Éditions, 1995.

– Revue *Hermès*, n° 26-27, *www.démocratie locale.fr*, Paris, CNRS Éditions, 1999.
– *Communication et démocratie : Internet et politique, Médias et opinion publique, Le marketing politique*, Paris, CNRS Éditions, coll. « Les Essentiels d'Hermès », 2012.
– *Libération*, 4 mars 2004.

### Chapitre 5

– *American Behavioral Scientist*, novembre-décembre 1989, n° 33, vol. 2.
– *Columbia Journalism Review*, juillet-août 1979.
– *Hermès*, n° 4, *Le Nouvel Espace public*, Paris, CNRS Éditions, 1989.
– *Hermès*, n° 35, *Les journalistes ont-ils encore du pouvoir ?*, Paris, CNRS Éditions, 2003.
– Revue *MediasPouvoirs*, janvier-février-mars 1989, n° 13.
– *Le Monde*, 8 juin 1980.
– *L'Information demain. De la presse écrite aux nouveaux média* (avec J.-L. Lepigeon), Paris, La Documentation française, 1979.

### Chapitre 6

– Revue *Hermès*, n° 53, *Traçabilité et réseaux*, Paris, CNRS Éditions, 2009.
– *Les Enjeux culturels de l'informatisation*, Paris, La Documentation Française, coll. « Information et société », n° 9, 1980.
– *Le Monde*, 11 juin 1999.
– *Actes du sommet mondial des régulateurs*, 30 novembre-1er décembre 1999, Paris, CSA, 2000.

### Chapitre 7

– Revue *Le Débat*, Paris, Gallimard, septembre-octobre 1992, n° 71, vol. 4.
– Revue *Hermès*, n° 23-24, *La Cohabitation culturelle en Europe. Regards croisés des Quinze, de l'Est et du Sud*, Paris, CNRS Éditions, 1999.
– *MediasPouvoirs*, octobre-novembre-décembre 1990, n° 20.
– *Le Monde*, 30 mars 2000 et 5-6 juin 2005.
– *Le Nouvel Observateur*, 18-24 juillet 1991.
– COMPAGNON, A., SEEBACHER, J. (dir.), *L'Esprit de l'Europe*, Flammarion, 1993 (tome 2, *Mots et choses*).
– SOLDATOS, P. (éd.), *L'Europe des cultures et des langues quels enseignements ?*, chaire Jean-Monnet, 1999.

### Chapitre 8

– Revue *Hermès*, n° 32-33, *La France et les Outre-mers. L'Enjeu multiculturel*, Paris, CNRS Éditions, 2002.
– Revue *Hermès*, n° 40, *Francophonie et mondialisation*, Paris, CNRS Éditions, 2004.

- Revue *Hermès*, n° 51, *L'Épreuve de la diversité culturelle*, Paris, CNRS Éditions, 2008.
- Revue *Hermès*, n° 56, *Traduction et mondialisation* (vol. 2), Paris, CNRS Éditions, 2010.
- « L'identité francophone dans la mondialisation » (avec Aurélien Yannic et Catherine Mandigon), Cellule de réflexion stratégique de la francophonie (CRSF), Organisation internationale de la francophonie, décembre 2008.
- « Francophonie et migrations internationales » (avec Aurélien Yannic et Catherine Mandigon), Cellule de réflexion stratégique de la francophonie (CRSF), Organisation internationale de la francophonie, janvier 2008.

## Chapitre 9

- *Cahiers STS* (Sciences, Techniques et Société), n° 1, *Indisciplines*, Paris, CNRS Éditions, 1984.
- Revue *Géoéconomie*, printemps 2010, n° 53.
- Revue *Hermès*, n° 21, *Sciences et médias*, Paris, CNRS Éditions, 1997.
- Revue *Hermès*, n° 57, *Sciences.com, libre accès et science ouverte*, Paris, CNRS Éditions, 2010.
- *Libération*, 17 octobre 2007.
- *L'Illusion écologique* (avec J.-P. Faivret et J.-L. Missika), Paris, Seuil, 1980.
- « Le débat sur les OGM : cinq changements dans la communication politique », analyse du débat public, 2002.
- « L'expertise collective », rapport Recherche et Société, CNRS, juin-novembre 2003.
- « Les nouveaux rapports science-société », note au Conseil scientifique du CNRS, juin 2010.

## Chapitre 10

- Revue *Hermès*, n° 38, *Les Sciences de l'information et de la communication*, Paris, CNRS Éditions, 2004.
- Revue *Hermès*, n° 48, *Racines oubliées des sciences de la communication*, Paris, CNRS Éditions, 2007.
- Revue *Hermès*, n° 58, *Les langues de bois*, Paris, CNRS Éditions, 2010.
- *Informer n'est pas communiquer*, Paris, CNRS Éditons, 2009.
- Textes institutionnels

# Glossaire

Altérité – Audience et public – Communauté et communautarisme – Communication – Communication normative et fonctionnelle – Communication politique – Conflit des légitimités – Controverse – Culture et niveaux culturels – Diversité culturelle – Espace public, commun et politique – Expertise – Francosphère – Identité culturelle collective – Idéologie technique – Incommunication – Individu – Information – Interdisciplinarité – Modernité et modernisation – Multiculturalisme – Récepteur – Sciences de la communication – Société civile – Société individualiste de masse – Théorie de la communication – Tradition – Travail : division/organisation/conditions – La troisième mondialisation ou l'autre mondialisation – Village global – Vulgarisation

## ALTÉRITÉ

La notion d'altérité permet de penser la communication comme une relation et non comme la transmission ou le partage. L'autre est différent. Il n'est pas du côté du même, ce que chacun recherche plus ou moins dans la communication. Reconnaître le principe de l'altérité, c'est reconnaître qu'on ne se comprend pas forcément. Du coup le récepteur a un autre statut. Il n'accepte pas forcément le message, le hiérarchise, même s'il ne peut parfois pas s'y opposer, ou même le partager quand les protagonistes sont en situation d'égalité.

*Le récepteur* est la première figure de l'altérité. Se heurter à l'altérité du récepteur oblige à une négociation permanente avec l'émetteur pour définir ce qui est commun et tolérer les différences. L'altérité permet par ailleurs de penser les enjeux de la diversité culturelle : la cohabitation des identités n'est rendue possible que par une reconnaissance réciproque des particularités, des cultures, des langues et des contextes.

## AUDIENCE ET PUBLIC

Dans son rapport aux médias ou aux politiques, le public est souvent considéré comme une entité homogène dont on peut capter l'opinion et les desiderata par le biais des sondages et des mesures d'audience. Il est par ailleurs souvent soupçonné d'être influençable, versatile, manipulable, à tel point que, dans le langage courant, « grand public » est devenu plus ou moins synonyme de « faible niveau intellectuel ». C'est pourquoi la logique pousse depuis des années à segmenter ce « grand public » en « des publics » différenciés, chacun avec ses attentes, ses opinions et ses ressources. La segmentation est indissociable de publics solvables, ou du moins de publics ayant à la fois des identités et des revenus. Les médias spécialisés ou communautaires, dont les derniers, les « réseaux sociaux » sur Internet, sont considérés, en comparaison avec les médias de masse, comme des vecteurs de « progrès et de liberté ».

À cette logique dominante de la *demande*, considérée comme un progrès, s'oppose celle des médias généralistes qui repose sur la logique de l'offre, tout aussi nécessaire et qui consiste à essayer, par l'intermédiaire d'une grille de programmes, de satisfaire en une journée, ou en une semaine, le plus grand nombre possible de publics différents. Les médias généralistes n'ignorent évidemment pas la réalité de la diversité des publics. Ils souhaitent simplement pouvoir les réunir, malgré leurs différences. Les médias segmentés sont du côté de la communauté, donc du même. Les médias généralistes, du côté de la société donc de l'altérité. Les premiers gagnent en qualité de communication là où les seconds gagnent en prise en compte de l'obligation de préserver la diversité d'une société, donc l'importance du lien social.

*L'audience et le public sont des données quantitatives, le grand public est un concept qualitatif.* Il est dans l'ordre de la culture et de la communication, l'équivalent du suffrage universel, dans l'ordre de la politique.

## COMMUNAUTÉ ET COMMUNAUTARISME

La communauté est « un groupe social caractérisé par le fait de vivre ensemble, de posséder des biens communs et d'avoir des objectifs commun ». En clair, rassembler les individus à partir de leurs points communs. Le communautarisme désigne l'attitude, ou les aspirations, de minorités ethniques, religieuses ou culturelles à vivre ensemble, au risque parfois de se replier sur elles-mêmes. Par extension, le mot désigne tous les groupes d'amis ayant des goûts ou des choix communs décidés à les partager et à se présenter comme tels vis-à-vis de l'extérieur, à partir de leur « identité culturelle ». Parfois, il prône le primat de la communauté sur les individus afin de contrebalancer les droits individuels par des devoirs envers le groupe. Par extension, communautarisme renvoie au principe d'organisation sociale par groupes d'intérêts, par opposition à la société qui réunit les individus et les groupes au-delà de leurs différences culturelles, idéologiques, politiques, etc.

## COMMUNICATION

L'information concerne le message, la communication, la relation. L'importance et la difficulté de la communication ne sont apparues qu'avec la victoire de l'information. Ce sont la facilité, et le volume d'information produit et diffusé, qui ont rendu visible l'incompréhension. Le récepteur n'est pratiquement plus en ligne avec l'émetteur et le message.

Le terme de communication recouvre quatre phénomènes :

• L'idéal d'expression et d'échange qui est à l'origine de toute culture et notamment de la culture démocratique occidentale. Communiquer c'est échanger et partager. Idéal existentiel et social. L'opposé de la guerre et de la violence.

• L'ensemble des médias de masse (presse, radio et télévision) qui ont bouleversé en un siècle les rapports entre information, communication et société.

• L'ensemble des techniques de communication (télécommunications, audiovisuel, informatique et leurs interconnexions) qui viennent en un demi-siècle de modifier les conditions de production, d'échange d'informations, et d'interactions, au niveau mondial.

• Les valeurs, symboles et représentations qui organisent le fonctionnement de l'espace public des démocraties de masse et plus généralement de la communauté internationale. Tout ce qui permet aux collectivités de se représenter, d'entrer en relations les unes avec les autres, et d'agir sur le monde.

COMMUNICATION NORMATIVE ET FONCTIONNELLE

La communication est toujours un échange entre un émetteur, un message et un récepteur. La communication normative renvoie à l'idéal de partage. La communication fonctionnelle s'est développée depuis plus d'un siècle avec les supports de l'écrit, du son, de l'image et des données informatiques et renvoie plutôt à l'idée de transfert d'information, due notamment au fonctionnement de plus en plus complexe de nos sociétés, avec la division des tâches qui l'accompagne.

Ces deux types de communication sont indissociables et interagissent comme la double hélice de l'ADN. Le décalage vient aussi de la proportion croissante de la communication fonctionnelle dans nos sociétés par opposition aux difficultés qui subsistent avec la communication normative, au sens où celle-ci nécessite une vraie volonté d'échange et de respect des différences. La confusion entre ces deux définitions de la communication vient du fait que la multiplication des techniques depuis un siècle (radio, télévision, ordinateur, etc.) est un progrès considérable, créant le sentiment de permettre une communication humaine normative de qualité, proportionnelle à la performance des techniques. Il n'y a pas de rapport direct entre le progrès des techniques de communication et le progrès dans la communication humaine et sociale.

COMMUNICATION POLITIQUE

Elle a deux sens.

Un sens empirique : la communication politique s'intéresse à l'étude de la communication entre le pouvoir politique et l'électorat, puis entre majorité et opposition. Elle comporte : a) le rôle des médias dans la formation de l'opinion publique et l'influence des sondages sur la vie politique ; b) l'étude du rôle de la communication dans la vie politique : médias, sondages, marketing politique et publicité, notamment dans les périodes électorales ; c) toute expression et communication ayant pour objet la politique de la part des acteurs composant l'espace public.

Un sens théorique. Notamment ce que j'ai défini en 1989 dans *Hermès*, n° 4, *Le Nouvel Espace public* : la communication politique est l'« espace où s'échangent les discours contradictoires des trois acteurs qui ont la légitimité à s'exprimer publiquement sur la politique et qui sont les acteurs politiques, les journalistes et l'opinion publique à travers des sondages ». Cette définition insiste sur l'idée d'interaction des discours, par des acteurs qui n'ont ni le même statut ni la même légitimité mais qui, de part leurs relations et leurs positions dans l'espace public, constituent en réalité la condition de fonctionnement de la démocratie de masse. La communication politique est le moteur de l'espace public.

## CONFLIT DES LÉGITIMITÉS

C'est le moyen de respecter *la diversité* des rapports au monde au moment où la mondialisation de l'information et le progrès de toutes les techniques de communication suppriment toutes les frontières et donnent le sentiment d'un monde ouvert, transparent, où tout circule. Comment préserver l'ouverture du monde et éviter la perte de repères – repères symboliques – sans lesquels il n'y a pas de vie collective ? En organisant le conflit des légitimités, c'est-à-dire la cohabitation des trois logiques qui fondent notre relation à la réalité : l'information, la connaissance, l'action. Les trois ont évidemment des points de recouvrement, mais leurs logiques sont différentes.

Les légitimités différentes reposent sur l'existence et *le rôle des communautés intermédiaires*, c'est-à-dire toutes les professions (journalistes, professeurs, médecins, etc.) dont les connaissances permettent de préserver une certaine profondeur culturelle pour comprendre le monde et distinguer ce qui relève de l'information, de la communication, et de l'action. Ces communautés intermédiaires ne sont pas des obstacles à la transparence du monde, mais la condition, au contraire, pour que cette « transparence » ne conduise pas à l'anomie cognitive et sociale.

## CONTROVERSE

La vie intellectuelle, culturelle et scientifique est indissociable de discussions. La démocratisation, avec les médias et l'élargissement de l'espace public, accentue ces situations qui vont du débat à la polémique et à la controverse. Les controverses scientifiques ont un statut particulier car elles prennent en charge quasiment toutes les dimensions du rapport entre science, technique et société. *Cinq conditions* sont nécessaires pour distinguer une controverse scientifique des autres procédures de débat public : – un enjeu scientifique identifiable, – une dimension internationale, – un contenu économique, – une mobilisation de l'opinion publique, – une action des médias.

La controverse modifie les conditions de production, transmission, réception des *connaissances* et conduit nécessairement à une cohabitation de logiques différentes. Elle est inséparable de l'existence de l'espace public élargi, du pluralisme, de la liberté d'information et de communication.

## CULTURE ET NIVEAUX CULTURELS

En français, la culture renvoie à l'idée de création, d'œuvre d'art et donc de patrimoine. Le sens allemand est proche de l'idée de civilisation et intègre au patrimoine les valeurs, les représentations et les symboles. Le sens anglo-saxon est plus anthropologique et prend en compte les manières de vivre et les savoirs quotidiens. La culture n'est jamais statique.

On peut distinguer quatre formes de culture. À l'opposition classique entre culture d'élite et culture populaire, liée aux milieux populaires, se sont rajoutés deux niveaux supplémentaires :

• La culture moyenne, grand public (musique, cinéma, publicité, médias, voyages, télévision, mode, styles de vie et de consommation), apparue avec la démocratisation, la généralisation de l'éducation et des loisirs, et les politiques culturelles avec les grands musées, les fêtes du patrimoine, la fête de la musique...

• Les cultures spécifiques, liées à la société individualiste de masse, qui souhaitent se distinguer autant de la culture moyenne que de la culture populaire (féminisme, régionalisme, homosexualité, etc.).

Ces quatre formes de culture cohabitent et s'interpénètrent, grâce aux médias et aux débats, polémiques dans l'espace public. Une bonne partie de la population est « multiculturelle », au sens où chacun appartient successivement, et même simultanément, à plusieurs de ces formes de culture. Cela constitue une grande différence par rapport à la situation antérieure où chacun avait tendance, sauf pour l'immigration, à rester dans son milieu culturel.

## DIVERSITÉ CULTURELLE

L'expression « diversité culturelle » souligne l'existence de la variété des cultures et des langues et la nécessité de les respecter du point de vue international, mais aussi au sein des États-nations. Elle est un objet de revendication politique et s'oppose à une vision de la culture marchande où la loi du marché l'emporte sur le respect du droit à la différence. *La convention d'octobre 2005 à l'Unesco* sur « la protection et la promotion de la diversité des expressions culturelles », signée et ratifiée aujourd'hui par cent seize États, inscrit le principe du respect de la diversité culturelle dans le droit public international.

Ce respect est encore largement ignoré, ou caricaturé dans les manifestations les plus étroites auxquelles elle donne droit dans certaines situations. Rien à voir par comparaison avec la sensibilité et l'engagement pour le respect de la diversité de la nature. *Il y a deux poids, deux mesures*. Une attention réelle à l'égard de la diversité écologique, une indifférence, voire une hostilité pour la diversité culturelle. Pour beaucoup encore, l'identité culturelle est un concept dangereux, défensif, traduisant un repli sur soi, sans y voir au contraire la condition d'organiser une cohabitation plus respectueuse des différences dans le cadre de la mondialisation, et pour les langues, Dieu, la mémoire, la liberté des représentations, l'histoire, les symboles... les hommes sont toujours prêts à se battre et à mourir.

Ce que j'appelle *la troisième mondialisation* ? La nécessité de reconnaître comme enjeu de paix et de guerre la place des phénomènes culturels au même niveau que les questions économiques et politiques. Les liens culture-communication peuvent devenir, l'histoire le prouve amplement, des facteurs de conflit bien plus violents que ce qui concerne l'économie et le politique.

## ESPACE PUBLIC, COMMUN ET POLITIQUE

La notion d'espace public, théorisée par Emmanuel Kant et popularisée par Jürgen Habermas, est au cœur du fonctionnement démocratique. Elle désigne la sphère intermédiaire qui s'est constituée, au moment des Lumières, entre la société civile et l'État permettant à l'opinion publique de se constituer par l'échange de discours plus ou moins raisonnables et contradictoires sur les problèmes d'intérêts généraux. Il s'agit d'un espace symbolique qui requiert du temps pour se former, un vocabulaire, des valeurs communes et une reconnaissance mutuelle des légitimités. On ne décrète pas l'existence d'un espace public comme on organise des élections, on en constate l'existence qui atteste de la réalité d'une démocratie en action. Avec la démocratie de masse, cet espace s'élargit considérablement, en termes de nombre de sujets, de débats, d'acteurs et de moyens de s'exprimer (médias, sondages, Internet, manifestations...).

Trois types d'espace peuvent être distingués :

• *l'espace commun* : est à la fois physique, défini par un territoire, et symbolique, défini par réseaux de solidarité et d'échanges, notamment par le commerce pour compenser l'hétérogénéité des langues ;

• *l'espace public* est au départ physique, celui de la rue, de la place, du commerce et des échanges avant de se dématérialiser à partir des XVI$^{e}$ et XVII$^{e}$ siècles avec la séparation du sacré et du temporel et la progressive reconnaissance du statut de la personne et de l'individu face à la monarchie et au clergé ; l'espace public est devenu l'espace symbolique où s'opposent, et se répondent, les discours pour la plupart contradictoires, tenus par les différents acteurs politiques, sociaux, religieux, culturels, intellectuels, composant une société ;

• *l'espace politique* où il ne s'agit pas seulement d'informer, discuter, délibérer, mais aussi de décider et d'agir. Il est directement lié au pouvoir.

## EXPERTISE

L'expert n'est ni le savant ni le chercheur. Il est une catégorie hybride, à l'interface de la compétence et du droit, à mi-chemin entre la justice, l'État, l'économie, l'autorité et la science. L'expertise est de plus en plus valorisée dans une société où les rapports sciences-techniques-sociétés se compliquent. L'expertise est inséparable de compromis et de négociations, donc de la communication et elle est liée à l'interdisciplinarité pour deux raisons. D'une part, parce que le recours aux experts ne cesse de croître comme arbitrage entre plusieurs systèmes de références qui coexistent dans les sociétés modernes. D'autre part, parce que les logiques combinées de la concurrence économique et scientifique, de la médiatisation et de la politisation de la recherche peuvent progressivement mettre en cause l'idée de communauté scientifique. Notamment parce que la question de la vérité devient plus complexe et surtout controversée, entre scientifiques.

L'expertise conduit à un choix, là où la recherche explore les différentes solutions. Sans réflexion renouvelée, l'expertise peut devenir une nouvelle caution à tous les arbitrages, plus ou moins arbitraires.

## FRANCOSPHÈRE

Telle que je l'ai définie en 2006 dans *Demain la francophonie*, elle correspond au troisième stade de la francophonie, c'est-à-dire la francophonie face à la mondialisation, surtout depuis la fin du conflit Est-Ouest et l'apparition d'un monde multipolaire.

Ce redéploiement de la francophonie au niveau mondial est une chance, face à la mondialisation et aux enjeux de diversité culturelle qui émergent. Le même phénomène se passe pour les autres langues présentes dans plusieurs pays et continents : l'espagnol, le portugais, et demain, le russe et l'arabe. À côté des langues dominantes (mandarin, hindi), il existe des langues mondiales. Hier phénomène de domination politique, elles deviennent facteurs de culture et de dialogue. L'étape coloniale n'est donc qu'un moment dans cette longue histoire, comme pour toutes les autres langues. La francophilie, par exemple, de l'Europe centrale et orientale, ou de l'Amérique latine, n'a aucun rapport avec l'histoire coloniale et elle est aujourd'hui bien vivante. La francosphère a aujourd'hui deux jambes. La plus importante, la francophonie de la société civile, avec ses deux cents millions de locuteurs dans le monde, et ses neuf cent mille professeurs de français dont l'écrasante majorité n'est pas de nationalité française. Il y a aussi l'OIF (Organisation internationale de la francophonie), créée il y a quarante ans, qui regroupe actuellement plus de soixante-quinze États et qui représente, avec les institutions et les opérateurs (AuF, AmF, etc.), le visage institutionnel de la francophonie. Mais les deux ne se recoupent pas totalement. L'Algérie, par exemple, terre francophone, au rôle essentiel en Afrique, n'appartient pas, pour des raisons interétatiques et diplomatiques, à l'OIF.

## IDENTITÉ CULTURELLE COLLECTIVE

Au cours de son développement, l'homme, à travers la pensée et le langage, s'approprie et incorpore les normes, les valeurs et les représentations de la culture de son milieu. Il se construit ainsi une identité culturelle, partagée avec les autres membres de son groupe. C'est l'identité culturelle collective qui n'est jamais statique. Chaque individu se caractérise ainsi par plusieurs appartenances simultanées et successives. La généralisation de la communication change la problématique de l'identité culturelle collective, en favorisant les échanges et les emprunts mutuels, mais aussi en renforçant le besoin de préciser son identité par rapport aux uns et aux autres. Dans un monde ouvert, chacun veut garder ses racines, ce qui est évidemment encore plus difficile pour les petits pays.

En 2003 dans *L'Autre Mondialisation,* j'ai distingué deux dimensions dans la défense de l'identité culturelle : – *l'identité culturelle refuge* réagit de manière défensive à une menace sur la langue, la mémoire, les symboles,

les représentations, les pratiques culturelles, etc. Elle est en général hostile à autrui et nourrit les exclusions, les populismes, voire les racismes. La mondialisation par sa déstabilisation, renforce cette identité culturelle refuge ;
– *l'identité culturelle relationnelle* inscrit cette défense de l'identité culturelle dans le cadre de la communauté internationale, sans néanmoins abandonner ses revendications identitaires. Elle essaye de faire cohabiter respect des identités culturelles *et* respect de l'universalité.

### IDÉOLOGIE TECHNIQUE

L'idéologie dominante à partir des années 1960-1970, consiste à croire que la technique, en l'occurrence le développement des TIC, par l'étendue de leurs champs d'application, va modifier et améliorer en soi les rapports humains et sociaux. Constatant que l'information et la communication sont au cœur du fonctionnement de la société et que les techniques du même nom structurent cette mutation économique et sociale, elle prédit l'avènement d'une société de l'information et de la communication irénique et pacifique. D'autres idéologies techniques ont existé, mais celle-ci présente une séduction particulière car elle porte sur ce qui est au cœur de l'individu et de son rapport au monde : l'information et la communication. C'est le thème du village global, de la société de la communication ou de la société de la connaissance par exemple. Chaque fois, on investit sur les techniques d'information et de communication d'une capacité à changer la société.

### INCOMMUNICATION

L'incommunication n'est pas tant l'échec, temporaire ou chronique, d'une situation de communication que son horizon : les malentendus, l'incompréhension mutuelle, les quiproquos, autant que les désaccords, sont constitutifs des processus de communication, relançant les interactions incessantes qui caractérisent toute communication humaine ou technique. Ce sont les difficultés mêmes de la communication humaine qui impliquent qu'elle se relance sans cesse, fondant au bout d'un moment les conditions d'une négociation, sorte d'arbitrage temporaire entre des logiques contradictoires. Plus il y a de communication, avec ou sans technique, plus il y a de négociations et d'arbitrages temporaires. S'opposant à l'impérialisme technique, la notion d'incommunication permet de rappeler la réalité de la tour de Babel à l'opposé du rêve du village global, où tous, grâce à l'omniprésence des techniques, se comprendraient.

### INDIVIDU

L'individu, avant d'être l'« unité dont se compose la société » a une origine religieuse et constitue l'une des originalités les plus fortes de la philosophie et de la civilisation occidentales. Le chrétien a acquis ce statut dans sa relation à Dieu. Les Lumières ont valorisé l'individu en tant qu'être distinct, autonome par rapport aux contraintes sociales et familiales. L'avènement de l'économie marchande a achevé ce processus. La Révolution française a posé que chaque homme possède des droits naturels inaliénables, du seul fait qu'il est un individu et indépendamment de tout rapport à la collectivité à laquelle il appartient. Ces droits de l'homme naturels sont devenus ensuite politiques, économiques, sociaux et sont reconnus dans les différentes déclarations des droits de l'homme, de la Révolution jusqu'à l'ONU. Ils sont au fondement de l'existence de la communauté internationale.

## INFORMATION

L'information a d'abord été l'objet de la presse écrite, puis de la radio, de la télévision et d'Internet. Elle est plutôt centrée sur les événements. Elle est confrontée avec la mondialisation de l'information et la multiplication des chaînes d'information à la question de la diversité culturelle. Comment préserver cette référence universelle, tenir compte de la diversité culturelle, visible avec la multiplication des médias et éviter la segmentation des marchés de l'information, en fontion de la solvabilité des publics ? Pour l'information, comme pour la communication d'ailleurs, tout se complique.

*Il existe cinq grandes catégories d'informations* que l'on peut donner ou recevoir par oral, texte, image, données et qui peuvent s'intégrer à n'importe quel support :

• *l'information nouvelle* (ou information-presse, information-événement) est construite et légitimée par les journalistes, qui observent l'actualité, recueillent des faits et construisent l'information. Sa référence est universelle et inséparable de la lutte depuis le XVIIIe siècle pour la liberté de l'information et de la démocratie. C'est la dimension universelle, normative et politique de l'information ;

• *l'information institutionnelle*, gérée par les acteurs économiques, politiques, juridiques... ;

• *l'information-service*, en pleine expansion, notamment avec l'Internet. Gratuite et de plus en plus payante. Elle correspond aux nouveaux modes de vie et aux applications des technologies d'information et de communication, dans tous les secteurs de la vie sociale ;

• *l'information-connaissance*, liée à l'essor des banques de données et aux systèmes d'information professionnels, résulte d'un travail de construction et d'interprétation de la réalité. Le problème est celui des compétences pour y accéder, de son organisation, de l'abondance et du prix ;

• *l'information relationnelle*, qui traverse toutes les catégories, renvoie à l'enjeu humain de la communication normative. Parler, échanger, se comprendre. Elle est en expansion, notamment avec les réseaux sociaux, après avoir été aussi largement présente avec la radio et la télévision. Le premier travail intellectuel est de distinguer les cinq catégories qui n'ont pas le même sens, même si dans la réalité tout est souvent mêlé.

## INTERDISCIPLINARITÉ

*L'interdisciplinarité* est un mode d'organisation de la recherche consistant à faire travailler ensemble des scientifiques issus de diverses disciplines sur un thème ou un objet commun. Elle se distingue de la *pluridisciplinarité* qui a pour objectif la mobilisation de plusieurs compétences pour résoudre un problème, avec mise en commun des résultats de la recherche mais sans interaction particulière, au niveau des problématiques. *La transdisciplinarité* consiste en la mise en circulation de concepts qui traversent plusieurs disciplines, en étudiant la façon dont chacune l'aborde.

Trois raisons rendent indispensable la mise en œuvre de démarches interdisciplinaires. Tout d'abord, l'augmentation du volume global de connaissances produites dans tous les domaines rend évidente l'imbrication des différents champs du savoir. La biologie moléculaire se situe par exemple au point de rencontre de la biologie, de la physique et de la chimie ; mais elle comporte aussi des connexions avec l'électronique et l'informatique et ses applications réelles ou potentielles posent des questions concernant en premier lieu les sciences humaines et sociales. Ensuite, la complexité des sociétés actuelles se traduit par l'intervention d'acteurs de plus en plus nombreux dans le champ scientifique. Les chercheurs se trouvent pris dans un jeu de relations avec de multiples parties prenantes, parmi lesquelles se trouvent les entreprises industrielles, les organismes financeurs de la recherche, les pouvoirs publics, les associations de citoyens, les médias. Enfin, le développement de problèmes civilisationnels et environnementaux planétaires (réchauffement climatique, écologie, énergie...) implique de penser globalement les multiples dimensions des questions soulevées, donc de faire travailler conjointement des scientifiques issus de disciplines différentes.

L'interdisciplinarité recouvre des enjeux communicationnels pour au moins deux raisons. Pour sortir de l'hyperspécialisation. Pour faire dialoguer différentes cultures scientifiques. Dans les deux cas, il s'agit d'entrer dans un processus de négociation.

### MODERNITÉ ET MODERNISATION

L'adjectif « moderne » désigne ce qui appartient à une époque récente au sens d'actuel, de contemporain et s'oppose à ancien, à antique. Depuis la querelle des Anciens et des Modernes, au XVII$^{e}$ siècle, ce terme bénéficie d'une connotation positive et sous-entend l'idée de progrès de l'humanité. Ses caractéristiques les plus fréquentes : l'émergence de la liberté individuelle, la force de la raison contre la tradition, la sécularisation et l'importance de la société, l'adhésion aux valeurs scientifiques et techniques, un intérêt pour la politique démocratique.

La notion de modernité n'a pas tardé à être critiquée, d'hier à aujourd'hui. Pour dépasser la notion de modernité a été progressivement forgé le concept de postmodernité où l'absurde, le narcissisme et l'autodérision, remplacent l'idée d'une téléonomie ou d'un sens historique.

La modernisation a fini, quant à elle, par désigner les stratégies suivies par les pays en voie de développement pour parvenir à la construction d'une société « à l'occidentale ». Elle implique donc un renouvellement du mode de division et d'organisation du travail social. L'État, les entreprises, les bureaucraties, permettent la modernisation, comme ils peuvent la freiner.

MULTICULTURALISME

Ce terme renvoie au débat initié par les Canadiens dans les années 1980-1990, puis repris par les Américains et finalement peu ou prou par tous les pays, sur la question de la cohabitation des multiples identités culturelles au sein des États-nations. Comment faire coexister plusieurs cultures sur un même territoire et comment maintenir, néanmoins, un principe d'unité ? Beaucoup de sociétés et d'empires ont été multiculturels dans l'histoire, mais très peu étaient organisés de manière égalitaire *et* démocratique. Le défi du multiculturalisme contemporain est de satisfaire à toutes les revendications d'identités culturelles tout en maintenant le principe d'adhésion à des valeurs communes démocratiques. On est là au cœur du modèle de cohabitation culturelle et politique. Presque toutes les sociétés contemporaines, surtout en Europe, sont multiculturelles, du fait de la mondialisation et de l'ouverture des frontières. Il manque à la fois une politique de reconnaissance, équitable, de ces diversités *et* le maintien d'un principe d'unité social, politique et culturel.

RÉCEPTEUR

Dans le modèle classique de la communication, un message est transmis d'un émetteur vers un récepteur. C'est le cas, évidemment, dans le cadre des transferts d'informations entre machines. Pendant longtemps, la question de l'interprétation du message, voire de la résistance à son égard, n'a pas été posée, pas plus dans le cadre de la communication technique qu'humaine. C'est l'augmentation du volume des informations *et* du nombre des protagonistes qui oblige à prendre conscience de la discontinuité de la communication.

La revalorisation du récepteur est un choix théorique sur lequel j'insiste souvent.

Le récepteur est intelligent, c'est la même hypothèse que pour le citoyen. C'est d'ailleurs le même individu. Pourquoi serait-il intelligent et critique en politique, passif et manipulé dans la communication ? Il peut être influencé, bien sûr, mais beaucoup moins manipulé qu'on ne le dit souvent. Il n'est en tout cas jamais passif. De nombreuses théories de la communication médiatique n'ont pas beaucoup réfléchi au statut du récepteur. On supposait que le même message, adressé à tout le monde, allait être perçu de la même manière, donc influencerait tout le monde. L'expérience prouve au contraire l'extrême diversité des conditions de réception. Une autre idée reçue fausse : le récepteur serait passif face à la radio et à la télévision, *et* actif devant un clavier d'ordinateur. Il est pourtant toujours en activité, ne serait-ce que pour des raisons cognitives. La revalorisation du récepteur, comme je le soutiens, a plusieurs implications : la capacité à pouvoir refuser ; la réalité de la négociation ; la possibilité de l'oubli pour ne pas mourir sous la mémoire. Tout cela signifie qu'un message est rarement reçu conformément aux intentions de l'émetteur et que poser la question de la communication, c'est finalement poser la question de son rapport à l'autre et de l'incommunication.

C'est la complexité de la réception et du récepteur qui rend caduc le rêve du *village global*. Le récepteur n'a pas toujours raison, loin de là, mais on ne peut plus l'ignorer. Il est à la fois impossible à ignorer et impossible à satisfaire.

## SCIENCES DE LA COMMUNICATION

Comme dans toute l'histoire des sciences, celles de la communication ont commencé dans l'interdisciplinarité, c'est-à-dire fondamentalement dans l'« indiscipline ». Seuls des esprits originaux, en marge ou rebelles, s'occupaient de questions comme l'information et la communication qui n'intéressaient personne et ne semblaient guère porteuses d'avenir. En outre, qu'il s'agisse de littérature, théâtre, cinéma, enseignement, psychologie sociale, médias, militants, éducateurs, journalistes... Le milieu d'origine reflétait déjà la formidable polysémie de la communication dont beaucoup ont peur, préférant la « rationalité » de l'information à la complexité de la communication.

Une transformation de taille a lieu avec l'émergence des sciences de la communication qui essaient de prendre en charge cette complexité. Elles complètent les sciences de l'information et de la communication de l'université (créées en 1971 en France), qui ont réalisé un travail considérable, mais au sein des sciences humaines et sociales. Avec les sciences de la communication, l'interdisciplinarité s'élargit à toutes les disciplines scientifiques, pour privilégier la complexité des relations entre l'émetteur, le message et le récepteur. L'information et la communication sont des concepts centraux pour l'épistémologie contemporaine et l'évolution des connaissances et de leurs interactions. Ces concepts contribuent directement, depuis presque un siècle, à restructurer les différents domaines de la connaissance.

Il faut en général quatre conditions pour expliquer le passage d'un objet de recherche interdisciplinaire comme la communication, à l'émergence d'une nouvelle discipline : d'abord, le fait que les problématiques théoriques sont trop complexes pour être résolues par une simple coopération des disciplines. Il faut aussi trois autres conditions. Bien sûr, une capacité de production de connaissance autonome. Par ailleurs, une transmission de ces connaissances dans le système universitaire. Enfin, une demande de la société.

Les sciences de la communication sont donc à la fois, un objet de recherche interdisciplinaire, une théorie de la connaissance et un ensemble de savoirs nécessaires à une société dominée par les interactions.

Au cœur des sciences de la communication, on peut dégager son modèle *théorique* : le carré des connaissances. Ce moteur de recherche constitue une grille à partir de laquelle sont interrogés les différents domaines de recherche portant sur la communication. Ce carré des connaissances comporte quatre angles et un thème transversal relatif aux rapports entre cultures, sociétés et mondialisation : – l'épistémologie comparée et interdisciplinarité ; – l'expertise et les controverses ; – les industries et l'ingénierie des connaissances ; – les rapports entre sciences, techniques et société.

Le carré des connaissances permet de développer des recherches dans les cinq grands domaines suivants des sciences de la communication : langage et communication ; communication politique, espace public et société ;

mondialisation et diversité culturelle ; information scientifique et technique ; sciences, techniques et société.

## SOCIÉTÉ CIVILE

Le concept de société civile a profondément évolué. De l'Antiquité au XVIIe siècle, il signifie toute société politiquement organisée, par opposition à l'état de nature. Ce n'est qu'après la Révolution française et la naissance de l'État-nation que la société civile est opposée à l'État, pour signifier ce qui relève du domaine privé ou public, mais au sens d'une entité non strictement politique.

Aujourd'hui, la société civile désigne la vie sociale organisée selon sa propre logique, notamment associative, mais aussi liée aux organisations et aux entreprises, qui créent et gèrent une bonne partie de la dynamique économique, culturelle et politique de la société. La notion s'est popularisée en raison de la crise de l'État providence et s'apparente, parfois, à un mythe politique : « Elle renvoie à des valeurs positives. Par sa dimension collective, elle semble échapper aux dangers de l'individualisme et inciter à la solidarité. Par sa dimension civile, elle évoque l'émancipation de la tutelle étatique, mais aussi des valeurs plus affectives telles que l'intimité, la familiarité » (F. Rangeon). Les ONG sont depuis une cinquantaine d'années, avec le renouvellement constant du monde associatif, une des manifestations de l'importance de la société civile dans le monde contemporain.

## SOCIÉTÉ INDIVIDUALISTE DE MASSE

Ce concept, que j'ai introduit dans *Éloge du grand public. Une théorie critique de la télévision* (1990), vise à rendre compte de l'originalité de la société contemporaine où *cohabitent* deux données structurelles, toutes deux normatives mais contradictoires : la valorisation de l'individu, au nom des valeurs de la philosophie libérale et de la modernité ; la valorisation du grand nombre, au nom de la lutte politique en faveur de l'égalité. La société individualiste de masse gère en permanence ces deux dimensions antinomiques : l'individu et la masse, toutes les deux liées aux grandes traditions démocratiques européennes, libérale et socialiste. La crise du lien social résulte de la difficulté à trouver un nouvel équilibre au sein de ce modèle de société. Les liens précédents (famille, classe sociale, village, métier, religion, etc.) se sont distendus. D'où l'intérêt des médias de masse qui compensent l'individualisation des rapports sociaux par une perspective collective. En fait, les deux dimensions sont en situation symétrique. L'individualisation s'oppose à la standardisation collective, et réciproquement. Quant au collectif, il s'oppose au repli égoïste. L'interactivité parfaitement compatible avec la segmentation des rapports sociaux est également en pleine expansion, menaçant le lien social. Le résultat ? *Libres, mais seuls.* Les médias de masse permettent de maintenir le lien social de la société de masse, mais risquent de ne pas satisfaire les aspirations individuelles. Internet, à l'inverse, permet une communication communautaire satisfaisante, avec le risque d'une forme de segmentation des rapports sociaux. Les deux dimensions doivent cohabiter.

THÉORIE DE LA COMMUNICATION

Étymologiquement, communiquer, c'est partager. C'est le sens fort lié à l'amour et au dialogue. Échanger c'est ce que recherche chacun en permanence. À partir du XVI^e siècle, avec l'imprimerie, et toutes les autres techniques de communication ultérieures, le mot s'est élargi à l'idée de transmission, mais avec la même perspective de partage. L'augmentation du volume d'échange des informations a fait progressivement dominer le deuxième sens, avec toujours plus ou moins la même référence normative, même si la plupart du temps communiquer signifie transmettre, dans une vision hiérarchique. La révolution individuelle et démocratique a ensuite retrouvé la dimension du partage et de la rencontre.

*La* rupture vient aujourd'hui du décalage entre l'augmentation de la capacité à produire et diffuser de l'information et la résistance croissante du récepteur. Informer ne suffit plus à communiquer. La facilité de l'information a révélé la difficulté de la communication. Il s'ajoute un troisième sens au mot communication : négocier. D'ailleurs, le concept appartient maintenant à la culture démocratique. Pas de négociation dans une société autoritaire ou totalitaire. Pour négocier il faut la liberté et l'égalité des partenaires. Selon les moments et les situations, communiquer c'est donc partager ou transmettre ou négocier.

Je peux ici résumer les *cinq étapes* du schéma qui expliquent la théorie de la communication que je défends, et qui concerne autant la communication humaine que celle médiatisée par les techniques.

Premièrement, la communication est inhérente à la condition humaine. Pas de vie personnelle et collective sans volonté de parler, communiquer, échanger à l'échelle individuelle et collective. Vivre, c'est communiquer.

Deuxièmement, les êtres humains souhaitent communiquer pour trois raisons. Partager. Convaincre. Séduire. Et très souvent pour les trois simultanément. Même si cela n'est pas toujours revendiqué. Et dans des pourcentages différents selon les moments de la vie.

Troisièmement, la communication bute sur l'incommunication. Le récepteur n'est pas en ligne ou pas d'accord, souvent d'ailleurs. Il résiste. Il n'a pas toujours raison, mais il est là.

Quatrièmement, il s'ouvre une phase de négociation où les protagonistes, plus ou moins librement et égalitairement, négocient pour trouver un point d'accord.

Cinquièmement, le résultat, quand il est positif, s'appelle la cohabitation, avec ses forces et ses faiblesses. Sinon c'est la rupture, pacifique ou guerrière. La négociation et la cohabitation comme procédures pour éviter l'incommunication et ses conséquences, souvent belliqueuses.

Les positions théoriques des travaux sur la communication sont d'une telle hétérogénéité qu'il semble difficile d'en faire la synthèse. Pourtant, on peut distinguer quatre courants qui privilégient différemment les cinq étapes de la communication.

*Les tenanciers du courant thuriféraire* croient en une révolution de la communication fondée sur celle des techniques et sur l'économie de l'immatériel. Informations, données, communication cohabitent dans un but compétitif *et* de liberté. L'idéologie technique sert ici, en apparence, des valeurs égalitaires. *Le courant critique* quant à lui dénonce les dérives des sociétés de la communication, notamment du fait de leurs industries et de leurs services qui sont pour eux les « camisoles de demain ». *Pour le troisième courant, empiriste critique*, il existe une marge de manœuvre entre communication et société, et les valeurs de la communication sont inhérentes aux modèles démocratiques, puisque celle-ci suppose de reconnaître la liberté et l'égalité de l'autre et le droit de ne pas être d'accord. D'autant que l'esprit critique du public augmente sans cesse. Enfin, *les nihilistes* affichent un scepticisme par rapport à toutes les promesses humaines, sociales ou culturelles : beaucoup de « marchés de dupes ».

Au-delà de ces quatre courants, il y a finalement *deux conceptions de la communication* qui s'opposent. La première, largement dominante, insiste sur la performance des techniques comme progrès de la communication, avec en prolongement une fascination pour les industries de même nom qui sont aujourd'hui le secteur économique le plus en expansion dans le monde. La seconde, plus minoritaire, à laquelle j'adhère, part de la dimension anthropologique de la communication et privilégie les processus politiques à mettre en œuvre pour éviter que l'horizon de l'incommunication, entre les individus et les peuples, ne devienne source de conflit. Deux conceptions qui n'ont pas le même rapport à l'homme et à la technique.

## TRADITION

La tradition a originellement le sens religieux de doctrine ou de pratique religieuse transmise de siècle en siècle, par la parole, la doctrine, ou l'exemple. Dans le domaine de la connaissance, des mœurs et des arts, le mot a ensuite signifié une manière de penser, de faire ou d'agir en référence au passé. La tradition est donc un produit du passé mais qui persiste dans le présent où il demeure agissant et accepté par ceux qui le reçoivent et qui, à leur tour, le transmettent. La modernité, surtout depuis le XIXe siècle, s'oppose à la tradition. D'abord dans le domaine politique, mais aussi scientifique, culturel, etc. Aujourd'hui, si les deux valeurs s'opposent encore, le rapport de force est nettement en faveur de la modernité. C'est pourquoi on parle plutôt d'équilibre à retrouver entre tradition et modernité, ou pour le dire autrement, qu'il n'y a plus de modernité sans liens avec la tradition.

## TRAVAIL : DIVISION/ORGANISATION/CONDITIONS

Les conflits du travail révèlent souvent à une société qui se croit « moderne » une réalité du travail qui se trouvait être totalement assujetti aux contraintes du taylorisme. Et ce malgré une vie matérielle plus facile, l'industrie des loisirs et de la consommation. En effet, une contestation croissante des conditions de travail existe – masquée actuellement par le chômage massif – jusqu'à remettre en cause le travail lui-même et sa place dans la vie sociale. Un des enjeux sociaux et politiques les plus difficiles consiste à pouvoir passer de la contestation des conditions de travail dont chacun peut faire l'expérience, à la remise en cause plus abstraite, mais plus déterminante de l'organisation, et de la division du travail.

Le travail reste un rapport social, et une situation inégalitaire, malgré les mythes d'un travail tertiaire « autonome » et la promesse de toutes les situations de travail « interactif » et « participatif ». C'est la nature du progrès technique et de l'organisation du travail qui est un enjeu majeur. Dans un cas, c'est l'homme qui s'adapte à la technique, dans l'autre c'est la technique qui s'adapte à l'homme. Inutile de dire que pour l'essentiel, c'est la première tendance qui l'emporte.

En dehors des syndicats, vite traités de corporatistes et d'archaïques, peu nombreux sont ceux qui osent mettre en cause le primat de la technique. La différence entre le XIX^e^ et le XX^e^ siècle vient du fait qu'hier, ce progrès technique était encore en « cohabitation » avec le travail humain, aujourd'hui il domine tout, traverse toutes les activités et met en quelque sorte le travail humain « à côté », voire le disqualifie. Son omniprésence posera la question de la revalorisation du travail humain par rapport aux techniques.

## LA TROISIÈME MONDIALISATION OU L'AUTRE MONDIALISATION

J'ai introduit ce terme avec le livre éponyme (2003) pour signaler l'importance croissante des problématiques de culture et de respect de la diversité culturelle dans la mondialisation contemporaine. Celle-ci comporte deux dimensions. *La première*, politique, passée trop souvent inaperçue a consisté, à la sortie de la Seconde Guerre mondiale, à construire le cadre de la communauté mondiale, dont l'ONU et ses agences sont le symbole. Tout faire pour essayer d'éviter le retour à la guerre. Construire une enceinte de délibération et de décisions politiques communes à tous les régimes et qui garantisse les valeurs de l'humanité. L'ONU est la seule « grammaire » politique du monde ouvert. Le seul lien permanent de « palabre », c'est-à-dire de communication, d'échanges et d'interactions pour éviter la guerre.

*La deuxième*, économique, est liée au libéralisme économique et à la fin de la guerre froide. Il n'existe qu'un seul monde, un seul marché. C'est la globalisation, avec les tentatives de régulation de l'OMC, avec le risque de l'enrichissement des riches, l'appauvrissement des pauvres et l'émergence des pays du BRIC (Brésil, Russie, Inde, Chine).

*La troisième*, devant nous, nullement prise en compte jusqu'à il y a dix ans est liée à l'émergence de la diversité culturelle collective comme enjeu politique. Les peuples veulent bien être dans la mondialisation à condition de conserver leurs racines et leurs identités. Ceci est apparemment garanti par la Convention de l'Unesco de 2005 sur le respect de la diversité culturelle et l'égalité des cultures, mais la réalité est tout autre. L'enjeu de cette « autre mondialisation », c'est la reconnaissance du fait indépassable de la diversité culturelle et l'obligation d'organiser au niveau mondial la cohabitation culturelle. L'ouverture du monde passe par une circulation des cultures, *mais aussi et autant*, par l'organisation de la cohabitation culturelle. Sinon, aux inégalités économiques et sociales s'ajouteront les inégalités culturelles facteurs de très violents conflits. C'est l'enjeu de la troisième mondialisation.

VILLAGE GLOBAL

Le village global est un concept dû au théoricien de la communication canadien Marshall McLuhan, popularisé dans son ouvrage *The Medium Is the Message* (1967). L'idée centrale est que les faibles coûts et temps de transmission de l'information permis par les nouvelles technologies tendent à favoriser l'apparition d'une culture unique et partagée à l'échelle de la planète. À l'ère d'Internet, ce concept a été réinterprété comme un objectif utopique de compréhension mutuelle entre toutes les sociétés, que le « réseau des réseaux » contribuerait à atteindre.

Pourtant, le foisonnement des informations ne favorise nullement l'intercompréhension et ce pour deux raisons. D'abord parce que l'exposition du récepteur à un nombre croissant d'informations ne préjuge rien quant à sa capacité de les comprendre ou de les accepter. Ensuite parce que chercher à uniformiser, à lisser les différences, par exemple en adoptant l'anglais comme unique langue d'échange, revient à nier la spécificité de l'autre, constitutive de son identité. Cela accentue l'incompréhension mutuelle et diminue d'autant la capacité d'acceptation de l'altérité et l'importance de la négociation interculturelle. La vitesse de production et de transmission de l'information et les progrès réalisés dans l'interactivité améliorent la « communication » entre les systèmes, mais pas forcément entre les hommes et les sociétés. C'est tout le sens de mes travaux : repasser d'une problématique technique de la communication à une problématique politique, mettant au centre la question de la négociation et de la cohabitation. Le village global, belle utopie, est le plus souvent, hélas, devenu une idéologie.

VULGARISATION

La vulgarisation pose la question du rôle de l'intermédiaire, du lien entre le scientifique et le public. Jusque dans les années 1950, le paradigme était simple : les connaissances descendaient de ceux qui savaient vers ceux qui ne savaient pas. Le rôle du vulgarisateur se confondait avec celui d'un « traducteur » chargé de transformer les connaissances scientifiques en une langue vernaculaire, tout en s'efforçant de minimiser les pertes de sens au passage.

Aujourd'hui, la situation est plus complexe, car se pose notamment la question du récepteur et de son sens critique. Celui-ci va nécessairement réinterpréter les informations qui lui sont transmises selon ses propres représentations, connaissances antérieures, désirs et croyances. Dès lors, le rôle du vulgarisateur, de l'intermédiaire, prend une nouvelle dimension, plus nécessaire que jamais pour l'instauration d'un dialogue entre science, culture et société.

# Index

# Remerciements

Plusieurs collègues m'ont aidé à réaliser ce travail difficile de recensement des articles de presse et de revue, français ou étrangers, sur trente-cinq ans. Il a fallu les retrouver, les lire, les sélectionner et construire un ouvrage.

Je les remercie chaleureusement, d'autant que ce travail s'est déroulé pendant de longs mois…

Je tiens à remercier tout particulièrement Émilie Silvoz, ainsi que Stéphanie Proutheau et Julie Pion, avec lesquelles tout a été possible. J'ai aussi bénéficié de l'aide d'Édouard Kleinpeter, Pascal Dayez-Burgeon, Jean-Luc Bouillon et Léonard Laborie. Sans oublier Valérie Schafer, Laura Maxim, Gérard Arnold, Christophe Potier-Thomas et Céline Vaslin.

Merci à tous, qui par leurs lectures, critiques et propositions, m'ont apporté aide et soutien. Un travail d'équipe et des amitiés…

# Table

Cet ouvrage a été composé et mis en pages
chez NORD COMPO (Villeneuve-d'Ascq)

Cet ouvrage a été imprimé
en février 2012 par

CPI
FIRMIN-DIDOT

27650 Mesnil-sur-l'Estrée
N° d'édition : 7381-2747-X
N° d'impression : 109384
Dépôt légal : février 2012

*Imprimé en France*